新編諸子集成

劉子校釋

傅亞庶 撰

中華書局

目録

卷三

卷四

卷五

卷六

序言

劉晝，字孔昭，渤海阜城人，北齊思想家。其生平事蹟不得詳知。據北史、北齊書本傳，劉晝生活的年代，正是南北分裂，階級矛盾、民族矛盾異常尖鋭時期，北朝爲異族統治，其所撰之劉子，針對當時的社會時弊，表達了自己治國安民的思想主張和爲國建功立業、施展個人才能的政治抱負。

劉晝社會地位低下，據其本傳，「少孤貧，愛學，伏膺無倦」，得之墳籍，則「恣意披覽，晝夜不息」。（北史儒林上劉晝傳。）動蕩的社會環境，傳統民族文化的陶冶，奠定了他救世安民的思想基礎，企圖以儒家的思想主張來改造社會，强調個人的修身。立言上，師法儒學經典，「不游六藝，不知智之深」，（崇學章文。）强調學習要精誠專一，不得游情外務，「是故學者必精勤專心，以入於神。若心不在學而强諷誦之者，雖入於耳而不諦於心」。（專務章文。）立行上，以儒家的戒規來約束，强調慎言、慎獨、慎隟等儒家傳統的品格。其次，也是主要的，劉晝希望國家有聖君賢臣，寄治國安邦希望於在上者。（一）、希望君主聖明，謹慎自己的德行，「君好之，民必從之。……人之從君，如草之從風，水之從器。故君之德，風之與器也；……

下之事上，從其所行，猶影之隨形，響之應聲」，（從化章文。）使百姓有所從，化於一。（二）、希望國君愛惜民力，重視農耕，强調「衣食者，民之本也；民者，國之本也。……是以先王敬授民時，勸課農桑，省游食之人，減徭役之費，則倉廩充實，頌聲作矣。雖有戎馬之興，水旱之沴，國未嘗有憂，民終無害也」。（貴農章文。）「夫足寒傷心，民勞傷國。足温而心平，人佚而國寧。是故善爲理者，必以仁愛爲本，不以苛酷爲先。寬宥刑罰，以全民命；省徹徭役，以休民力；輕約賦斂，不匱人財，不奪農時，以足民用，則家給國富，而太平可致也」。（愛民章文。）這是對先秦、兩漢時民本思想的繼承，亦是對在上者提出的規勸。（三）、希望國君以法家的思想改造社會，建立適應社會發展的法令法規，「法術者，人主之所執，爲治之樞機也。……建國君人者，雖能善政，未能棄法而成治也。……是以明主務循其法，因時制宜。苟利於人，不必法古；苟周於事，不可循舊。夏、商之衰，不變法而亡；三代之興，不相襲而王。堯、舜異道而德蓋天下，湯、武殊治而名施後代。由此觀之，法宜變動，非一代也」。（法術章文。）（四）、希望在上者選才任能，「國之需賢，譬車之恃輪，猶舟之倚檝也。……是以古之人君，必招賢聘隱，人臣則獻士舉知。唐昇二八，流睦睦之風；周保十亂，播濟濟之詠。仲尼在衞，趙鞅折謀；干木處魏，秦人罷兵；宫奇未亡，獻公不寢；子玉猶存，文公側坐。以此而言，則立政致治，折衝厭難者，舉賢之效也」。（薦賢章文。）同時强調舉賢要不拘一格，「是以荆岫之玉，必含纖瑕；驪龍之珠，亦有微纇。然馳光於千里，飛價於侯王者，以小惡不足以傷其大美者也。……定國之臣亦有細短，人主所以不棄之者，不以小妨大也。以小掩大，非求士之謂也」。（妄瑕章文。）

劉晝自謂博物奇才，對班超等投筆從戎，建功立業，是非常贊賞的，自己亦希望得到建功揚名的時機，然其地位低下，名聲不顯，希望有聖君賢臣發現、選拔自己，「士之翳也，知己未顧，亦與傭流雜處」。（知人章文。）「人之寓代，亦須聲譽以發光華」，（因顯章文。）「賢士有脛而不肯至者，蠹材於幽岫，腐智於柴蓽者，蓋人不能自薦，未有爲之舉也」。（薦賢章文。）這是作者心聲的流露。在當時的社會中，劉晝的志願難以實現，由此對那些壓制人才、名實顛倒的社會現象，表現出一種憤嫉之情，「臧文仲不進展禽，仲尼謂之竊位；公孫弘不引董生，汲黯將爲妬賢；虞丘不薦叔敖，樊姬貶爲不肖；東閭不達髦士，後行乞於中路」。（薦賢章文。）與本傳所謂求秀才，十年不得，及被舉，又考策不第，上書亦不見收采，竟無仕進之言，可互參。

劉子內容豐富，涉及范圍廣泛。六朝時，江左談玄風氣盛行，北朝亦受其影響，在劉子中，亦有所反映。在傳統的民族文化思潮中，儒、道二家對劉晝的影響最大。劉晝認爲，儒家學說可以治世救國，道家學說可以全身美名。「儒教雖非得真之說，然茲教可以導物；道家雖爲達情之論，而達禮復不可以救弊。今治世之賢，宜以禮教爲先；嘉遁之士，應以無爲是務，則操業俱遂而身名兩全也」。（九流章文。）表現的是一種儒、道互補的思想。一方面，劉晝贊賞班超等人爲國建立功業的行爲，一方面，又認爲「形者，生之器也；心者，形之主也；神者，心之寶也。故神静而心和，心和而形全；神躁則心蕩，心蕩則形傷。將全其形，先在理神。故恬和養神，則自安於內；清虚棲心，則不誘於外」。（清神章文。）這兩種互相矛盾的心理狀態，是現實的生活在作品中的曲折反映，殘暴的異民族統治，使得文人學士往往具有自危感，所以作者産生「是以聖人清目而不視，静耳而不聽，閉口而不言，棄心而不慮」；（清神章文。）「古之有德者，韜跡隱智，以密其外；澄心封情，以定其內。內定則神府不亂，外密則形骸不擾」（韜光章文。）這樣的思想，是十分正常的。且老、莊思想講求出世，而當時談玄爲文人所時髦，所以劉子的清神、防慾、去情、韜光等篇的思想，正是這種歷史條件下的産物。在對自然現象的認識上，劉子的思想是不確定的，對前人的自然觀，有繼承，無批判。在有些問題上是唯物的，在有些問題上是唯心的，有時動摇于二者之間。論及天命時，劉晝有宿命論思想，「人之命相，賢愚貴賤，脩短吉凶，制氣結胎受生之時。其真妙者，或感五星三光，或應龍跡氣夢，降及凡庶，亦禀天命，皆屬星辰。……相命既定，即鬼神不能改移，而聖智不能迴也。……命相吉凶，懸之於天。命當貧賤，雖富貴，猶有禍患，命當富貴，雖欲殺之，猶不能害」。（命相章文。）這是承襲了論衡、潛夫論的思想。論及事物之間的聯繫時，介於唯物與唯心之間，「方以類聚，物以羣分，聲以同應，氣以異乖。其類苟聚，雖遠不離；其羣苟分，雖近未合。故銅山崩蜀，鍾鳴於晉；淄、澠共川，色味異質，感應必類，自然之數也。……箕麗於月而飄風起，畢動於天而驟雨散。天將風也，纖塵不動而鳶日鳴，其且雨也，寸雲未布而蟻蚓移矣。……太白暉芒，鷄必夜應；火精光盛，馬必晨驚。鷄爲兑禽，金爲兵精。馬者離畜，火爲武神」。（類感章文。）劉晝注意到了自然現象之間的一些內在聯繫，然又以之與一些迷信的觀念附會到一起，其認識論搖擺於唯物與唯心之間。然而，劉子全書的主旨，在於强調個人在社會中的地位和作用，於傳統的天命思想，亦是一種間接的反叛，故劉子在中國古代思想史上，應占有相應的位置。

劉子文句，引用、套用前代典籍舊語者居多，因而是書對於研究前代典籍、校正文字有參考價值。

（一）是書對研究漢書藝文志有參考價值。漢書藝文志陰陽家類有桑丘子五篇。今本漢志作乘丘子。王先謙漢書補注引沈欽韓曰：「乘丘當作桑丘。」陳國慶漢書藝文志注釋彙編載葉長青漢書藝文志答問云：「乘丘乃桑丘之誤。廣韻十八尤丘字注及邵思姓解、鄭樵氏族略引本志皆作桑丘，隸書桑作桒，故誤乘耳。」案劉子九流章：「陰陽者，子韋、鄒衍、桑丘、南公之類也。」此爲校今本漢志最直接、最早之據。

（二）是書對於研究淮南子有參考價值。淮南氾論篇：「古之善賞者，費少而勸衆；善罰者，刑省而姦禁。」劉子賞罰章：「善賞者，因民所喜以勸善；善罰者，因民所惡以禁姦。故賞少而善勸，刑薄而姦息。」按以劉子文證之，淮南文之「勸衆」當作「衆勸」，以與下「姦禁」相對。

（三）是書對於研究吴越春秋有參考價值。史記越王勾踐世家正義引吴越春秋云：「大夫種，姓文名種，字子禽。荆平王時爲宛令，之三户之里。范蠡從犬竇蹲而吠之。從吏恐文種慙，令人引衣而鄣之。文種曰：『無鄣也。吾聞犬之所吠者人，今吾到此，有聖人之氣，行而求之，來至於此。且人身而犬吠者，謂我是人也。』乃下車拜，蠡不爲禮。」今本吴越春秋無此段文字。劉子知人章：「故范蠡吠於犬竇，文種闚而拜之。」據此，可知史記正義所載，乃吴越春秋佚文。

關於劉子作者問題，學術界於劉晝或劉勰撰至今意見不一，筆者主劉晝撰説，詳見後附劉子作者辨證。

傅亞庶

一九八八年二月於東北師範大學中文系

凡例

（一）本書以民國十三年海寧陳氏景明刻本劉子袁註十卷本（即舊合字本）爲底本。該本一則錯誤較少，二則通行易見。

（二）參校本以明以前不同源流的刻本、鈔本爲主，校其異同，定其是非。同一源流各本及明以下各本，亦在校勘之例，如有可採，必擇善而從。校記採取以字繫本的方法。例：清神章「人不照於昧金」，「昧」，程榮本作「爍」。

（三）他人校勘提出的衍、脱、誤、倒等文字、文句，可採用的，即凭依改正。他人校勘未及見，而確有問題的文字、文句，則分别根據他本、他書的引用，或據詞義、語法、句義、章法、修辭特點等條件，經過審察，認爲正確的，提出修改意見。如系詞句顛倒，就在註文中註明倒正過來。正文中的異體字，除前人有成説外，一般則在正文中直接改正過來，不在註文中加以説明。

（四）校勘中凡認爲底本不誤，他本誤，他人校正他本的結論與底本合者，爲避繁復，不再引述。底本不誤，他人校改致誤者，則加以辨析。

（五）底本有唐袁孝政的註文，今全部收入本書。註解時，袁註凡屬可用者，則採入。袁註謬誤及不確者，則具一一加以訂正、辨析。又子彙本中偶有夾行小字註文，疑即宋志所録奚克讓劉子音釋、劉子音義之殘篇（道藏本亦有之），亦全部收入本書。又景四庫本註文有與袁註有異者及袁註未備者，疑館臣所增補，凡此，亦全部收入本書，於其謬誤，亦以辨析。對他人誤註或似是而非的註解，具加以説明。

（六）所採各家成説，第一次引述時，人名書名並舉，以後則只舉人名。收入叢書的刻本，第一次引用時舉叢書全稱，以後則只舉簡稱。對舊刻、舊鈔本的稱謂，一律遵照舊稱，以免造成紊亂。

（七）劉子文句，套用前代典籍舊語者甚多，對於有些出處暫不能明者，則在註文中一一説明。

本書所據版本書目

名稱	簡稱
(一)法藏敦煌寫本劉子殘卷	法藏敦煌本
(二)羅振玉校敦煌寫本劉子殘卷	羅校敦煌本
(三)傅增湘校録本何穆忞藏唐卷子本、劉希亮景寫劉幼雲藏唐卷子本劉子殘卷	傅校本
(四)孫星衍、黄丕烈跋宋刻劉子新論十卷	宋本
(五)黄丕烈校跋明覆宋刻劉子新論十卷	覆宋本
(六)葉子寅、許心扆跋、張紹仁題款，黄丕烈、陸拙生校跋明鈔劉子新論十卷	明鈔本
(七)上海涵芬樓景明正統道藏本劉子十卷	景道藏本
(八)明萬曆壬辰蔣以化刻劉子十卷	蔣本
(九)明萬曆顧雲程刻劉子十卷	顧本

(一〇)清嘉慶間蔣元庭刊道藏輯要本劉子　*道藏輯要本

(一一)臺灣景文淵閣四庫全書本劉子十卷　景四庫本

(一二)明萬曆五年周子義刊子彙本劉子二卷　子彙本

(一三)清光緒紀元夏月湖北崇文書局刊百子全書本劉子二卷　百子本

(一四)明萬曆六年吉府刻二十家子書本劉子(不分卷)　吉府本

(一五)明萬曆二十年程榮刊漢魏叢書本劉子新論十卷　程榮本

(一六)明萬曆年間刻白口本劉子新論十卷王念曾校本　王念曾校本

(一七)清嘉慶中刊何允中輯廣漢魏叢書本新論十卷　何允中本

(一八)清乾隆五十六年金溪王氏刊子餘增訂漢魏叢書本新論十卷　王謨本

(一九)清光緒五年定州王氏刊畿輔叢書本劉子新論十卷　畿輔本

(二〇)民國六年潮陽鄭國勳刊龍溪精舍叢書本新論二卷　龍溪本

(二一)明龍川精舍鈔本劉子十卷　龍川鈔本

(二二)明隆慶元年刊沈津纂輯百家類纂本劉子十卷　類纂本

（二三）明崇禎年刊黄澍、葉紹泰輯漢魏六朝別解本劉子　＊別解本

（二四）明刊合諸名家批點諸子全書本孫月峯評定北齊劉子二卷　＊孫評本

（二五）明天啓六年刊陳仁錫評選諸子奇賞本劉子雜篇　＊奇賞本

（二六）明刊歸有光輯諸子彙函石匏子　＊彙函本

（二七）明陶宗儀纂説郛劉子一卷（張宗祥校本）　＊説郛本

（二八）清光緒二十三年李寶淦輯諸子文粹本劉子　＊諸子文粹本

（二九）民國十三年海寧陳氏景明刻本劉子袁註十卷　舊合字本

註：有＊號爲節本。

本書所用考訂書目

（一）孫詒讓：札迻（清光緒二十年刻本）
（二）盧文弨：羣書拾補（叢書集成初編本）
（三）陳昌濟：新論正誤（待曉廬排印本）
（四）孫楷第：劉子新論校釋（西苑叢書本）
（五）楊明照：劉子斠註（燕京大學文學年報一九三八年第四期）
（六）王重民：敦煌古籍叙録（中華書局一九七九年本）
（七）王叔岷：劉子集證（一九六一年臺灣中央研究院歷史語言研究所專刊之四十四）
（八）林其錟、陳鳳金：劉子集校（上海古籍出版社一九八五年排印本）
（九）羅振玉：劉子校記（永豐鄉人雜著續編本）
（一〇）周易（十三經注疏本）
（一一）詩經（十三經注疏本）
（一二）尚書（十三經注疏本）

（一三）周禮（十三經注疏本）
（一四）禮記（十三經注疏本）
（一五）儀禮（十三經注疏本）
（一六）大戴禮記（四部叢刊本）
（一七）易緯通卦驗（四庫全書本）
（一八）左傳（十三經注疏本）
（一九）公羊傳（十三經注疏本）
（二〇）穀梁傳（十三經注疏本）
（二一）爾雅（十三經注疏本）
（二二）論語（十三經注疏本）
（二三）孟子（十三經注疏本）
（二四）高亨：周易古經今注（中華書局一九八四年本）
（二五）楊伯峻：春秋左傳注（中華書局一九八一年本）
（二六）楊伯峻：論語譯注（中華書局一九八〇年本）
（二七）論語撰考讖（清黃奭輯，漢學堂叢書本）

（二八）皇侃：論語疏（四庫全書本）
（二九）國語（上海古籍出版社一九七八年本）
（三〇）戰國策（上海古籍出版社一九八五年本）
（三一）司馬遷：史記（中華書局一九八二年本）
（三二）班固：漢書（中華書局一九八三年本）
（三三）范曄：後漢書（中華書局一九八二年本）
（三四）陳壽：三國志（中華書局一九八五年本）
（三五）東觀漢紀（四部備要本）
（三六）常璩：華陽國志（四部叢刊本）
（三七）趙曄：吴越春秋（四部叢刊本）
（三八）袁康、吴平：越絶書（上海古籍出版社一九八五年本）
（三九）袁珂：山海經校譯（上海古籍出版社一九八五年本）
（四〇）劉向：列女傳（四部叢刊本）
（四一）竹書紀年（四部叢刊本）
（四二）張華：博物志（四部備要本）

（四三）酈道元：水經注（四部叢刊本）
（四四）崔豹：古今注（四部備要本）
（四五）沈約：宋書（中華書局一九七四年本）
（四六）房玄齡：晉書（中華書局一九七四年本）
（四七）樂史：太平寰宇記（古逸叢書本）
（四八）杜佑：通典（商務印書館民國二十四年本）
（四九）蕭子顯：南齊書（中華書局一九七二年本）
（五〇）魏徵：隋書（中華書局一九七三年本）
（五一）李延壽：南史（中華書局一九七五年本）
（五二）姚思廉：梁書（中華書局一九七三年本）
（五三）帝王世紀（叢書集成初編本）
（五四）陳鼓應：老子註譯及評介（中華書局一九八四年本）
（五五）郭慶藩：莊子集釋（中華書局一九八二年新編諸子集成本）
（五六）王先謙：荀子集解（上海涵芬樓本）
（五七）孫詒讓：墨子閒詁（中華書局一九八六年新編諸子集成本）

（五八）管子（中華書局諸子集成本）
（五九）畢沅：呂氏春秋校正（民國十五年上海掃葉山房書局本）
（六〇）陳奇猷：呂氏春秋校釋（學林出版社一九八四年本）
（六一）吴則虞：晏子春秋集釋（中華書局一九六二年本）
（六二）楊伯峻：列子集釋（中華書局一九八五年新編諸子集成本）
（六三）劉文典：淮南鴻烈集解（商務印書館本）
（六四）王明：抱朴子内篇校釋（中華書局一九八五年新編諸子集成本）
（六五）王利器：新語校注（中華書局一九八六年新編諸子集成本）
（六六）蔣禮鴻：商君書錐指（中華書局一九八六年新編諸子集成本）
（六七）抱朴子外篇（中華書局諸子集成本）
（六八）葛洪：神仙傳（四庫全書本）
（六九）彭鐸：潛夫論箋校正（中華書局一九八五年新編諸子集成本）
（七〇）郭化若：孫子今譯（上海人民出版社一九七七年本）
（七一）陳立：白虎通疏證（清皇清經解續編本）
（七二）王利器：風俗通義校注（中華書局一九八一年本）

（七三）王利器：顏氏家訓集解（上海古籍出版社一九八二年本）
（七四）王充：論衡（中華書局諸子集成本）
（七五）五行大義（叢書集成初編本）
（七六）靈樞經（四部叢刊本）
（七七）李世民：帝範（叢書集成初編本）
（七八）唐武后：臣軌（佚存叢書本）
（七九）唐慎微：重修政和經史證類備用本草（四部叢刊本）
（八〇）尉繚子（中華書局一九七九年本）
（八一）桓範：世要論（四部叢刊本）
（八二）董仲舒：春秋繁露（四部叢刊本）
（八三）衛宏：漢舊儀（四部備要本）
（八四）六韜（四部叢刊本）
（八五）尹文子（四部叢刊本）
（八六）尸子（孫星衍輯，四部備要本）
（八七）趙善詒：說苑疏證（華東師範大學出版社一九八五年本）

（八八）素問（四部備要本）
（八九）神農本草經（四部備要本）
（九〇）蔡邕：獨斷（叢書集成初編本）
（九一）開元占經（四庫全書本）
（九二）阮籍：樂論（王謨輯漢魏遺書鈔本）
（九三）司馬法（四部叢刊本）
（九四）諸葛亮：心書（叢書集成初編本）
（九五）慎到：慎子（四部叢刊本）
（九六）劉向：新序（百子全書本）
（九七）孔鮒：孔叢子（景印元明善本叢書本）
（九八）王肅：孔子家語（四部備要本）
（九九）章定：名賢氏族言行類稿（四庫全書本）
（一〇〇）許維遹：韓詩外傳集釋（中華書局一九八〇年本）
（一〇一）王嘉：拾遺記（百子全書本）
（一〇二）蕭繹：金樓子（百子全書本）

（一〇三）魏徵：羣書治要（四部叢刊本）
（一〇四）韓非子（中華書局一九八一年索引本）
（一〇五）洪興祖：楚辭補注（中華書局一九八三年本）
（一〇六）郭茂倩：樂府詩集（中華書局一九八二年本）
（一〇七）沈德潛：古詩源（中華書局一九八〇年本）
（一〇八）嚴可均：全漢文（中華書局一九五八年本）
（一〇九）余嘉錫：四庫提要辨證（中華書局一九八〇年本）
（一一〇）范文瀾：文心雕龍注（人民文學出版社一九六〇年本）
（一一一）蕭統：文選（中華書局一九八一年本）
（一一二）王念孫：讀書雜志（北京中國書店一九八五年本）
（一一三）王念孫：廣雅疏證（中華書局一九八三年本）
（一一四）王引之：經義述聞（四部備要本）
（一一五）段玉裁：説文解字注（上海古籍出版社一九八一年本）
（一一六）朱駿聲：説文通訓定聲（武漢市古籍書店一九八三年本）
（一一七）孔鮒：小爾雅（四部備要本）

（一一八）錢繹：方言箋疏（上海古籍出版社一九八四年本）
（一一九）王先謙：釋名疏證補（上海古籍出版社一九八四年本）
（一二〇）徐堅：初學記（中華書局一九六二年本）
（一二一）李昉：太平御覽（中華書局一九六〇年本）
（一二二）歐陽詢：藝文類聚（中華書局一九六五年本）
（一二三）王應麟：困學紀聞（四部備要本）
（一二四）王應麟：玉海（四庫全書本）
（一二五）馬總：意林（四部叢刊本）
（一二六）陸德明：經典釋文（叢書集成初編本）
（一二七）陳彭年：鉅宋廣韻（上海古籍出版社一九八三年本）
（一二八）裴學海：古書虛字集釋（中華書局一九八二年本）
（一二九）陳國慶：漢書藝文志注釋彙編（中華書局一九八三年本）
（一三〇）羅常培：周秦古韻擬音（此爲手抄本，非正式出版）
（一三一）鄧析子（四部叢刊本）

劉子校釋卷之一

清神章一

形者，生之器也〔一〕；心者，形之主也；神者，心之寶也〔二〕。故神靜而心和〔三〕，心和而形全〔四〕；神躁則心蕩，心蕩則形傷〔五〕。將全其形，先在理神〔六〕。故恬和養神，則自安於內；清虛棲心〔七〕，則不誘於外。神恬心清，則形無累矣。虛室生白，吉祥至矣〔八〕。

人不照於昧金而照於瑩鏡者〔九〕，以瑩能明也；不鑑於流波而鑑於靜水者，以靜能清也。鏡水以明清之性，故能形物之形。由此觀之，神照則垢滅，形靜則神清〔一〇〕。垢滅則內欲永盡〔一一〕，神清則外累不入〔一二〕。今清歌奏而心樂〔一三〕，悲聲發而心哀，神居體而遇感推移〔一四〕。以此而言之〔一五〕，則情之變動，自外至也。夫一哀一樂，猶搴正性〔一六〕，況萬物之衆以拔擢而能清心神哉〔一七〕！故萬人彎弧，以嚮一鵠，鵠能無中乎〔一八〕？萬物眩曜，以惑一生，生能無傷乎？

七竅者，精神之戶牖也；血氣者，五臟之使候也〔一九〕。耳目之於聲色〔二〇〕，鼻口之於芳味，肌體之於安適，其情一也〔二一〕。七竅蔽於攻取〔二二〕，則精神馳騖而不守；血氣縻於趣舍〔二三〕，則五臟滔蕩而不安。嗜慾連綿於外，心腑壅塞於內。蔓衍於荒淫之波，留連於是非之境〔二四〕，而不敗德傷生者，蓋亦寡矣。是以聖人清目而不視〔二五〕，静耳而不聽，閉口而不言，棄心而不慮。貴德而忘賤〔二六〕，故尊勢不能動〔二七〕；樂道而忘貧〔二八〕，故厚利不能傾。容身而處，適情而游〔二九〕，一氣浩然〔三〇〕，純白於衷〔三一〕。故形不養而性自全〔三二〕，心不勞而道自至也。

校釋

〔一〕楊明照劉子斠註曰：「淮南原道篇：『夫形者，生之舍也。』史記自序：『形者，生之具也。』」王叔岷劉子集證曰：「文子九守篇（守弱）：『夫形者，生之舍也。』」庶按：器謂形態，周易繫辭上：「形乃謂之器。」

〔二〕「主」，上海涵芬樓景明正統道藏本作「本」。楊明照曰：「『本』字非是。淮南精神篇：『故心者，形之主也。而神者，心之寶也。』文子九守篇（守虛）：『故心者，形之主也。神者，心之寶也。』荀子解蔽篇：『心者，形之君也，而神明之主也。』」王叔岷曰：「『本』、『主』義近。淮南泰族篇：『故心者，身之本也。』」庶按：此蓋本淮南子精神篇文，故當從楊說。

〔三〕唐袁孝政註：「心静無勞汝形，閒静不擾其性情者，去塵遠穢。故天清而白日昭，河清而聖人出，時清卽太平，水清卽魚躍，神清卽無累，心清卽影直。神者深智之名，清者不濁之稱。若能清潔其身則垢不染穢焉，能静其心神身無損累。故孔子以伯夷、叔齊可言清矣。』

〔四〕「形全」，形體完整。此意指外形完好無損。

〔五〕王叔岷曰：「文選嵇康養生論：『神躁於中而形喪於外。』」

〔六〕王叔岷曰：「養生論：『（是以）君子知形恃神以立。』」庶按：理神謂調理精神，意謂使内心清静平和。

〔七〕「清虚棲心」，猶言清虚棲於心，意謂内心清虚。

〔八〕袁註：「人心内若生白而不濁，則吉祥至矣。瞻彼不闋者虚室生白，人心若空虚，則純白獨生。司馬彪曰：『闋，空也，止也。』」楊明照曰：「莊子人間世篇：『虚室生白，吉祥止止。（俞樾平議以下『止』字爲『也』字之誤。）』釋文引崔云：『白者，日光所照也。』司馬云：『室，比喻心，心能空虚，則純白獨生也。』淮南俶真篇：『虚室生白，吉祥止也。』」王叔岷曰：「御覽一七四引列子：『虚室生白。』並引張湛註：『夫視有若虚者，虚室而純白獨生。』」庶按：虚室生白，猶言空虚之室，方能發出白光，意謂空虚之心境，方能潔白無垢。

〔九〕「昧」，明程榮漢魏叢書本、景文淵閣四庫全書本並作「爍」。楊明照曰：「『昧』、『爍』二字誼並得通。莊子德充符篇：『人莫鑑於流水，而鑑於止水。』文子九守篇（守清）：『人莫鑒於流潦而鑒於澄水，以其清且静也。』淮南俶真篇：『人莫鑑於流沫（庶按：王念孫校作「沫雨」。）而鑑於止水者，以其靜也，莫窺形於生鐵而窺形於明鏡者，以覩（覩字衍。）其易也。夫唯易且靜，形物之性也。」又按：臣軌（東方學會印日本寬文本）公正章：『夫不照於昧金（據此，則作『爍者』非是。武后所見，當是古本劉子爾也。）而照於瑩鏡者，以瑩能明也；不鑒於流波而鑒於靜水者，以靜能清也。鏡水以明清之性，故能形物之形。』蓋襲於此。」王叔岷曰：「明陶宗儀說郛卷六讀子隨識、明徐元太喻林百十二引並作『昧』。」王（保珍）云：『宋潘自牧記纂淵海五三引「昧」字同。』」庶按：楊說是。「昧金」無光，「瑩鏡」有光，二者詞義正相對。且淮南子俶真篇以生鐵與明鏡對，與此昧金與瑩鏡對，意亦相因。

〔一〇〕「靜」乃「淨」之借字。國語（四部備要本）周語中：「靜其巾冪。」韋昭註：「靜，潔也。」神清，謂精神不亂。淮南子俶真篇：「神清者，精神內守也。」

〔一一〕「欲」，黃丕烈校跋明覆宋刻本、葉子寅、許心扆跋，張紹仁題款，黃丕烈、陸拙生校跋明鈔本、景道藏本、明萬曆五年周子義刊子彙本、明萬曆六年吉府刻二十家子書本、程榮本、明龍川精舍鈔本並作「慾」。說文：「欲，貪也。」「欲」、「慾」古今字。

〔一二〕王叔岷曰：「淮南俶真篇：『神清者，嗜欲弗能亂。』」庶按：淮南俶真篇高誘註：「神清者，精神內守也。」

〔一三〕袁註：「韓娥善歌，欲入齊。唱歌行至雍門，大雨雪，糧盡。欲唱歌乞食，雍門人不識，以杖擊之，韓娥乃悲哭。雍門人聞其哭，盡皆悲泣，三日爲之不食。有智者謂娥曰：『子既善歌，可止哭而歌。』韓娥卽唱歌，其歌清暢，可動梁塵。雍門人聞之，三日忘其食也。」庶按：袁註言韓娥事，見列子湯問篇。

〔一四〕「神居體而遇感推移」，謂精神寓居於形體之中，因受外物影響而變化。淮南脩務篇：「且夫精神滑淖纖微，倏忽變化，與物推移。」高誘註：「推移，猶轉易也。」

〔一五〕「言」下原無「之」字。明鈔本、景道藏本、程榮本、龍川鈔本於「言」下並有「之」字。林其錟、陳鳳金劉子集校曰：「餘本並奪上『之』字。」王叔岷曰：「『之』字疑涉下文『情之變動』而衍。」庶按：依文意，有「之」字與上文「由此觀之」相對，據增。

〔一六〕王叔岷曰：「文子九守篇（守虛）：『夫哀樂者，德之邪。』『搴』與下文『拔擢』同義。莊子駢拇篇：『擢德搴性。』（今本『搴』誤『塞』，王念孫雜志余編有說。）」庶按：「搴」同「攓」，謂攻取。「攓正性」，猶言破壞其純淨之性。淮南俶真篇：「擢德攓性。」

〔一七〕孫楷第劉子新論校釋曰：「句與上下文義不相屬。『衆』當作『來』。『而能』二字當在『拔擢』二字下。『以』字疑衍文。『生』當作『王』（說見後）。原文當爲『況萬物之來拔擢而能王心神哉』。上文『一哀一樂，猶搴正性』，逗此句，卽承上文而言。謂萬物之來拔擢，必不能王心神，非謂拔擢萬物後而王心神也。下文『故萬人彎弧，以向一鵠，鵠能無中乎？萬物眩曜，以惑一生，生能無傷乎』？又承此句而申言之。『萬人彎弧，以向一鵠』，『萬物眩曜，以惑一生』，卽『萬物之來拔擢』也。淮南子俶真訓：『今萬物之來拔擢吾性，攓取吾情，有若泉源，雖欲勿稟，其可得耶』？

語意正與此同。『生心神』三字連文，於義無取。『生』疑當作『王』。廣韻四一漾下：『王，盛也。』莊子養生主：『神雖王，不善也。』是其義矣。」王叔岷曰：「孫氏定作『況萬物之來拔擢，而能王心神哉』？原文未必僞亂至此。竊疑此文『生』本作『全』，『全』、『生』形近，又涉下文兩『生』字而誤也。『況萬物之衆，而能拔擢以全心神哉』？與上下文義自相應，似不必多所改竄也。」庶按：「清」原作「生」，景四庫本作「清」，「清」字義勝，據改。「而能」二字當位於「清」字上。「拔擢」位於「而能」上，全句當讀作「況萬物之衆以拔擢，而能清心神哉」！「拔擢」同義連屬，與上文「搴」義同，「而」訓「何」（參看裴學海古書虚字集釋卷七。）。全句意謂：況以萬物之衆擾亂，損傷精神之自然狀態，如何使心神清耶。

〔一八〕袁註：「鵠是姦黠之鳥，故人皆之於射，比喻人心萬端，情亂心蕩，如彼鵠中箭也。」楊明照曰：「呂氏春秋本生篇：『萬人操弓，共射其（其字衍。）一招，招無不中；萬物章章，以害一生，生無不傷。』」庶按：袁註非。鵠乃射之的，即今箭靶之心。小爾雅卷七：「侯中者謂之鵠。」鵠、招義同。

〔一九〕「血」原作「志」，「志」乃「血」之訛。淮南精神篇：「夫孔竅者，精神之户牖也，而血氣者，五藏之使候也。」（從王念孫讀書雜志校改。）靈樞經營衛生會篇：「五藏六府，皆以受氣，其清者爲營，濁者爲衛。營在脉中，衛在脉外，……營衛者，精氣也；血者，神氣也。故血之與氣，異名同類焉。」據改。

〔二〇〕「之」原作「誘」，覆宋本、龍川鈔本、明刊歸有光輯諸子彙函石匏子、明崇禎年刊黃澍、葉紹泰輯漢魏六朝别解本、景四庫本並作「之」。孫楷第曰：「活字本『誘』字尚不誤，范本、程榮本逕改『誘』爲『之』，以犁就防慾篇文。」庶按：孫説非是，當作「之」，以與下文一律，據改。

〔二一〕孫楷第曰：「『鼻口之於芳味』以下十六字，乃防慾篇文誤入此篇者（吉府本删十六字，是也。）。『七竅者，精神之户牖也；志氣者，五臟之使候也』，與『耳目誘於聲色，則精神馳騖而不守；志氣縻於趣舍，則五臟滔蕩而不安』，一義相屬，著十六字，則文勢反不順。韓非子喻老篇云：『空竅者，神明之户牖也。耳目竭於聲色，精神竭於外貌，故中無主。中無主，則禍福雖如丘山，無從識之。』淮南子精神訓云：『夫孔竅者，精神之户牖也；而氣志者，五藏之使候也。耳目淫於聲色之樂，則五藏摇動而不定矣；五藏摇動而不定，則血氣滔蕩而不休矣；血氣滔蕩而不休，則精神馳騁於外而不守矣。』語意並與此同。吉府二十子本删十六字，甚是。而改『耳目』爲『七竅』，殊乖文理。」王叔岷説同。庶按：孫、王説非。一、上文「七竅」與「五藏」對，若删此十六字，則下文「耳目」與「血氣」不對。二、「精神馳騖而不守」之成因爲「聲色」、「芳味」、「安適」三者，若删十六字，則「聲色」不可獨使精神不守。三、「其情一也」爲感官之自然狀態，下文「蔽於攻取」乃人爲之狀態，攻與取均可破壞其自然狀態，使精神「馳騖而不守」，義與上下文相接，又緊承全章主旨。此數句原系套用淮南俶真篇舊語，並非衍文，詳見劉子集校。

〔二二〕「其情一也」下，原本無「七竅蔽於攻取」六字，覆宋本、龍川鈔本、程榮本於「其情一也」下並有「七竅□於□□」句，景四庫本作「七竅紛於視聽」。孫楷第曰：「復於『其情一也』下增『七竅□

於□□』句，以足其文，則去原文愈遠矣。」王叔岷説同。楊明照曰：「彙函本作『七竅蔽於攻取』，王謨本作『七竅狗於好惡』，諸本詞字雖有不同，然並足證此本（舊合字本）之奪。文子九守篇：『故耳目淫於聲色，即五藏動摇而不定，血氣滔蕩而不休，精神馳騁而不守。』」庶按：楊説謂有脱文，是。王念曾校明萬曆年間刻白口本。明萬曆蔣以化刻本有「七竅蔽於攻取」句，是，據增。作「攻取」乃承前「拔擢」而言，且「七竅蔽於攻取」又與下「血氣縻於趣舍」對言。

〔二三〕「血氣」原作「志氣」。「志氣」當作「血氣」，淮南精神篇：「耳目淫於聲色之樂，則五藏摇動而不定矣；五藏摇動而不定，則血氣滔蕩而不休矣；血氣滔蕩而不休，則精神馳騁於外而不守矣。」據改。

〔二四〕王叔岷曰：「『蔓衍』與『曼衍』同，猶放蕩也。」楊明照曰：「『波』當作『陂』，音之誤也。淮南俶真篇：『是故百姓曼衍於淫荒之陂，而失其大宗之本。』」庶按：「蔓乃漫之借字。漫衍，大水瀰漫，此謂縱逸過度。「波」、「陂」古通。漢書諸侯王表：「波漢之陽。」鄭氏註曰：「波音陂澤之陂。」抱朴子外篇詰鮑：「澶漫於淫荒之域，而叛其大始之本。」蓋承淮南而來，義與此文亦可互參，楊氏改「波」爲「陂」，疏矣。

〔二五〕楊明照曰：「淮南精神篇：『清目而不以視，静耳而不以聽，鉗（文子作閉。）口而不以言，委心而不以慮。』」王叔岷曰：「淮南精神篇高誘註：『清，明。』文子九守篇（守平）：『清目不視，静耳不聽，閉口不言，委心不慮。』無四『以』字，與此文尤合。」庶按：聖人，謂通曉人生最高道理之人。

〔二六〕楊明照曰：「淮南詮言篇：『古之存己者，樂德而忘賤，故名不動志；樂道而忘貧，故利不動心。』」「貴德」原本作「貴身」，王叔岷曰：「『貴身』疑本作『貴德』，涉下『容身』而誤也。德與道對言，淮南詮言篇、文子符言篇並可證。淮南精神篇『樂道而忘賤，安德而忘貧』，亦以道、德對言。」庶按：王説是，據改。作「身」與本章主旨不合。

〔二七〕袁註：「昔堯讓位許由，許由不受，洗耳於河也。」

〔二八〕「道」，劉子意指人生至高之理。

〔二九〕楊明照曰：「淮南精神篇：『容身而游，適情而行。』」庶按：適情，即保持其性情自然狀態，不爲外物所擾亂。

〔三〇〕「一氣」，即元始之氣，與生俱有之元氣。浩然，廣大正直貌。

〔三一〕楊明照曰：「孟子公孫丑上篇：『我善養吾浩然之氣。』莊子天地篇：『機心存於胸中則純白不備。』」庶按：純白，謂潔淨無雜質。

〔三二〕「形」、「性」二字疑誤倒，此句當讀作「性不養而形自全」。養性全形既承上「純白於衷」而言，又承開篇「將全其形」之主旨。

防慾章二

人之禀氣〔一〕，必有性情〔二〕。性之所感者，情也；情之所安者，慾也〔三〕。情出於性而情違性〔四〕，慾由於情而慾害情。情之傷性，慾之妨情〔五〕，猶煙冰之與水火也〔六〕。煙生於火而煙鬱火〔七〕，冰出於水而冰遏水。故煙微而火盛，冰泮而水通〔八〕；性貞則情銷〔九〕，情熾則性滅。是以珠瑩則塵埃不能附，性明而情慾不能染也〔一〇〕。

故林之性靜，所以動者，風搖之也；水之性清，所以濁者，土渾之也；人之性貞，所以邪者，慾眩之也〔一一〕。身之有慾，如樹之有蝎。樹抱蝎則還自鑿〔一二〕，身抱慾則還自害〔一三〕。故蝎盛則樹折〔一四〕，慾熾則身亡。將收情慾，先斂五關〔一五〕。五關者，情慾之路，嗜好之府也。目愛綵色，命曰伐性之斤；耳樂淫聲，命曰攻心之鼓；口貪滋味，命曰腐腸之藥〔一六〕；鼻悦芳馨，命曰燻喉之煙；身安輿駟，命曰召蹶之機〔一七〕。此五者，所以養生，亦所以傷生〔一八〕。耳目之於聲色，鼻口之於芳味〔一九〕，肌體之於安適，其情一也。然亦以之死，亦以之生〔二〇〕，或爲賢智，或爲庸愚，由于處之異也。譬由愚者之養魚鳥也，見天之寒，則内魚於温湯之中〔二一〕，而棲鳥於火林之上。水木者，所以養魚鳥也，養之失理，必至燋爛〔二二〕。聲色芳味〔二三〕，所以悦人也，悦之過理，還以害生。故明者刳情以遣累〔二四〕，約慾以守貞。食足以充虚接氣〔二五〕，衣足以蓋形禦寒〔二六〕。靡麗之華〔二七〕，不以滑性，哀樂之感，不以亂神。處於止足之泉〔二八〕，立於無害之岸，此全性之道也。

夫蜂蠆螫指，則窮日煩擾；蚊虻噆膚〔二九〕，則通宵失寐〔三〇〕。蜂蚊小害，指膚外疾，人入山則避蜂蠆，入室則驅蚊虻。何者？以其害於體也。嗜慾攻心，正性顛倒，嗜慾大害，攻心內疾，方於指膚，亦以多也。外疾之害，輕於秋毫，人知避之；內疾之害，重於太山，而莫之避〔三一〕。是棄輕患而負重害，不亦倒乎？

人有牛馬，放逸不歸，必知收之；情慾放逸而不知收之，不亦惑乎〔三二〕？將收情慾，必在脆微〔三三〕。情慾之萌，如木之將蘖〔三四〕，火之始熒，手可掣而斷，露可滴而滅。及其熾也，結條淩雲，煽熛章華，雖窮力運斤，竭池灌火〔三五〕，而不能禁，其勢盛也。嗜慾之萌，耳目可關而心意可鑰。至於熾也〔三六〕，雖襞情卷慾〔三七〕，而不能收，其性敗也。如不能塞情於未形〔三八〕，禁慾於脆微，雖求悔悋，其可得乎〔三九〕？

校釋

〔一〕「稟氣」，承受天地之元氣而生。

〔二〕「性情」原本作「情性」，覆宋本、程榮本、景四庫本並作「性情」，據乙。「性」謂人先天稟賦所得之性，「情」謂性爲外物影響所生喜怒哀樂之情。

〔三〕袁註：「慾者，貪愛之原，奢淫之本也。故夏癸、商辛以慾亡國，慶封、智伯以慾亡家，皆由不防微慮遠，積小成大。故太公六韜曰：『兩葉不去，將尋斧柯。熒熒不滅，炎炎奈何。』此爲小人不除，禍之大也。」庶按：「安」猶言滿足。此謂情欲從所處之諸事物中尋求滿足，爲慾。袁註謂六韜，乃文韜守士文。

〔四〕「情違性」原本作「違情性」，覆宋本、明鈔本、景道藏本、子彙本、吉府本、程榮本、龍川鈔本並作「情違性」。楊明照曰：「『而違情性』句，當依各本乙作『而情違性』，始能與下『而慾害情』相儷。此蓋手民合字之誤。」王叔岷曰：「文選陸士衡演連珠：『情生於性，非性之適。』」庶按：楊說是，據乙。

〔五〕「慾」字原本作「性」，陳昌濟新論正誤曰：「『性之防情』當作『慾之防情』。」王叔岷說同。庶按：陳、王說並是。性乃先天之稟賦，故性不可防情。上文言「情之所安者，慾也」，正謂慾可防情，據改。

〔六〕「冰」原作「波」，覆宋本、程榮本、景四庫本並作「冰」。楊明照曰：「以下文驗之，『冰』字是。」庶按：楊說是，據改。

〔七〕王叔岷曰：「演連珠：『煙出於火，非火之和。』」

〔八〕楊明照曰：「淮南俶真篇：『夫水嚮冬，則凝而爲冰；冰迎春，則泮而爲水。』高誘註：『泮，釋也。』」

王叔岷曰：「演連珠：『故火壯則煙微，性充則情約。』」

〔九〕「銷」乃「消」之借字。「性貞」，卽保持其與生俱來之正性，使其不爲外物所擾亂。

〔一〇〕楊明照曰：「淮南俶真篇：『夫鑑明者，塵垢弗能薶（高註：「薶，污也。」）；神清者，嗜慾弗能亂（文子九守篇有此文，小異）。』」 王叔岷曰：「程榮本、王謨本、畿輔本『而』並作『則』，義同。」

〔一一〕楊明照曰：「呂氏春秋本生篇：『夫水之性清，土者扫之，故不得清。』高註：『扫，讀曰骨，骨，濁也。』淮南俶真篇：『水之性清，而土汩之；人之性安，而欲亂之。』」（庶按：原作「水之性真清，而土汩之，人性安靜，而嗜欲亂之」。楊氏蓋依王念孫說。） 王叔岷曰：「亢倉子全道篇：『水之性清，土者滑之，故不得清；人之性壽，物者滑之，故不得壽。』」

〔一二〕「鏧」，爲蠹蟲蛀蝕。

〔一三〕「則還」，景道藏本、子彙本、程榮本、明刊合諸名家批點諸子全書孫月峯評本並作「而返」。楊明照曰：「作『而返』較勝。帝範（武英殿聚版叢書）崇儉篇註引作『身抱慾則反自害』，亦較疊作『則還』爲長。淮南說林篇：『木生蠹，反自食；人生事，反自賊。』」 王叔岷曰：「喻林百十四引此及百子本『而返』二字並同。說郛卷六讀子隨識作『則還』，與舊合字本合。說苑辨物篇：『木自生蠹，而還自刻也；人自興妖，而還自賊也。』」 庶按：宋本亦作「則還」。「則還」、「而返」義並可通，唯此當從宋本，可不必改。

〔一四〕「樹」原作「木」，明萬曆顧雲程刻本作「樹」。「樹」字是，據改。上文「樹」、「身」對言，此亦當作

「樹」，始與下「身」相對。

〔一五〕「斂」，王叔岷曰：「類纂本作『閉』。帝範崇儉篇：『五關近閉，則嘉命遠盈。』」

〔一六〕袁註：「肥肉美酒腐腸之藥。」

〔一七〕袁註：「踈受曰：『貧賤常思富貴，富貴必履危機。』於是挂冠東都門外，辭老歸家，羣公送者千人。庾信曰：『群公別二踈，二踈者，踈受兩兄弟也。』故曰：兩踈見機，解組誰逼。書曰：『居寵思危，罔弗誰畏。』」盧文弨羣書拾補曰：「『口貪滋味，命曰腐腸之藥；鼻悦芳馨，命曰燻喉之煙。』俗本脱中間兩句。」楊明照曰：「吕氏春秋本生篇：『出則以車，入則以輦，務以自佚，命之曰招蹷之機；肥肉厚酒，務以自彊，命之曰爛腸之食；靡曼皓齒，鄭、衛之音，務以自樂，命之曰伐性之斧。』文選枚乘七發：『出輿入輦，命曰蹷痿之機；洞房清宫，命曰寒熱之媒；皓齒娥眉，命曰伐性之斧；甘脆肥膿，命曰腐腸之藥。』」王叔岷曰：「帝範註引『芳馨』作『芬馨』。畢沅吕氏春秋新校正：『招，致也。蹷者痿蹷。』召、招古通。」庶按：吕氏春秋本生篇陳奇猷校釋曰：「『招蹷之機』，猶言顛覆之端也。」此文蓋本吕覽，當從陳説。袁註引書，乃周官文，作「居寵思危，罔不惟畏」。袁註引書文，蓋傳抄之誤，其「踈受兩兄弟」説，余嘉錫四庫提要劉子辨證已駁其謬。

〔一八〕「所」字原本無，王叔岷曰：「類纂本『亦』下有『所』字，帝範註引同，當補。」庶按：王説是，據補。

〔一九〕孫楷第曰：「『芳味』，淮南子俶真訓作『芳臭』，王念孫校改爲『臭味』，此亦當從之。孟子盡心章下云：『口之於味也，耳之於聲也，鼻之於臭也，四肢之於安佚也，性也。』」王叔岷曰：「『鼻口之於芳味』，『芳味』二字，不必從王校淮南作『臭味』，鼻與芳，口與味，義自相應。下文『聲色芳味，所以悦人也』，殊好篇『聲色芳味，各有正性』，並與此作『芳味』同。」庶按：孟子盡心下「口之於味」下，有「目之於色也」文，孫氏略，當引。

〔三〇〕孫楷第曰：「兩『亦』字俱當作『一』，『一』猶或也。荀子勸學篇云：『一出焉，一入焉。』楊註：『或善，或否。』」楊明照曰：「文子九守篇（守清）：『老子曰：「人受氣於天者，耳目之於聲色也，鼻口之於芳臭也，肌膚之於寒溫也，其情一也。或以死，或以生，或爲君子，或爲小人，所以爲制者異。」』」庶按：孫説非。作「亦」文義自通。「亦」猶「或」也。列子力命篇：「愛之亦不厚，輕之或不薄。」

〔三一〕「内」，景四庫本作「納」。「内」、「納」古今字。

〔三二〕「魚鳥」下原本有「者」字，「燋爛」下原本有「也」字，覆宋本、明鈔本、景道藏本、子彙本、吉府本、程榮本、龍川鈔本於「魚鳥」下並無「者」字，「燋爛」下無「也」字。楊明照曰：「後漢書劉陶傳：『養魚沸鼎之中，棲鳥烈火之上。水木本魚鳥之所生也，用之不時，必致燋爛。』」王叔岷曰：「『由』與『猶』同，本書屢見。『所以養魚鳥也』，舊合字本『也』上有『者』字，涉上文『者』字而衍，『必致燋爛』下舊合字本有『也』字，涉上下文『也』字而衍。」庶按：王説是。古「由」、「猶」用同。荀子富國篇：「由將不足以勉也。」楊倞註：「與猶同。」删「者」、「也」二字，與下文「所以悦人也」、「還以害生」相對，今删。

〔二三〕「聲色」，明鈔本、子彙本、吉府本、景道藏本並作「色聲」。王叔岷曰：「舊合字本、程榮本、王謨本、畿輔本『色聲』並作『聲色』，此誤倒。」

〔二四〕「⿰刍刂」，剔淨。「遣累」，猶言去累。抱朴子内篇道意：「遣害真之累。」

〔二五〕淮南精神篇：「聖人食足接氣。」高誘註：「接，續也。」接氣，猶今語維持生命。

〔二六〕楊明照曰：「墨子節用中篇：『古者聖王制爲飲食之法，曰：「足以充虚繼氣。」』文子九守篇（守平）：『故聖人食足以充虚接氣，衣足以蓋形禦寒（淮南精神篇無「充虚禦寒」四字）。』」庶按：淮南精神篇：「衣足以蓋形。」

〔二七〕「靡」原作「縻」，覆宋本、明鈔本、景道藏本、子彙本、吉府本、龍川鈔本、王謨本並作「靡」，「縻」乃「靡」之訛，據改。

〔二八〕王叔岷曰：「類纂本『止足』作『至足』，於義爲長。」庶按：王説非。「止足」乃魏晉六朝時常語。抱朴子内篇論仙：「夫有道者，視爵位如湯鑊，見印綬如縗絰，視華堂如牢獄。豈當扼腕空言，以僥倖榮華，居丹楹之室，受不訾之賜，帶五利之印，尚公主之貴，耽淪勢利，不知止足，實不得道。」顔氏家訓止足篇：「禮云『欲不可縱，志不可滿』。宇宙可臻其極，情性不知其窮。唯在少欲知足，……天地鬼神之道，皆惡滿盈。謙虚沖損，可以免害。人生衣趣以覆寒露，食趣以塞飢乏耳。形骸之内，尚不得奢靡，己身之外，而欲窮驕泰邪？」梁書止足傳：「易曰：『亢之爲言也，知進而不知退，知存而不知亡。知進退存亡而不失其正者，其唯聖人乎！』傳曰：『知足不辱，知止不殆。』然則不知夫進退，不達乎止足，殆辱之累，期月而至矣。」據此，則「止足」不誤，且與下「無害」義相對。本書貪愛章：「皆明止足之分。」又老子四十四章：「知足不辱，知止不殆。」當爲「止足」之語源。

〔二九〕淮南俶真篇：「蚕蝱噆膚。」高誘註：「噆，嗑，猶穿。」

〔三〇〕「宵」原作「夜」，覆宋本、明鈔本、景道藏本、子彙本、吉府本、龍川鈔本、王謨本並作「宵」。楊明照曰：「『夜』、『宵』二字，誼同。莊子天運篇：『蚊虻噆膚，則通昔（同夕）不寐矣。』鶡冠子天權篇：『一蚋噆膚，不寐至旦。』淮南俶真篇：『蜂蠆螫指，而神不能澹，蚊蝱噆膚，而智不能平。』」王叔岷曰：「程榮本、王謨本、畿輔本『蚊䖟』並作『蚊蟲』，『蟲』疑『蝱』之誤，『䖟』即『蝱』之省，百子本正作『蝱』，下同。喻林一五引此及百子本『宵』字並同。葛洪神仙傳一：『蚊虻噆膚，通夕不得眠。』」庶按：「夜」、「宵」義雖同，然「通宵」乃古之常語，據改。隋書楊汪傳：「其時繫囚二百余人，汪通宵究審。」王氏引葛洪文，不見神仙傳卷一。

〔三一〕王叔岷曰：「程榮本、王謨本、畿輔本『太』並作『泰』，古通。喻林百一四引『太山』作『丘山』。莊子人間世篇：『禍重乎地，莫之知避。』」

〔三二〕楊明照曰：「孟子告子上篇：『孟子曰：「仁，人心也；義，人路也。舍其路而弗由，放其心而不知求，哀哉！人有鷄犬放，則知求之；有放心而不知求。」』」

〔三三〕盧文弨曰：「（程榮本）『脆』誤『危』。」庶按：「脆微」，謂情慾初發之時。

〔三四〕「蘖」原作「蘗」，覆宋本、明鈔本、景道藏本、子彙本、吉府本、龍川鈔本、王謨本並作「蘗」，「蘗」乃「蘖」之訛，據改。文選枚乘上書諫吴王：「夫十圍之木，始生而蘖，足可搔而絶，手可擢而抓。」説苑正諫篇：「夫十圍之木，始生於蘖，可引而絶，可擢而拔。」

〔三五〕袁註：「煸者，火焰飛也，熛者，火然也。楚有章華之臺，甚高大。楚王好勇，放火燒此臺，令士卒救之，有功者一準陣頭賞勞。於是士卒仍以泥塗其身，爭入火救之，故曰煸熛章華之臺者也。」孫楷第曰：「『煸』、『熛』皆訓『飛』。説文：『熛，火飛也。』吴都賦：『鉦鼓疊山，火烈熛林。』『煸』之本字當爲『蝙』。説文『蝙』下云：『蠅醜蝙摇翼也。』『蝙』，爾雅作『扇』。文選蜀都賦云：『高爛飛煸於天垂。』『飛煸』意同『煸熛』。引申則有暴卒意。漢書敍傳：『勝廣熛起，梁籍扇烈。』扇亦熛也。猶言勝廣猝起，梁籍驟盛耳。『煸』又爲動。瀋休文齊故安陸昭文碑文云：『公扇以廉風。』謂動以廉風。張景陽雜詩云：『迴飆扇緑竹。』謂扇動緑竹也。『煸』、『扇』、『蝙』字並通。劉淵林註吴都賦訓『熛』爲火爛；註蜀都賦訓『煸』爲熾，均失之。」楊明照曰：「尸子（汪繼培輯本）貴言篇：『干霄之木，始若蘖，足易去也；及其成達也，百人用斧斤，弗能僨也。熛火始起，易息也；及其焚雲夢、孟諸，雖以天下之役，抒江海之水，弗能救也。』淮南人間篇：『夫爝火在縹煙之中也，一指所能息也，……及至火之燔孟諸，而炎雲臺，（庶按：下有「水決九江而漸荆州」句。）雖起三軍之衆，弗能救也。』史記司馬相如傳：『相如既奏大人之頌，天子大説，飄飄有凌雲之氣。』國語楚語上：『靈王爲章華之臺。』莊子徐無鬼篇：『匠石運斤成風。』吕氏春秋必己篇：

『竭池而求之。』」　王叔岷曰：「文選枚乘上書諫吴王注引莊子：『豫樟初生，可抓而絶。』與此『木之將蘖，……手可掣而斷』，文意亦同。『結條陵雲，煽熛章華』，結條與煽熛對言，煽熛猶飛爛也。孫氏謂『煽』、『熛』皆訓飛，非是。吴都賦『火烈熛林』，劉淵林註訓『熛』爲火爛，固非；而此文熛字，則取火爛之義。蜀都賦『高爛飛煽於天垂』，彼文『飛煽』爲復語，與此文『煽熛』義别，孫氏蓋未深思耳。又案：舊合字本、程榮本、王謨本、畿輔本『陵』並作『凌』，古通。」庶按：孫説非是，王説近之，袁註是。此文「熛」取火焰之義，「煽熛」謂迸飛之火焰。章華，即章華臺。國語楚語上：「靈王爲章華之臺。」韋昭註：「章華，地名。」吴語曰：『乃築臺於章華之上。』」水經沔水註：「湖側有章華臺，臺高十丈，基廣十五丈，……韋昭以爲章華亦地名也。」「煽熛章華」，謂火焰冒飛得高。

〔三六〕「於」，其。

〔三七〕王叔岷曰：「漢書楊雄傳：『固不如襞而幽之離房。』顔師古註：『襞，疊衣也。』襞有疊義，與卷義近，故襞、卷可互用。」　庶按：「襞情卷慾」，意謂收斂情慾。

〔三八〕「如」下原無「不」字，「情」原作「兑」，以上下文例之，「如」下當有「不」字，方與上下文意相承，據此補「不」字。「兑」，民國六年潮陽鄭國勳刊龍溪精舍叢書本、清光緒紀元夏月湖北崇文書局刊百子全書本並作「充」，清乾隆五六年金溪王氏刊子餘增訂漢魏叢書本作「先」，景四庫本作「情」。袁註：「兑者，眼也。老子曰：『塞其兑閉其門不見色慾也。』」　王叔岷曰：「王弼老子註：

『兑，事欲之所由生。』程榮本、王謨本、畿輔本『兑』並誤『先』，百子本『兑』誤『充』。」林其錟曰：「當作『先』。說苑正諫：『據其未生，先其未形，磨礱砥礪，不見其損。』」庶按：諸說皆非，此當從景四庫本作「情」，據改。作「塞情於未形」，既與下「禁慾於脆微」相對，又承上「將收情慾，必在脆微」、「情慾之萌」、「襲情卷慾」諸事而言。

〔三九〕「其」，同「豈」。

去情章三

情者，是非之主，而利害之根〔一〕。有是必有非，能利亦能害。是非利害存於衷，而彼此還相礙〔二〕。故無情以接物，在遇而恒通。有情以接人，觸應而成礙〔三〕。由此觀之，則情之所處，物之所疑也。

是以媒楊譽人〔四〕，而受譽者不以爲德；取庸强飯〔五〕，而蒙飽者不以爲惠；嬰兒傷人，而被傷者不以爲怨；侏儒嘲人，而獲嘲者不以爲辱〔六〕。何者〔七〕？無情於譽飽〔八〕，雖蒙惠而非德；無情於傷辱〔九〕，雖獲毁而無憾。魚不畏網而畏鵜〔一〇〕，復讎者不怨鏌鎁而怨其人〔一一〕，網無心而鳥有情，劍無情而人有心也。使信士分財，不如投策探鈎〔一二〕；使廉士守藏，不如閉扃全封〔一三〕。何者？有心之於平，不若無心之於不平也；有慾之於廉，不若無慾之於不廉也。

今人目若驪珠〔一四〕，心如權衡〔一五〕，評人好醜，雖言得其實，彼必嫌怨。及其自照明鏡，模刻其容〔一六〕，醜狀既露，則内慙而不怨。嚮之評者，與鏡無殊。然而嚮怨今慙者〔一七〕，以鏡無情而人有心故也〔一八〕。三人居室，二人交争〔一九〕，必取信於不争者，以辯彼此之得失〔二〇〕。夫不争者未必平，而交争者未必偏，而信於不争者，何也？以争者之心，並挾勝情故也〔二一〕。飄瓦擊人〔二二〕，虚舟觸己，雖有忮心而不怒者，以彼無情於擊觸故也〔二三〕。是以聖人棄智以全真〔二四〕，遣情以接物，不爲名尸，不爲謀府〔二五〕，混然無際，而俗莫能累矣〔二六〕。

校釋

〔一〕袁註：「情者，利害之根，是非之主。非情則物無所疑，有情則應而成礙，故須去之也。」

〔二〕「礙」原作「疑」，明鈔本作「礙」。「疑」乃「礙」之訛，據改。

〔三〕「觸」下原無「應」字，宋本、明鈔本、景道藏本、子彙本、吉府本、程榮本、龍川鈔本於「觸」下並有「應」字，據補。以上文袁註「有情則應而成礙」觀之，蓋袁註所見本亦有「應」字。補「應」字與上「在遇而恒通」相對。「應」、「膺」古通。廣雅釋言：「應，受也。」王念孫疏證曰：「應與膺通。」膺謂阻塞。釋名釋形體：「膺，壅也，氣所壅塞也。」「觸膺而成礙」，謂遇其壅塞乃不通。

〔四〕「楊」，宋本、明鈔本、景道藏本、子彙本、吉府本、程榮本、龍川鈔本並作「揚」。「媒」，程榮本、景四庫本並作「謀」。袁註：「媒楊爲媒之人，不知何代人也。」楊明照曰：「『楊』、『揚』古通。淮南繆稱篇：『媒妁譽人，而莫之德也；取庸而強飯之，莫之愛也。』」王叔岷曰：「(媒、謀)古通。說文：『媒，謀也。』」庶按：楊、王說並是。「媒楊」，淮南子繆稱篇作「媒妁」，猶今語婚姻介紹人。袁註以爲某人之名，非。

〔五〕「取庸」原作「身膚」。孫楷第曰：「『身膚』當作『取庸』，字之誤也。淮南子繆稱訓云：『媒妁譽人而莫之德也，取庸而強飯之，莫之愛也。雖親父慈母不加於此。有以愛，則恩不接矣。』即此文所本。商子墾命篇云：『無得取庸，則大夫家長不見繕。』韓非子外儲說左上云：『取庸作者進美羹。』漢書景帝紀：『吏發民若取庸采黃金珠玉者，坐臧爲盜。』註引韋昭曰：『取庸，用其資以顧庸。』『取庸』乃古人常語。」王叔岷說同。庶按：孫說是，據改。「庸」同「傭」。此二句意猶今語費力不討好。

〔六〕楊明照曰：「淮南說林篇：『狂者傷人，莫之怨也；嬰兒詈老，莫之疾也。』」

〔七〕「何者」下原有「挾利以爲己」五字，吉府本、清嘉慶間蔣元庭刊道藏輯要本於「何者」下並無「挾利以爲己」五字，此五字於上下文義無涉，或爲註文誤入，據刪。

〔八〕「無」原作「有」，依文意，「有」字當作「無」字。作「無情於譽飽，雖蒙惠而非德」，與下「無情於傷辱，雖獲毀而無憾」相對。此四句乃緊承上文「媒楊譽人」四句文意而言，作「有」，蓋涉下文「有」字而誤，據改。

〔九〕「辱」下原有「也」字，覆宋本、吉府本、程榮本、龍川鈔本、道藏輯要本、別解本、明隆慶元年刊潘津纂輯百家類纂本於「傷辱」下並無「也」字。王叔岷曰：「王(保珍)云：『記纂淵海六一引「傷辱」下無「也」字，與上文句法一律。』」庶按：王說是，據刪。

〔一〇〕袁註：「鵜，鸕鷀鳥，亦名胡，汙澤鳥是也。」楊明照曰：「莊子外物篇：『魚不畏網而畏鵜鶘。』」王叔岷曰：「王(保珍)云：『記纂淵海六〇引「鵜」下有「鶘」字，與莊子同。』案日本古鈔卷子原本莊子、唐寫本莊子『鵜鶘』並作『鵜胡』，此鳥本單呼『鵜』，以其頷下胡大能抒水，故又名鵜胡，則作鵜鶘者非也。白孔六帖八引莊子無鶘字，與今本此文同。」庶按：淮南齊俗篇作「鵜胡」。高誘註：「鵜胡，汙澤鳥。」袁註「汙澤鳥」說本此。鵜又俗名塘鵝，謂食魚之候鳥。

〔一一〕袁註：「鏌鋣，劒名也。聞魚腸、屬鏤、干將、芙蓉、流彩、蓮花、明月七星，皆劒名也。」楊明照曰：「莊子達生篇：『復讎者不折鏌干。』」王叔岷曰：「景宋本白帖四引莊子『鏌干』作『鏌鋣』，與此文同。宋李元卓莊列十論辭者墜車篇：『又次之以一復讎者不折鏌鋣。』亦與此文同。『鏌鋣』亦作『莫邪』。呂氏春秋用民篇高誘註：『莫邪，良劒也。』『莫邪，干將之妻，爍身成劒。』」庶按：袁註所謂「流彩」，疑爲流星之誤，晉崔豹古今註上輿服：「吳大皇帝有寶刀三寶劒六，……四曰流星。」

〔一二〕袁註：「令人分財物者，財動足也。」庶按：淮南詮言篇：「天下非無信士也，臨貨分財必探籌而定分，以爲有心者之於平，不若無心者也。」慎子內篇：「夫投鈎以分財，投策以分馬，非鈎策爲均也，使得美者不知所以德，使得惡者不知所以怨，所以塞願望也。」

〔一三〕「閉扃」原作「閑局」，「封」原作「付」。「閑」，子彙本、彙涵本作「閉」。林其錟曰：「『閑局』當作『閉户』。文子符言篇：『使廉士守財，不如閉户而全封。』即其所本。」「付」，宋本、明鈔本、景道藏本、子彙本、吉府本、程榮本、龍川鈔本並作「封」。楊明照曰：「『閉』、『封』二字並是。文子符言篇：『老子曰：「使信士分財，不如定分而探籌。何則？有心者之於平，不如無心者也。使廉士守財，不如閉户而全封，以爲有欲者之於廉，不如無欲者也。人舉其疵，則怨，鑑見其醜，則自善。」』」王叔岷曰：「『不如閑局全封』，喻林百一三引及百子本『閑』亦作『閉』，唯『閉局』亦不可通。百子本『局』作『扃』，是也。莊子胠篋篇『固扃鐍』，可證此文作『局』之誤。」庶按：楊、王説並是，據改。龍溪本亦作「扃」。淮南詮言篇：「守重寶者，必關户而全封。」義與此可互參。

〔一四〕袁註：「驪珠，黄帝時明目人也。百步之外，視於秋毫。秋毫者，兔毫端末也。」孫楷第曰：「『驪珠』，當作『離珠』。韓非子觀行篇云：『離朱易百步而難眉睫。』淮南子原道訓云：『離朱之明，察箴末於百步之外。』高註：『離朱，黄帝臣，明目人也。』又註脩務訓云：『離朱，黄帝時人，（庶按：下有「明目」二字，孫氏略。）能見百步之外秋毫之末。』孟子（庶按：離婁上）云：『離婁之明。』趙岐註引莊子天地篇：『黄帝遺其玄珠，使離朱索之（庶按：趙氏註文在離婁篇目下，乃自註，非引莊文）。』謂離朱即離婁。李善註文選琴賦云：『離朱，慎子爲離珠。』劉子文當同。淺學者不知即『離朱』，因誤改上字爲『驪』耳。離朱目明，故以爲喻。若作驪珠，則是言形態，與下文『評人好醜』無涉矣。」 楊明照曰：「袁註以驪珠爲黄帝時明目人，孫君校釋從而和之，謂作離珠，皆瞽説也。『目若驪珠』者，言其目明，與下句之『心如權衡』，皆以品物相喻。若解爲實人，則不倫矣。且本書專學（庶按：當作「務」，説見後）、通塞兩篇，並有離婁之文，此固不應歧出也。莊子列禦寇篇『夫千金之珠，必在九重之淵，而驪龍頷下』，此孔昭所本也。」 王叔岷曰：「『離珠卽離朱，庄子天地篇：『使離朱索之而不得。』御覺八百三、宋視穆事文類聚續集二五引並作離朱，亦與此文同。莊子胠篋篇『膠離朱之目』，淮南脩務篇『離朱之明』，古人言目明，多舉離朱，似無以驪珠喻目明者，竊疑離珠之作驪珠，正由傳寫者聯想及驪龍之珠而誤耳。」 庶按：楊説是，以袁註觀之，似袁註所見本亦作「驪珠」。古籍中以離婁設喻者，出現於對文之中，多以人之生理特徵對，卽耳聰目明。專務章卽以離婁對季子。且劉子全書對文倫類劃分甚嚴，故當作「驪珠」爲是。驪珠，謂成對之珠。

〔一五〕袁註：「權衡者，秤是也。」

〔一六〕「刻」原作「倒」，景四庫本作「刻」，是，據改。「模刻其容」，猶言其容如模刻。「模刻」，謂雕鏤之偶形。淮南詮言篇：「人舉其疵則怨人，鑑見其醜則善鑑。」義與此可互參。

〔一七〕「今」下原有「之」字，吉府本、道藏輯要本、景四庫本於「今」下並無「之」字。王叔岷曰：「『之』字涉上文『嚮之評者』而衍……御覽七六八引莊子山木篇、淮南詮言篇並云：『嚮虛而今實也。』『嚮虛』與『今實』對言，猶此以『嚮怨』與『今懟』對言也。」 庶按：王説是，據刪。

〔一八〕「心」下原無「故」字，羅振玉校録唐敦煌寫本劉子殘卷於「也」上有「故」字，據補。補「故」字，與下文「並挾勝情故也」、「無情於擊觸故也」例同。

〔一九〕「争」，羅校敦煌本作「静」，下同。楊明照曰：「『争』、『静』古通。左僖二四年傳杜註：『鬩，訟争貌。』釋文：『争，本又作静。』淮南詮言篇：『三人同舍，二人相争，争者各自以爲直，不能相聽；一人雖愚，必從旁而決之，非以智也，以不争也。』」

〔二〇〕「辯」，羅校敦煌本、覆宋本、程榮本、清光緒二三年李寶淦輯諸子文粹本並作「辨」。王叔岷曰：「『辨』、『辯』古通。」庶按：底本「辨」、「辯」多互誤，唯此作「辯」不誤。

〔二一〕「並挾勝情故也」，羅校敦煌本作「並挾己情勝耶」。王叔岷曰：「『己』字涉下文『觸己』而衍，『情勝』乃『勝情』之誤倒，下文又脱『故』字，『耶』與『也』同義。下文『以彼無情於擊觸故也』，敦煌本『也』作『耶』，與此同例。」

〔二二〕「飄瓦」，謂飄落之瓦。莊子達生篇成玄英疏：「飄落之瓦偶爾傷人，雖忮逆褊心之夫，終不怨恨，爲瓦是無心之物。」

〔二三〕「舟」原作「心」，羅校敦煌本、子彙本、吉府本、顧雲程本、道藏輯要本、龍溪本並作「舟」，據改。「雖有忮心而不怒者」，羅校敦煌本作「雖有所忮而心不怒者」。陳昌濟曰：「當作『虚舟』。」楊明照曰：「羅校敦煌本『也』上無『故』字，子彙本同。道藏本亦無『故』字，『心』作『舟』，『故』字無，是也。莊子達生篇：『雖有忮心（庶按：「心」下有「者」字），不怨飄瓦。』山木篇：『方舟而濟於河，有虛船來觸舟，雖有褊心之人不怒。』淮南詮言篇：『方舟濟乎江，有虛舟從一方來，觸而覆之，雖有忮心，必無怨色（庶按：今本淮南兩「舟」字並作「船」）。』又按：北山録論業理篇：『飄瓦擊人，虛舟觸己，雖有忮心而不怒者，以彼無情於繫觸也。』蓋襲於此。」王叔岷曰：「王（保珍）云：『記纂淵海四六引「虛心」作「虛舟」。「舟」之作「心」，蓋涉下文「忮心」而誤。』宋沙門慧寶北山録八論業理篇註、喻林引此及百子本『虛舟』字並不誤。王謨本、畿輔本並脱『雖有忮心而不怒者，以彼無情於擊觸也』十六字。『雖有忮心而不怒者』，北山録註、喻林所引及舊合字本、百子本皆同，實較敦煌本爲長。……『以彼無情於擊觸也』，楊氏以無『故』字爲是。然據上文『以鏡無情，而人有心也』，敦煌本『也』上有『故』字，『以争者之心，並挾勝情故也』，亦有『故』字，則此文亦當有『故』字，文乃一律。又案：楊氏所引北山録論業理篇云云，乃北山録註文，楊氏失檢。」庶按：陳、王説並是。

〔二四〕「真」猶身也，「全真」卽全身。莊子山木篇：「異鵲從而利之，見利而忘其真。」成玄英疏：「真，性命也。」釋文引司馬云：「真，身也。」抱朴子内篇道意：「遺害真之累。」

〔二五〕袁註：「尸，主也。雖然若以愚，然不爲名中，亦不爲此圖謀之府，故無際也。」楊明照曰：「莊子應帝王篇：『無爲名尸，無爲謀府。』淮南詮言篇『無』並作『不』。」王叔岷曰：「淮南詮言篇許慎註：『尸，主也。』文子符言篇：『無爲名尸，無爲謀府。』」庶按：尸爲古時代死者受祭之人。楚辭天問：「載尸集戰。」洪興祖補註：「尸，神像也，以人爲之。」儀禮士虞禮：「祝迎尸。」鄭玄註：「尸，主也。孝子之祭，不見親之形象，心無所繫，立尸而主意焉。」「名尸」即徒有其名之主，猶言今語之傀儡。「謀府」，謀略積聚之處。

〔二六〕「矣」，羅校敦煌本作「耶」，云：「刊本耶作也。」王叔岷曰：「羅氏所稱刊本，指子彙本，惟子彙本作『矣』，不作『也』，羅氏失檢，他本『矣』字皆同。『耶』與『矣』同義。」

韜光章四

物之寓世，未嘗不韜形滅影〔一〕，隱質遐外〔二〕，以全性棲命者也〔三〕。夫含奇佩美〔四〕，衒異露才者，未有不以此傷性毁命者也〔五〕。是故翠以羽自殘〔六〕，龜以智見害〔七〕，丹以含色磨肌〔八〕，石以抱玉碎質。此四者，生於異俗，與人非不隔也〔九〕，託性於山林，寄情於物外，非有求於人也，然而自貽伊患者，未能隱其形也〔一〇〕。若使翠斂翮於丹丘之林〔一一〕，則解羽之患永脱〔一二〕；龜曳尾於暘谷之泥〔一三〕，則鑽灼之悲不至〔一四〕；丹伏光於春山之底〔一五〕，則磨肌之患永絶；石安體於玄圃之嵒〔一六〕，則剖琢之憂不及〔一七〕。故窮巖曲岫之梓櫟〔一八〕，生於積石，穎貫青天，根鑿黄泉〔一九〕，分條布葉，輪菌磊硊〔二〇〕，麒麟戲其下，鵷鸞游其顛，浮雲棲其側，清風激其間〔二一〕，終歲無毫釐之憂〔二二〕，免刀斧之害者，非與人有得也〔二三〕，能韜光隱質，故致全性也〔二四〕。路側之榆，樵人採其條，匠者伐其柯，餘有尺蘖〔二五〕，而爲行人所折者〔二六〕，非與人有讐也〔二七〕，然而致寇者，形不隱也〔二八〕。故周鷄斷尾〔二九〕，獲免於犧〔三〇〕；山狙見巧，終必招害〔三一〕。由此言之，則出處之理，亦可知矣。

是以古之有德者〔三二〕，韜跡隱智，以密其外；澄心封情，以定其內。內定則神府不亂〔三三〕，外密則形骸不擾〔三四〕。以此處身，不亦全乎？

校釋

〔一〕袁註：「韜，藏也。太公作書名曰六韜者，龍韜、虎韜、豹韜、人韜、騂騮韜、鳳韜。張頭曰：『人當韜韞以徒價，非自衒也。』」庶按：今本太公六韜者，乃文韜、武韜、龍韜、虎韜、豹韜、犬韜。袁註或本他說而誤。

〔二〕「隱質遐外」，猶言隱質於人世之外。禮記曲禮下：「天王登假。」鄭玄註：「登，上也。假，已也。上已者，若僊去云耳。」釋文：「假音遐，……僊音仙。」

〔三〕孫楷第曰：「此當作『物之寓世，韜形滅影，隱質遐外，未有不以此全性棲命者也』，與下文『夫含奇佩美，衒異露才者，未有不以此傷性毀命者也』，文同一例。」王叔岷曰：「原文文義自通，孫氏臆改，不足據。羅録敦煌本『全』下衍『其』字。」庶按：王說是。

〔四〕袁註：「凡人當須隱質滅形，自求多福也。」羅校敦煌本於「含」上無「夫」字，云：「刊本『含』上衍『夫』字。」

〔五〕袁註：「凡世人萬物，好佩華衒示於佳異逈露才者，未有不以此傷性者也。」王叔岷曰：「據袁註『未有不以此傷性者也』，是所見本亦有『此』字。」

〔六〕袁註：「孔雀毛，至青黃葱翠，堪爲器用，多被世人取之。」楊明照曰：「古文苑（卷四）楊雄太玄賦：『翠羽媺而殃身兮。』章樵註：『媺，古美字。』」王叔岷曰：「御覽九八三引蘇子：『翠以羽殃身。』金樓子立言篇下：『翠飾羽而體兮。』」庶按：百子本金樓子無「兮」字。

〔七〕「見」原作「自」。袁註：「神龜負圖而出，入（庶按：疑爲「人」之訛。）取鑽灼之，則知吉凶之兆也。」「自」，羅校敦煌本、傳增湘校敦煌本並作「見」。楊明照曰：「莊子外物篇：『仲尼曰：「神龜能見夢於元君，而不能避余且之網；知能七二鑽而無遺筴，不能避刳腸之患。如是則知有所困，神有所不及也。」』」王叔岷曰：「作『見』較長。言苑篇『神龜以智見灼』，亦作『見』。」庶按：王說是，據改。

〔八〕「色」，羅校敦煌本作「光」。王叔岷曰：「下文『伏光於春山之底』，與此相應。」庶按：王說非。抱朴子内篇黃白：「丹性赤也。」「色」謂赤色，於文義自通，可不必泥敦煌本改。丹卽硃砂，爲煉汞之原料。「磨肌」，謂煉汞，卽將丹砂煅燒，使其中所含之硫化爲二氧化硫，而游離出金屬汞（水銀），又使水銀與硫黃化合，卽生成硫化汞，呈黑色，置於密閉之容器內，調理其溫度，使昇華爲晶體之硫化汞，呈赤紅色。參看王明抱朴子内篇校釋序言。

〔九〕「也」，羅校敦煌本作「耶」。王叔岷曰：「他本『也』字皆同。下文『非有求於人也』，『未能隱其形也』，『故致全性也』，敦煌本『也』並作『耶』，『也』、『耶』義同。」

〔一〇〕「山林」，羅校敦煌本作「山水」，下無「寄情於物外」五字。　楊明照曰：「詩小雅小明：『自貽伊戚。』」　王叔岷曰：「莊子達生篇：『魯有單豹者，巖居而谷飲，不與民共利。行年七十而猶有嬰兒之色，不幸遇餓虎而殺食之。』（今本『谷飲』作『水飲』，『餓虎』二字誤疊，詳莊子校釋三，事又見呂氏春秋必己篇、淮南人間篇。）孔昭所云，正指單豹之類也。『託性於山林，寄情於物外』，他本皆同。敦煌本『林』作『水』，疑因山字聯想而誤，下又脱五字也。呂氏春秋必己篇言單豹『身處山林巖堀』，可證此文作山林不誤。」　庶按：王説是。

〔一一〕「丹丘」原作「明丘」，諸子文粹本作「丹丘」。　楊明照曰：「『明丘』未詳，『明』，或爲『丹』之誤。楚辭遠游：『仍羽人於丹丘兮！』王逸註：『丹丘，晝夜長明也。』文選謝靈運入華子岡是麻源第三谷詩：『丹丘徒空筌。』晉書摯虞傳：『讒羲和於丹丘兮。』」　王叔岷曰：「明丘卽丹丘矣。袁註：『南方去中國九萬里，火山鳳出處也。』」　庶按：楊、王説並是，據改。丹丘爲傳聞中仙人所居之處，此謂世外之地，與上文「隱質遐外」意正相因。

〔一二〕「解」，羅校敦煌本作「斬」。　王叔岷曰：「作『斬』義長。」　庶按：王説非。「解羽」乃古之常語，楚辭天問：「羿焉彃日，烏焉解羽。」

〔一三〕袁註：「暘谷在日出處也。書曰：『出暘谷而天下明。』無所不照者也。」「暘」，羅校敦煌本作「湯」。楊明照曰：「『暘』、『湯』音同，古通。史記五帝本紀『暘谷』，索隱：『暘谷，本作湯谷。』書堯典：『分命羲和宅嵎夷，曰暘谷。』孔傳：『暘，明也。日出於谷而天下明，故稱暘谷。』莊子秋水篇：『莊子釣於濮水，楚王使大夫二人往先焉。曰：「願以境内累矣。」莊子持竿不顧，曰：「吾聞楚有神龜，死已三千歲矣。王巾笥而藏之廟堂之上。此龜者，寧其死爲留骨而貴乎？寧其生而曳尾於塗中乎？」二大夫曰：「寧生而曳尾塗中。」莊子曰：「往矣！吾將曳尾於塗中。」』

〔一四〕「悲」，覆宋本、程榮本、龍川鈔本、類纂本並作「患」。王叔岷曰：「作『悲』較長。『悲』與上文『患』對言，下文以『患』與『憂』對言。」庶按：王説是。抱朴子内篇暢玄：「沈靈甲於玄淵，以違鑽灼之災。」

〔一五〕袁註：「春山是荆山之别名，多出玉珠砂者也。」楊明照曰：「穆天子傳（卷二）：『天子北昇春山之上，以望四野，曰：「春山，是唯天下之高山也。」』」庶按：袁註謂春山是荆山别名，不見所本。

〔一六〕「安」原作「亢」，羅校敦煌本作「安」，法國巴黎藏敦煌寫本、傅校本並作「充」。「玄」，羅校敦煌本、法藏敦煌本、傅校本並作「懸」。「嵒」，羅校敦煌本作「巖」。楊明照曰：「『安』、『充』並通。今本作『亢』，當由『充』之形誤。『玄』、『懸』古多通用。『嵒』、『巖』音近誼同。説文：『巖，岸也。嵒，山巖也。』淮南墬形篇：『懸圃、涼風、樊桐，在昆侖閶闔之中。』高誘註：『皆昆侖之山名也。』文選東京賦：『右睨玄圃。』」王叔岷曰：「『亢』、『玄』、『嵒』三字，他本皆同，羅校敦煌本『亢』作『安』，於義固通。法藏敦煌本『亢』作『充』，頗覺不詞。竊疑『充』乃『亢』之形誤。

廣雅釋詁：『亢，高也。』在『玄圃之邑』，故言亢。上文『丹伏光於春山之底』，『春山之底』，故言伏。伏、亢對文，於義益彰。楊氏謂『亢』由『充』之形誤，蓋不然矣。」庶按：此當從羅校敦煌本作「安」。「安」、「伏」俱有「隱蔽」義，故「安體」與「伏光」相對。

〔一七〕抱朴子内篇暢玄：「藏夜光於嵩岫，不受他山之攻。」

〔一八〕「椊」，羅校敦煌本作「梓」，類纂本作「梓」。王叔岷曰：「『椊』、『梓』並『梓』之形誤。」庶按：王説非，作「梓櫟」不詞。「椊」乃「萃」之借字。「櫟」爲長勢極高之樹幹，「萃櫟」謂成叢之樹，下文「分條布葉，輪菌磊硊」，均就萃櫟之形狀而言，故當訓「萃」爲是。

〔一九〕「鏨」，法藏敦煌本、傅校本並作「潛」。楊明照曰：「『鏨』、『潛』並通。莊子田子方篇：『上窺青天，下潛黃泉。』」王叔岷曰：「『鏨』字義勝。」庶按：王説是，作「鏨」與上文「貫」乃換文避復，謂穿也。

〔二〇〕王叔岷曰：「百子本『菌』作『囷』，古通。史記鄒陽列傳：『蟠木根柢，輪囷離詭。』集解引張晏曰：『輪囷離詭，委曲盤戾也。』『磥硊』與『離詭』同，並取根節盤結義。敦煌本『磥硊』作『累硊』，舊合字本作『磊硊』，並同。」庶按：法藏敦煌本作「累垝」，王氏引誤，傅校本作「累危」，與「磥硊」音義並同。

〔二一〕「麒麟」，羅校敦煌本、法藏敦煌本並作「驎驥」。「顛」，羅校敦煌本、法藏敦煌本並作「巔」。楊明照曰：「『巔』字是。文選張衡南都賦：『虎豹黃熊游其下，㺑玃猱挺戲其巔，鸞鷟鵷鶵翔其上，騰猨飛蝠棲其間。』嵇康琴賦：『玄雲蔭其上，翔鸞集其巔，清露潤其膚，惠風流其間。』曹植昇天行：『玄豹游其下，翔鶤戲其巔』。」王叔岷曰：「『驎驥』、『麒麟』並良馬名，此非言馳騁之事，則作『麒麟』較長，……『顛』、『巔』正俗字。楊氏以作巔爲是，疏矣。」庶按：王説是。

〔二二〕「毫」，羅校敦煌本作「豪」。王叔岷曰：「『豪』、『毫』正俗字。」

〔二三〕「免」，法藏敦煌本無。「得」，羅校敦煌本、宋本、子彙本、吉府本、程榮本、龍川鈔本、類纂本並作「德」，古通。

〔二四〕「隱」上原無「光」字，下原有「其」字。羅校敦煌本、傅校本並作「能韜光隱質，故致全性耶。」王叔岷曰：「『至』、『致』古通。『耶』、『也』同義。」庶按：以上文「韜形滅影」，下文「韜跡隱智」例之，敦煌本是，據改。

〔二五〕「蘗」原作「蘖」，「蘖」乃「蘗」之訛，今改。

〔二六〕「行人」，羅校敦煌本作「行者」。王叔岷曰：「他本皆作『行人』，敦煌本『人』作『者』，蓋涉下『者』字而誤。」

〔二七〕王叔岷曰：「王謨本、纖輔本『讎』並作『仇』，古通。」

〔二八〕楊明照曰：「易需：『九三，需於泥，致寇至』。」王叔岷曰：「易解：『負且乘，致寇至。』」庶按：傅校本於「也」上有「故」字，此蓋下文「周鷄」下之「故」字，誤衍於此。

〔二九〕「周」上原無「故」字。羅校敦煌本於「周鷄」上有「故」字。王叔岷曰：「他本『周』上皆脱『故』字，當補。」　庶按：王説是。補「故」字與上文「故翠以羽自殘」、「故窮巖曲岫之萃櫟」一律。

〔三〇〕袁註：「周文王欲以殺雄鷄祭廟，其鷄知毛色合度，乃自齕其尾。於是尾斷不中祭祀，神明不歆，遂免死者也。」「犧」下原有「牲」字。法藏敦煌本「犧」下無「牲」字。楊明照曰：「無『牲』字與下句儷。國語周語下；『賓孟適郊，見雄鷄自斷其尾，問之，侍者曰：「憚其犧也。」遽歸告王曰：「吾見雄鷄自斷其尾，而人曰『憚其犧也』。吾以爲信畜矣。」』」　庶按：國語「吾以爲信畜矣」下：「人犧實難，己犧何害？抑其惡爲人用也乎？則何也？人異於是，犧者實用人也。王弗應。」韋昭註：「純美爲犧　祭禮所用也。言鷄自斷其尾者，懼爲宗廟所用也。」　左昭二十二年傳：「賓孟適郊，見雄鷄自斷其尾，問之，侍者曰：『自憚其犧也。』遽歸告王，且曰：『雞其憚爲人用乎？人異於是，犧者實用人，人犧實難，己犧何害？』王弗應。」　山海經西次二經：「其祠之毛一雄雞。」北山首經、北次二經、中次三經、中次八經、中次十經皆言祠之用雄雞。楊氏謂無「牲」字是，據刪。

〔三一〕袁註：「山狙，靈獸，善能拍箭。楚王出獵，山狙繞樹見巧。王問左右曰：『誰能善射？』對曰：『唯有養由基善射。』王令由基射之，由基則調弦捻箭，山狙乃卽抱樹而啼，知由基神射，無避箭必見死也。」　楊明照曰：「莊子徐無鬼篇『吴王浮於江，登乎狙之山，衆狙見之，恂然棄而走，逃於深蓁。有一狙焉，委蛇攫搎（庶按：王叔岷曰：「『搎』不成字，蓋本作『委蛇攫搔』，一本『搔』作『抓』，傳寫遂誤合爲搎耳。」），見巧乎王。王射之，敏給搏捷矢。王命相者趨射，狙執死。王顧謂其友顔不疑曰：『之狙也，伐其巧，恃其便以敖予，以至此殛也！』』」　庶按：袁註所謂養由基射狙事，見淮南子説山篇。

〔三二〕「德」上原無「有」字。王叔岷曰：「類纂本、程榮本、景四庫本『德』上並有『有』字，文意較完。」庶按：王説是，據補。吉府本亦有「有」字。

〔三三〕「府」原作「腑」，羅校敦煌本、法藏敦煌本、孫評本並作「府」。王叔岷曰：「『府』、『腑』古通。惟『腑』字疑後人所改。『神府』與『靈府』義近。莊子德充符篇：『不可入於靈府。』郭象註：『靈府，精神之宅也。』」庶按：王説是，據改。

〔三四〕「骸」，羅校敦煌本作「體」。「擾」，法藏敦煌本作「害」。

崇學章五

至道無言，非立言無以明其理〔一〕；大象無形，非立形無以測其奧〔二〕。道象之妙，非言不傳；傳言之妙，非學不精〔三〕。未有不因學而鑒道〔四〕，不假學以光身者也。夫繭繅以爲絲，織爲縑紈〔五〕，繢以黼黻〔六〕，則王侯服之；人學爲禮儀〔七〕，絲以文藻〔八〕，而世人榮之。繭之不繅，則素絲蠹於筐籠；人之不學，則才智腐於心胸〔九〕。海蚌未剖，則明珠不顯〔一〇〕；崑竹未斷，則鳳音不彰〔一一〕；情性未鍊〔一二〕，則神明不發。譬諸金木，金性苞水〔一三〕，木性藏火。故鍊金則水出，鑽木而火生〔一四〕。人能務學，鑽鍊其性，則才惠發矣〔一五〕。

青出於藍而青於藍，染使然也〔一六〕；冰生於水而冷於水〔一七〕，寒使然也；鏡出於金而明於金，瑩使然也〔一八〕；戎夷之子，生而同聲，長而異語，教使然也〔一九〕。山抱玉而草木潤焉，川貯珠而岸不枯焉〔二〇〕，口内滋味而百節肥焉〔二一〕，心受典誥而五性通焉。故不登峻嶺〔二二〕，不知天之高；不瞰深谷，不知地之厚；不游六藝，不知智之深〔二三〕。遠而光華者，飾也；近而愈明者，學也〔二四〕。故吴幹質勁，非筈羽而不美〔二五〕；越劒性利，非淬礪而不銛；人性譞惠〔二六〕，非積學而不成。沿淺以及深，披闇而覩明〔二七〕。不可以傳聞稱，非得以汎濫善也〔二八〕。

夫還鄉者心務見家，不可以一步至也〔二九〕；慕學者情纏典素〔三〇〕，不可以一讀能也。故爲山者基於一簣之土〔三一〕，以成千丈之峭；鑿井者起於三寸之坎，以就萬仞之深〔三二〕。靈珠如豆〔三三〕，不見其長，疊歲而大；鑠舌如指〔三四〕，不覺其損，累時而折。懸巖滴溜，終能穴石〔三五〕；規車牽索，卒至斷軸〔三六〕。水非石之鑽，繩非木之鋸，然而斷穴者，積漸之所成也〔三七〕。耳形完而聽不聞者，聾也；目形全而視不見者，盲也〔三八〕；人性美而不監道者，不學也。耳之初窒，目之始昧，必不惜百金，而迎醫千里〔三九〕。人不涉學，猶心之聾盲，不知遠祈明師〔四〇〕，以攻心術，性之蔽也。故宣尼臨殁，手不釋卷〔四一〕；仲舒垂卒，口不輟誦〔四二〕；有子惡卧，自焠其掌〔四三〕；蘇生患睡，親錐其股〔四四〕。以聖賢之性，猶好學無倦，矧伊傭人而可怠哉〔四五〕？

校釋

〔一〕「理」，羅校敦煌本作「況」。王重民校巴黎敦煌本（即法藏敦煌本）作「理」。王叔岷曰：「他本皆作『理』。」庶按：「理」字是。

〔二〕「形」原作「象」，羅校敦煌本、傳校本並作「形」。孫楷第曰：「各本均作『立象』，今據唐卷子本改。」王叔岷曰：「他本皆作『象』，涉上『象』字而誤。」庶按：孫、王説並是。上文「至道無言，非立言無以明其理」，則此亦當作「非立形無以測其奧」，據改。

〔三〕「非言不傳」原作「非言不津」，「傳言之妙」原作「津言之妙」，「非學不精」原作「非學不傳」。孫楷第曰：「『道象之妙』，『津言之妙』，『象』字、『津』字俱衍文。本當爲『道之妙，非言不津；言之妙，非學不傳』。老子三五章：『執大象天下往。』河上公註：『象，道也。聖人守大道，則天下萬物移心歸往之。』（四一章『大象無形』，註云：『大法象之人質樸無形容。』增字爲解，非是。『大象無形』，即詮言訓所謂『大道無形』。宜從三五章註。）是『大象』即『至道』，言象者，互文耳。韓非子解老篇：『（今）道雖不可得聞見，聖人執其見功以處見其形，故曰：無狀之狀，無物之象。』『執其見功以處見其形』，即此所謂『立形以測其奧也』。『道之妙，非言不津；言之妙，非學不傳』，即承上文而言。不言象者，道即是象，言道而象在其中。下文『未有不因學而鑒道，不假學以光身者也』，不承象字，則此文本無象字明矣。今本有象字，蓋津字誤衍，後人因增象字以足其文耳。文選西征賦『津便門以右轉』，即津字用爲處字之例。」 庶按：景四庫本作「道象之妙，非言不傳；傳言之妙，非學不精」，於義爲長，據改。

〔四〕「鑒」，羅校敦煌本、傅校本並作「隆」，王重民校巴黎敦煌本作「鑒」。 楊明照曰：「『鑒』、『隆』誼並得通。尸子：『未有不因學而鑒道，不假學而光身者也。』帝範崇文篇：『因文而隆道，假學以光身。』」 庶按：「鑒」亦作「鑑」、「監」。莊子盜跖篇「不監於道」，監爲明察，則此「鑒」字不誤。

〔五〕羅校敦煌本、法藏敦煌本於「爲縑紈」上，並無「以爲絲纖」四字。 楊明照曰：「敦煌兩寫本並是，『繅爲縑紈，績以黼黻』，與下『學爲禮儀，雕以文藻』，正相對爲文。尸子勸學篇：『夫繭，舍而不治，則腐蠹而棄，使女工繅之，以爲美錦，大君服而朝之。身者，繭也。舍而不治，則知行腐蠹；使賢者教之，以爲世士，則天下諸侯莫敢不敬。』」 王叔岷曰：「『夫蠒』，舊合字本、王謨本、畿輔本『蠒』皆作『繭』（下同），喻林九三引同。『繭』、『蠒』正俗字。『繅以爲絲，織爲縑紈』，他本皆同，惟舊合字本『繅』作『繰』（下同）。『繅』、『繰』正俗字。」 庶按：楊氏泥敦煌本爲說，非是。作「繅爲縑紈」不合常理。說文：「繅，繹繭爲絲也。」淮南泰族篇：「繭之性爲絲，然非得工女煮以熱湯而抽其統紀，則不能成絲。」潛夫論讚學篇：「朝祭之服，乃山野之木，蠶繭之絲耳。」禮記月令：「蠶事既登，分繭稱絲效功，以共郊廟之服。」此俱言繅而成絲，則此文不當删。且下文「繭之不繅，則素絲蠹於筐籠」，正可證繅絲之事。 繅絲乃本書常語，故「以爲絲纖」四字不可少。

〔六〕「績」乃「繪」之借字，繪謂繪畫，此言刺繡。

〔七〕「學」上原無「人」字。王叔岷曰：「程榮本『學』上有『人』字，疑是。下文『人之不學』與此相應，且此『人』字與上文『蠒』字對言，猶下文以『蠒』、『人』對言也。」庶按：王説是，景四庫本「學」上亦有「人」字，據補。

〔八〕「絲」，羅校敦煌本、覆宋本、龍川鈔本並作「彤」，法藏敦煌本、程榮本並作「雕」，道藏輯要本作「飾」。盧文弨曰：「『絲』，疑『緣』。」王叔岷曰：「作『彤』或『雕』者是。『彤』、『雕』古通。『絲』字涉上文而誤，盧氏疑爲『緣』，臆説不足據。」庶按：「絲」乃「飾」之借字。廣韻「飾」屬審母職韻，「絲」屬心母之韻。「飾以文藻」，與上「繪以黼黻」義正相對。

〔九〕「筐」原作「篋」。楊明照曰：「羅校敦煌本『篋』作『筐』，『素』上、『才』上兩『則』字並無，法藏敦煌本全同，敦煌兩寫本並是。」庶按：楊氏謂「篋」作「筐」，是，據改。唯刪兩「則」字則非。以下文「則明珠」、「則鳳音」、「則神明」例之，此兩「則」字不當刪。

〔一〇〕「珠」，王重民校巴黎敦煌本作「璣」。楊明照曰：「淮南説林篇：『明月之珠，蚌之病而我之利也。』」王叔岷曰：「羅校敦煌本『蚌』作『蜯』，同。巴黎敦煌本『珠』作『璣』，疑因珠字聯想而誤。御覽九八三引蘇子：『蚌以珠自破。』金樓子立言篇下：『蚌懷珠而致剖。』」庶按：明珠謂寶珠。漢書叙傳答賓戲：「隋侯之珠，藏於蜯蛤。」御覽九四一引墨子云：「楚之明月，出於蚌蜃。」潛夫論遏利篇：「象以齒焚身，蜯以珠剖體。」

〔一一〕袁註：「黄帝使伶倫氏於崑崙山西，解谷之曲，採竹爲律管，其竹黄似金，吹之聲合鳳音無異，姑言鳳音不彰者也。」楊明照曰：「呂氏春秋古樂篇：『昔黃帝令伶倫作爲律，伶倫自大夏之西，乃之阮隃（崐隃之誤）之陰，取竹於嶰谿之谷，以生空竅厚鈞者，斷兩節間，其長三寸九分而吹之，以爲黃鐘之宮，吹曰舍少；次制十二筒，以之阮隃之下，聽鳳皇之鳴，以別十二律。』畢沅呂氏春秋校正曰：『阮隃』，漢書律曆志作昆侖，說苑修文篇、風俗通音聲篇、左氏成九年正義皆作崑崘。世說德引篇引呂亦同，是阮隃卽崑崘。」

〔一二〕「情性」，程榮本、景四庫本並作「性情」。王叔岷曰：「羅録敦煌本『鍊』作『練』（下同），古通。」庶按：此「情性」謂人之本性，故不誤，白虎通有情性篇。

〔一三〕「苞」，羅校敦煌本、傅校本並作「包」。王重民校巴黎敦煌本作「苞」，無「金」、「木」二字。王叔岷曰：「巴黎敦煌本無『金』、『木』二字，蓋誤脫，他本『苞』字皆同。『包』、『苞』古通。」庶按：王說是。

〔一四〕「而」，羅校敦煌本作「則」。

〔一五〕「惠」，程榮本、道藏輯要本、孫評本並作「慧」。王叔岷曰：「『惠』、『慧』古通。」庶按：王說是。下文「人性譞惠」，宋本作「人性譞慧」，是其證。

〔一六〕原本無「染使然也」四字。楊明照曰：「羅校敦煌本、法藏敦煌本、子彙本、程榮本、王謨本、畿輔本『而青於藍』下並有『染使然也』四字，當據增。（輔行記第一之一：『書云：「青出於藍，而青於藍，染使然也。」』蓋引此文。）荀子勸學篇：『青取之於藍，而青於藍；冰水爲之，而寒於水。』」王叔岷曰：「淮南俶真篇：『以藍染青，則青於藍。』」　庶按：楊說是，據補。增「染使然也」四字，與下文「寒使然也」、「鋈使然也」一律。

〔一七〕「冷」，王重民校巴黎敦煌本作「凉」。

〔一八〕王叔岷曰：「『瑩』與『鋈』同。廣雅釋詁：『鋈，磨也。』本書因顯篇『鏡以瑩拂成鑑』，瑩亦磨也。」庶按：「瑩」乃「鋈」之借字。廣雅釋詁三王念孫疏證曰：「瑩與鋈通。」鋈謂磨拭金屬使之發光。

〔一九〕袁註：「戎在西，夷在東，其人言語各異。一同初生之時，孩子啼之聲無有別異，及其長大語，語各別，乃是教習使之學，斅然異者也。」　楊明照曰：「荀子勸學篇：『干越夷貉之子，生而同聲，長而異俗，教使之然也。』」　王叔岷曰：「淮南齊俗篇：『羌氐僰翟，嬰兒生皆同聲。及其長也，雖重象、狄騠，不能通其言，教俗殊也。』」

〔二〇〕楊明照曰：「輔行記第五之一引『貯』作『著』。『貯』、『著』誼同。荀子勸學篇：『玉在山而草木潤，淵生珠而岸不枯。』」　庶按：荀子文當作「玉在山而木潤（王念孫有說），淵生珠而崖不枯。」淮南說山篇：「故玉在山而草木潤，淵生珠而岸不枯。」高誘註：「玉，陽中之陰也，故能潤澤草木；珠，陰中之陽也，有光明，故岸不枯。」

〔二一〕楊明照曰：「淮南泰族篇：『故食其口而百節肥。』」

〔二二〕「嶺」，羅校敦煌本作「峰」。

〔二三〕「深」原作「源」，宋本、吉府本、程榮本、龍川鈔本、道藏輯要本、類纂本、景四庫本並作「深」。　楊明照曰：「程榮本『源』作『深』，『深』字非是。帝範崇文篇：『不游文翰，不識智之源。』蓋本此文。荀子勸學篇：『故不登高山，不知天之高也；不臨深谿，不知地之厚也；不聞先王之遺言，不知學問之大也。』」王叔岷曰：「作『深』，涉上文『深谷』而誤。」庶按：楊、王説非。作「智之深」與上文「天之高」、「地之厚」意相屬，又與本章崇學之章旨合，據改。

〔二四〕盧文弨曰：「（程榮本）『飾』誤『節』。」楊明照曰：「尚書大傳略説：『子曰：「君子不可以不學，見人不可以不飭（與飾通）。（庶按：四部叢刊初編本飭皆作飾。）不飭，無貌；無貌，不敬；不敬，無禮；無禮，不立。夫遠而有光者，飭也；近而逾明者，學也。」』」王叔岷曰：「羅校敦煌本『愈』作『逾』，與尚書大傳略説合。『愈』、『逾』古通。」庶按：説苑建本篇：「夫遠而有光者，飾也；近而愈明者，學也。」

〔二五〕袁註：「吴者，東吴會稽，出竹質正堅緊，堪爲箭簳，雖復端直，須要括羽鏃之也。」「質」原作「真」，羅校敦煌本、法藏敦煌本、宋本、明鈔本、景道藏本、子彙本、吉府本、程榮本、龍川鈔本、類纂本並作「質」，據改。「筈」，羅校敦煌本作「括」。楊明照曰：「『真』字非是。貴言篇『楚拓質勁』，句法與此同。説苑建本篇：『子路曰：「南山有竹，弗揉自直，斬而射之，通於犀革，又何學爲乎？」孔子曰：「括而羽之，鏃而砥礪之，其入不益深乎？」』」王叔岷曰：「據袁註『雖復端直，須要括羽鏃之也』，説雖不通，所見本『筈』蓋作『括』，與敦煌本合，本字作『栝』。説文：『桰，一曰矢桰，築弦處。』栝即桰之隸變。」庶按：楊説是，「筈羽」，謂箭末扣弦處兩端裝飾之羽毛，以保持飛行平衡。

〔二六〕王叔岷曰：「羅校敦煌本、程榮本『譞』並作『懁』，類纂本作『儇』。『懁』，借字。『譞』、『儇』音義同。說文：『譞，慧也。』『儇，慧也。』『譞惠』爲複語。」

〔二七〕「披閽」，猶言驅散黑暗。文選琴賦：「披重壤以誕載兮。」李善註：「披，開也。」此謂讀書中消釋疑難。

〔二八〕「稱」，羅校敦煌本作「練」。王叔岷曰：「『練』字義長，謂熟練也。」庶按：王說非，此處之「稱」，不當作「練」。「稱」謂頌揚，與下文「汎濫善」之「善」義同。此二句謂：讀書既須務實，不可以道聽途說爲好，亦須善於分辨，不可以雜爲優。專務章「是故學者必精勤專心」，亦謂讀書須註重於精，正與此文意合。

〔二九〕羅校敦煌本、法藏敦煌本「不可」上有「而」字，下文「不可以一讀能也」，「不可」上亦有「而」字。

〔三〇〕「典素」，猶言典籍。素乃白絲爲之絹，古曾以之爲書寫材料，故曰典素。

〔三一〕「簣」原作「蕢」，羅校敦煌本作「匱」，法藏敦煌本、宋本、明鈔本、景道藏本、子彙本、吉府本、程榮本、龍川鈔本並作「簣」。王叔岷曰：「『匱』亦借爲『簣』。論語子罕篇：『譬如爲山，未成一簣。』（包咸註：『簣，土籠也。』）」庶按：王說是，「蕢」乃「簣」之訛，據改。

〔三二〕「坎」，羅校敦煌本作「埳」。「萬仞」，羅校敦煌本、法藏敦煌本、傅校本皆作「百刃」。王叔岷曰：「『埳』與『坎』同，他本『百刃』皆作『萬仞』。『萬』作『百』較長，『仞』、『刃』正假字。」庶按：王說非，此「萬仞」與上文「千丈」用同，乃泛指，極言其深，故不當改。

〔三三〕袁註：「初如小豆粒，長大徑寸，光明一室。人能讀書，及成明神，智自明如斯也。」 庶按：袁註「及成明神」句，「成明」二字疑誤倒。「靈珠」，靈蛇珠之省稱，即傳説中靈蛇報於隋侯之珠，淮南覽冥篇：「譬如隋侯之珠。」高誘註：「隋侯，漢東之國姬姓諸侯也。隋侯見大蛇傷斷，以藥傅之。後蛇於江中銜大珠以報之，因曰隋侯之珠，蓋明月珠也。」

〔三四〕「鐸」原作「鐃」。袁註：「以銅爲之，以木爲舌。」 盧文弨曰：「（何允中本）『鐃』誤『饒』。」羅校敦煌本、傅校本並作「鐸」。 王重民校巴黎敦煌本作「鐃」。 孫楷第曰：「『鐸』，各本作『鐃』，今依唐卷子本。 羅振玉云：『鐸有舌，鐃無舌，作鐃誤。』案周禮地官鼓人『以金鐃止鼓』，註：『鐃如鈴，無舌，有秉，執而鳴之，以止擊鼓。』又『以金鐸通鼓』，註：『鐸，大鈴也。』淮南子説林訓高註：『金口木舌爲木鐸，金舌爲金鐸。』北堂書鈔一二一武功部引三禮圖：『鐸，今之鈴。其匡銅爲之。木舌爲木鐸，金舌爲金鐸。』王先慎韓非子集解附所輯韓非子佚文云：『木鐸以聲自毁。』鹽鐵論利議篇云：『吴鐸以其舌自破。』皆與『鐸舌』之義合，若作『鐃』，則非其恉矣。」 王叔岷説同。 庶按：諸説並是，據改。 論語八佾篇：「天將以夫子爲木鐸。」皇侃疏曰：「鐸用銅鐵爲之，若行武教則用銅鐵爲舌，若行文教則用木舌，謂之木鐸。」

〔三五〕「穴」，程榮本作「穿」。 盧文弨曰：「藏作『穴石』，義雖相似，下云『然而斷穿者』，不若藏作『斷穴』爲便於讀。」 楊明照曰：「漢書枚乘傳：『泰山之霤穿石，單極之統斷幹；水非石之鑽，索非木之鋸（尸子有此二句，索作繩），漸靡使之然也。』」　王叔岷曰：「『懸巖滴溜』，羅校敦煌本『溜』作『霤』，與漢書枚乘傳合，『霤』、『溜』正假字。『終能穴石』，王謨本、畿輔本『穴』亦並作『穿』，與漢書枚乘傳合。惟羅録敦煌本已作『穴』，則作『穴』乃本書之舊。作『穿』者，蓋後人據枚乘上諫吴王書所改耳。」　庶按：盧、王説並是。

〔三六〕「卒」原作「以」，羅校敦煌本、法藏敦煌本、宋本、明鈔本、景道藏本、子彙本、吉府本、程榮本、龍川鈔本並作「卒」。「以」乃「卒」之訛，據改。作「卒至斷軸」，與上「終能穴石」相對。

〔三七〕「成」，羅校敦煌本作「致」。　王叔岷曰：「作『致』與御覽引孔叢子合。御覽六百七引孔叢子：『山溜至軟，石爲之穿；蝎蟲至弱，木爲之弊。夫溜非石之鑽（庶按：今中華書局本御覽作「鑿」），蝎非木之鑿，然而能以微脆之形，陷堅剛之體，非積漸之致乎。』」

〔三八〕「聾也」、「盲也」及下文「不學也」之「也」，羅校敦煌本俱作「耶」。羅校敦煌本「目形全」同，云：「刊本『全』作『完』。」　楊明照曰：「淮南泰族篇：『且聾者耳形具，而無能聞也。盲者目形存，而無能見也。』」　王叔岷曰：「『目形全』，子彙本『全』字同，羅氏失檢。」

〔三九〕「而迎醫千里」原作「遭醫千里」，羅校敦煌本、傅校本並作「而迎醫千里」，法藏敦煌本作「迎醫千里」。　楊明照曰：「敦煌本近古，當從之。淮南泰族篇：『故有瘖聾之病者，雖破家求醫，不顧其費。豈獨形骸有瘖聾哉！心志亦有之。（庶按：中有「夫指之拘也，莫不事申也」二句，楊氏略，當引。）心之塞也，莫知務通也，不明於類也。』」　庶按：楊説是，此當作「而迎」義較勝，據改。

〔四〇〕「祈」，法藏敦煌本作「蘄」。　王叔岷曰：「『祈』、『蘄』正假字。」

〔四一〕「宣尼」，類纂本作「仲尼」。「歿」原作「没」，法藏敦煌本作「歿」。「没」乃「歿」之訛，據改。「宣尼」即「仲尼」，謂孔丘。　楊明照曰：「論衡別通篇：『孔子病，商瞿卜期日中。孔子曰：「取書來。比至日中何事乎？」聖人之好學也，且死不休。』」

〔四二〕袁註：「董仲舒，廣川人。下帷讀書，七年不窺園圃，弟兄不面；乘馬，三年不知牡牝。」景四庫本於「口不輟誦」下有双行小註：「廣川人，下帷講誦，三年不窺園。」「卒」，羅校敦煌本作「喪」，王重民校巴黎敦煌本作「亡」。　楊明照曰：「史記儒林董仲舒傳：『董仲舒，廣川人也，以治春秋，孝景時爲博士。下帷講誦，弟子傳以久次相受業，或莫見其面。蓋三年董仲舒不觀於舍園，其精如此。……疾免居家，至卒，終不治産業，以脩學著書爲事。』」　庶按：作「卒」，與史記合。

〔四三〕袁註：「有子，長有若也，讀書惡睡，自刺碎其掌也。」「焠」原作「碎」，羅校敦煌本、傅校本、百子本、龍溪本並作「焠」。　盧文弨曰：「『焠』誤『碎』，事見荀子。」　楊明照曰：「『碎』當作『焠』。荀子解蔽篇：『有子惡臥，而焠掌。』楊倞註：『焠，灼也。』桓範世要論：『有君惡臥，讀書倦，則刺其掌。』」　陳昌齊説同。　庶按：諸説並是，唯袁註以「焠」爲「碎」，疑傳抄手誤，據改。

〔四四〕「患」，羅校敦煌本作「怨」。景四庫本於「親錐其股」下双行小註：「洛陽人，讀書欲睡，以錐刺其股，流血至踝。」　楊明照曰：「戰國策秦策一：『（蘇秦）乃夜發書，陳篋數十，得太公陰符之謀，伏而誦之，簡練以爲揣摩。讀書欲睡，引錐自刺其股，血流至足。』」　王叔岷曰：「御覽六一一引史記：「蘇秦，洛陽人，與魏人張儀同師事鬼谷先生。讀書至睡，秦輒引錐刺股，血流至踝。」」

〔四五〕盧文弨曰：「（程榮本）『伊』字脱，『傭』同『庸』。」羅校敦煌本「傭」作「庸」，云：「刊本『庸』誤『傭』。」「伊」，王重民校巴黎敦煌本作「乎」。王叔岷曰：「『傭』、『庸』古本通用，惟此『傭』字，恐涉『伊』字而誤加人旁也。」

專務章六〔一〕

學者出於心也〔二〕，心爲身之主〔三〕，耳目候於心〔四〕。若心不在學，則聽訟不聞，視簡不見〔五〕。如欲鍊業〔六〕，必先正其心，而後理義入焉〔七〕。

夫兩葉掩目〔八〕，則冥默無覩；雙珠瑱耳〔九〕，必寂寞無聞。葉作目蔽，珠爲耳鯁〔一〇〕，二關外擁〔一一〕，視聽内隔〔一二〕，固其宜也〔一三〕。而離婁察秋毫之末〔一四〕，不聞雷霆之聲；季子聽清角之韻，不見嵩、岱之形〔一五〕。視不關耳而耳不聞，聽不關目而目不見者〔一六〕，何也？心溺秋毫，意入清角故也〔一七〕。

是以心駐於目，必忘其耳〔一八〕，則聽而不聞；心駐於耳，必遺其目，則視而不見也〔一九〕。使左手畫方，右手畫圓，令一時俱成，雖執規矩之心，迴剞劂之手〔二〇〕，而不能者，由心不兩用，則手不並運也。

奕秋，通國之善奕也〔二一〕。當奕之思〔二二〕，有吹笙過者，傾心聽之，將聞未聞之際，問以奕道，則不知也〔二三〕。非奕道深微〔二四〕，情有暫闇〔二五〕，笙滑之也〔二六〕。隸首，天下之善筭也。當筭之際〔二七〕，有鳴鴻過者，彎弧擬之，將發未發之間，問以三五，則不知也。非三五難筭，意有暴昧〔二八〕，鴻亂之也。以奕秋之奕〔二九〕，隸首之筭，窮微盡數〔三〇〕，非有差也。然而心在笙鴻，而奕敗筭撓者，是心不專一，遊情外務也。瞽無目而耳不可以察，專於聽也；聾無耳而目不可以聞，專於視也〔三一〕。以瞽聾之微，而聽察聰明者，用心一也〔三二〕。

夫蟬之難取，而黏之如掇〔三三〕；卷耳易採，而不盈傾筐，專與不專也〔三四〕。是故學者必精勤專心，以入於神。若心不在學而强諷誦之者〔三五〕，雖入於耳而不諦於心〔三六〕，譬若聾者之歌，效人爲之〔三七〕，無以自樂，雖出於口則越而散矣〔三八〕。

校釋

〔一〕「務」原作「學」，法藏敦煌本作「務」，是。作「專務」與本章章旨合，據改。

〔二〕「心」下原無「也」字，法藏敦煌本於「心」下有「也」字。楊明照曰：「有『也』字較勝。荀子勸學篇：『君子之學也，入乎耳，箸乎心。』」王叔岷曰：「説苑説（庶按：今本作談。）叢篇：『君子之學也，入於耳，藏於心。』」庶按：楊説是，據補。

〔三〕袁註：「心稟五常，嗜好不一，或謀經史，或愛琴書。時慕遊俗，乍希恬靜，莫不由心。故出心也。」

〔四〕「於」，羅校敦煌本、法藏敦煌本、傅校本並作「其」。楊明照曰：「『其』字是。春秋元命苞：『耳者，心之候。』（玉函山房輯佚書）」林其錟說同。王叔岷曰：「『於』與『其』同義。管子臣乘馬篇：『穀失於時，君之衡藉而無止。』元本、朱東光本『於』並作『其』。韓非子飾邪篇：『夫含常法而從私意，則臣不飾於智能。』意林引『於』作『其』。淮南說山篇：『夜之不能修其歲也，夜在歲之中。』景宋本『其』作『於』。列子仲尼篇：『於外無難，故名不出其一家。』道藏白文本、林希逸本『其』並作『於』，皆其證。」庶按：王說是，「於」猶「其」也。韓非子外儲說左上：「既雕既琢，還歸其樸。」淮南原道篇：「已彫已琢，還反於樸。」「心」原作「外」，程榮本作「心」。王叔岷曰：「『外』作『心』，涉上下文『心』字而誤。」林其錟說同。庶按：王說非，此當從程榮本作「心」，據改。下文「若心不在學，則聽訟不聞，視簡不見」，正爲承此而言心與耳目之關係。王叔岷謂天中記二二引春秋元命苞：「耳者，心之候。」亦可證此說。

〔五〕羅校敦煌本、法藏敦煌本於「心」上並無「若」字。「訟」，羅校敦煌本、程榮本、百子本並作「誦」。「簡」，王重民校巴黎敦煌本作「瞻」。王叔岷曰：「『誦』、『訟』正假字，諷與誦同義。說文：『誦，諷也。』『視簡』與『聽訟』對言，巴黎敦煌本『簡』作『瞻』，疑因視字聯想而誤。大學：『心不在焉，視而不見，聽而不聞。』」庶按：王說是，訟、誦廣韻同屬邪母用韻。

〔六〕「如欲鍊業」，羅校敦煌本、法藏敦煌本作「而欲練業」。王叔岷曰：「『而』與『如』同義，敦煌本往往以『而』爲『如』。……『練』、『鍊』古通。」

〔七〕「正」下原無「其」字，「焉」字原在「心」下。王重民校巴黎敦煌本「正」下有「其」字。「而後」作「然後」。羅校敦煌本、法藏敦煌本、宋本、明鈔本、景道藏本、子彙本、吉府本、程榮本、龍川鈔本「心」下並無「焉」字，「入」下俱有「焉」字。庶按：「正」下有「其」字義長。「焉」字原當位於「入」字下，蓋脱於此而誤衍於「心」下，據諸本改。

〔八〕袁註：「目主明，耳主聽，兩葉掩目則無所覩也。」

〔九〕「瑱」原作「填」。袁註：「耳主聞，若雙珠塞之則寂寞無聞也。」「填耳」、「無聞」，羅校敦煌本作「瑱耳」、「不聞」。其校記云：「刊本『瑱』誤『填』，『不』作『無』。」楊明照曰：「鶡冠子天則篇：『一葉蔽目，不見泰山；兩豆塞耳，不聞雷霆。』」王叔岷曰：「『瑱』字，他本同誤。説文：『瑱，以玉充耳也。』『無』字他本皆同，『不』與『無』同義。藝文類聚八五、景宋本白帖九、御覽一三、八四一、記纂淵海七二引鶡冠子，『一葉蔽目』，『一』皆作『兩』，與此文合。」庶按：羅、王説並是，據改。

〔一〇〕「鞕」乃「梗」之借字，梗猶塞也。

〔一一〕「擁」，羅校敦煌本作「壅」，王重民校巴黎敦煌本作「應」。王叔岷曰：「『擁』、『壅』古通，『應』字疑誤。」庶按：王説是。

〔一二〕袁註：「心在於内，物在於外，目不見色，耳不聞聲。既無視聽，心隔於内，故云視聽内隔。」王叔岷曰：「『聽』、『隔』二字舊互誤，據各本乙正。」

〔一三〕盧文弨曰：「『固』，俗作『故』。」「也」，羅校敦煌本作「耶」。　王叔岷曰：「程榮本『固』作『故』，『也』字他本皆同。」

〔一四〕袁註：「離婁是黃帝時人，目明百步，視見秋毫。秋毫者，兔毫端末毛也。」羅校敦煌本於「離婁」上無「而」字，「末」作「鋭」，「聲」作「響」。　楊明照曰：「淮南俶真篇：『夫目察秋毫之末，耳不聞雷霆之音；耳調玉石之聲，目不見泰山之高，何則？小有所志，而大有所忘也。』離婁目明，見孟子離婁上篇、韓非子觀行篇、淮南子原道篇等書。」　王叔岷曰：「王（保珍）曰：『記纂海五五引「末」作「鋭」，「鋭」亦有「末」義。』他本『離婁』上皆有『而』字。『末』字、『聲』字皆同。　淮南俶真篇：『耳聽白雪清角之聲。』高誘註：『清角，商聲也。』文選張平子南都賦註引許慎註：『清角，弦急其聲清也。』說苑雜言篇：『目察秋毫之末者，視不能見泰山；耳聽清濁之調者，不聞雷霆之聲。』金樓子立言篇下：『夫目察秋毫，不見華嶽；耳聽宮徵，不聞雷霆。』」

〔一五〕袁註：「季子是吳之公子，善能別音，聽樂識存亡。清角聲，角是木聲，雍和養育之聲。樂中有此聲，其國寧也。若無此聲者，其國亡也。季子入外國聽樂，求此聲，專用心於耳，不用其則目（庶按：「則目」誤倒，當作「目則」。）不見嵩山、岱山之形也。」　楊明照曰：「季子，吳公子季札也，左襄二九年傳載其觀樂事。」

〔一六〕「視不關耳而耳不聞，聽不關目而目不見者」原作「聽不關耳而耳不見，聽不關而目不聞者」。袁

註：「目主見而耳不能見，專心駐於目必忘其耳，則聽不聞故也。耳主聞而目不能聞，專心於耳必忘其目，則視不見，由心不能兩用也。」羅校敦煌本、法藏敦煌本、傅校本此二句並作「視不闚耳而耳不聞，聽不闚目而目不見者」。楊明照曰：「敦煌兩本極是。」庶按：楊説是，據改。

〔一七〕袁註：「離婁用心則棄耳，用耳則棄心。心溺者，没溺於視聽者也。」

〔一八〕「忘」，王謨本作「志」，吉府本作「亡」。林其錟曰：「『志』乃『忘』形誤。『必忘其耳』同下文『必遺其目』儷。」庶按：林説非。「忘」乃「亡」之借字，謂遺失。與下文「遺其目」之「遺」，乃换文避複。

〔一九〕「則聽」、「則視」下原無「而」字，羅校敦煌本、法藏敦煌本、傅校本於「則聽」、「則視」下並有「而」字。王叔岷曰：「他本皆脱兩『而』字。」庶按：敦煌本是，據增。大學：「心不在焉，視而不見，聽而不聞。」

〔二〇〕「剞」原作「劉」。袁註：「劉，方刀也，今之剗像矩；劂，圓刀也，今之刻鏤刀曲（庶按：「刀曲」誤倒，當作「曲刀」。）也，像規。規者圓，矩者方，雖執方圓之手，運而不能成也。一云劉劂是黄帝時律疾能走人也。」「使左手畫方，右手畫圓」，羅校敦煌本作「使左手畫圓，右手畫方」。「迴劉劂之手」，羅校敦煌本缺「劂」字。「劉」，吉府本作「剞」，王重民校巴黎敦煌本作「迴劉掇之手」。「而不能者」，羅校敦煌本作「如不能得者」。楊明照曰：「韓非子功名篇：『故曰：「右手畫圓，左手畫方，不能兩成。」』孟子離婁上篇：『規矩、方員之至也。』説文：『劉，刊也。』廣雅釋器：『剮，刀也。』（庶按：廣雅原文爲：「剞剮，刀也。」楊氏失檢。）漢書楊雄傳上『般倕棄其剞劂兮』，顔註引應劭曰：『剞，曲刀也。劂，曲鑿也。』」王叔岷曰：「『迴劉劂之手』，巴黎敦煌本『劂』作『掇』，與註『一云作掇』合。舊合字本註『掇』作『劂』，與正文作『劂』合。他本正文皆作『劂』。若以『劉劂』或『劉掇』爲人名，則當作『攫劉』或『攫掇』。淮南人間篇：『黄帝亡其玄珠，使離朱、攫掇索之。』脩務篇『攫掇之捷』，高誘註：『攫掇，黄帝時捷疾者也。』即此文袁註一說所本（袁註『律疾』，『律』當作『捷』）。『而不能者』，他本皆同，敦煌本『而』作『如』，同義。春秋繁露天道無二篇：『手不能二事，一手畫方，一手畫圓，莫能成。』金樓子立言篇下：『人莫能左畫方，右畫圓。』」庶按：「劉」乃「剞」之訛，今改。「剞劂」泛指雕鏤刀。楚辭哀時命：「握剞劂而不用兮。」王逸註：「剞劂，刻鏤刀也。」

〔二一〕袁註：「奕秋是古之善棊人名也，因善博奕，乃得姓奕。」「奕」，法藏敦煌本作「弈」。庶按：「奕」乃「弈」之借字。楊明照曰：「孟子告子上篇：『弈秋，通國之善弈者也。』」

〔二二〕楊明照曰：「羅校敦煌本『思』上無『之』字，法藏敦煌本同，敦煌兩本極是。」「思」，王謨本、諸子文粹本並作「時」。陳昌濟曰：「『思』疑作『時』。」王叔岷說同。庶按：楊氏泥敦煌本爲說，非。依文意，「之」字不當删。「思」乃「時」之借字，廣韻「思」屬心母之韻，「時」屬禪母之韻，二者聲近韻同。

〔二三〕「傾心聽之」原作「乍而聽之」，程榮本作「傾心聽之」，下有「將圍未圍之際，問以弈道，則不知也」十四字。楊明照曰：「程榮本等則非。」王叔岷曰：「類纂本『有吹笙過者』下，作『傾心聽之，將屬未屬之際，問以弈道，則不知也』，亦非。」 庶按：覆宋本作「傾心聽之，將聞未聞之際，問以弈道，則不知也」，當以覆宋本爲優，據改。

〔二四〕「則不知也」下原有「則弈敗矣」四字，王念曾以吉府本校程榮本，於此句天頭批註：「『則弈敗矣』四字爲旁註字。」 庶按：王說是。下文「問以三五，則不知也」，與「問以弈道，則不知也」，正相對，「則弈敗矣」四字於正文文意無涉，當删。「深微」原作「暴深」，蔣以化本作「深微」。作「深微」與文意較合，下文「窮微盡數」之「窮微」，亦承此而言，據改。

〔二五〕王叔岷曰：「天中記四三引『塹』作『暫』，『暫』、『塹』正俗字。」

〔二六〕「笙滑之也」，羅校敦煌本作「笙滑之耶」。 王叔岷曰：「舊合字本『猾』亦作『滑』，餘本皆作『笙猾之也』。『猾』、『滑』古通。下文『鴻亂之也』，『猾』、『亂』互文。淮南原道篇：『不以人滑天，不以欲亂情。』『滑』、『亂』亦互文。」

〔二七〕原本無「當筭之時」四字，程榮本於「天下之善筭也」下有「當筭之時」四字，類纂本有「當筭之推」四字，覆宋本有「當筭之際」四字。 王叔岷曰：「程榮本有『當筭之時』四字，蓋緣上文臆加。」 林其錟曰：「上有『當奕之時』，下應有『當筭之際』，方能相儷。『際』比『時』較勝。」 庶按：林說是。此作「際」，與上文「時」蓋換文避複，據補。

〔二八〕「則不知也」，羅校敦煌本作「則不能知之」。「非三五難筭」，羅校敦煌本「五」下有「之」字。 楊明照曰：「世本：『隸首作數。』尸子：『鴻鵠在上，扞弓彀弩以待之。若發、若否，問二五弗知，非二五之難計也，欲鴻之心亂也。』」王叔岷曰：「『彎弧擬之』，類纂本『弧』作『弓』。孟子告子上篇：『一心以爲有鴻鵠將至，思援弓繳而射之。』『非三五難筭』，類纂本『五』下有『之』字，與敦煌本及尸子合，餘本皆脱『之』字。」庶按：「非三五難筭」與上「非弈道深微」相對，故「三五」下不當補「之」字。

〔二九〕原本無「以」字，羅校敦煌本於「奕秋」上有「以」字。王叔岷曰：「他本皆脱『以』字，下文『以瞽鱉之微』與此有『以』字同例。」庶按：王説是，增「以」字，文義始全。

〔三〇〕「窮微盡數」，深究弈道之妙、算術之深。

〔三一〕「聾」原作「鱉」，「不」下原無「可」字。程榮本、景四庫本並作「聾」。孫楷第曰：「『聾』字，范本同，各本俱作『鱉』。唐卷子本作『瞽無目，而耳不可不察；鱉無耳，而目不可不瞥』，文義亦不順。今案：古本劉子當作『瞽無目，而耳不可以察，專於聽也；鱉無耳，而目不可以瞥，專於視也』。淮南子説林訓云：『鱉無耳，而目不可以瞥，精於明也；瞽無目，而耳不可以察，精於聰也。』王念孫據文子校，謂瞥當作弊，察當作塞，其義甚確，此文卽襲淮南子而誤者，宜據以訂正。又案：『鱉』字，於義無取，疑字本作『聾』。許慎註泰族訓云：『蛟龍，鼈屬也。』『鼈』字，開元占經、史記龜筴列傳集解引許註並作『龍』，是『龍』、『鼈』混淆之例。今本淮南作『鼈者』，蓋『聾』字誤省作『龍』，又誤其字爲鼈耳。泰族訓下文云：『且聾者耳形具，而無能聞也；盲者目形存，而無能見也。』以聾對盲，是其例。若作鼈，則於文不類，且義不可通矣。

程本改鰲爲聾，甚是。」王叔岷曰：「『而目不以聞』，……類纂本、程榮本……『不』下皆有『可』字，喻林引同，與上文一律。孫氏引淮南説林云云，即此文所本。竊疑此文當從羅校敦煌本作『瞽無目，而耳不可不察，專於聽也；聾無耳，而目不可不瞥，專於視也』。蓋作者襲取淮南説林篇之文，而不知『瞥』、『察』二字爲『獘』、『塞』二字之誤，（王引之云『獘與蔽通』，孫氏誤引之爲念孫，又誤獘爲弊。）乃改兩『以』字爲『不』字，以強通之耳，今各本兩『不』字皆作『以』，則又後人改從淮南者也。巴黎敦煌本『瞥』作『聞』，雖較早，義亦較勝，然此文本於淮南，蓋原作『瞥』。」庶按：孫氏以「鰲」爲「聾」，王叔岷謂「不以聞」作「不可以聞」，二説並是。古多以瞽聾對言，喻人耳目之功用。抱朴子内篇論仙：「夫聰之所去，則震雷不能使之聞；明之所去，則三光不能使之見。豈輷磕之音細而麗天之景微哉？而聾夫謂之無聲焉，瞽者謂之無物焉。」又勤求：「而聾瞽之存乎精神者。」此文以目盲之人耳聰、耳聾之人目明之生理特徵喻專與不專之理，故文當讀作「瞽無目而耳不可以察，專於聽也；聾無耳而目不可以聞，專於視也」。下文「瞽鰲之微」之「鰲」，亦當作「聾」，據改補。

〔卅二〕「明」下原有「審」字。此句羅校敦煌本作「而聽察審聰明能深者是心一」，傅校本作「而聽察聰明能深者也，是專心一也」，王重民校巴黎敦煌本作「而聽察聰明者用心一也」。孫楷第曰：「『審者』二字誤倒，原文當作『以瞽聾之微，而聽察聰明者，審用心一也』。審猶誠也。廣韻一四清：『誠，審也。』大戴禮衛將軍文子篇云：『若吾子之語審茂，則一諸侯之相也。』言若吾子之語誠茂，則一諸侯之相也。呂氏春秋離俗覽爲欲篇云：『故古之聖王者，審順其天，而以行欲，則民無不令矣。』言誠順其天而以行欲，則民無不令也。漢書王商傳：『審有內亂殺人怨懟之端，宜窮意考問也。』論衡祀義篇云：『未必有鬼神，審能歆享之也。』言未必有鬼神誠能歆享之也。又知實篇云：『匡人之圍孔子，孔子如審先知，當早易道以違其害。』言如誠先知，當早易道以違其害也。今傳寫誤倒，而文遂不可讀。」王叔岷曰：「孫說與兩敦煌本皆不合，此當從巴黎敦煌本作『而聽察聰明者，用心一也』，文既較合，義亦較勝，『審』字乃衍文。」庶按：王說是，據刪。

〔三三〕袁註：「掇，急也。仲尼適楚，見傴僂者捕蟬，黏如掇。孔子曰：『巧哉，巧哉！』」「而黏之如掇」，羅校敦煌本作「如黏之而掇」。楊明照曰：「莊子達生篇：『仲尼適楚，出於林中，見痀僂者承蜩，（方言十一：『蟬，楚謂之蜩。』）猶掇之也。仲尼曰：「子巧乎！有道邪？」曰：「我有道也。五六月，累丸二而不墜，則失者錙銖；累三而不墜，則失者十一；累五而不墜，猶掇之也。……雖天地之大，萬物之多，而唯蜩翼之知。吾不反不側，不以萬物易蜩之翼，何爲而不得？」孔子顧謂弟子曰：「用志不分，乃凝於神，其痀僂丈人之謂乎？」』」王叔岷曰：「『而黏之如掇』，羅校敦煌本『而』、『如』二字誤錯，不足據。」庶按：王說是，惟袁註釋掇爲急，非。掇謂拾取，言其易也。

〔三四〕袁註：「后妃嘆曰：『若得君子，將共治國，不知祭祀之時以過，專於不專則斯見也。』」景四庫本於「不盈傾筐」下双行小註：「枲耳葉如鼠耳，叢生如盤，可煮爲茹，卽今蒼耳。詩云：『采采卷耳，不盈傾筐。嗟我懷心，寘彼周行。』」楊明照曰：「詩周南卷耳：『采采卷耳，不盈頃筐。』毛傳：『卷耳，苓耳也。頃筐，畚屬，易盈之器也。』荀子解蔽篇：『頃筐，易滿也；卷耳，易得也，然而不可以貳周行。故曰：心枝則無知，傾則不精，貳則疑惑。以贊稽之，萬物可兼知也，身盡其故則美。類不可兩也，故知者擇一而壹焉。』」庶按：袁註意本詩周南卷耳孔穎達疏。

〔三五〕「諷」原作「調」，「誦」下原無「之者」二字。羅校敦煌本、法藏敦煌本、宋本、明鈔本、景道藏本、子彙本、吉府本、程榮本、龍川鈔本並作「諷」。羅校敦煌本、傅校本「誦」下有「之者」二字。楊明照曰：「『調』爲『諷』之形誤，當依各本乙正。」王叔岷曰：「『誦』下當依羅校敦煌本補『之者』二字。」庶按：楊、王說並是，據改。

〔三六〕「諦」，羅校敦煌本、法藏敦煌本並作「締」。王叔岷曰：「『締』、『諦』正假字。」庶按：王說是。「締」爲連結，此猶今語之註入。

〔三七〕「效」，羅校敦煌本作「教」。楊明照曰：「淮南原道篇：『夫內不開於中，而强學問者，不入於耳，而不著於心，此何以異於聾者之歌也，效人爲之，而無以自樂也。聲出於口，則越而散矣。』高註：『散，去耳不聞也。』」王叔岷曰：「『羅録敦煌本『效』作『教』，『教』疑『斆』之誤，『斆』與『效』同。」庶按：此作「效」，與淮南文合，王重民校巴黎敦煌本亦作「效」，故不誤。

〔三八〕羅校敦煌本於「矣」下有「也」字。「越散矣」，王重民校巴黎敦煌本作「越散者矣」。王叔岷曰：「羅校敦煌本『矣』下有『也』字，非。當從巴黎敦煌本作『則越散者矣』。又按：楊氏引淮南『不入於耳而不著於心』，義不可通。昔年寫淮南子斠證時，疑上『不』字爲『雖』字之誤，此文本於淮南，正作『雖入於耳』，則前説爲不虚矣。」 庶按：此文本淮南，故「越」下當補「而」字。讀作「雖出於口則越而散矣」，文意始全，又與淮南文合。王叔岷泥敦煌本爲説，非。

劉子校釋卷之二

辨樂章七〔一〕

樂者，天地之齊，中和之紀，人情之所不能免也〔二〕。人心喜則笑〔三〕，笑則樂，樂則口欲歌之〔四〕，手欲鼓之，足欲舞之〔五〕。歌之舞之〔六〕，樂發於音聲，形於動靜〔七〕，而入於至道，音聲動靜，性術之變，盡於此矣〔八〕。故人不能無樂，樂則不能無形，形則不能無道，道則不能無亂〔九〕，先王惡其亂也〔一〇〕，故制雅樂以道之〔一一〕。使其聲足樂而不淫，使其音調倫而不詭〔一二〕，使其曲繁省而廉均〔一三〕，足以感人之善心，不使放心邪氣得接焉，是先王立樂之情也〔一四〕。

五帝殊時，不相沿樂〔一五〕，三王異世，不相襲禮〔一六〕。各像勳德，應時之變。故黄帝樂曰雲門〔一七〕，顓頊曰五莖〔一八〕，帝嚳曰六英〔一九〕，堯曰咸池〔二〇〕，舜曰簫韶〔二一〕，禹曰大夏〔二二〕，湯曰大濩〔二三〕，武王曰大武〔二四〕，此八代之樂所以異名也〔二五〕。先王聞五聲，播八音〔二六〕，非苟欲愉心娱耳〔二七〕，聽其鏗鏘而已〔二八〕。將以順天地之體〔二九〕，成萬物之性，協律吕之情〔三〇〕，和陰陽之氣，調八風之韻〔三一〕，通九歌之分〔三二〕。奏之圓丘〔三三〕，則天神降〔三四〕；用之方澤〔三五〕，則幽祇昇〔三六〕。擊拊球石〔三七〕，即百獸舞〔三八〕；樂終九成〔三九〕，則瑞禽翔〔四〇〕。上能感動天地〔四一〕，下則移風易俗〔四二〕，此德音之音〔四三〕，雅樂之情〔四四〕，盛德之樂也〔四五〕。

明王既泯〔四六〕，風俗陵遲〔四七〕，雅樂殘廢〔四八〕，溺音競興〔四九〕。故夏孔甲作破斧之歌〔五〇〕，始爲東音〔五一〕，殷辛作靡靡之樂〔五二〕，始爲北聲〔五三〕。鄭、衞之俗好淫〔五四〕，故有溱、洧、桑中之曲〔五五〕，楚、越之俗好勇〔五六〕，則有赴湯蹈火之歌〔五七〕。各詠其所好，歌其所欲。作之者哀嘆，聽之者泫泣〔五八〕。由心之所感，則形於聲，聲之所感，必流於心〔五九〕。故哀樂之心感，則燋殺嘽緩之聲應〔六〇〕；濮上之音作，則淫泆邪放之志生〔六一〕。故延年造傾城之歌，漢武思靡嫚之色〔六二〕，雍門作松柏之聲，齊湣願未寒之服〔六三〕。荆軻入秦，宋意擊筑，歌於易水之上。聞者瞋目，髮直穿冠〔六四〕。趙王遷於房陵〔六五〕，心懷故鄉，作山木之謳〔六六〕。聽者嗚咽，泣涕流連。此皆淫泆、悽愴、憤厲、哀思之聲，非理性和情、德音之樂也。桓帝聽楚琴，慷慨嘆息，悲酸傷心〔六七〕，曰：「善哉！爲琴若此，豈非樂乎？」夫樂者，聲樂而心和，所以爲樂也〔六八〕。今則聲哀而心悲〔六九〕，灑淚而歔欷，是以悲爲樂也。若以悲爲樂〔七〇〕，亦何樂之有哉〔七一〕？

今怨思之聲施於管絃，聽其音不淫則悲。淫則亂男女之辨，悲則感怨思之聲，豈所謂樂哉〔七二〕？故奸聲感人而逆氣應之，逆氣成象而淫樂興焉〔七三〕。正聲感人而順氣應之，順氣成象而和樂興焉〔七四〕。樂不和順，則氣有蓄滯〔七五〕。氣有蓄滯則有悖逆詐僞之心，淫泆妄作之事〔七六〕。是以姦聲亂色，不留聰明；淫樂慝禮，不接心術〔七七〕。使人心和而不亂者，雅樂之情也〔七八〕。故爲詩頌以宣其志，鐘鼓以節其耳，羽旄以制其目〔七九〕。聽之者不傾，視之者不邪。耳目不傾不邪，則邪音不入。邪音不入，則情性内和。情性内和，然後乃爲樂也〔八〇〕。

校釋

〔一〕「辨」原作「辯」，羅校敦煌本、傅校本並作「辨」。王叔岷曰：「『辯』、『辨』古通。」庶按：「辨」是，據改。

〔二〕袁註：「樂有五聲之節，緩急相及，須使得中和之聲也。」「齊」原作「聲」，羅校敦煌本、法藏敦煌本並作「齊」，據改。楊明照曰：「『齊』字是。荀子樂論篇：『故樂者，天地之大齊也，中和之紀也，人情之所必不免也（又見禮記樂記，『齊』作『命』）。』」王叔岷曰：「『聲』字，他本皆同，蓋後人妄改。禮記樂記鄭註：『紀，總要之名也。』史記樂書：『故樂者，天地之齊，中和之紀，人情之所不能免也。』與此文全同，此文蓋直本於史記。」庶按：白虎通禮樂篇：「故樂者，天地之節，中和之紀，人情之所不能免焉。」禮記中庸：「喜怒哀樂之未發謂之中，發而皆中節謂之和。中也者，天下之大本也；和也者，天下之達道也。致中和，天地位焉，萬物育焉。」

〔三〕羅校敦煌本作「人心憘，憘則笑」。王重民校巴黎敦煌本作「人心憘則笑」。王叔岷曰：「『憘』、『喜』古通，羅校敦煌本惟誤疊『憘』字。」庶按：王說是。

〔四〕袁註：「樂則有歌有舞，歌則詠其詞而以聲播之，舞則動其容而以曲隨之。歌者與樂器同而詞述不一。樂隨詞變曲奏而更歌，故謂之歌詞，今亦謂之歌雅也。」庶按：白虎通禮樂篇：「樂所以必歌者何？夫歌者口言之也。中心喜樂，口欲歌之，手欲舞之，足欲蹈之。」

〔五〕楊明照曰：「禮記樂記：『故歌之爲言也，長言之也。説之，故言之；言之不足，故長言之；長言之不足，故嗟嘆之；嗟嘆之不足，故不知手之舞之，足之蹈之也。』」王叔岷曰：「淮南本經篇：『凡人之性，心和欲得則樂，樂斯動，動斯蹈，蹈斯蕩，蕩斯歌，歌斯舞。』」

〔六〕羅校敦煌本、法藏敦煌本於「足欲舞之」下並無「歌之舞之」四字。楊明照曰：「『歌之舞之』四字當據敦煌兩本刪。樂論篇：『樂則必發於聲音，形於動靜，而人之道。聲音動靜，性術之變，盡是矣。』（又見禮記樂記、史記樂書。）」庶按：楊説非，此「歌之舞之」既承上文「口欲歌之，手欲鼓之，足欲舞之」而言，又聯接下文「樂發於音聲，形於動靜」，故不當刪。

〔七〕袁註：「歌則聽其音聲，舞則觀其容也。」「樂」原作「容」。庶按：「容」乃「樂」之訛。「形」下原有「發」字，「發」字亦承上而衍，據改刪。禮記樂記：「樂必發於聲音，形於動靜，人之道也。」禮記樂記鄭玄註：「宮商角徵羽雜比曰音，單出曰聲。」

〔八〕孫楷第曰：「自起至『盡於此矣』，皆就人情立論，與『至道』無涉。『而入於至道』，當作『人之道也』。禮記樂記云：『樂必發於聲音，形於動靜，人之道也。（史記樂書作『人道也』，荀子樂論篇作『而人之道』，屬下爲句，亦誤，當據正。）聲音動靜，性術之變，盡於此矣。』即此文所本。」王叔岷曰：「『而入於至道』，他本皆同，羅校敦煌本作『而入至道者』，屬下爲句。『入至道』與下文『盡於此矣』義亦相因，此蓋作者有意更改禮記、荀子、史記之文，不必強同。」庶按：王氏臆説，此謂樂之起源，當從孫説。「性術」與「心術」同。史記樂書：「淫樂廢禮，不接心術。」正義：「術，道也。」漢書禮樂志顔師古註：「心術，心之所由也。」

〔九〕孫楷第曰：「『形則不能無道，道則不能無亂』，句有誤，當作『形而不爲道，則不能無亂』。荀子樂論、禮記樂記、史記樂書俱作『形而不爲道，則不能無亂』，是其證。禮記孔疏云：『歌舞不節，俾晝作夜，是不依道理；既不爲道理，不能無淫亂之事，以至於亡也。』」王叔岷曰：「孫氏據荀子、禮記、史記定作『形而不爲道，則不能無亂』，是也。羅録敦煌本作『形而不能爲道，道則不能無亂』，但衍一『能』字，及誤疊一『道』字耳。」庶按：孫、王説是。

〔一〇〕袁註：「師曠驟歌，知南風之不竟；季子聽樂，識陳國之先亡。審宮商察音律，五降既止，不使手淫煩聲亂起而亂正聲。先王惡其亂，則制雅樂以道之。其曲彈了手煩不止爲之淫聲。正聲爲雅樂，煩手亂聲爲之淫樂，是亡國亂世之音聲也。」庶按：先王，謂五帝三王。

〔一一〕王叔岷曰：「『故制雅樂以道之』，羅校敦煌本『樂』作『聲』，疑涉下文『聲』字而誤。據袁註『先王惡其亂，則制雅樂以道之』，是所見本原作『樂』。羅校敦煌本『道』作『導』，『導』、『道』正假字。」庶按：傅校本亦作「導」。「雅樂」，猶言正樂，即别於淫聲之樂。

〔一二〕袁註：「詭，詐也。先王之爲樂也，所以有限節。故樂者有五音之節，爲聲有遲速，從本至末，緩急相及，使得中和之聲，其曲既了，則罷退。五聲既成，中和罷退，不容更復彈作以爲淫聲，故曰五降不息則非正聲，手煩不已則雜聲並奏，雜聲者，則是鄭、衞之聲。此聲是亡國亂世之聲音，故云使其聲和音倫而不詭也。」「其音」上原無「使」字，羅校敦煌本、法藏敦煌本、覆宋本、明鈔本、景道藏本、子彙本、吉府本、程榮本、龍川鈔本於「其音」上並有「使」字。據袁註「使其聲和音倫而不詭也」，是其所見本亦有「使」字。楊明照曰：「『使』，原奪，據各本補。」「詭」，羅校敦煌本作「愧」，王重民校巴黎敦煌本作「詭」。王叔岷曰：「『愧』蓋『謉』之誤，『謉』又『諰』之誤。荀子作『諰』可證。」庶按：楊說補「使」字是，據補。王說非，荀子樂論：「使其文足以辨而不諰。」此與荀子文小異，故「詭」不當改。「不詭」，猶今語之不標新立異，即合於雅樂之情。「調倫」，謂和諧有條理。

〔一三〕袁註：「先儒所說。繁，多也。省，減也。廉，少也。樂有淫樂有雅樂，作之者須辯（庶按：辨之訛。）別識之。使其音倫而不詭，使其樂聲而有倫，貫比次，不使有詭詐也。其音繁多，乃須減省，遣直均平，感人心善惡，辯貴賤，定尊卑，易人情，移風俗。每一舞各有於數，故以舞爲文，即不言爲舞也。」

〔一四〕「足」原作「是」，羅校敦煌本、法藏敦煌本、傅校本並作「足」。「善」下「心」原作「惡」，「邪氣」下原無「得接焉」三字，法藏敦煌本於「邪氣」下有「得接焉」三字。孫楷第曰：「『足』字各本誤。『惡』當作『心』。荀子樂論、禮記樂記、史記樂書俱作『足以感動人之善心』。」楊明照曰：「荀子樂論篇：「故人不能不樂，樂則不能無形，形而不爲道，則不能無亂。先王惡其亂也，故制雅頌之聲以道之，使其聲足以樂而不流，使其文足以辨而不諰，使其曲直、繁省、廉肉、節奏足以感動人之善心，使夫邪汙之氣無由得接焉，是先王立樂之方也。』」王叔岷曰：「『不使放心邪氣』，文意不完，『氣』下當據巴黎敦煌本補『得接焉』三字。荀子作『使夫邪汙之氣，無由得接焉』，亦可證此有脱文。」庶按：孫、王説並是，據改補。

〔一五〕袁註：「先王舞雲門以祀天，舞咸池以祭地，舞簫韶以祭四望，舞大夏以祭山川，舞大濩以享先妣，舞大武以亨先祖。黄帝、顓頊、帝嚳、堯、舜是謂五帝。」

〔一六〕袁註：「夏、殷、周是後三王也。」楊明照曰：「樂記：『五帝殊時，不相沿樂；三王異世，不相襲禮。』」

〔一七〕袁註：「謂其聖德如雲，自門而出，故曰雲門也。」景四庫本於「雲門」下双行小註：「象雲氣出入，周人冬至舞之，以祀天神。」庶按：樂謂樂舞，即配以樂韻之舞。史記樂書：「樂者，所以象德也。」周禮春官大司樂：「舞雲門、大卷。」鄭玄註：「黄帝曰雲門、大卷。黄帝能成名萬物，以明民共財，言其德如雲之所出，民得以有族類。」

〔一八〕袁註：「言其德被萬物盡有根莖。」庶按：「莖」，廣雅釋樂作「韺」。樂記疏引樂緯：「顓頊曰五莖。」宋均註：「五莖者，能爲五行之道立根莖也。」初學記一五引樂緯：「顓頊曰五莖。」註：「道有根莖，故曰五莖。」白虎通禮樂篇：「禮記曰『顓頊樂曰六莖』，又『顓頊曰六莖者，言和律吕以調陰陽，莖著萬物也』。」漢書禮樂志：「六莖及根莖也。」顏師古註：「澤及下也。」風俗通義聲音篇：「顓頊曰六莖。」呂氏春秋古樂篇：「帝顓頊好其音，乃命飛龍作效八風之音，命之曰承雲，以祭上帝。」

〔一九〕袁註：「言其德被萬物自有英華。」「英」，廣雅作「韺」。樂記疏引樂緯：「帝嚳曰六英。」宋均註：「爲六合之英華。」藝文類聚四一引樂緯：「帝嚳曰六英。」初學記一五引樂緯註：「道有英華，故曰六英。」呂氏春秋古樂篇：「帝嚳命咸黑作爲聲，歌九招、六列、六英。」漢書禮樂志：「五英，英華茂也。」風俗通義聲音篇：「嚳作五英。」白虎通禮樂篇：「禮記曰：『帝嚳樂曰五英。』又『帝嚳曰五英者，言能調和五聲以養萬物，調其英華也』。」

〔二〇〕袁註：「咸，皆也。池，布也。言其聖德皆偏布天下也。」景四庫本於「咸池」下双行小註：「象池水周偏，周人夏至舞之，以祀地祇。」白虎通禮樂篇：「禮記曰：『黄帝樂曰咸池。』又『黄帝曰咸池者，言大施天下之道而行之，天之所生，地之所載，咸蒙德施也』」。漢書禮樂志：「黄帝作咸池。」又「咸池備矣。」顏師古註：「咸，皆也，池言其包容浸潤也，故曰備矣。」風俗通義聲音篇：「故黄帝作咸池。」莊子天運篇：「帝張咸池之樂於洞庭之野。」呂氏春秋古樂篇：「黄帝又命伶倫與榮將鑄十二鐘，以和五音，以施音韶，以仲春之月，乙卯之日，日在奎，始奏之，命之曰咸池。」文選嘯賦註引樂緯動聲儀、初學記一五引樂葉圖徵、禮記樂記疏、類聚四一、御覽五六六引樂緯並云：「黄帝之樂曰咸池。」初學記一五引劉向五經通義：「黄帝樂所以爲咸池者何？咸，皆也，施也（施上當有池字。）。黄帝時道皆施於民。」又引樂緯註：「池音施，道施於民故曰咸池。」又引宋均樂葉圖徵註：「咸，皆也，池，取無所不浸，德潤萬物，故定以爲樂名也。」禮記樂記：「咸池，備矣。」鄭玄註：「黄帝所作樂名也，堯增修而用之。」

〔二二〕袁註：「簫，肅也。言其道德肅肅敬慎。韶之言紹也，言舜能繼堯之大功德。尚書曰：『簫韶九奏，鳳凰來儀。』已上是五帝也。」景四庫本於簫韶下双行小註：「韶，紹也，以其紹堯之業而能齊七政。肇十有二州，故周人舞之以祀四望。」庶按：袁註謂尚書文，乃益稷語，惟「奏」作「成」。「韶」，漢書藝文志作「招」。禮記樂記：「韶，繼也。」鄭玄註：「舜樂名也，韶之言紹也，言舜能繼紹堯之德。周禮曰『大招』。」疏引樂緯：「舜曰簫韶。」又引春秋元命苞：「舜之時，民樂紹堯業，故云韶之言紹也。」白虎通禮樂篇：「舜曰簫韶者，舜能繼堯之道也。」春秋繁露楚莊王篇：「舜時民樂其昭堯之業也，故曰韶。韶者，昭也。」初學記一五引樂緯註：「韶，繼也，舜繼堯之後，循行其道，故曰簫韶。」呂氏春秋古樂篇：「帝舜乃命質脩九招、六列、六英，以明帝德。」

〔二三〕袁註：「夏，大也。言禹能大堯、舜之德，言其德廣如天，勤苦爲民而不能爲，因似大厦之屋，能蓋覆於民。」景四庫本於「大夏」下双行小註：「夏，大也，以其大堯舜之德，而能平水土，故周人舞之以祭山川。」禮記樂記：「夏，大也。」鄭玄註：「禹樂名也，言禹能大堯、舜之德，周禮曰大夏。」疏引樂緯：「禹曰大夏。」周禮大司樂大夏註：「禹樂也。禹治水傅土，言其德能大中國也。」白虎通禮樂篇：「禹曰大夏者，言禹能順二聖之道而行之，故曰大夏也。」春秋繁露楚莊王篇：「禹之時，民樂其三聖相繼，故曰夏。夏者，大也。」初學記一五引樂葉圖徵：「禹樂曰大夏。」宋均註：

「其德能大諸夏也。」呂氏春秋古樂篇：「禹於是命皋陶作夏籥、九成，以昭其功。」

〔二三〕袁註：「言其道德廣大，救於黎民，除其邪虐，亦能防護，偏布天下，養育黎民，故以稱大濩也。」景四庫本於「大濩」下双行小註：「『濩』，護也。湯寬仁而能救護生民，周人舞之以享姜嫄。」「濩」，羅校敦煌本作「護」。王叔岷曰：「『濩』作『護』，古通。」庶按：王説是。周禮大司樂大濩鄭玄註：「大濩，湯樂也。湯以寬治民而除其邪，言其德能使天下得其所也。」白虎通禮樂篇：「湯曰大濩者，言湯承衰，能護民之急也。」春秋繁露楚莊王篇：「湯之時，民樂其救之於患害也故護，護者，救也。」公羊傳隱公五年註：「殷曰大護，殷時民大樂其護己也。」初學記十五引樂緯：「殷曰大濩。」註：「湯承衰而起，濩先王之道，故曰大獲。濩音護。」墨子三辯篇：「湯放桀於大水，……因先王之樂，又自作樂，命曰濩。」呂氏春秋古樂篇：「湯乃命伊尹作爲大護。」

〔二四〕袁註：「言武王以武功定天下，故號其樂名大武。此後三王合前，八代天道各異，沿革不同，立樂象於興時，制國不相倣襲。」景四庫本於大武下双行小註：「武王以黄鍾布牧野之陣，歸以太簇無射。」「武王」下原無「曰」字。法藏敦煌本於「武」下有「王曰」二字，敦煌本是，增「曰」字與上一律，據增。周禮大司樂大武鄭玄註：「大武，武王樂也。武王伐紂以除其害，言其德能成武功。」白虎通禮樂篇：「禮記曰：『周樂曰大武，象，周公之樂曰酌，合曰大武。』」又「『合曰大武者，天下始樂周公之征伐行武，故詩人歌之曰：「王赫斯怒，爰整其旅。」當此之時，樂文王之怒以定天下，故樂其武也。』」春秋繁露楚莊王篇：「文王之時，民樂其興師征伐也，故武，武者，伐也。」呂氏春秋古樂篇：「武王卽位，以六師伐殷。六師未至，以鋭師克之於牧野，乃薦俘馘於京太室，乃命周公爲作大武。」

〔二五〕原本作「此八樂之所以異名也」，羅校敦煌本、法藏敦煌本並作「此八代之樂所以異名也」。楊明照曰：「敦煌兩本並是。」庶按：楊説是，周之六舞亦謂六代之樂，此增五莖、六英，自當稱八代之樂，據改。

〔二六〕袁註：「播言被也，是其以舞爲主而被以音聲。魯作歌在堂而舞在庭，樂必先歌後舞，先歌諸詩而後舞諸樂。其舞在堂上謂歌，其舞曲然也。」景四庫本於「五聲」下双行小註：「『聞』當作『文』，五聲宮、商、角、徵、羽也。」又於「八音」下註：「『播』，被也。八音金、石、絲、竹、匏、土、革、木。」「聞」，羅校敦煌本作「開」，王重民校巴黎敦煌本作「闡」。楊明照曰：「『開』（蓋『聞』之誤）『闡』、『聞』三字並誤，當作『文』。周禮大司樂：『凡六樂者，文之以五聲，播之以八音。』又大師：『掌六律，六同，以合陰陽之聲。……皆文之以五聲：宮、商、角、徵、羽。皆播之以八音：金、石、土、革、絲、木、匏、竹。』」王叔岷曰：「據巴黎敦煌本作『闡』推之，則羅録敦煌本作『開』似不誤，『闡』、『開』義近，今各本皆作『聞』，蓋『開』之形誤。古人用書，往往有所改易，此雖本於周禮，不必強同。」庶按：「聞」字是，「聞」乃「文」之借字，謂文飾。

〔二七〕「娯」原作「滿」，明清謹軒鈔本、王謨本並作「娯」。王叔岷曰：「王謨本、畿輔本『滿耳』並作『娯耳』，蓋臆改。」庶按：王説非。作「娯耳」與上「愉心」相對，據改。顔氏家訓勉學篇：「娯心悦耳」，義與此可互參。呂氏春秋適音篇：「故先王之制禮樂也，非特以歡耳目、極口腹之欲也。」史記司馬相如列傳：「所以娛耳目而樂心意者，麗靡爛漫於前，靡曼美色於後。」

〔二八〕楊明照曰：「樂記：『君子之聽音，非聽其鏗鏘而已也。』」王叔岷曰：「樂記云云，又見樂書、說苑修文篇（樂書『鏘』作『鎗』，『鎗』、『鏘』正俗字）。」

〔二九〕原本「將」下無「以」字，法藏敦煌本於「將」下有「以」字。楊明照曰：「有『以』字較勝。阮籍樂論：『昔（庶按：今本「昔」下有「者」字。）聖人之作樂也，將以順天地之性，體萬物之生也。故定天地八方之音，以迎陰陽八風之聲；均黃鍾中和之律，開羣生萬物之氣。』」庶按：楊說是，據補。

〔三〇〕袁註：「律管有十二，以應十二月。」楊明照曰：「『律』、『呂』，見呂氏春秋音律篇、史記律書、漢書律曆志上。」

〔三一〕袁註：「五等之聲皆和，八方之風皆平，八音之作有節，皆有常度。音之所守有其分，守名有次序。」楊明照曰：「『八風』，見呂氏春秋有始覽、淮南天文篇、墬形篇、白虎通八風篇。」景四庫本於「八風之韻」下双行小註：「東北方條風，東方明庶風，東南方清明風，南方景風，西南方涼風，西方閶闔風，西北方不周風，北方廣莫風。」庶按：景四庫本註本淮南天文篇。淮南天文篇高誘註：「八風，八卦之風。」八卦乃古之先民以爲標識空間方位之符號（參看中國科學技術史論文集下册，四川人民出版社。）周初八卦如圖：

高誘註淮南，以條風爲艮卦之風，明庶風爲震卦之風，清明風爲巽卦之風，景風爲離卦之風，涼風爲坤卦之風，閶闔風爲兑卦之風，不周風爲乾卦之風，廣莫風爲坎卦之風。

〔三二〕袁註：「樂有九奏，金奏擊金，金謂之鐘鎛也。晉人作樂，先歌肆夏。爲初，先奏金，次歌文王之樂。九奏者，九夏也。九夏是曲名，王夏、昭夏、納夏、章夏、齊夏、族夏、驁夏、陔夏、肆夏。王出奏王夏，兩軍相見奏肆夏，牲出奏昭夏，四方賓來奏納夏，臣有功奏章夏，夫人助祭奏齊夏，族人侍養奏族夏，公出奏驁夏，賓醉而出奏陔夏。是爲九奏，亦云九歌，亦云九成，故曰簫韶九成。」庶按：袁註所謂九夏，本周禮春官鍾師鄭玄註，惟混九歌、九奏而爲一，則非。以上文驗之，此九歌乃離騷所謂之九歌，卽禹樂也。

〔三三〕袁註：「祭天於圜丘。圜丘者，築土爲之，其形圓，故曰圜丘。今在國南郊也。」「圜」，王謨本作「圓」，義同。

〔三四〕「天神」原作「神明」。楊明照曰：「『神明』二字當乙，與下『幽祇』對（經籍中多有『明神』之文）。周禮大司樂：『凡樂，圜鍾爲宮，……冬日至，於地上之圜丘奏之；若樂六變，則天神皆降，可得而禮矣。凡樂，函鍾爲宮，……夏日至，於澤中之方丘奏之；若樂八變，則地示皆出，可得而禮矣。』樂論『奏之圜丘，（庶按：今本作「圓丘」。）而天神下；奏之方岳，（庶按：今本作「肆之方澤」。）而地祇上』。」王叔岷曰：「『神明』二字，自羅録敦煌本以下皆然，不必強乙。」庶按：「神明」當作「天神」。作「天神」乃與「幽祇」相對。白虎通禮樂篇：「作樂於圜丘之上，天神皆降；作樂於方澤之中，地祇皆出。」與此文可互參，且周禮、樂論皆作「天神」，亦其證，據改。

〔三五〕袁註：「祭地處也。築土爲壇，故曰方澤，在國北郊。」庶按：袁註以築土爲壇曰方澤，不確。方澤乃據地爲方池，於水中爲壇以祭，故曰方澤。

〔三六〕袁註：「明者天神，幽祇地神。」

〔三七〕漢書禮樂志：「書云：『擊石拊石，百獸率舞。』」顏師古註：「石謂磬也，言樂之合諧也。」

〔三八〕原本「百獸」下有「率」字，羅校敦煌本、法藏敦煌本於「百獸」下並無「率」字。楊明照曰：「無『率』字，與下『則瑞禽翔』句儷。書舜典：『夔曰：「予擊石拊石，百獸率舞。」』」王叔岷曰：「『率』字乃後人據舜典妄加，……『則瑞禽翔』，類纂本『翔』上有『翱』字，蓋不知上文本無『率』字，而臆加『翱』字以與相儷耳。」庶按：楊、王說並是。上文「天神降」、「幽祇昇」亦三字句，删「率」字乃與之一律，據删。

〔三九〕袁註：「九成者，九奏也。」

〔四〇〕景四庫本於「翔」下双行小註：「書曰：『簫韶九成，鳳皇來儀。』」楊明照曰：「(書)益稷：『簫韶九成，鳳皇來儀。』」

〔四一〕景四庫本於「天地」下双行小註：「郊則天神格，廟則人鬼享。」

〔四二〕景四庫本於「易俗」下双行小註：「凡民函五常之性，而其剛柔緩急，聲音不同，繫水土之風氣，故謂之風。好惡取舍，動靜無常，隨君上之情欲，故謂之俗。孝經云：『移風易俗，莫善於樂。』」

楊明照曰：「孝經廣要道章：『移風易俗，莫善於樂。』」 庶按：景四庫本註文本漢書地理志下。漢書五行志下之上：「天子省風以作樂。」註引應劭曰：「風，土地風俗也。省中和之風以作樂，然後可移惡風易惡俗也。」

〔四三〕「德音」猶雅樂。禮記樂記：「天下大定，然後正六律，和五聲，弦歌詩頌，此之謂德音，德音之謂樂。詩云：『莫其德音。』」鄭玄註：「此有德之音所謂樂也。」

〔四四〕羅校敦煌本、法藏敦煌本並無「雅樂之情」四字。 王叔岷曰：「『雅樂之情』四字，疑後人據下文所加。」 庶按：王説非。「雅樂」乃與上「德音」互言，此即承上文「故制雅樂以道之」而言，又「八代之樂」卽雅樂，故不當刪。

〔四五〕袁註：「周、魯、商皆有盛德，此皆是周、魯、商之盛德也。」

〔四六〕「泯」，羅校敦煌本作「滅」。 王叔岷曰：「『泯』、『滅』同義。」

〔四七〕「陵」，法藏敦煌本、覆宋本、明鈔本、景道藏本、子彙本、吉府本、程榮本、龍川鈔本並作「凌」。王叔岷曰：「『凌』、『陵』古通。」

〔四八〕袁註：「明王，周公也。至魯哀公時，禮樂殘廢，樂人散走，所住不同。古者天子諸侯食皆作樂，各有樂人。太師名摯，是第一食奏樂人，走往於齊。亞飯干是第二食奏樂人，奔於楚。繚是第三食奏樂人，走於蔡。缺是第四食奏樂人，走於秦。方叔能擊鼓，走入河內之地。播鞉武其人善搖鞉鼓，因名鞉武，走入漢水內居。少師名陽，其人善擊磬，名襄並居，走入東海。其代禮廢樂崩，樂人皆走也。」

〔四九〕袁註：「溺，淫也。男爲陽，女爲陰，女常隨男則女是陽家之物。謂人受用氣有過度者，陰過則冷，物過則熱，以女陽物，故曰熱，則成六種族也。言此疾如蠱，心志惑亂，昏狂失性，名爲蠱疾。令人溺於女色，失其常性，猶如没水謂之溺，没緖（庶按：當爲「嗜」之訛。）於慾，亦與溺水相似，故淫溺連言也。」「溺」上原有「而」字，類纂本無。「溺音」原作「溺者」，羅校敦煌本、覆宋本、明鈔本、景道藏本、子彙本、吉府本、程榮本、龍川鈔本並作「溺音」。王重民校巴黎敦煌本作「淫聲」。楊明照曰：「『音』字是。樂記：『「今君之所好者，其溺音乎？」文侯曰：「敢問溺音何從出也？」子夏對曰：「鄭聲好淫，（庶按：今本作「鄭音好濫。」）淫志；宋音燕女，溺志；衞音趨政，（庶按：今本「政」作「數」。）煩志；齊音敖辟，喬志。此四者，皆淫於色而害於德，是以祭祀弗用也。」』」　庶按：楊説是，據改。

〔五〇〕袁註：「夏甲時天子作破斧之歌，歌者嗚呼，皆喪命矣夫。」「夏甲」，羅校敦煌本、傅校本並作「夏孔甲」。　庶按：敦煌本是，據補「孔」字。孔甲乃其名，本書命相章正作「夏孔甲」。　楊明照曰：「吕氏春秋音初篇：『夏后氏孔甲，田於東陽萯山，天大風晦盲，孔甲迷惑，入於民室，主人方乳。或曰：「后來，是良日也，之子是必大吉。」或曰：「不勝也，之子是必有殃。」后乃取其子，以歸。曰：「以爲余子，誰敢殃之？」子長成人，幕動坼橑，斧斫斬其足，遂爲守門者。孔甲曰：「嗚呼！有疾，命矣夫！」乃作爲破斧之歌，實始爲東音。』」

〔五一〕袁註：「東音者，東方木主角音也。其角音是雍和治(庶按：當爲「治」之訛。)性育養之音也。」景四庫本於「東音」下双行小註：「破斧，曲名。歌者曰：『嗚呼！皆喪命矣夫！』東音，東方主角音也。」四庫全書總目提要劉子：「文心雕龍樂府篇稱：『夏甲嘆於東陽，東音以發。』此書辨樂篇稱：『夏甲作破斧之歌，始爲東音。』與勰説合。」

〔五二〕袁註：「殷辛者，紂王也。靡靡者，是長夜之曲名也。此是桀、紂王時淫樂之名也。」

〔五三〕袁註：「北聲是紂王淫樂之聲。」景四庫本於「北聲」下双行小註：「北鄙殺伐之聲。」楊明照曰：「史記樂書：『紂爲朝歌北鄙之音。』」王叔岷曰：「史記殷本紀謂帝紂：『使師涓作新淫聲，北里之舞靡靡之樂。』淮南原道篇高誘註亦云：『紂使師涓作鄙邑靡靡之樂(「鄙邑」二字衍)。』惟師涓當作師延。韓非子十過篇載晉平公聽師涓鼓新聲，師曠曰：『此師延之所作，與紂爲靡靡之樂也。』」

〔五四〕漢書地理志下：「衛地有桑間、濮上之阻，男女亦亟聚會，聲色生焉，故俗稱鄭、衛之音。」呂氏春秋本生篇：「鄭、衛之音，務以自樂，命之曰伐性之斧。」高誘註：「鄭國淫辟，男女私會於溱、洧之上，有詢訏之樂勺藥之和。昔者殷紂使樂師作朝歌北鄙靡靡之樂，以爲淫亂。武王伐紂，樂師抱其樂器自投濮水之中。暨衛靈公北朝於晉，宿於濮水上，夜聞水中有琴瑟之音，乃使師涓以琴寫其音。靈公至晉國，晉平公作樂。公曰：『寡人得新聲，請以樂君。』遂使涓作之。平公大説，師曠止之曰：『此亡國之音也。』紂之太師以此音自投於濮水，得此聲必於濮水之上，地在衛，因曰鄭、衛之音。」史記樂書：「紂爲朝歌北鄙之音，身死國亡。……夫朝歌者，不時也。北者，敗也；鄙者，陋也；紂樂好之，與萬國殊心，諸侯不附，百姓不親，天下畔之，故身死國亡。而衛靈公之時，將之晉，至於濮水之上舍，夜半時聞鼓琴聲，問左右，皆曰：『不聞。』乃召師涓曰：『吾聞鼓琴者，問左右，皆不聞。其狀似鬼神，爲我聽而寫之。』師涓曰：『諾。』因端坐援琴，聽而寫之。明日，曰：『臣得之矣，然未習也，請宿習之。』靈公曰：『可。』因復宿。明日報曰：『習矣。』即去之晉，見晉平公。平公置酒於施惠之臺，酒酣，靈公曰：『今者來聞新聲，請奏之。』平公曰：『可。』即令師涓坐師曠旁，援琴鼓之，未終，師曠撫而止之曰：『此亡國之聲也，不可遂。』平公曰：『何道出？』師曠曰：『師延所作也，與紂爲靡靡之樂，武王伐紂，師延東走，自投濮水之中，故聞此聲必於濮水之上。先聞此聲者國削。』平公曰：『寡人所好者音也，願遂聞之。』師涓鼓而終之。」白虎通禮樂篇：「孔子曰：『鄭聲淫何？鄭國土地民人，山居谷浴，男女錯雜，爲鄭聲以相誘悅懌，故邪僻聲皆淫色之聲也。』」

〔五五〕袁註：「溱、洧者，是鄭、衛兩國二水之間，桑中是君王淫荒之地。君王淫荒，化被人間，遂使二國男女奔淫野合契會之處。詩曰：『期我乎桑中，要我乎上宮。送我乎淇之上矣。』」景四庫本於「桑中之曲」下双行小註：「溱、洧，二水名，桑中，荒淫之地。鄭、衛公室淫亂，化被人間。至於世族，男女奔淫野合。溱洧有詩云：『溱與洧方渙渙兮，士與女方秉蕳兮。』女曰：『觀乎。』士曰：『既且往，觀乎桑中。』詩云：『期我乎桑中，要我乎上宮，送我乎淇之上矣。』鄭國尤甚。」

「淫」，羅校敦煌本作「婬」。　王叔岷曰：「『婬』、『淫』正假字。」　庶按：禮記樂記鄭玄註：「濮水之上地有桑間，在濮陽南。」御覽九九四引毛詩答問：「國多兵役，男女怨曠，於是女感傷而思男，故出游於洧之外，託采芬香之草而爲婬泆之行。」

〔五六〕王叔岷曰：「『楚越』疑當作『吴越』。景宋本御覽五六五引樂論作『吴楚』，『吴』字不誤，惟『越』又誤爲『楚』。韓非子内儲説上：『故越王將復吴而試其教，燔臺而鼓之，使人赴火者，賞在火也。臨江而鼓之，使人赴水者，賞在水也。』吕氏春秋用民篇：『句踐試其民於寢宫，民争入水火，死者千餘矣。遽擊金而卻之。』史記孫子列傳載孫武以兵法教吴王闔廬宫人，卽而孫子使使報王曰：『兵隊整齊，王可試下觀之，唯王所欲用之，雖赴水火猶可也。』本書閲武篇：『吴王宫人，教之戰陣，約之法令，廻還進退，盡中規矩，雖蹈水火而不顧者，非其性勇而气剛，教習之所成也。』凡此，並可證楚、越當作吴、越。（袁註：『楚王好勇，放火燒焚甘泉宫，令士卒救火如戰陣，有功者賞，無功者罰。士卒以泥塗身，争救火，被燒殺三千餘人。』乃妄以越王爲楚王，詳韓非子内儲説上篇。）」　庶按：王説非。管子水地篇：「楚之水淖弱而清，故其民輕果而賊。」史記貨殖列傳：「夫自淮北、沛、陳、汝南、南郡，此西楚也，其俗剽輕，易發怒。」漢書地理志下：「汝南之別，皆急疾有氣勢。」釋名釋州國：「楚，辛楚（楚字原無，據畢校增。）也，其地蠻多而人性急，數有戰争，相争相害，辛楚之禍也。」據此，則楚之風亦好勇，故此「楚、越之俗好勇」本不誤，又與樂論合，王氏臆説不足據。

〔五七〕「湯」，羅校敦煌本、法藏敦煌本、傳校本並作「水」。楊明照曰：「敦煌兩本並是。」庶按：「湯」字或不誤。潛夫論明忠篇：「可令冒白刃而不恨，赴湯火而不難。」漢書晁錯傳：「故能使其衆蒙矢石赴湯火。」尹文子大道篇：「越王勾踐謀報吴，路逢怒蛙而軾之。比及數年，民無長幼，臨敵，雖赴湯火不避。」

〔五八〕袁註：「薄哀者近放憂愁，此哀而不愁也。」原本「哀」下無「嘆」字，「泣」上無「泫」字，羅校敦煌本、法藏敦煌本於「哀」下有「嘆」字，「泣」上有「泫」字。楊明照曰：「敦煌兩本並是。樂論：『楚、越之風好勇，故其俗輕死；鄭、衛之風好淫，故其俗輕蕩。輕死，故有蹈火赴水之歌；輕蕩，故有桑間、濮上之曲。各歌其所好，各詠其所欲，爲之者流涕，聞之者嘆息。』」庶按：楊説是，據改。

〔五九〕楊明照曰：「樂記：『音之起，由人心生也。人心之動，物使之然也。感於物而動，故形於聲。』」王叔岷曰：「呂氏春秋音初篇：『凡音者，産乎人心者也。感於心，則蕩乎音。』」

〔六〇〕「緩」，王重民校巴黎敦煌本作「媛」。楊明照曰：「『燋』當作『噍』。樂記：『是故其哀心感者，其聲噍以殺。』其樂心感者，其聲嘽以緩。』」王叔岷曰：「巴黎敦煌本『緩』作『媛』，蓋形誤。樂記鄭註：『噍，踧也，嘽，寬綽貌。』樂書索隱本『噍』作『焦』。『燋』、『焦』、『噍』古並通用。」庶按：王説是。

〔六一〕袁註：「紂王無道，樂師抱琴投濮水而死。衛國樂人名師涓從濮水過，聞濮水上有聲樂，乃聽而取之。至晉，乃作此樂。晉國樂師名師曠，啓王曰：『此是濮水上樂，是亡國之樂。』後乃廢不用也。」楊明照曰：「樂記：『桑間、濮上之音，亡國之音也。』又『流辟、邪散、狄成、滌濫之音作，而民淫亂』。」王叔岷曰：「袁註（啓王，王謂晉平公。亡國之音，音，舊誤樂，據程榮本、畿輔本正）云云，詳韓非子十過篇、史記樂書、論衡紀妖篇，又見後漢書陳元傳註引桓譚新論。呂氏春秋音初篇：『流辟、誂越、慆濫之音出，則滔蕩之氣、邪慢之心感矣。』」庶按：袁註所云，又見史記樂書正義。

〔六二〕袁註：「靡嫚者，有妖冶之色。延年者，李延年也，姿顏色艷，漢武嬖之，任爲協律都尉。帝令造新聲，延年於是起舞而歌曰：『南國有佳人，美者顏如玉。一顧傾人城，再顧傾人國。不惜傾城國，佳人不再得。』武帝寵之，問左右曰：『天下更有美人乎？』對曰：『延年有一妹，極端正，姿容絶代。』帝卽詔之，美貌無匹，遂納爲夫人。時人語曰：『一雌一雄，雙飛入紫宮也。』」楊明照曰：「樂論：『延年造傾城之歌，孝武思嫷嫚之色。』淮南原道篇高註：『靡曼，美色也。』」王叔岷曰：「漢書外戚傳上：『孝武李夫人，本以倡進。初，夫人兄延年性知音，善歌舞，武帝愛之。每爲新聲變曲，聞者莫不感動。延年侍上起舞，歌曰：「北方有佳人，絶世而獨立，一顧傾人城，再顧傾人國。寧不知傾城與傾國，佳人難再得！」上嘆息曰：「善！世豈有此人乎？」平陽主因言延年有女弟，上乃召見之，實妙麗善舞。由是得幸。』」

〔六三〕盧文弨曰：「（程榮本）『滑』誤『泥』。」孫楷第曰：「事與文義皆未詳。舊註云：『雍門樂人者，齊人也。爲齊王彈秋風入松栢曲，聲極慘悽。奏曲之時，王寒思著纊服也。』不知所本，恐因文附會。竊疑『齊泯顧未寒而服』當作『齊民顧未戰而服。』戰國策齊策云：『齊王建入朝於秦，雍門司馬前曰：「所爲立王者，爲社稷耶？爲王立王耶？」王曰：「爲社稷。」司馬曰：「爲社稷立王，王何以去社稷而入秦？」齊王還車而反。（庶按：下文孫氏略。）秦使陳馳誘齊王內之，約與五百里之地，齊王（庶按：下有『不聽卽墨大夫而聽陳馳』文，孫氏略。）遂入秦，處之共松栢之間，餓而死。先是齊爲之歌曰：「松耶！栢耶！住建共者，客耶！」』史記齊世家云：『齊王聽相后勝計，不戰，以兵降秦。秦虜王建，遷之共。（庶按：下文孫氏略。）齊人怨王建不蚤與諸侯合縱攻秦，聽姦臣賓客以亡其國，歌之曰：「松耶栢耶？住建共者客耶？」疾建用客之不詳也。』劉子此文，蓋兼采戰國策齊策、史記齊世家而約取其義，又誤以歌屬之雍門司馬耳。齊有雍門子以哭見孟嘗君，見淮南子覽冥訓、繆稱訓、說苑善說篇、漢書中山靖王傳，當與此無涉。」楊明照曰：「樂論：『雍門作松栢之音，愍王念未寒之服。』」王叔岷曰：「王謨本、畿輔本『滑』並作『泯』，樂論作『愍』，『滑』、『泯』、『愍』古通用。羅校敦煌本『之服』作『而服』，之猶而也。孫氏疑『齊泯顧未寒而服』當作『齊民顧未戰而服』，然樂論已作『愍王念未寒之服』，則其事蓋有所本，當俟再考（孫氏引齊世家云云，見田敬仲完世家，又略見風俗通義皇霸篇）。」庶按：王說是，孫氏所謂舊註，乃袁註。

〔六四〕袁註：「荆軻，衞人也，往秦與太子燕丹報仇，欲殺秦王，去至易水上，太子送之，與其執別，宋如意爲擊筑。荆軻拔劍起舞而歌曰：『風蕭蕭兮易水寒，壯士一去兮不復還。』感得白虹爲之貫日，殺秦王不得，荆軻身死於秦宮，遂再不得還也。」景四庫本註文與此小異。「穿冠」，羅校敦煌本作「衝冠」。孫楷第曰：「『髮直穿冠』，『直』當依淮南子泰族訓作『植』。植，猶立也。高註淮南子原道訓、俶真訓並云：『植，立也。』呂氏春秋孝行覽必己篇云：『孟賁（庶按：下有「瞋目而視船人」六字，孫氏略。）髮植目裂鬢指。』淮南子人間訓云：『瞋目植睹。』文選西京賦：『植髮如竿。』養生論：『植髮衝冠。』赭白馬賦：『垂稍植髮。』並作植，是其例。又『穿』字襲淮南而誤，甚爲無義，當爲『突』字之誤。廣雅釋詁：『衝，揬也。』淮南子氾論訓：『隆衝以攻。』高註：『衝，所以臨敵城衝突壞之。』是衝、突義同。『髮直突冠』，猶『髮直衝冠』也。文選養生論註引淮南子泰族訓文作『髮植衝冠』，燕策作『髮盡上衝（庶按：今本「衝」作「指」。）冠』，平津本燕丹子作『髮怒衝冠』，唐卷子本劉子作『髮直衝冠』，其明證矣。」楊明照曰：「淮南泰族篇：『荆軻西刺秦王，高漸離、宋意爲擊筑，而謌於易水之上，聞者莫不瞋目裂眦，髮植穿冠。』」王叔岷曰：「淮南泰族篇許慎註：『高漸離、宋意，皆太子丹之客也。筑曲，二十一弦。易水，燕之南水也。』燕策三、史記刺客列傳載荆軻事，皆不及宋意（即袁註宋如意），御覽四三七引莊子：『田光答太子曰：「竊觀太子客，無可用者，夏扶血勇之人，怒而面赤；宋意，脉勇之人，怒而面青；武陽，骨勇之人，怒而面白；光所知，荆軻神勇之人，怒而色不變。」』意林（庶按：卷二）、御覽五七二引燕丹子『高漸離擊筑，宋意和之』。藝文類聚四（庶按：在四十四）、初學記十六並引宋玉笛賦：『宋意將送荆軻於易水之上。』文選雜歌序云：『荆軻歌，宋如意和之。』水經注十一：『高漸離擊筑，宋如意和之。』陶靖節集詠荆軻詩：『漸離擊悲筑，宋意唱高聲。』藝文類聚五五引陳周弘直賦得荆軻詩：『匕首光陵日，長虹氣燭天。留言與宋意，悲歌非自憐。』咸涉及宋意，與淮南及此文合。袁註所稱『白虹爲之貫日』，與周弘直詩合，亦不見於燕策及史記刺客列傳。史記鄒陽列傳：『昔者荆軻慕燕丹之義，白虹貫日，太子畏之。』集解引如淳曰：『列士傳曰：「荆軻發後，太子自相氣，見虹貫日不徹，曰：『吾事不成。』後聞軻死，事不就，曰：『吾知其然。』」』論衡感虛篇：『傳書言荆軻爲燕太子謀刺秦王，白虹貫日。』並有『白虹貫日』之説，亦與此袁註合。『髮直穿冠』，『直』字羅録敦煌本以下皆同。淮南作『植』，『植』、『直』正假字。金樓子立言篇下：『燕田光、鞠武俱往候荆軻，軻在席擊筑而歌，莫不髮上穿冠。』與此作『穿冠』同，穿與突同義，左襄二十五年傳：『宵突陳城。』杜註：『突，穿也。』是其證。孫氏謂『直』當作『植』，『穿』當爲『突』之誤，並非。」庶按：王説是。史記鄒陽傳集解引應劭曰：「燕太子丹質於秦，始皇遇之無禮，丹亡去，故厚養荆軻，令西刺秦王，精誠感天，白虹爲之貫日也。」

〔六五〕袁註：「趙武靈王之子犯事，貶於房陵之地，心常思憶故鄉也。」庶按：袁註非。史記趙世家：「九年，……悼襄王卒，子幽繆王遷立。七年，秦人攻趙，……以王遷降。太史公曰：吾聞馮王孫曰：『趙王遷，其母倡也，嬖於悼襄王。悼襄王廢嫡子嘉而立遷。』」

〔六六〕袁註：「坐唱曰謠，行唱曰謳。其歌曰：『山有木兮木有枝，心思君兮君豈知。』」「木」原作「水」，覆宋本、明鈔本、顧雲程本、程榮本、龍川鈔本、明清謹軒鈔本、景四庫本並作「木」。盧文弨曰：「『木』誤『水』。」楊明照曰：「『水』，當作『木』。淮南泰族篇：『趙王遷流於房陵，（趙幽繆王名遷，見史記趙世家，孔昭云遷於房陵，與江淹恨賦同，皆誤讀淮南王書，以遷流二字連貫成文，又删流字，是其疏矣。）思故鄉，作爲山木（原作水，……依王念孫雜志改。）之謳，聞者莫不殞涕。』」王叔岷曰：「據袁註，其歌曰『山有木兮木有枝，心思君兮君豈知』，是所見正文本作山木。惟此歌乃越人歌，詳見説苑善説篇，與趙王無涉，袁氏蓋妄爲附會耳。文選江文通恨賦註引淮南高誘（當作許慎）註：『秦滅趙，虜王遷，徙房陵，房陵在漢中。山木之謳，歌曲也。』」庶按：諸説並是。

〔六七〕袁註：「漢桓帝也。楚琴者，是楚琴曲，曲有楚姬怨曲詞，桓帝聽之，聞其哀怨慘悽，帝遂乃悲酸也。」「酸傷」原作「傷酸」，羅校敦煌本、法藏敦煌本、覆宋本、明鈔本、景道藏本、子彙本、吉府本、程榮本、龍川鈔本並作「酸傷」。楊明照曰：「原（指舊合字本）作『傷酸』，當是手民誤倒，據各本乙。」庶按：楊説是，據乙。

〔六八〕「所以」下原有「非」字。王叔岷曰：「羅録敦煌本作『不以悲爲樂』，與下文『是以悲爲樂也』對言，是也。『不』誤爲『所』，『悲』壞爲『非』，則不可通矣。子彙本、百子本並作『所以爲樂也』，删『非』字以強通之。王謨本作『所以和爲樂也』，改『非』爲『和』，以強通之，並非此文之舊。」陳昌濟曰：「『非』字疑衍。」庶按：陳説是，據删。下文「今則聲哀而心悲」，蓋承「聲樂而心和」而言。

〔六九〕原本無「心」字，羅校敦煌本、法藏敦煌本、覆宋本、明鈔本、景道藏本、子彙本、吉府本、程榮本、龍川鈔本於「而」下並有「心」字。 楊明照曰：「（心）原奪，乃手民排入次行，據各本補正。」庶按：楊説是，據補。

〔七〇〕原本「以」下有「心」字，羅校敦煌本、法藏敦煌本、覆宋本、明鈔本、景道藏本、子彙本、吉府本、程榮本、龍川鈔本於「以」下並無「心」字。據上文註楊説，此原當爲「聲哀而心悲」句之「心」字，脱於彼而衍於此，據删。

〔七一〕楊明照曰：「樂論：『桓帝聞楚琴，悽愴傷心，倚扆而悲，慷慨長息，曰：「善哉乎！爲琴若此，一而已足矣。」』夫是謂以悲爲樂者也。誠以悲爲樂，則天下何樂之有？（東觀漢紀三：「桓帝好音樂，善琴笙。」）』」

〔七二〕盧文弨曰：「『今怨思之聲』，（程榮本）怨誤悲。『聽其音者』，其字脱。」「豈所謂樂哉」，羅校敦煌本作「怨思之別，豈所謂樂之哉」？ 楊明照曰：「淮南泰族篇：『今取怨思之聲，施之於絃管，聞其音者，不淫則悲，淫則亂男女之辯，悲則感怨思之氣，豈所謂樂哉？』」 王叔岷曰：「敦煌本『豈』上有『怨思之別』四字，文不成義，蓋誤衍。『樂』下有『之』字，亦涉上文而衍。」

〔七三〕「成象」，史記樂書集解：「鄭玄曰：『成象謂人樂習之也。』」正義：「興，生也，若逆氣流行於世而民又習之爲法，故云成象。」

〔七四〕楊明照曰：「樂記：『凡姦聲感人，而逆氣應之，逆氣成象，而淫樂興焉；正聲感人，而順氣應之，順氣成象，而和樂興焉。』（史記樂書、荀子樂論篇小異。）」王叔岷曰：「『而和樂興焉』下，類纂本有『君子慎其所以感者』八字，疑臆加。」

〔七五〕王叔岷曰：「羅録敦煌本『蓄』作『畜』，下同，古通。」

〔七六〕楊明照曰：「樂記：『於是有悖逆詐僞之心，有淫泆作亂之事。』」

〔七七〕楊明照曰：「樂記：『姦聲亂色，不留聰明；淫樂慝禮，不接心術。』（樂書同）」王叔岷曰：「羅録敦煌本『慝』作『匿』，古通。說苑修文篇：『姦聲亂色，不習於聽；淫樂慝禮，不接心術。』」庶按：樂記孔疏：「姦聲亂色不留聰明者，謂不使姦聲亂色停留於耳目，令耳目不聰明也。淫樂慝禮不接心術者，謂不使淫樂慝禮而接連於心術，謂心不存念也。」

〔七八〕原本無「也」字，羅校敦煌本、法藏敦煌本、覆宋本、明鈔本、景道藏本、子彙本、吉府本、程榮本、龍川鈔本於「情」下並有「也」字，據增。

〔七九〕「羽」下「旄」原作「毛」，羅校敦煌本、法藏敦煌本、明鈔本、景道藏本、子彙本、吉府本、程榮本、龍川鈔本並作「旄」，是，據改。史記樂書集解：「鄭玄曰：『旄，旄牛尾，文舞所執也。』」

〔八〇〕「樂也」，羅校敦煌本作「樂矣」。楊明照曰：「樂論：『歌詠詩曲，將以宣平和，著不逮也。鍾鼓所以節耳，羽旄所以制目；聽之者不傾，視之者不衰。耳目不傾不衰，則風俗移易。故移風易俗，莫善於樂也。』」王叔岷曰：「『矣』與『也』同義。楊氏引樂論『視之者不衰，耳目不傾不衰』，兩『衰』字並『衺』之形誤，本書作『邪』，邪與衺同。」

履信章八

信者，行之基〔一〕，行者，人之本〔二〕。人非行無以成，行非信無以立。故行之於人〔三〕，辟濟之須舟也〔四〕。信之於行，猶舟之待檝也〔五〕。將涉大川，非舟何以濟之？欲泛方舟，非檝何以行之？今人雖欲爲善而不知立行，猶無舟而濟川也；知欲立行而不知立信〔六〕，猶無檝而行舟也。是適郢土而首冥山〔七〕，背道愈遠矣。

自古皆有死，人非信不立〔八〕。故豚魚著，信之所及也〔九〕。允矣哉，言非信不成〔一〇〕。齊桓不背曹劌之盟〔一一〕，晉文不棄伐原之誓〔一二〕，吴起不虧移轅之賞〔一三〕，魏侯不乖虞人之期〔一四〕。用能德光於宇宙，名流於古今，不朽者也〔一五〕。故春之得風〔一六〕，風不信則花萼不茂，花萼不茂〔一七〕，則發生之德廢〔一八〕。夏之得炎，炎不信則卉木不長，卉木不長則長嬴之德廢〔一九〕。秋之得雨，雨不信則百穀不實，百穀不實則收成之德廢。冬之得寒，寒不信則水土不堅，水土不堅則安静之德廢。以天地之靈，氣候不信，四時猶廢，而況於人乎？

昔齊攻魯，求其岑鼎。魯侯僞獻他鼎而請盟焉。齊侯不信，曰〔二〇〕：「使柳季云是〔二一〕，則請受之。」魯使柳季〔二二〕，柳季曰〔二三〕：「君以鼎免國〔二四〕，信者，亦臣之國。今欲破臣之國〔二五〕，全君之國，臣所難也。」乃獻岑鼎。小邾射以邑奔魯〔二六〕，曰：「使季路要我，吾無盟矣〔二七〕。」乃使子路，子路辭焉。季孫謂之曰：「千乘之國〔二八〕，不信其盟而信子之一言，子何辱焉？」子路曰：「彼不臣而濟其言〔二九〕，是義之也〔三〇〕。由不能矣。」

夫柳季、季路，魯之匹夫，立信於衡門，而馳聲於天下〔三一〕。故齊邾不信千乘之盟，而重二子之言〔三二〕，信之爲德，豈不大哉！

秦孝公使商鞅攻魏，魏遣公子昂逆而拒之〔三三〕。鞅謂昂曰：「昔鞅與公子善〔三四〕，今俱爲兩國將〔三五〕，不忍相攻，願一飲醮，以休二師。」公子許焉，遂與之會。鞅伏甲虜公子〔三六〕，擊破魏軍。及惠王卽位，疑其行詐，遂車裂於市〔三七〕。

夫商鞅，秦之柱臣〔三八〕。名重於海內，貪詐僞之小功〔三九〕，棄誠信之大義〔四〇〕，一爲不信，終身見尤，卒至屠滅，爲天下所笑也〔四一〕。嗚呼！無信之弊，一至於此，豈不重乎〔四二〕？

故言必如言，信之符也〔四三〕。同言而信，信在言前；同教而行，誠在言外〔四四〕。君子知誠信之爲貴〔四五〕，必抗信而後行〔四六〕。指麾動静，不失其符〔四七〕。以施教則立，以莅事則正〔四八〕，以懷遠則附，以賞罰則明。由此而言，信之爲行，其德大矣〔四九〕。

校釋

〔一〕「行」原作「仁」，羅校敦煌本、法藏敦煌本、覆宋本、明鈔本、景道藏本、子彙本、吉府本、程榮本、龍川鈔本、諸子文粹本並作「行」。楊明照曰：「以下文驗之，『行』字是。」庶按：楊説是，據改。

〔二〕袁註：「人無信不立，故曰去食存信。論語曰：『人而無信，不知其可也。』」庶按：袁註謂論語，乃爲政篇文。羅校敦煌本於「本」下有「也」字。

〔三〕「行之於人」原作「信之行於人」，羅校敦煌本、法藏敦煌本、並作「故行之於人」。陳昌濟曰：「疑當作『行之於人』。」楊明照曰：「『行之於人』，與下『信之於行』相儷，敦煌本是也。帝範求賢篇註引作『故信之行於人』，雖衍『信』字與今本同，然『行之』二字，當未倒也。」庶按：陳説是，據改。

〔四〕「辟」，羅校敦煌本、法藏敦煌本、覆宋本、明鈔本、景道藏本、子彙本、吉府本、程榮本、龍川鈔本、諸子文粹本並作「譬」。王叔岷曰：「『譬』作『辟』，古通。」

〔五〕「檝」，羅校敦煌本作「楫」。王叔岷曰：「『楫』、『檝』正俗字。」庶按：潛夫論考績篇「無舟楫而欲濟大水」，亦作「楫」。

〔六〕上「知」字原作「雖」，羅校敦煌本作「知欲脩行」，傅校本作「如欲修行」，王重民校巴黎敦煌本作「知欲立行」。王叔岷曰：「此當從巴黎敦煌本作『知欲立行』，緊承上文『而不知立行』而言，今各本皆作『雖欲立行』，『雖』字涉上文『雖欲爲善』而誤。」庶按：王説是，據改。

〔七〕「土」原作「者」。袁註：「郢土在南，冥山在北。」羅校敦煌本無「者」字，「首」下有「嚮」字。王重民校巴黎敦煌本無「嚮」字。「者」，覆宋本、程榮本、龍川鈔本並作「土」。盧文弨曰：「『者』，俗『土』。」王叔岷曰：「據袁註『郢土在南』，似袁註所見本作『土』。」楊明照曰：「莊子天運篇：『夫南行者至於郢，北面而不見冥山，是何也？則去之遠也。』」庶按：「土」乃都之借字，廣韻土屬透母姥韻，都屬端母模韻，二者聲韻俱近。作郢都與冥山正謂南北相對，據改。

〔八〕楊明照曰：「論語顏淵篇：『自古皆有死，民無信不立。』」

〔九〕袁註：「豚魚者是周易中孚卦名，主信卦。卜得此兆，所期必會，畋獵必得，故主信也。」孫楷第曰：「『著』疑當作『者』。」楊明照曰：「易中孚：『彖曰：豚魚，吉。信，及豚魚也。』」王叔岷曰：「『著』字屬下爲句，不詞。『著』疑『吉』之誤，易文可證。否則『信』字當疊。蓋本作『故豚魚著信，信之所及也』。」庶按：「著」字不誤，當屬上爲句，「信」字亦不當疊。豚魚祭乃祭祀中之薄祭。王引之經義述聞曰：「楚語：『士有豚之奠，庶人有魚炙之薦。』」「著」有「誠」義，禮記樂記：「以著萬物之理。」鄭玄註：「著猶成也。」此文謂雖爲豚魚之薄祭，亦盡以誠信之意矣。

〔一〇〕「允矣哉」原作「允哉斯」，此句羅校敦煌本、傅校本並作「允矣哉，言非信不誠」。孫楷第曰：「文與上下文皆不相屬。呂氏春秋貴信篇：「故周書曰：『允哉允哉，以言非信，則百事不滿也。』」高註：「周書，逸周書也。滿猶成。」疑劉子此文本與呂覽同，今本經傳寫脱誤，遂不可讀。」王叔岷曰：「當從敦煌本作『允矣哉，言非信不成』，與上下文意相屬。與周書云云，義亦相符。」庶按：王説是，據改。下文自齊桓至魏侯事，皆謂言必誠，信必果之理，亦其證。

〔一一〕景四庫本於「盟」下双行小註：「齊桓與魯莊會於柯，曹劌手劍從之。管仲曰：『君將何求？』曹子曰：『願請汶陽之田。』仲顧公曰：『君許諾？』公曰：『諾。』曹子請盟，公下與之盟。曹子標劍而去，桓公亦不怒，信著天下，自柯之盟始焉。」庶按：註文本公羊莊十三年傳。

〔一二〕袁註：「晉文侯將兵士伐原氏，令士卒人齎三日糧，糧盡即還。至彼圍原氏城三日，而原氏不降。文侯欲還，原氏城中有人來降，説云：『城中糧盡，明旦將降，君可留待降。』文侯曰：『我與士卒契約：三日糧盡即還。今若不還，是無信也，得城失信，吾不爲也。』遂收軍還。原氏聞之，請命自降，諸侯自此歸附，由如伐原之信也。」庶按：袁註本左僖二十五年傳文小異。

〔一三〕袁註：「吴起者，魏將也。欲伐秦，恐士卒軍人不信，乃埋一車轅於市東門，書曰：『如有人能移此轅著西門者，即給土田宅百畝，黄金百斤。』三日無人敢移。起更書曰：『能移者，給土田宅五百畝、黄金五百斤。』時有一人來移，即依賜之。於是召慕（庶按：「慕」爲「募」之訛。）人伐秦，遂尅。此則不虧移轅之賞者也。」「虧」，羅校敦煌本作「愆」，「移轅」，羅校敦煌本作「後轅」，王重民校巴黎敦煌本作「移表。」楊明照曰：「韓非子内儲説上：『吴起爲魏武侯西河之守。秦有小亭臨境，吴起欲收之。不去，則甚害田者；去之，則不足以徵甲兵。於是乃倚一車轅於北門之外而令之曰：「有能徙此南門之外者，賜之上田上宅。」人莫之徙也，及有徙之者，遂賜之如令。』」王叔岷曰：「『慫』、『虧』義近。呂氏春秋慎小篇：『吴起治西河，欲諭其信於民，夜日，置表於南門之外，令於邑中曰：「明日有人能僨南門之外表者（高註：「僨，僵也。」），仕長大夫。」明日日晏矣，莫有僨表者。民相謂曰：「此必不信。」有一人曰：「試往僨表，不得賞而已，何傷？」往僨表，來謁吴起，吴起自見而出，仕之長大夫。』巴黎敦煌本此文作『移表』，與呂氏春秋合。羅録敦煌本作『後轅』，『後』疑『徙』之誤。」

〔一四〕袁註：「虞人，掌山澤之官也。魏文侯與虞人期獵，明日欲發，遂遇大雨，左右諫止之。文侯曰：『吾不急於禽獸，吾與虞人期，恐失信。』遂冒雨以赴也。」庶按：袁註本戰國策魏策一。

〔一五〕羅校敦煌本於「名流」下無「於古今」三字。王叔岷曰：「『德光於宇宙，名流於古今』，相對爲文，敦煌本蓋誤脱三字也。」

〔一六〕「得」，羅校敦煌本、法藏敦煌本、傅校本、吉府本並作「德」（下同）。楊明照曰：「『德』字是，廣博物志四引『得』作『德』。」庶按：「得」、「德」古通，楊氏改作「德」，疏矣。

〔一七〕原本無「花蕚不茂」四字，羅校敦煌本、法藏敦煌本、傅校本、覆宋本、明鈔本、景道藏本、子彙本、吉府本、程榮本、龍川鈔本、諸子文粹本於「花蕚不茂」下復有「花蕚不茂」四字。楊明照曰：「四字原奪，據各本補。」庶按：楊説是，據補。

〔一八〕「發」原作「養」，羅校敦煌本、法藏敦煌本、傅校本、覆宋本、明鈔本、景道藏本、子彙本、吉府本、程榮本、龍川鈔本、諸子文粹本並作「發」，據改。楊明照曰：「『發』字是。從化篇：『冬之德陰，而有寒炎蕭丘；夏之德陽，而有霜霰。』詞例與此正同。廣博物志四引『養』作『發』，是董氏所見本尚未誤也。呂氏春秋貴信篇：『春之德風，風不信其華不盛，華不盛則果實不生；夏之德暑，暑不信其土不肥，土不肥則長遂不精；秋之德雨，雨不信其穀不堅，穀不堅則五種不成；冬之德寒，寒不信其地不剛，地不剛則凍閉不開（此句有誤）。（庶按：王叔岷曰：「孫詒讓札迻云：『開當作闔，即密之假字。』」）天地之大，四時之化，而猶不能以不信成物，又況乎人事？』」

〔一九〕「贏」原作「嬴」，龍溪本、百子本、諸子文粹本並作「贏」，是，據改。長贏乃夏季之別稱，見爾雅。

〔二〇〕原本「信」下無「曰」字，羅校敦煌本、法藏敦煌本於「信」下並有「曰」字。楊明照曰：「『曰』字實不可少。呂氏春秋審己篇：『齊攻魯，求岑鼎，魯君載他鼎以往。齊侯弗信而反之爲非。使人告魯侯曰：「柳下季以爲是，請因受之。」魯君請於柳下季，柳下季答曰：「君之賂以欲岑鼎也，以免國也；臣亦有國於此，破臣之國以免君之國，此臣之所難也。」於是魯君乃以真岑鼎往也。』新序節士篇同。韓非子説林下『岑鼎』作『讒鼎』，又屬之樂正子春，蓋傳聞之異。」庶按：楊説是，據補。

〔二一〕袁註：「柳季是魯國有信之人也。」

〔二二〕王叔岷曰：「『魯使柳季』，羅校敦煌本於『使』上有『人』字，是也。『使』下有『之』字，不詞，蓋涉上文『受之』而衍。」庶按：王氏謂「使」上當有「人」字，非。以呂覽觀之，此乃魯君請於柳季，非魯君使人請於柳季，故柳季稱己爲臣。則此「人」字不當有。

〔二三〕原本「柳」下無「季」字，羅校敦煌本、法藏敦煌本、覆宋本、明鈔本、景道藏本、子彙本、吉府本、程榮本、龍川鈔本於「柳」下並有「季」字。楊明照曰：「『季』字亦當有。」庶按：楊說是，據補。

〔二四〕「免」原作「爲」，羅校敦煌本作「危」，王重民校巴黎敦煌本作「季免」二字。王叔岷曰：「『危』乃『免』之誤，呂氏春秋作『君之賂以欲岑鼎也，以免國也』，新序節士篇作『君之欲以爲岑鼎也，以免國也』，並其證。巴黎敦煌本作『君以鼎季免國』，免字不誤，惟免上涉上文柳季而衍季字。」

庶按：王說是，據改。

〔二五〕王叔岷曰：「『今欲破臣之國』，羅校敦煌本作『今若詭言破臣之國』，文意較長。」

〔二六〕「邑」，即小邾國之邑句繹。

〔二七〕「曰」原作「魯」，「吾」原作「君」，羅校敦煌本、法藏敦煌本皆作「曰」、作「吾」。盧文弨曰：「『曰』誤『魯』，『吾』誤『君』。」楊明照曰：「敦煌兩本並是。左哀十四年傳：『小邾射以句繹來奔，曰：「使季路要我，吾無盟矣。」使子路，子路辭。季康子使冉有謂之曰：「千乘之國，不信其盟，而信子之言，子何辱焉？」對曰：「魯有事於小邾，不敢問故，死其城下，可也。彼不臣而濟其言，是義之也，由弗能。」』」庶按：盧、楊說是，據改。左哀十四年傳楊伯峻註曰：「季路即子路。論語顏淵『子路無宿諾』。足見季路之誠信素著，故射寧與子路相約，而不欲與魯盟誓。要，約也。」

〔二八〕「千乘之國」，謂諸侯國。文選李少卿答蘇武書：「受千乘之賞。」李善註：「漢書曰：『兵車千乘，諸侯之大者。』」漢書刑法志：「一封三百一十六里，提封十萬井，定出賦六萬四千井，戎馬四千匹，兵車千乘，此諸侯之大者也，是謂千乘之國。」衛宏漢舊儀下：「九夫爲井，四井爲邑，四邑爲丘，四丘爲乘。乘則具車一乘四馬，步卒三十六人。千乘之國，馬四千匹，步卒三萬六千人爲三軍，大國也。」

〔二九〕「不臣」，不盡臣道。「濟」猶成也。「濟其言」，謂使其言得以實現。

〔三〇〕「是義之也」原作「是不義也」，羅校敦煌本、法藏敦煌本、傅校本並作「是義之也」。孫楷第曰：「唐卷子本作『是義之也』，與哀十四年傳同，唐本近古，又與傳合，要以唐本爲是。」楊明照説同。庶按：孫説是，據改。子路之語謂：小邾射不盡臣道，反使其言得以實現，此爲以其不盡臣道爲正義。

〔三一〕「馳聲」，羅校敦煌本、法藏敦煌本、明鈔本、景道藏本、子彙本、吉府本、程榮本、龍川鈔本並作「聲馳」。王叔岷曰：「『馳聲』與上『立信』對。」庶按：王説是，「馳聲」乃六朝常語。文選劉孝標辨命論：「皆毓德於衡門，並馳聲於天地。」楊明照曰：「詩陳風衡門毛傳：『衡門，橫木爲門，言淺陋也。』」

〔三二〕「之言」，羅校敦煌本、法藏敦煌本、傅校本並作「一言」。

〔三三〕「公子昂」，戰國策秦策三、史記秦本紀、論衡禍虛篇、淮南人間篇許註、史記商君列傳、呂氏春秋無義篇並作「公子卬」。」王叔岷曰：「羅校敦煌本『拒』作『距』，古通。」庶按：法藏敦煌本亦作「距」，「逆」作「迎」，逆猶迎也。

〔三四〕「昔鞅與公子善」，羅校敦煌本無「鞅」字。王叔岷曰：「無『鞅』字，非。史記作『吾始與公子驩』，彼稱吾，猶此稱鞅也。」

〔三五〕「兩」，羅校敦煌本、傅校本並作「二」。

〔三六〕「公子」二字原作「之」，羅校敦煌本、傅校本並作「鞅伏甲而虜公子」。王叔岷曰：「『虜之』作『虜公子』較長。呂氏春秋作『取公子卬』，史記作『襲虜魏公子卬』，皆稱公子。」庶按：王說是，據改。

〔三七〕羅校敦煌本、傅校本於「裂」下有「鞅」字。楊明照曰：「事具史記本傳及呂氏春秋無義篇。『惠王疑其行詐』，史記無，呂子有。」

〔三八〕盧文弨曰：「『柱』，俗作『貴』。」傅校本於「商鞅」下有「者」字。羅校敦煌本、法藏敦煌本、傅校本於「秦」上並有「强」字。

〔三九〕「功」原作「巧」，羅校敦煌本、法藏敦煌本、傅校本、覆宋本、明鈔本、景道藏本、子彙本、吉府本、程榮本、龍川鈔本並作「功」。楊明照曰：「『巧』，當依各本作『功』。」庶按：楊說是，據改。

〔四〇〕「棄」原作「失」，羅校敦煌本作「棄」，「誠」作「成」。王叔岷曰：「『成』亦借爲『誠』。」庶按：「棄」字義勝，據改。

〔四一〕原本「天下」下無「所」字，「笑」下無「也」字，傅校本於「天下」下有「所」字，「笑」下有「也」字，是，據增。

〔四二〕原本無「嗚呼」二字，無「一至於此」四字，羅校敦煌本、傅校本於「無信之弊」上並有「嗚呼」二字，下有「一致於此」四字。法藏敦煌本亦有此四字。楊明照曰：「敦煌兩本極是。」庶按：楊説是，據補。增此六字，文義始全。

〔四三〕羅校敦煌本作「是故言必而信，信之府也」。王叔岷曰：「『而』、『如』同義，『府』、『符』古通。漢書司馬遷傳：『修身者，智之府也。』文選司馬子長報任少卿書『府』作『符』。文子九守篇守平：『通內外之符者，不可誘以勢。』宋張君房雲笈七籤九一引『符』作『府』。下德篇：『謂之天府。』文選班孟堅荅賓戲註引『府』作『符』，皆其證。」

〔四四〕傅校本於「同言而信」、「同教而行」下，並有「則」字。「誠」原作「信」，羅校敦煌本、法藏敦煌本、傅校本、覆宋本、明鈔本、景道藏本、子彙本、吉府本、程榮本、龍川鈔本末「信」字並作「誠」。楊明照曰：「『誠』字是。子思子累德篇：『（據後漢書宣秉王良傳論章懷註引如此。）同言而信，則信在言前，同令而行，則誠在令外。』（淮南繆稱篇、文子精誠篇文同。意林一引子思子文有異。）」王叔岷曰：「御覽四百三十引子思子作『同言而信，信在言前；同令而化，化在令外』。（意林引無兩『同』字。）」庶按：楊説是，御覽四三〇引作子思，不作子思子。王氏失檢。

〔四五〕羅校敦煌本、傅校本於「貴」下並有「也」字。

〔四六〕「抗」原作「忧」，「而」下原作「後」字，羅校敦煌本作「抗」，王重民校巴黎敦煌本此句作「必忧信而後行」。王叔岷曰：「『抗』字是，各本皆誤『忧』。」庶按：王説是，據改。「抗信」猶言舉信，「後」字當從巴黎敦煌本補。

〔四七〕「符」，羅校敦煌本作「所」。王叔岷曰：「作『所』，疑由下文『以』字聯想而誤。」

〔四八〕「莅」原作「蒞」，羅校敦煌本作「以施化則立，以莅政則治」。王叔岷曰：「『蒞』與『莅』同。」庶按：莅事猶言臨事，「蒞」乃「莅」之訛，據改。

〔四九〕王叔岷曰：「羅録敦煌本『信』、『行』二字誤錯。」王重民曰：「（巴黎敦煌本）作『信之爲行其大矣』，巴黎敦煌本蓋脱『德』字。」

思順章九

七緯順度，以光天象〔一〕；五性順理，以成人行〔二〕。行象爲美〔三〕，美於順也。夫爲人失，失在於逆〔四〕。故七緯逆則天象變，五性逆則人行敗〔五〕。變而不生災，敗而不傷行者，未之有也。山海争水，水必歸海，非海求之，其勢順也〔六〕。蹇利西南〔七〕，就土順也；不利東北，登山逆也。是故去濕就燥，火之勢也；違高從下，水之性也〔八〕。今導泉繮澗，則爲易下之流；激波陵山，必成難昇之勢。水之無情，猶知違逆趣順，矧人心乎？故忠孝仁義，德之順也；悖傲無禮，德之逆也。順者福之門，逆者禍之府〔九〕。由是觀之：逆性之難，順性之易，斷可識矣。

今使孟說引牛之尾〔一〇〕，尾斷臏裂〔一一〕，不行十步。若環桑之條以貫其鼻，縻以尋綯〔一二〕，被髮童子騎而策之〔一三〕，風於廣澤〔一四〕，恣情所趣〔一五〕。何者？十步之行，非遠於廣澤〔一六〕，被髮之童，非勇於孟說，然而近不及遠〔一七〕，强不如弱者，逆之與順也。司馬蒯聵〔一八〕，天下之攻擊劒者也〔一九〕。令提劒鋒而掉劒觚〔二〇〕，必刎其指，而不能以陷腐木，而况金甲乎？若提其觚而掉其鋒，則雖凡夫，可以陸斬犀象，水截蛟龍矣〔二一〕。順理而行，若執劒觚；逆情而動，如執劒鋒。欲無傷乎，其可得乎〔二二〕？后稷雖善播植〔二三〕，不能使禾稼冬生，逆天時也；禹雖善治水〔二四〕，鑿山穴川〔二五〕，不能迴水西流，逆地勢也；人雖材藝卓絶，不能悖理成行，逆人道也。故循理處情，雖愚蠢可以立名〔二六〕；反道爲務，雖賢哲猶有禍害〔二七〕。君子如能忠孝仁義，履信思順，自天祐之，吉無不利也〔二八〕。

校釋

〔一〕袁註：「天象五星如連珠，日月如合璧。」王叔岷曰：「淮南本經篇『日月淑清而揚光，五星循軌而不失其行』，正『七緯順度』之象也。」庶按：易繫辭上：「在天成象，在地成形。」韓康伯註：「象況，日月星辰；形況，山川草木也。」

〔二〕「成」，善。禮記檀弓上：「竹不成用。」鄭玄註：「成猶善也。」

〔三〕上文先言天象，次言人行，故「行象」疑當作「象行」，乃與之一律。

〔四〕羅校敦煌本、傅校本作「度理爲失，失於逆也」。王叔岷曰：「敦煌本是。」林其錟説同。庶按：王説是，「度理」正與「象行」相對，全句當讀作「夫象行爲美，美於順也；度理爲失，失於逆也」。

〔五〕「行」原作「道」，「道」乃「行」之訛。上文言「以成人行」，下文言「敗而不傷行」，俱言「行」，不言「道」，故當作「人行」是，據改。

〔六〕楊明照曰：「慎子：『海與山争水，海必得之。』（意林二及御覽四百九十六引）呂氏春秋審己篇：『水出於山，而走於海，水非惡山而欲海也，高下使之然也。』」王叔岷曰：「慎子云云，御覽四九六未引之，楊氏失檢。」

〔七〕袁註：「蹇者，易卦坎上艮下謂之蹇。艮爲山，坎爲水，山上有水，不安也，故謂蹇地勢也。地形東南下西北高，水性趨下，就地勢順也。若人卜得此卦，宜嚮東南行，故取順則不以逆者也。」「西」原作「東」，法藏敦煌本、傅校本、覆宋本、程榮本、龍川鈔本、百子本、别解本並作「西」。楊明照曰：「『西』字是。易蹇：『蹇利西南，不利東北。』王弼註：『西南，地也，東北，山也。』」王叔岷曰：「焦循易話下：『劉子思順篇云：「蹇利西南，就土順也；不利東北，登山逆也。」』此以西南指坤，東北指艮，就土則順，登山則逆，與易義合。」庶按：楊説是，據改。袁註東南西北之説，乃泥其所見本作「東南」而訛誤。

〔八〕楊明照曰：「易乾『文言』：『水流濕，火就燥。』孟子告子上篇：『人性之善也，猶水之就下也。人無有不善，水無有不下。』」

〔九〕「門」、「府」同義，謂發生之地。荀子賦篇：「莫知其門。」楊倞註：「門，謂所出者也。」

〔一〇〕袁註：「孟說是紂時勇士，多力人。」楊明照曰：「史記秦本紀：『秦武王有力好戲，力士任鄙、烏獲、孟說皆至大官。』則孟說當爲戰國時力士。」

〔一一〕王叔岷曰：「『臏』乃俗『髕』字，說文：『髕，厀耑也。』謂膝蓋骨。」

〔一二〕楊明照曰：「廣雅釋器：『絇，索也。』說文：『尋，八尺也。』」

〔一三〕古之風俗，以結髮標識成年，童子不結髮，故曰被髮童子。

〔一四〕「風」，猶放也。左僖四年傳：「惟是風馬牛不相及也。」孔穎達疏引服虔曰：「風，放也。」

〔一五〕王叔岷曰：「類纂本『趣』作『趨』，古通。」

〔一六〕盧文弨曰：「（何允中本）『遠』誤『達』。」王叔岷曰：「王謨本『遠』亦誤『達』。」

〔一七〕「及」原作「如」，法藏敦煌本、覆宋本、明鈔本、景道藏本、子彙本、吉府本、程榮本並作「及」。楊明照曰：「『及』字是。呂氏春秋重己篇：『使烏獲疾引牛尾，尾絶力勯，而牛不可行，逆也；使五尺豎子引其棬，而牛恣所以之，順也。』淮南主術篇：『今使烏獲、藉蕃從後牽牛尾，尾絶而不從者，逆也；若指之桑條以貫其鼻，則五尺童子牽而周四海者，順也。』」庶按：楊說是，據改。說苑政理篇：「百羊而羣，使五尺童子荷箠而隨之，欲東則東，欲西則西。」義與此可互參。

〔一八〕楊明照曰：「史記自序：『自司馬氏去周適晉，分散或在衛，或在趙。……在趙者，以傳劍論顯，蒯聵其後也。』淮南主術篇：『故握劍鋒，雖以北宮子、司馬蒯蕢，不使應敵；操其觚，招其末，則庸人能以制勝。』」　庶按：淮南主術篇高註：「司馬蒯聵，其先程伯休父，宣王命以爲司馬，因爲司馬氏，蒯聵其後也。周衰適他國，蒯聵在趙以善擊劍聞（從王念孫校改）。」

〔一九〕「攻」，法藏敦煌本作「工」。　盧文弨曰：「『攻』、『工』同。」　庶按：「攻」乃「工」之借字。戰國策西周策：「是攻用兵。」高註：「巧玄也。」「工擊劍」猶長於擊劍。高註淮南謂「蒯聵在趙以善擊劍聞」，亦此之明證矣。

〔二〇〕王叔岷曰：「淮南主術篇高誘註：『觚，劍拊。』」

〔二一〕楊明照曰：「文選王褒聖主得賢臣頌：『水斷蛟龍，陸剸犀革。』」　王叔岷曰：「淮南修務篇：『則水斷龍舟，陸剸犀甲。』」

〔二二〕「傷」下「乎」，子彙本、龍溪本並作「手」。　王叔岷曰：「『欲無傷手』，傅增湘藏園羣書題記卷三所跋明鈔本『手』作『也』。」　「其可得乎」，法藏敦煌本作「豈可得乎」。　林其錟曰：「黄丕烈明鈔本以宋本校並在天頭註：『脱「手其可得」四字。』依文意當有『豈可得乎』四字。」　庶按：依文意，「乎」疑當作「也」，「其」字不當改。作「欲無傷也，其可得乎」，緊承上文「順理而行」、「逆情而動」而言，意與思順章旨亦合。

〔二三〕左昭二十九年傳：「有烈山氏之子曰柱爲稷，自夏以上祀之；周棄亦爲稷，自商以來祀之。」國語魯語上：「昔烈山氏之有天下也，其子曰柱，能殖百穀百蔬；夏之衰也，（衰，原作興，從王利器風俗通義祀典篇校註改。）周棄繼之，故祀以爲稷。」禮記祭法：「是故厲山氏之有天下也，其子曰農，能殖百穀。夏之衰也，周棄繼之，故祀以爲稷。」史記周本紀：「周后稷，名棄。……棄爲兒時，屹如巨人之志。其游戲，好種樹麻、菽，麻、菽美。及爲成人，遂好耕農，相地之宜，宜穀者稼穡焉，民皆法則之。」呂氏春秋君守篇：「后稷作稼。」高誘註：「后，君。稷，官也。」又當染篇高誘註：「后稷好稼，不能使禾自生。」

〔二四〕「禹」下原無「雖」字，依文意，「禹」下當補「雖」字，乃與上下文例同，據補。

〔二五〕孫楷第曰：「『鑿山穴川』，穴讀爲決。呂氏春秋季夏紀明理篇：『其日有鬬蝕，有倍僪。』漢書天文志：『暈適背穴。』僪作穴。莊子天下篇：『倍譎不同。』釋文：『譎，古穴反。崔云：「譎，決也。」』史記司馬相如列傳云：『酆、鄗、潦、潏。』集解：『郭璞：「音決。」』索隱引姚氏云：『今名沇水。』漢書司馬相如傳：『酆鎬潦潏。』小顔註：『晉灼曰：「潏音決。」……許慎云：「潏水在京兆杜陵，此卽今所謂沈水。……蓋爲字或作水旁穴，與沈字相似，俗人因名沈水乎？」』穴、決聲近，故得相借也。國語周語下靈王二十二年『穀洛鬬』篇云：『決汨九川。』卽決川二字例。」楊明照曰：「淮南主術篇：『禹決江疏河，以爲天下興利，而不能使水西流；稷辟土墾草，以爲百姓力農，然不能使禾冬生，豈其人事不至哉？其勢不可也。』」庶按：「鑿山穴川」四字疑乃註文誤入，治水卽含鑿山穴川意，且删此四字，上下文例乃同。孟子滕文公上篇：「禹疏九河，瀹濟、漯，而注諸海，決汝、漢，排淮、泗，而注之江，然後中國可得而食也。」淮南脩務篇：「禹沐浴霪雨，櫛扶風，決江疏河。」高誘註：「決巫山，令江水得東過，故言決。疏道東注於海，故言疏。」

〔二六〕「循理」，類纂本作「順理」。王叔岷曰：「循猶順也。」

〔二七〕「雖」下原有「爲」字，程榮本、類纂本、别解本於「雖」下並無「爲」字。王叔岷曰：「疑涉上『爲』字而衍。『雖賢哲猶有禍害』，與上文『雖愚蠢可以立名』相儷。」庶按：王説是，據删。「猶有禍害」，法藏敦煌本作「猶有其害」。

〔二八〕楊明照曰：「易大有：『上九，自天祐之，吉無不利。』」庶按：法藏敦煌本「吉無不利」下無「也」字，與易文合。潛夫論巫列篇：「天之所助者，順也；人之所尚者，信也。履信思乎順，又以尚賢，是以自天祐之，吉無不利也。」易繫辭上有此文，乃潛夫論所本。

慎獨章十〔一〕

善者，行之總〔二〕，不可斯須離也，若可離，則非善也〔三〕。人之須善，猶首之須冠，足之待履。首不加冠，是越類也，足不躡履〔四〕，是夷民也〔五〕。今處顯而循善〔六〕，在隱而爲非，是清旦冠履而昏夜倮跣也〔七〕。

荃蓀孤植〔八〕，不以巖隱而歇其芳；石泉潛流，不以澗幽而不清；人在暗密，豈以隱翳而迴操〔九〕？是以戒慎所不睹，恐懼所不聞〔一〇〕。居室如見賓，入虛如有人〔一一〕。故蘧瑗不以昏行變節〔一二〕，顏淵不以夜浴改容〔一三〕，勾踐拘於石室，君臣之禮不替〔一四〕，冀缺耕於坰野，夫婦之敬不虧〔一五〕。斯皆慎乎隱微〔一六〕，枕善而居〔一七〕。不以視之不見而移其心，聽之不聞而變其情也〔一八〕。

謂天蓋高而聽甚卑〔一九〕，謂日蓋遠而照甚近，謂神蓋幽而察甚明〔二〇〕。詩云：「相在爾室，尚不媿於屋漏〔二一〕。無曰不顯，莫予云覯〔二二〕。」暗昧之事，未有幽而不顯；昏惑之行，無有隱而不彰。修操於明，行悖於幽，以人不知。若人不知，則鬼神知之，鬼神不知，則己知之〔二三〕。而云不知，是盜鍾掩耳之智也〔二四〕。

孔徒晨起，爲善孶孶〔二五〕；東平居室，以善爲樂〔二六〕。故身恒居善，則內無憂慮，外無畏懼。獨立不慚於影，獨寢不媿於衾〔二七〕，上可以接神明，下可以固人倫。德被幽明，慶祥臻矣。

校釋

〔一〕「慎獨」，謂人於獨處之時亦須循禮守常。禮記中庸：「故君子慎其獨也。」鄭玄註：「慎獨者，慎其閑居之所爲。」

〔二〕「行之總」，猶言百行之總。封建士大夫所訂立身行己之道，謂之百行。顔氏家訓治家篇：「借人典籍，皆須愛護，先有缺壞，就爲補治，此亦士大夫百行之一也。」説苑談叢篇：「百行之本，一言也。」孟子公孫丑篇上趙岐章句：「孝，百行之首。」後漢書江革傳：「夫孝，百行之冠，從善之始也。」三國志魏書王昶傳：「昶家誡曰『夫孝敬仁義，百行之首，行之而立，身之本也』。」本書言苑章：「忠孝者，百行之寶歟！忠孝不修，雖有他善，則猶玉屑盈匣，不可琢爲珪璋。」與本章言善乃行之總，其義一也。

〔三〕原本「可離」上無「也若」二字，下無「則」字，法藏敦煌本於「可離」上有「也若」二字，下有「則」字。楊明照曰：「禮記中庸：『道也者，不可須臾離也；可離，非道也。』」庶按：敦煌本是，據增。

〔四〕「足」原作「行」，王謨本作「足」，是，據改。「足不待履」承上「足之待履」而言。

〔五〕抱朴子内篇塞難：「章甫不售於蠻越，赤舄不用於跣夷。」莊子逍遥遊篇：「宋人資章甫適諸越，越人斷髮文身，無所用之。」淮南説山篇：「魯人身善制冠，妻善織履。往徙於越而大困窮。」本書隨時章：「貿章甫者不造閩越，衒赤舄者不入跣夷。」

〔六〕「循」原作「修」，傅校本作「循」，循字義勝，據改。

〔七〕原本「冠」下無「履」字，傅校本、覆宋本、明鈔本、景道藏本、子彙本、吉府本、程榮本、龍川鈔本於「冠」下並有「履」字，是，據增。「倮跣」，謂不加冠履。

〔八〕「植」乃「殖」之借字。淮南主術篇：「五穀蕃植。」高註：「植，長。」

〔九〕「歇」，法藏敦煌本作「憩」。　楊明照曰：「淮南説山篇：『蘭生幽谷，不爲莫服而不芳；舟在江海，不爲莫乘而不浮；君子行義，不爲莫知而止休。』王逸楚辭離騷註：『荃，香草也。』抽思註：『蓀，香草也。』」王叔岷曰：「荀子宥坐篇：『芷蘭生於深林，非以無人而不芳。』文子上德篇：『蘭芷不爲莫服而不芳；舟浮江海，不爲莫乘而沈；君子行道，不爲莫知而止。』」

〔一〇〕「慎」下、「懼」下原有「目」、「耳」，法藏敦煌本無。「戒」原作「或」，傅校本、覆宋本、明鈔本、景道藏本、子彙本、吉府本、程榮本、龍川鈔本並作「戒」。　楊明照曰：「原（指舊合字本）誤『或』，據各本改。禮記中庸：『是故君子戒慎乎其所不睹，恐懼乎其所不聞。』」　王叔岷曰：「中庸云云，又見金樓子戒子篇。」　庶按：楊説是。敦煌本無「目」、「耳」二字，與禮記中庸合，是，據改删。禮記中庸鄭玄註：「小人閒居爲不善無所不至也。君子則不然，雖視之無人，聽之無聲，猶戒慎恐懼自脩正，是其不須臾離道。」

〔一一〕「入」下「虚」原作「室」字，傅校本、覆宋本、明鈔本、景道藏本、子彙本、吉府本、程榮本、龍川鈔本並作「虚」。　王叔岷曰：「困學紀聞五儀禮類引高顔先謹獨銘：『其出户如見賓，其入虚如有人。』」　庶按：「虚」字是，據改。惟高顔先文乃困學紀聞五禮記類註引，王氏失檢。

〔一二〕哀註：「昏行，夜闇也。此明百王執禮不移。籧瑗（庶按：蘧之訛。）夜行，乘車至衞君門前過，下車揖門而過。衞君在内聞之乘車至門，不聞行車之聲。衞君曰：『必是籧瑗也。』」　景四庫本於「變節」下双行小註：「衞靈公與夫人夜坐，聞車聲轔轔，至闕而止，過闕復有聲。公問婦人曰：

知此爲誰？』曰：『蘧伯玉也。』」「蘧」原作「簴」，景四庫本、百子本、龍溪本、諸子文粹本並作「蘧」。王叔岷曰：「作『蘧』，是也。」庶按：王説是，據改。景四庫本註文，本列女傳仁智篇衛靈婦人傳。其於「蘧伯玉也」下復有「公曰：『何以知之？』夫人曰：『妾聞禮下公門式路馬，所以廣敬也。夫忠臣與孝子，不爲昭昭變節，不爲冥冥惰行。蘧伯玉，衛之賢大夫也。仁而有智，敬以事上，此其人必不以闇昧廢禮，是以知之。』公使視之，果伯玉也」。

〔一三〕「淵」原作「回」，法藏敦煌本作「淵」。楊明照曰：「以鄙名、心隱、命相三篇例之，當以敦煌本爲是。抱朴子譏惑篇：『顔生整儀容於宵浴。』唐子：『君子不以昏行易操，不以夜昧易容。』（易林五引。）」庶按：楊説是，據改。

〔一四〕袁註：「越王與范蠡，吴王囚之石室，乃行君臣之禮，不改易也。」景四庫本於「替」下双行小註：「越王、范蠡，吴王囚之，登高望之，顧謂太宰嚭曰：『彼越王一節之人也，范蠡一介之士，雖在窮厄之地，而不失君臣之禮。』」庶按：景四庫本註文本吴越春秋句踐入臣外傳，文小異。

〔一五〕袁註：「冀缺是晉國農人也。郭外曰郊，郊外曰野，野外曰林，林外曰垌（庶按：坰之訛，下同）。冀缺隅垌野耕田，其妻餉食。冀缺見妻，乃行賓主之禮，不虧也。」景四庫本於「坰野」下双行小註：「冀，邑名，郤，其姓也。林外曰坰，郊外曰野。缺耕於田，其妻饁之，敬，相待如賓。」「坰」原作「垌」，孫評本、類纂本、景四庫本、畿輔本、百子本、諸子文粹本並作「坰」。盧文弨曰：「『坰』誤『垌』。」楊明照曰：「左僖三十三年傳：『初，臼季使過冀，見冀缺耨，其妻饁之，敬，相待如賓。』」　庶按：盧說是，據改。袁註以冀缺爲晉之農人，不確，冀缺乃晉大夫，曾爲庶人，耕於冀野，後重得冀封，事見國語晉語。

〔一六〕楊明照曰：「禮記中庸：『莫見乎隱，莫顯乎微，故君子慎其獨也。』」　庶按：中庸鄭玄註：「小人於隱者動作言語，自以爲不見睹，不見聞，則必肆盡其情也。」

〔一七〕孫楷第曰：「『枕』當讀爲『忱』。說文：『忱，誠也。』」　王叔岷曰：「『枕』字義勝，無煩假借。」　庶按：王說是。

〔一八〕楊明照曰：「中庸：『視之而弗見，聽之而弗聞。』」

〔一九〕楊明照曰：「詩小雅正月：『謂天蓋高，不敢不跼。』呂氏春秋制樂篇：『天之處高而聽卑。』」

〔二〇〕王叔岷曰：「子彙本、百子本『蓋遠』、『蓋幽』，『蓋』並作『甚』，喻林八一引同。」

〔二一〕袁註：「西北隅謂之屋漏。」

〔二二〕楊明照曰：「詩大雅抑文。毛傳：『西北隅謂之屋漏。』鄭箋：『相，助；顯，明也。諸侯、卿大夫助祭在女宗廟之室，尚無肅敬之心，不慚媿於屋漏，有神見人之爲也。女無謂是幽昧不明，無見我者！神見女矣。』」　庶按：鄭箋於「神見汝矣」下復有：「屋，小帳也。漏，隱也。祉祭於奧既畢，改設饌於西北隅而厞隱之處，此祭之末也。」楊氏略，當引。

〔二三〕楊明照曰：「後漢書楊震傳：『震曰：「天知、神知、我知、子知，何謂無知。」』」

〔二四〕楊明照曰：「呂氏春秋自知篇：『范氏之亡也，百姓有得（『得』下奪『其』字。）鍾者，欲負而走，則鍾大不可負。以椎毁之，鍾況然有音，恐人聞之而奪己也，遽揜其耳。惡人聞之，可也；惡己自聞之，悖矣。』」

〔二五〕楊明照曰：「未詳。孟子盡心上篇：『鷄鳴而起，孳孳爲善者，舜之徒也。』孔昭蓋臆説耳。」庶按：孔叢子居衛篇：「孟軻問子思曰：『堯、舜、文、武之道，可力而致乎？』子思曰：『彼，人也，我，人也。稱其言，履其行，夜思之，晝行之。滋滋焉，汲汲焉，如農之赴時，商之趣利，惡有不至者乎？』」與此文可互參。

〔二六〕袁註：「東平王名倉。有人問曰：『君以何爲樂？』答曰：『倉以善爲樂也。』」景四庫本於「樂」下双行小註：「漢明帝遣使手詔賜東平國中。傳曰：『日者問王蒼處家，何等最樂？王言爲善最樂。』其言甚大，非諸侯王驕恣放逸者可比。」庶按：事見後漢書東平憲王蒼傳。

〔二七〕「慚於影」原作「漸彰」，「媿」下原無「於」字，覆宋本、明鈔本、景道藏本、子彙本、吉府本、程榮本、龍川鈔本並作「慚影」。「媿」，畿輔本作「愧」。法藏敦煌本於「慚」下、「媿」下並有「於」字。楊明照曰：「原（指舊合字本）誤作『漸彰』，據各本改。晏子春秋外篇：『嬰聞之：君子獨立不慚於影，獨寢不慚於形。』淮南繆稱篇：『周公不慙乎景，故君子愼其獨也。』（困學紀聞五：『劉子曰：「獨立不慚影，獨寢不媿衾。」』自註：『高彦先謹獨銘曰：「其出户如見賓，其入虛如有人；其行無媿於影，其寢無媿於衾。」』四句並見劉子。」庶按：楊説是，「媿」、「愧」古通，敦煌本於「慚」下、「媿」下並有「於」字，與晏子春秋文合，是，據補改。

劉子校釋卷之三

貴農章十一

衣食者，民之本也；民者，國之本也。民恃衣食，猶魚之須水；國之恃民，如人之倚足。魚無水，則不可以生〔一〕；人失足，必不可以步〔二〕；國失民，亦不可以治。先王知其如此，而給民衣食。

故農祥晨正，辰集娵訾〔三〕，陽氣憤盈，土木脉發〔四〕。天子親耕於東郊〔五〕，后妃躬桑於北郊〔六〕。國非無良農也，而王者親耕〔七〕；世非無蠶妾也，而后妃躬桑。上可以供宗廟，下可以勸兆民。神農之法曰〔八〕：「丈夫丁壯而不耕，天下有受其饑者；婦人當年而不織，天下有受其寒者。」故天子親耕，后妃親織〔九〕，以爲天下先。是以其耕不强者，無以養其生；其織不力者，無以蓋其形。衣食饒足，姦邪不生，安樂無事，天下和平。智者無以施其策，勇者無以行其威〔一〇〕。故衣食爲民之本，而工巧爲其末也。

是以雕文刻鏤傷於農事，錦繡纂組害於女工〔一一〕。農事傷則飢之本也〔一二〕，女工害則寒之源也。飢寒並至，而欲禁人爲盜，是揚火而欲無其炎〔一三〕，撓水而望其静，不可得也。衣食足，知榮辱；倉廩實，知禮節〔一四〕。故建國者必務田蠶之實，而棄美麗之華〔一五〕。以穀帛爲珍寶〔一六〕，比珠玉於糞土。何者？珠玉止於虛玩，而穀帛有實用也。假使天下瓦礫悉化爲和璧〔一七〕，沙石皆變爲隋珠〔一八〕，如値水旱之歲〔一九〕，瓊粒之年〔二〇〕，則璧不可以禦寒，珠未可以充飢也〔二一〕。雖有奪日之鑑，代月之光，歸於無用也。何異畫爲西施，美而不可悦〔二二〕，刻作桃李，似而不可食也。衣之與食，唯生人之所由〔二三〕，其最急者，食爲本也。

霜雪巖巖〔二四〕，苫蓋可以代裘〔二五〕；室如懸磬〔二六〕，草木不可以當糧。故先王治國，有九年之儲，所以備非常，救灾厄也〔二七〕。堯、湯之時，並有十年之蓄〔二八〕，及遭九年洪水、七載大旱〔二九〕，不聞饑饉相望、捐棄溝壑者，蓄積多故也。穀之所以不積者，在於游食者多而農人少故也。夫螟螣秋生而秋死〔三〇〕，一時爲灾，如數年乏食〔三一〕。今一人耕而百人食之，其爲螟螣，亦以甚矣〔三二〕！是以先王敬授民時〔三三〕，勸課農桑，省游食之人，減徭役之費，則倉廩充實，頌聲作矣〔三四〕。雖有戎馬之興，水旱之沴〔三五〕，國未嘗有憂，民終無害也〔三六〕。

校釋

〔一〕「可以」原作「得而」，程榮本作「可以」。王叔岷曰：「作『則不可以生』，與臣軌（見下）合。」庶按：王説是，據改。顔氏家訓涉務篇：「夫食爲天，民非食不生矣。」義與此可互參。

〔二〕楊明照曰：「淮南主術篇：『食者，民之本也；民者，國之本也。』臣軌利人章：『夫衣食者，人之本也；人者，國之本也。（庶按：叢書集成初編本無「也」字。）人恃衣食，猶魚之恃水；（庶按：叢書集成初編本作「待水」。）國之恃人，如人之倚足。魚無水，則不可以生；人無足，則不可以步。』蓋襲於此。」庶按：漢書酈食其傳：「王者以民爲天，而民以食爲天。」

〔三〕「晨」原作「旦」。袁註：「農者，耕種之稱，旦，正月，祥，吉也。農吉之月，謂是正月旦也。」孫楷第曰：「『旦』乃『晨』之壞字。『晨』，道藏本、子彙本並作『辰』，是。國語周語上『宣王卽位不藉千畝』篇云：『農祥晨正，日月底於天朝。』韋昭註云：『農祥，房星也。晨正，謂立春之日，晨中於午也。農事之候，故曰農祥也。』同上書周語下『王將鑄無射篇』云：『月之所在辰馬，農祥也。』韋昭註云：『辰馬謂房，心星也。心星所在大辰之次爲天駟。駟，馬也，故曰辰馬，言日在房合於農祥也。祥猶象也，房星晨正而農事起焉，故謂之農祥。』御覽時序部五、初學記三引唐固註云：『農祥，房星也。晨正，謂辰見南方，謂立春之日。』文選東京賦：『及至農祥晨正。』薛綜註云：『晨，時。正，中也。謂正月初也。』晨、旦義同，然劉子本周語，必不作旦正。『辰集娵訾』者，韋昭註周語云：『辰，日月之會。』鄭註月令云：『孟春者，日月會於娵訾，而斗建寅之辰也。』正義云：『日月所會之處，謂之爲辰。』引鄭註周禮太師職云：『正月辰在娵訾。』周禮大司樂疏：『太蔟，寅之氣也，正月建焉，而辰在娵訾。』據月令正義：『營室號娵訾。』韋註『天廟』下云：『天廟，營室也。孟春之月，日月皆在營室也。』是『天廟』、『娵訾』同。『辰集娵訾』卽『日月底於天廟』也。

今程榮本僞作『晨』，則不可通。」庶按：孫説是，據改。文選東京賦：「及至農祥晨正，土膏脉起。」

〔四〕楊明照曰：「國語周語上：『古者，太史順時覛土。陽癉憤盈，土氣震發，農祥晨正，日月底於天廟，土乃脉發。』韋昭註：『憤，積也。盈，滿也。農祥，房星也。晨正，謂立春之日，晨中於午也。農事之候，故曰農祥也。脉，理也。』農書曰：『春，土長冒橛，陳根可拔，耕者急發。』」

〔五〕袁註：「用上亥日。」楊明照曰：「禮記祭統：『是故天子親耕於南郊，以共齊盛。王后蠶於北郊，以共純服。……天子、諸侯，非莫耕也；王后、夫人，非莫蠶也。身致其誠信，誠信之謂盡，盡之謂敬。敬、盡然後可以事神明，此祭之道也。』穀梁桓十四年傳：『天子親耕，以共粢盛。王后親蠶，以共祭服。國非無良農女工也，以爲人之所盡，事其祖禰，不若以己所自親者也。』又按：孔昭謂天子親耕東郊，與禮文異。新唐書禮樂志曰：『貞觀三年，太宗將親耕。給事中孔穎達議曰：「禮，天子藉田南郊，諸侯東郊，晉武帝猶東南，今帝社乃東壇，未合於古。」太宗曰：「書稱『平秩東作』，而青輅黛耜，順春氣也。吾方位少陽，田宜於東郊。」乃耕於東郊。』是天子耕東郊，乃唐制也，非劉子所宜言，豈傳寫者妄改歟？」王叔岷曰：「楊氏耕於南郊、東郊之説，本於帝範務農篇註。彼註末云：『蓋高祖崩於貞觀九年，太宗東耕於貞觀三年，此時高祖尚存，故云「吾方位少陽」也。』竊疑劉子此文本作『天子親耕於南郊』，其作東郊者，蓋唐人所改也。」庶按：吕氏春秋孟春紀：「立春之日，天子親率三公九卿諸侯大夫以迎春於東郊，……率三公九卿諸侯大夫躬耕帝籍田。」白虎通卷六：「天子親耕，……耕於東郊何？東方少陽農事始起，……

故曾子曰：『天子耕東田而三反之。』」公羊桓十四年傳：「御廩災。」何休註：「天子親耕東田千畝。」則天子耕東郊之禮，古亦有之，楊、王之說不確。

〔六〕袁註：「用上巳日。」景四庫本於「北郊」下双行小註：「用巳未日。」「桑」、「郊」，法藏敦煌本作「蠶」、「宮」。

〔七〕「王」原作「主」，明鈔本、吉府本、程榮本、百子本並作「王」。楊明照曰：「『王』字是。」庶按：楊說是，據改。「王」、「主」形近，古多互誤。呂氏春秋論人篇：「此不肖主之所以亂也。」畢沅校正曰：「『主』舊作『王』。」此乃王、主相僞之證。白虎通卷六：「王者所以親耕、后親桑何？以率天下農蠶也。」

〔八〕楊明照曰：「呂氏春秋愛類篇：『神農之教曰：「士有當年而不耕者，則天下或受其饑矣；女有當年而不績者，則天下或受其寒矣。」故身親耕，妻親績，所以見致民利也。』」王叔岷曰：「王謨本『饑』作『飢』，古通。據淮南齊俗篇：『故神農之法曰：「丈夫丁壯而不耕，天下有受其飢者；婦人當年而不織，天下有受其寒者。」故身自耕，妻親織，以爲天下先。』則此文蓋直本於淮南。又案：管子揆度篇：『一農不耕，民有爲之飢者；一女不織，民有爲之寒者。』賈子新書無蓄篇：『古人曰：「一夫不耕，或爲飢；一婦不織，或爲之寒。」』王符潛夫論浮侈篇：『一夫不耕，天下必受其饑者；一婦不織，天下必受其寒者。』」

〔九〕「親織」，法藏敦煌本作「親蠶」。林其錟曰：「敦煌本是。穀梁桓公十四年：『天子親耕，以供粢盛，王后親蠶，以供祭服。』」 庶按：林説非。上文言「婦人當年而不織」，下文亦言「其織不力」，且作「親織」，正與淮南文合，淮南齊俗篇亦云「其織不强者」，亦言「織」。上文王氏所引管子、新書、潛夫論文皆言「織」，不言「蠶」，亦其證。

〔一〇〕楊明照曰：「淮南齊俗篇：『是故其耕不强者，無以養生；其織不强者，無以揜形。有余不足，各歸其身。衣食饒溢，姦邪不生；安樂無事，而天下均平。故孔丘、曾參無所施其善，孟賁、成荊無所行其威。』」 王叔岷曰：「淮南齊俗篇『安樂無事』下，文子上義篇作『安樂無事，天下和平。智者無所施其策，勇者無所錯其威』，與此文尤合。」

〔一一〕「繡纂」原作「績綦」，法藏敦煌本作「纂」。 楊明照曰：「『纂』字是。管子輕重甲篇、七主七臣篇、尉繚子治本篇、賈子新書瑰瑋篇、淮南脩務篇、漢書景帝紀並有『纂組』之文。韓非子詭使篇『綦組錦繡』誤與此同。淮南齊俗篇：『夫雕琢刻鏤，傷農事者也；錦繡纂組，害女工者也。農事廢，女工傷，則飢之本，而寒之原也。夫飢寒並至能不犯法干誅者，古今之未聞也。』」 王叔岷曰：「『錦績綦組』，『績』與『繪』同。論語八佾篇『繪事後素』，釋文：『繪，本又作績，同。』説文：『繪，會五色繡也。』楊氏從敦煌本『綦』作『纂』，是也。説文：『纂似組而赤。』淮南脩務篇『梱纂組』，高誘註：『組，邪文，如今之綬。（今本綬誤短，御覽三八一所引不誤。）六韜尚賢篇（庶按：四部叢刊本作上賢）：『爲雕文刻鏤，技巧華飾，而傷農事，王者必禁之。』」 庶按：楊説是，惟王説以績訓繪則非。績當作繡。「錦繡纂組」，乃古之常語，當據淮南、漢書諸書改。

〔一二〕「飢」原作「饑」，王謨本作「飢」，下同。「飢」字是，淮南齊俗篇文正作「飢」，據改。

〔一三〕「無」原作「並」，覆宋本、明鈔本、景道藏本、子彙本、吉府本、程榮本、龍川鈔本並作「無」。「炎」上原無「其」字，法藏敦煌本於「炎」上有「其」字。楊明照曰：「原（指舊合字本）誤作『並』，據各本改。」庶按：楊說是，據改。以下文「而望其靜」例之，敦煌本有「其」字是，據增。

〔一四〕楊明照曰：「法藏敦煌本句首有『管子曰』三字，極是。管子牧民篇：『倉廩實則知禮節，衣食足則知榮辱。』」庶按：楊說非。自漢以來，此文乃爲言務農之常語，諸書所載，或不言「管子曰」，而直書其文。說苑談叢篇：「衣食足，知榮辱；倉廩實，知禮節。」史記貨殖列傳：「故曰：『倉廩實而知禮節，衣食足而知榮辱。』」皆無「管子曰」三字，語例與此正同，故可不必泥敦煌本增。

〔一五〕原本無「而」字，法藏敦煌本、明鈔本、景道藏本、子彙本、吉府本、蔣以化本、孫評本於「棄」上並有「而」字，是，據增。「美」疑爲「靡」之訛。靡麗乃古之常語，新語無爲篇：「秦始皇驕奢靡麗，好作高臺榭。」本書防慾章：「靡麗之華，不以滑性。」

〔一六〕「以穀」原作「穀以」，法藏敦煌本、覆宋本、明鈔本、景道藏本、子彙本、吉府本、程榮本、龍川鈔本並作「以穀」，是，據改。

〔一七〕「璧」原作「璞」，「璞」乃「璧」之訛。「璞」爲未理之玉石，且古書所言「和璧」，多與「隋珠」對言，下文「璧不可以禦寒，珠未可以充飢也」。「璧」、「珠」對言，正可證此當作「璧」。王叔岷曰：「韓非子和氏篇：『楚人和氏得玉璞於楚山中，奉而獻之厲王，厲王使玉人相之，玉人曰：「石也。」

王以和爲誑，而刖其左足。及厲王薨，武王即位，和又奉其璞而獻之武王，武王使玉人相之，又曰：「石也。」王又以和爲誑，而刖其右足。武王薨，文王即位，和氏抱其璞而哭於楚山之下，……王乃使玉人理其璞而得寶焉，遂命曰和氏之璧。』」

〔一八〕王叔岷曰：「史記李斯列傳正義引説苑：『昔隋侯行遇大蛇中斷，疑其靈，使人以藥封之，蛇乃能去，因號其處爲斷蛇丘。歲余，蛇銜明珠，徑寸，絶白而有光，因號隋珠。』」庶按：説苑雜言篇：「子獨不聞和氏之璧乎？價重千金，然以之間紡，曾不如瓦磚。隋侯之珠，國之寶也，然用之彈，曾不如泥瓦。騏驥騄駬，倚衡負軛而趨，一日千里，比至疾也，然使捕鼠，曾不如百錢之狸。干將鏌鎁，拂鍾不錚，試物不知，揚刃離金，斬羽契鐵斧，比至利也，然以之補履，曾不如兩錢之錐。」後漢書劉陶傳：「就使當今沙礫化爲南金，瓦石變爲和玉，使百姓濁無所飲，飢無所食。」

〔一九〕「值」原作「植」，法藏敦煌本、覆宋本、明鈔本、景道藏本、子彙本、吉府本、程榮本、龍川鈔本並作「值」。楊明照曰：「原（指舊合字本）誤作『植』，據各本改。」庶按：楊説是，據改。

〔二〇〕王叔岷曰：「文選張景陽雜詩：『紅粒貴瑶瓊。』」

〔二一〕楊明照曰：「荀子儒效篇：『彼寶也者，衣之不可衣也，食之不可食也。』漢書景帝紀：『三年（庶按：今本作「後三年」），詔曰：「農，天下之本也，黄金珠玉，飢不可食，寒不可衣。」』」

〔二二〕楊明照曰：「淮南説山篇：『畫西施之面，美而不可説。』」

〔二三〕「生人」，法藏敦煌本作「生民」。楊明照曰：「管子禁藏篇：『夫人之所生，衣與食也。』」

〔二四〕孫楷第曰：「『巖』、『嚴』通。詩小雅節南山、隱元年傳釋文並云：『巖，本或作嚴。』文選廣絶交論註引王逸楚辭註曰：『嚴，壯也，風霜壯謂之嚴。』」

〔二五〕袁註：「苫，茆也。言無布帛可衣，唯茆衣蒙蒙者，女人之衣曰蒙，今江東亦呼茅爲蓋也。」王叔岷曰：「爾雅釋器：『白蓋謂之苫。』郭璞註：『白茅苫也，今江東呼爲蓋。』説文『苫』、『蓋』互訓。左襄十四年傳：『被苫蓋。』」原本「苫蓋」下有「不」字，法藏敦煌本于「苫蓋」下無「不」字。陳昌濟曰：「此句疑作『苫蓋可以代裘。』」庶按：陳説與敦煌本合，是，據删。袁註文字有誤，景四庫本於「裘」下双行小註：「苫，茆也，言無布帛可衣，惟衣茆蒙，象女人之衣，故曰蒙。今江東亦呼茆爲蓋也。」當據以訂正。

〔二六〕楊明照曰：「國語魯語上『室如縣磬』，韋註：『縣磬，言魯府藏空虚，如縣磬也。』」

〔二七〕「所」原作「可」，「非」下原無「常」字，法藏敦煌本、覆宋本、明鈔本、景道藏本、子彙本、吉府本、程榮本、龍川鈔本於「非」下並有「常」字。據改、補。楊明照曰：「法藏敦煌本『可』作『所』，『所』字勝，『常』字原（指舊合字本）奪，據各本增。禮記王制：『三年耕，必有一年之食；九年耕，必有三年之食。以三十年之通，雖有凶旱水溢，民無菜色。』」王叔岷曰：「『可』字今各本皆同。『可』與『何』同義，楊氏未達。……淮南主術篇：『三年耕而餘一年之食，率九年，而有三年之畜；十八年，而有六年之積；二十七年，而有九年之儲。雖涔旱災害之殃，民莫困窮流亡也。』」庶按：「可」訓「何」，乖于文意，當從楊説訂正。淮南主術篇云云，亦見漢書食貨志，文小異。

〔二八〕「有」上原無「並」字，法藏敦煌本於「有」上有「並」字，是，據增。此謂堯有十年之儲，湯亦如此，下文九年洪水、七載大旱正承此而言。

〔二九〕楊明照曰：「墨子七患篇：『故夏書曰：「禹七年水。」殷書曰：「湯五年旱。」此其離凶餓甚矣！然而民不凍餓者，何也？其生財密，其用之節也。』荀子富國、韓詩外傳三略同。漢書食貨志：『晁錯復説上曰：「堯、禹有九年之水，湯有七年之旱，而國亡捐瘠者，以蓄積多，而備先具也。」』禹水湯旱年數，管子權數篇、莊子秋水篇、荀子王霸篇、淮南主術篇、論衡感虚篇各異。」王叔岷曰：「呂氏春秋順民篇：『昔者，湯克夏而正天下，天大旱，五年不收。』文選應休璉與廣川長岑文瑜書註引呂氏春秋云：『湯時，大旱七年。』説苑君道篇：『湯時，大旱七年。』論衡感虚篇：『傳書言湯遭七年旱，……或言五年。』蓋由五，古又作『乂』，與七相似，故相亂耳。」庶按：此當爲古史傳説各異，劉子蓋取其一耳。

〔三〇〕袁註：「食苗心曰螟，食節曰螣，食根曰蟊，食葉曰賊，此四蟲，皆爲人之灾也。」

〔三一〕「如」，法藏敦煌本、覆宋本、明鈔本、景道藏本、子彙本、吉府本、程榮本、龍川鈔本並作「而」。楊明照曰：「『而』，原（指舊合字本）作『如』，據各本改。」王叔岷曰：「『而數年乏食』，説郛卷六讀子隨識『而』作『如』，如猶而也。」庶按：王説是，「而」、「如」古通。易繫辭上傳：「其受命而嚮。」「而」，王弼本作「如」。

〔三二〕楊明照曰：「商子農戰篇：『夫農者寡而游食者衆，故其國貧危。今夫蛆螣蚼蠋，春生秋死，一出而民數年不食。今一人耕而百人食之，此其爲蛆螣蚼蠋，亦大矣！』」王叔岷曰：「意林引商子『蛆螣』作『螟螣』，與此文合。詩小雅大田：『去其螟螣。』毛傳：『食心曰螟，食葉曰螣。』潛夫論浮侈篇：『是則一夫耕，百人食之。』」

〔三三〕楊明照曰：「書堯典：『乃命羲和，欽若昊天，歷象日月、星辰，敬授民時。』」庶按：堯典孔傳：「敬記天時以授人也。」史記五帝本紀：「數法日月星辰。」索隱：「尚書作『歷象日月』，則此言數法，是訓歷象二字，謂命羲、和以歷數之法，觀察日月星辰之早晚，以敬授人時也。」

〔三四〕景四庫本於「頌聲作矣」下双行小註：「公羊高曰：『什一，天下之中是也，什一行而頌聲作矣。』」

〔三五〕楊明照曰：「公羊宣十五年傳：『什一者，天下之中正也，什一行，而頌聲作矣。』」

〔三六〕王叔岷曰：「漢書五行志中之上：『唯金沴木。』服虔註：『沴，害也。』」

〔三六〕盧文弨曰：「（程榮本）『終』下衍『爲』字。」庶按：法藏敦煌本於「無」下有「有」字。

愛民章十二

天生蒸民而樹之君〔一〕。君者，民之天也〔二〕。天之養物，以陰陽爲本〔三〕；君之化民，以政教爲務。故寒暑不時則疾疫〔四〕，風雨不節則歲饑。刑罰者，民之寒暑也；教令者，民之風雨也。刑罰不時則民傷，教令不節則俗弊〔五〕。故水濁則無掉尾之魚〔六〕，土埆則無葳蕤之木〔七〕，政煩無逸樂之民。政之於人，猶琴瑟也。大弦急則小弦絶，小弦絶則大弦闕矣〔八〕。

夫足寒傷心，民勞傷國〔九〕。足温而心平，人佚而國寧〔一〇〕。是故善爲理者〔一一〕，必以仁愛爲本，不以苛酷爲先〔一二〕。寛宥刑罰，以全民命；省徹徭役〔一三〕，以休民力；輕約賦斂，不匱人財；不奪農時，以足民用〔一四〕，則家給國富，而太平可致也。人之於君，猶子之於父母也。未有父母富而子貧，父母貧而子富也〔一五〕。故人饒足者，非獨人之足，亦國之足也〔一六〕；渴乏者，非獨人之渴乏〔一七〕，亦國之渴乏也。故有若曰：「百姓足，君孰與不足？百姓不足，君孰與足〔一八〕？」此之謂也。

先王之治也〔一九〕，上順天時，下養萬物，草木昆蟲〔二〇〕，不失其所。獺未祭魚，不施網罟；豺未祭獸，不脩田獵〔二一〕；鷹隼未擊〔二二〕，不張罻羅〔二三〕；霜露未霑〔二四〕，不伐草木〔二五〕。草木有生而無識，禽獸有識而無知〔二六〕，猶施仁愛以及之，奚況生人而不愛之乎〔二七〕？

故君者，其仁如春，其德如雨，澤潤萬物〔二八〕，則人爲之死矣。昔太王去邠〔二九〕，而人隨之，仁愛有餘也；夙沙之君，而人背之，仁愛不足也〔三〇〕。仁愛附人，堅於金石。金石可銷而人不可離。故君者壤地也，人者卉木也。未聞壤地肥而卉木不茂〔三一〕，君仁而萬民不盛矣。

校釋

〔一〕「蒸」，宋本、程榮本、龍川鈔本、景四庫本並作「萬」，景道藏本、子彙本並作「烝」。「樹」，宋本、程榮本、龍川鈔本、景四庫本並作「立」。原本「之」下無「以」字，法藏敦煌本、覆宋本、程榮本、景四庫本並無「以」字。　盧文弨曰：「『樹』，俗作『立』。（程榮本）『以』脱。」　楊明照曰：「『蒸』、『烝』並是，『萬』則非也。法藏敦煌本作『蒸』，則古本不作『萬』也。詩大雅烝民：『天生烝民。』孟子告子上篇引作『蒸民』。左文十三年傳：『天生民而樹之君，以利之也。』哀十四年傳：『天生民而立之君，使司牧之。』」　王叔岷曰：「左文十三年傳云云，又見説苑君道篇。『民』上有『烝』字，與此文尤合。」　庶按：説苑君道篇「天生蒸民而樹之君」，乃劉子所本，唯「以」字，從諸本及説苑文删。

〔二〕「者」，程榮本、龍川鈔本、景四庫本並作「則」。

〔三〕「本」原作「大」，法藏敦煌本、傅校本、宋本、程榮本並作「本」，程榮本於「以」下有「治」字。　楊明照曰：「『本』字是。俗以『夲』代之，『大』，蓋其殘誤。」　王叔岷曰：「『治』字疑下文『化』之異文而誤竄入者。」　庶按：楊、王説並是。

〔四〕「疾」、「疫」二字疑倒，作「疫疾」，方與下文「歲饑」、「民傷」、「俗弊」文例同。

〔五〕「俗」，傅校本作「民」。　楊明照曰：「禮記樂記：『天地之道，寒暑不時則疾，風雨不節則饑。教者，民之寒暑也，教不時，則傷世。事者，民之風雨也，事不節，則無功。』」 庶按：樂記以「疾」、「饑」對文，正可證上文「疾疫」之誤。 樂記鄭玄註：「教謂樂也。」

〔六〕原本「水濁」下無「則」字，法藏敦煌本於「水濁」下有「則」字。 楊明照曰：「禮記王制：『土敝則草木不長，水煩則魚鼈不大。』（庶按：此乃樂記文，楊氏誤屬之王制。）鄧析子無厚篇：『夫水濁無掉尾之魚，政苛無逸樂之民。』」（庶按：四部叢刊本鄧析子於「水濁」、「政苛」下並有「則」字。） 王叔岷曰：「韓詩外傳一：『水濁則魚喁，令苛則民亂。』（淮南主術篇、繆稱篇、文子精誠篇『喁』並作『噞』，說苑政理篇作『困』。）」 庶按：敦煌本「水濁」下有「則」字，與樂記文合，是，據增。「水濁則魚噞」文，亦見淮南說山篇，「則」作「而」。

〔七〕「埆」，宋本、龍川鈔本、景四庫本並作「确」，原本「土确」下無「則」字，法藏敦煌本於「土确」下有「則」字。 王叔岷曰：「類纂本、程榮本……『埆』並作『确』，同。說文：『确，礊石也。礊，堅也。』楚辭七諫初放：『上葳蕤而防露兮。』王逸註：『葳蕤，盛貌。』」 庶按：「則」字據敦煌本增。

〔八〕原本「小弦絕」下無「則」字，法藏敦煌本、傳校本於「大弦闟矣」上並有「則」字。「闕」原作「間」，法藏敦煌本作「闟」，傳校本作「闕」。 宋本、吉府本、程榮本、龍川鈔本、景四庫本並作「閼」。 楊明照曰：「敦煌本是闟，正作闕，韓詩外傳一：『治國者，譬若乎張琴然，大弦急則小弦絕矣。』」 王叔岷曰：「舊合字本『絃』作『弦』，『弦』、『絃』古今字。……治要引新序：『夫政者，猶張琴瑟也。大弦急，則小弦絕矣。』文子上仁篇：『夫調音者，小絃急，大絃緩』。」 庶按：「則」字據敦煌本增，楊氏以「問」作「闕」，與傳校本合，是，據改。「闕」謂虧損。初學記十六引琴操：「大絃爲君，小絃爲臣。」御覽五十七引琴操：「大絃君也，寬和而温；小絃臣也，清廉不亂。」

〔九〕法藏敦煌本、傳校本於「足寒」、「民勞」下並有「者」字。楊明照曰：「素書安體章：『足寒傷心，人怨傷國。』申監政體篇：『故足寒傷心，民寒傷國。』臣軌利人章：『夫足寒傷心，民勞傷國。』」庶按：叢書集成初編本臣軌「民」作「人」。

〔一〇〕「寧」，傳校本作「安」。「佚」通「逸」。

〔一一〕「理」，法藏敦煌本、傳校本並作「治」。林其錟曰：「『理』乃避唐高宗諱改。」

〔一二〕「酷」，類纂本作「刻」。

〔一三〕「徹」通「撤」。

〔一四〕孫楷第曰：「『不匱人財』，句法參差，當作『以豐人財』。左傳累云『豐財』，後漢書荀悦傳云：『故在上者，先豐人財以定其志。』」王叔岷曰：「『不匱人財』疑本作『以阜人財』，與上下文句法一律。孔子家語辨樂篇載舜南風詩：『南風之時兮，可以阜吾民之財兮。』可爲旁證。」庶按：孫、王說並非。「不奪農時」與「省徹徭役」義重，「不匱人財」與「輕約賦斂」義亦重，此疑「不匱人財」、「不奪農時」爲註文誤入，讀作「寬有刑罰以全民命，省徹徭役以休民力，輕約賦斂以足民用」，文例相同，義亦相承。孔子家語賢君篇：「孔子對曰：『政之急者，莫大乎使民富且壽也……省力役薄賦斂則民富矣。』」義與此可互參。

〔一五〕此句傅校本作「未有子富而父母貧，子貧而父母富也」。楊明照曰：「孔子家語賢君篇：『孔子曰：『詩云：「愷悌君子，民之父母。」未有子富而父母貧者也。』臣軌利人章：『夫人之於君，猶子於父母。未有子貧而父母富，子富而父母貧。故人足者，非獨人之足，國之足也；人匱者，非獨人之匱，國之匱也。』蓋襲於此。」林其錟曰：「依此文意及斠註所引，當以敦煌本爲是。」庶按：林説是。説苑政理篇：「孔子曰：『詩云：「凱悌君子，民之父母。」未見其子富而父母貧者也。』」孔子家語文乃本此。

〔一六〕原本「足」下無「也」字，宋本、程榮本、龍川鈔本於「足」下並有「也」字。王叔岷曰：「有『也』字與下文句法一律。臣軌亦有『也』字。」庶按：王説是，據補。

〔一七〕「獨」原作「濁」，法藏敦煌本、宋本、明鈔本、景道藏本、子彙本、吉府本、程榮本、龍川鈔本並作「獨」。楊明照曰：「原（指舊合字本）誤作『濁』，據各本改。」庶按：楊説是，據改。

〔一八〕楊明照曰：「法藏敦煌本『有若』作『孔子』，敦煌本非是。此有若對魯哀公之詞，見論語顏淵篇。」庶按：法藏敦煌本無「百姓足，君孰與不足」八字。論語顏淵篇：「哀公問於有若曰：『年饑，用不足，如之何？』有若對曰：『盍徹乎？』曰：『二，吾猶不足，如之何其徹也？』對曰：『百姓足，君孰與不足？百姓不足，君孰與足？』」

〔一九〕原本「治」下無「也」字，法藏敦煌本於「治」下有「也」字，是，據增。

〔二〇〕王叔岷曰：「大戴禮夏小正『昆小蟲』，傳云：『昆者，衆也。』（庶按：四部叢刊本夏小正、大戴禮記解詁『昆者，衆也』，乃正文，非傳文。）此文『草木昆蟲』，昆亦衆也。漢書成帝紀：『君得道，則草木昆蟲，咸得其所。』（顔註：『昆，衆也。昆蟲，言衆蟲也。』亦同此例。）」

〔二一〕呂氏春秋孟春紀：「魚上冰。獺祭魚。」高亨周易古經今注：「『祭』當讀爲『殺』。獺祭魚者，謂獺殺魚也。『祭』、『殺』古通用。」庶按：「獺祭魚」文，古籍中多見，祭皆不作殺，高亨註疑非。高誘註曰：「獺獱，水禽也，取鯉魚至水邊，四面陳之，世謂之祭魚爲時候者。」陳奇猷呂氏春秋校釋認爲在神權時代，有此種傳説。

〔二二〕「擊」原作「繫」，法藏敦煌本、傅校本、宋本、明鈔本、景道藏本、子彙本、吉府本、何允中本、龍川鈔本並作「擊」。楊明照曰：「原（指舊合字本）誤『繫』，據各本改。」庶按：楊説是，據改。

〔二三〕王叔岷曰：「禮記王制鄭註：『罻，小網也。』」

〔二四〕「霑」，傅校本作「凝」。

〔二五〕楊明照曰：「禮記王制：『獺祭魚，然後虞人入澤梁；豺祭獸，然後田獵；鳩化爲鷹，然後設罻羅；草木零落，然後入山林；昆蟲未蟄，不以火田。』淮南主術篇：『豺未祭獸，罝罦不得布於野；獺未祭魚，網罟不得入於水；鷹隼未摯，羅網不得張於谿谷；草木未落，斤斧不得入山林；昆蟲未蟄，不得以火燒田。』又見文子上仁篇、賈子禮篇。」庶按：呂氏春秋孟秋紀：「鷹乃祭鳥。」季秋紀：「豺乃祭獸戮禽。」大戴禮夏小正：「正月獺祭魚，十月豺祭獸。」逸周書時訓篇：「驚蟄之日獺祭魚，處暑之日鷹乃祭鳥，霜降之日豺乃祭獸。」易緯通卦驗：「雨水獺祭魚，白露鷹祭鳥，霜降豺祭獸。」

語又見説苑修文篇。

〔二六〕「禽」原作「鳥」，傅校本作「禽」。楊明照曰：「法藏敦煌本『鳥』作『禽』，敦煌本是。荀子王制篇：『草木有生而無知，禽獸有知而無義。』」王叔岷曰：「崔豹古今註問答釋義篇：『夫生而有識者，蟲類也。生而無識者，草木也。』」庶按：楊説是，據改。

〔二七〕「生」原作「在」，傅校本、程榮本、類纂本、景四庫本並作「生」，據改。「人」，傅校本作「民」。「生民」二字並是。

〔二八〕「德」、「澤」二字誤倒，作「其德如雨」與上「其仁如春」相對。「澤潤」，猶言恩澤。尚書畢命篇：「道洽政治，澤潤生民。」潛夫論忠貴篇：「以仁撫世，澤及草木。」據乙。

〔二九〕「去」原作「居」。袁註：「太王，周太王也，古公亶甫也，后稷十五代孫，居邠土，行仁愛於百姓，一年成市，二年成邑，三年成都。所以然者，仁愛有餘也。」孫楷第曰：「『居邠』當作『去邠』，聲之誤也。太王亶父避狄患，去邠，而人隨之，其事數見書傳。若作『居』，則與下四字義不相屬矣。孟子梁惠王下云：『去邠，踰梁山，邑於岐山之下，居焉。邠人曰：「仁人也，不可失也。」從之者如歸市。』説苑至公篇作『「吾將去之」，遂居岐山之下，邠人負幼扶老從之』，莊子讓王篇、呂氏春秋開春論審爲篇、淮南道應訓作『杖策而去，民相連而從之，遂成國於岐山之下』。可證此文之失。」庶按：孫説是，據改。袁註作「居邠」，蓋緣其所見本正文而誤。

〔三〇〕袁註：「夙沙，國名也，仁愛不足者，而人背之來歸舜。又云舜伐之，沙國之人背君而來，舜未審將何爲善也。」楊明照曰：「吕氏春秋用民篇：『夙沙之民，自攻其君而歸神農。』」王叔岷曰：「文子上仁篇：『宿沙之民，自攻其君，歸神農氏。』宿與夙同。」庶按：吕氏春秋用民篇高誘註：「夙沙，大庭氏之末世也，其君無道，故自攻之。」袁註隨文附會，非。

〔三一〕「地」下原無「也」字，「壤」下原無「地」字。楊明照曰：「法藏敦煌本『地』下有『也』字，『人』作『民』，敦煌本是也。『未聞壤肥』句，亦當有『地』字。韓非子難二篇：『師曠曰：「君者，壤地也；臣者，草木也。必壤地美，然後草木碩大。」』」王叔岷説同。庶按：楊説是，據補。

從化章十三

君以民爲體，民以君爲心。心好之，身必安之；君好之，民必從之〔一〕。未見心好而身不從〔二〕，君欲而民不隨也。人之從君〔三〕，如草之從風，水之從器。故君之德，風之與器也；人之情，草之與水也。草之戴風也〔四〕，風鶩東則東靡〔五〕，風鶩西則西靡，是隨風之東西也。水之在器也〔六〕，器方則水方，器圓則水圓，是隨器之方圓也〔七〕。下之事上，從其所行，猶影之隨形，響之應聲〔八〕，言下虚也〔九〕。上所好物，下必有甚〔一〇〕。詩云：「誘人孔易。」言從上也〔一一〕。

昔齊桓公好衣紫，闔境盡被異綵〔一二〕；晉文公不好服羔裘，羣臣皆衣牂羊〔一三〕；魯哀公好儒服，舉國皆着儒衣〔一四〕；趙武靈王好鵕鸃，國人咸冠鵕冠〔一五〕。紫非正色，牂非美毳〔一六〕，儒非俗服，鵕非冠飾〔一七〕，而競親服之者，隨君所好也〔一八〕。楚靈王好細腰，臣妾爲之約食〔一九〕，餓死者多〔二〇〕。越王勾踐好勇而揖鬭蛙，國人爲之輕命，兵死者衆〔二一〕。命者，人之所重；死者，人之所惡。今輕其所重，重其所惡者，何也？從君所好也。

堯、舜之人，可比家而封；桀、紂之人，可接屋而誅〔二二〕。非堯、舜之民性盡仁義，而桀、紂之人生輒姦邪，而善惡性殊者，染化故也。是以明君慎其所好，以正時俗，樹之風聲〔二三〕，以流來世。或謂上化而下不必從〔二四〕，君好而人未必同也。故唐堯之世而四凶獨縱〔二五〕，殷紂之時而三仁獨貞〔二六〕，漢文儉而人庶奢〔二七〕，齊景奢而晏嬰儉〔二八〕，此未達之詞也。何者？冬之德陰，而有炎震，夏之德陽，而有霜霰〔二九〕。以天地之德，由不能一於陰陽，況其聖賢，豈能一於萬民哉？

故權衡雖正，不能無毫釐之差；鈞石雖平，不能無抄撮之較〔三〇〕。從君之化〔三一〕，以多言之。唐堯居上，天下皆治，而四凶獨亂，猶曰堯治，治者多也。殷紂在位，天下皆亂，而三仁獨治〔三二〕，猶曰紂亂，亂者衆也。漢文節儉，而人有奢，猶曰世儉，儉者多也。齊景太奢而晏嬰躬儉，猶曰國奢，奢者衆也。水性宜冷，而有華陽温泉，猶曰水冷，冷者多也。火性宜熱，而有蕭丘寒炎，猶曰火熱，熱者多也〔三三〕。迅風揚波，高下相臨〔三四〕。山隆谷窪，差以尋常。

較而望之，猶曰水平，舉大體也〔三五〕。故世之論事，皆取其多者，以爲之節〔三六〕。今觀言者，當顧言外之旨，不得拘之以害意也〔三七〕。

校釋

〔一〕「心好之」、「君好之」，傅校本作「心既好之」、「君既好之」。楊明照曰：「禮記緇衣：『子曰：「民以君爲心，君以民爲體，心莊則體舒，心肅則容静。心好之，身必安之；君好之，民必欲之。」』」

〔二〕「從」字疑承上文而誤，當作「安」。上文「心好之，身必安之」，是其證。

〔三〕「人」，法藏敦煌本作「民」。

〔四〕原本「戴風」下無「也」字，傅校本於「戴風」下有「也」字，是，據增。

〔五〕「鷙」原作「鷙」，子彙本、吉府本、龍溪本並作「鷙」，下同。楊明照曰：「原（舊合字本）作『鷙』，據各本改。」庶按：楊說是，據改。

〔六〕原本「器」下無「也」字，法藏敦煌本、傅校本於「器」下並有「也」字，是，據增。

〔七〕楊明照曰：「論語顏淵篇：『君子之德，風。小人之德，草。草上之風必偃。』說苑君道篇：『夫上之化下，猶風靡草。東風則草靡而西，西風則草靡而東。在風所由而草爲之靡。』尸子處道篇：『孔子曰：「君者，盂也；民者，水也。盂方則水方；盂圜則水圜。」』又見荀子君道篇、韓非子外儲說左上。」庶按：淮南泰族篇：「其於化民也，若風之搖草木，無之而不靡。」與此亦可互參。

〔八〕「應」，法藏敦煌本作「隨」，傳校本作「從」。 楊明照曰：「荀子彊國篇：『且上者下之師也。夫下之和上，譬之猶響之應聲，影之像形也。』」 王叔岷曰：「管子明法解篇：『則下之從上也，如響之應聲；臣之法主也，如景之隨行。』淮南主術篇：『天下從之，如響之應聲，景之像形。』」

〔九〕此句有誤，依文意，「下虛」疑作「處下」，且與下文「從上」誤倒。全句當讀作「下之事上，從其所行，猶影之隨形，響之應聲，言從上也」。下文亦當讀作「上所好物，下必有甚。詩云：『誘人孔易。』言處下也」。

〔一〇〕楊明照曰：「孟子滕文公上篇：『上有好者，下必有甚焉者矣。』禮記緇衣：『上好是物，下必有甚者矣。』」

〔一一〕「人」，法藏敦煌本作「民」。 楊明照曰：「『人』乃避唐太宗諱改。大雅抑：『攜無曰益，牖民孔易。』禮記樂記引『牖』作『誘』，與此同。」 王叔岷曰：「楊氏引大雅抑，抑乃版之誤，牖、誘古通。」 庶按：此乃三家詩文，楊氏所引乃毛詩。禮記樂記鄭玄註：「誘，進也。孔，甚也。言民從君之所好惡，進之於善無難也。」此即「言處下」之意也。

〔一二〕「盡」，法藏敦煌本、傳校本並作「不」。 楊明照曰：「『不』字是，若如今本，則矛盾矣。韓非子外儲說左上：『齊桓公好服紫，一國盡服紫。』又見尹文子大道上篇。」 王叔岷曰：「尹文子大道上篇作『昔齊桓好衣紫，闔境不鬻異綵』，與此文猶合。」 庶按：楊說非是，以下「皆衣牂羊」、「皆著儒衣」之「皆」，「咸冠鵕冠」之「咸」觀之，其「皆」、「咸」與此文之「盡」用意亦同。「異綵」猶言非常色，下文「紫非正色」，正謂紫乃非常色。顏氏家訓勉學篇王利器集解引續家訓七曰：「紫色，不正之色。」此作異綵，乃紫色之别稱，可不必泥敦煌本改。韓非子外儲説左上：「一曰：『齊王好衣紫，齊人皆好也。』」意與此可互參。

〔一三〕袁註：「牂羊言者，言是老羊皮，又云母羊皮也。」「羔裘」，法藏敦煌本、宋本、程榮本、龍川鈔本、類纂本、景四庫本並作「美」。楊明照曰：「敦煌本是。墨子兼愛中篇：『昔者，晉文公好士之惡衣，故文公之臣，皆牂羊之裘。』」王叔岷曰：「墨子兼愛下篇：『昔者，晉文公好苴服，當文公之時，晉國之士，大布之衣，牂羊之裘。』公孟篇：『昔者，晉文公大布之衣，牂羊之裘。』『牂羊』字，當以作『牂』爲正。爾雅釋畜：『羊牝，牂。』説文：『牂，牝羊也。』」庶按：楊説非，此作「羔裘」與「牂羊」正相對，「美」字不詞。白虎通卷九：「古者緇衣羔裘，黄衣狐裘。禽獸衆多，獨以狐羔何？取其輕煖，……羔者，取其跪乳遜順也。」

〔一四〕「儒服」、「着」，法藏敦煌本作「儒衣」、「著」。楊明照曰：「莊子田子方篇：『莊子見魯哀公。哀公曰：「魯多儒士，少爲先生方者。」莊子曰：「魯少儒。」哀公曰：「舉魯國而儒服，何謂少乎。」』」

〔一五〕「鵔」，法藏敦煌本、吉府本、顧雲程本、景四庫本並作「鵕」。盧文弨曰：「『鵔』，俗『鵕』。」楊明照曰：「淮南主術篇：『趙武靈王貝帶鵔鸃而朝，趙國化之。』」王叔岷曰：「類纂本、程榮本（鵕冠）皆作『鵕冠』，鵔鸃即鵔鸃，説文：『鵔，鵔鸃，鷩也。鷩，赤雉也。』」庶按：王説是，説文「鵔」下段玉裁註曰：「師古註上林賦云：『鵔鸃，鷩也，似山鷄而小，冠背毛黄，腹赤，項緑、尾紅。』按許云赤雉者，不必全赤，謂赤多也。」說文：「䶈，鵔䶈也。……秦漢之初，侍中冠鵔䶈。」段註：「佞幸傳曰：『孝惠時，郎、侍中皆冠鵔䶈、貝帶。』」

〔一六〕黄丕烈明鈔本校註：「(非)宋本『羊』，疑誤。」　王叔岷曰：「說文：『毳，獸細毛也。』」

〔一七〕「飭」，法藏敦煌本作「飭」，宋本、景四庫本作「飭」，傅校本、龍川鈔本、程榮本、百子本、龍溪本並作「飾」，子彙本作「餙」。盧文弨曰：「(飾)誤『飭』。」　王叔岷曰：「『飭』即『飭』之俗，……『餙』即『飾』之俗，飾、飭古通。」

〔一八〕原本無「親服」二字，「隨」下無「君」字，法藏敦煌本於「競」下有「親服」二字。法藏敦煌本、傅校本、宋本、明鈔本、景道藏本、子彙本、吉府本、程榮本、龍川鈔本於「隨」下並有「君」字。諸本並是，據增。

〔一九〕楊明照曰：「墨子兼愛中篇：『昔者，楚靈王好士細腰，靈王之臣皆以一飯爲節，脇息然後帶，扶牆然後起；比期年，朝有黧黑之色。』韓非子二柄篇：『楚靈王好細腰而國中多餓人。』又見尸子處道篇、晏子春秋外篇、淮南主術篇。荀子君道篇、尹文子大道上篇楚靈王作楚莊。」　王叔岷曰：「管子七臣七主篇：『夫楚王好小腰，而美人省食。』國策楚策四：『莫敖子華對曰：「昔者先君靈王好小腰，楚士約食。」』」

〔二〇〕「餓」原作「饑」，法藏敦煌本、傅校本、宋本、類纂本、程榮本並作「餓」。「饑」乃「餓」之訛，據改。抱朴子内篇論仙：「楚靈愛細腰，國人多餓死。」

〔二一〕袁註：「越王勾踐好勇，將兵欲滅吴，招集天下壯士。乘車於路，乃見一蛙在車轍中，努力似拒車輪。越王於是下車而揖之，於是壯士皆悉効之（庶按：『効』當作『效』。），遂滅吴，此明勇士力之甚也。」「好勇」，法藏敦煌本、傅校本並作「武勇」。楊明照曰：「韓非子内儲説上：『越王慮伐吴，欲人之輕死也，出見怒鼃，乃爲之式。從者曰：「奚敬於此？」王曰：「爲其有氣故也。」明年之請以頭獻王者歲十餘人。』吴越春秋勾踐伐吴外傳：『道見鼃張腹而怒，將有戰争之氣，卽爲之軾。……於是軍士聞之，莫不懷心樂死，人致其命。』」王叔岷曰：「尹文子大道上篇：『越王勾踐謀報吴，欲人之勇，路逢怒蛙，下車而軒之。比及數年，民無長幼，臨敵，雖湯火不避。』（『下車而揖之』，宋本如此，書鈔八五五、御覽五四三引並同，今本作『而軾之』。）帝範閱武篇：『是故（庶按：叢書集成初編本「故」作「以」。）勾踐軾蛙，卒成霸業。』」庶按：抱朴子内篇論仙：「昔勾踐式怒蛙，戎卒争蹈火。」古書載此事，多作「式」，唯尹文子古本作「揖」，似當爲劉子所本。「闘」，傅校本作「怒」。

〔二二〕「家」，程榮本、景四庫本並作「屋」。盧文弨曰：「俗作『屋』，非，下有『接屋』對。」楊明照曰：「法藏敦煌本『人』並作『民』，民字是。論衡率性篇：『傳曰：「堯、舜之民，可比屋而封；桀、紂之民，可比屋而誅。」』又見陸賈新語無爲篇、漢書王莽傳、後漢書楊終傳。袁準才性論：『堯、舜之人，比屋可封，非盡善也，猶在防之水，非不流也。桀、紂之人，比屋可誅，非盡惡也，猶在壑之水，非不停也。』御覽七十七引」庶按：盧説是，劉子文例，常於對文中换文避複，此其一端耳。語又見潛夫論五德志篇，今作「人」，蓋避唐諱。又御覽七十七引作袁子正論，不作性論。

〔二三〕楊明照曰：「左文六年傳：『樹之風聲。』杜注：『因土地風俗，爲立聲教之法。』」庶按：尚書畢命篇：「樹之風聲。」孔傳：「立其善風，揚其善聲。」

〔二四〕「或謂」，傅校本、宋本、程榮本、龍川鈔本、景四庫本並作「或者以爲」。黄丕烈明鈔本校註：「宋本『或』下有『者以』二字，『爲』不作『謂』」，蓋『或者以爲』四字成文也。「從」，法藏敦煌本、傅校本、宋本、明鈔本、景道藏本、子彙本、吉府本、程榮本、龍川鈔本並作「隨」。王叔岷曰：「舊合字本『爲』作『謂』，『隨』作『從』，爲、謂古通，隨、從同義。」庶按：「或謂」乃六朝常語，顏氏家訓書證篇：「鍵，關牡也，所以止扉，或謂之剡移。」

〔二五〕原本「四凶」下無「獨」字，傅校本於「四凶」下有「獨」字。楊明照曰「書舜典：『舜流共工於幽州，放讙兜於崇山，竄三苗於三危，殛鯀於羽山，四罪而天下咸服』。」王叔岷曰：「楊氏引書云云，又見孟子萬章篇、淮南脩務篇。」庶按：有「獨」字義勝，據補。「四凶」，謂堯時四凶族。左文十八年傳：「昔帝鴻氏有不才子，掩義隱賊，好行凶德，醜類惡物，頑嚚不及，是與比周，天下之民謂之渾敦。（楊伯峻注曰：「五帝本紀作『渾沌』。左傳此文言四凶，尚書舜典有四罪，後之説此文者，則以此四凶當彼四罪，因以此渾敦當彼讙兜，故五帝本紀集解引賈逵云：『不才子，其苗裔讙兜也。』」）少皞氏有不才子，毁信廢忠，崇飾惡言，靖譖庸回，服讒蒐慝，以誣盛德，天下之民謂之窮奇。（楊注：「舊以窮奇當尚書之共工。」）顓頊氏有不才子，不可教訓，不知話言，告之則頑，舍之則嚚，傲很明德，以亂天常，天下之民謂之檮杌。（楊註：「賈逵、杜預俱謂檮杌即鯀。」）此三凶族也。世濟其凶，增其惡名，以至於堯，堯不能去。縉雲氏有不才子，貪於飲食，冒於貨賄，侵欲崇侈，不可盈厭，聚斂積實，不知紀極，不分孤寡，不恤窮匱，天下之民以比三凶，謂之饕餮。舜臣堯，賓於四門，流四凶族渾敦、窮奇、檮杌、饕餮，投諸四裔。」

〔二六〕「仁」原作「人」，宋本、吉府本、程榮本、龍川鈔本並作「仁」，原本「貞」上無「獨」字，傅校本於「貞」上有「獨」字。楊明照曰：「論語微子篇：『微子去之，箕子爲之奴，比干諫而死。孔子曰：「殷有三仁焉。」』」王叔岷曰：「作『仁』是也。」庶按：王說是，據改。潛夫論實貢篇：「是故亂殷有三仁。」又「獨」字當據傅校本增。

〔二七〕原本「漢文」下有「節」字，法藏敦煌本無「節」字。楊明照曰：「史記孝文本紀：『孝文帝從代來，即位二十三年，宮室苑囿狗馬服御無所增益，有不便，輒馳以利民。嘗欲作露臺，召匠計之，直百金，上曰：「百金中民十家之産。」……上常衣綈衣。所幸慎夫人，令衣不得曳地，幃帳不得文繡，以示敦樸，爲天下先。治霸陵皆以瓦器，不得以金銀銅錫爲飾。不治墳，欲爲省。』」庶按：敦煌本無「節」字是，據删。「漢文儉而人庶奢」與下「齊景奢而晏嬰儉」相對。

〔二八〕楊明照曰：「晏子春秋内篇諫上：『景公之時，雨雪三日不霽。公被狐白之裘，坐堂側陛。……曰：「怪哉！雨雪三日，而天不寒。」……晏子曰：「嬰聞古之賢君，飽而知人之飢，温而知人之寒。」』諫下：『景公爲履，黃金之綦，飾以銀，連以珠，良玉之絇，其長尺，冰月服之以聽朝。』雜下：

『晏子相景公，食脱粟之食，炙三弋、五卵、苔菜耳矣。』」 王叔岷曰：「雜下第十九亦云：『晏子相齊，衣十升之布，食脱粟之食，五卵、苔菜而已。』晏子春秋外篇重而異者第七：『景公奢，晏子事之以恭儉。』淮南要略篇：『齊景公内好聲色，外好狗馬，獵射忘歸，好色無辨，作爲路寢之臺，族鑄大鍾，撞之庭下，郊雉皆呴，一朝用三千鍾贛。……故晏子之諫生焉。』」

〔二九〕袁註：「蕭丘山自生之火，常以春起秋滅，其丘方千里，火偏中生。『霰』，雨雪雜下也。」「而有炎震」原作「而有寒炎蕭丘」，法藏敦煌本、傅校本並作「而有炎震」。 孫詒讓曰：「此以『寒炎』對『霜霰』，不當有蕭丘二字，下文別以『蕭丘寒炎』對『華陽温泉』，與此不同。疑此二字乃袁註誤入正文者。慎隟篇云『魏后曹操泄張繡之讐』，曹操二字，亦小註入正文，與此誤同。盧校慎隟篇以曹操爲衍文，不知其爲註也。」 楊明照曰：「敦煌本是。『而有炎震』與『而有霜霰』對，今本蓋涉下而衍。」 王叔岷曰：「此涉下文『而有蕭丘寒炎』而誤。據袁註，是所見正文已誤，否則當在下文註釋蕭丘矣。孫氏疑『蕭丘』二字乃袁註誤入正文者，未審。說文：『霰，稷雪也。』段玉裁註：『謂雪之如稷者。俗謂米雪，或謂粒雪，皆是也。』」 林其錟曰：「『炎』疑作『焰』。」 庶按：楊、王說並是，據改。「炎」乃「焰」之借字，下文「寒炎」，龍川鈔本作「寒焰」，即其證。

〔三〇〕楊明照曰：「淮南泰族篇：『寸而度之，至丈必差；銖而稱之，至石必過。』」 王叔岷曰：「淮南說林篇：『衡雖正，必有差；尺寸雖齊，必有詭。』說苑正諫篇：『夫銖銖而稱之，至石必差；寸寸而度之，至丈必過。』說叢篇：『寸而度之，至丈必差；銖而稱之，至石必過。』」

〔三一〕「君」，法藏敦煌本、傅校本並作「風」。楊明照曰：「『風』字是，與上文應。」庶按：楊説非，此君謂唐堯、殷紂、漢文、齊景，故「君」不當改。「化」原作「譬」，覆宋本天頭校作「化」，據改。作「從君之化」正合本章章旨。

〔三二〕「在位」原作「在上」，傅校本作「臨民」，法藏敦煌本作「在位」。「仁」原作「人」，宋本、吉府本、程榮本、龍川鈔本、孫評本並作「仁」。楊明照曰：「『位』字是。『人』，疑當作『仁』，與上一律。尸子處道篇：『桀、紂之有天下也，四海之内皆亂，而關龍逄、王子比干不與焉，而謂之皆亂，其亂者衆也；堯、舜之有天下也，四海之内皆治，而丹朱、商均不與焉，而謂之皆治，其治者衆也。』」庶按：楊説是，據改。

〔三三〕袁註：「華陽是南地名，屬梁則出温泉也。」楊明照曰：「抱朴子論仙篇：『水性純冷，而有温谷之湯泉，火體宜熾，而有蕭丘之寒焰。』又見金樓子志怪篇。」庶按：西京雜記卷五：「水極陰而有温泉，火至陽而有涼焰。」

〔三四〕「臨」，龍川鈔本作「照」。

〔三五〕楊明照曰：「淮南氾論篇：『水激興波，高下相臨，差以尋常，猶之爲平。』高註：『雖有激波，猶以爲平，平者多也。』」王叔岷曰：「説文：『窪，一曰窊也。窊，污衺，下也。』『猶曰水平』，疑當從淮南作『猶之爲平』，（『之』猶『以』也，高註得之。）上文山水並言，此單言水，於義不備，蓋涉上文『猶曰水冷』而誤也。」庶按：王説是。

〔三六〕楊明照曰：「莊子則陽篇：『今計物之數，不止於萬，而期曰萬物者，以數之多者號而讀之也。』」

〔三七〕法藏敦煌本無「觀」字，「顧」作「領」。「拘之」，法藏敦煌本、宋本、明鈔本、景道藏本、子彙本、吉府本、程榮本、龍川鈔本並作「拘文」。「意」，程榮本作「義」。盧文弨曰：「俗『義』。」楊明照曰：「敦煌本等並是。孟子萬章上篇：『故說詩者，不以文害辭，不以辭害志』。」王叔岷曰：「『今觀言者』，『觀』字不可少，敦煌本誤脫，不足據。」庶按：王說是，此文意自通，無煩改動。

法術章十四

法術者，人主之所執〔一〕，爲治之樞機也〔二〕。術藏於內，隨務應變；法設於外，適時御人。人用其道而不知其數者，術也；懸教設令以示人者，法也〔三〕。人主以術化世，猶天以氣變萬物。氣變萬物，而不見其象〔四〕；以術化人〔五〕，而不見其形。故天以氣爲靈，主以術爲神，術以神隱成妙〔六〕，法以明斷爲工。淳風一澆〔七〕，則人有爭心，情僞既動〔八〕，則立法以檢之〔九〕。建國君人者，雖能善政，未能棄法而成治也。故神農不施刑罰而人善〔一〇〕，爲政者不可廢法而治人。舜執干戚而服有苗，征伐者不可釋甲而制寇〔一一〕。

立法者譬如善御，必察馬之力〔一二〕，揣途之數，齊其銜轡，以其從勢。故能登高赴險〔一三〕，無覆轍之敗〔一四〕；乘危涉遠，無越軌之患。君猶御也，法猶轡也，人猶馬也，理猶軌也〔一五〕。執轡者，欲馬之遵軌也；明法者，欲人之循理也〔一六〕。轡不均齊，馬失軌也；法不適時，人乖理也。是以明主務循其法，因時制宜〔一七〕。苟利於人，不必法古；苟周於事，不可循舊〔一八〕。夏、商之衰，不變法而亡〔一九〕；三代之興，不相襲而王。堯、舜異道而德蓋天下，湯、武殊治而名施後代〔二〇〕。由此觀之，法宜變動，非一代也〔二一〕。

今法者則溺於古律，儒者則拘於舊禮，而不識情移法宜變改也。此可與守法而施教，不可與論法而立教〔二二〕。故智者作法，愚者制焉；賢者更禮，不肖者拘焉〔二三〕。拘禮之人，不足以言事；制法之士，不足以論理〔二四〕。若握一世之法，以傳百世之人，由以一衣礙寒暑，一藥治痤瘕也〔二五〕。若載一時之禮，以訓無窮之俗，是刻舟而求劍〔二六〕，守株而待兔也〔二七〕。

故法者，爲治之所由〔二八〕，而非所以爲治也；禮者，成化之所宗，而非所以成化也〔二九〕。成化之宗，在於隨時〔三〇〕；爲治之本，在於因世。不因世而欲治，不隨時而成化〔三一〕，以斯治政，未爲忠也〔三二〕。

校釋

〔一〕「主」，傅校本作「君」。王叔岷曰：「韓非子定法篇：『術者，……此人主之所執也。』說疑篇：『凡術也者，主之所以執也。』」庶按：以下文「人主以術化世」例之，「主」字不誤。淮南子主術篇：

「法律度量者，人主之所以執下。」潛夫論衰制篇：「夫法令者，人君之銜轡箠策也。」

〔二〕盧文弨曰：「（程榮本）『機』字脱。」王叔岷曰：「王謨本、畿輔本亦並脱『機』字。」庶按：景四庫本亦無「機」字。

〔三〕「懸教設令」，猶今語公布刑罰條文。伊文子大道上篇：「術者，人君之所密用，羣下不可妄窺；勢者，制法之利器，羣下不可妄爲。人君有術，而使羣下得窺，非術之奧者，有勢使羣下得爲，非勢之重者。」

〔四〕原本無「氣變萬物」四字，傅校本、宋本、明鈔本、景道藏本、子彙本、吉府本、程榮本、龍川鈔本於「氣變萬物」下复有「氣變萬物」四字，是，今據增。

〔五〕「以術化人」，傅校本作「術化萬民」，是。「術化萬民」與上「氣變萬物」相對。

〔六〕「神隱」，猶如神之隱，卽深奥隱祕，不可測知。

〔七〕王叔岷曰：「淮南齊俗篇：『澆天下之淳。』許慎註：『澆，薄也。淳，厚也。』」

〔八〕「僞」，宋本、吉府本、程榮本、别解本、景四庫本並作「爲」。陳昌濟曰：「『爲』讀作『僞』。」庶按：「情僞」，猶言真僞。左僖二十八年傳：「晉侯在外，民之情僞，盡知之矣。」楊伯峻註：「情，實也。情僞猶言真僞。」

〔九〕袁註：「檢猶正也，設令教導以示人正法也。」

〔一〇〕原本「神農」上無「故」字，傅校本、宋本、明鈔本、景道藏本、子彙本、吉府本、程榮本、龍川鈔本於「神農」上並有「故」字，是，據增。

〔一一〕袁註：「苗民不服舜，舜執干戚舞於兩階間，苗民自服。尚書云：『七旬，有苗格。』」楊明照曰：「淮南氾論篇：『夫神農、伏羲不施賞罰，而民不爲非，然而立政者，不能廢法而治民；舜執干戚而服有苗，然而征伐者，不能釋甲兵而制强暴。』」王叔岷曰：「韓非子五蠹篇：『當舜之時，有苗不服，禹將伐之，舜曰：「不可！上德不厚而行武，非道也。」乃脩教三年，執干戚舞，有苗乃服。』事又見淮南齊俗篇、書僞大禹謨。諸葛亮心書不陣篇：『舜舞干羽而苗民格。』」庶按：叢書集成初編本心書無「民」字，事又見呂氏春秋上德篇，淮南氾論篇高註：「舜時有苗叛，舜執干戚而舞於兩階之間，有苗服從之。」此乃袁註所本，其謂尚書云云，見大禹謨。

〔一二〕原本「察」上無「必」字，傅校本於「察」上有「必」字，增「必」字義勝，據補。

〔一三〕「高」原作「阪」，傅校本作「高」。王叔岷曰：「程榮本、王謨本、畿輔本『阪』並作『坂』，坂與阪同。」庶按：「高」字義勝，「登高赴險」與下「乘危涉遠」正相對，據改。

〔一四〕袁註：「如車難行，猶無覆墜也。」王叔岷曰：「程榮本、王謨本、畿輔本『轍』並作『軼』，轍本作徹，轍，今字，軼，借字。」

〔一五〕「理」原作「馬」，原本「軌也」下有「理猶執轡也」五字，傅校本次「馬」字作「理」，無「理猶執轡也」五字。陳昌齊曰：「『馬猶軌也』，『馬』字當作『法』。」孫楷第曰：「『馬猶軌也』，『馬』當作『理』，『理猶執轡也』五字衍。軌以馬言之，理以民言之，故下云：『執轡者，欲馬之遵軌也；明法者，欲人之循理也。轡不均齊，馬失軌也；法不適時，人乖理也。』」楊明照曰：「『馬猶軌也』，『軌』字有誤。淮南主術篇：『聖主之治也，其猶造父之御，齊輯之於轡銜之際，而急緩之於唇吻之和，正度於胸臆之中，而執節於掌握之間，……是故能進退履繩而旋曲中規，取道致遠，而氣力有餘，誠得其術也。是故權勢者，人主之車輿也；大臣者，人主之駟馬也。』」王叔岷曰：「『馬猶軌也』四字疑誤衍，下文『執轡者，欲馬之遵軌也』云云，緊承『理猶執轡也』而言。楊氏引淮南主術篇云云，又見文子上義篇、列子湯問篇。」庶按：孫說與傅校本合，是。「理猶執轡也」五字，疑乃「理猶軌也」之註文而誤入。據此改刪。

〔一六〕原本「人」下無「之」字，明鈔本、吉府本、程榮本於「人」下並有「之」字。「理」原作「治」，傅校本作「理」。王叔岷曰：「有『之』字與上文句法一律，當補。」庶按：王說是，傅校本是，據改。下文「乖理」正與之相承。

〔一七〕「循」、「因」，傅校本作「修」、「權」。

〔一八〕「苟周於事」原作「必害於時」。孫楷第曰：「『害』當作『周』，後漢書荀悦傳云『以周人事』，李賢註：『周，給也。』給猶便也。玉篇『必』訓『果』，苟、果義同。言苟便於事，不可循舊也。淮南子氾論訓云：『苟利於民，不必法古。苟周於事，不必循舊。』趙世家：『是以聖人果可以利其國，不一其用。果可以便其事，不同其禮。』」楊明照曰：「淮南氾論篇：『苟利於民，不必法古；苟周於事，不必循舊。夫夏、商之衰也，不變法而亡；三代之起也，不相襲而王。』」王叔岷曰：「『害』，隸書作『害』，與『周』形近，往往相亂。惟『必』字亦當從淮南作『苟』，涉上『不必法古』而誤也。文子上義篇：『苟利於民，不必法古；苟周於事，不必循俗。』亦可證此文『必害』二字之誤。舊合字本『事』作『時』，涉上『因時制宜』而誤。商君書更法篇：『是以聖人苟可以彊國，不法其故；苟可以利民，不循其禮。……湯、武之王也，不循古而興；殷、夏之滅也，不易禮而亡。』國策趙策：『是故聖人苟可以利其民，不一其用；果可以便其事，不同其禮。……聖人之興也，不相襲而王；夏、殷之衰也，不易禮而滅。』庶按：王説是，據改。

〔一九〕「亡」原作「止」，傅校本、宋本、明鈔本、景道藏本、子彙本、吉府本、程榮本、龍川鈔本並作「亡」。楊明照曰：『「亡」字是。』庶按：楊説是，據改。

〔二〇〕楊明照曰：『淮南氾論篇：「故五帝異道，而德覆天下；三王殊事，而名施後世。」』

〔二一〕「由此觀之，法宜變動」，傅校本作「由此而言之，法之變動」。

〔二二〕王叔岷曰：『商君書更法篇：「夫常人安於故習，學者溺於所聞，此兩者所以居官而守法，非所與論於法之外也。」』

〔二三〕商君書更法篇：『三代不同禮而王，五霸不同法而霸，故知者非法，而愚者制焉；賢者更禮，而不肖者拘焉。』

〔二四〕「拘禮」原作「拘法」。「拘法」之「法」，宋本、程榮本、龍川鈔本、別解本並作「禮」。湯明照曰：『淮南氾論篇：「夫聖人作法，而萬物（此字有誤）制焉；（庶按：『萬物』，劉文典淮南鴻烈集解作

『萬民』。）賢者立禮，而不肖者拘焉。制法之民，不可與遠舉；拘禮之人，不可使應變。』」王叔岷曰：「作『禮』是也，此涉上下文『法』字而誤。史記商君列傳：『智者作法，愚者制焉；賢者更禮，不肖者拘焉。』新序善謀篇：『知者作法，而愚者制焉；賢者更禮，不肖者拘焉。拘禮之人，不足與言事；制法之人，不足與論治。』文子上義篇：『夫制於法者，不可與遠舉；拘禮之人，不可使應變。』統觀諸書，此文蓋直本於新序，末句易『治』爲『理』，唐人避高宗諱所改也。」庶按：王説是，據改。商君書更法篇：「拘禮之人，不足與言事；制法之人，不足與論變。」

〔二五〕「礙」原作「擬」。楊明照曰：「淮南齊俗篇：『今握一君之法籍，以非傳代之俗，譬由膠柱而調瑟也……夫以一世之變，欲以偶化應時，譬猶冬披葛而夏披裘。夫一儀不可以百發，一衣不可以出歲；儀必應乎高下，衣必適乎寒暑』。」王叔岷曰：「廣雅釋詁：『痤，癰也。』玉篇：『瘕，腹中病也。』文子道德篇：『執一世之法籍，以非傳代之俗，譬猶膠柱調瑟。』」庶按：「由」同「猶」。「擬」乃「礙」之訛，謂遮蔽，今改。

〔二六〕袁註：「宋人乘舡失劍於水，刻舟記之，待船至彼，方始求之。」楊明照曰：「吕氏春秋察今篇：『楚人有涉江者，其劍自舟中墜於水，遽契其舟，曰：「是吾劍之所从墜。」舟止，從其所契者入水求之。舟已行矣，而劍不行，求劍若此，不亦惑乎？』淮南説林篇：『以一世之度制治天下，譬猶客之乘舟，中流遺其劍，遽刻其舟桅（庶按：王念孫校「桅」作「橈」。），暮薄而求之，其不知物類亦甚矣。』」王叔岷曰：「合璧事類外集五七、韻府羣玉十六並引列子云：『古人墜劍水中，刻舟而求之。』」　庶按：袁註謂宋人，乃楚人之誤。

〔二七〕「兔」下原無「也」字。　袁註：「有狩驚兔集株而死，有人過而得之，竟日不去，專守此株，更待兔來而誅死者也。」　楊明照曰：「韓非子五蠹篇『宋人有耕者，田中有株，兔走觸株，折頸而死；因釋其耒而守株，冀復得兔，兔不可復得，而身爲宋國笑。（後漢書張衡傳：『不能通其變，而一度以揆之，斯契船而求劍，守株而伺兔也。』）」　庶按：傅校本、宋本、別解本、王謨本於「兔」下並有「也」字，是，據增。　袁註「誅」字疑誤。

〔二八〕「故」下原有「制」字，傅校本無「制」字。「治」原作「禮」，傅校本、奇賞本並作「治」，據删、改。　孫楷第曰：「『制』字衍文，『禮』當作『治』。『法者爲治之所由，而非所以爲治也』，與『禮者成化之所宗，而非所以成化也』一律。下文云：『成化之宗，在於隨時。爲治之本，在於因世。』即承此言之。淮南子氾論訓云：『法制禮義者，治人之具也，而非所以爲治也。』又泰族訓云：『故法者治之具也，而非所以爲治也。』語意正同。」

〔二九〕「化」下「也」原作「者」字，傅校本、宋本、子彙本、吉府本、程榮本、龍川鈔本並作「也」。　楊明照曰：「『也』字是。」　庶按：楊説是，據改。

〔三〇〕「時」原作「而」，傅校本、宋本、明鈔本、景道藏本、子彙本、吉府本、程榮本、龍川鈔本並作「時」，是，據改。

〔三一〕「不因」上原有「未有」二字，傅校本無「未有」二字。　林其錟曰：「無『未有』二字甚是，否則文意相反，同本篇論旨不合。」庶按：林説是，據删。依文意，「欲治」當作「爲治」，「爲治」乃本書常語，此卽承上「爲治之本」而言。

〔三二〕「忠」，子彙本、吉府本、龍溪本並作「中」，程榮本作「衷」。王叔岷曰：「『忠』、『衷』並與『中』通。『中』猶得也。周禮地官師氏：『掌國中失之事。』鄭註：『故書中謂得。』淮南齊俗篇：『故天之員也，不得規；地之方也，不得矩。』宋本『得』作『中』。……史記封禪書：『而康后有淫行，與王不相中。』索隱引三蒼云：『中，得也。』並其證。」

賞罰章十五

治民御下莫正於法〔一〕，立法施教莫平於賞罰〔二〕。賞罰者，國之利器而制人之柄也〔三〕。

故天以晷數成歲，國以法教爲治〔四〕。晷運於天則時成於地，法施於上則治民於下〔五〕。晷之運也，先春後秋；法之動也，先賞後罰〔六〕。是以温風發春，所以動萌華也；寒霜降秋〔七〕，所以殞茂葉也〔八〕；明賞有德〔九〕，所以勸民善也〔一〇〕；顯罰有過，所以禁下姦也。善賞者，因民所喜以勸善；善罰者，因民所惡以禁姦。故賞少而善勸，刑薄而姦息〔一一〕。賞一人而天下喜之，罰一人而天下畏之。用能教狹而治廣，事寡而功衆也〔一二〕。

昔王良之善御也〔一三〕，識馬之飢飽規矩，徐疾之節〔一四〕，故鞭策不載而千里可期〔一五〕，然不可以無鞭策者，以馬之有佚也。聖人之爲治也，以爵賞勸善，以仁化養民〔一六〕，故刑罰不用〔一七〕，太平可致〔一八〕。然而不可廢刑罰者〔一九〕，以民之有縱也〔二〇〕。是以賞雖勸善，不可無罰；罰雖禁惡，不可無賞。賞平罰當，則理道立矣。

故君者，賞罰之所歸〔二一〕，誘人以趣善也〔二二〕。其利重矣，其威大矣。空懸小利，足以勸善；虛設輕威，可以懲姦。矧復張厚賞以餌下〔二三〕，操大威以驅民哉〔二四〕。故一賞不可不信也，一罰不可不明也。賞而不信〔二五〕，雖賞不勸；罰而不明，雖刑不禁。不勸不禁，則善惡失理。是以明主之賞罰〔二六〕，非爲己也，以爲國也。適於己而無功於國者，不加賞焉；逆於己而便於國者〔二七〕，不施罰焉。罰必施於有過，賞必加於有功〔二八〕。苟善賞信而罰明〔二九〕，則萬人從之。若舟之循川，車之遵路。亦奚嚮而不濟，何行而弗臻矣。

校釋

〔一〕「法」下疑脱「教」字，此句傅校本作「治民御下莫正於法術」。以傅校本觀之，「術」字雖不確，然足證今本「法」下當有脱文。下文「立法施教」、「國以法教爲治」，並「法教」連文，亦可證此文「法」下疑脱「教」字，且作「法教」與下「賞罰」正相對。

〔二〕「平」原作「大」，傅校本作「平」，是，據改。「莫平於賞罰」與上「莫正於法教」相對，下文「賞平罰當」亦其證。

〔三〕楊明照曰：「老子第三十六章：『國之利器，不可以示人。』韓非子二柄篇：『明主之所導制其臣者，二柄而已。二柄者，刑德也。』傅子治體篇：『治國有二柄：一曰賞，二曰罰。』」

〔四〕袁註：「行一周天三百六十五度四分度之一，日月行度，各有其數，日行遲，一年一周天，月行疾，一月一周天。」盧文弨曰：「（程榮本）『治』誤『才』。」楊明照曰「桓範政要論臣不易：『天以陰陽成歲，人以刑德成治。』治要四七引。」王叔岷曰：「說文：『晷，日景也。』數謂度數。文選張茂先雜詩：『晷度隨天運，四時互相成。』彼言晷度，此言晷數，其義一也。」庶按：王說不確，雜詩所謂之晷度，乃日規之刻度。「天以晷數成歲」，謂天以日影移動之周數成歲，晷數於此泛指時間，下文「晷之運也，先春後秋」，亦其證。

〔五〕「施」、「民」原作「動」、「成」，傅校本作「施」、「民」。「下」原作「人」，傅校本、王謨本並作「下」。庶按：二本並是，據改。上文言「立法施教」，此作「法施於上」，正承其而言。开篇已言「治民御下」，此「治民於下」與上「法動於上」正相對，作「成」，蓋緣上文「時成」而誤。

〔六〕「法之動」，傅校本作「法之施」。楊明照曰：「楊泉物理論：『天地之成歲也，（庶按：意林五引無「之」字。）先春而後秋；人君之治也，先禮而後刑。』禮記表記：『先祿而後威，先賞而後罰。』」庶按：以上文例之，傅校本疑是。

〔七〕「霜」原作「露」，明鈔本作「霜」，「霜」字義勝，據改。

〔八〕「殞」原作「殯」，宋本、明鈔本、景道藏本、子彙本、吉府本、程榮本、龍川鈔本、類纂本並作「殞」。王叔岷曰：「舊合字本『殞』誤『殯』。」庶按：王説是，據改。

〔九〕依文意，「德」疑作「功」。作「明賞有功」與下文「顯罰有過」相對，下文「罰必施於有過，賞必加於有功」，即其證。説苑政理篇：「夫有功而不賞，則善不勸；有過而不誅，則惡不懼。」亦「功」、「過」對言，可與此互參。

〔一〇〕「勸民善」原作「勸善人」，傅校本作「勸民善」，是，據改。「勸民善」與下「禁下姦」相對。

〔一一〕「善勸」，傅校本作「善多」。林其錟曰：「卷子本（即傅校本）是。『善多』同上『賞少』對，同下文『功衆』相儷。」王叔岷曰：「舊合字本、程榮本、王謨本、畿輔本、百子本『勸善』並作『善勸』，與下『奸息』對言，是也。」庶按：王説是。宋本、蔣以化本亦作「善勸」，上文多言勸善，此即承其而言。

〔一二〕「事」，宋本、程榮本並作「用」。盧文弨曰：「『事』，俗『用』。」楊明照曰：「淮南氾論篇：『古之善賞者，費少而勸衆；善罰者，刑省而姦禁。……故聖人因民之所喜而勸善，因民之所惡以禁姦；故賞一人而天下譽之，罰一人而天下畏之。』」王叔岷曰：「『事』作『用』，涉上『用能』字而誤。淮南泰族篇：『故先王之教也，因其所喜以勸善，因其所惡以禁姦。』」

〔一三〕「昔」原作「其」，傅校本、覆宋本、子彙本、程榮本、龍川鈔本、類纂本並作「昔」。王叔岷曰：「淮南覽冥篇：『昔者王良，造父之御也。』高誘註：『王良，晉大夫郵無恤子良也。所謂郵良也；一名孫無政，爲趙簡子御，死而託其精於天駟星。天文有王良星也。』郵無恤爲趙簡子御，見左哀二年傳。國語晉語作郵無正，韋昭解：『無正，王良也。』高註『孫無政』，政與正同，郵之作孫，疑聯想及孫陽（伯樂）而誤。王良星，見史記天官書、漢書天文志（良作梁，同。）。王良善御事，又見孟子滕文公下篇。」庶按：「其」乃「昔」之訛，據改。

〔一四〕「飢」原作「饑」，「識馬之饑飽」，傅校本作「識馬之飢之數」。庶按：「饑」乃「飢」之訛，據改。

〔一五〕「載」猶「戴」也。詩周頌絲衣：「載弁俅俅。」鄭玄箋：「載猶戴也。」釋名釋姿容：「載，戴也，戴在其上也。」「鞭策不載」，猶言鞭策不加。

〔一六〕「養」，類纂本、程榮本、景四庫本並作「愛」。

〔一七〕「故」原作「則」，傅校本、覆宋本、明鈔本、景道藏本、子彙本、吉府本、程榮本、龍川鈔本、類纂本並作「故」，「則」乃「故」之訛，據改。「故刑罰不用」與上文「故鞭策不載」相對。

〔一八〕依文意，「太平」上當補「而」字。「而太平可致」與上文「而千里可期」相對。

〔一九〕「而」字於文義無涉，疑爲上文「太平」上之「而」字，脫於彼而誤衍於此。依文意，「可」下當有「以」字，作「然不可以廢刑罰者」，與上「然不可以無鞭策者」相對。

〔二〇〕「民」下原無「之」字，宋本、明鈔本、景道藏本、子彙本、吉府本、程榮本、龍川鈔本、類纂本於「民」下並有「之」字，是，據增。作「以民之有從也」，與上「以馬之有佚也」相對。

〔二一〕「歸」，謂藏也。周易說卦傳：「坎者水也，正北方之卦也，勞卦也，萬物之所歸也。」孔穎達疏曰：「冬時萬物閉藏，納受爲勞，是坎爲勞卦也。」

〔二二〕王叔岷曰：「類纂本『趣』作『趨』，古通。」

〔二三〕「餌」原作「施」，傳校本、宋本、明鈔本、景道藏本、子彙本、吉府本並作「餌」。盧文弨曰：「『餌』，俗『施』。」楊明照曰：「『餌』字誼長。」庶按：盧、楊說並是，據改。

〔二四〕「驅」原作「臨」，傳校本作「驅」，宋本作「駈」。「民」，傳校本作「衆」。「駈」乃「驅」之或體，「驅」字義勝，據改。

〔二五〕「信」原作「要」，傳校本、宋本、子彙本、蔣以化本、龍溪本並作「信」。王叔岷曰：「程榮本……『要』下有註云『恐當作信』，是也。此承上文『一賞，不可不信』而言。」庶按：王說是，據改。

〔二六〕「之」原作「一」，「賞」下原有「善」字，「罰」下原有「惡」字，傳校本於「賞」下無「善」字，「罰」下無「惡」字。孫楷第曰：「『是以明主一賞善罰惡』，『一』當作『之』。淮南繆稱訓云：『明主之賞罰，非以爲己也，以爲國也。』」楊明照曰：「『一』字誤，校釋謂當作『之』，是也。淮南繆稱篇：『明主之賞罰，非以爲己也，以爲國也。適於己而無功於國者，不施賞焉；逆於己便於國者，不加罰焉。』」王叔岷曰：「帝範賞罰篇：『適己而妨於道，不加祿焉；逆己而便於國，不施刑焉。』」庶按：孫說是，傳校本無「善」、「惡」二字，亦是，據改、刪。淮南繆稱篇：「明主之賞罰。」「賞」下無「善」字，「罰」下無「惡」字，亦其證。

〔二七〕盧文弨曰：「『逆於己而便於國者』，『而便』俗作『而有勞』。」王叔岷曰：「程榮本『而便』並作『而有勞』。」庶按：景四庫本亦作「而有勞」，疑是。「而有勞」與上「而無功」相對。

〔二八〕楊明照曰：「韓非子難一篇：『明主賞不加於無功，罰不加於無罪。』」王叔岷曰：「說苑政理篇：『夫有功而不賞，則善不勸；有過而不誅，則惡不懼。』」

〔二九〕「善」，景四庫本作「能」。王叔岷曰：「程榮本、王謨本、錢輔本『善』並作『能』，善猶能也。呂氏春秋蕩兵篇：『能用之則爲福（今本『能』作『善』，據高註正。），不能用之則爲禍。』亢倉子兵道篇『能』並作『善』，即其比。」

審名章十六

言以繹理〔一〕，理爲言本；名以訂實〔二〕，實爲名源〔三〕。有理無言，則理不可明；有實無名，則實不可辨〔四〕。理由言明，而言非理也；實由名辨，而名非實也。今信言以棄理，非得理者也〔五〕；信名而略實，非得實者也。故明者課言以尋理〔六〕，不遺理而著言；執名以責實，不棄實而存名，然則言理兼通而名實俱正〔七〕。

世人傳言，皆以小成大，以非爲是。傳彌廣而理逾乖，名彌假而實逾反〔八〕，則迴犬似人，轉白成黑矣〔九〕。今指犬似人，轉白成黑〔一〇〕，則不類矣。轉以類推〔一一〕，以此象彼，謂犬似玃〔一二〕，玃似狙，狙似人，則犬似人矣。謂白似緗〔一三〕，緗似黄，黄似朱，朱似紫，紫似紺〔一四〕，紺似黑，則白成黑矣。

黄軒四面，非有八目〔一五〕；夔之一足，非有獨脛〔一六〕。周之玉璞，其實死鼠〔一七〕；楚之鳳凰，乃是山鷄〔一八〕。愚谷智叟，而蒙頑稱〔一九〕；黄公美女，乃得醜名〔二〇〕。魯人縫掖，實非儒行〔二一〕。東郭吹竽而不知音〔二二〕。四面一足〔二三〕，本非真實。玉璞鳳凰，不是定名。魯人東郭，空攬美稱〔二四〕；愚谷黄公，横受惡名。由此觀之，傳聞喪真，翻轉名實。美惡無定稱，賢愚無正名〔二五〕。

俗之弊者，不察名實，虚信傳説〔二六〕，卽似定真〔二七〕。聞野丈人，謂之田父〔二八〕；河上姹女，謂之夫人〔二九〕；堯漿、禹糧，謂之飲食〔三〇〕；龍膽、牛膝，謂之爲肉〔三一〕；掘井得人，謂人自土而出〔三二〕；三豕渡河，云彘行水上〔三三〕。凡斯之類，不可勝言。故狐狸二獸，因其名便〔三四〕，合而爲一；蛩蛩巨虚，其實一獸〔三五〕，因其詞煩，分而爲二〔三六〕。斯雖成其名，而不知攷其實〔三七〕；弗審其詞，而不察其形。

是以古人必愼傳名，近審其詞，遠取諸理，不使名害於實，實隱於名。故名無所容其僞，實無所蔽其真，此謂正名也〔三八〕。

校釋

〔一〕「繹」，傅校本、景道藏本、子彙本、吉府本、奇賞本、龍溪本並作「譯」。盧文弨曰：「『譯』，俗作『繹』。」王叔岷曰：「類纂本、程榮本……『譯』皆作『繹』，古通。」

〔二〕墨子經説上：「所以謂，名也；所謂，實也。」

〔三〕楊明照曰：「管子九守篇：『修名而督實，按實而定名，名實相生，反相爲情。』」王叔岷曰：「『修名而督實』，修乃循之誤，戴望校正有説。」

〔四〕「辨」原作「辯」，覆宋本、明鈔本、景道藏本、子彙本、吉府本、程榮本、龍川鈔本並作「辨」，「辨」是，據改。（下同。）

〔五〕原本「非」上有「實」字，傅校本、子彙本、奇賞本、龍溪本於「非」上並無「實」字。王叔岷曰：「『非』上『實』字衍，下文可照。」庶按：王説是，據删。

〔六〕王叔岷曰：「説文：『課，試也。』試猶考也。周禮夏官稾人：『試其弓弩。』鄭註：『故書試爲考。』即其證。」

〔七〕傅校本無「然」字。

〔八〕原本「彌廣」、「彌假」下無「而」字，宋本、程榮本、龍川鈔本、景四庫本於「彌廣」、「彌假」下並有「而」字，是，據增。「假」乃「遐」之借字。禮記曲禮：「天王登假。」鄭玄註：「假音遐。」遐謂遠也。

〔九〕楊明照曰：「呂氏春秋察傳篇：『夫得言不可以不察，數傳而白爲黑，黑爲白。故狗似玃，玃似母猴，母猴似人。人之與狗則遠矣。』」

〔一〇〕「成」原作「似」，覆宋本、明鈔本、程榮本、龍川鈔本、景四庫本並作「成」。盧文弨曰：「『似』，俗『成』。」庶按：「成」是，據改。上文言「轉白成黑」，下文亦言「則白成黑矣」，則此亦當作「轉白成黑」。

〔一一〕「轉」，程榮本作「專」。盧文弨曰：「『轉』，俗『專』。」庶按：「轉」義勝。

〔一二〕袁註：「大猿五百歲則自善能媚美女。」

〔一三〕袁註：「淺黃色也。」

〔一四〕袁註：「青色也。」

〔一五〕袁註：「黃軒是軒轅黃帝也，治國乃使諸侯至於四方，因爲四面，時人傳之言黃軒有四箇面，故言非有八目也。」景四庫本於「八目」下双行小註：「黃帝使諸侯分理四方，因以爲四面，卽今之方伯也。」楊明照曰：「尸子：『子貢曰：「古者，黃帝四面，信乎？」孔子曰：「黃帝取合己者四人，使治四方，不謀而親，不約而成，大有成功，此之謂四面。」』又見呂氏春秋本味篇、魏志魏文帝紀註、帝王世紀（御覽七九引）、臣軌同體章（面誤目）。」王叔岷曰：「御覽七九引帝王世紀作『黃帝四目』，與臣軌同體章引尸子作『黃帝四目』同。」

〔一六〕袁註：「呂氏春秋曰：『昔哀公謂孔子曰：「夔之一足，信之乎？」孔子對曰：「調六律，合八音，惟一人則足，時人謂言夔身只有一足。」』莊子云：『夔之一足，其行躑躅者也。』」「非」原作「必」，顧雲程本、龍川鈔本並作「非」。　楊明照曰：『「必有」二字，疑有一誤。　韓非子外儲説左下：『魯哀公問於孔子曰：「吾聞古者有夔一足，其果信有一足乎？」孔子對曰：「不也，夔非一足也。……一而足也。」』又見呂氏春秋察傳篇、風俗通義正失篇、論衡書虛篇、孔叢子論書篇。」　王叔岷曰：『「必有」疑本作「必非」，涉上「有」字而誤也。」　林其錟曰：『「必」誤，「非」是。」　庶按：王、林説並是，據改。　作「非有獨脛」與上文「非有八目」相對。　呂氏春秋察傳篇：「魯哀公問於孔子曰：『樂正夔一足，信乎？』孔子曰：『昔者舜欲以樂傳教於天下，乃命重黎舉夔於草莽之中而進之，舜以爲樂正，夔於是正六律，和五聲，以通八風，而天下大服。重黎又欲求益於人，舜曰：「夫樂，天地之精也，得失之節也，故唯聖人爲能和，樂之本也。夔能和之，以平天下，若夔者一而足矣。」故曰夔一足，非一足也。』」山海經大荒東經：「東海中有流波山，入海七千里，其上有獸，狀似牛，蒼身而無角，一足，出入水則必風雨，其光如日月，其聲如雷，其名夔。」　莊子秋水篇：「夔語蚿曰：『吾以一足跉踔而行，子無如矣；今子之使萬里，獨奈何？』」御覽八九九、困學紀聞十引莊子「聲氏之牛，夜亡而遇夔，止而問焉：『我尚有四足，動而不善；子一足而起踊，何以然？』夔曰：『以吾一足王於子矣。』」國語魯語下韋昭註：「或云夔一足。」此乃爲附會樂正夔一足之所由來。

〔一七〕袁註：「周人是周國人，其周國貴玉璞。其人不識玉璞，傍道有人誑其謂死鼠爲玉璞，寶與周人，以五綵裹之，於寶匣藏之。天下人謂其實是玉璞，卞和聞之，故從其家借而觀之，乃死鼠也。卞和笑之曰：『此是死鼠，非玉璞。』其人懷慚並寶匣棄之也。」景四庫本於「死鼠」下双行小註：「周人懷璞謂鄭賈曰：『欲買璞乎？』曰：『欲之。』出其璞，視之，乃死鼠也，因謝不取。」「之」原作「人」，傅校本作「之」。楊明照曰：『戰國策秦策三：『鄭人謂玉未理者璞，周人謂鼠未腊者朴。周人懷朴過鄭賈曰：「欲買朴乎？」鄭賈曰：「欲之。」出其朴，視之，乃鼠也。』又見尹文子大道下篇。」王叔岷曰：「秦策云云，御覽八百五引文子亦有此文，『朴』並作『璞』，與尹文子合，蓋誤以尹文子爲文子也。」庶按：「人」，當從傅校本作「之」，據改。「周之玉璞」，與下「楚之鳳凰」對。袁註所謂卞和視璞云云，不見所本，或爲隨文附會歟。

〔一八〕袁註：「楚人得山鷄，見五色花紋，謂是鳳皇，以將獻其君，行至路半，見野田中極多，乃問之。人曰：『此是山鷄。』楚人懷慚而退走歸。」景四庫本於「山鷄」下双行小註：「楚人擔山鷄者，路人問：『何鳥也？』曰：『鳳凰也。』路人弗惜千金，販之，欲獻楚王，經宿而死。」楊明照曰：「尹文子大道上篇：『楚人擔山雉者，路人問：「何鳥也？」擔雉者欺之曰：「鳳凰也。」路人曰：「我聞有鳳凰，今直見之，汝販之乎？」曰：「然。」則十金，弗與，請加倍，乃與之，……國人傳之，咸以爲真鳳凰。』又見博物志史補篇。」王叔岷曰：「尹文子大道篇云云，御覽六二六引文子亦有此文，蓋誤以尹文子爲文子也。博物志史補篇無此文，楊氏失檢。」庶按：袁註不見所出，或別有所本。

〔一九〕「蒙」原作「像」。袁註：「昔有賢人隱在愚谷，自號愚公。時人聞之，謂之實是愚人，後知是賢智之人也。」孫詒讓曰：「此見説苑政理篇，袁註未憭。此書所用故實，註多不能得其根荄，或疑此書卽袁孝政僞作，殆不然也。」　楊明照曰：「韓非子佚文：『昔齊桓公入山，問父老：「此爲何谷？」答曰：「臣舊畜牛生犢，以子買駒。少年謂牛不生駒，遂持而去，傍鄰謂臣愚，遂名如愚公谷。」』藝文類聚九引，又見説苑政理篇，御覽五四引桓譚新論亦同。」　王叔岷曰：「御覽五四引桓子曰：『昔齊桓公入谷，問父老曰：「此何谷？」答曰：「謂臣愚，名爲愚公谷。」』此亦韓非子佚文，桓子，蓋本作韓子，涉下齊桓公而誤也，楊氏以爲引桓譚新論，恐非。」　庶按：「而像頑稱」，傅校本作「如蒙頑稱」。「如」猶「而」也，「蒙」字乃本書之舊，據改。

〔二〇〕袁註：「黄公有美女，年三十不嫁。姿容端正。有人問其女，黄公謙曰：『女醜，不嫁出。』人謂之實醜。後納爲妃，時人始知其美麗也。」　景四庫本於「醜名」下双行小註：「齊有黄公，二女皆國色。常謙卑以爲醜惡，故一國者無聘者。衛有鰥夫，時冒取之，果國色也。」　楊明照曰：「尹文子大道上篇：『齊有黄公者，好謙卑，有二女，皆國色。以其美也，常謙辭毀之，以爲醜惡，醜惡之名遠布。年過而一國無聘者。衛有鰥夫，時冒娶之，果國色。然後曰：「黄公好謙，故毀其子不殊美。」於是争禮之，亦國色也。』又見博物志史補篇。」　王叔岷曰：「事文類聚後集十一：『黄公有女至美，其父常謙曰醜，人謂實然，過時無聘者。』蓋本尹文子。博物志史補篇無此文，楊氏失檢。」

〔二一〕袁註：「縫，大也。大掖之衣，單衣大袂也，君子有道藝者所衣也。哀公見孔子與士大夫異，又與衆人不同，疑之爲儒服，然故問之。」　景四庫本於「儒行」下双行小註：「縫，大也。孔子居魯常服之。」　楊明照曰：「禮記儒行：『魯哀公問於孔子曰：「夫子之服，其儒服與？」孔子對曰：「丘少居魯，衣逢掖之衣。」』莊子田子方篇：『莊子曰：「魯少儒。」哀公曰：「舉魯國而儒服，何謂少乎？」莊子曰：「周聞之，儒者冠圜冠者知天時，履句屨者知地形，緩佩玦者事至而斷。君子有其道者未必爲其服也，爲其服者，未必知其道也。公固以爲不然，何不號於國中曰：無此道而爲此服者，其罪死。」於是哀公號之五日，而魯國無敢儒服者。』」王叔岷曰：「類纂本『縫掖』作『逢掖』，與禮記儒行合，縫、逢古通。」

〔二二〕袁註：「竽自笙，有三十六管，齊宣王好聞吹之，門下吹竽者三千人。其時如解吹竽者得俸禄。東郭處士繆解在其中，虛執一竽於唇上，貪求俸禄。宣王死，成王立，乃遣一一閲之，東郭吹竽繆，遂走，終身不出也。」楊明照曰：「韓非子内儲説上：『齊宣王使人吹竽，必三百人。南郭處士請爲王吹竽，宣王説之，廩食以數百人。宣王死，湣王立，好一一聽之，處士逃。』晉書劉實傳：『南郭先生，不知吹竽者也。』又按孔昭作東郭，與文心雕龍聲律篇同。」庶按：袁註所謂成王，乃湣王之訛。

〔二三〕「足」原作「走」，傳校本，明鈔本，景道藏本、子彙本、吉府本、龍川鈔本並作「足」。楊明照曰：「『足』字是。」庶按：楊説是，據改。此承上「夔之一足」而言。

〔二四〕「攬」原作「濫」，傳校本作「攬」，「攬」字義勝，據改。

〔二五〕「名」原作「目」，「目」乃「名」之訛，此承上「愚谷黄公，横受惡名」而言。「正名」，謂合於實之名。

〔二六〕盧文弨曰：「程榮本『信』字脱，『説』下衍『者』字。」庶按：覆宋本、龍川鈔本、景四庫本並作「虚傳説者」。

〔二七〕「似」，傅校本作「以」，古通。

〔二八〕袁註：「野丈人是草藥名，世人從虚，謂之是田父也。」庶按：野丈，即草藥白頭翁，一名野丈人，見神農本草經。

〔二九〕袁註：「姹女是藥名，今之甑帶是也。世人不審其名，謂之是婦人。」庶按：袁註以「姹女」爲「甑帶」，非。抱朴子内篇黄白：「河上姹女，非婦人也。」王明校釋曰：「河上姹女是水銀，一名汞。」

〔三〇〕袁註：「此亦是藥名，堯漿是木樹之水也，禹糧是赤土中極赤之土也。昔禹治水，幾（庶按：「飢」之訛。）乏糧，乃取此土食人，故言禹糧，世人不審其名，謂言是金（庶按：「今」之訛。）之飲食也。」程榮本、類纂本於「堯漿禹糧」下無「謂之飲食」四字。盧文弨曰：「以上下文例之，當有『謂之飲食』四字。」王叔岷曰：「『禹糧』，本草、抱朴子並作『禹餘糧』，此省『餘』字，與『堯漿』對言。御覽九八八引博物志：『今藥中有禹餘糧者，世傳昔禹治水，棄其所餘食於江中而爲藥也。』」庶按：禹餘糧屬礦物藥。本草曰：「（禹餘糧）生池澤及山島中。名醫曰：一名白餘糧，生東海及池澤中。」又草藥麥門冬，一名禹餘糧。

〔三一〕「膽」原作「肝」。袁註：「皆是藥草之名也。世人不審，爲是龍牛之肉也。」楊明照曰：「『肝』，疑當作『膽』，並藥名，見本草。抱朴子黄白篇：『凡方書所名藥物，又或與常藥物同而名異者，如河上姹女，非婦人也，……禹餘糧，非米也；堯漿，非水也。而俗人見方用龍膽，……牛膝，皆謂之血氣之物也。見用……野丈人，……則謂人之姓名也。』」庶按：楊説是，據改。「龍膽」，一名凌游，屬草藥。

〔三二〕袁註：「宋國有人家掘井，乃云：『吾家掘井，利得一人。』時人不曉，謂言是人從土出，悉皆傳之。國君聞，召而問之。宋人對曰：『臣家掘井得人者，住去水遠，每日遣一人汲水，自掘已來，每日餘一人之工，』臣謂掘井以得一人，非是土下得人也。』」「人」原作「言」，傳校本作「人」。楊明照曰：「程榮本、王謨本、畿輔本並無『謂』字，『謂』字涉上衍，當據删。呂氏春秋察傳篇：『宋之丁氏，家無井而出溉汲，常一人居外，及其家穿井，告人曰：「吾穿井得一人。」有聞而傳之者，曰：「丁氏穿井得一人。」國人道之，聞之於宋君。宋君令人問之於丁氏。丁氏對曰：「得一人之使，非得一人於井中也。」』又見論衡書虛篇、風俗通正失篇、子華子陽城胥渠問篇。」庶按：楊氏未見傳校本，爲「言」字所蔽，其説亦非。作「謂人自土而出」，與下文「云豕行水上」正相對。傳校本是，據改。

〔三三〕袁註：「魯人讀史記不知字，錯云：『三豕渡河。』有人問曰：『其義焉在？』魯人曰：『豕行水上。』子夏聞之，往看，乃謂之曰『晉君己亥日渡河。寫史記者錯己字成三，亥字作豕。』魯人不信，遂往晉問之。晉君乃是己亥日渡河，始知其字實謬錯也。」楊明照曰：「呂氏春秋察傳篇：『子夏之晉，過衛，有讀史記者，曰：「晉師三豕涉河。」子夏曰：「非也，是己亥也。夫己與三相近，豕與亥相似。」至於晉而問之，則曰「晉師己亥涉河也。」』」　王叔岷曰：「呂氏春秋察傳篇云云，又見孔子家語弟子解。風俗通義正失篇：『晉師己亥渡河，有三豕之文，非夫大聖至明，孰能原析之乎？』文心雕龍練字篇：『三豕渡河，文變之謂也。』」　庶按：說文「己」古文作「𢀒」，與「三」相似，「亥」，古文作「𠀅」，云：「古文亥爲豕，與豕同。」

〔三四〕袁註：「狐是野狗，狸是野猫。」　楊明照曰：「淮南繆稱篇：『今謂狐狸，則必不知狐，又不知狸，非未嘗見狐者，必未嘗見狸也。狐、狸非異，同類也。而謂狐狸，則不知狐、狸。』」　王叔岷曰：「狸與貍同。廣雅釋獸：『貍，貓也。』」　庶按：袁註謂狐爲野狗，非。狸，今東北方言又稱之山狸子。

〔三五〕袁註：「蛩蛩前足長，巨虛後足長。其獸出鴈門山，見人卽巨虛負蛩而走也。」　楊明照曰：「爾雅釋地：『西方（韓詩外傳五、說文蟲部同。山海經海外北經作『北海』。呂氏春秋不廣篇、淮南道應篇、說苑復恩篇則又作『北方』。）有比肩獸焉，鼠前而兔後，爲邛邛岠虛齧甘草；卽有難，邛邛岠虛負而走，其名謂之蟨。』註雅諸家，俱以邛邛岠虛爲一獸，故孔昭云爾。穆天子傳一：『邛邛距虛走百里。』郭註『亦馬屬。』尸子曰：『距虛不擇地而走。』山海經云：『邛邛距虛。』並言之耳。然周書王會解：『獨鹿邛邛，孤竹距虛。』漢書司馬相如傳：『蹵邛邛，轔距虛。』皆分爲二獸。孔晁、張揖註，亦分爲二獸。說苑復恩篇同。爾雅翼：『邛邛、距虛，蓋二獸。』則以爲一獸者誤也。」　王叔岷曰：「王符潛夫論實邊篇：『蛩蛩、距虛，更相恃仰，乃俱安存。』蓋亦以爲二獸。蛩蚩與卬卬同，當以蚩爲正，巨虚、岠虚、距虚並同，當以作巨虚爲正。」

〔三六〕「分」下原無「而」字，傅校本、明鈔本、吉府本、程榮本、龍川鈔本、類纂本、景四庫本於「分」下並有「而」字。楊明照曰：「『而』字當有，與上一律。」庶按：楊説是，據補。

〔三七〕「攷」原作「敗」，龍川鈔本作「攷」，是，據改。「攷其實」與下「察其形」對。

〔三八〕程榮本、龍川鈔本、景四庫本於「此」下並有「之」字。傅校本「名」下有「者」字。

劉子校釋卷之四

鄙名章十七

名者，命之形也；言者，命之名也〔一〕。形有巧拙，故名有好醜。名有好醜，則言有善惡〔二〕。名言之善，則悅於人心；名言之惡，則忮於人耳。是以古人制邑名子，必依善名。名之不善，則害於實矣〔三〕。

昔畢萬以盈大會福〔四〕，晉仇以怨偶逢禍〔五〕。然盈大者不必盡吉，怨偶者不必皆凶。而人懷愛憎之意者，以其名有善惡也。今野人晝見蟢子者以爲有喜樂之瑞〔六〕，夜夢雀者以爲有爵位之象〔七〕。然見蟢者未必有喜，夢雀者未必彈冠〔八〕。而人悅之者，以其名利人也。水名盜泉，尼父不漱〔九〕；邑名朝歌，顏淵不舍〔一〇〕；里名勝母，曾子還軫〔一一〕；亭名柏人，漢后夜遁〔一二〕。何者？以其名害義也。以蟢、雀之微〔一三〕，無益於人，名苟近善，而世俗愛之；邑、泉之大，生民所庇，名必傷義〔一四〕，聖賢惡之〔一五〕。由此而言，則善惡之義，在於名也〔一六〕。

昔有貧人，命其狗曰富，命其子曰樂。方祭，而狗入於室，叱之曰：「富，出！」祝曰：「不祥。」家果有禍，其子後死。哭之曰：「樂！」而不似悲也〔一七〕。莊里有人〔一八〕，字其長子曰盜，次子曰毆。盜持衣出耨〔一九〕，其母呼之曰：「盜！」吏因縛之〔二〇〕。其母呼毆喻吏〔二一〕，遽而聲不轉，但言「毆！毆」！吏因毆之，盜幾至於殪〔二二〕。立名不善，身受其弊〔二三〕，審名之宜，豈不信哉？

校釋

〔一〕傳校本於「形」上、「名」上無「之」字。楊明照曰：「尹文子大道上篇：『名者，名形者也；形者，應名者也。』」

〔二〕原本無「故名有好醜」五字，「言」下原無「則」字，傳校本於「名有好醜」上復有「故名有好醜」五字，「言」上有「則」字。傳校本是，據增。

〔三〕原本「害」上無「則」字，傳校本於「害」上有「則」字。楊明照曰：「說苑說叢篇：『制宅名子，足以觀士。』」庶按：有「則」字是，據增。

〔四〕袁註：「畢萬是畢公高之後，文公之子，名萬，言大也。魏者亦言大，邑（庶按：疑衍。）後必有魏邑。萬後果爲卿，至於周末，乘魏國文侯卽位。此後杲王也。」楊明照曰：「左傳閔公元年：『賜畢萬魏，以爲大夫。……卜偃曰：「畢萬之後必大，萬，盈數也；魏，大名也。以是始賞，天啓之矣。天子曰兆民，諸侯曰萬民。今名之大，以從盈數，其必有衆。』」史記晉世家：『烈公十九年周威烈王賜趙、韓、魏，皆命爲諸侯。』」 王叔岷曰：「事又見史記魏世家、風俗通義皇霸篇。」 庶按：袁註謂「文公之子」，當作「文王之子」。左閔元年傳楊伯峻註曰：「畢國之始祖爲周文王之子。魏世家云：『魏之先，畢公高之後也。……其苗裔曰畢萬。』……魏，據古璽及說文本作巍，巍，高大也。」史記魏世家索隱：「左傳富辰說文王之子十六國有畢、原、豐、郇，言畢公是文王之子，……馬融亦云：『畢、毛，文王庶子。』」則此袁註非。

〔五〕袁註：「晉君太子名仇，怨偶。後生一子，名成師。成師長大殺怨偶也。」 盧文弨曰：「（程榮本）『仇』誤『讎』。」 楊明照曰：「左桓二年傳：『初，晉穆侯之夫人姜氏，以條之役生太子，命之曰仇；其弟以千畝之戰生，命之曰成師。 師服曰：「異哉！ 君之名子也。……嘉耦曰妃，怨耦曰仇，古之命也。 今君命太子曰仇，弟曰成師，始兆亂矣。 兄其替乎！」惠之二十四年，晉始亂。』」 庶按：史記晉世家：「二十七年，穆侯卒，弟殤叔自立，太子仇出奔。……四年，穆侯太子仇率其徒襲殤叔而立，是爲文侯。……三十五年，文侯仇卒，子昭侯伯立。……昭侯元年，封文侯弟成師於曲沃，……成師封曲沃，號爲桓叔。……七年，晉大臣潘父弒其君昭侯而迎曲沃桓叔。」則此袁註乃隨文附會，不足據。

〔六〕楊明照曰：「西京雜記（抱經堂本）下：『陸賈曰：「乾鵲噪而行人至，蜘蛛集而百事喜。」』爾雅釋蟲：『蠨蛸，長踦。』郭註：『小鼅鼄長脚者，俗呼爲喜子。』疏：『陸機疏云：「一名長脚，荆州河內人謂之喜母（御覽九百四十八引作喜子），此蟲來著人衣，當有親客至，有喜也。」』」庶按：論衡指瑞篇：「王者受富貴之命，故其動出見吉祥異物，見則謂之瑞。」

〔七〕楊明照曰：「論衡感類篇：『人且得官，先夢得爵（爵與雀通）；其後莫舉，猶自得官。何則？兆象先見，其驗必致也。』」庶按：雀、爵古通，古亦以雀協音爵，故以夢雀徵驗得爵。

〔八〕「彈」原作「蟬」，法藏敦煌本、蔣以化本、程榮本、百子本並作「彈」。楊明照曰：「『彈』字是。漢書王吉傳：『吉與禹貢爲友，世稱「王陽在位，貢公彈冠」。』顔註：『彈冠者，言入仕也。』」據改。

〔九〕「尼父」、「漱」，傅校本作「仲尼」、「飲」。楊明照曰：「尸子：『孔子過於盜泉，渴矣，而不飲。惡其名也。』論語比考讖：『水名盜泉，尼父不漱。』又見説苑説叢篇、鹽鐵論晁錯篇、後漢書鍾離意傳。淮南説山篇則以之屬曾子。」王叔岷曰：「論衡問孔篇：『孔子不飲盜泉之水。』荀悦申鑒俗嫌篇『盜泉、朝歌，孔、墨不由。』楊氏引論語比考讖云云，後漢書列女傳註作撰考讖。天中記十引論語撰考讖作『水名盜泉，仲尼不飲』。」庶按：「父」同「甫」，古男子之美稱

〔一〇〕楊明照曰：「御覽一百六十一引『顔淵不舍』作『墨子迴車』。按墨子非樂，故不入朝歌之邑。淮南説山篇：『墨子非樂，不入朝歌之邑。』漢書鄒陽傳：『邑號朝歌，墨子迴車。』古文苑（卷三）司馬相如美人賦：『古之避色，孔、墨之徒，聞齊饋女而遐逝，望朝歌而迴車。』章註：『邑名朝歌，墨子迴車。』並爾。而今本劉子以爲顔淵事，與論語比考讖合。『邑名朝歌，顔淵不舍』，顔氏家訓文章篇同。御覽引劉子文者，止此一見，果孔昭原作『墨子迴車』，李昉諸人當引，淮南等

書較蚤，今若此，豈後人竄改之歟？法藏敦煌本此數句漫漶，故無從校正。」王叔岷曰：「御覽一六一引『邑名』作『邑號』，與漢書鄒陽傳（本史記鄒陽列傳）、顏氏家訓文章篇同。新序節士篇：『邑號朝歌，墨子迴車。』文選曹子建與吳季重書：『墨翟不好伎，何爲過朝歌而迴車乎？』亦並以爲墨子事，此文及論語比考讖、顏氏家訓則並屬之顏淵，蓋各有所本。御覽引此文作『墨子迴車』，疑由習讀鄒陽獄中上梁孝王書而妄改也。」庶按：顏氏家訓載顏淵事乃本之論語比考讖，論語比考讖：「里名勝母，曾子斂襟。」顏氏家訓正同。論語比考讖：「邑名朝歌，顏淵不舍，七十弟子掩目，宰予獨顧，蹶墮車。」宋均註：「子路患宰予顧視凶地，故以足壓之。」劉子文句，襲用淮南、漢書、新序、文選故實陳言者居多，無出論語比考讖者，故其不爲劉子所本。本書隨時章：「墨子儉嗇而非樂者。」淮南說山篇：「爲墨而朝吹竽。」高誘註：「墨道尚儉不好樂，縣名朝歌，墨子不入。」則此文爲墨子事明矣。

〔一二〕袁註：「軔，輪也。曾子欲往鄭而至勝母里，礙輪而不踐其里，旋車而迴也。」「還軫」原作「還軔」。法藏敦煌本作「按劍」，傅校本作「拔劍」。孫楷第曰：「楊先生云：『軔當作軫。』案先生言是也。楚語云：『春秋相事，以還軫於諸侯。』又云：『還軫諸侯，不取淫逸。』晉語：『還軫諸侯，可謂窮困。』韋註云：『軫，車後橫木也。』還軫，猶還車。揚雄羽獵賦云：『因回軫還衡。』潘岳西征賦云：『驁橫橋而旋軫。』」楊明照曰：「敦煌本是。（庶按：楊氏未見傅校本，此謂法藏敦煌本。）漢書鄒陽傳：『燕王按劍而怒。』淮南說山篇：『曾子立孝，不過勝母之閭。』又見說苑說叢篇、鹽鐵論晁錯篇、顏氏家訓文章篇。」　王叔岷曰：「史記鄒陽列傳：『故縣名勝母，而曾子不入。』新序節士篇：『縣名勝母，曾子不入。』論衡問孔篇：『曾子不入勝母之閭。』後漢書鍾離意傳：『曾參回車於勝母之閭。』天中記十引論語撰考讖：『里名勝母，曾子斂襟。』」　庶按：楊氏從敦煌本作「按劍」，義雖可通，然此上文之「不漱」、「迴車」，下文之「夜遁」，俱言不留而過之意，淮南説山篇作「不過」，立意亦與此同。作「按劍」與上下文不類，當從孫説。袁註謂「軔、論也」，乃爲所見本「軔」字所蔽。儒家學説謂子女勝於父母爲不孝，故曾參於勝母閭前還軫，據改。

〔一二〕袁註：「漢后是漢高祖也，夜過柏人亭，欲宿，問曰：『此是何亭？』左右曰：此名柏人亭。』高祖曰：『若名柏人亭，逼迫於人，速須急去。』去後，果俠客來欲害高祖，至旦尋覓不見，乃是趙人貫高。正（庶按：「正」乃「上」之訛，謂高祖也。）遂怨其罪，不以爲怨也。」　盧文弨曰：「（程榮本）『后』誤『後』。」　楊明照曰：「史記張耳傳：『漢八年，上從東垣還，過趙。貫高等乃壁人柏人，要之置廁。上過，欲宿，心動，問曰：「縣名爲何？」曰：「柏人。」「柏人者，迫於人也。」不宿而去。』」

〔一三〕「微」原作「徵」，宋本、蔣以化本、龍川鈔本、諸子文粹本並作「微」。　孫楷第曰：「『徵』當作『微』，形近而僞。『蟜、雀之微』，與下文『邑、泉之大』對。」　庶按：孫説是，據改。

〔一四〕王叔岷曰：「上言『名苟近善』，此言『名必傷義』，苟、必互文，必猶苟也。明謙篇：『必矜其功，雖賞之而稱勞，情猶不足；苟伐其善，雖與之賞，必怨其少。』大質篇：『是以生苟背道，不以爲利；死必合義，不足爲害。』必、苟並互文，與此同例。」

〔一五〕依文例，「聖賢」上疑補「而」字，作「而聖賢惡之」，與上「而世俗愛之」相對。

〔一六〕孫楷第曰：「『義』讀爲『儀』。詩蒸民『我儀圖之』，釋文作『義』。肆師職註：『故書「儀」但作「義」。』說文：『儀，度也。』」庶按：孫說是。

〔一七〕「似」原作「自」。　孫楷第曰：「『不自悲』當作『不似悲』。既哭之矣，非不悲也，特不似悲者之言耳。尸子：『齊有田果者，命其狗爲富，命其子爲樂。將欲祭也，狗入於室，果呼之曰：「富出！」巫曰：「不祥也。」家果大禍，長子死，哭之曰：「樂乎！」而不似悲也。』案以狗爲富，後世俗猶然。近孫氏南通方言疏證云：『雪濤叢談載其邑諺云：「猪來窮來，狗來富來，」今之畜狗者，或命其名曰來富。』」　庶按：孫說是，據改。景四庫本此句作「而隣人不知其悲」，疑臆改。

〔一八〕盧文弨曰：「(程榮本)『里』誤『公』。」　王叔岷曰：「孟子滕文公下篇：『引而置之莊、嶽之間。』趙岐註：『莊、嶽，齊街里名也。』彼文之莊，疑卽此文之『莊里』。」

〔一九〕景四庫本於「耨」下双行小註：「鋤草曰耨。」

〔二〇〕「縛」原作「縳」，「縳」乃「縛」之訛，據改。

〔二一〕陳昌濟曰：「『呼歐歐』，衍一『歐』字。」　庶按陳說是，據刪。此乃承下「歐、歐」字而衍。

〔二二〕楊明照曰：「尹文子大道下篇：『莊里丈人字其長子曰盜，少子曰歐。盜出行，其父在後追呼之曰：「盜！盜！」吏聞，因縛之。其父呼歐喻吏，遽而聲不轉，但言「歐！歐！」吏因歐之，幾殪。』」王叔岷曰：「『遽而聲不轉』，玉篇：『遽，急也。』楊氏斷句作『其母呼歐！歐！喻吏遽，而聲不轉』，非。……『盜幾至於殪』，說文：『殪，死也。』」

〔二三〕「身」，程榮本、類纂本並作「而」。

知人章十八

龍之潛也，慶雲未附，則與魚鱉爲鄰〔一〕；驥之伏也，孫陽未賞，必與駑駘同櫪〔二〕；士之翳也，知己未顧〔三〕，亦與庸流雜處〔四〕。自非神機洞明，莫能分也〔五〕。

故明哲之相士，聽之於未聞，察之於未形，而監其神智〔六〕，識其才能，可謂知人矣。若功成事遂，然後知之者，何異耳聞雷霆而稱爲聰，目見日月而謂之明乎〔七〕？

故九方謹之相馬也〔八〕，雖未追風逐電〔九〕，絕塵掣影〔一〇〕，而迅足之勢，固已見矣。薛燭之賞劒也〔一一〕，雖未陸斬玄犀，水截蛟龍，而銳刃之資，亦已露矣〔一二〕。故范蠡吠於犬竇，文種聞而拜之〔一三〕；鮑龍跪石而吟，仲尼爲之下車〔一四〕。堯之知舜，不違桑陰〔一五〕；文王之知呂望，不以永日〔一六〕。眉睫之徵接而形於色，音聲之妙感而動於心〔一七〕，聖賢觀察，不待成功而知之也。陳平之棄楚歸漢，魏無知識其善謀〔一八〕；韓信之亡於黑水，蕭何知其能將〔一九〕。豈待吐六奇而後明〔二〇〕，破趙、魏而方識哉？若夫臨機能謀而知其智〔二一〕，犯難涉危乃見其勇〔二二〕，是凡夫之識，非明哲之鑒。

故公輸之刻鳳也〔二三〕，冠距未成，翠羽未樹，人見其身者，謂之鶬鴰〔二四〕；見其首者，名曰鴟鸈〔二五〕，皆訾其醜而笑其拙。及鳳之成，翠冠雲聳，朱距電搖〔二六〕，錦身霞散，綺翮焱發。翽然一翥〔二七〕，翻翔雲搏〔二八〕，三日而不集，然後讚其奇而稱其巧〔二九〕。堯遭洪水，浩浩滔天，蕩蕩懷山，下民昏墊〔三〇〕。禹爲匹夫，未有功名〔三一〕，堯深知之，使治水焉。乃鑿龍門，斬荆山，導熊耳，通鳥鼠，櫛奔風〔三二〕，沐驟雨，面目黧黚〔三三〕，手足胼胝。冠掛不暇取〔三四〕，經門不及過，使百川東注於海，生民免爲魚鱉之患〔三五〕。於是衆人咸歌詠，始知其賢〔三六〕。

故見其朴而知其巧者，是王爾之知公輸也〔三七〕；鳳成而知其巧者，是衆人之知公輸也；未有功而知其賢者，是堯之知禹也；有功而知其賢者，是衆人之知禹也〔三八〕。故知人之難，未易遇也〔三九〕。

侯生，夷門抱關之吏也〔四〇〕，見知於無忌〔四一〕。豫子，范、中行之亡虜也〔四二〕，蒙異於智伯〔四三〕，名尊而身顯，榮滿於當世，雖復刎頸魏庭，漆身趙地〔四四〕，揣情酬德，未報知己虛左之顧，國士之遇也〔四五〕。世之烈士，願爲賞者授命〔四六〕，猶瞽者之思視，躄者之想行，而目終不得開，足終不得伸〔四七〕，徒自悲夫〔四八〕。

校釋

〔一〕王叔岷曰：「『慶雲』即『卿雲』。史記天官書：『若煙非煙，若雲非雲，郁郁紛紛，蕭索輪囷，是謂卿雲。』正義：『卿，音慶。』藝文類聚八引正作『慶雲』。漢書楊雄傳：『懿神龍之淵潛兮，竢慶雲而將舉。』」

〔二〕袁註：「驥，龍馬也。駑駘，鈍馬也。孫陽，國之善相馬者。」楊明照曰：「説文：『驥，千里馬也，孫陽所相者。』莊子馬蹄篇釋文：『伯樂，姓孫，名陽。』」

〔三〕盧文弨曰：「（程榮本）『顧』誤『願』。」

〔四〕王叔岷曰：「舊合字本、百子本『傭』並作『庸』，古通。」庶按：法藏敦煌本亦作「庸」。

〔五〕法藏敦煌本無「神機」二字，傅校本「莫」上有「則」字。盧文弨曰：「（程榮本）『神機』二字脱。」

〔六〕王叔岷曰：「程榮本、王謨本、畿輔本『監』並作『鑒』，古通。」

〔七〕楊明照曰：「鶡冠子度萬篇：『見日月者不爲明，聞雷霆者不爲聰。』又見孫子軍形篇。」

〔八〕袁註：「孔方諲，秦人也，伯樂舉之，爲穆公相馬，三月始歸。穆公問曰：『得馬否？』方諲曰：『馬得矣，馬在沙丘。』穆公曰：『何如？』諲曰：『牝而黄。』及其馬至，牝（庶按：疑作「牡」。）而驪。穆公怒，召伯樂責曰：『子何妄舉人也？毛色牝牡不辨，有何相馬之能？』伯樂對曰：『孔方諲相馬，得之精，不在其粗。』後乘之，其馬日行千里也。」「九方諲」原作「孔方諲」，傅校本、孫評本、百子本、龍溪本並作「九方譚」，法藏敦煌本作「九方堙」，吉府本作「九方歅」。　孫詒讓曰：「『孔』當作『九』，『九方譚』，卽莊子徐無鬼篇之『九方歅』、呂氏春秋觀表篇作『九方堙』。」　楊明照曰：「『九』字是，孔蓋九草書之誤。　淮南道應篇：『秦穆公謂伯樂曰：「子之年長矣，子姓有可使求馬者乎？」對曰：「……臣有所與共儋纆采薪者九方堙（「共」、「纆」原作「供」、「纏」，從王念孫說改。列子說符篇『堙』作『皋』。），此其於馬，非臣之下也，請見之。」穆公見之，使之求馬，……馬至，而果千里之馬。』」　王叔岷曰：「文心雕龍書記篇：『譬九方堙之識駿足，而不知毛色牝牡也。』亦可證今本此文『孔』字之誤。」　庶按：諸說並是，據改。

〔九〕「逐」原作「遂」，法藏敦煌本、宋本、明鈔本、景道藏本、子彙本、吉府本、程榮本、龍川鈔本並作「逐」。　楊明照曰：「『遂』字亦當據改爲『逐』。」　庶按：楊說是，據改。

〔一〇〕「掔」，程榮本作「滅」。　孫楷第曰：「『掔』，當讀爲『契』，易睽卦：『見輿曳，其牛掔。』釋文：『子夏作契。』是掔、契假借之例。爾雅釋詁：『契，滅殄絕也。』掔、絕義同，互文耳。程本逕改爲『滅影』，義是而文非矣。」　庶按：孫說是。爾雅釋詁：「契、滅、殄，絕也。」孫氏引文句讀誤。淮南道應篇載伯樂論馬事，謂「若此馬者絕塵弭轍」，高誘注：「絕塵，不及也。弭轍，引迹疾也。」與此可互參。

〔一一〕袁註：「薛燭，秦人也，天下別劍之人，爲吳王相劍，知是寶器也。」　「劍」下原無「也」字，傅校本、程榮本、類纂本於「劍」下並有「也」字。　楊明照曰：「越絕書外傳紀寶劍篇：『昔者越王句踐有寶劍五，聞於天下，客有能相劍者，名薛燭，王召而問之……。』又見吳越春秋闔閭內傳。」　王叔岷曰：「有『也』字與上文句法一律。藝文類聚六十、御覽三四三並引吳越春秋：『秦客薛燭善相劍。』」庶按：王說是，據補。越絕書外傳紀寶劍篇：「王取純鈞，薛燭聞之，忽如敗。有頃，懼乃悟，下階而深惟，簡衣而坐望之。手振拂揚，其華捽如芙蓉始出。觀其鈲，爛如列星之行；觀其光，渾渾如水之溢於塘；觀其斷，巖巖如瑣石；觀其才，煥煥如冰釋。『此所謂純鈞者耶？』王曰：『是也。』」

〔一二〕盧文弨曰：「（程榮本）『蛟龍』訛『輕羽』。」「而銳刃之資」，傅校本作「而鋒銳之資」。

〔一三〕袁註：「范蠡是越人，文種亦是越人，文種爲越王大夫。蠡見文種從門前過，蠡於狗竇中吠文種。種曰：『狗當吠人，范蠡以我爲人。』迴車至蠡門，入内而拜蠡，薦爲越王左相。越王欲伐吳，一用文種范蠡計謀，遂誅吳王。范蠡謂種曰：『越王勾踐長頸鳥喙，可與苦不可與同樂，後必害我，我欲去。』文種曰：『臣之事君，殺身以成名。縱後害我，就死無恨，終身不有背君之名，吾不去。』范蠡泛五湖釣魚，自號魚火，終身不出。越王思蠡，遂鑄金爲蠡形像，四時祭祀。文種事越王，未經載年，犯事果被越王所害，如蠡之言也。」楊明照曰：「吳越春秋佚文：『大夫種，姓文名種，字子禽。荆平王時爲宛令，之三户之里，范蠡從犬竇蹲而吠之，從吏恐文種慙，令人引衣而障之。文種曰：「無障也，吾聞犬之所以吠者人，今吾到此，有聖人之氣，行而求之，來至於此。且人身而犬吠者，謂我是人也。」乃下車拜，蠡不爲禮。』史記越世家正義引。」王叔岷曰：「天中記八引犬作狗。」

〔一四〕袁註：「鮑龍是賢人，與孔子同時也。」楊明照曰：「說苑尊賢篇：『鮑龍跪石而登嵯，孔子爲之下車。』」

〔一五〕袁註：「堯舉舜於雷澤之陰，舜與語於桑樹下。桑陰不移，堯即知舜是賢人，堪爲天子，故以位讓與也。」楊明照曰：「海録碎事二引『陰』作『蔭』，能改齋漫録七、芥隱筆記並引作『陰』。『蔭』字非是。戰國策趙策四：『昔者堯見舜於草茅之中，席隴畝而蔭庇桑，陰移而授天下傳。』說苑尊賢篇：『堯、舜相見，不違桑陰。』」庶按：淮南齊俗篇：「堯之舉舜也，決之於目。」潛夫論潛嘆篇：「堯爲天子，求索賢人。訪於羣后，羣后不肯薦舜而反稱共鯀之徒，賴堯之聖，後乃舉舜而放四子。……故堯參鄉黨以得舜。」

〔一六〕袁註：「文王出游獵，占今日獵合得一狩，非熊非羆，合得帝王師，果是吕望，王與同車而還。」「日」原作「目」，法藏敦煌本、傅校本、宋本、明鈔本、景道藏本、子彙本、吉府本、程榮本、龍川鈔本並作「日」。楊明照曰：「『日』字是。說苑尊賢篇：『文王舉太公，不以日久。』『永日』，芥隱筆記作『永昌』，當是傳寫之誤。」庶按：楊說是，據改。六韜文師篇云：「文王將田，史編布卜曰：『田於渭陽，將大得焉，非龍非彲，非虎非羆，兆得公侯，天遺汝師，以之佐昌，施及三王。』文王曰：『兆致是乎？』史編曰：『編之太祖史疇，爲禹占得皋陶，兆比於此。』文王乃齋三日，乘田車，駕田馬，田於渭陽，卒見太公，坐茅以漁，……乃載俱歸，立爲師。」此乃袁註所本。潛夫論潛嘆篇：「文王遊畋，遇姜尚於渭濱，察言觀志而見其心，不諂左右，不諛羣臣，遂載反歸，委之以政。」宋書符瑞志上：「王至於磻溪之水，吕尚釣於涯，王下趨拜曰：『望公七年，乃今見光景於斯。』」

〔一七〕袁註：「昔日姓隰名雍，善能察賊，得眉睫之間即知是賊。趙子謂曰：『吾聞之人，目大明察，見泉下魚必凶。』未經年，隰雍果被賊殺也。」「徵」，法藏敦煌本、宋本、明鈔本、景道藏本、子彙本、吉府本、程榮本、龍川鈔本、諸子文粹本並作「微」。原本「徵」下無「接」字，「妙」下無「感」字，傅校本於「微」下有「接」字，「妙」下有「感」字。　楊明照曰：「『微』字是。說苑尊賢篇：『眉睫之微，接而形於色；聲音之風，感而動乎心。』」　庶按：「徵」或不誤，古言舜目重瞳，此「眉睫之徵」即謂堯舉舜事；下「音聲之妙而動於心」乃文種舉范蠡事。且下文「聖賢觀察」，亦寓眉睫之徵之意。又傳校本有「接」、「感」二字，與說苑合，是，據增。　袁註云云，非正文所言，亦非。

〔一八〕袁註：「陳平，陽武郡户牖人也。少時家貧，在村作社頭，分肉甚平。父老謂之曰：『陳孺子分肉極平。』陳（庶按：下疑脱「平」字。）曰：『使平得宰相治天下，如此肉平。』後值漢與楚争滅秦，陳平在項羽下作將軍。項羽不能用賢，平遂背楚來投漢。漢相魏無知舉於高祖。高祖用爲護軍，遂破楚滅秦，說六奇之謀，以定天下，今古言棄楚歸漢也。」　法藏敦煌本於「楚」下無「歸漢」二字，有「而」字。　庶按：據史記陳丞相世家、漢書陳平傳，陳平於滅秦時屬項羽，歸漢時魏無知不爲相，袁註非。

〔一九〕袁註：「韓信，淮陰人，家貧不事生業，好帶長劍。後亡於黑水，得爲連敖之官，犯事十二人皆被誅。誅至信，信仰視刀人滕公，謂公曰：『欲定天下而殺士乎？』滕公聞之，遂將見蕭何。何薦於高祖。高祖用爲治粟都尉。信以官小，又棄高祖逃走。蕭何聞信走，遂自逐三日，乃還。何謂高祖曰：『韓信，天下名士，用之則留，不用之則終亡也。』高祖拜爲大將軍，乃滅趙破魏，席捲三秦，平定海内，信之力也。」 法藏敦煌本於「黑水」下有「而」字。 楊明照曰：「韓信事見史記淮陰侯列傳。」 庶按：據史記、漢書本傳，袁註所謂十二人，當爲十三人。

〔二〇〕「待」原作「特」，法藏敦煌本、明鈔本、子彙本、程榮本、龍川鈔本、類纂本並作「待」。 王叔岷曰：「『特』即『待』之形誤。」 庶按：王説是，據改。

〔二一〕「夫」原作「非」，傅校本、子彙本、蔣以化本、景四庫本、龍溪本並作「夫」，吉府本作「必」，程榮本作「於」。 王叔岷曰：「作『夫』是也，『非』字涉下文『非明哲之鑒』而誤。程榮本、畿輔本並作『于』，王謨本作『於』，『於』與『于』同，蓋臆改。」 庶按：王説是，據改。「若夫」古書中習見。

〔二二〕王叔岷曰：「説苑尊賢篇：『非必與之犯難涉危，乃知其勇也。』」

〔二三〕原本無「故」字，傅校本於「公輸」上有「故」字，是，據增。

〔二四〕子彙本「鶶鵄」下双行小註：「上莫項切，下鴟同。」 盧文弨曰：「（程榮本）『鶶』誤『龙』。亦作『鶶鴟』，見爾雅『狂，茅鴟』郭註。」 庶按：爾雅釋鳥郭註：「今鶶鴟也，似鷹而白。」

〔二五〕子彙本「鴮澤」下双行小註：「上於乎切，下音澤。」 王叔岷曰：「爾雅釋鳥：『鵜，鴮澤。』」

〔二六〕「距」原作「矩」，法藏敦煌本、傅校本、宋本、明鈔本、景道藏本、子彙本、吉府本、程榮本並作

「距」，是，據改。

〔二七〕子彙本「翩焱」下双行小註：「弋贍呼昊二切。」「焱」，傅校本作「風」。王叔岷曰：「讀子隨識『搖』作『摓』，『焱』作『煙』，『摓』字疑誤。説文：『焱，火華也。』『翩，飛聲也。詩（大雅卷阿）曰：「鳳皇于飛，翩翩其羽。」（段註：「詩釋文引説文：『羽飛也。』」）翥，飛舉也。』」

〔二八〕「搏」原作「榑」，宋本作「搏」，是，據改。「雲搏」猶言搏云，謂鳳鳥以翅擊搏浮雲。

〔二九〕「而稱其巧」，傅校本作「而稱爲巧也」。楊明照曰：「墨子魯問篇：『公輸子削竹木以爲鵲，成而飛之，三日不下。』又見淮南齊俗篇。」王叔岷曰：「論衡儒增篇：『儒書稱魯般、墨子之巧，刻木爲鳶，飛之，三日而不集。』又見亂龍篇。淮南本經篇高註：『公輸，巧者，一曰魯般之號也。』班與般同，楊氏引墨子魯問篇云云，又見僞慎子外篇。」庶按：漢書敍傳：「班輸榷巧於斧斤。」顏師古註：「班輸，即魯公輸班也。」抱朴子内篇釋滯：「公輸飛木鵠之翩翾。」

〔三〇〕王叔岷曰：「書僞益稷正義引鄭註：『昏，没也。墊，陷也。』」

〔三一〕「有」原作「省」，法藏敦煌本、傅校本、宋本、明鈔本、景道藏本、子彙本、吉府本、程榮本並作「有」，是，據改。

〔三二〕袁註：「櫛者，風刷人之體，如櫛櫛（庶按：衍一櫛字。）髮也。」

〔三三〕王叔岷曰：「『皯』，正作『皯』。説文：『皯，面黑气也。』」

〔三四〕「掛」原作「絓」，宋本作「掛」，是，當據改。本書惜時章：「故大禹之趨時，冠掛而不顧。」亦作

「掛」。

〔三五〕「生民」上原有「西被於流沙」五字。孫楷第曰：「『西被于流沙』五字當刪，此寫者熟于尚書文而誤衍。」」王重民巴黎敦煌本劉子新論殘卷敍録云：「此卷子本正無此五字。」」庶按：孫説是，據刪。尚書禹貢「西被于流沙」文，謂其疆域之廣，此言禹治水事，兩不相涉。

〔三六〕法藏敦煌本無「衆」字。楊明照曰：「書堯典：『帝曰：「咨！四岳，湯湯洪水方割，蕩蕩懷山襄陵，浩浩滔天，下民其咨。」』益稷：『禹曰：「洪水滔天，浩浩懷山襄陵，下民昏墊。」』禹貢：『導岍及岐，至于荆山，……導河積石，至于龍門，……導渭自鳥鼠同穴，……導洛自熊耳。』莊子天下篇：『昔禹之湮洪水，決江河，而通四夷九州也，……沐甚雨，櫛疾風。』呂氏春秋行論篇：『禹不敢怨，……以通水潦，顏色黎黑。』淮南原道篇：『禹之趨時也，履遺而弗取，冠挂而弗顧。』孟子滕文公上篇：『禹八年於外，三過其門而不入。』禹貢：『東漸于海，西被于流沙。』淮南泰族篇：『禹鑿龍門，闢伊闕，決江，濬河，東註之海。』左昭元年傳：『劉子曰：「美哉！禹功，明德遠矣！微禹，吾其魚乎？」』」王叔岷曰：「淮南脩務篇：『禹沐（庶按：沐下原有「浴」字，王念孫校無「浴」字。）霪雨，櫛扶風，決江疏河，鑿龍門，闢伊闕，脩彭蠡之防。』史記李斯列傳：『禹鑿龍門，通大夏，疏九河，曲九防，決渟水致之海，而股無胈，脛無毛，手足胼胝，面目黎黑。』桓寬鹽鐵論相刺篇：『禹躄洪水，身親其勞，澤行路宿，過門不入。當此之時，簪墮不掇，冠挂不顧。』御覽七十七引傅子：『禹治洪水，冠挂不顧者，不以下憂累其上也。』敦煌本虞世南帝王略論：『舜乃舉禹治水，不貴尺璧，而重寸陰。櫛風沐雨，冠挂不顧，履脱不納。』路史後紀十二夏后氏紀：『（禹）治水土，……纚長風，沐甚雨，……冠罣而弗顧，屐脱而弗納。』」　庶按：劉子此文，乃輟輯諸書而成。

〔三七〕楊明照曰：「淮南本經篇高註：『王爾，古之巧匠也。』」

〔三八〕楊明照曰：「呂氏春秋審應覽：『未有功而知其聖也，是堯之知舜也；待其功而後知其舜也，是市人之知聖也。』又見淮南氾論篇、論衡知實篇。」

〔三九〕法藏敦煌本於「知人之難」下有「人之難知」四字。「難」，程榮本、類纂本並作「君」。盧文弨曰：「藏作『難』。」　王叔岷曰：「上文所述知人之事，非僅及君，則『難』之作『君』，疑後人所改也。」

庶按：王說是。

〔四〇〕「吏」，傅校本、明鈔本、景道藏本、子彙本、吉府本、程榮本、孫評本、龍溪本並作「隸」，宋本作「綠」。　林其錟曰：「疑乃『隸』之訛。」　盧文弨曰：「『隸』俗『吏』。」　原本「吏」下無「也」字，法藏敦煌本、傅校本、明鈔本於「吏」下並有「也」字。　楊明照曰：「有『也』字，與下一律。」　庶按：楊說是，據補。

〔四一〕袁註：「侯王（庶按：「王」乃「生」之訛。），魏人也，名嬴，夷門是大梁之東門。其時侯生知夷門之關賤隸，謂奴僕也。魏公無忌意在禮賢，欲見，侯生恐。天下士至，盛設坐席延魏貴臣。未飲之間，忌自乘車往侯生家，請迎侯生，與同載。至市中，侯生於是停公子車於市，謂公子曰：『市上屠兒朱亥，其人賢，官不達，隱在屠肆。』生欲與語，請公子且停車。』少時，生遂下車，與朱亥語，久而不來。市人皆罵侯生小人，停公子車於市。侯生偷視公子，都無嗔色，知公子無忌賢，遂來上車，共至公子家，衆客各驚訝，是知侯生是賢人也。」楊明照曰：「侯生事見史記信陵君列傳。」庶按：史記作魏公子列傳，其曰：「魏公子無忌者，魏昭王少子而魏安釐王異母弟也。昭王薨，安釐王即位，封公子爲信陵君。……魏有隱士曰侯嬴，年七十，家貧，爲大梁夷門監者。公子聞之，往請，欲厚遺之。不肯受，曰：『臣脩身絜行數十年，終不以監門困故而受公子財。』公子於是乃置酒大會賓客。坐定，公子從車騎，虚左，自迎夷門侯生。侯生攝敝衣冠，直上載公子上坐，不讓，欲以觀公子。公子執轡愈恭。侯生又謂公子曰：『臣有客在市屠中，願枉車騎過之。』公子引車入市，侯生下見其客朱亥，俾倪故久立，與其客語，微察公子。公子顔色愈和。當是時，魏將相宗室賓客滿堂，待公子舉酒。市人皆觀公子執轡。從騎皆竊罵侯生。侯生視公子色終不變，乃謝客就車。至家，公子引侯生坐上坐，徧贊賓客，賓客皆驚。酒酣，公子起，爲壽侯生前。侯生因謂公子曰：『今日嬴之爲公子亦足矣。嬴乃夷門抱關者也，而公子親枉車騎，自迎嬴於衆人廣坐之中，不宜有所過，今公子故過之。然嬴欲就公子之名，故久立公子車騎市中，過客以觀公子，公子愈恭。市人皆以嬴爲小人，而以公子爲長者能下士也。』於是罷酒，侯生遂爲上客。」袁註有誤，據史記文訂正。

〔四二〕盧文弨曰：「『（程榮本）』『也』脱。」

〔四三〕袁註：「豫子，豫讓也，先事范、中行。中行反，智伯殺中行，豫讓轉事智伯。智伯後被趙襄子殺，欲與智伯報讐殺襄子，詐爲賤隸，伏襄子厠中。襄子欲入厮門，（庶按：當爲「厠門」之訛。）忽心動怪之，使人搜厠中，乃見讓身邊挾劒，問之，讓曰：『我是智伯臣也，欲爲智伯報讐，故來至此。』襄子曰：『烈士也。』遂舍之。讓後漆身吞炭，毁形易貌，欲殺襄子。其妻不識，友人識之，曰：『子欲殺襄子，何不先事襄子而後殺之，豈不可乎？無故自損，何由得近襄子也。』讓曰：『豈不食人之禄懷惡於人，吾不爲也。』乃候襄子出，伏劒橋下，欲殺襄子。襄子至橋，馬驚，襄子曰：『必豫讓也。』使人搜之，乃是讓。襄子怒讓罪，曰：『子前於厠中，吾以舍焉，今復更爲，汝罪當死。子先事范、中行，智伯殺范、中行，子何不爲中行殺智伯而欲殺我，何也？』讓曰：『我欲范、中行，只以衆人禮待我，我以衆人禮報之。智伯以國士之禮待我，我以國士禮報智伯，至死無恨。臣願大王與身上衣以劒擊之，方則就死。』襄子遂脱衣與之。讓得衣，怒目呻呼，以劒擊衣。襄子當被擊衣之時，心中不喜，從擊衣之後，漸患，未經旬日乃至死也。」「異」原作「知」，宋本、程榮本、龍川鈔本、類纂本並作「異」，是，據改。「蒙異於智伯」，謂得智伯之厚遇。楊明照曰：「豫讓事見戰國策趙策一。又見史記刺客列傳。」王叔岷曰：「豫讓事又見吕氏春秋不侵篇、恃君篇、賈子階級篇、淮南主術篇、説苑復恩篇。」

〔四四〕「地」原作「郊」，宋本、程榮本、龍川鈔本、類纂本並作「地」，是，據改。作「趙地」與上「魏庭」相對。

〔四五〕袁註：「虚左之顧者，謂空車內左邊擬坐處也。國士遇者，即是智伯豫讓以國士之禮也。」庶按：袁註「以」字當位於「豫讓」上。

〔四六〕「賞」，龍川鈔本、程榮本、類纂本並作「君」。盧文弨曰：「『賞』，俗『君』。」黃丕烈明鈔本校註：「宋本正文爲『賞』。」庶按：「賞」義勝。

〔四七〕原本「足」下無「終」字。王叔岷曰：「類纂本、王謨本『足』下並有『終』字，與上文一律。」庶按：王說是，據補。景四庫本「足」下亦有「終」字。

〔四八〕法藏敦煌本無「徒自」二字，「夫」作「矣」。

薦賢章十九

國之需賢，譬車之恃輪，猶舟之倚檝也。車摧輪，則無以行；舟無檝，則無以濟；國乏賢〔一〕，則無以理。國之多賢，如託造父之乘〔二〕，附越客之舟〔三〕，身不勞而千里可期，足不行而蓬萊可至〔四〕。朝之乏賢，若鳳虧六翮〔五〕，欲望背摩青天〔六〕，臆槍絳煙〔七〕，終莫由也〔八〕。

峻極之山，非一石所成〔九〕；凌雲之樹，非一木所構〔一〇〕；狐白之裘，非一腋之毳〔一一〕；宇宙爲宅〔一二〕，非一賢之治〔一三〕。是以古之人君，必招賢聘隱〔一四〕，人臣則獻士舉知。唐昇二八，流睦睦之風〔一五〕，周保十亂，播濟濟之詠〔一六〕。仲尼在衞，趙鞅折謀〔一七〕；干木處魏，秦人罷兵〔一八〕；宮奇未亡，獻公不寢〔一九〕；子玉猶存，文公側坐〔二〇〕。以此而言，則立政致治，折衝厭難者〔二一〕，舉賢之效也。

夫連城之璧〔二二〕，瘞影荆山〔二三〕；夜光之珠，潛輝合浦〔二四〕。玉無翼而飛，珠無脛而行〔二五〕，揚聲於章華之臺〔二六〕，炫燿於綺羅之堂者，蓋人君之舉也〔二七〕。賢士有脛而不肯至者，蓋材於幽岫〔二八〕，腐智於柴蓽者〔二九〕，蓋人不能自薦〔三〇〕，未有爲之舉也〔三一〕。人臣競舉所知〔三二〕，争引其類。才苟適治，不問世胄；智苟能謀，奚妨秕行〔三三〕。昔時人君拔奇於囚虜，擢能於屠販〔三四〕，内薦不避子，外薦不隱讐〔三五〕，身受進賢之賞，名有不朽之芳。

昔子貢問於孔子曰：「誰爲大賢？」子曰：「齊有鮑叔，鄭有子皮。」子貢曰：「齊豈無管仲，鄭豈無子産乎？」子曰：「吾問進賢爲賢〔三六〕，排賢爲不肖〔三七〕。鮑叔薦管仲〔三八〕，子皮薦子産〔三九〕，未聞二子有所舉也〔四〇〕。」進賢爲美逾身之賢〔四一〕，矧復抑賢者乎？故黔息碎首以明百里〔四二〕，北郭刎頸以申晏嬰〔四三〕，所以致命而不辭者，爲國薦士，滅身無悔〔四四〕，忠之至也，德之難也〔四五〕。臧文仲不進展禽，仲尼謂之竊位〔四六〕；公孫弘不引董生，汲黯將爲妬賢〔四七〕；虞丘不薦叔敖，樊姬貶爲不肖〔四八〕；東閭不達髦士，後行乞於中路。故爲國人寶〔四九〕，不如能獻賢。進賢受上賞，蔽賢蒙顯戮〔五〇〕。斯前識之良規〔五一〕，後代之明鏡矣。

校釋

〔一〕原本「乏賢」上有「之」字，傅校本、程榮本、景四庫本於「乏賢」上並無「之」字，是。作「國乏賢」與上「車摧輪」、「舟無檝」一律。「之」蓋承下「國之乏賢」而衍，據删。

〔二〕袁註：「造父是穆王時善御之人也。」王叔岷曰：「造父爲周穆王御，見史記秦本紀、穆天子傳四、列子周穆王篇。」庶按：呂氏春秋分職篇：「夫馬者，伯樂相之，造父御之，賢主乘之，一日千里。」高誘註：「造父，嬴姓，飛廉之子，善御，周穆王臣也。」潛夫論志氏姓篇：「造父御，一日千里。」其爲穆王御事，又見淮南主術篇高誘註、風俗通義皇霸篇。

〔三〕袁註：「越客是越人，居於海上，善能乘舟。」原本「舟」上有「於」字，明鈔本、子彙本、程榮本、龍川鈔本、景四庫本於「舟」上並無「於」字。王叔岷曰：「無『於』字，是也。此涉註文而衍。」庶按：王説是，據删。

〔四〕袁註：「山名蓬萊，在海中，僊人所居處也。」王叔岷曰：「蓬萊神山，見史記封禪書、漢書郊祀志、列子湯問篇。」

〔五〕「乏」，傅校本作「無」。楊明照曰：「韓詩外傳六：『夫鴻鵠一舉千里，所恃者，六翮耳。』」王叔岷曰：「説苑尊賢篇：『夫朝無賢人，猶鴻鵠之無羽翼也。』新序雜事第一：『今夫鴻鵠高飛衝天，然其所恃者六翮耳。』抱朴子貴賢篇：『鴻鸞之淩虚也，六翮之力也』。」庶按：貴賢屬外篇。

〔六〕「摩」，程榮本、龍川鈔本並作「磨」。王叔岷曰：「『摩』作『磨』，古通。莊子逍遥遊篇：『背負青天。』」

〔七〕「槍」原作「衝」，傅校本作「槍」，「槍」字義勝，據改。「槍」與「搶」同，此言鳳鳥奮力突擊而飛之貌。

〔八〕「由」謂行也。禮記經解：「是故隆禮由禮，謂之有才之士。」孔穎達疏：「由，行也。」

〔九〕法藏敦煌本「石」下有「之」字。楊明照曰：「詩大雅崧高：『駿極於天。』毛傳：『駿，大。極，至也。』禮記孔子閒居註引作『峻』。」王叔岷曰：「禮記中庸：『峻極於天。』」

〔一〇〕法藏敦煌本「木」下有「之」字。「搆」，類纂本、王謨本作「構」。王叔岷曰：「『構』、『搆』正俗字。」

〔一一〕楊明照曰：「説苑建本篇：『千金之裘，非一狐之皮；臺廟之榱，非一木之枝。』呂氏春秋用衆篇：『天下無粹白之狐，而有粹白之裘，取之衆白也。』」王叔岷曰：「説文：『毳，獸細毛也。』治要引慎子知忠篇：『廊廟之材，蓋非一木之枝也；狐白之裘，蓋非一狐之皮也。』御覽六九四引國策：『太廟之椽，非一木之枝也；千鎰之裘，非一狐之裘也（下『裘』字有誤）。』史記劉敬列傳：『語曰：千金之裘，非一狐之腋也；臺榭之榱，非一木之枝也。』」

〔一二〕「爲」疑「之」之訛，作「之宅」，與上文「之山」、「之樹」、「之裘」文例同。

〔一三〕「之」原作「所」，類纂本作「之」。王叔岷曰：「『之』猶『所』也。」庶按：管子七臣七主篇：「遇周武王，遂爲周氏之禽。」注曰：「爲周所禽獲也。」是「之」可訓「所」，然此「所」字，則義是而文非，當作「之」，乃與上一律，據改。

〔一四〕「古」，法藏敦煌本、傅校本並作「昔」，「人」，傅校本作「明」，「聘」，明鈔本、程榮本、景四庫本並作「搜」。盧文弨曰：「『聘』，俗『搜』。」

〔一五〕「風」，傅校本、明鈔本、景道藏本、子彙本、吉府本、蔣以化本、龍溪本並作「美」。林其錟曰：「『風』是，同下『詠』儷。」楊明照曰：「左文十八年傳：『昔高陽氏有才子八人：蒼舒、隤敳、檮戭、大臨、尨降、庭堅、仲容、叔達，齊、聖、廣、淵、明、允、篤、誠，天下之民謂之八愷。高辛氏有才子八人：伯奮、仲堪、叔獻、季仲、伯虎、仲熊、叔豹、季貍，忠、肅、共、懿、寅、慈、惠、和，天下之民謂之八元。……堯（庶按：「堯」上有「舜臣」二字。）舉八愷，使主后土，以揆百事，莫不時序，地平天成。舉八元，使布五教於四方，父義、母慈、兄友、弟共、子孝，内平外成。』」王叔岷曰：「説文：『睦，一曰敬和也。』……左傳『八愷』、『八元』云云，又見潛夫論五德志篇，文小異。」庶按：林説是，唐謂唐堯，昇謂推舉。史記五帝本紀：「昔高陽氏有才子八人，世得其利，謂之八愷；高辛氏有才子八人，世謂之八元。此十六族者，世濟其美，不隕其名。至於堯，堯未能舉，舜舉八愷，使主后土，以揆百事，莫不時序。舉八元，使布五教於四方，父義、母慈、兄友、弟恭、子孝，内平外成。」此亦謂舜舉八愷、八元，與左傳合，與孔昭文異耳。

〔一六〕楊明照曰：「論語泰伯篇：『武王曰：「予有亂臣十人。」』集解引馬曰：『「亂」，治也。治官者十人，謂：周公旦、召公奭、太公望、畢公、榮公、太顛、閎夭、散宜生、南宮适、其一謂文母。』詩大雅文王：

『濟濟多士，文王以寧。』毛傳：『濟濟，多威儀也。』」

〔一七〕袁註：「晉趙鞅好兵，欲伐衛，知仲尼在衛，乃卽折其謀策不能伐衛也。」 楊明照曰：「呂氏春秋召類篇：『趙簡子將襲衛，使史默往睹之，……史默曰：「謀利而得害，猶弗察也，今蘧伯玉爲相，史鰌佐焉，孔子爲客，子貢使令於君前，甚聽。」……趙簡子按兵而不動。』又見説苑奉使篇。」

〔一八〕袁註：「段干木是魏賢人也，魏文侯常往其處問國政。秦欲伐魏，左右諫曰：『魏有賢人段干木，文侯曰（庶按：「日」之訛。）往其家論決政事，未可伐也。』秦王止兵，不能伐衛（庶按：「魏」之訛）。」楊明照曰：「呂氏春秋期賢篇：『秦興兵欲攻魏，司馬唐諫秦君曰：「段干木，賢者也，而魏禮之，天下莫不聞，無乃不可加兵乎？」秦君以爲然，乃按兵輟不敢攻之。』又見新序雜事五。」 王叔岷曰：「事又見淮南脩務篇，司馬唐作司馬庾。 高註：『「庾」，秦大夫也，或作「唐」。』」 庶按：風俗通義十反篇：「干木偃息（原作「息偃」，王利器有説。）以藩魏。」事又見史記魏世家、論衡非韓篇、高士傳。

〔一九〕袁註：「宮奇是虞之公子。 晉獻公欲伐虢，以騎（庶按：疑「奇」之訛。）馬垂棘之璧將獻於虞假道。宮奇諫曰：『虢是虞之表也，唇亡則齒寒。』晉人謂獻公曰：『宮奇懦弱之人，必不能强諫，雖諫，虞君未足用也，但多許寶貝，必尅。』晉君差人多許寶貝，虞君貪財受之，宮奇遂亡。晉軍滅虢，因迴軍並討虞國而歸。」 「寢」原作「侵」，傅校本作「寑」，法藏敦煌本作「寢」。 孫楷第曰：「『不侵』當作『不寢』。説苑尊賢篇云：『虞有宮之奇，晉獻公爲之終夜不寐；楚有子玉得臣，文公爲之側坐而席。遠乎？賢者之厭難折衝也。』即此所本。又案：僖二年公羊傳云：『獻公朝諸大夫而問焉，曰：「寡人夜者寢而不寐，其意也何？」……荀息進曰：「虞、郭見歟？」獻公揖而進之，遂與之入而謀曰：「吾欲攻郭則虞救之，攻虞則郭救之，如之何？願與子慮之。」荀息對曰：「君若用臣之謀，則今日取郭而明日取虞耳。君何憂焉？」獻公曰：「然則奈何？」荀息曰：「請以屈產之乘，與垂棘之白璧往，必可得也。則寶出之內藏，藏之外府；馬出之內廄，繫之外廄爾。君何喪焉？」獻公曰：「諾。雖然，宮之奇存焉，如之何？」』淮南子泰族訓云：『晉獻公欲伐虞，宮之奇存焉，爲之寢不安席，食不甘味，而不敢加兵焉。』漢書辛慶忌傳：『何武上封事曰：「虞有宮之奇，晉獻不寐。」』皆可證。鹽鐵論崇禮篇云：『楚有子玉得臣，文公側席。』漢書陳湯傳云：『臣聞楚有子玉得臣，文公爲之仄席而坐。』傅喜傳云：『子玉爲將，則文公側席而坐。』王嘉傳云：『昔楚有子玉得臣，晉文公爲之側席而坐。』則其語甚古。」楊明照曰：「『侵』當作『寢』，敦煌本作『寑』，卽『寑』之或體。敦煌諸寫本，『寢』多作『寑』。『寢』之作『寑』，猶寢宮之爲寑宮矣。」王叔岷曰：「『侵』乃『寑』之壞字。『寑』、『寢』古今字。」庶按：諸說並是，據改。左僖二年傳：「晉荀息請以屈產之乘，與垂棘之璧，假道於虞以伐虢。公曰：『是吾寶也。』對曰：『若得道於虞，猶外府也。』公曰：『宮之奇存焉。』對曰：『宮之奇之爲人也，懦而不能強諫，且少長於君，君暱之，雖諫，將不聽。』乃使荀息假道於虞，曰：『冀爲不道，入自顛軨，伐鄍三門，冀之既病，則亦唯君故。今虢爲不道，保於逆旅，以侵敝邑之南鄙，敢請假道以請罪於虢。』虞公許之，且請先伐虢。宮之奇諫曰：『虢，虞之表也。虢亡，虞必從之。晉不可啟，寇不可翫，一之謂甚，其可再乎？諺所謂「輔車相依，脣亡齒寒」者，其虞、虢之謂也。」公曰：「晉，吾宗也，豈害我哉？」對曰：「大伯、虞仲，大王之昭也，大伯不從，是以不嗣。虢仲、虢叔，王季之穆也，爲文王卿士，勳在王室，藏於盟府，將虢是滅，何愛於虞？且虞能親於桓、莊乎？其愛之也？桓、莊之族何罪？而以爲戮，不唯偪乎？親以寵偪，猶尚害之，況以國乎？」……弗聽，許晉使。宮之奇以其族行，曰：「虞不臘矣。在此行也，晉不更舉矣。」八月，晉侯圍上陽，……冬十月，丙子朔，晉滅虢，虢公醜奔京師。師還，館於虞，遂襲虞，滅之。」

〔二〇〕袁註：「晉文公與子玉戰，大破子玉。文公自變色側身而坐，畏子玉賢人，將有別計而圍己。」楊明照曰：「左宣十二年傳：『晉師歸，桓子請死，晉侯欲許之。士貞子諫曰：「不可！城濮之役，晉師三日穀，文公猶有憂色。」左右曰：「有喜而憂，猶有憂而喜也。」公曰：「得臣猶在，憂未歇也。」及楚殺子玉，公喜而後可知也，曰：「莫余毒也矣！」』……禮記曲禮上：『有憂者側席而坐。』」王叔岷曰：「史記晉世家：『晉焚楚軍，火數日不息。文公嘆。左右曰：「勝楚而君猶憂，何？」文公曰：「吾聞能戰勝安者唯聖人，是以懼。且子玉猶在，庸可喜乎？」』」

〔二一〕王叔岷曰：「折衝，謂挫折衝車也。呂氏春秋召類篇高誘註，釋『折衝』爲『折還其衝車』。詩大雅皇矣：『與爾臨衝。』毛傳：『衝，衝車也。』説文作『䡴』，云：『陷敶車也。』厭難，謂抑止禍難也。漢書辛慶忌傳：『何武上封事云：「故賢人立朝，折衝厭難。」』顏註：『厭，抑也。』」

〔二二〕袁註：「連城璧是趙國玉璧也，秦王欲連十城就趙買也。」楊明照曰：「史記廉頗藺相如傳：『趙惠文王時，得楚和氏璧，秦昭王聞之，使人遺趙王書，願以十五城請易璧。』」

〔二三〕「瘞」原作「痊」，傅校本、明鈔本、景道藏本、子彙本、吉府本、程榮本、龍川鈔本並作「瘞」。「痊」乃「瘞」之訛，據改。　王叔岷曰：「説文：『瘞，幽薶也。』」

〔二四〕「合浦」原作「鬱浦」，「鬱浦」當爲「合浦」之訛。抱朴子内篇袪惑：「凡採明珠，不於合浦之淵，不得驪龍之夜光也。採美玉，不於荆山之岫，不得連城之尺璧也。」「合浦」，即今之廣東合浦縣，濱南海，古時著名産珠地。據改。

〔二五〕「脛」原作「頸」，傅校本、景道藏本、子彙本、吉府本、程榮本、龍川鈔本並作「脛」。　楊明照曰：「『脛』字是。」　庶按：楊説是，據改。下文「賢士有脛而不肯至」，亦其證。

〔二六〕「章華臺」，謂顯貴之地。

〔二七〕王叔岷曰：「王(保珍)云：『「人君之舉也」，記纂淵海五八引「君」作「爲」。』據下文『蓋人不能自薦，未有爲之舉也』，則作『爲』較勝。『人君之舉也』，疑本作『人君爲之舉也』，與下文作『爲之舉也』一律。記纂淵海所引脱『君』字，今本脱『爲』字耳。」　庶按：法藏敦煌本作「人人爲之舉也」。原文意自通，無煩增字。

〔二八〕「材」，明鈔本、景道藏本、子彙本、蔣以化本、孫評本、景四庫本、龍溪本並作「才」，義同。

〔二九〕「腐智」，覆宋本、顧雲程本、程榮本、龍川鈔本、類纂本、景四庫本並作「毀跡」。　王叔岷曰：「『跡』與『迹』同，『蓽』與『篳』同。説文：『篳，藩落也。』故柴蓽即柴藩，倒其文則曰藩柴。盧氏拾補『柴蓽』作『柴車』，疑誤；或臆改。」　庶按：此「腐智」不誤，與上「蠢才」相對。柴蓽猶柴門畢户，謂貧賤之家。

〔三〇〕「能自」原作「自能」，明鈔本、景道藏本、子彙本、吉府本、程榮本、龍川鈔本並作「能自」，是，據改。

〔三一〕楊明照曰：「韓詩外傳六：『盍胥曰：「夫珠出於江海，玉出於崑山，無足而至者，猶主君之好也；士有足而不至者，蓋主君無好士之意耳。」』」　王叔岷曰：「説苑尊賢篇：『夫珠玉無足，去此數千里，而所以能來者，人好之也；今士有足而不來者，此是吾君不好之乎！』新序雜事第一：『夫劍産於越，珠産江、漢，玉産崑山，此三寶者，皆無足而致；今君苟好士，則賢士至矣。』御覽八百五引鄒子：『夫珠生於南海，玉出於須彌，無足而至者，人好之也；士有足而不至者，以人不好也。』」

〔三二〕「人臣」原作「古人」，孫楷第曰：「『古人』當作『人臣』。」　庶按：孫説是（見下注），據改。

〔三三〕「苟」，傅校本作「之」。　王叔岷曰：「『粃』即『粊』字，説文：『粊，惡米也。』粃行，猶惡行。程榮本……作『秕』，説文：『秕，不成粟也。』古通。」

〔三四〕袁註：「文王，用太公，太公屠牛於朝歌。高祖用樊噲，樊噲殺犬賣。無忌用朱亥作屠兒。灌嬰販繒綵，高祖用之。此皆屠販見用也。」　法藏敦煌本無「昔時人君」四字。「囚」原作「困」，傅校本、景道藏本、子彙本、吉府本、蔣以化本、孫評本、龍溪本並作「囚」。「販」原作「敗」，傅校本、明鈔本、景道藏本、子彙本、吉府本、程榮本、龍川鈔本並作「販」。　盧文弨曰：「『囚』誤『困』。」　王叔岷曰：「韓詩外傳七：『呂望行年五十，賣食棘津；年七十，屠於朝歌；九十，乃爲天子師，則遇文王也。管夷吾束縛，自檻車以爲仲父，則遇齊桓公也。』又見説苑雜言篇。此所謂『拔奇於囚虜，擢能於屠販』者也。」孫楷第曰：「文有錯亂，今以意推之，『昔時人君』以下十四字，當置『才苟適治』上，『古人競舉所知』以下十字，當移『擢能於屠販』下，蓋『拔奇囚虜，擢能屠販』，『適治則不問世胄，能謀則不妨秕行』數句一義相屬，皆人君之事也，『競舉所知，争引其類』，與下文『内薦不避子』一義相屬，皆人臣之事也，以類相從，有條不紊。自傳寫顛倒，而語失其次矣。」庶按：「困」、「敗」乃「囚」、「販」之訛，孫説亦是，據改。

〔三五〕袁註：「祁奚内舉其子，外舉讐人，故言内薦不避子，外薦不隱讐也。」「隱」原作「避」，傳校本作「隱」。楊明照曰：「韓非子説疑篇：『内舉不避親，外舉不避讐。』禮記儒行、尸子仁意篇、呂氏春秋去私篇、史記晉世家略同。」王叔岷曰：「袁註云云，疑所見正文『避』字作『隱』。史記晉世家亦云：『外舉不隱仇。』祁奚舉子，舉讐子，見左襄三年傳，又襄二十一年傳：『叔向曰：「祁大夫，外舉不棄讎，内舉不失親。」』」庶按：傳校本作「隱讐」，與史記及袁註合，是，據改。

〔三六〕原本「齊」下、「鄭」下無「豈」字，傳校本於「齊」下、「鄭」下並有「豈」字，義較勝，據增。「吾問」之「問」，法藏敦煌本、傅校本、明鈔本、景道藏本、子彙本、吉府本、程榮本、龍川鈔本並作「聞」，古通。

〔三七〕袁註：「骨肉相似，言不似其先祖。」盧文弨曰：「（程榮本）『排』誤『非』。」

〔三八〕左莊九年傳：「管仲請囚，鮑叔受之，及堂阜而稅之，歸而以告曰：『管夷吾治於高傒，使相可也。』公從之。」風俗通義窮通篇：「鮑叔度其德，而固推管子。」

〔三九〕左襄三十年傳：「鄭子皮授子產政。」杜預註：「伯有死，子皮知政，以子產賢，故讓之。」

〔四〇〕楊明照曰：「説苑臣術篇：『子貢問孔子曰：「今之人臣孰爲賢？」孔子曰：「吾未識也。往者，齊有鮑叔，鄭有子皮，賢者也。」子貢曰：「然則齊無管仲，鄭無子產乎？」子曰：「賜！汝徒知其一，不知其二，汝聞進賢爲賢耶？用力爲賢耶？」子貢曰：「進賢爲賢。」子曰：「然。吾聞鮑叔之進管仲，子皮之進子產也，（庶按：四部叢刊本作「吾聞鮑叔子進管仲也，聞子皮之進子產也。」）未聞管仲、子產有所進也。」』又見韓詩外傳七、家語賢君篇。」

〔四一〕此句有誤，疑當讀作「進逾身之賢爲美」。上「賢」字衍文，「爲美」二字誤倒於「逾身之賢」前，此亦承上而言賢者之準則。

〔四二〕楊明照曰：「韓詩外傳佚文：『禽息，（禽、黔双聲，論衡儒增篇亦作禽。）秦大夫，薦百里溪不見納，繆公出，當車，以頭擊闑，腦乃精（漢書杜鄴傳註引應劭文作『播』，是。）出，曰：「臣生無補於國，不如死也！」繆公感悟，而用百里奚，秦以大化。』後漢書朱穆傳註引。文選演連珠註所引有異。漢書杜鄴傳註引應劭文，當本韓詩外傳也。」王叔岷曰：「後漢書朱穆傳、陸機演連珠『黔息』並作『禽息』。」

〔四三〕袁註：「北郭搔，家貧無以養親，晏子知其賢，每分粟與之。後晏子爲齊君所逐，北郭搔遂自刎其頭於齊君之廷，明齊君（當作晏子）無罪。齊君於是再進晏子，復還齊相也。」楊明照曰：「晏子春秋内篇雜上：『齊有北郭騷者，（庶按：吴則虞曰：「孫云：『姓北郭，名騷。』」）……踵門見晏子，曰：「竊説先生之義，願乞所以養母者。」晏子使人分倉粟府金而遺之，辭金受粟。有閒，晏子見疑於景公，出奔。……北郭子召其友而告之曰：「……今晏子見疑，吾將以身死白之。」……求復者曰：「晏子，天下之賢者也。今去齊國，齊必侵矣。方見國之必侵，不若（庶按：吴則虞謂「若」下有「先」字。）死；請以頭託白晏子也。」因謂其友曰：「盛吾頭於笥中，奉以託。」退而自刎。……景公聞之，大駭！乘馹而自追晏子。及之國郊，請而反之。』又見吕氏春秋士節篇、説苑復恩篇。」

〔四四〕王叔岷曰：「王（保珍）云：『記纂淵海五三引「士」作「賢」，「悔」作「憾」。』」

〔四五〕「難」猶盛也。詩小雅隰桑：「隰桑有阿，其葉有難。」毛傳：「難然，盛貌。」

〔四六〕袁註：「展禽，名柳下（庶按：脱「惠」字），嘗三爲士師無喜色，三已之無愠色。孔子知其清潔，乃以兄女妻之，時人始知其賢也。」「進」原作「顯」，程榮本、類纂本、景四庫本並作「進」。楊明照曰：「論語衛靈公篇：『子曰：「臧文仲其竊位者歟？知柳下惠之賢，而不與立也。」』集解引孔曰：『柳下惠，展禽也。』」庶按：「進」字是，據改。作「進」與下文「引」相對。袁註謂孔子以兄女妻展禽事，不見所出。

〔四七〕袁註：「公孫是公孫弘，董生是董仲舒也。汲黯是漢相。公孫弘知董生賢而不舉，黯以爲妬賢士者也。」　傅校本、覆宋本、龍川鈔本、類纂本於「公孫」下並無「弘」字，以袁註「公孫是公孫弘」文，是其所見本正文亦無「弘」字。　楊明照曰：「史記平津侯列傳：『弘爲人意忌，外寬內深。諸嘗與弘有郤者，雖詳（庶按：佯之訛。）與善，陰極其禍。殺主父偃，徙董仲舒於膠西，皆弘之力也。』汲黯列傳：『黯常毁儒，面觸弘等徒懷詐飾智，以阿人主取容。……陷人於罪，使不得反其真。』」王叔岷曰：「袁註釋『將爲』爲『以爲』，是也。將猶以也。」　庶按：潛夫論賢難篇：「公孫弘抑董仲舒。」

〔四八〕袁註：「虞丘者，楚相。楚莊王朝諸臣，因與虞丘語久之，曰（庶按：日之訛。）晏，乃還。樊姬下殿而迎之，謂王曰：『君朝何以晏？』莊王曰：『我與賢人語，故晏也。』樊姬曰：『賢人是誰？』王曰：『虞丘子。』樊姬於是揜口而笑曰：『妾雖不肖，幸執箕箒。妾所進者十人，與妾同類。而虞丘子爲相十年，其進者，非其子弟即是昆季，專君之寵，竊君之權，知孫叔敖而不進，是爲不肖，何爲賢人？』莊王以告虞丘，虞丘曰：『小臣伏罪。』於是遂進叔敖爲相，楚國大理，叔敖之力也。」　楊明照曰：「新序雜事一：『樊姬，楚國之夫人也。楚莊王罷朝而宴，問其故，莊王曰：「今旦與賢相語，不知日之宴也。」樊姬曰：「賢相爲誰？」王曰：「爲虞丘子。」（韓詩外傳三作「沈令尹」。）樊姬掩口而笑。王問其故，曰：「……今虞丘子爲相數十年，未嘗進一賢，知而不進，是不忠也；不知，是不智也。安得爲賢？」明日朝，王以樊姬之言告虞丘子，虞丘子稽首曰：「如樊姬之言。」於是辭位，而進孫叔敖。』又見列女傳賢明篇、楚莊樊姬傳。」　王叔岷曰：「韓詩外傳七：『虞丘（名聞）於天下，以爲令尹，讓於孫叔敖，則遇楚莊王也。』蓋聞樊姬之言，而讓位於孫叔敖也。」

〔四九〕「乞於中」三字原作「不正於」。袁註：「東閭不達髦士，不正於路歸，東閭者，東閭先生曾相齊侯，坐事而退，徒步於路。人問曰：『先生何至於此？』東閭曰：『吾位至臺鼎，不能伸致一人，積財千萬，不能賑恤一士，今至於此也。』」孫楷第曰：「『不正』二字甚爲無義，『不』字衍，『正』當作『丐』。丐字與正形似，誤而爲正，後人遂加『不』字耳。説苑復恩篇載東閭子事，東閭子嘗富貴而後乞，即此文所本。説苑尊賢篇云：『士者不遇明君聖主，幾行乞丐。』又復恩篇：『羞行乞而憎自取。』『行乞』、『行丐』均古人常用語。」楊明照曰：「『不正』二字有誤，校釋謂『不』字衍，『正』當作『丐』，陳伯弢先生謂當校作『乞丐』二字，較而論之，陳説爲允。説苑復恩篇：『東閭子嘗富貴而後乞，人問之曰：「公何爲如是？」曰：「吾自知。吾嘗相六、七年，未嘗薦一人也；吾嘗富三千萬者再，未嘗富一人也。不知士出身之咎然也。」』」王叔岷曰：「詩小雅甫田：『烝我髦士。』毛傳：『髦，俊也。』陳氏謂『不正』當作『乞丐』，是也。『乞』之作『不』，涉上文『不』字而誤。王謨本、百子本『歸』並作故，屬下讀，疑是。歸、故草書形近，故致誤耳。」庶按：「不正於路歸」，景四庫本作「乞於中路」，是，唯「路」下脱一「故」字，當屬下讀。法藏敦煌本、龍溪本「歸」亦作「故」，據改。

〔五〇〕楊明照曰：「漢書武帝紀：『元朔元年，詔曰：「進賢受上賞，蔽賢蒙顯戮，古之道也。」』又見説苑説叢篇、傅子通志篇。」

〔五一〕「規」原作「相」，宋本、蔣以化本、程榮本、類纂本並作「規」。王叔岷曰：「『相』卽『規』之誤。」

庶按：王説是，據改。作「良規」與下「明鏡」相對。

因顯章二十

夫火以吹爇生焰[一]，鏡以瑩拂成鑑[二]。火不吹則無外耀之光，鏡不瑩必闕内影之照。故吹爲火之光[三]，瑩爲鏡之華。人之寓代也[四]，亦須聲譽以發光華，猶比火、鏡，假吹、瑩也。

今雖智如樗里[五]，才若賈生[六]，居環堵之室[七]，無知己之談，望迹流於地[八]，聲馳於天[九]，不可得也。柳下惠不遇仲尼，則貞潔之行不顯，未免於三黜之臣，無耻之人也[一〇]；季布不遇曹丘，則百金之諾不揚[一一]，未離於凡虜無羞之人也[一二]。二子所以德洽於當時[一三]，而聲流於萬代者，聖賢吹瑩也。

昔有賣良馬於市者，已三旦矣，而市人不顧，乃謂伯樂曰：「吾賣良馬而市人莫賞。願子一顧[一四]，請獻半馬之價。」於是伯樂造市，來而迎睇之[一五]，去而目送之，一朝之價，遂至千金。此馬非昨爲駑駘，今成駃騠也[一六]，由人莫之賞，未有爲之顧眄者也[一七]。

夫樟木盤根鉤枝，癭節蠹皮，輪囷擁腫[一八]，則衆眼不顧。匠者採焉，製爲殿梁[一九]，塗以丹漆，畫爲黼藻[二〇]，則百辟卿士[二一]，莫不顧眄仰視[二二]。木性猶是也，而昔賤今貴者，良工爲之容也〔二三〕。

荆磎之璧，夜光之珠，薦之侯王〔二四〕，必藏之以玉匣，緘之以金縢。若闇以投人，則莫不相眄以愕〔二五〕，按劍而怒〔二六〕。何者？爲無因而至故也〔二七〕。若無所因而至〔二八〕，則良馬勞於駔闐〔二九〕，美材朽於幽谷，璧珠觸於按劍〔三〇〕。若有所因而至〔三一〕，則良馬一顧千金，樟木光於紫殿〔三二〕，珠璧藏之玉匣〔三三〕。今人之居代，雖抱才智，幽鬱窮閭，而無所因，則未有爲之聲譽，先之以吹瑩〔三四〕。欲望身之光、名之顯，猶捫虚縛風〔三五〕，煎湯覓雪，豈可得乎〔三六〕？

校釋

〔一〕王叔岷曰：「説文：『爇，燒也。』」

〔二〕「瑩」通「鎣」，謂磨也。

〔三〕「爲」，宋本、程榮本、景四庫本並作「成」。

〔四〕「代」本作「世」，避唐諱改。

〔五〕袁註：「樗里是樗子也（庶按：「子」上疑脱「里」字），是秦惠王弟，名莊，居在樗里，號樗里子。滑稽多智，時人號曰智士也。」楊明照曰：「史記樗里子傳：『樗里子滑稽多智，秦人號曰智囊。』」

〔六〕袁註：「賈生者，姓賈名誼，洛陽人，善攻文藻。時人謂之曰：『賈生洛陽才，終軍山東之英妙也。』」

楊明照曰：「漢書賈誼傳：『誼年少，頗通諸家之書，文帝召以爲博士。是時，誼年二十餘，最爲少。每詔令議下，諸老先生未能言，誼盡爲之對，人人各如其意所出。諸生於是以爲能。』贊：『劉向稱賈誼言三代與秦治亂之意，其論甚美，通達國體，雖古之伊、管，未能遠過也。』」

〔七〕楊明照曰：「莊子讓王篇：『原憲居魯，環堵之室。』」王叔岷曰：「莊子庚桑楚篇：『尸居環堵之室。』淮南原道篇：『環堵之室。』高註：『堵長一丈，高一丈，面環一堵，爲方一丈，故曰環堵，言其小也。』禮記儒行篇亦云：『環堵之室。』楊氏引莊子讓王篇云云，又見韓詩外傳一、新序節士篇、御覽四百三引子思子。子思子『環』上有『居』字，與此文尤合。」庶按：莊子讓王篇成玄英疏：「周環各一堵，謂之環堵，猶方丈之室也。」

〔八〕「迹流」原作「流迹」，法藏敦煌本、宋本、明鈔本、景道藏本、子彙本、吉府本、程榮本、龍川鈔本並作「迹流」，是，據改。

〔九〕「馳」原作「聞」，法藏敦煌本作「馳」。楊明照曰：「詩小雅鶴鳴：『鶴鳴於九皋，聲聞於天。』」庶按：敦煌本是，據改。「聲馳」與上「迹流」相對。

〔一〇〕楊明照曰：「論語微子篇：『柳下惠爲士師，三黜。人曰：「子未可以去乎？」曰：「直道而事人，焉往而不三黜？枉道而事人，何必去父母之邦。」』又，『子曰：「不降其志，不辱其身，伯夷、叔齊歟？謂柳下惠、少連，降志辱身矣。言中倫，行中慮，其斯而已矣。」』」庶按：孟子萬章下：「孟子曰：『柳下惠不羞汙君，不辭小官，進不隱賢，必以其道。遺佚而不怨，阨窮而不憫，與鄉人處，由由然不忍去也。爾爲爾，我爲我，雖袒裼裸裎於我側，爾焉能浼我哉？故聞柳下惠之風者，鄙夫寬，薄夫敦。』」戰國策燕策三：「昔者，柳下惠吏於魯，三黜而不去。或謂之曰：『可以去。』柳下惠曰：『苟與人之異，惡往而不黜乎？猶且黜乎，寧於故國爾。』」顔氏家訓名實篇：「勸一柳下惠，而千萬人立貞風焉。」

〔一一〕袁註：「季布，漢時人也。曹丘見之，曰：『寧得季布之一諾，不用黃金百斤。』」楊明照曰：「見史記季布傳。」

〔一二〕依文意，「凡庸」下補「之士」二字，與上一律。

〔一三〕「洽」原作「浹」，法藏敦煌本、宋本、明鈔本、景道藏本、子彙本、吉府本、程榮本、龍川鈔本並作「洽」，是，據改。

〔一四〕盧文弨曰：「（程榮本）『願』誤『今』。」

〔一五〕原本「來」下無「而」字，法藏敦煌本、明鈔本、景道藏本、子彙本、吉府本、程榮本、龍川鈔本於「來」下並有「而」字。楊明照曰：「『而』字原奪，據各本增。『迎睇』二字當乙，始與下『目送』對。戰國策燕策二：『人有賣駿馬者，比三旦立市，人莫之知。往見伯樂曰：「臣有駿馬，欲賣之，比三旦立於市，人莫與言。願子還而視之，去而顧之，臣請獻一朝之賈。」伯樂乃還而視之，去而顧之，一旦而馬價十倍。』」庶按：楊説是，增「而」字與下文儷。

〔一六〕子彙本「駃」下註：「音決。」「騠」下註：「音提。」

〔一七〕盧文弨曰：「（程榮本）『未』誤『求』。」「眄」原作「盻」，宋本、王謨本並作「眄」，百子本作「盼」。王叔岷曰：「『盻』、『眄』、『盼』三字義別，（說文：『盻，恨視也。眄，目偏合也；一曰衺視也。』一切經音義八引說文：『盼，目白黑分也。』）因形近往往相亂，此取衺視義，當以作『眄』爲是。（下同）上文『來而迎睇之』，睇與眄同義。（說文：『睇，小衺視也，南楚謂眄睇。』）」庶按：王說是，據改。「顧眄」乃古之常語，抱朴子内篇勤求：「顧眄已盡矣。」

〔一八〕王叔岷曰：「『擁』借爲『癰』。說文：『癰，腫也。』」

〔一九〕「梁」原作「堂」，法藏敦煌本作「梁」，是，據改。下文言「仰視」，正承此「殿梁」而言。

〔二〇〕王叔岷曰：「說文：『黼，白與黑相次文。』」

〔二一〕楊明照曰：「詩大雅假樂：『百辟卿士』。」

〔二二〕「顧眄」，見註（一七）。

〔二三〕「爲之」原作「之爲」，法藏敦煌本、宋本、程榮本、龍川鈔本、類纂本並作「爲之」。王叔岷曰：「作『爲之』是也。」楊明照曰：「漢書鄒陽傳：『臣聞明月之珠、夜光之璧，以闇投人於道，衆莫不按劍相眄者。何則？無因而至前也。蟠木根柢，輪囷離奇，而爲萬乘器者，以左右先爲之容也。』莊子逍遥遊篇：『惠子（庶按：下有「謂莊子」三字。）曰：「吾有大樹，人謂之樗。其大本擁腫而不中繩墨，其小枝卷曲而不中規矩，立之塗，匠者不顧。」』」庶按：王說與漢書文合，是，據正。

〔二四〕「侯王」，法藏敦煌本作「王侯」。「璧」、「珠」二字誤倒，據乙。古雖有夜光璧，（戰國策楚策：「楚王獻夜光之璧於秦王。」抱朴子內篇暢玄：「藏夜光於嵩岫。」）然此於對文之中，璧乃專言荆山之玉，珠卽夜光珠（又謂隋侯珠）。本書妄瑕章：「荆山之玉……驪龍之珠……。」薦賢章：「連城之璧，瘞影荆山，夜光之珠，潛輝合浦。」抱朴子內篇塞難：「不知淵潭者，明珠之所自出；荆山者，和璧之所由生也。」古多言荆山産玉，不言其出珠，此乃疑傳鈔者泥漢書文而臆改。璧謂和氏璧，珠卽隋侯珠。

〔二五〕原本「莫」下無「不」字，法藏敦煌本、宋本、明鈔本、景道藏本、子彙本、吉府本、程榮本、龍川鈔本、類纂本於「莫」下並有「不」字，據補。楊明照曰：「『不』字原（指舊合字本）奪，據各本補。」

〔二六〕「眄」原作「盻」，宋本、程榮本並作「眄」。庶按：楊說是，據改。

袁註：「蛇含夜光之珠欲報隋侯，若闇以投之，隋侯悒愕，乃按劍而怒，欲斬之，所以爲無因而至故也。」庶按：袁註隨文附會，不足據也。

〔二七〕盧文弨曰：「（程榮本）『也』字脫。」

〔二八〕「若」下原有「物」字，「所」下原無「而至」二字。盧文弨曰：「（程榮本）『所』下衍『以』字。」庶按：「物」字與文義無涉，當删，乃與下「若有所因」一律。依文意，「所因」下當補「而至」二字，與下「若有所因而至」一律。今删、補。

〔二九〕袁註：「駔者是古之合市人，闠者是馬行至空地也。」子彙本「駔闠」下双行小註：「上音愴。」盧文弨曰：「（程榮本）『則』脫。」王叔岷曰：「淮南氾論篇：『段干木，晉國之大駔也。』高註：『一曰駔，市儈也。』（一曰乃許慎註。）駔闓卽駔會。史記貨殖列傳：『節駔會。』集解引徐廣註：『駔，音祖郎反，馬儈也。』會闓正假字。漢書作『駔會』。顔註：『儈者，合會二家交易者也。』會、儈正俗字。」　庶按：袁註釋闓以本字爲訓，非是。

〔三〇〕「璧」原作「寶」，「寶」乃「璧」之訛。「璧珠」蓋承上「荆碤之璧」、「夜光之珠」而言，據改。

〔三一〕盧文弨曰：「（程榮本）『若』誤『名』。」

〔三二〕盧文弨曰：「『樟』，俗作『槃』。」

〔三三〕原本「珠」下無「璧」字，宋本、吉府本、蔣以化本、程榮本「珠」下並有「璧」字。「藏」原作「擎」，蔣以化本作「藏」。　王叔岷曰：「『珠』下有『璧』字是也，上文可照。」　庶按：王説是，以上文「必藏之以玉匣」例之，「藏」字是，據補、改。

〔三四〕原本「先」作「光」。　王叔岷曰：「子彙本、程榮本、類纂本『光』皆作『先』，是也。『先』、『光』形近，又涉上下文『光』字而誤耳。」　庶按：王説是，據改。

〔三五〕袁註：「猶捫虛而欲縛（庶按：「縛」之訛，下同。）風。捫者，摸也，摸虛而欲縛風也。」「縛」原作「縳」，法藏敦煌本、宋本、明鈔本、景道藏本、子彙本、吉府本、程榮本、龍川鈔本並作「縛」，是，據改。「捫」猶握也。

〔三六〕王叔岷曰：「類纂本『豈』作『其』，義同。漢書郊祀志下：『如係風捕景，終不可得。』」

劉子校釋卷之五

託附章二十一

夫含氣庶品〔一〕，未有不託附物勢，以成其便者也。故霜鴈託於秋風〔二〕，以成輕舉之勢；騰蛇附於春霧〔三〕，以希凌霄之游〔四〕；蟨鼠附於蛩蛩，以攀追日之步〔五〕；碧蘿附於青松，以茂凌雲之蘂〔六〕。以夫鳥獸蟲卉之志〔七〕，猶知因風假霧，託迅附高〔八〕，以成其事，何況於人，而無託附以就其名乎？

故所託英賢，則身光名顯〔九〕；所附闇蔽，則身悴名朽。天之始旭〔一〇〕，則目察輕塵〔一一〕；歲之將暮，則蓬卷雲中〔一二〕。目之能見，蓬之能高，託日之光，附風之勢也〔一三〕。綴羽於金鐵，置之江湖〔一四〕，必也沉溺〔一五〕，陷於泥沙，非羽質重而性沉，所託沉也；載石於舟，置之江湖，則披風截波，汎颺長瀾〔一六〕，非石質輕而性浮，所託浮也〔一七〕。摶牛之宝〔一八〕，飛極百步，若附鸞尾，則一翥萬里，非其翼工，所託迅也。樓季足捷，追越奔兕〔一九〕，若駕疲驘，則日不涉一舍〔二〇〕，非其脛遲，所託蹇也。以是觀之〔二一〕：附得其所，則重石可浮，短翅能遠；附失其所，則輕羽淪溺〔二二〕，迅足成蹇。

夫燕之巢幙〔二三〕，銜泥補綴，爛若綬紋〔二四〕，雖陶匠逞妙，不能爲之，可爲固矣〔二五〕，然凱旋剔幕〔二六〕，則巢破子裂者〔二七〕，所託危也；鷦鷯巢葦之莖，紩之以絲髮〔二八〕，珠圓羅緻，雖女工運巧〔二九〕，不能爲之，可謂固矣，然寅風欻至〔三〇〕，則葦折卵破者，何也？所託輕弱，使之然也〔三一〕。故鳥有擇木之性，魚有選潭之情〔三二〕，所以務其翔集〔三三〕，蓋斯爲美也。

校釋

〔一〕「庶品」猶「品庶」也。漢書賈誼傳鵩鳥賦：「品庶每生。」顏師古註：「品庶猶庶品也。」說苑反質篇：「墨子曰：『夫品庶非有心也，以人主爲心。』」潛夫論賢難篇：「豈獨品庶。」文心雕龍詮賦篇：「庶品雜類。」說文：「品，衆庶也。」

〔二〕「鴈」，程榮本作「雁」。王叔岷曰：「『雁』、『鴈』正假字。」

〔三〕楊明照曰：「大戴禮勸學篇：『螣蛇（庶按：四部叢刊本作「螣虵」。）無足而騰。』淮南主術篇：『夫螣蛇游霧而動。』騰之誤，說苑說叢篇同。」王叔岷曰：「荀子勸學篇『螣蛇無足而飛』。漢魏叢書本大戴禮勸學篇『螣』作『騰』。曹操碣石篇：『騰蛇乘霧，終爲土灰。』並與此文作『騰』合。『騰蛇』即『螣蛇』。爾雅釋魚：『螣，螣蛇。』郭璞註『龍類也。能興雲霧而游其中。』故『螣蛇』字又作『騰』。」

〔四〕「以」原作「志」，子彙本、龍川鈔本、百子本、龍溪本並作「以」。「游」，法藏敦煌本、宋本、明鈔本、景道藏本、子彙本、吉府本、程榮本、龍川鈔本並作「遊」。　王叔岷曰：「作『以』，……與上下文一律，……游、遊古今字。」　庶按：王說是，據改。

〔五〕袁註：「西方有此獸也，其名爲之鼠（庶按：疑爲「蹶」之訛），鼠前而蛩（庶按：疑爲「兔」之訛。）後，趨卽頓，走則負蛩蛩，鼠（庶按：「鼠」下疑有脫文）而兔前，高不能取食，故須之（庶按：「之」字疑誤）食之。今鴈門廣武縣夏屋山有蜚虫如兔，是大相負其行（庶按：「大相」疑誤），其名爲之蹶鼠也。」　楊明照曰：「呂氏春秋不廣篇：『北方有獸，名曰蹶，鼠前而兔後，趨則跲，走則顛，常爲蛩蛩距虚取甘草以與之。蹶有患害也，蛩蛩距虚必負而走，此以其所能，託其所不能。』山海經海外北經：『夸父與日逐走，入日。』」　王叔岷曰：「山海經大荒北經：『夸父不量力，欲追日景。』一切經音義九引莊子：『夸父與日角走。』」

〔六〕「藥」，宋本、程榮本並作「葉」。　盧文弨曰：「『藥』，俗作『葉』。」　楊明照曰：「詩小雅頍弁：『蔦與女蘿，施於松柏。』」　庶按：碧蘿亦名翠蘿。　抱朴子内篇塞難：「翠蘿之秀於松枝。」

〔七〕「以」，程榮本作「與」。「志」，宋本、程榮本、類纂本並作「智」。　盧文弨曰：「『以』，俗作『與』，此書多用『以夫』。」　王叔岷曰：「『志』、『智』古通。　莊子逍遥遊篇：『豈唯形骸有龍盲哉？夫知（釋文：『知，音智。』意林引『知』作『智』。）亦有之。』淮南脩務篇『知』作『志』，繕性篇：『人雖有知，無所用之。』書鈔十五引『知』作『志』，並其證。」

〔八〕「迅」原作「峻」，法藏敦煌本作「迅」。　楊明照曰：「『迅』字是。　因風應霜鴈句，假霧應騰蛇句，託迅應鼷鼠句，附高應碧蘿句。」庶按：楊説是，據改。

〔九〕「身」原作「跡」，法藏敦煌本作「身」，是，據改。下文「身悴名朽」與此相承。本書因顯章：「欲望身之光，名之顯。」亦身、名對言，乃其證。

〔一〇〕袁註：「日初出貌也。」

〔一一〕「塵」原作「煙」，法藏敦煌本作「塵」，是，據改。天之始明，原野之塵埃於物影内飄蕩，清晰可見，作「輕煙」，則不足以立意。

〔一二〕王叔岷曰：「『雲中』疑本作『中雲』，與上『目察輕煙』相對爲文。中雲猶雲中，蓋淺人不明文義而妄乙之耳。曹植雜詩：『轉蓬離本根，飄飄隨長風，何意迴飈舉，吹我入雲中。』」庶按：「雲中」不可倒，王氏臆説，不足據。

〔一三〕楊明照曰：「商子禁使篇：『清朝日鶤，則上别飛鳥，下察秋毫，故目之見，託日之勢也。今夫飛蓬遇飄風而行千里，乘風之勢也。』」王叔岷曰：「楊氏引商子云云，文有顛倒。」庶按：商君書禁使篇：「今夫飛蓬遇飄風，而行千里，乘風之勢也。……清朝日鶤，則上别飛鳥，下察秋豪，故目之見也，託日之勢也。」

〔一四〕原本「江湖」上有「於」字，法藏敦煌本於「江湖」上無「於」字，是，據删。下文「置之江湖」，亦無「於」字，是其證。

〔一五〕宋本、明鈔本、景道藏本、子彙本、吉府本、程榮本、龍川鈔本於「必」下並有「也」字。楊明照曰：

「『也』字原（指舊合字本）奪，據各本增。」　庶按：楊説是，據補。

〔一六〕「瀾」原作「潤」，法藏敦煌本作「瀾」。　林其錟曰：「敦煌本是，『汎颺長瀾』承上『披風截波』，相對爲文。」　庶按：林説是，據改。

〔一七〕楊明照曰：「淮南齊俗篇：『竹之性浮，殘以爲牒，束而投之水，則沈，失其體也；金之性沈，託之於舟上，則浮，勢有所支也。』」

〔一八〕「搏」，宋本、明鈔本、景道藏本、子彙本、吉府本、程榮本、龍川鈔本並作「搏」。　楊明照曰：「淮南説林篇：『蝱與驥致千里而不飛。』」　王叔岷曰：「史記項羽本紀：『夫搏牛之蝱不可以破蟣蝨。』索隱引鄒氏云：『搏，音附。』『䖟』乃『蝱』之省，文選王子淵四子講德論：『夫螡蝱終日經營，不能越階序，附驥尾則涉千里，攀鴻翮則翔四海。』　文子上德篇：『蝱與驥致千里而不飛。』」　庶按：此「搏」字不誤，「搏牛之䖟」，謂環繞於牛前後左右上下翻飛之䖟。

〔一九〕原本「兕」作「光」。　袁註：「樓季是古之能走人，追越奔女（庶按：「女」字疑衍。）光，故言也。」　孫楷第曰：「『光』乃『兕』字之僞。」廣韻五『旨』下云：『光，俗兕字。』宋本毛詩所附釋文周南卷耳：『酌彼兕觥。』『兕』字又作『兕』。豳風七月：『稱彼兕觥。』『兕，本或作光。』周頌絲衣：『兕觥其觩。』字又作『兕』。　吕氏春秋季秋紀精通篇：『養由基射光中石。』此文兕字，當亦從或體寫作『光』，或作『光』。『光』，形與『光』相似，因誤作『光』耳。　文選卷四十一陳琳爲曹洪與魏文帝書：『若奔兕（北堂書鈔引作『奔光』）之觸魯縞。』即『奔兕』二字之例。」　王叔岷曰：「韓非子外儲説右上篇：

『今釋車輿之利，捐六馬之足與王良之御，而下走逐獸，則雖樓季之足無時及獸矣。』五蠹篇：『十仞之城，樓季弗能踰者，峭也。』史記李斯列傳：『是故城高五丈，而樓季不輕犯也。』鹽鐵論刺權篇：『是以跛夫之欲及樓季也。』史記李斯列傳集解、文選枚乘七發註並引許慎（氾論篇）註：『樓季，魏文侯之弟也。』」庶按：孫説是，據改。作「奔兕」與下「疲驘」相對，袁註言「奔光」，乃承其所見本而誤。

〔二〇〕袁註：「二十里爲一舍。驘者，天后之馬者也。」陳昌濟曰：「『驘』，當作『羸』。」王叔岷曰：「『驘』，乃『羸』之或體。説文：『羸，驢父馬母者也。』俗稱騾。」庶按：王説是，袁註所言二十，當爲三十。「天后」當作「無後」。

〔二一〕「以是」原作「是以」，子彙本、何允中本、龍溪本並作「以是」。王叔岷曰：「作『以是』，是也。」庶按：王説是，據乙。

〔二二〕「淪」原作「淪」，宋本、明鈔本、景道藏本、子彙本、吉府本、程榮本、龍川鈔本並作「淪」，是，據改。

〔二三〕楊明照曰：「左襄二十九年傳：『夫子之在此也，猶燕之巢於幕上。』」王叔岷曰：「文選丘希範與陳伯之書：『鷰巢於飛幕之上。』僞諸葛亮心書戒備篇：『此謂燕巢於幕。』」

〔二四〕「綬」，宋本、類纂本、程榮本、景四庫本並作「綾」。盧文弨曰：「『綬』，俗『綾』。」庶按：「爛」乃「爤」之借字，謂斑爛。

〔二五〕「爲」，宋本、明鈔本、景道藏本、子彙本、吉府本、何允中本、龍川鈔本並作「謂」，古通。

〔二六〕袁註：「軍還而謂之凱旋，則螟閒除去也。」

〔二七〕「者」原作「是」，宋本、程榮本並作「者」，是，據改。下文「葦折卵破者」與此例同。

〔二八〕王叔岷曰：「說文：『紩，縫也。』」

〔二九〕「工」，宋本、龍川鈔本並作「子」。盧文弨曰：「（程榮本）『工』誤『子』。」庶按：作「女工」與上「陶匠」相對。

〔三〇〕袁註：「䖟風是東風也。」王叔岷曰：「『䖟風』，說苑善說篇作『大風』，『䖟風』亦『大風』也。說苑辨物篇：『雨穀三日，䖟風之所飄也。』」楊明照曰：「道藏本『欻』作『歘』，餘本同，『歘』字是。」庶按：袁註釋「䖟風」爲「東風」，非。又「歘」、「欻」古通，文選西京賦：「欻從背見。」薛綜註：「欻之言忽也。」

〔三一〕楊明照曰：「說苑善說篇：『鷦鷯巢於葦苕，著之髮毛建之，女工不能爲也，可謂完堅矣。大風至則苕折，卵破子死者何也？其所託者使然也。』」王叔岷曰：「荀子勸學篇：『南方有鳥焉，名曰蒙鳩，以羽爲巢，而編之以髮，繫之以葦苕，風至，苕折，卵破，子死，巢非不完也，所繫者然也。』楊倞註：『蒙鳩，鷦鷯也。』韓詩外傳八：『有鳥於此，架巢於葭葦之顛，天喟然而風，則葭折而巢壞，何？其所托者弱也。』」庶按：文選檄吳將校部曲文：「鸋鴂之鳥，巢於葦苕，苕折子破，下愚之惑也。」李善註：「韓詩曰：『鴟鴞既取我子，無毀我室。』鴟鴞，鸋鴂，鳥名也。鴟鴞所以愛養其子者，適以病之，愛憐養其子者，謂堅固其窠巢。病之者，謂不知託於大樹茂枝，反敷之葦蕳，風至，蕳折巢覆，有子則死，有卵則破，是其病也。」荀子勸學篇載此事作「蒙鳩」，大戴禮記勸學篇作「蛥鳩」，説苑善説篇作「鷦鷯」。藝文類聚九二引詩義疏云：「鴟鴞似黄雀而少，喙刺如錐，取茅爲窠，以麻紩之，懸著樹枝，幽州謂之鸋鴂，或曰巧婦，或曰女匠，關西謂之篾雀。詩曰『肇允彼桃蟲』，今鷦鷯是也。」

〔三二〕楊明照曰：「左哀十一年傳：『孔子曰：「鳥則擇木。」』」王叔岷曰：「文選袁彦伯三國名臣序贊：『潛魚擇淵，高鳥候柯。』潘安仁楊荆州誄：『鳥則擇木。』」庶按：「魚有選潭之情」（原作「情之」）六字於文義無涉，或爲註文竄入。「鳥有擇木之性」蓋承上文「燕」、「鷦鷯」言之，下文「務其翔集」亦承「擇木之性」而言，上下文俱不言魚。則此六字當删。

〔三三〕楊明照曰：「論語鄉黨篇：『翔而後集。』」庶按：務謂求也。吕氏春秋孝行篇：「務其人也。」高誘註：「務猶求也。」

心隱章二十二

二儀之大，可以章程測也〔一〕；三光之動，可以圭表度也〔二〕；雷霆之聲，可以鍾鼓傳也；風雨之變，可以音律知也〔三〕。故有象可觀，不能匿其影；有形可見，不能隱其跡〔四〕；有聲可聞，不能藏其響；有色可察，不能滅其情。以夫天地陰陽之難明〔五〕，猶可以術數揆，而耳目可知，至於人也，心伏於內，情伏於裏〔六〕，非可以筭數測也。

凡人之心，險於山川，難於知天〔七〕。天有春夏秋冬旦暮之期，猶有可知〔八〕，人有厚貌深情〔九〕，而不可知之也。故有心剛而色柔〔一〇〕，容强而質弱，貌愿而行慢〔一一〕，性懁而事緩〔一二〕。假飭於外〔一三〕，以明其情〔一四〕。喜不必愛，怒不必憎，笑不必樂，泣不必哀，其藏情隱行，未易測也。

日在天之內，而光在人之外〔一五〕，物亦照焉。照之於外，不可得而僞內者也〔一六〕，而僞猶生焉。心在人之內，而智又在其內，神亦照焉。外之於內〔一七〕，無所取徵也，而欲求其情，不亦難乎？不潔在面〔一八〕，人皆耻之；不潔在心，人不肯愧，以面露外而心伏內。故善飭其情，潛姦隱智，終身不可得而見也。

少正卯在魯，與孔子同時〔一九〕。孔子門人三盈三虛，唯顏淵不去，獨知聖人之德也。夫門人去仲尼而皈少正卯，非徒不知仲尼之聖〔二〇〕，亦不知少正卯之佞。子貢曰：「少正卯，魯之文人也〔二一〕，夫子爲政，何以先誅之〔二二〕？」子曰：「賜也，退〔二三〕！非爾所及也。夫少正卯心達而險〔二四〕，行僻而堅〔二五〕，言僞而辯，詞鄙而博〔二六〕，順非而澤〔二七〕，有此五僞而亂聖人〔二八〕。」以子貢之明，而不能見，知人之難也〔二九〕。

以是觀之：佞與賢相類，詐與信相似，辯與智相亂，愚與直相像〔三〇〕。若薺苨之亂人參，蛇牀之似蘪蕪也〔三一〕。俗之常情，莫不自貴而鄙物〔三二〕，重己而輕人。觀其意也，非苟欲以愚勝賢，以短加長，由於人心難知，非可以准衡平〔三三〕，未能虛己相推，故有以輕抑重，以短凌長。是以嫫母窺井，自謂媚勝西施〔三四〕；齊桓矜德，自謂賢於堯、舜〔三五〕。若子貢始事孔子，一年自謂勝之，二年以爲同德，三年方知不及。以子貢之才，猶不識聖人之德，望風相崇〔三六〕，奚況世人，而能推勝己耶〔三七〕。是以真僞綺錯，賢愚雜揉〔三八〕，自非明哲，莫能辨也〔三九〕。

校釋

〔一〕袁註：「念九年爲程限也。」

〔二〕「圭表」原作「表裏」，宋本、程榮本、龍川鈔本、别解本、景四庫本並作「圭表」。孫楷第曰：「『三綱之動可以圭表度也』，『綱』當作『光』。本書忘瑕篇：『天地之大，三光之明。』以『三光』對『天地』，此文上云『二儀』，知『三綱』當作『三光』。淮南子道應訓高註：『三光，日月星。』『圭表』，范本同，各本俱誤作『表裏』。周禮地官司徒：『以土圭之灋測土深，正日景，以求地中，日南則景短多暑，日北則景長多寒，日東則景夕多風，日西則景朝多陰。』」林其錟曰：「作『三綱』自通。晉書卷十七律曆中：『軒轅行三綱而闡書契，乃使羲和占日，常儀占月，臾區占星氣。』」庶按：林氏所引晉書於「臾區占星氣」下亦有「伶倫造律吕，大撓造甲子，隸首作算術。容成綜斯六術，考定氣象，建五行」。以晉書文觀之，其「三綱」似不專指日月星，故當以孫説爲優。文選東京賦：「土圭測景，不縮不盈。」李善註引鄭玄曰：「夏至之日，豎八尺表，日中而度之，圭景正等，天當中也。若影長於圭，則太近北，圭長於影，則太近南，近北多寒，近南多暑，近東多風，近西多雨。」「表裏」乃「圭表」之訛，據改。

〔三〕楊明照曰：「淮南本經篇：『天地之大，可以矩表識也；星月之行，可以曆推得也；雷霆（庶按：本作「雷震」，王念孫作「雷霆」。）之聲，可以鍾鼓寫也；風雨之變，可以音律知也。是故大可覩者，可得而量也；明可見者，可得而察也。（庶按：察，今本作蔽，高誘註：「蔽，或作察。」）聲可聞者，可得而調也；色可察者，可得而別也。』」「知」原作「和」。王叔岷曰：「『可以音律和也』，『和』乃『知』之誤，淮南本經篇作『知』，當據正。文子下德篇亦作『知』。」庶按：王説是，據改。

〔四〕「隱」，宋本、程榮本、龍川鈔本、別解本、景四庫本並作「限」。盧文弨曰：「『隱』誤『限』。」庶按：盧説是。

〔五〕原本「天地」上無「以夫」二字，宋本、程榮本、龍川鈔本、別解本於「天地」上並有「以夫」二字，是。「以夫」乃本書常語，據增。

〔六〕「裏」，宋本、蔣以化本、程榮本、別解本並作「衷」。盧文弨曰：「『裏』誤『衷』。」楊明照曰：「禮記禮運：『人藏其心，不可測度也。美惡皆在其心，不見其色也。』」

〔七〕「難於知天」，宋本、程榮本、龍川鈔本、景四庫本並作「難知於天」。盧文弨曰：「『於知』二字誤倒。」楊明照曰：「諸本並是。莊子列禦寇篇：『孔子曰：「凡人心險於山川，難於知天。」』」王叔岷曰：「意林引魯連子：『人心難知於天。』又引秦子：『遠難知者天，近難知者人。』」庶按：楊說是。

〔八〕原本「日暮之期」下無「猶有可知」四字，蔣以化本於「旦暮之期」下有「猶有可知」四字，是，據增。下文「而不可知之也」，即承此而言。

〔九〕「人有」，明鈔本、景道藏本、子彙本、吉府本、奇賞本、龍溪本並作「人者」。楊明照曰：「道藏本『人有』作『人者』，……是。莊子列禦寇篇：『天猶有春秋冬夏旦暮之期，人者厚貌深情。故有貌愿而益，有長若不肖，有順懁而達，有堅而縵，有緩而釬』。」王叔岷曰：「楊氏以作『人者』爲是，然『人有』與上『天有』對言，則『者』蓋誤字矣。記纂淵海四四、五六引莊子並作『人有』。」

庶按：王說是。

〔一〇〕「有心」原作「心有」，明鈔本、孫評本、王謨本並作「有心」。黃丕烈明鈔本校註：「『心有』倒誤。」王叔岷曰：「作『有心』是也。」庶按：黃、王說並是，據乙。

〔一一〕「愿」原作「願」，景道藏本、子彙本並作「愿」。楊明照曰：「諸本並是。」王叔岷曰：「說文：『愿，謹也。』」庶按：「愿」是，據改。

〔一二〕子彙本於「懁」下小註：「火還切。」王叔岷曰：「說文：『懁，急也。』」

〔一三〕王叔岷曰：「『餝』乃俗『飭』字。飭、飾古通。」

〔一四〕「明」疑「蒙」之音誤。廣韻「明」屬明母庚韻，「蒙」屬明母東韻。「蒙」謂遮蔽，下文「藏情隱行」

正承此而言。

〔一五〕原本作「日在天之外，而心在人之内」。楊明照曰：「昌言下：『日在天之内，在人之外。』（意林五引。）關羽封還曹操所賜告辭書：『竊以日在天之上，心在人之内。』（嚴輯後漢文卷九十四）」庶按：此句景四庫本作「日在天之内而光在人之外」，與昌言文較合，是，據改。

〔一六〕「偽」同「爲」，廣雅釋詁：「偽，爲也。」

〔一七〕盧文弨曰：「（程榮本）『外』誤『内』。」

〔一八〕原本無「在面」二字，宋本、明鈔本、景道藏本、子彙本、吉府本、程榮本、龍川鈔本、諸子文粹本於「不潔」下並有「在面」二字，是，據增。

〔一九〕袁註：「同其時代生在魯也。」

〔二〇〕原本「非」下無「徒」字。孫楷第曰：「『非不知』，『非』下疑奪一『唯』字。論衡講瑞篇云：『夫門人去孔子，歸少正卯，不徒不能知孔子之聖，又不能知少正卯。』（案：下疑脱『之佞』二字。下文云『夫才能知佞若子貢』，『知佞』二字無義，當即『之佞』之誤，傳寫誤置於下耳。）是其證也。」王叔岷曰：「孫氏疑『非』下奪一『唯』字，然此文直本於論衡講瑞篇，則『非』下蓋脱一『徒』字。」庶按：王説是，據補。

〔二一〕「文」，子彙本、顧雲程本、奇賞本、百子本、龍溪本並作「聞」。盧文弨曰：「『聞』誤『文』。」楊明照曰：「『文』當作『聞』。論衡講瑞篇：『少正卯在魯，與孔子並，孔子之門，三盈三虛，唯顔淵不去，獨知孔子之聖也（庶按：中華書局諸子集成本「獨知」上有「顔淵」二字）。夫門人去孔子歸少正卯，不徒不能知孔子之聖，又不能知少正卯，門人皆惑。子貢曰：「夫少正卯，魯之聞人也；子爲政，何以先之？」孔子曰：「賜退！非爾所及。」』荀子宥坐篇：『孔子爲魯攝相，朝七日而誅少正卯。門人進問曰：「夫少正卯，魯之聞人也，夫子爲政而始誅之，得無失乎？」孔子曰：「居！吾語女其故。人有惡者五，而盗竊不與焉。一曰心達而險，二曰行僻而堅，三曰言僞而辯，四曰記醜而博，五曰順非而澤。此五者有一於人，則不得免於君子之誅，而少正卯兼有之。故居處足以聚徒成羣，言談足以飾邪營衆，强足以反是獨立，此小人之桀雄也，不可不誅也。』又見尹文子大道下篇、説苑指武篇、家語始誅篇。」庶按：「文」乃「聞」之借字，見辨樂章註二六。荀子宥坐篇楊倞註：「『聞人』謂有名爲人所聞知者也。」

〔三〕原本「先」下無「誅」字，依文意，「先」下當補「誅」字。荀子宥坐篇：「夫子爲政，而始誅之。」楊倞註：「始誅，先誅之也。」淮南子氾論篇：「孔子誅少正卯而魯國之邪塞。」白虎通卷五：「孔子爲魯司寇，先誅少正卯。」説苑指武篇：「夫少正卯者，魯國之聞人矣，夫子始爲政，何以先誅之？」孔子家語始誅篇：「孔子……朝政七日而誅亂政大夫少正卯，戮之於兩觀之下。」史記孔子世家：「定公十四年，孔子年五十六，由大司寇行攝相事，……於是誅魯大夫亂政者少正卯。」淮南氾論篇高誘註：「少正，官。卯，其名也，魯之諂人。孔子相魯七日，誅之於東觀之下，刑不濫也。」周書嘗麥篇有大正之官，則高註少正官名之説有本。

〔二三〕「退」原作「還」。盧文弨曰：「(程榮本)『還』字脱。」孫楷第曰：「『還』當作『退』。論衡講瑞篇：『孔子曰：「賜也退，非爾所及。」』」庶按：孫説是，據改。

〔二四〕「達」原作「逆」。袁註：「詖，佞也。善問辯論而詞諞亦佞也。」王叔岷曰：「『逆』當作『達』，字之誤也。荀子宥坐篇：『心達而險。』楊倞註：『心達而險，謂心通達於事而凶險也。』是其義也。尹文子大道下篇亦作『達』，説苑作『辨』，辨與達義近，家語始誅篇作『逆』，與此同誤。憸、險古通。説苑、家語、尹文子亦並作『憸』。」庶按：王説是，據改。

〔二五〕袁註：「詞利急如焒烽强也，剛如急利也。」原本「而」下無「堅」字，宋本、子彙本、吉府本、程榮本、龍川鈔本於「而」下並有「堅」字。楊明照曰：「『堅』字原(指舊合字本)奪，據各本補。」庶按：楊説是，據補。荀子、説苑、家語亦並有「堅」字，是其證。又袁註所言「焒」字，疑誤。

〔二六〕袁註：「博言澤語。」「博」原作「愽」，景道藏本、王謨本並作「博」，據袁註，其所見本亦作「博」，是，據改。

〔二七〕王叔岷曰：「荀子註：『澤，有潤澤也。』」庶按：「澤」謂修飾。禮記王制篇：「行僞而堅，言僞而辯，學非而博，順非而澤，以疑衆，殺。」鄭玄註：「皆謂虚華捷給無誠者也。」

〔二八〕「僞」，宋本、程榮本並作「爲」。王叔岷曰：「『僞』作『爲』，古通。」

〔二九〕「而」原作「見」，宋本作「而」。「之難」原作「知難」。楊明照曰：「程榮本、王謨本、畿輔本並作『而不能見，知人之難也。』子彙本『知難』亦並作『之難』，此當從各本爲長。」庶按：楊説是，據改。

〔三〇〕原本「愚」下無「與」字，宋本、明鈔本、吉府本、程榮本、孫評本、別解本、諸子文粹本於「愚」下並有「與」字。王叔岷曰：「有『與』字與上文一律。」庶按：王説是，據補。

〔三一〕袁註：「蘪蕪者是今之芎藭。」子彙本於「薺苊」下双行小註：「奴禮切。」「蘪」原作「蘪」，宋本、程榮本並作「蘼」。楊明照曰：「淮南氾論篇：『夫亂人者，芎藭之與藁本也，蛇牀之與麋蕪也。』博物志物類篇：『魏文帝所記諸物相似亂者，……蛇牀亂蘼蕪，薺苊亂人參。』」王叔岷曰：「『蘪』作『蘼』，同，正作『蘪』。説文：『蘪，蘪蕪也。『麋』亦借爲『蘪』。』」庶按：王説是，據改。淮南説林篇：「蛇牀似麋蕪而不能芳。」高誘註：「蛇牀臭，麋蕪香。」「蘪蕪」又名「江蘺」、「蘄茝」。説文：「江蘺，蘪蕪也。」爾雅：「蘄茝，蘪蕪也。」郭璞註：「香草。」

〔三二〕王叔岷曰：「莊子秋水篇：『以物觀之，自貴而相賤。』」庶按：「自貴」二字當乙，始與下「鄙物」、「重己」、「輕人」一律。此蓋傳鈔者泥莊文而臆改。

〔三三〕「平」原作「乎」，宋本、龍川鈔本、畿輔本並作「平」。孫楷第曰：「『平』，各本誤『乎』。『准』、『準』字同。言人心難知，非若物然，可以準衡平其高下輕重也。呂氏春秋君守篇云：『有準不以平。』」庶按：孫説是，據改。

〔三四〕楊明照曰：「闞子：『嫫母自窺於井，以爲媚於西施；桀、紂自窺於世，以爲賢於堯、舜。』（御覽三八一引。）」王叔岷曰：「闞子云云，御覽三八一本作闞子，楊氏蓋改『闞』爲『闕』。漢志縱横家有闕子一篇。」庶按：呂氏春秋遇合篇：「故嫫母執乎黄帝。黄帝曰：『厲汝德而弗忘，與汝正而弗哀，雖惡奚傷？』」高誘註：「惡，醜也。」

〔三五〕楊明照曰：「論衡語增篇：『齊桓公云：「寡人未得仲父極難，既得仲父甚易。」桓公不及堯、舜，仲父不及禹、契，桓公猶易，堯、舜反難乎？』」

〔三六〕原本「相」下無「崇」字。宋本、明鈔本、景道藏本、子彙本、吉府本、程榮本、龍川鈔本、諸子文粹本於「相」下並有「崇」字。楊明照曰：「『崇』字原（指舊合字本）空格，據各本補。」庶按：楊説是，據補。

〔三七〕原本「推」下無「勝」字。宋本、程榮本、別解本於「推」下並有「勝」字。楊明照曰：「論衡講瑞篇：『子貢事孔子，一年自謂過孔子，二年自謂與孔子同，三年自知不及孔子。當一年二年之時，未知孔子之聖也；三年之後，然乃知之。以子貢知孔子，三年乃定；世儒無子貢之才，其見聖人，不從之學，任倉卒之視，無三年之接，自謂知聖，誤矣。』」庶按：有「勝」字義勝，據補。

〔三八〕「揉」，宋本、龍川鈔本、別解本、何允中本、百子本並作「糅」。王叔岷曰：「『揉』作『糅』，古通。漢書劉向傳：『邪正雜糅。』顏註：『糅，和也。』」

〔三九〕袁註：「知少正卯爲魯大夫，作亂之謀。孔子爲魯司寇，語魯定公曰：『勇而有謀，此亂天下也，君可殺之。』定公誅少正卯也。」「辨」原作「辯」，宋本、明鈔本、景道藏本、子彙本、吉府本、龍川鈔本、別解本、畿輔本並作「辨」，是，據改。

通塞章二十三

命有否、泰，遇有屈、伸。否與泰相翻，屈與伸殊致〔一〕。遇泰遇伸，不盡叡智；遭否會屈，不專庸蔽〔二〕。何者？否泰由命，屈、伸在遇也。命至於屈，才通卽壅；遇及於伸，才壅卽通〔三〕。通之來也，非其力所招；壅之至也，非其智所迴〔四〕。勢苟就壅，則口目雙掩；遇苟屬通〔五〕，則聲眺俱明。故處穴大呼，聲鬱數仞〔六〕；順風長叫，響通百里〔七〕；入井望天，不過圓蓋；登峯眺目，極於煙際。嚮在井穴之時，聲非卒嗄〔八〕，目非暴眛，而聞見局者，其勢壅也；及其乘風蹈峯，聲非孟賁〔九〕，目非離婁〔一〇〕，而響徹眺遠者，其勢通也。

買臣忍饑而行歌〔一一〕，王章苦寒而卧泣〔一二〕，蘇秦握錐而憤懣〔一三〕，斑超執筆而慷慨〔一四〕。當彼四子勢屈之時，容色黧黑，神情沮忸，言爲瓦礫，行成狂狷。髮露心憂〔一五〕，形消貌悴〔一六〕，引嘆而雷轉，噴氣則雲湧。如騏驥之伏於鹽車〔一七〕，玄猿之束於籠圈。非無千里之駃，萬仞之捷〔一八〕，然而不異羸鈍者，無所肆其巧也〔一九〕。何異處穴而望聲徹，入井而欲睇博哉〔二〇〕！及其勢伸志得，或衣錦而還鄉，或佩玉於廊廟〔二一〕，或合縱於六國之内〔二二〕，或懸旌於崑崙之外〔二三〕。當斯之時也，容彩光煥〔二四〕，神氣開發，言成金玉〔二五〕，行爲世則，乘肥衣輕〔二六〕，怡然自得。快若輕鴻之汎長風，沛若巨魚之縱大壑〔二七〕，何異順風而縱聲，登峯而長曬〔二八〕。人猶是也，而昔如彼今如此者，非爲昔愚而今賢〔二九〕，故醜而新美，壅之與通也。

水之性清，動壅以堤，則波汩而氣腐〔三〇〕。決之使通，循勢而行，從澗而轉，雖有朽骸爛胔，不能污也。非水之性異，通之與壅也〔三一〕。人之通，猶水之通也。德如寒泉〔三二〕，假有沙塵，弗能污也。以是觀之：通塞之路與榮悴之容，相去遠矣！

校釋

〔一〕「致」原作「貫」，景四庫本作「致」，是，據改。作「殊致」既與上「相翻」對，又與下文文義相合。

〔二〕「蔽」原作「敏」，宋本、程榮本、龍川鈔本、别解本、景四庫本並作「蔽」。盧文弨曰：「藏作『敏』，亦可疑。」「庸」原作「膚」。孫楷第曰：「『蔽』字是。『膚』乃『庸』字之誤也。本書均任篇：『勢位雖高，庸蔽不能治者，乏其德也。』即本書『庸蔽』二字之例。『膚』、『庸』形近易譌。本書去情篇：『取庸強飯。』『庸』亦誤作『膚』。論衡逢遇篇云：『處尊居顯，未必賢，遇也；位尊在下，未必愚，不遇也。』」庶按：孫説是，據改。

〔三〕王叔岷曰：「『兩』『卽』字並與『而』同義。」庶按：王説是，「卽」猶「而」也。參見裴學海古書虛字集釋卷八。

〔四〕「非其」原作「豈非」，子彙本、龍溪本並作「豈其」，宋本、蔣以化本、别解本並作「非其」。王叔岷曰：「作『豈其』是也，『非』字涉上文而誤。」庶按：王説非，此當從宋本等作「非其」，義較勝，據改。

〔五〕「苟」，宋本、程榮本、別解本並作「必」。盧文弨曰：「『苟』，俗『必』。」庶按：「苟」字不誤，見法術章註一八。

〔六〕「鬱」謂越也。素問至真要大論：「諸氣膹鬱。」王冰註：「鬱謂奔迫也。」

〔七〕王叔岷曰：「荀子勸學篇：『順風而呼，聲非加疾也，而聞者彰。』又見大戴禮勸學篇。」

〔八〕「卒」通「猝」。戰國策燕策三：「羣臣驚愕，卒起不意。」鮑本「卒」作「猝」。史記司馬相如列傳：「卒然遇軼材之獸。」索隱云：「猝然。廣雅云：『猝，暴也。』」

〔九〕袁註：「古之多力人也。」王叔岷曰：「治要引淮南主術篇許慎註：『孟賁，衛人。』」庶按：漢書東方朔傳：「勇若孟賁。」師古註：「孟賁，衛人，古之勇士也。尸子説云：『人謂孟賁生乎？曰勇。貴乎？曰勇。富乎？曰勇。三者人之所難，而皆不足以易勇，故能攝三軍，服猛獸也。』」史記司馬相如列傳：「勇期賁、育。」正義曰：「孟賁，古之勇士，水行不避蛟龍，陸行不避豺狼，發怒吐氣，聲音動天。」孟賁，一説齊人，見史記范雎列傳。

〔一〇〕袁註：「古之明目人也。」

〔一一〕漢書朱買臣傳：「朱買臣字翁子，吴人也。家貧，好讀書，不治産業，常艾薪樵，賣以給食，擔束薪，行且誦書，其妻亦負戴相隨，數止買臣毋歌嘔道中，買臣愈益疾歌，……其後，買臣獨行歌道中，負薪墓間，故妻與夫家俱上冢，見買臣饑寒，呼飯飲之。」「饑」，宋本作「飢」，然底本作

「饑」，與今本漢書合，疑是本書之舊。

〔一二〕「臥」原作「座」。　孫楷第曰：「『坐』當作『臥』。漢書王章傳云：『初，章爲諸生，學長安，獨與妻居，章疾病，無被，臥牛衣中，與妻決，涕泣。』即其事也。」　庶按：孫説是，據改。

〔一三〕楊明照曰：「戰國策秦策：『(秦)讀書欲睡，引錐自刺其股，血流至足，曰：「安有説人主，不能出其金玉錦繡，取卿相之尊者乎。」』」

〔一四〕袁註：「徐令之子，高祖封爲定遠侯也。」　庶按：「斑」通「班」。後漢書班超傳：「班超字仲昇，扶風平陵人，徐令彪之少子也，爲人有大志，不修細節，然内孝謹，居家常執勤苦，不恥勞辱，有口辯，而涉獵書傳。永平五年，兄固被召詣校書郎，超與母隨至洛陽。家貧，常爲官傭書以供養，久勞苦，嘗輟業投筆嘆曰：『大丈夫無它志略，猶當效傅介子、張騫立功異域，以取封侯，安能久事筆研間乎？』」依本傳，袁註所謂「徐令」下當有「彪」字。又超封定遠侯乃和帝劉肇永遠三年後事，非高祖時事，袁註非。

〔一五〕孫楷第曰：「『露』當讀爲『落』。」

〔一六〕「形」原作「影」，子彙本、孫評本、奇賞本、龍溪本並作「形」，是。「消」原作「銷」，「銷」乃「消」之訛，「形消」與「貌悴」對言，「影銷」不詞。據改。

〔一七〕「於」原作「而」，宋本、明鈔本、景道藏本、子彙本、吉府本、程榮本、龍川鈔本並作「於」。　楊明照曰：「『於』字是。」　庶按：楊説是，據改。「如騏驥之伏於鹽車」，謂賢才屈於賤役。史記賈誼列傳弔屈原：「騰駕罷牛兮驂蹇驢，驥垂兩耳兮服鹽車。」

〔一八〕「捷」，宋本、別解本並作「揵」。盧文弨曰：「『捷』，俗『揵』。」陳昌濟曰：「作『捷』。」王叔岷曰：「纖輔本『捷』亦誤『揵』，王謨本誤『犍』。」

〔一九〕楊明照曰：「燕丹子下：『騏驥之在鹽車，駑之下也；及遇伯樂，則有千里之功。』淮南俶真篇：『置猿檻中，則與豚同；非不巧捷也，無所肆其能也。』」王叔岷曰：「韓詩外傳七：『夫驥罷鹽車，此非無形容也，莫知之也。』」庶按：淮南俶真篇高註：「肆，極。」

〔二〇〕「博」原作「慱」，景道藏本、諸子奇賞本、王謨本並作「博」，是，據改。

〔二一〕袁註：「朱買臣少時貧賤，采樵，後乃入漢，得爲本郡太守，佩錦還鄉也。王童（庶按：「章」之訛。）少時貧賤，卧牛衣而泣，彼於漢得爲京兆尹，常爲廊廟之臣也。」「衣」原作「佩」，「佩」原作「聲」。孫楷第曰：「『佩』、『聲』互誤，『聲』字本作『衣』。讀爲『或衣錦而還鄉，或佩玉於廊廟』。今本上作『佩錦』，下作『聲玉』者，草書『衣』、『聲』二字相似，『衣』誤爲『聲』，不成文義，後人互易其文以彌縫之耳。漢書朱買臣傳：『上拜買臣會稽太守。上謂買臣曰：「富貴不歸故鄉，如衣繡夜行，今子何如？」買臣頓首辭謝。』衣錦還鄉，正朱買臣之事。佩玉句，當指王章而言。後漢書左雄傳云：『班在大臣，行有佩玉之節。』註引禮記云：『公侯服佩山玄玉而組綬，大夫佩水蒼玉而緇組綬。』（按：玉藻文。）古人文貌人顯貴，每以佩玉爲言。」王叔岷曰：「『衣』之作『聲』，蓋涉上文『聲徹』字而誤。」庶按：孫、王說並是。據改。史記項羽本紀：「富貴不歸故鄉，如衣繡夜行。」漢書項羽傳作「衣錦」。東觀漢紀景丹傳：「建武二年定，封丹櫟陽侯，上謂丹曰：『……富貴不歸故鄉，如衣錦夜行。』故以封卿。」南史柳慶遠傳：「出爲雍州刺史，帝餞於新亭，謂曰：『卿衣錦還鄉，朕無西顧（下當有「之」字。）憂矣。』」華陽國志巴志：「帝謂目曰：『富貴不歸故鄉，如衣繡夜行耳。』」是「衣錦（繡）」乃古之常語。

〔二二〕袁註：「蘇秦字季子，洛陽秦州人也，少與張儀同事鬼谷先生，二人才名一等。蘇秦初時歷説六國，三年而歸，黃金用盡，名位無聞。及歸，人問，神情沮忸，嫂不爲炊飯，妻不爲下機，父母兄弟不與語。秦遂家中讀太公陰符之書，數月，又東事趙，得爲丞相。於是六國微弱，常懼秦侵，總朝於秦。秦又主縱六國以拒秦，秦人欲吞六國自以爲横。蘇秦謂趙王曰：『今者，天下以秦爲横，六國爲縱，今又莫共事秦，如秦與兵，（庶按：疑作「興兵」。）六國共擊之，六國自安，秦國無爲。』趙王遂許之。秦乃即説六國與曹、魏、燕、齊、趙、楚合縱，不事於秦，經二十年。其後，蘇秦死，張儀相秦，又來説六國，云：『蘇秦爲人言語反覆，以非爲是，以是爲非，又與六國合縱，不事於秦，非久長之計也。以春秋言之，小不事大，非安國之基。』於是破縱入横，後被秦縱併吞。遂至始皇，焚燒詩書，坑殺學士，瀆被神明。始皇後死，葬於驪山，三世之子嬰降漢高祖於軹道者也。」

〔二三〕袁註：「班超少時貧賤，爲人傭顧寫書，遇漢伐匈奴，超投筆入幕，伐於西域，遂得勳劾，（庶按：「劾」疑「功」之訛。）封爲定遠侯，三十年後，方得還鄉。去時壯，歸時髮白也。」

〔二四〕「𤌍」原作「液」，宋本、程榮本、類纂本、別解本並作「𤌍」，是，據改。

〔二五〕「玉」原作「石」，宋本、明鈔本、景道藏本、子彙本、吉府本、程榮本、龍川鈔本、諸子彙函本並作「玉」，是，據改。「言成金玉」，謂言之貴。

〔二六〕楊明照曰：「論語雍也篇：『乘肥馬，衣輕裘。』」庶按：韓詩外傳卷一：「子貢乘肥馬，衣輕裘。」

〔二七〕「快」、「鴻」、「風」、「巨魚」、「縱」，宋本、類纂本、別解本並作「漂」、「鴟」、「波」、「吞舟」、「颺」。盧文弨曰：「（程榮本）『快』誤『漂』，『鴻』誤『鴟』，『風』誤『波』，『巨魚』誤作『吞舟』，『縱』誤『颺』。」王叔岷曰：「王褒聖主得賢臣頌：『翼乎如鴻毛遇順風，沛乎若巨魚縱大壑。』」庶按：盧說是。初學記六引風俗通義佚文：「海，……亦云大壑、巨壑。」

〔二八〕袁註：「視貌也。」子彙本「矖」下小註：「色滓切。」楊明照曰：「荀子勸學篇：『登高而招，臂非加長也，而見者遠；順風而呼，聲非加疾也，而聞者彰。』」

〔二九〕「爲」，程榮本、類纂本、別解本並作「謂」，古通。

〔三〇〕子彙本「縚」下双行小註：「縚與韜同。」「沑」原作「縚」，宋本、蔣以化本、程榮本並作「紐」，王謨本作「紐」，叢書集成初編本作「縐」。盧文弨曰：「俗本『紐』或『紐』。」王叔岷曰：「莊子刻意篇：『水之性不雜則清，莫動則平，鬱閉而不流，亦不能清。』」庶按：此當作「沑」，王謨本作「紐」，蓋形誤。廣韻：「蹜沑，水文聚也。」「波沑」謂水勢受阻，波濤翻動，據改。

〔三一〕「卤」，宋本、程榮本、別解本並作「卉」。盧文弨曰：「（程榮本）『卤』誤『卉』。」楊明照曰：「淮南泰族篇：『水之性淖以清，窮谷之汙，生以青苔，不治其性也；掘其所流而深之，（王叔岷謂楊氏脱引此句。）茨其所決而高之，使得循勢而行，乘衰而流，雖有腐髊流漸，弗能汙也。其性非異也，通之與不通也。』」王叔岷曰：「淮南泰族篇『胔』作『髊』，許註：『腐髊，骨也。』『胔』與『髊』同，（說文作『骴』。）周禮秋官蜡氏鄭註引鄭司農云：『骨有肉曰髊。』」

〔三二〕楊明照曰：「詩邶風凱風：『爰有寒泉，在浚之下。』」

遇不遇章二十四

賢有常質，遇有常分。賢不賢，性也；遇不遇，命也〔一〕。性見於人，故賢愚可定；命在於天，則否泰難期。命運應遇〔二〕，危不必禍，愚不必窮〔三〕；命運不遇，安不必福，賢不必達。故患齊而死生殊，德同而榮辱異者，遇不遇也。春日麗天〔四〕，而隱者不照；秋霜被地，而蔽者不傷〔五〕，遇不遇也。

昔韓昭侯醉卧而寒〔六〕，典冠加之以衣〔七〕。覺而問之，知典冠有愛於己也〔八〕，以越職之故而加誅焉。衛之驂乘，見御者之非，從後呼車，有救危之意，不蒙其罪〔九〕。加之以衣，恐主之寒；呼車〔一〇〕，憂君之危。忠愛之情是同〔一一〕，越職之愆亦等，典冠得罪〔一二〕，呼車見德，遇不遇也。鴟墮腐鼠，非虞氏之慢〔一三〕；瓶水沃地，非射姑之穢〔一四〕。事出慮外，固非其罪，俠客大怒，而虞氏見滅〔一五〕；郲君大怒，而射姑獲免〔一六〕，遇不遇也。齊之華士，棲志丘壑而太公誅之〔一七〕；魏之干木，遁世幽居而文侯敬之〔一八〕。太公之賢非有減於文侯，干木之德非有逾於華士，而或榮或戮者，遇不遇也。董仲舒智德冠代，位僅過士〔一九〕；田千秋無他殊操，以一言取相〔二〇〕，同遇明主，而貴賤縣隔者〔二一〕，遇不遇也。莊姜適衛，美而無寵〔二二〕；宿瘤適齊，醜而蒙幸〔二三〕，遇不遇也〔二四〕。

遇不遇，命也；賢不賢，性也。怨不肖者，不通性也；傷不遇者，不知命也。如能臨難而不懾，貧賤而不憂，可爲達命者矣。

校釋

〔一〕楊明照曰：「韓詩外傳七：『賢不肖者材也，遇不遇者時也。』論衡逢遇篇：『賢不賢才也，遇不遇時也。』漢書楊雄傳上：『遇不遇命也。』」王叔岷曰：「荀子宥坐篇：『夫遇不遇者時也，賢不賢者材也。』說苑雜言篇：『賢不肖者才也，……遇不遇者 時也。』文選劉孝標辯命論註引桓範世要論：『遇不遇，命也。』」

〔二〕「應」原作「難」，宋本、程榮本、龍川鈔本並作「應」，子彙本、顧雲程本、孫評本並作「苟」。王叔岷曰：「作『苟』是也，『難』字涉上文而誤，……作『應』，蓋臆改。」庶按：此乃承上文，言禍福命定之理，當作「應」，據改。

〔三〕「愚」，宋本、程榮本、龍川鈔本並作「遇」。陳昌濟曰：「『遇』當作『愚』。」王叔岷曰：「『遇』、『愚』古本通用，此蓋涉上下文而誤。」

〔四〕「麗」疑爲「曬」之訛，謂日光照射。

〔五〕楊明照曰：「淮南人間篇：『同日被霜，蔽者不傷。』」

〔六〕韓昭侯，戰國時韓君。呂氏春秋審應覽高誘註：「韓哀侯滅鄭，初兼其國。昭侯，哀侯之孫也。」

〔七〕「冠」原作「官」，孫評本作「冠」。盧文弨曰：「『冠』，俱訛『官』，下同。」楊明照曰：「『官』，當作『冠』。論衡幸偶篇：『韓昭侯醉臥而寒，典冠（韓非子亦作『冠』。）加之以衣，覺而問之，知典冠愛己也，以越職之故，加之以罪（以上又見韓非子二柄篇）；衛之驂乘者，見御者之過，從後呼車，有救危之義，不被其罪。夫驂乘之呼車，典官之加衣，同一意也。加衣，恐主之寒；呼車，恐君之危。仁惠之情俱發於心，然而於韓有罪，於衛爲忠，驂乘偶，典冠不偶也。』」庶按：盧、楊說並是，據改。「典冠」，司君冠之小吏。

〔八〕「也」原作「者」，宋本、程榮本、類纂本並作「也」，與論衡幸偶篇文合，是，據改。

〔九〕「其」原作「具」，宋本、明鈔本、景道藏本、子彙本、吉府本、程榮本、龍川鈔本並作「其」。楊明照曰：「『具』當作『其』。」庶按：楊說是，據改。論衡幸偶篇：「不被其罪。」與此可互參。說苑善說篇：「祖朝對曰：『大王獨不聞古之將曰桓司馬者，朝朝其君，舉而晏，御呼車，驂亦呼車。

御肘其驂曰：「子何越云爲乎？何爲籍呼車？」驂謂其御曰：「當呼者呼，乃吾事也。子當御，正子之轡銜耳，子今不正轡銜，使馬卒然驚，妄轢道中行人，必逢大敵，下車免劍，涉血履肝者，固吾事也，子寧能辟子之轡下佐我乎？其禍亦及吾身，與有深憂，吾安得無呼車乎。」』」

〔一〇〕依文意，「呼車」上疑有「從後」二字。上文言「加之以衣……從後呼車」，故此亦當作「加之以衣，恐主之寒，從後呼車，憂君之危」。

〔一一〕「是」疑「寔」之訛，「寔」同「實」，猶質也。淮南子泰族篇：「知機械而實衰。」高誘註：「實，質也。」

〔一二〕依文意，「典冠（原作「官」）」疑作「加衣」，與下「呼車見德」相對，俱承上文「加之以衣」、「從後呼車」而言。「得」，宋本、明鈔本、景道藏本、子彙本、吉府本、程榮本、龍川鈔本並作「獲」，「得」猶「獲」也。

〔一三〕袁註：「虞氏將姊妹登樓而宴，時有游俠之客從樓下過，正值老鵄在天半遺一腐鼠，適值虞氏與樂之際，齊聲大笑。俠客謂是樓上人故墮此腐鼠，從上下之，故將欺俠客以爲笑樂，客乃誅滅虞氏也。」楊明照曰：「列子說符篇：『虞氏者，梁之富人也。家充殷盛，錢帛無量，財貨無貲（王叔岷謂列子本作「訾」），登高樓，臨大路，設樂陳酒，擊博樓上。俠客相隨而行。樓上博者射，明瓊張，中，反兩檎魚而笑。（王叔岷謂「射」字、「中」字並當上屬爲句。）飛鳶適墜其腐鼠而中之。俠客相與言曰：『虞氏富樂之日久矣，而常有輕易人之志，吾不侵犯之，而乃辱我以腐鼠，此而不報，無以立慬於天下！請與若等戮力一志，率徒屬必滅其家爲等倫。』皆許諾。至期日之夜，聚衆積兵，以攻虞氏，大滅其家。』」

〔一四〕「瓶水」，覆宋本、龍川鈔本、類纂本並作「銒水」，宋本作「跰」水，程榮本作「鉼冰」。盧文弨曰：「『銒』與『瓶』通，俗誤『銒冰』。」楊明照曰：「左定三年傳：『邾子在門臺，臨廷。閽以鉼水沃廷，邾子望見之，怒！閽曰：「夷射姑旋焉。」命執之，弗得。』」庶按：盧説是，宋本作「跰」，蓋「鉼」之訛。

〔一五〕原本「而」在「俠客」上，楊明照曰：「『俠』上『而』字，當乙在『虞』字上，與下一律。」庶按：楊説是，據乙。

〔一六〕袁註：「邾君是邾國之君，與射姑罪而起。邾君守門人就射姑乞酒錢，射姑不與，守門人心生惡害，知邾君性急，乃覆一盆水於門限。邾君出，見，問曰：『此地何故？』門人報曰：『射姑尿之。』邾君性急，卽呼杖殺射姑，曰（庶按：「曰」字當在「呼」下。）落火坑墮火而死矣。射姑免死者也。」庶按：袁註「杖殺射姑」下疑有脱文，左定三年傳於「弗得」下復有「滋怒，自投於牀，廢於爐炭，爛，遂卒」。袁註謂守門人乞酒錢事，見載定二年傳，其曰：「邾莊公與夷射姑飲酒，私出（杜預註：『射姑，邾大夫。私，小便。』），閽乞肉焉，奪之杖以敲之（杜預註：『敲閽頭也。』）。」唯「乞酒錢」作「乞肉」。

〔一七〕楊明照曰：「韓非子外儲説右上：『太公望東封於齊。齊東海上有居士，曰狂矞、華士昆弟二人者。立議曰：「吾不臣天子，不友諸侯，耕作而食之，掘井而飲之，吾無求於人也。」……太公望至於營丘，使執而殺之。』」

〔一八〕袁註：「魏文侯往干木之閭而見之。文侯曰：『此非干木閭？吾聞干木不肯事寡人，寡人何敢不敬？干木廣於德，寡人廣於地；干木優於義，寡人富於財。地、財不如德、義。寡人以師禮事之，何況敬乎？』遂致厚禄。後聞秦反，秦司馬唐沮諫曰：『魏有干木，其人豐於德義，文侯敬之，必得人心，未可侵也。』遂乃止兵不侵也。」楊明照曰：「呂氏春秋期賢篇：『魏文侯過段干木之閭而軾之，其僕曰：「君胡爲軾？」曰：「此非段干木之閭歟？段干木蓋賢者也。……」其僕曰：「然則君何不相之？」於是君請相之，段干木不肯受。』淮南人間篇：『狂譎不受禄而誅，段干木辭相而顯，所行同也，而利害異者，時使然也。』」王叔岷曰：「論衡非韓篇：『段干木闔門不出，魏文敬之，表式其閭，……齊有高節之士曰狂譎、華士，二人昆弟也，義不降志，不仕非其主。太公封於齊，以此二子解沮齊衆，開不爲上用之路，同時誅之。……夫狂譎、華士，段干木之類也。』」庶按：淮南脩務篇：「段干木辭禄而處家，魏文侯過其閭而軾之。其僕曰：『君何爲軾？』文侯曰：『段干木在，是以軾。』其僕曰：『段干木布衣之士，君軾其閭，不以甚乎？』文侯曰：『段干木不趨勢利，懷君子之道，隱於窮巷，聲施千里，寡人敢勿軾乎？段干木光於德，寡人光於勢；段干木高於義，寡人富於財。勢不若德尊，財不若義高。干木雖以己易，寡人不爲。吾日悠悠慙乎影，子何以輕之哉！』其後秦將起兵伐魏，司馬庾諫曰：『段干木賢者，其君禮之，天下莫不知，諸侯莫不聞，舉兵伐之，無乃妨於義乎！』於是秦乃偃兵，輟不攻魏。」此乃袁註所本。

〔一九〕袁註：「董仲舒是廣川人也，言盡通於羣籍，問無不知。仕於漢，取位至太中大夫也。」庶按：

史記儒林董仲舒傳、漢書董仲舒傳言仲舒曾官拜江都相，不言遷太中大夫事。

〔二〇〕袁註：「胡關三老，姓田名千秋，年八十歲。漢武帝年老，心多憚，爲羣臣厭禱，遣江充專求巫蠱之氣。江充於太子不善，恐武帝崩，太子立，遂放狂言：太子請銅人，埋在御牀下。乃使師巫詐言宮中有蠱氣，奏帝。帝遣江充就宮，掘牀下，得金人，云是太子厭帝、太子厭士，得罪。乃謂太子曰：『今者江充與師巫反，得銅人，不知實有邪？無以自明，可執江充等推問，取其實。』於是遂法（庶按：疑「發」之訛。）兵襲散江充，以火炙師巫，皆欵承江充詔梏太子。帝其時在甘泉宮中，劉屈氂走報曰：『太子反殺江充。』帝是速出，令將兵來圍太子，太子以兵拒之，戰於長安，太子奔走。一月三日，田千秋上表救太子云：『江充不仁，姦爲巫枉，太子無反意。子弄父兵，以將救命。太子無罪，可命追之。』帝年老思憶太子，自遣人訪追太子，太子已死。帝感千秋，拜丞相。所爲一言取相。劉屈氂領三輔之兵，左馮翊、右扶風及京兆，與太子戰，太子敗績，奔嚮城，自縊而死。後知太子無逆心，遂起思子臺也。」庶按：田千秋即漢書之車千秋。漢書車千秋傳：「車千秋本姓田氏，其先齊諸田徙長陵。」袁註云云，見漢書劉屈氂傳及車千秋傳。

〔二一〕「縣」，宋本、明鈔本、景道藏本、子彙本、吉府本、程榮本、龍川鈔本並作「懸」。「縣」、「懸」古今字。

〔二二〕楊明照曰：「左隱三年傳：『衞莊公娶於齊東宮得臣之妹，曰莊姜，美而無子，衞人所以爲賦碩人也。』」王叔岷曰：「史記衞康叔世家：『莊公五年取齊女爲婦人，好而無子。』是謂莊姜也。」

〔二三〕袁註：「齊國有瘻瘤之女，在田采桑，遇齊王出游，諸人悉來看王，唯瘻瘤女不看。王使人問曰：『人皆看王，女獨不看，何也？』女答曰：『奉父母命，只於采桑，不令看王，所以不敢看王也。』於是，王曰『此女是賢女。』欲以車載還國，女曰：『王欲載去，不敢有辭，今若隨王去，是奔走之女。』是以不去。王後乃將財帛往聘之。將入國，諸女及後宫人皆聞王内妃採桑，看之，見是一醜瘻瘤之女，盡乃笑之。後王最寵幸之者也。」「宿」原作「瘻」，宋本、程榮本、類纂本並作「宿」。楊明照曰：「『宿』字是。列女傳辯通篇齊宿瘤女傳：『宿瘤女者，齊東郭採桑之女，閔王之后也。項大瘤，故號曰宿瘤。初，閔王出游，至東郭，百姓盡觀，宿瘤采桑如故，王怪之，……曰：「此奇女也。」……以爲后。』」庶按：楊説是，據改。

〔二四〕原本無「遇不遇也」四字。王叔岷曰：「喻林三七引『醜而蒙幸』下，有『遇不遇也』四字，與上文一律，諸本皆脱，當補。」庶按：王説是，據補。

命相章二十五

命者，生之本也〔一〕，相者，助命而成者也。命則有命，不形於形；相則有相，而形於形〔二〕。有命必有相，有相必有命；同稟於天，相須而成也。

人之命相，賢愚貴賤，脩短吉凶，制氣結胎受生之時。其真妙者，或感五星三光〔三〕，或應龍跡氣夢〔四〕，降及凡庶〔五〕，亦禀天命，皆屬星辰。其值吉宿則吉，值凶宿則凶。受氣之始，相命既定，卽鬼神不能改移〔六〕，而聖智不能迴也〔七〕。

華胥履大人之跡而生伏犧〔八〕，女樞感瑶光貫月而生顓頊〔九〕，慶都與赤龍合而生唐堯，握登見大虹而生虞舜〔一〇〕，脩紀見洞流星而生夏禹〔一一〕，夫都見白氣貫月而生殷湯〔一二〕，大任夢見長人而生文王〔一三〕，顔徵感黑帝而生孔子〔一四〕，劉媪感赤龍而生漢祖〔一五〕，薄姬感蒼龍而生文帝〔一六〕，微子感牽牛星，顔淵感中臺星，張良感弧星〔一七〕，樊噲感狼星，老子感火星〔一八〕。若此之類，皆聖賢受天瑞相而生者也。相者，或見肌骨〔一九〕，或見聲色〔二〇〕，賢愚貴賤，脩短吉凶，皆有表診。故五嶽崔嵬〔二一〕，有峻極之勢〔二二〕；四瀆皎潔，有川流之形〔二三〕；五色鬱然，有雲霞之觀；五聲鏗然，有鐘磬之音。善觀察者，猶風胡之别劍〔二四〕，孫陽之相馬〔二五〕，覽其機妙，不亦難乎？

伏犧日角〔二六〕，黄帝龍顔〔二七〕，帝嚳戴肩〔二八〕，顓頊駢骭〔二九〕，堯眉八彩〔三〇〕，舜目重瞳〔三一〕，禹耳三漏〔三二〕，湯臂二肘〔三三〕，文王四乳〔三四〕，武王齙齒〔三五〕，孔子反宇〔三六〕，顔回重瞳，皋陶鳥喙〔三七〕。若此之類，皆聖賢受天殊相而生者也。舜目重瞳，是至明之相，而項羽、王莽亦目重瞳子〔三八〕。越王勾踐長頸鳥喙〔三九〕，非善終之象，而夏禹亦長頸鳥喙〔四〇〕。王莽之重瞳，譬駑馬有驥之一毛，而不可謂之驥也〔四一〕；勾踐長頸鳥喙，猶蛇有龍之一鱗，而不可謂之龍也

〔四二〕。爰及衆庶，皆有診相。故穀子豐下，叔服知其有後〔四三〕；衞青方顙，黥徒明其富貴〔四四〕；亞夫縱理，許負見於餓死〔四五〕；羊石聲豺，叔姬鑒其滅族〔四六〕。命相吉凶，懸之於天。命當貧賤，雖富貴，猶有禍患〔四七〕；命當富貴，雖欲殺之，猶不能害。

夏孔甲畋於萯山〔四八〕，大風晦冥，入於人家。主人方乳，或占之曰：「后來而產〔四九〕，是子不詳〔五〇〕，終必有殃。」孔甲取之曰：「苟以爲余子，誰敢殃之？」子長析薪〔五一〕，斧斬其左足，遂爲大閽。孔甲曰：「嗚呼！有疾，命矣夫！」漢文以夢而寵鄧通〔五二〕，相者占通當貧餓死。帝曰：「能富在我，何謂貧乎〔五三〕？」與之銅山，專得治鑄。後假衣食，寄死人家〔五四〕。子文之生，妘子棄之，虎乃乳之，遂收養焉，卒爲楚相〔五五〕。槀離國王侍婢有娠〔五六〕，王欲殺之，婢曰：「氣從天來，故我有娠。」及子之產，捐猪圈中，猪以氣噓之，棄馬櫪中〔五七〕，馬復噓之，故得不死，卒爲夫餘之王。

故善惡之命，若從天墮，若從地出〔五八〕，不得以理數推，非可以智力要〔五九〕。今人不知命之有限，而妄覬於多貪〔六〇〕。命在於貧賤，而穿鑿求富貴；命在於短折，而臨危求長壽，皆惑之甚者也〔六一〕。

校釋

〔一〕楊明照曰：「法言問明篇：『或問命，曰：「命者，天之命也，非人爲也，人爲不爲命。」』」

〔二〕楊明照曰：「論衡命義篇：『故壽命修短皆稟於天，骨法善惡，皆見於體。』」

〔三〕「五星」原作「五行」，宋本、王謨本並作「五帝」。盧文弨曰：「『行』誤『帝』。」庶按：「五行」當作「五星」，下文「三光」、「龍跡」、「氣夢」俱有所指，此作「五星」，卽下文所言之「牽牛星」、「中臺星」、「弧星」、「狼星」、「火星」。文選班孟堅東都賦載其靈臺詩：「三光宣精，五行布序。」此作「五行」，疑傳鈔者據此而妄改，據改。

〔四〕「應」原作「感」，宋本、蔣以化本、程榮本、龍川鈔本、清謹軒鈔本並作「應」。盧文弨曰：「『應』，藏『感』。」庶按：「應」是，據改。遇不遇章：「命運應遇。」義與此可互參。

〔五〕「降及」原作「降生」，宋本、程榮本並作「降及」。楊明照曰：「『及』字是。論衡命義篇：『至於富貴所稟，猶性所稟之氣，得衆星之精。衆星在天，天有其象。得富貴象則富貴，得貧賤象則貧賤。』抱朴子辯問篇：『玉鈐云：「主命原由人之吉凶修短，於結胎受氣之日，皆上得列宿之精；其值聖宿則聖，值賢宿則賢，……值壽宿則壽，值僊宿則僊。」』」庶按：楊説是，據改。下文「爰及」二字，正承此「降及」而言。唯今本抱朴子作「玉鈐經主命原曰：人之吉凶，制在結胎受氣之日(下與楊氏引同)。」

〔六〕「改移」，宋本、程榮本並作「移改」。盧文弨曰：「『改移』二字俗倒。」

〔七〕抱朴子内篇塞難：「命之脩短，實由所值，受氣結胎，各有星宿。天道爲爲，任物自然，無親無疎，無彼無此也。命屬生星，則其人必好仙道，好仙道者，求之亦必得也。命屬死星，則其人亦不信仙道。不信仙道，則亦不自修其事也。所樂善否，判於所禀，移易予奪，非天所能。譬猶金石之消於爐冶，瓦器之甄於陶竈，雖由之以成形，而銅鐵之利鈍，罋罌之邪正，適遇所遭，非復爐竈之事也。」義與此可互參。

〔八〕楊明照曰：「詩含神霧（庶按：御覽七八引）：『大跡出雷澤，華胥履之，生宓犧。』」王叔岷曰：「御覽七八引（孝經）鉤命決：『華胥履跡，恠生皇犧。』一三五引河圖：『燧人之世，大跡出雷澤，華胥履之，生伏羲。』潛夫論五德志篇：『大人跡出雷澤，華胥履之，生伏羲。』帝王世紀：『燧人之世，有巨人跡，出於雷澤，華胥以足履之，有娠，生伏犧。』」

〔九〕「女樞」原作「女媧」，「月」原作「日」。孫楷第曰：「『女樞』，各本均誤作『女媧』，唯吉府本不誤。五帝本紀正義引河圖云：『瑤光如蜺貫月，正白，感女樞於幽房之宮，生顓頊。』潛夫論五德志：『瑤光如月正白，感女樞幽防之宮，生黑帝顓頊。』金樓子興王篇云：『金天氏之末，瑤光之星貫日如虹，感女樞於幽房之宮，生顓頊。』」楊明照曰：「詩含神霧：『瑤光如蜺，貫月正白，感女樞，生顓頊。』」王叔岷曰：「『貫日』作『貫月』是也。此文『日』亦『月』之誤。」庶按：諸說並是，據改。宋書符瑞志上：「帝顓頊高陽氏，母曰女樞，見瑤光之星，貫月如虹，感己於幽房之宮，生顓頊於若水。」

〔一〇〕原本「生」下無「唐堯握登見大虹而生虞」十字，宋本、程榮本於「生」下並有「唐堯握登見大虹而生虞」十字，據增。楊明照曰：「詩含神霧：『慶都與赤龍合昏，生赤帝伊祁堯也。』又『握登見大虹，意感而生舜於姚墟』。」王叔岷曰：「藝文類聚九八引春秋合誠圖：『赤龍與慶都合，有娠而生堯。』御覽一三五引河圖：『慶都與赤龍合，生帝伊堯。』潛夫論：『慶都與赤龍合婚，生伊堯。』淮南脩務篇高註：『赤龍與慶都合而生堯。』帝王世紀：『慶都，……爲帝嚳妃，出以觀河，遇赤龍，晻然陰風而感慶都，孕十四月而生堯於丹陵。』御覽一三五引河圖著命：『握登見大虹，意感生舜於姚墟。』潛夫論：『握登見大虹，意感生重華虞舜。』」庶按：淮南脩務篇高誘註：「堯母慶都，蓋天帝之女，寄伊長孺家，年二十無夫，出觀於河，有赤龍負圖而至，奄然陰雲，赤龍與慶都合，而生堯。」史記五帝本紀：「虞舜者，名曰重華，重華父曰瞽瞍。」正義：「瞽瞍姓嬀，妻曰握登，見大虹意感而生舜於姚墟，故姓姚，目重瞳子，故曰重華。」事又見論衡奇怪篇、恢國篇。

〔二一〕楊明照曰：「帝王世紀：『脩己山行，見流星貫昴，意感（庶按：叢書集成初編本於「意感」上有「夢接」二字。）慄然，又吞神珠薏苡，胸坼而生禹。』」王叔岷曰：「讀子隨識『己』作『紀』，無『洞』字。事文類聚前集十九引墨子：『脩己山行，見流星貫昴，意感慇然，胸坼而生禹。』御覽七引列星圖：『流星貫昴，脩紀感而生禹。』八二引尚書帝命驗：『脩紀山行，見流星，意感栗然，生姒戎文禹。』又引孝經鉤命決：『命星貫昴，脩紀夢接生禹。』一三五引河圖著命：『脩紀見流星，意感生帝文命戎禹。』」庶按：「洞」字疑衍。帝王世紀、御覽各卷載脩紀見流星事，俱無「洞」字。作「見流星」與上「見大虹」正相對。事又見論衡奇怪篇、恢國篇。

〔一二〕「夫」，孫評本、景四庫本並作「扶」。楊明照曰：「詩含神霧：『扶都見白氣貫月，感黑帝，生湯。』」王叔岷曰：「藝文類聚十二引春秋元命苞：『扶都感白氣而生湯。』御覽八三引河圖：『扶都見白氣貫月，感生黑帝湯。』潛夫論：『扶都見白氣貫月，意感生黑帝子履。』帝王世紀：『扶都見白氣貫月，意感，以乙日生湯，故名履，字天乙，是謂成湯。』」庶按：「夫」、「扶」古通。

〔一三〕「大任」，程榮本、清謹軒鈔本並作「太姙」。盧文弨曰：「『大任』，俗『太姙』。」楊明照曰：「金樓子興王篇：『周文王昌，狼星之精。母曰大任，夢長人感己，……生文王。』」王叔岷曰：「御覽八四引詩含神霧：『大任夢長人感己，生文王。』一三五引河圖著命：『太姙夢長人感己，生文王。』」

〔一四〕楊明照曰：「春秋演孔圖：『孔子母徵在，游於大澤之陂，睡夢黑帝請己。己往，夢交，語曰：「女乳必在空桑之中。」覺則若感，生邱於空桑之中。』」

〔一五〕王叔岷曰：「史記高祖本紀索隱、御覽一三六並引詩含神霧：『赤龍感女媪，劉季興。』」庶按：史記高祖本紀：「高祖……母曰劉媪。其先劉媪嘗息大澤之陂，夢與神遇，是時雷電晦冥，太公往視，則見蛟龍於其上，已而有身，遂產高祖。」事亦見論衡吉驗篇、初禀篇。

〔一六〕原本「漢祖」下無「薄姬感蒼龍而生文帝」九字，王謨本、景四庫本於「漢祖」下並有「薄姬感蒼龍而生文帝」九字，程榮本作夾行小字。楊明照曰：「此二句原奪，據各本補。」王叔岷曰：「此是否劉子之舊，未敢遽斷。」庶按：楊說是，據補。史記外戚世家：「漢王心慘然，憐薄姬，是日召而幸之，薄姬曰：『昨暮夜妾夢蒼龍據吾腹。』高帝曰：『此貴徵也，吾爲女遂成之。』一幸生男，是爲代王。」

〔一七〕「弧」原作「狐」，子彙本、龍溪本並作「弧」。　盧文弨曰：「『弧』誤『狐』。」　庶按：盧説是，據改。弧星九，位於天狼星東南，因形似弓，故名。

〔一八〕王叔岷曰：「此句似當在『顔淵感中臺星』句上。」　庶按：自微子至老子感星之事，不見所出，待考。

〔一九〕「肌」原作「飢」，宋本、明鈔本、景道藏本、子彙本、吉府本、程榮本、龍川鈔本並作「肌」，是，據改。

〔二〇〕王叔岷曰：「論衡骨相篇：『相或在内，或在外，或在形體，或在聲氣。』潛夫論相列篇：『人之相法，或在面部，或在手足，或在行步，或在聲響。』」

〔二一〕王叔岷曰：「喻林八引『嵬』作『巍』。」　楚辭七諫初放：「高山崔巍兮。」

〔二二〕風俗通義山澤篇：「東方泰山，詩云：『泰山巖巖，魯邦所瞻。』尊曰岱宗，岱者，長也，萬物之始，陰陽交代，雲觸石而出，膚寸而合，不崇朝而徧雨天下，其惟泰山乎！故爲五嶽之長。王者受命易姓，改制應天，功成封禪，以告天地。孔子曰：『封泰山，禪梁父，可得而數，七十有二。』岱宗廟在博縣西北三十里，山虞長守之。十月曰合凍，臘月曰涸凍，正月曰解凍，皆太守自侍祠，若有穢疾，代行事，法七十萬五千三牲，燔柴，上福脯三十朐，縣次傳送京師。四嶽皆同王禮。南方衡山，一名霍山，霍者，萬物盛長，垂枝布葉，霍然而大。廟在廬江灊縣。西方崋山，崋者，華也，萬物滋熟，變華於西方也。廟在弘農華陰縣。北方恒山，恒者，常也，萬物伏藏於北方有常也。廟在中山上曲陽縣。中央曰嵩高，嵩者，高也，詩云：『嵩高惟嶽，峻極於天。』廟在潁川陽城縣。」詩大雅崧高：「崧高維嶽，駿極於天。」

〔二三〕爾雅釋水：「江、河、淮、濟爲四瀆。四瀆者，發源注海也。」白虎通巡狩篇：「謂之瀆何？瀆者，濁也，中國垢濁，發源東注海，其功著大，故稱瀆也。」水經五河水：「（河水）又東北流逕四瀆津。津西側岸臨河有四瀆祠，東對四瀆口，河水東分濟，亦曰濟水，受河也。然滎口石門水斷不通，始自是出，東北流逕九里，與清水合。故濟瀆也，自河入濟入淮，自淮達江，故有四瀆之名也。」風俗通義山澤篇：「河出敦煌塞外崑崙山，發源注海。易：『河出圖，聖人則之。』禹貢：『九河既道。』詩曰：『河水洋洋。』廟在河南滎陽縣。河隄謁者掌四瀆，禮祠與五嶽同。江出蜀郡湔氐徼外岷山，入海。詩云：『江、漢陶陶。』禹貢：『江、漢朝宗于海。』廟在廣陵江都縣。淮出南陽平氏桐柏大復山東南，入海。禹貢：『海、岱及淮，淮、沂其乂。』詩云：『淮水湯湯。』廟在平氏縣。濟出常山房子贊皇山，東入沮。禹貢：『浮于汶，達于濟。』廟在東郡臨邑縣。」

〔二四〕袁註：「風胡是秦時別劒人也。」「劒」，宋本、程榮本並作「刃」。盧文弨曰：「『劒』，俗『刃』。」庶按：風胡，春秋時人，善識劍。越絕書卷十一外傳記寶劍篇：「……楚王見此三劍之精神，大悅風胡子，問之曰：『此三劍何物所象？其名爲何？』風胡子對曰：『一曰龍淵，二曰泰阿，三曰工布。』楚王曰：『何謂龍淵、泰阿、工布？』風胡子對曰：『欲知龍淵，觀其狀，如登高山，臨深淵；欲知泰阿，觀其鈲，巍巍翼翼，如流水之波；欲知工布，鈲從文起，至脊而止，如珠不可衽，文若流水不絕。』」事亦見吳越春秋闔閭内傳。

〔三五〕袁註：「孫陽卽伯樂，善能相馬者也。」

〔三六〕「日」原作「曰」，宋本、明鈔本、景道藏本、子彙本、吉府本、程榮本、龍川鈔本並作「日」。楊明照曰：「原(指舊合字本)作『曰』，據各本改。」庶按：楊説是，據改。「日角」，謂額骨中央突起，形狀似日，舊以爲大貴之相。

〔三七〕「龍顔」，謂眉骨突出，如傳言龍之貌。御覽七九引春秋元命苞：「黄帝龍顔。」

〔三八〕孫楷第曰：「『戴肩』當作『戴干』。今作『肩』者，古『肩』字讀如『干』，淺學者不知『戴干』之義，因以同音字易之也。白虎通聖人篇云：『顓頊戴干，是謂清明，發節移度，蓋象招摇。』論衡骨相篇云：『顓頊戴干。』(今本白虎通、論衡『干』字俱誤作『午』。)潛夫論五德志云：『帝嚳代顓頊氏，其相戴干。』御覽八十引春秋元命苞云：『帝嚳戴干，是謂清明，發節移度，蓋像招摇。』作『顓頊』、『帝嚳』不同，蓋相傳有二説。汪繼培註潛夫論引王紹蘭云：『元命苞言厥象招摇，則「干」當作「斗」，字形相涉而誤。戴斗者，頂方如斗也。』案：王説殊誤。五帝本紀黄帝章正義引河圖云：『瑶光如蜺貫月，正白，感女樞於幽房之宮，生顓頊。首戴干戈，有德文也。』宋書符瑞志亦云：『女樞生顓頊於若水，首戴干戈，有聖德。』是干者干戈。天官書云：『杓端有兩星，一内爲矛招摇，一外爲盾天鋒。』集解引孟康曰：『招摇爲天矛。』索隱引詩汜歷樞云：『梗河中招摇爲胡兵。』

開元占經石氏中官占引黃帝占曰：『招搖爲矛。』然則像招搖者，取其同類，何得據以其說而謂之戴斗乎？論衡講瑞篇云：『以麞戴角，則謂之騏驎。戴角之相，猶戴干也。顓頊戴干，堯、舜未必然。今魯所獲麟戴角，即後所見麟，未必戴角也。』仲任意蓋亦以干爲干戈。帝嚳戴干，猶帝堯荷勝，古人傳說如此，不足怪也。」楊明照曰：「春秋演孔圖：『顓帝戴干，是謂崇仁；帝嚳戴干，是謂清明。』」王叔岷曰：「『帝嚳戴肩』，以『黃帝龍顏』、『臯陶鳥喙』例之，『戴』疑『䳒』之誤。『䳒肩』即『鳶肩』。御覽三六九引莊子：『盧敖見若士，深目鳶肩。』與此作『䳒肩』同例。因『䳒』誤爲『戴』，『肩』或作『干』（『干』亦借爲『啓』），遂附會爲『首戴干戈耳。然其傳說已久，姑存疑焉。偶檢劉盼遂論衡集解骨相篇引吳承仕說，亦以『戴』爲『䳒』之誤。」庶按：蔣以化本、景四庫本並作「鳶肩」。

〔二九〕王叔岷曰：「廣韻去聲四：『骭，脅也。』御覽七九引春秋元命苞：『顓頊併幹。』」庶按：「骿骭」，謂肋骨相連如一骨。

〔三〇〕王叔岷曰：「淮南脩務篇：『堯眉八彩。』……尚書大傳略說：『堯八眉。』」庶按：抱朴子內篇祛惑：「世云堯眉八采，不然也，直兩眉頭甚豎，似八字耳。」

〔三一〕楊明照曰：「白虎通聖人篇：『傳曰：「伏犧禄衡連珠，唯大鼻龍伏，作易八卦以應樞；黃帝顏得天匡陽，上法中宿，取象文昌；顓頊戴干，是謂清明；帝嚳駢齒，上法月參；堯眉八彩，是謂通明；舜重瞳子，是謂玄景。」』」庶按：淮南脩務篇：「舜二瞳子，是謂重明。」高誘註：「言能知人舉十六相。」荀子非相篇：「堯、舜參眸子。」楊倞註：「參眸子謂有二瞳之相參也。」

〔三二〕楊明照曰：「白虎通聖人篇：『禮曰：「禹耳三漏，是謂大通；皋陶鳥喙，是謂至誠；湯臂三（王叔岷謂御覽三六九引作「二」）肘，是謂柳翼；文王四乳，是謂至仁；武王望羊，是謂攝揚；孔子反宇，是謂尼甫。」聖人所以能獨見前覩，與神道精者，蓋皆天所生也。』」王叔岷曰：「淮南脩務篇：『禹耳參漏，是謂大通。』」庶按：脩務篇高誘註：「參，三也，漏，穴也。大通，天下擢下滯之物。」

〔三三〕楊明照曰：「論衡骨相篇：『湯臂再肘。』」王叔岷曰：「路史前紀六史皇氏紀註引春秋演孔圖及春秋元命苞：『湯臂二肘，是謂柳翌。』」

〔三四〕王叔岷曰：「御覽八四引春秋元命苞：『文王四乳，是謂含良。』四一九引尸子：『文王四乳，是謂至仁。』淮南脩務篇：『文王四乳，是謂大仁。』」庶按：脩務篇高誘註：「乳所以養人，故曰大仁也。」

〔三五〕王叔岷曰：「御覽八四引春秋元命苞：『武王駢齒，是謂剛强。』」庶按：「駢齒」，謂牙齒相連如一齒。

〔三六〕王叔岷曰：「論衡骨相篇：『傳言：「黃帝龍顏，顓頊戴干，帝嚳駢齒，堯眉八采，舜目重瞳，禹耳三漏，湯臂再肘，文王四乳，……皋陶馬口，孔子反羽。」』」庶按：「反宇」，謂頭頂中央凹，四圍高，如反轉之屋頂。白虎通卷九：「孔子首類丘山，故名爲丘。」彼「丘山」與此「反宇」義可互參。

〔三七〕王叔岷曰：「此句似當在『湯臂二肘』句上。淮南脩務篇：『皐陶馬喙，是謂至信。』論衡講瑞篇：『皐陶馬口。』」庶按：脩務篇高誘註：「喙若馬口，出言皆不虛，故曰至信。」

〔三八〕楊明照曰：「史記項羽本紀贊：『太史公曰：「吾聞之周生曰：『舜目蓋重瞳子。』又聞項羽亦重瞳子」。』論衡講瑞篇：『虞舜重瞳，王莽亦重瞳。』」王叔岷曰：「論衡骨相篇：『項羽重瞳，云虞舜之後。』」

〔三九〕楊明照曰：「史記越王勾踐世家：『范蠡遺大夫種書曰：「越王爲人，長頸鳥喙。」』」

〔四〇〕原本「夏禹」上無「而」字。王叔岷曰：「程榮本『夏禹』上有『而』字，與上文句法一律。」楊明照曰：「尸子君治篇：『禹長頸鳥喙。』」庶按：王説是，據補，景四庫本「夏禹」上亦有「而」字。

〔四一〕楊明照曰：「曹植相論：『是以堯眉八采，……文王四乳；然則世亦有四乳者，此則駑馬一毛似驥耳。』」

〔四二〕原本「勾踐」作「禹之」，「蛇」作「龍」，兩「龍」作「蛇」，程榮本、景四庫本作「勾踐長頸鳥喙，猶虵有龍之一鱗而不可謂之龍也」。盧文弨曰：「『禹』，俗作『句踐』，『龍』，俗作『虵』，兩『蛇』字，俗並作『龍』。」庶按：程榮本等是，據改。

〔四三〕袁註：「穀子，曾君之子也，穀姓也。初生兑上豐下。叔興善相，占之此人有相，後果王於魯。兑與豐，周易卦也。」「叔服」原作「叔興」。孫楷第曰：「『叔興』當作『叔服』。文元年傳云：『王使内史叔服來會葬。公孫敖聞其能相人也，見其二子焉。叔服曰：「穀也食子，難也收子。穀也豐下，必有後於魯國。」』周有内史叔興，見僖十六年及二十八年傳，與此無涉。此與下文羊鮒聲豺，疑皆行文之誤。晝亦宿儒，通服氏春秋，不應疏忽若是，殆後人傳寫致誤耳。」庶按：孫説是，據改。袁註隨文附會，不可據。

〔四四〕袁註：「衞青父與公主家婢私通生青，後長成，公主家自官大奴之，見欺於衞青，令共黑（庶按：「黑」疑「黥」之訛。）奴牧馬。黥謂青曰：『汝額方，應貴。』青曰：『今爲奴僕，有何貴乎？』後善騎射。漢家欲滅匈奴，青乃應募，征討匈奴有功，漢封爲大將軍，建幕府。」庶按：「額」乃「稽顙」之簡稱，猶言出身低賤。史記衞將軍驃騎列傳：「大將軍衞青者，平陽人也。其父鄭季，爲吏，給事平陽侯家，與侯妾衞媪通，生青，……青爲侯家人，少時歸其父，其父使牧羊，……青嘗從入至甘泉居室，有一鉗徒相青曰：『貴人也，官至封侯。』青笑曰：『人奴之生，得毋笞罵即足矣，安得封侯事乎？』」

〔四五〕袁註：「亞夫姓周，名亞夫，是周勃第三子也，爲細柳將軍。許負相之曰：『縱理入口，後主饑死。』亞夫後坐事，在獄七日，不食而死，如許負之言也。」「於」，宋本、程榮本並作「其」。「餓」原作「饑」，宋本、明鈔本、景道藏本、子彙本、吉府本、程榮本、龍川鈔本並作「餓」。楊明照曰：「『餓』、『其』二字並是。」庶按：「於」猶「其」也，「饑」乃「餓」之訛，據改。史記絳侯周勃世家：「條侯亞夫自未侯爲河内守時，許負相之，曰：『君後三歲而侯。侯八歲爲將相，持國秉，貴重矣，於人臣無兩。其後九歲而君餓死。』亞夫笑曰：『臣之兄已代父侯矣，如有卒，子當代，亞夫何説侯乎？

然既已貴如負言，又何說餓死？指示我。』許負指其口曰：『有從理入口，此餓死法也。』」索隱：「應劭云：『負，河内温人，老嫗也。』從理，横理。」袁註作「饑死」，乃承其所據本而誤。

袁註：「羊鮒者，爲晉大夫。初生之時，其祖母叔姬欲往看，聲（庶按：「聲」字疑衍。）小兒啼作豺聲，姬曰：『此子豺聲必當滅族。』遂迴不看。至長，果大亂晉。夏五月被晉殺之，盡滅其族也。」

〔四六〕孫楷第曰：「『羊鮒』當作『楊石』。鮒字叔魚，叔向之弟。平丘之會，求貨於衛。晉邢侯與雍子爭田，雍子納其女子叔魚，叔魚蔽罪邢侯，爲邢侯所殺。仲尼所謂『三數叔魚之惡不爲末減』者也。楊石卽楊食我，字伯石，叔嚮之子。（昭二十八年傳註、晉語註並云：『楊叔，嚮邑。』是食我以父邑爲姓。論衡作『羊舌食我』。據其本姓稱之也。）昭二十八年傳云：『晉殺祁盈及楊食我。食我，祁盈之黨也，而助亂，故殺之。遂滅祁氏、羊舌氏。初，伯石始生，子容之母，（杜註云：『子容母，叔嚮嫂、伯華妻也。』）走謁諸姑。曰：「長叔姒生男。」姑視之，及堂，聞其聲而還。曰：「是豺狼之聲也。狼子野心，非是莫滅羊舌氏矣。」遂勿視。』晉語文略同，論衡本性篇亦載此事，作『羊舌食我初生之時，叔姬視之』。劉子文作『羊鮒』，蓋以晉語有『叔魚生，其母視之，曰：「是虎目而豕喙，鳶肩而牛腹，必以賄死。」遂不視』之語。本書下文卽楊食我事，因混二事爲一，以食我事屬之叔魚耳。」「羊石」原作「羊鮒」。王叔岷曰：「『羊鮒』，疑本作『羊石』，卽『羊舌石』，亦卽論衡本性篇所稱『羊舌食我』也。（本篇取材，多參照論衡。）今本作『羊鮒』者，蓋淺人不知『羊石』卽『羊舌食我』而妄改耳。」庶按，王說是，據改。潛夫論相列篇：「叔姬惡食我。」

「叔姬」，叔嚮母。

〔四七〕原本「貴」上無「富」字，宋本、程榮本於「貴」上並有「富」字。楊明照曰：「『富』字當有，『貴』下疑奪『之』字。論衡命禄篇：『命當貧賤，雖富貴之，猶涉禍患矣；命當富貴，雖貧賤之，猶逢福善矣。』」庶按：楊氏補「富」字，是，據補。唯「之」字不當有，此與論衡文小異，不必强同。

〔四八〕「萯」原作「箕」。楊明照曰：「『箕』當作『萯』。」庶按：楊説是，據改。

〔四九〕「后」原作「後」，奇賞本、王謨本並作「后」。盧文弨曰：「『后』誤『後』。」陳昌濟説同。楊明照曰：「前後字古多假后爲之，故因致誤。」庶按：諸説並是，據改。

〔五〇〕「詳」，宋本、程榮本、景四庫本並作「勝」，明鈔本、景道藏本、子彙本、吉府本、龍川鈔本、孫評本並作「祥」。楊明照曰：「作『勝』與吕氏春秋合，『詳』蓋『祥』之誤。……事見吕子音初，前辯樂篇已具，兹不復贅。竹書紀年上：『夏帝孔甲三年，畋於萯山。』即其事。」王叔岷曰：「論衡、古今樂録『祥』亦作『勝』。舊合字本作『詳』，『祥』、『詳』古通，非誤字。」庶按：王説是。

〔五一〕「析」原作「拆」，宋本、明鈔本、景道藏本、子彙本、吉府本、何允中本、龍川鈔本並作「析」，是，據改。

〔五二〕袁註：「文帝夢見落井而得鄧通救之，後蒙加以寵用。」庶按：史記佞幸列傳：「鄧通，蜀郡南安人也，以濯船爲黄頭郎。孝文帝夢欲上天不能，有一黄頭郎從後推之上天，顧見其衣裻帶後穿。覺而之漸臺，以夢中陰目求推者郎，即見鄧通，其衣後穿，夢中所見也。召問其名姓，姓鄧氏，名通。文帝説焉，尊幸之日異。通亦愿謹，不好外交，雖賜洗沐，不欲出。於是文帝賞賜通巨萬以十數，官至上大夫。」袁註蓋别有所本歟？

〔五三〕「餓」原作「饑」，宋本、明鈔本、景道藏本、子彙本、程榮本、龍川鈔本並作「餓」，據改。楊明照曰：「『餓』字是。」孫楷第曰：「『占』當作『相』，『能富』下奪『通者』二字。史記佞幸列傳云：『上使善相者相通。曰：「當貧餓死。」文帝曰：「能富通者在我也，何謂貧乎？」』漢書云：『上使善相人者相通，曰：「當貧餓死。」』一曰：「能富通者在我，何能貧？」』」王叔岷曰：「『占』，史記、漢書並作『相』，『占』、『相』義通，無煩改字。周禮地官大司徒：『以相民宅，而知其利害。』鄭註：『相，占視也。』即其證。『能富在我』文義已明，亦不必從史記、漢書於『能富』下補『通者』二字，……金樓子雜記篇下：『昔鄧通從理入口，相者曰：「必餓死。」漢文帝曰：「能富通者，我也。」賜以銅山，其後果餓死。』」

〔五四〕原本「寄」下無「死」字，宋本、明鈔本、景道藏本、子彙本、吉府本、程榮本、龍川鈔本於「寄」下並有「死」字。楊明照曰：「『死』字亦當有。」庶按：楊説是，據補。史記佞幸列傳：「於是賜鄧通蜀嚴道銅山，得自鑄錢，……及文帝崩，景帝立，鄧通免，家居。居無何，人有告鄧通盜出徼外鑄錢。下吏驗問，頗有之，遂竟案，盡没入鄧通家，尚負責數巨萬。長公主賜鄧通，吏輒隨没入之，一簪不得著身。於是長公主乃令假衣食。竟不得名一錢，寄死人家。」

〔五五〕袁註：「妘本是祝融之後，不知姓也。子文卽是鬬伯比之子也。伯比父早亡，隨母歸在舅姑之家。後長大，乃姦妘子之女，生子文。其妘子妻耻女不嫁而生子，乃棄於山中。妘子游獵見虎乳一小兒，歸與妻説。妻曰：『此是我女與伯比私通生此小兒，我耻之，送於山中。』妘子乃迎歸養之，配其女將與伯比。楚人呼子文爲之穀烏菟，仕至楚相也。」楊明照曰：「左宣四年傳：『初，若敖娶於䢵，生鬬伯比。若敖卒，從其母畜於䢵，淫於䢵子之女，生子文焉；䢵夫人使棄諸夢中，虎乳之……遂使收之。……以其女妻伯比，實爲令尹子文。』」

〔五六〕「有」原作「在」，宋本、明鈔本、景道藏本、子彙本、吉府本、程榮本、龍川鈔本並作「有」。「槖」原作「褒」。楊明照曰：「『褒』當作『槖』，『有』字是。論衡吉驗篇：『北夷槖離（御覽三四七引魏要略同，後漢書東夷傳作『索』，註云：『或作槖。』法苑珠林歸信篇作『槀』。魏志東夷傳註引魏要略作『槖』，類聚九、白孔六貼九引論衡作『高離』，當並是『槖』之誤。）國王侍婢有娠，王欲殺之，婢對曰：「有氣大如鷄子，從天而下我，故有娠。」後產子，捐於猪溷中，猪以口氣噓之，不死；後置馬欄中，欲使馬藉殺之，馬復以口氣噓之，不死。王疑以爲天子，令其母收取奴畜之，後都王夫餘，故北夷有夫餘國焉。』」庶按：楊説是，據改。

〔五七〕「馬」原作「於」，宋本、明鈔本、景道藏本、子彙本、吉府本、程榮本、龍川鈔本並作「馬」。楊明照曰：「『馬』字是。」庶按：楊説是，據改。

〔五八〕原本兩「從」作「此」，宋本、明鈔本、景道藏本、子彙本、吉府本、程榮本、龍川鈔本兩「此」字並作「從」。林其錟曰：「『從』字是。」庶按：林説是，據改。

〔五九〕楊明照曰：「漢書敍傳：『不可以智力求也。』」

〔六〇〕「多貧」，宋本、程榮本並作「分貧」。盧文弨曰：「『多貧』，俗『分貧』。」庶按：「多貧」是。

〔六一〕楊明照曰：「鄧析子無厚篇：『死生有命，貧賤自時。怨夭折者，不知命也；怨貧賤者，不知時也。』」原本「也」上無「者」字。庶按：程榮本「也」上有「者」字，是，據增。

劉子校釋卷之六

妄瑕章二十六

天道混然無形，寂然無聲。視之不見，聽之不聞。非可以影響求，不得以毁譽稱也〔一〕。降此以往〔二〕，則事不雙美，名不並盛矣。雖天地之大〔三〕，三光之明〔四〕，聖賢之智，猶未免乎訾也。故天有拆之象〔五〕，地有裂之形，日月有薄蝕之變〔六〕，五星有孛彗之妖〔七〕；堯有不慈之誹，舜有卑父之謗，湯有放君之稱，武有殺主之譏〔八〕，齊桓有貪淫之目〔九〕，晉文有不臣之聲〔一〇〕，伊尹有誣君之迹〔一一〕，管仲有僭上之名〔一二〕。以夫二儀七曜之靈〔一三〕，不能無虧沴；堯、舜、湯、武之聖，不能免於誹謗〔一四〕；桓、文、伊、管之賢〔一五〕，不能無纖瑕之過。由此觀之，宇宙庸流〔一六〕，奚能自免於怨謗而無悔吝耶？

是以荆岫之玉，必含纖瑕〔一七〕；驪龍之珠，亦有微纇〔一八〕。然馳光於千里〔一九〕，飛價於侯王者，以小惡不足以傷其大美者也〔二〇〕。今志人之細短〔二一〕，忘人之所長，以此招賢，是書空而尋跡，披水而覓路〔二二〕，不可得也。定國之臣亦有細短，人主所以不棄之者，不以小妨大也。以小掩大，非求士之謂也。伊尹，夏之庖廚；傅説，殷之胥靡〔二三〕；百里奚，虞之亡虜〔二四〕；段干木，魏之大駔〔二五〕。此四子者，非不賢也，而其迹不免污也。名不兩盛，事不俱美。昔魏文侯問於李克曰〔二六〕：「吴起何如人也〔二七〕？」克對曰：「起貪而好色，然其善用兵，司馬穰苴不能過也。」乃以爲將，拔秦五城，北滅燕、趙，蓋起之力也〔二八〕。魏無知薦陳平於漢王，或人讒之曰：「平雖美丈夫〔二九〕，如冠玉耳，其中未必有可用也。且聞盗嫂而受金〔三〇〕。」王乃踈平，讓無知。無知曰：「臣進奇謀之士，誠足以利國耳。且其小過，豈妨公家之大務哉！」乃擢爲護軍，得施其策〔三一〕。故范增疽發死而楚國亡〔三二〕，鬬氏開陣而漢軍全者〔三三〕，平之謀也。高祖棄陳平之小譽〔三四〕，採六奇之大謀〔三五〕；文侯舍吴起之小失〔三六〕，而取五城之大功。嚮使二主以其小過，棄彼良材，則魏國之存亡不可知，而漢、楚之雄雌未可決也。而吴起必埋名於貪婬〔三七〕，陳平陷身於賄盗矣〔三八〕。

俗之觀士者，見其威儀屑屑〔三九〕，好行細潔，乃謂之英彦〔四〇〕；士有大趣，不修容儀，不惜小儉〔四一〕，而謂之棄人。是見朱橘一子蠹，因剪樹而棄之；覩縟錦一寸點，乃全匹而燔之。

齊桓深知甯戚，將任之以政。群臣争讒之曰：「甯戚衞人，去齊不遠，君可使人問之；若果真賢，用之未晚也。」公曰：「不然。患其有小惡者，以人之小惡忘其大美〔四二〕，此世所以失天下之士也〔四三〕。」乃夜舉火而爵之，以爲卿相，九合諸侯，一匡天下，桓公可謂善求士矣〔四四〕。故仲尼見人一善而忘其百非〔四五〕，鮑叔聞人一過而終身不忘〔四六〕。夫子如斯之弘，鮑叔如斯之隘也。以是觀之，聖哲之量相去遠矣。

牛躅之涔〔四七〕，不生魴鱮；巢幕之窠，不容鵠卵；崇山廓澤，不辭污穢；佐世良材〔四八〕，不拘細行。何者？量小不足以包大形，器大無分小瑕也〔四九〕。人之情性，皆有細短，若其大略是也，雖有小過，不足以爲累；若其大略非也〔五〇〕，雖有衡門小操〔五一〕，未足與論大謀。樊、灌，屠販之竪〔五二〕；蕭、曹，斗筲之吏〔五三〕；英布，刑墨之隸〔五四〕；周勃，俳優之任〔五五〕。其行皆中律，其質則將相才也。景陽，郢中之大淫也〔五六〕，而威諸侯；顔濁鄒，梁父之大盜也，而齊爲勳臣〔五七〕。此皆有所短，然而功名不朽者，大略得也。袁精目、鮑焦，厲節抗行〔五八〕，不食非義之食，乃餓而死，不能立功拯溺者〔五九〕，小節申而大略屈也〔六〇〕。伯夷、叔齊，冰清玉潔，義不爲孤竹之嗣〔六一〕，不食周粟，餓死首陽〔六二〕。楊朱，全身養性，去脛之一毛，以利天下，則不爲也〔六三〕。若此二子〔六四〕，德非不茂，行非不高，亦能安治代紊〔六五〕，蹈白刃而達功名乎〔六六〕？此可以爲百代之鎔軌〔六七〕，不可居伊、管之任也〔六八〕。

校釋

〔一〕「天」，宋本、程榮本、龍川鈔本、別解本並作「大」。原本「嚮」下無「求」字，子彙本、吉府本、何允中本、龍溪本於「嚮」下並有「求」字。楊明照曰：「『大』字是，『求』字亦當有。文子精誠篇：『老子曰：「大道無爲，無爲即無有，無有者，不居也；不居者，即處而無形；無形者，不動；不動者，無言也；無言者，即静而無聲。無形者，視之不見；無聲者，聽之不聞。是謂微妙，是謂至神。」』呂氏春秋大樂篇：『道也者，視之不見，聽之不聞，不可爲狀。』」王叔岷曰：「莊子知北遊篇：『道不可聞，聞而非也。道不可見，見而非也。』淮南俶真篇：『視之不見其形，聽之不聞其聲。』文子道原篇：『視之不見，聽之不聞。』上德篇：『道以無有爲體，視之不見其形，聽之不聞其聲。』」庶按：「天道」猶言「大道」。論衡亂龍篇：「鯨魚死，彗星出，天道自然，非人事也。」此作「天道」於義自通，可不必改。楊氏補「求」字，是，據補。

〔二〕「降此以往」，猶言除此而外。

〔三〕王叔岷曰：「莊子達生篇：『雖天地之大。』」

〔四〕楊明照曰：「淮南原道篇高註：『三光，日、月、星。』」

〔五〕「拆」蓋「坼」之借字，與下文「裂」乃换文避複。

〔六〕王叔岷曰：「淮南精神篇：『日月失其行，薄蝕無光。』高誘註：『薄者，迫也。』史記天官書：『日月薄蝕。』集解引韋昭註：『氣往迫之爲薄，虧毁爲蝕。』」庶按：文選謝宣遠張子房詩註：「京房易飛候曰：『凡日蝕皆於晦朔，不於晦朔蝕者名曰薄。』」漢書天文志：「日月薄蝕。」師古註曰：「日月無光曰薄。京房易傳曰：『日月赤黄爲薄。』或曰『不交而食曰薄』。」

〔七〕王叔岷曰：「公羊昭十七年傳：『孛者何？彗星也。』漢書文帝紀文穎註：『孛、彗……其形象小異，孛星光芒短，其光四出，蓬蓬孛孛也。彗星光芒長，參差如埽彗。』」

〔八〕原本「卑」作「囚」。楊明照曰：「莊子盜跖篇：『堯不慈，舜不孝，禹偏枯，湯放其主，武王伐紂。』呂氏春秋當務篇：『堯有不慈之名，舜有不孝之行，禹有淫湎之意，湯、武有放殺之事。』又按『囚』字疑爲『卑』之殘誤。呂子舉難篇：『舜以卑父之號。』淮南氾論篇：『舜有卑父之謗。』高註：『謂瞽瞍降在庶人也。』蓋其誼也。」王叔岷曰：「莊子盜跖篇：『堯殺長子，舜流母弟，疏戚有倫乎？湯放桀，武王殺紂，貴賤有義乎？』鶡冠子世兵篇：『舜有不孝，堯有不慈。』越絕吳內傳：『堯有不慈之名，……舜有不孝之行。』王逸楚辭九辯註：『言堯有不慈之過，以其不傳丹朱也。舜有卑父之謗，以其不立瞽瞍也。』」庶按：楊說是，據改。越絕書卷三：「堯太子丹朱倨驕，懷禽獸之心，堯知不可用，退丹朱而以天下傳舜，此謂堯有不慈之名。」呂氏春秋當務篇高誘註：「成湯放桀於南巢。」

〔九〕楊明照曰：「左僖十七年傳：『齊侯好內，多內寵，內嬖如婦人者六人。』」庶按：管子小匡篇：「（桓公謂管仲曰）寡人有污行，不幸而好色，而姑姊有不嫁者。」荀子仲尼篇：「齊桓，五伯之盛者也，……內行則姑姊妹之不嫁者七人。」公羊莊二十七年傳何休註：「齊侯亦淫諸姑姊妹，不嫁者七人。」新語無爲篇：「齊桓公好婦人之色，妻姑姊妹，而國中多淫於骨肉。」論衡書虛篇：「夫桓公大朝之時，負婦人於背，……或曰：管仲告諸侯：『吾君背有疽創，不得婦人，瘡不衰愈。』」

〔一〇〕楊明照曰：「左僖二十五年傳：『晉侯朝王，王饗醴，命之宥。請隧，弗許，曰：「王章也！未有代德，而有二王，亦叔父之所惡也。』」

〔一一〕楊明照曰：「呂氏春秋慎大覽：『湯乃惕懼，憂天下之不寧，欲令伊尹往視曠夏，恐其不信，湯由親自射伊尹。伊尹奔夏，三年，反報於亳，曰：「桀迷惑於末嬉，好彼琬琰，不恤其衆，衆志不堪，上下相疾，民心積怨，皆曰：上天弗恤，夏命其卒。」湯謂伊尹曰：「若告我曠夏盡如詩。」』」

〔一二〕「僭」，宋本、程榮本、別解本並作「愆」。盧文弨曰：「『僭』誤『愆』。」楊明照曰：「論語八佾篇：『邦君樹塞門，管氏亦樹塞門，邦君爲兩君之好，有反坫，管氏亦有反坫。管氏而知禮，孰不知禮。』」王叔岷曰：「史記管晏列傳：『管仲富擬於公室，有三歸、反坫。』」

〔一三〕「曜」，程榮本、景四庫本並作「耀」。盧文弨曰：「『曜』，俗『耀』。」

〔一四〕「誹」原作「嫌」，龍川鈔本作「誹」，是，據改。此承上文「不慈之誹」、「卑父之謗」而言。

〔一五〕「桓文」原作「桓公」，程榮本、別解本並作「桓文」。王叔岷曰：「作『桓文』，承上文「齊桓」、「晉文」而言，是也。」庶按：王説是，據改。

〔一六〕「庸」原作「儒」，宋本、程榮本、別解本並作「庸」。盧文弨曰：「『儒』誤『庸』。」楊明照曰：「『庸』字是。『儒』蓋『傭』之誤。」庶按：楊説是，據改。「庸流」乃古之常語。本書知人章：「士之翳也，知己未顧，亦與傭流雜處。」

〔一七〕「含」原作「舍」，宋本、明鈔本、景道藏本、子彙本、吉府本、程榮本、龍川鈔本並作「含」，是，據改。

〔一八〕袁註：「海中龍王頷下有明月之珠。其龍在之重困下。嘗有近海之人，有一小兒過值龍道，得入龍宮中，有值龍睡，偷於頷下取得明月珠，將出，天下無價。由有微類（庶按：「纇」之訛），海人恐兒覔入九重淵，被龍毒之，乃呼兒，對面，以明月珠撲碎之也。」「纇」原作「類」，宋本、明鈔本、景道藏本、子彙本、吉府本、程榮本、龍川鈔本並作「纇」。楊明照曰：「淮南氾論篇：『夫夏后氏之璜，不能無考；明月之珠，不能無纇。然而天下寶之者何也？其小惡不足妨大美也。』」王叔岷曰：「莊子列禦寇篇：『夫千金之珠，必在九重之淵，而驪龍頷下。』文選劉孝標辯命論：『或曰：「明月之珠，不能無纇；夏后之璜，不能無考。」』註引淮南（氾論篇）高誘註：『考，不平也。纇，瑕也。』」庶按：「類」乃「纇」之訛，據改。袁註以傳說附會，非。

〔一九〕「千里」原作「千載」，程榮本、類纂本、別解本並作「千里」，是，當據改。說苑尊賢篇：「夫珠玉無足，去此數千里而所以能來者，人好之也。」

〔二〇〕原本「足」下無「以」字，宋本、程榮本、龍川鈔本、類纂本於「足」下並有「以」字，是，據增。

〔二一〕原本「志」作「忌」。孫楷第曰：「楊先生云：『忌當爲志。』案：淮南子氾論訓云：『今志人之所短，而忘人之所修，而求得賢乎天下，則難矣。』正作『志』。」庶按：孫説是，據改。呂氏春秋貴當篇高誘註：「志，古記也。」

〔二二〕「書」，宋本、程榮本並作「畫」，「覔」，覆宋本、程榮本、別解本並作「見」。盧文弨曰：「『書』，俗『畫』，『覔』，俗『見』。」王叔岷曰：「世説新語黜免篇：『殷中軍被廢，在信安，終日恒書空作字。』

又見晉書殷浩傳。」　庶按：「書空」蓋六朝常語。

〔二三〕楊明照曰：「呂氏春秋求人篇：『伊尹，庖厨之臣也；傅説，殷之胥靡也。』」　王叔岷曰：「呂氏春秋求人篇高誘註：『胥靡，刑罪之名也。』莊子庚桑楚篇釋文引司馬彪註：『胥靡，刑徒人也。』荀子儒效篇楊倞註：『胥靡，刑徒人也。胥，相。靡，繫也。謂鏁相聯相繫。』」　庶按：淮南子氾論篇：「伊尹之負鼎。」高誘註：「伊尹負鼎俎調五味以干湯，卒爲賢相。」

〔二四〕楊明照曰：「戰國策秦策五：『百里奚，虞之乞人。』」　王叔岷曰：「楚辭九章惜往日：『聞百里之爲虜兮。』」　庶按：呂氏春秋慎人篇：「百里奚之未遇時也，亡虢而虜晉，飯牛於秦，傳鬻以五羊之皮。公孫枝得而説之，獻諸繆公，三日，請屬事焉。繆公曰：『買之五羊之皮而屬事焉，無乃天下笑乎？』公孫枝對曰：『信賢而任之，君之明也；讓賢而下之，臣之忠也。君爲明君，臣爲忠臣。彼信賢，境内將服，敵國且畏，夫誰暇笑哉？』繆公遂用之。謀無不當，舉必有功，非加賢也。使百里奚雖賢，無得繆公，必無此名矣。」楚辭九章惜往日洪興祖補註：「晉獻公擄虞君與其大夫百里奚，以百里奚爲繆公夫人媵。百里奚亡秦走宛，楚鄙人執之。繆公聞百里奚賢，以五羖羊皮贖之，釋其囚，與語國事，繆公大説，授之國政，號曰五羖大夫。」

〔二五〕袁註：「干木，晉國人，儈賣交買之人也，隱才不仕。文侯知其賢，往聘干木之家。干木坐，不起。文侯側立，不敢辭倦，乃聘干木爲國相。後秦簡公欲伐魏，干木大賢，在文侯爲相，秦公怕不能用謀策，遂自罷兵而止也。」　楊明照曰：「呂氏春秋尊師篇：『段干木，晉國之大駔也。』」

王叔岷曰：「淮南氾論篇許慎註：『駔，市儈也。』」

〔二六〕「克」讀如「悝」。古音「克」屬溪母職韻，「悝」屬溪母之韻，「李克」即「李悝」。史記貨殖列傳：「當魏文侯時，李克務盡地力之教。」史記孟子荀卿列傳：「魏有李悝，盡地力之教。」史記平準書：「魏用李克，盡地力，爲强軍。」漢書食貨志：「李悝爲魏文侯作盡地力之教。」漢書藝文志著録李克七篇，並註：「子夏弟子，爲魏文侯相。」又著録李子三十二篇，並註：「名悝，相魏文侯，富國强兵。」是「李克」、「李悝」實乃一人。古人名字，率以音近字代之。史記仲尼弟子列傳之「南宮括」，論語作「南宮适」，本章之「袁精目」，列子説符篇作「爰旌目」，皆其比也。

〔二七〕袁註：「吴起，衛人，嚮楚求仕，齧母臂爲誓，九年未還，其母遂亡。楚朝鄉相言於王曰：『吴起親亡，不歸于葬，此不孝也，豈得爲相乎？』其吴起歸家，持孝三年畢，乃往魏求仕，文侯用爲西河太守。文侯先被秦奪五城，吴起乃爲文侯復奪五城。於是伐秦復魏，五城乃更。北征燕、趙，並歸於魏，此皆吴起之功也。」庶按：據史記吴起列傳，袁註謂起求仕於楚，楚乃魯之訛。又傳言其母死，且終不歸，與袁註説異。

〔二八〕孫楷第曰：「『吴起北滅燕、趙』，文失於不考。史記本傳載吴起相楚，有北並陳、蔡之語，豈即涉此而誤乎？」庶按：史記吴起列傳：「吴起於是聞魏文侯賢，欲事之。文侯問李克曰：『吴起何如人哉？』李克曰：『起貪而好色，然用兵司馬穰苴不能過也。』於是魏文侯以爲將，擊秦，拔五城。」索隱曰：「李克言起貪者，起本家累千金，破産求仕，非實貪也；蓋言貪者，是貪榮名耳，故母死不赴，殺妻將魯是也。或者起未委質於魏，猶有貪迹，及其見用，則盡廉能，亦何異乎陳平之爲人也。」

〔二九〕原本「丈夫」上無「美」字，宋本、程榮本、顧雲程本、龍川鈔本、別解本於「丈夫」上並有「美」字。王叔岷曰：「史記陳丞相世家、漢書陳平傳並同。」林其錟曰：「當有『美』字，方與『如冠玉』意合。」庶按：林說是，據補。

〔三〇〕盜謂私通。漢書陳平傳顔師古註：「盜猶私也。」

〔三一〕史記陳丞相世家：「絳侯、灌嬰等咸讒陳平曰：『平雖美丈夫，如冠玉耳，其中未必有也。臣聞平居家時，盜其嫂；事魏不容，亡歸楚；歸楚不中，又亡歸漢。今日大王尊官之，令護軍。臣聞平受諸將金，金多者得善處，金少者得惡處。平，反覆亂臣也，願王察之。』漢王疑之，召讓魏無知。無知曰：『臣所言者，能也；陛下所問者，行也。今有尾生、孝己之行而無益處於勝負之數，陛下何暇用之乎？楚、漢相距，臣進奇謀之士，顧其計誠足以利國家不耳。且盜嫂受金又何足疑乎？』漢王召讓平曰：『先生事魏不中，遂事楚而去，今又從吾游，信者固多心乎？』平曰：『臣事魏王，魏王不能用臣說，故去事項王。項王不能信人，其所任愛，非諸項卽妻之昆弟，雖有奇士不能用，平乃去楚。聞漢王之能用人，故歸大王。臣躶身來，不受金無以爲資。誠臣計畫有可采者，願大王用之；使無可用者，金具在，請封輸官，得請骸骨。』漢王乃謝，厚賜，拜爲護軍中尉，盡護諸將。」

〔三二〕袁註：「范增是楚之大臣。項羽將兵圍漢王城，陳平説謀，多將珍寶與楚王大將，楚王知，乃欲斬大將。范增諫曰：『此是陳平之計，王勿誅之。』王曰：『攻戰之士，忘其忠武，受他財寶，豈爲臣子？』遂殺之。范增疽發而死。」庶按：史記陳丞相世家：「陳平既多以金縱反閒於楚軍，宣言諸將鍾離眛等爲項王將，功多矣，然而終不得裂地而王，欲與漢爲一，以滅項氏而分王其地。項羽果意不信鍾離眛等。項王既疑之，使使至漢。漢王爲太牢具，舉進。見楚使，卽詳驚曰：『吾以爲亞父使，乃項王使！』復持去，更以惡草具進楚使。楚使歸，具以報項王。項王果大疑亞父。亞父欲急攻下滎陽城，項王不信，不肯聽。亞父聞項王疑之，乃怒曰：『天下事大定矣，君王自爲之！願請骸骨歸！』歸未至彭城，疽發背而死。」袁註與史記文小異，或別有所本。

〔三三〕袁註：「平又刻木作人，羅綺衣之爲女於城上，云是漢之美女，欲將與單于。單于妻閼氏聞之，心妬忌，恐寵愛美女，遂開陣救漢軍出，此皆陳平之謀計也。」庶按：史記陳丞相世家：「卒至平城，爲匈奴所圍，七日不得食。高帝用陳平奇計，使單于閼氏，圍以得開。高帝既出，其計祕，世莫得聞。」集解引桓譚新論：「或云：『陳平爲高帝解平城之圍，則言其事祕，世莫得而聞也。此以工妙踔善，故藏隱不傳焉。子能權知斯事否？』吾應之曰：『……高帝見圍七日，而陳平往説閼氏，閼氏言於單于而出之，以是知其所用説之事矣。彼陳平必言漢有好麗美女，爲道其容貌天下無有，今困急，已馳使歸迎取，欲進與單于，單于見此人必大好愛之，愛之則閼氏日以遠疏，不如及其未到，令漢得脱去，去，亦不持女來矣。閼氏婦女，有妒媢之性，必憎惡而事去之，此說簡而要，及得其用，則欲使神怪，故隱匿不泄也。』」

〔三四〕子彙本「諐」下小註：「音愆。」　盧文弨曰：「『諐』，俗上從『保』。」　王叔岷曰：「『諐』即『愆』之籀文。說文：『愆，過也。』」

〔三五〕王叔岷曰：「史記陳丞相世家，言平『凡六出奇計』。漢書陳平傳同。」

〔三六〕「舍」，宋本、明鈔本、景道藏本、子彙本、吉府本、程榮本、龍川鈔本並作「捨」，古通。

〔三七〕「婬」原作「好」，宋本、龍川鈔本並作「婬」。以上文「起貪而好色」考之，「婬」是，據改。

〔三八〕王叔岷曰：「『陳平』下疑脫『必』字。」

〔三九〕王叔岷曰：「說文：『屑，動作切切也。』左昭五年傳：『而屑屑焉習儀以亟。』」　庶按：「屑屑」謂美潔。詩鄘風君子偕老：「鬒髮如云，不屑髢也。」毛傳：「屑，絜也。」

〔四〇〕原本「謂」下無「之」字，宋本於「謂」下有「之」字，據增。「謂之英彥」與下「謂之棄人」相對。

〔四一〕「儉」，程榮本、別解本、百子本並作「檢」。　王叔岷曰：「俗作『檢』，古通。」

〔四二〕「以」、「之」原作「民」、「知」，宋本、龍川鈔本並作「以」、「之」。　王叔岷曰：「『民人知小惡』，義頗難通，蓋本作『目人之小惡』。『目』，古『以』字，與『民』形近而誤。『知』乃『之』之音誤。呂氏春秋舉難篇、淮南道應篇並作『以人之小惡』，是其塙證。新序雜事第五作『以其小惡』，亦可證此文『民』字之誤。」　庶按：王說是，據改。

〔四三〕楊明照曰：「呂氏春秋舉難篇：『甯戚見，說桓公以治境內；明日復見，說桓公以爲天下，桓公大說，將任之，羣臣爭之曰：「客，衞人也，衞之去齊不遠，君不若使人問之，而固賢者也，用之未晚也。」桓公曰：「不然，問之，患其有小惡；以人之小惡，忘人之大美，此人主之所以失天下之士也。」』

〔四四〕楊明照曰：「論語憲問篇：『子曰：「桓公九合諸侯，不以兵車，管仲之力也。」又，子曰：「管仲相桓公，霸諸侯，一匡天下。」』王叔岷曰：「桓公所以九合諸侯，一匡天下者，遇士於是也。」庶按：風俗通義皇霸篇：『齊桓九合一匡。』穀梁莊二十七年傳：『衣裳之會十有一。』范甯註：『十三年會北杏，十四年會鄄，十五年又會鄄，十六年會幽，二十七年又會幽，僖元年會檉，二年會貫，三年會陽穀，五年會首戴，七年會寧毋，九年會葵丘，凡十一會。』史記齊太公世家：『桓公曰：「寡人兵車之會三，乘車之會六，九合諸侯，一匡天下。」』正義叙兵車之會三云：『左傳云：魯莊公十三年，會北杏以平宋亂。僖四年，侵蔡，遂伐楚。六年，伐鄭，圍新城也。』又釋乘車之會六云：『左傳云：魯莊公十四年，會於鄄。十五年，又會鄄。十六年，同盟於幽。僖五年，會首止。八年，盟於洮。九年，會葵丘，是也。』蓋古書言數，以言爲多數，凡三之倍數，亦表其數之多，其所言桓公九合諸侯事，諸說紛紜，蓋各有所本耳。」

〔四五〕楊明照曰：「說苑雜言篇：『夫子見人之一善，而忘其百非。』」

〔四六〕楊明照曰：「管子戒篇：『桓公曰：「鮑叔之爲人何如？」管仲對曰：「鮑叔，君子也，……雖然，不可以爲政。其爲人也，好善而惡惡已甚，見一惡，終身不忘。」』呂氏春秋貴公篇：『鮑叔牙之爲人也，……一聞人之過，終身不忘』。」王叔岷曰：「莊子徐無鬼篇：『管仲有病，桓公問之曰「……則寡人惡乎屬國而何？」管仲曰：「公誰欲與？」公曰：「鮑叔牙。」曰：「不可！其爲人潔廉善士也。……一聞人之過，終身不忘。」』」庶按：呂氏春秋直諫篇：「齊桓公、管仲、鮑叔、甯戚相與飲酒，酣，桓公謂鮑叔曰：『何不起爲壽？』鮑叔奉杯而進曰：『使公毋忘出奔在於莒也，使管仲毋忘束縛而在於魯也，使甯戚毋忘其飯牛而居於車下。』」説苑正諫篇：「鮑叔曰：『君直言，臣直對。昔者公子糾在上位而不讓，非仁也。背太公之言而侵魯境，非義也。壇場之上詘於一劍，非武也。侄娣不離懷衽，非文也。凡爲不善遍於物不自知者，無天禍必有人害。天處甚高，而聽甚下，除君過言，天且聞之。』桓公曰：『寡人有過，子幸記之，是社稷之福也。子不幸教，幾有大罪以辱社稷。』」

〔四七〕「窪」原作「霆」，吉府本、百子本、龍溪本並作「窪」。楊明照曰：「『霆』當作『窪』。從化篇：『山隆谷窪。』觀量篇：『蹄窪之内。』並未誤。廣雅釋詁一：『窪，下也。』淮南氾論篇：『夫牛蹏之涔，不能生鱣鮪，而蜂房不容鵠卵，小形不足以包大體也。夫人之情，莫不有所短，誠其大略是也，雖有小過，不足以爲累；若其大略非也，雖有閭里之行，未足大舉。』」庶按：楊説是，據改。

〔四八〕「材」，吉府本、蔣以化本並作「才」。王叔岷曰：「『才』作『材』，古通。」

〔四九〕孫楷第曰：「『器大無分小瑕也』，『分』當作『妨』。」王叔岷曰：「作『分』，義自可通，無煩改字。」

庶按：王説是。

〔五〇〕原本兩「略」上無「大」字，「過」作「疵」。　楊明照曰：「程榮本、王謨本、畿輔本兩『略』字上並有『大』字，『疵』並作『過』，諸本並是。」　王叔岷曰：「文子上義篇：『夫人情莫不有所短，成其大略是也，雖有小過，不以爲累也；成其大略非也，閭里之行，未足多也。』」　庶按：楊説是，據補、改。原本「雖」下無「有」字，宋本、明鈔本、景道藏本、子彙本、吉府本、何允中本、龍川鈔本於「雖」下並有「有」字，是，當據增。　淮南氾論篇高誘註：「略猶道也。」

〔五一〕袁註：「横木爲門，言巷頭之門也。」　庶按：詩陳風衡門：「衡門之下。」毛傳：「衡門，横木爲門，言淺陋也。」　釋文引沈云：「此古文横字。」「衡門小操」，猶淺薄之術。

〔五二〕「竪」，孫評本作「豎」。　王叔岷曰：「『竪』即『豎』之俗。」　庶按：史記樊酈滕灌列傳：「舞陽侯樊噲者，沛人也。以屠狗爲事，與高祖俱隱。」又：「潁陰侯灌嬰者，睢陽販繒者也。」

〔五三〕袁註：「蕭何、曹參少時皆作胥吏，窶貧不可計也。」　王叔岷曰：「論語子路篇：『斗筲之人，何足算也。』鄭註：『筲，竹器，容斗二升。』」　庶按：「史記蕭相國世家：『蕭相國何者，沛豐人也，以文無言，爲沛主吏掾。』又曹相國世家：「平陽侯曹參者，沛人也。秦時爲沛獄掾，而蕭何爲主吏，居縣爲豪吏矣。」

〔五四〕袁註：「人僕也。王宮之中門，每門四人，晨昏開閉寺禁，刑人墨者，使之守門，非在家守門也。非國君離宮，即名宮門之衞，以爲離衞。離衞者，兩人一人左一人右，相離而行，一戈在前一戈在後，以自防衞。　英布姓英名布，少時相師占之曰：『先被黥，後必王。』黥者，墨刑之罪。英布後果坐法被黥，作守門之賤衛。布乃笑曰：『相者其實也。』後項羽與高祖爭天下，封英布爲九江王者矣。」　庶按：史記黥布列傳：「黥布者，六人也，姓英氏，秦時爲布衣。少年，有客相之曰：『當刑而王。』及壯，坐法黥。」

〔五五〕袁註：「俳優是戲技之名，晉時有優旃。史記滑稽傳有優孟、優旃，皆善爲戲著名。急就篇云：『喝是優，俳是笑。』俳優一物二名，令取樂戲爲可笑之語也。周勃少時是俳優伎兒，解吹簫及諸管絃，每與人送喪。以俳優卑賤之士，後爲漢高祖右丞相，才越朝庭，莫能過也。」　庶按：史記絳侯周勃世家：「絳侯周勃者，沛人也。其先卷人，徙沛。勃以織薄曲爲主，常爲人吹簫給喪事，材官引彊。」

〔五六〕原本「景陽」上有「張」字。　孫詒讓曰：「利害篇云：『淫如景陽。』無『張』字，此誤衍也。『景陽』，景姓，陽名。　淮南子氾論訓云：『景陽淫酒被髮，而御於婦人，威服諸侯。』高註云：『景陽，楚將。』即劉氏所本。」　庶按：孫説是，據刪。

〔五七〕袁註：「鄒是齊人，爲大梁赤眉賊，後爲景公大臣。梁父，地名也。」「齊爲」，宋本、明鈔本、景道藏本、子彙本、吉府本、程榮本、龍川鈔本並作「爲齊」，疑是。　淮南氾論篇：「夫顔啄聚，梁父之大盜也，而爲齊忠臣。」「顔濁鄒」，一名顔讎由。

〔五八〕袁註：「袁精目，楚人也。饑餓在道而卧，有人與其食而哺之，乃問曰：『子是何人？而與我食。』其人曰：『我是胡丘盜父。』精目曰：『子既是胡丘盜父，我不食不義之食。』乃兩手據地而死也。」

（鮑焦）即鮑升也，不衣絲麻，不食五穀，荷擔挈而拾木實爲食。子貢遇之於道，謂之曰：『子何故至此？』焦對曰：『吾聞不己知，而道不己求，是倅行也。上不用而求之不止者，是毁廉也。倅行毁廉，而求利不已，吾之所愧也。』子貢曰：『吾聞非其世者，不享其利；汚其君者，不履其土。況復湌蔬菜哉！』鮑焦曰：『吾聞賢者重進而輕退，廉者易媿而輕死。』遂棄其身，立於梁下，投洛水之上而死。魯仲連曰：『鮑焦不能以容於世而自取死，非爲人也。』」 原本「厲」作「立」。孫楷第曰：「『立節』當作『厲節』。厲亦抗也。楊倞註荀子宥坐篇：『厲，抗也。』淮南子修務訓：『勵節亢高，以絶世俗。』史記汲鄭列傳：『黯伉勵守高。』李善註魏文帝與鍾大理書引孝經援神契云：『抗節厲義，通乎至德。』孔文舉薦彌衡表云：『任座抗行，史魚厲節。』『厲』、『勵』、『抗』、『亢』字並通。」 王叔岷曰：「『立節抗行』本淮南氾論篇，孫氏謂『立節』當作『厲節』，非。」 庶按：孫説是，據改。作「厲」，與下「抗」對言。

〔五九〕「拯」原作「極」，宋本、明鈔本、景道藏本、子彙本、吉府本、程榮本、龍川鈔本並作「拯」。楊明照曰：「『拯』字是。」 庶按：楊説是，據改。

〔六〇〕原本「節」下有「不」字，「略」作「節」。盧文弨曰：「『節』下衍『不』字。」楊明照曰：「『申』上『不』字衍。淮南氾論篇：『夫顔喙聚（王念孫以『喙』爲『啄』之誤，是。），梁父之大盗也，……景陽淫酒被髮，而御於婦人，威服諸侯。此四人者，皆有所短，然而功名不滅者，其略得也。季襄、（庶按：王念孫謂「襄」當作「哀」。）陳仲子，立節抗行，不入洿君之朝，不食亂世之食，遂餓而死，不能存亡接絶者何？小節申而大略屈。』列子說符篇：『東方有人焉，曰爰旌目。將有適也，而餓於道。狐父之盜曰丘，見而下壺餐以餔之。爰旌目三餔而後能視，曰：「子何爲者也？」曰：「我狐父之人丘也。」爰旌目曰：「譆！汝非盜邪？胡爲而餐我？吾義不食子之食也！」兩手據地而嘔之，不出，喀喀然，遂伏而死。』莊子盜跖篇：『鮑焦飾行非世，抱木而死。』」王叔岷曰：「『大節』，亦當從淮南作『大略』，涉上『小節』而誤。上文累言『大略』，與此同例。呂氏春秋尊師篇：『顔涿聚，梁父之大盜也。』（淮南作『顔啄聚』，本書作『顔濁鄒』，並同。）北山録異學篇：『爰精目吐狐丘父之食，得其嫉惡也。』史記鄒陽列傳索隱引晉灼註：『列士傳：「鮑焦怨世不用己，採蔬於道，子貢難曰：『此非世而採其蔬，此焦之有哉？』棄其蔬，乃立枯洛水之上。」』」庶按：諸說並是，據删改。淮南氾論篇高誘註：「屈，廢也。」王氏引北山録「狐丘父」文，疑當作「狐父丘」。

〔六一〕原本「不爲」上無「義」字，宋本、景道藏本、子彙本、吉府本、龍川鈔本、孫評本、奇賞本於「不爲」上並有「義」字，與史記文合，（史記文見下註。）是，據增。

〔六二〕史記伯夷列傳：「伯夷、叔齊，孤竹君之二子也。父欲立叔齊，及父卒，叔齊讓伯夷。伯夷曰：『父命也。』遂逃去。叔齊亦不肯立而逃之。國人立其中子。於是伯夷、叔齊聞西伯昌善養老，盍往歸焉。及至，西伯卒，武王載木主，號爲文王，東伐紂。伯夷、叔齊叩馬而諫曰：『父死不葬，爰乃干戈，可謂孝乎？以臣弒君，可謂仁乎？』左右欲兵之。太公曰：『此義人也。』扶而去之。武王已平殷亂，天下宗周，而伯夷、叔齊恥之，義不食周粟，隱於首陽山，采薇而食之。及餓且死，作歌，其辭曰：『登彼西山兮，采其薇矣。以暴易暴兮，不知其非矣。神農、虞、夏忽焉没兮，我安適歸矣？于嗟徂兮，命之衰矣！』遂餓死於首陽山。」王叔岷曰：「莊子盜跖篇：『伯益、叔齊辭孤竹之君，而餓死於首陽之山。』」

〔六三〕袁註：「楊朱爲人，養性以被利害。人謂之曰：『取子身上一毛以利天下，如何？』朱曰：『天下之事非一毛可濟。』若墨子爲人，以身爲仁，以頭磨至足以利天下，則能爲之，此二子行殊而立名一也。」楊明照曰：「孟子盡心上篇：『楊子取爲我，拔一毛而利天下，不爲也。』淮南氾論篇：『全性保真，不以物累形，楊子之所立也。』」王叔岷曰：「列子楊朱篇：『禽子問楊朱曰：『去子體之一毛，以濟一世，汝爲之乎？』楊子曰：『世固非一毛之所濟。』禽子曰：『假濟，爲之乎？』楊子弗應。』」庶按：孟子盡心上篇趙岐註：「楊子，楊朱也，爲我，爲己也。拔己一毛以利天下之民，不肯爲也。」

〔六四〕「二子」疑當作「二三子」。「二三子」謂袁精目、鮑焦、伯夷、叔齊、楊朱等人。

〔六五〕「亦能安治代紊」，景道藏本作「亦安能治代紊」，是。「代紊」，猶亂世。

〔六六〕「達」，蔣以化本作「建」。盧文弨曰：「『建』誤『達』。」林其錟曰：「『建』優。」王叔岷曰：「『達』猶『顯』也，於義自通，無煩改字。」庶按：王説是。

〔六七〕盧文弨曰：「『軌』疑『範』。」庶按：「軌」字不誤。漢書董仲舒傳：「猶金之在鎔。」顏師古註：「鎔謂鑄器之模範也。」此「鎔軌」連文，謂行爲之準則。

〔六八〕「伊、管」，謂伊尹、管仲，古稱之賢相。

適才章二十七〔一〕

物有美惡，施用有宜；美不常珍，惡不終棄。紫貂白狐，製以爲裘，鬱若慶雲〔二〕，皎如荆玉，此毳衣之美也；鱀菅蒼蒯〔三〕，編以蓑笠〔四〕，葉微疎纍，黯若朽穰〔五〕，此卉服之美也。裘蓑雖異，被服實同；美惡雖殊，適用則均。今處繡户洞房〔六〕，則蓑不如裘；被雪沐雨，則裘不及蓑。以此觀之，適才所施，隨時成務，各有宜也。

伏臘合歡〔七〕，必歌採菱〔八〕；牽石挽舟〔九〕，則歌嘘噢。非無激楚之音〔一〇〕，然而棄不用者，方引重抽力〔一一〕，不如嘘噢之宜也。

卞莊子之昇殿庭也〔一二〕，嗚珮趨蹌〔一三〕，温色怡聲，及其搏虎〔一四〕，必攘袂鼓肘〔一五〕，瞋目震呼〔一六〕。非不知温顏下氣之美〔一七〕，然而不能及者，方格猛獸〔一八〕，不如攘袂之宜也。安陵神童，通國之麗也，八音繁會，使以嗽吹嘖聲〔一九〕，而人悦之〔二〇〕，則不及瞽師侏儒之美〔二一〕。蛇銜之珠〔二二〕，百代之傳寶也〔二三〕，以之彈鴞〔二四〕，則不如泥丸之勁也〔二五〕。棠谿之劍〔二六〕，天下之銛也，用之穫穗，曾不如鉤鎌之功也〔二七〕。此四者，美不常珍，惡不終廢，用各有宜也。

昔野人棄子貢之辯，而悅馬圉之辭〔二八〕；越王退吹籟之音，而好鄙野之聲〔二九〕。非子貢不及馬圉，吹籟不若野聲，然而美不必合，惡而見珍者，物各有用也。水火金木土穀，六府異物而皆有施；規矩權衡準繩，六法殊形而各有任〔三〇〕。故伊尹之興土功也〔三一〕，長脛者使之蹋鍤〔三二〕，强脊者使之負土，眇目者使之準繩，傴僂者使之塗地。因事施用，乃便效才，各盡其分而立功焉〔三三〕。商歌之士〔三四〕，鷄鳴之客〔三五〕，才各有施，不可棄也。若使甯子結客於孟嘗，則未免追軍之至，囚縶之辱也〔三六〕。若使鷄鳴託於齊桓，必不能光輔於霸道，九合諸侯也。時須過關，莫若鷄鳴；欲隆霸主，莫若商歌。商歌之雅而鷄鳴之鄙，雖美惡有殊〔三七〕，至於適道排難，其揆一也〔三八〕。楚之市偷，天下之大盜，而能却齊軍〔三九〕，雖使孫、吴用兵〔四〇〕，彼必與之拒戰，未肯望風而退也〔四一〕。晉之叔魚，一國之佞邪也，而能歸季孫〔四二〕，雖使甘、蘇騁説〔四三〕，彼必與之較辯〔四四〕，不至恐懾而逃還也〔四五〕。大盜讒佞，民之殫害，無用之人也，苟有一術〔四六〕，猶能爲國興利除害；矧乃明智鍊才，其爲大益〔四七〕，豈可棄邪？

關雎興於鳥而爲風之首，美其摯而有別也〔四八〕；鹿鳴興於獸而爲雅之端〔四九〕，嘉其得食而相呼也〔五〇〕。以夫鳥獸之醜〔五一〕，苟有一善，詩人歌詠，以爲美談，奚況人之有善而可棄乎〔五二〕？

夫樫柏之斷也，大者爲之棟梁，小者爲之椽桷，直者中繩，曲者中鉤，隨材所施，未有可棄者〔五三〕。是以君子善能拔士，故無棄人；良匠善能運斤，故無棄材〔五四〕。賢能人物交泰〔五五〕，各盡其分而立功焉。詩云：「雖有絲麻，無棄菅蒯；雖有姬姜，無棄憔悴〔五六〕。」此之謂也。

校釋

〔一〕「適」原作「通」，宋本、明鈔本、景道藏本、子彙本、吉府本、程榮本、龍川鈔本並作「適」，是，據改。作「適才」與本章旨合。

〔二〕「鬱」通「鬰」，即鬱金，此言其色。廣雅釋器：「鬰金，綵也。」

〔三〕盧文弨曰：「（程榮本）『黶』誤『壓』。」「菅」原作「管」，宋本、明鈔本、景道藏本、子彙本、吉府本、程榮本、龍川鈔本並作「菅」。王叔岷曰：「説文：『菅，茅也。』史記孟嘗君列傳集解：『蒯音若怪反，茅之類。』」庶按：「管」乃「菅」之訛，即菅茅，其莖葉細者可以編織。

〔四〕「蓑」原作「簑」，百子本、畿輔本並作「蓑」，是，據改。（下同。）詩小雅無羊：「爾牧來思，何蓑何笠。」毛傳：「蓑所以備雨，笠所以禦暑。」

〔五〕「穰」，宋本作「欀」，子彙本作「壤」。王叔岷曰：「『穰』、『壤』古通。莊子庚桑楚篇：『居三年，畏壘大壤。』釋文：『壤』又作『穰』，並其比。」

〔六〕楊明照曰：「北堂書鈔（原本）一百二十九引『繡』作『網』，網字是。楚辭宋玉招魂：『網户朱綴。』王逸註：『網户，綺文鏤也。』（蘇鶚衍義辨網户甚詳。）淮南齊俗篇：『今之裘與簑（王叔岷曰：「齊俗篇『簑』作『蓑』，楊氏誤引作『簑』。」）何急？見雨，則裘不用；升堂，則簑不御。』」 庶按：楊氏易「繡」爲「網」，非。其引招魂文「網户朱綴」下復有「刻方連些」文。網户乃門窗扉，刻方格，其狀如網，故名。然此上下文乃喻美惡之比，故「繡户」義自通，謂華麗之室。古詩源鮑照擬行路難詩之三：「璇閨玉墀上椒閣，文牕繡户垂羅幕。」

〔七〕「歡」原作「勸」，宋本、明鈔本、景道藏本、子彙本、吉府本、程榮本、龍川鈔本並作「歡」。 林其錟曰：「『歡』字是。」 庶按：林説是，據改。

〔八〕王叔岷曰：「淮南説山篇許慎註：『採菱，楚樂之名也。』（御覽五六五引。）」

〔九〕袁註：「引索貌也，又云正舟索者也。」 「牽」原作「帝」，宋本、明鈔本、景道藏本、子彙本、吉府本、程榮本、龍川鈔本並作「牽」，「挽」原作「拖」，説郛本作「挽」。 楊明照曰：「『牽』字是。」 庶按：楊説是。又，作「挽」義勝，據改。

〔一〇〕盧文弨曰：「『非無』俗誤倒。」 楊明照曰：「古今樂録：『激楚，曲名也。』」

〔一一〕「力」原作「刀」，子彙本、程榮本、諸子彙函本並作「力」。 黄丕烈明鈔本校註：「『刀』字疑有誤。」 楊明照曰：「『力』字是。呂氏春秋淫辭篇：『今舉大木者，前呼輿謣（淮南道應篇作『邪評』，文子微明篇作『邪軤』，並音近誼同。)，後亦應之，此其於舉大木者，善矣；豈無鄭、衛之音哉？然不若此其宜也。』」王叔岷曰：「淮南道應篇：『今夫舉大木者，前呼邪許，後亦應之，此舉重勸力之歌也。豈無鄭、衛、激楚之音哉？然而不用者，不若此其宜也。』與此文較合。」庶按：楊、王説並是，據改。

〔一二〕孫楷第曰：「『殷』疑當作『秦』，聲近而誤。論語憲問篇：『卞莊子之勇。』釋文引鄭云：『秦大夫。』前人據荀子大略篇、韓詩外傳、新序義勇篇、後漢書班固崔駰傳，均以莊子爲魯人，以釋文引鄭爲誤。然經師授受，必有所本，未可以彼非此。北史儒林傳云：『玄註易、詩、書、禮、論語、孝經大行於河北。』則此文所本者，固康成註歟？」

〔一三〕王叔岷曰：「詩齊風猗嗟：『巧趨蹌兮。』傳：『蹌，巧趨貌。』」

〔一四〕「搏」原作「搏」，宋本、明鈔本、景道藏本、子彙本、吉府本、程榮本、龍川鈔本並作「搏」，是，據改。

〔一五〕孫楷第曰：「『鼓』當作『露』。」王叔岷曰：「『鼓肘』猶言『舞肘』、『弄肘』，於義自通，無煩改字。」庶按：王説是。

〔一六〕王叔岷曰：「程榮本、王謨本、畿輔本『呼』並作『嘑』，嘑、呼古今字。」

〔一七〕「知」原作「如」，吉府本、程榮本、別解本、百子本並作「知」。王叔岷曰：「作『知』是也。」庶按：王説是，此承上下文「不如」而誤。據改。

〔一八〕王叔岷曰：「『格』借爲『挌』。説文：『挌，擊也。』」

〔一九〕子彙本於「噴」下小註：「才割切。」楊明照曰：「戰國策楚策一：『江乙説於安陵君曰：「君無咫尺之地，骨肉之親，處尊位，受厚禄；一國之衆，見君莫不斂衽而拜，撫委而服，何以也？」曰：「王過舉而已。不然，無以至此。」江乙曰：「以財交者，財盡而交絶；以色交者，華落而愛渝。是以嬖女不敝席，寵臣不避軒。」』説苑權謀篇：『安陵纏以顔色美壯，得幸於楚共王。』（餘同楚策。）楚辭九歌東皇太乙『五音紛兮繁兮。』周禮瞽矇：『掌九德六詩之歌，以役大師。』鄭玄答張逸書：『國史采衆詩時，明其好惡，令瞽矇歌之。』（詩大序正義引。）」王叔岷曰：「『噴聲』猶嘈聲，亦即多聲矣。」

〔二〇〕依文意，「悦之」下疑補「者」字，與上「然而不能及者」一律。

〔二一〕「侏」原作「誅」，宋本、明鈔本、景道藏本、子彙本、吉府本、程榮本、龍川鈔本並作「侏」。楊明照曰：「『侏』字是。」庶按：楊説是，據改。依文意，「善」下當補「也」字，與上一律。

〔二二〕袁註：「隋侯是隋國之侯，於路見一青蛇被傷，隋侯取蛇將歸宅中，以藥治之，以肉飼之也。瘡得瘥遂放令去。經三日，乃啣明月之珠來報隋侯。隋侯謂言蛇欲害己，乃拔劍欲斬之，及細視之，乃見蛇啣明月之珠來報恩也。」

〔二三〕「寶」原作「璧」，下「也」字原無，宋本、明鈔本、顧雲程本、龍川鈔本、別解本、清謹軒鈔本、諸子彙函本並作「寶」，是，據改。作「璧」與下文義乖。明鈔本於「寶」下有「也」字，是，據增。

〔二四〕「鴞」，龍川鈔本作「鴞」。

〔二五〕楊明照曰：「莊子讓王篇：『今且有人於此，以隋侯之珠，彈千仞之雀，世必笑之。』」王叔岷曰：「說苑雜言篇：『隋侯之珠，國之寶也。然用之彈，曾不如泥丸。』」庶按：莊子讓王篇「世必笑之」下復有「是何也？則其所用者重而所要者輕也」文，當引。抱朴子内篇暢玄：「若夫操隋珠以彈雀。」

〔二六〕楊明照曰：「史記蘇秦傳：『韓卒之劍戟，皆出於冥山、棠谿。』」王叔岷曰：「戰國策韓策：『韓卒之劍戟，皆出於冥山、棠谿。』即史記所本。」

〔二七〕王叔岷曰：「史記賈生列傳集解引漢書音義：『銛，謂利。』」庶按：說苑雜言篇：「干將鏌鋣，拂鍾不錚，試物不知，揚刃離金，斬羽契鐵斧，此至利也。然以之補履，曾不如兩錢之錐。」義與此可互參。

〔二八〕袁註：「孔子游於太山，馬佚，犯食野人禾，野人捉馬不還。夫子乃令子貢往取。子貢以文藻之辭取馬，野人不用此語。後令馬圉往取，乃用直言取之。語野人曰：『東海至西海之禾並是君禾，馬若不食，還食何物？』野人聞之，乃還馬。馬圉是掌馬人也。」「辯」原作「辨」，宋本、類纂本、別解本作「辯」。「圉」原作「圍」，宋本、明鈔本、景道藏本、子彙本、吉府本、何允中本、龍川鈔本並作「圉」。楊明照曰：「呂氏春秋必己篇：『孔子行道而息，（庶按：王念孫校作「孔子行於東野」。）馬逸食人稼，野人取其馬，子貢請往說之，畢辭，野人不聽。有鄙人始事孔子者，曰：「請往説之。」……其野人大説，解馬而與之。』又見淮南人間篇，『鄙人』作『馬圉』。論衡逢遇篇：『馬圉之説無方，而野人説之；子貢之説有義，野人不聽。』」王叔岷曰：「下文『彼必與之較辨』，諸本亦並作『辯』。辨、辯古通。淮南人間篇許慎註：『圉，養馬者。』（論衡逢遇篇『圉』作『圄』，古通。此文本於淮南及論衡，非本於呂氏春秋必己篇。）廣弘明集十三釋法琳辨正篇九箴篇註引劉子：『孔子馬侵野人之苗，野人怒，止其馬。孔子使子貢説解焉，野人逾忿；乃遣馬圉者辭焉，野人乃悦也。』與劉子此文異，與淮南人間篇較合，蓋誤以淮南爲劉子也。」庶按：「辯」是，「圉」乃「圄」之訛，據改。淮南人間篇：「孔子行於東野，馬失食農夫之稼，野人怒取馬而繫之，使子貢往説之，畢辭而不能得也。孔子曰：『夫以人之所不能聽説人，譬以大牢享野獸，以九韶樂飛鳥也，予之罪也，非彼人之過也。』乃使馬圉往説之。至見野人曰：『子耕於東海，至於西海，吾馬之失，安得不食子之苗？』野人大喜，解馬而與之。」（從王念孫説改。）

〔二九〕楊明照曰：「呂氏春秋遇合篇：『客有以吹籟見越王者，羽角宮徵商，不繆；越王不喜，爲野音而反善之。』論衡逢遇篇：『吹籟工爲善聲，因越王不喜，更爲野聲，越王大悦。故爲善於不欲得善之主，雖善不見愛；爲不善於欲得不善之主，雖不善不見憎。』」王叔岷曰：「呂氏春秋遇合篇高註：『籟，三孔籥也。』史記司馬相如列傳集解引漢書音義：『籟，簫也。』」

〔三〇〕楊明照曰：「左文七年傳：『水火金木土穀，謂之六府。』淮南泰族篇：『水火金木土穀，異物而皆任；規矩權衡準繩，異形而皆施。』」

〔三一〕原本「興」上無「之」，宋本、明鈔本、景道藏本、子彙本、吉府本、程榮本、龍川鈔本於「興」上並有「之」字。　楊明照曰：「『之』字當有。」　庶按：楊說是，據補。

〔三二〕盧文弨曰：「（程榮本）『鍤』誤『鍾』。」

〔三三〕楊明照曰：「淮南齊俗篇：『故伊尹之興土功也，脩脛者使之跖钁（許註：『長脛以蹋插者，使入深。』），强脊者使之負土，眇者使之準，傴者使之塗。各有所異，而人性齊矣。』」　王叔岷曰：「楊氏引淮南齊俗篇『跖钁』，钁乃鏵之誤。釋名：『鍤或曰鏵。』王念孫有說。」

〔三四〕袁註：「甯戚初仕於齊，佯爲商人，見桓公乃扣角而歌。歌曰：『浩浩之泉，游游之魚，懷德不仕，乃容將軍者也。』」　楊明照曰：「淮南道應篇：『甯戚（原作『越』，誤，今改。）欲干齊桓公，……望見桓公而悲，擊牛角而疾商歌。桓公聞之，……命後車載之。』文選嘯賦李註引許註云：『商，金聲清，故以爲曲。』又四子講德論註引許註云：『商，秋聲也。』」　庶按：甯戚商歌事，古書記載各異。史記鄒陽列傳集解引應劭曰：「齊桓公夜出迎客，而甯戚疾擊其牛角商歌曰：『南山矸，白石爛，生不逢堯與舜禪，短布單衣適至骭，從昏飯牛薄夜半，長夜漫漫何時旦？』」藝文類聚四三引甯戚扣牛角歌云：「滄浪之水白石粲，中有鯉魚長尺半，穀（今本誤「轂」。）布單衣裁至骭，清朝飯牛至夜半。黄犢上坂且休息，吾將捨汝相齊國。」（御覽五九引三齊畧記：「康浪水在齊城西南十五里，康衢，則甯戚扣牛角歌於此也。」）文選成公子安嘯賦註引東門歌云：「出東門兮厲石班，上有松柏兮清且蘭。鹿布衣兮縕縷，時不遇兮堯、舜。牛兮努力食細草，大臣在爾側，吾當與爾適楚國。」呂氏春秋舉難篇：「甯戚飯牛居車下，望桓公而悲，擊牛角疾歌。」高誘註：「歌碩鼠也。」後漢書馬融傳註引説苑（善説篇）曰：「甯戚飯牛於康衢，擊車輻而歌碩鼠。」是甯戚歌有南山、滄浪、東門、碩鼠諸説。袁註本管子小問篇及列女傳辯通篇齊管妾傳。列女傳曰：「甯戚欲見桓公，道無從，乃爲人仆，將車宿齊東門之外。桓公因出，甯戚擊牛角而商歌，甚悲。桓公異之，使管仲迎之。甯戚稱曰：『浩浩乎白水。』管仲不知所謂。」甯戚事又見淮南氾論篇、新序雜事五、孟子告子下篇趙岐註、離騷王逸註、後漢書蔡邕傳註、風俗通義十反篇。

〔三五〕袁註：「馮驩爲孟嘗君之客。孟嘗君，齊之公子，其家有客三千人，上客得肉、中客得魚，下客得菜。驩處下客之中。三年孟嘗君不識，驩乃彈琴而歌曰：『丈夫歸去來兮，食無魚。』君進之以魚。又彈歌曰：『丈夫歸去來兮，出無車。』君又進之以車。後孟嘗君入秦，被秦王囚之，欲殺。孟嘗君遣人啓秦王夫人求救之。夫人曰：『孟嘗君先獻王白狐裘，若更與我一狐裘，我令放君去。』使者遂與孟嘗君説。君曰：『惟只有一狐裘，以獻王，訖如何更得。』時有客馮驩，夜入秦王宮中，盗取狐裘，得出，送與夫人，得之，歡甚，乃謂王曰：『孟嘗君是齊之公子，王若殺之，與齊爲怨，不如放之。』王信婦人之言，遂放孟嘗君。孟嘗君得出，又慮盗事發，遂夜走還齊國。至秦關，天未明，關未開，馮驩作鷄鳴，關所鷄盡鳴，作吠犬，犬亦吠。其關吏聞鷄鳴犬吠，乃開關。孟嘗君度關三十里，秦王來追之，不及。」庶按：據史記孟嘗君列傳，盗裘事乃能爲狗盗者所爲，過關事乃能爲鷄鳴者所爲，論衡逢遇篇：「鷄鳴之客，幸於孟嘗。」袁註並以屬之馮驩，非。且其彈琴而歌事，與史書有異，或杜撰。

〔三六〕「緊」原作「擊」，宋本、明鈔本、景道藏本、子彙本、吉府本、程榮本，龍川鈔本並作「緊」，是，據改。

〔三七〕原本「有」下作「殊殊」，宋本、明鈔本、景道藏本、子彙本、吉府本、程榮本、龍川鈔本均只一「殊」字，是，據刪。

〔三八〕「適道」，宋本、明鈔本、景道藏本、子彙本、吉府本、程榮本、龍川鈔本並作「適理」。王叔岷曰：「舊合字本『理』作『道』，疑理字聯想之誤。孟子離婁下篇：『先王後聖，其揆一也。』趙岐註：『揆，度也。』」庶按：道猶理也，可不必改。

〔三九〕袁註：「齊王攻楚，楚遣子反將兵拒之。楚王君臣同謀合計，不能却齊軍。子反少時好愛伎道之士，楚有市偷來語子反曰：『我聞君好愛伎道之士，我是天下之市偷。』子反聞之，冠不暇戴，自出迎之，遂與之語。齊發兵攻楚，楚王茫然是懼，以爲無計。市偷乃陰密入齊軍營中，偷齊將幃帳，送與子反。子反差人送還齊軍。至明夜，乃往齊軍營偷齊將簪，送與子反，子反又送還齊將。使者謂將曰：『今夜須去，君若不去，今夜來取你頭。』齊將驚怕，迴軍便還也。」「却」原作「卻」，宋本、明鈔本、景道藏本、子彙本、吉府本、程榮本、龍川鈔本並作「却」。楊明照曰：「淮南道應篇：『楚將子發，好求技道之士，楚有善爲偷者，往見曰：「聞君求技道之士，臣，（庶按：王念孫謂「臣」下有「楚市」二字。）偷也，願以技齎一卒。」子發聞之，衣不給帶，冠不暇正，出見而禮之。左右諫曰：「偷者，天下之盜也，何爲之禮？」（庶按：王叔岷謂「之禮」當作「禮之」，王念孫有説。）君曰：「此非左右之所得焉！」後無几何，齊興兵伐楚，子發將師以當之，兵三却；楚賢良大夫，皆盡其計而悉其誠，齊師愈强。於是市偷進請曰：「臣有薄技，願爲君行之。」子發曰：「諾。」不問其辭而遣之。偷則夜（庶按：王念孫謂「夜」下當有「出」字。）解齊將軍之幬帳而獻之。子發因使人歸之。曰：「卒有出薪者，得將軍之帷，使歸之於執事。」明日又復往取其枕，子發又使人歸之。明日又復往取其簪，（庶按：王叔岷謂「明又」、「明日又」，兩「又」字皆「夕」之誤，「日」字乃後人妄加，王念孫有説。）子發又使歸之。齊師聞之，大駭！將軍與軍吏謀曰：「今日不去，楚君恐取吾頭。」乃還師而去。』（庶按：王叔岷謂「楚君」當從宋本作「楚軍」，「乃」當從宋本作「則」。王念孫有説。）論衡逢遇篇：『竊簪之臣，親於子反。』越絶書外傳紀范伯篇：『大夫種進曰：「昔者，市偷自衒於晉，晉用之而勝楚。」』與此並異。」 王叔岷曰：「三國志蜀志郤正傳：『楚客潛寇以保荆。』與此文並本於淮南道應篇。」 庶按：「却」是，據改。

〔四〇〕「孫」，孫武，春秋時齊人，作兵法十三篇。戰國時又有孫臏，孫武之後，仕齊爲軍師，著孫臏兵法。「吳」謂吳起。

〔四一〕原本「肯」下有「有」字，吉府本、孫評本於「肯」下並無「有」字，是，據删。

〔四二〕袁註：「魯使季孫朝於晉侯，晉侯以爲季孫有罪，對諸侯而執之。於後推勘無罪，欲放之。季孫媿而不還，謂晉君曰：『當妄執我之時，對諸侯云我有罪，今就無罪，可集諸侯知我無罪，我始可還。

不然，我不還。』晉君羞之，無由得返。晉有大佞之臣，字叔魚，詐作計，親附季孫，謂季孫曰：『吾知君意不樂。』季孫曰：『何爲不樂？』叔魚曰：『吾聞晉侯於別處修一館，令君處之。』季孫信之，遂夜走還魯。故叔魚大佞而能返歸季孫也。」楊明照曰：「左昭十三年傳：『晉人執季孫意如，……宣子患之，謂叔嚮曰：「子能歸季孫乎？」對曰：「不能，鮒也能。」乃使叔魚。叔魚見季孫曰：「昔鮒也得罪於晉君，自歸於魯君，微武子之賜，不至於今，雖獲歸骨於晉，猶子則肉之，敢不盡情，歸子，而不歸；鮒也聞諸吏，將爲子除館於西河，其若之何？」且泣，平子懼，先歸，惠伯待禮。』又十四年傳：『晉邢侯與雍子爭鄐田，久而無成。士景伯如楚，叔魚攝理，……雍子納其女於叔魚，叔魚蔽罪邢侯。』」

〔四三〕原本「騁」作「聘」。陳昌濟曰：「『聘』當作『騁』。」王叔岷曰：「甘、蘇謂甘茂、蘇秦，史記並有傳。子彙本、百子本『聘』作『騁』，喻林六九引同，是也。」庶按：陳、王說並是，據改。

〔四四〕「辯」原作「辨」，宋本、程榮本、類纂本、別解本並作「辯」，是，據改。

〔四五〕袁註：「失意怯怖懾伏之也。」

〔四六〕盧文弨曰：「（程榮本）『一』誤『士』。」

〔四七〕「益」原作「盜」，宋本、程榮本、類纂本、別解本並作「益」。王叔岷曰：「作『益』是也。益、盜形近，又涉上文『大盜』字而誤耳。」庶按：王說是，據改。「大益」乃本書常語。文武章：「文武異材，爲國大益。」

〔四八〕盧文弨曰：「（程榮本）『摯』誤『鷙』。」　王叔岷曰：「關雎毛傳：『雎鳩，王雎也，鳥摯而有別。』」庶按：詩周南關雎：「關關雎鳩，在河之州。」鄭玄箋：「摯之言至也，謂王雎之鳥，雌雄情意，至然而有別。」

〔四九〕「鳴」、「雅」原作「鳥」、「稚」，宋本、明鈔本、景道藏本、子彙本、吉府本、程榮本、龍川鈔本並作「鳴」、「雅」。　楊明照曰：「『雅』，原（指舊合字本）誤『稚』，據各本改。」　庶按：楊說是，「鳥」亦「鳴」之訛，據改。詩小雅鹿鳴：「呦呦鹿鳴，食野之苹。」毛傳：「興也。苹，蓱也。鹿得蓱，呦呦然鳴而相呼，懇誠發乎中，以興嘉樂賓客，當有懇誠相招呼以成禮也。」

〔五〇〕「相」原作「自」，宋本、程榮本、別解本並作「相」。　楊明照曰：「『相』字較勝。淮南泰族篇：『關雎興於鳥，而君子美之，爲其雌雄不乖居也；（庶按：王叔岷謂「乖」當作「乘」，乘者，匹也。王念孫有說。）鹿鳴興於獸，君子大之，取其見食而相呼也。』（庶按：王叔岷謂「見」疑「尋」之壞字。尋，古得字。）」　庶按：楊說是。孔子家語好生篇：「關雎興於鳥而君子美之，取之雌雄之有別。鹿鳴興於獸而君子大之，取其得食而相呼。」陸賈新語道基篇：「鹿鳴以仁求其野，關雎以義鳴其雄。」

〔五一〕王叔岷曰：「醜借爲疇。國策齊策高誘註：『疇，類。』」

〔五二〕「奚」原作「矣」，宋本作「奚」。　王叔岷曰：「程榮本、王謨本、畿輔本『矣』並作『奚』，屬下讀，是也。本書多以『奚況』連文。」　庶按：王說是，據改。

〔五三〕楊明照曰：「淮南主術篇：『賢主之用人也，猶巧匠之制木也，大者以爲舟航柱梁，小者以爲椄槢，脩者以爲櫚榱，短者以爲朱儒枅櫨。無小大脩短，各得其所宜；規矩方圓，各有所施，殊形異材，莫不可得而用也。」」王叔岷曰：「爾雅釋木：『檉，河柳。』郭璞註：『今河旁赤莖小楊。』玉篇：『桁，屋桁。』文選何平叔景福殿賦李註：『桁，梁之所施也。』記纂淵海五五引管子：『工之制木也，大者以爲舟航柱梁，小者以爲櫼楔，脩者以爲櫚榱，短者以爲侏儒枅櫨。無大小脩短，皆得其所宜。』帝範審官篇：『故明主之任人，如巧匠之制木，直者以爲轅，曲者以爲輪，長者以爲棟梁，短者以爲栱角。無曲直長短，各有所施。』楊氏引淮南云云，據王念孫説有所訂正。」

〔五四〕楊明照曰：「魏子：『録人一善，則無棄人；採材一用，則無棄材。』（意林五引。）」王叔岷曰：「老子二十七章：『是以聖人常善救人，故無棄人；常善救物，故無棄物。』莊子徐無鬼篇：『匠石運斤成風。』釿與斤同。」

〔五五〕王叔岷曰：「程榮本、王謨本、畿輔本『賢能』並作『是以』，疑涉上文『是以』而誤。」

〔五六〕孫楷第曰：「此本左氏成九年傳引詩。杜註：『逸詩也。』今傳作『蕉萃』。詩『東門之池』正義、李善註文選任彦昇爲范尚書讓吏部封侯第一表，引傳亦俱作『顦顇』。」「菅」原作「管」。楊明照曰：「道藏本『管』作『菅』，餘本同，『菅』字是。左成九年傳：『詩曰：「雖有絲麻，無棄菅蒯；雖有姬姜，無棄蕉萃。」杜註：『逸詩也。』」王叔岷曰：「左傳杜註：『姬姜，大國之女。蕉萃，陋賤之人。』『蕉萃』與『顦顇』同。後漢書應劭傳引左傳亦作『顦顇』。」庶按：楊説是，據改。

文武章二十八

規者，所以法圓，裁局則乖〔一〕；矩者，所以象方，製鏡必背〔二〕；輪者，所以輾地，入水則溺〔三〕；舟者，所以涉川，施陸必躓〔四〕。何者？方圓殊形，舟車異用也。雖形殊而用異〔五〕，而適用則均〔六〕。盛暑炎蒸，必藉涼風；寒交冰結，必處溫室。夏不御氊，非憎惡之，炎有餘也；冬不臥簟，非怨讐之，涼自足也〔七〕。不以春日遲遲而毀羔裀〔八〕，秋露灑葉而剔筍席，白羽相望，霜刃競接，則文不及武；干戈既韜，禮樂聿修，則武不及文。不可以九畿熠然而棄武，四郊多壘而擯文〔九〕，士用各有時，未可偏無也。五行殊性，俱爲人用〔一〇〕，文武異材，爲國大益〔一一〕。猶救火者，或提盆榼，或執瓶盂〔一二〕，其器方圓，形體雖返〔一三〕，名質相乖，至於盛水滅火，功亦齊焉〔一四〕。繳者身仰，釣者身俯，俯仰別狀，取利同焉〔一五〕。織者漸進，耕者漸退，進退異勢，成務等焉〔一六〕。墨子救宋，重趼而行〔一七〕；干木在魏，身不下堂。行止異跡，存國一焉〔一八〕。文以讚治，武以凌敵，趨舍殊律，爲績平焉。秦之季葉，土崩瓦解〔一九〕，漢祖躬提三尺之劍，爲黔首請命，跋涉山川，蒙犯矢石，出百死以績一生〔二〇〕，而争天下之利，奮武厲誠〔二一〕，以決一旦之命。當斯之時，冠章甫，衣縫掖〔二二〕，未若戴金冑而擐犀甲也〔二三〕。

嬴項既滅〔二四〕，海内大定，以武創業，以文止戈，徵鄒、魯諸生〔二五〕，而制禮儀，修三代之樂〔二六〕，朝萬國於咸陽〔二七〕。當此之時，修文者榮顯，習武者慙忸，一世之間而文武遞爲雄雌〔二八〕。以此言之，治亂異時，隨務引才也〔二九〕。

今代之人，爲武者則非文，爲文者則嗤武，各執其所長而相是非，猶以宫笑角，以白非黑，非適才之情，得實之論也。

校釋

〔一〕王叔岷曰：「詩小雅正月毛傳：『局，曲也。』」庶按：「局」乃「跼」之借字。詩小雅正月：「謂天蓋高，不敢不局。」釋文：「『局』，本又作『跼』。」

〔二〕楊明照曰：「淮南時則篇：『規者，所以員萬物也；矩者，所以方萬物也。』」庶按：時則篇「矩者」上有「衡者，所以平萬物也」八字。

〔三〕「入」原作「人」，覆宋本、明鈔本、景道藏本、子彙本、吉府本、程榮本、龍川鈔本並作「入」。楊明照曰：「『入』字是。」庶按：楊説是，據改。

〔四〕楊明照曰：「鄧析子無厚篇：『夫舟浮於水，車轉於陸，此自然之道也。』莊子天運篇：『夫水行莫如用舟，而陸行莫如用車。以舟之可以行於水也，而求推之於陸，則没世不行尋常。』」王叔岷曰：「淮南主術篇：『夫舟浮於水，車轉於陸，此勢之自然也。』僞子華子孔子贈篇：『是縱櫂於陸，而發軔於川也。其亦不可以幸而幾矣。』」

〔五〕「異」原作「意」，覆宋本、明鈔本、景道藏本、子彙本、吉府本、程榮本、龍川鈔本並作「異」。林其錟曰：「『意』爲『異』的音誤，非是。」庶按：林説是，據改。

〔六〕原本「均」下有「者」字，「者」字於文意無涉，今刪。

〔七〕楊明照曰：「呂氏春秋有度篇：『夏不衣裘，非愛裘也，暖有餘也；冬不用簍，非愛簍也，清有餘也。』」王叔岷曰：「淮南俶真篇：『夫夏日之不被裘者，非愛之也，燠有餘於身也；冬日之不用翣者，非簡之也，清有餘於適也。』『清』當爲『凊』，説文：『凊，寒也。』精神篇：『知冬日之箑，夏日之裘，無用於己，則萬物之變爲塵埃矣。』」

〔八〕楊明照曰：「詩豳風七月：『春日遲遲。』毛傳：『遲遲，舒緩也。』」

〔九〕楊明照曰：「禮記曲禮上：『四郊多壘，此卿大夫之辱也。』」王叔岷曰：「曲禮上鄭注：『壘，軍壁也。』周禮夏官大司馬：『乃以九畿之籍，施邦國之政職：方千里曰國畿，其外方五百里曰侯畿，又其外方五百里曰甸畿，又其外方五百里曰男畿，又其外方五百里曰采畿，又其外方五百里曰衛畿，又其外方五百里曰蠻畿，又其外方五百里曰夷畿，又其外方五百里曰鎮畿，又其外方五百里曰蕃畿。』鄭注：『畿猶限也。自王城以外，五百（舊誤千）里爲界，有分限者九。』」庶按：慴然，恐懼貌。

〔一〇〕原本無「文士用各有時未可偏無也五行殊性俱爲人用」十九字，覆宋本、明鈔本、景道藏本、子彙本、程榮本、龍川鈔本於「擯」下並有「文，士用各有時，未可偏無也。五行殊性，俱爲人用」十九字。楊明照曰：「以上十九字，原（指舊合字本）奪，據各本補。」庶按：楊說是，據補。

〔一一〕楊明照曰：「左襄二十七年傳：『天生五材，民並用之，廢一不可，誰能去兵？』」

〔一二〕「埶」原作「摯」，吉府本作「埶」，是，據改。子彙本「瓶」下双行小註：「瓶容一斗。」

〔一三〕「形」原作「行」，覆宋本、明鈔本、景道藏本、子彙本、吉府本、程榮本、龍川鈔本並作「形」，是，據改。「返」，何允中本、別解本、清謹軒鈔本並作「反」。王叔岷曰：「王謨本『返』作『反』，古通。」

〔一四〕楊明照曰：「淮南脩務篇：『今夫救火者，汲水而趍之，或以甕瓴，或以盆盂，其方員鋭橢不同，盛水各異，其於滅火均也。』」

〔一五〕楊明照曰：「淮南説山篇：『射者使人端，釣者使人恭，事使然也。』」王叔岷曰：「文選陸士衡文賦註引説文：『繳，生絲縷也。謂縷繫矰矢而以弋射。』（今本説文無『謂』下九字，參看段玉裁註。）墨子魯問篇：『釣者之恭，非爲賜也。』説苑説叢篇：『御者使人恭，射者使人端，何也？其形便也。』金樓子立言篇：『射則使人端，釣則使人恭，事使然也。』」

〔一六〕原本「異勢」上無「進退」二字，覆宋本、明鈔本、景道藏本、子彙本、吉府本、程榮本於「異勢」上並有「進退」二字。楊明照曰：「『進退』二字，原（指舊合字本）奪，據各本補。淮南繆稱篇：『夫織者日以進，耕者日以却，事相反，成功一也。』」 庶按：楊説是，據補。

〔一七〕袁註：「墨翟，宋人，外理九經，內練萬術。魯來攻宋，遣公輸魯般雲梯攻宋城。墨子在城中乃作火具，燒公輸雲梯。魯凡攻宋城，託公輸之巧有極，墨子之拒有餘。公輸魯般以絶代之巧，終爲墨子之困。墨子來往宋城，救危不息，脚有重趼而生者也。」 王叔岷曰：「莊子天道篇：『百舍重趼，而不敢息。』釋文：『趼，古顯反。司馬云：「胝也。」』淮南脩務篇：『百舍重趼，不敢休息。』高註：『趼，足生胝。』（今本正文、註文『趼』並誤作『跰』，據卷子本玉篇引正，王念孫雜志亦有説。）又脩務篇載墨子救宋『足重繭而不休息』，『趼』與『繭』同。國策宋策：『公輸般爲楚設機，將以攻宋，墨子聞之，百舍重繭，往見公輸般。』高註：『重繭，累胝也。』」 庶按：袁註本墨子公輸篇，其「魯來攻宋」當作「楚來攻宋」。呂氏春秋愛類篇高誘註：「公輸，魯般之號也，在楚爲楚王設攻宋之具也。」又墨子於宋城中作火具燒公輸般事，亦不見所出，或爲隨文附會。

〔一八〕袁註：「魏之隱士，姓段名干木。魏文侯往其家，與共言。坐語終日，文侯脚胝而不敢伸。謂左右曰：『寡人富於財，干木富於德，吾脚胝不敢伸。』秦聞魏有干木，罷兵不敢攻魏。」 楊明照曰：「淮南脩務篇：『夫墨子跌（庶按：王叔岷謂「跌」當作「趹」，疾也，王引之有説。）蹏而趍千里，以存楚、宋；段干木闔門不出，以安秦、魏。夫行與止也，其勢相反，而皆可以存國，此所謂異路而同歸者也。』」 庶按：段干木姓段干，名木。段干乃複姓。風俗通義十反篇：「干木偃息（原作「息偃」，王利器有説。）以藩魏。」

〔一九〕王叔岷曰：「文選東方朔非有先生論註引春秋考異郵：『瓦解土崩。』淮南泰族篇：『武王左操黃鉞，右執白旄以麾之，則瓦解而走，遂土崩而下。』漢書徐樂傳：『臣聞天下之患，在於土崩，不在瓦解。』」庶按：漢書徐樂傳：「何謂土崩？秦之末世是也。陳涉無千乘之尊，尺土之地，身非王公大人名族之後，無鄉曲之譽，非有孔、曾、墨子之賢，陶朱、猗頓之富也。然起窮巷，奮棘矜，偏袒大呼，天下從風，此其故何也？由民困而主不恤，下怨而上不知，俗已亂而政不修，此三者陳涉之所以爲資也。此之謂土崩。故曰天下之患在乎土崩。何謂瓦解？吳、楚、齊、趙之兵是也。七國謀爲大逆，號皆稱萬乘之君，帶甲數十萬，威足以嚴其境內，財足以勸其士民，然不能西攘尺寸之地，而身爲禽於中原者，此其故何也？非權輕於匹夫而兵弱於陳涉也，當是之時，先帝之德未衰，而安土樂俗之民衆，故諸侯無境外之助，此之謂瓦解。」

〔二〇〕「績」，景道藏本、子彙本、吉府本、程榮本、龍川鈔本並作「續」。盧文弨曰：「『績』，俗『續』。」王叔岷曰：「『績』、『續』同義。爾雅釋詁：『續、績，繼也。』」

〔二一〕「誠」原作「威」，覆宋本、明鈔本、景道藏本、子彙本、吉府本、程榮本、龍川鈔本、諸子彙函本並作「誠」。楊明照曰：「『誠』字是。」庶按：楊說是，據改。此乃套用淮南氾論篇舊語。

〔二二〕袁註：「大袖之衣也，今之黼衿衣服也。」王叔岷曰：「禮記儒行：『丘少居魯，衣逢掖之衣；長居宋，冠章甫之冠。』釋文：『章甫，殷冠也。』『逢』、『縫』古通。」

〔二三〕王叔岷曰：「說文：『擐，貫也。』春秋傳曰：『擐甲執兵。』」」（左成二年傳。）

〔二四〕「嬴」原作「羸」，覆宋本、明鈔本、景道藏本、子彙本、吉府本、何允中本、龍川鈔本並作「嬴」。楊明照曰：「『嬴』字是。淮南氾論篇：『秦之時，……道路死人以溝量。……逮至高皇帝，存亡繼絶，舉天下之大義，身自奮袂執鋭，以爲百姓請命於皇天。當此之時，天下雄儁豪英，暴露於野澤，前蒙矢石而後墮谿壑，出百死而紿一生，以争天下之權，奮武厲誠，以決一旦之命。當此之時，豐衣博帶，而道儒墨者，以爲不肖。逮至暴亂已勝，海内大定，繼文之業，立武之功，履天子之圖籍，造劉氏之貌冠，總鄒、魯之儒墨，通先聖之遺教，戴天子之旗，乘大路，建九斿，撞大鐘，擊鳴鼓，奏咸池，揚干戚。當此之時，有立武者見疑。一世之間，而文武代爲雌雄，有時而用也。今世之爲武者，則非文也；爲文者，則非武也。文武更相非，而不知時世之用也。』」庶按：楊説是，據改。「嬴」謂秦王，（秦始皇稱嬴正。）項謂項羽。

〔二五〕淮南齊俗篇高誘註：「鄒，孟軻邑；魯，孔子邑。」

〔二六〕「三」原本作「六」，「六」當爲「三」之訛。叔孫通制定朝儀，蓋採擇夏、商、周，結合秦制而定。據改。

〔二七〕「咸陽」疑爲「洛陽」之訛。史記高祖本紀、漢書高帝紀俱言垓下之戰後，高祖都洛陽，後遷長安。

〔二八〕盧文弨曰：「（程榮本）『遞』誤『遽』。」陳昌濟曰：「『遽』當爲『遞』。」

〔二九〕「引」，程榮本、別解本並作「用」。盧文弨曰：「『引』，俗『用』。」

均任章二十九

器有寬隘〔一〕，量有巨細，材有大小，則任有輕重〔二〕，所處之分，未可乖也。是以萬碩之鼎〔三〕，不可滿以盂水；一鈞之鍾，不可容於泉流〔四〕；十圍之木，不可蓋以茅茨；榛棘之柱，不可負於廣廈〔五〕。卽小非大之量，大非小之器〔六〕，重非輕之任，輕非重之制也。以大量小，必有枉分之失；以小容大，則致傾溢之患〔七〕；以重處輕，必有傷折之過；以輕載重，則致壓覆之害。

故鵾鵬一軒〔八〕，横厲寥廓〔九〕，背負蒼天，足躡浮雲〔一〇〕，有六翮之資也〔一一〕。騕褭一驚，騰光萬里〔一二〕，絶塵掣徹〔一三〕，有迅足之勢也。今以燕雀之羽，而慕冲天之迅〔一四〕；犬羊之蹄，而覬追日之步〔一五〕，勢不能及，亦可知也。

故奔蜂不能化藿蠋〔一六〕，而能化螟蛉〔一七〕；越鷄不能伏鵠卵，而魯鷄能伏之〔一八〕。夫藿蠋與螟蛉俱蟲也〔一九〕，魯鷄與越鷄同禽也，然化與不化，伏與不伏者，藿蠋大，越鷄小也〔二〇〕。

夫龍蛇有飛騰之質〔二一〕，故能乘雲依霧〔二二〕；賢才有政理之德，故能踐勢處位。雲霧雖密，蟻蚓不能昇者，無其質也；勢位雖高，庸蔽不能治者，乏其德也。故智小不可以謀大，狹德不可以處廣〔二三〕，以小謀大必危，以狹處廣必敗。子游治武城，夫子發割鷄之嘆〔二四〕；尹何爲邑宰，子産出製錦之諫〔二五〕。德小而任大，謂之濫也；德大而任小，謂之降也。而其失也，寧降無濫〔二六〕。

是以君子量才而授任，量任而授爵〔二七〕，則君無虚授，臣無虚任。故無負山之累、折足之憂也〔二八〕。

校釋

〔一〕「器」原作「爲」，景四庫本作「器」，「器」字義勝，據改。

〔二〕原本「任」下「有」作「其」。孫楷第曰：「『任其輕重』句，其乃有字之譌。『任有輕重』與『爲有寬隘，量有巨細，材有大小』，相對爲文。」王叔岷曰：「惟『任有輕重』句，當在『則』字上，與上三句平列。」庶按：孫、王説並是，據改。

〔三〕王叔岷曰：「帝範審官篇註引『碩』作『鍾』。」庶按：「碩」，景四庫本作「石」，古通。「鍾」則非也。

〔四〕原本「鍾」作「鐘」。王叔岷曰：「帝範審官篇註引『鍾』作『器』，『以』、『於』互文，於猶以也。」庶按：「鐘」，類纂本作「鍾」，是，據改。鍾爲古量器。

〔五〕「茅」、「厦」原作「茆」、「夏」，覆宋本、明鈔本、景道藏本、子彙本、吉府本、何允中本、龍川鈔本並作「茅」、「厦」，是，據改。　孫楷第曰：「『木』、『柱』疑互誤。」　庶按：「木」、「柱」於義自通，不誤。

〔六〕盧文弨曰：「（程榮本）『卽』字脱。」　孫楷第曰：「『小大』、『大小』，俱當互易，以下文『以大量小，必有枉分之失，以小容大，則致傾溢之患』證之。」　庶按：孫説是。　原本「大」上有「就」字，明鈔本、景道藏本、子彙本、吉府本、程榮本、龍川鈔本於「大」上並無「就」字，是，據删。

〔七〕「以大量小」原作「以大溢小」，「傾溢之患」原作「傾量之患」，覆宋本、明鈔本、子彙本、吉府本、程榮本、龍川鈔本並作「以大量小」、「傾溢之患」，是，據改。「以大量小」承上「万碩之鼎」而言，「傾溢之患」承「一鈞之鍾」而言。

〔八〕袁註：「鵾鵬一云大鵬，是西方鳥也。南方鳥曰鳳凰，北方鳥曰幽昌。鵾鳥本處滄溟之角，其名曰鵾，鵾化鵬，鵬一飛九萬里，翼動青天，足蹠浮雲。」　王叔岷曰：「文選木玄虚海賦註：『軒，舉也。』顔延年五君泳嵇常侍一首：『交吕既鴻軒，攀嵇亦鳳舉。』軒、舉互文，軒亦舉也。」　庶按：袁註九萬里之説當本莊子逍遥遊篇。

〔九〕袁註：「寥，空也。廓，大也。」　王叔岷曰：「『厲』與『戾』同。詩小雅四月：『翰飛戾天。』（文選班孟堅西都賦註引韓詩『戾』作『厲』。）鄭箋：『戾，至。』」

〔一〇〕王叔岷曰：「淮南原道篇許慎註：『蹠，踏（蹋之俗）也。』（文選傅武仲舞賦註引。）淮南人閒篇：『淩乎浮雲，背負青天。』」

〔一一〕原本無「有六翮之資也」六字。底本别行底一格，誤入註文。　黄丕烈明鈔本校註：「『有』字一行底一格別行，宋本鈔補，此六字是正文。」庶按：黄説是。「有六翮之資也」與下文「有迅足之勢也」一律。

〔一二〕袁註：「跳躍神馬名也。騕驤馬是龍之子，神馬也。騕驤之子曰驥也。」「驤」，景四庫本、百子本、龍溪本並作「褭」。盧文弨曰：「『褭』，俱作『驤』，『鷔』作『鶩』。」王叔岷曰：「『褭』、『驤』正俗字。」庶按：袁註以傳説附會，非。

〔一三〕原本「徹」作「微」。孫楷第曰：「『微』乃『徹』字之誤。『徹』、『轍』古今字。『掣』，猶絶也，説詳知人篇。『絶塵掣徹』，言其疾耳。老子七十二章：『善行無轍迹。』莊子徐無鬼篇：『若是者超軼絶塵。』田子方篇云：『奔逸絶塵。』釋文：『軼，徐徒列反。崔云：「徹也。」逸，司馬云：「本作轍。」』案：『軼』、『逸』均通假字，『徹』字古讀如『軼』。漢書文帝紀：『結徹於道。』史記作『結軼於道』。淮南子道應訓：『絶塵弭轍。』高註：『弭轍，引迹疾也。』文選赭白馬賦：『超攄絶夫塵轍。』」王叔岷曰：「列子説符篇：『若此者，絶塵弭𨇨。』釋文：『𨇨，跡也。一本作徹。』亦可證此文『微』字之誤。孫氏所引淮南高註，乃許慎註。」庶按：孫、王説並是，據改。

〔一四〕王叔岷曰：「漢書叙傳上：『燕雀之疇，不奮六翮之用。』」

〔一五〕王叔岷曰：「『追日』，已詳託附篇。」

〔一六〕袁註：「食荳葉之蟲也。」原本「奔蜂」上無「故」字，覆宋本、明鈔本、景道藏本、子彙本、吉府本、程榮本、龍川鈔本於「奔蜂」上並有「故」字，是，據增。

〔一七〕袁註：「食桑葉之蟲也。」「能化螟蛉」，景四庫本作「螟蛉能化之」，程榮本作夾行小字，與景四庫本同。作「螟蛉能化之」，與下文「魯鷄能伏之」相對。

〔一八〕原本「魯鷄」上無「而」字，景四庫本於「魯鷄」上有「而」字，程榮本「而魯」作夾行小字。「而」字當有，與上一律，據補。

〔一九〕原本「藿蠋」上無「夫」字，程榮本於「藿蠋」上有「夫」字。盧文弨曰：「『夫』，藏無。（程榮本）『蠋』脱。」庶按：有「夫」字義勝，據補。

〔二〇〕盧文弨曰：「（程榮本）『蠋』脱，……『鷄』脱。」楊明照曰：「莊子庚桑楚篇：『奔蜂不能化藿蠋，越鷄不能伏鵠卵，魯鷄固能矣。鷄之與鷄，其德非不同也，有能與不能者，其才固有巨小也。』釋文引司馬云：『奔蜂，小蜂也。藿蠋，豆藿中大青蟲也。越鷄，小鷄也。』向云：『魯鷄，大鷄也。』成疏：『奔蜂細腰，能化桑蟲爲己子，而不能化藿蠋。』」王叔岷曰：「詩小雅小宛毛傳：『螟蛉，桑蟲也。』」

〔二一〕「飛」，覆宋本、明鈔本、景道藏本、子彙本、吉府本、程榮本、龍川鈔本、別解本並作「翻」。王叔岷曰：「舊合字本『翻』作『飛』，疑『翻』之壞字。」庶按：「飛」字不誤。

〔二二〕「霧」原作「露」，覆宋本、明鈔本、景道藏本、子彙本、吉府本、程榮本、龍川鈔本並作「霧」，是，據改。下文「雲霧雖密」正承其而言。淮南泰族篇：「蹂虚輕舉，乘雲游霧。」

〔二三〕「狹德」，覆宋本、明鈔本、景道藏本、子彙本、吉府本、程榮本、龍川鈔本並作「德狹」。楊明照曰：「作『德狹』是也。易繫辭下：『子曰：「德薄而位尊，智小而謀大，力小而任重，鮮不及矣。」』」王叔岷曰：「淮南主術篇：『有小智者，不可任以大功。』」　庶按：楊說是。

〔二四〕楊明照曰：「論語陽貨篇：『子之武城，聞弦歌之聲，夫子莞爾而笑，曰：「割鷄焉用牛刀？」』」

〔二五〕袁註：「子皮使尹何爲邑宰，子産道其才薄，於出錦之諫曰：『未能操，何製錦也。』」　楊明照曰：「左襄三十一年傳：『子皮欲使尹何爲邑，子産曰：「少，未知可否？」子皮曰：「愿，吾愛之，不吾叛也。使夫往而學焉，夫亦愈知治矣。」子産曰：「……子有美錦，不使人學製焉；大官大邑，身之所庇也，而使學者製焉，其爲美錦，不亦多乎？」』」　庶按：左襄三十一年傳楊伯峻註曰：「尹何，子皮屬臣。」

〔二六〕楊明照曰：「左襄二十六年傳：『若不幸而過，寧僭無濫。』」

〔二七〕孫楷第曰：「量才授任，量任授爵，俱蒙君子爲文，兩『授』字皆當作『受』。尸子：『君子量才而受爵，量功而受禄。』淮南子人間訓：『計功而受賞，不爲苟得；量力而受官，不貪爵禄。』語意與此同。」　楊明照曰：「曹植求自試表：『夫論德而授官者，成功之君也；量能而受爵者，畢命之臣也。故君無虚授，臣無虚受。』」　王叔岷曰：「『君子量才而授任，量任而授爵』，君子指在位者，兩『授』字不必從尸子、淮南作『受』。荀子儒效篇：『若夫譎德而定次，量能而授官，使賢不肖皆得其位，能不能皆得其官，……是然後君子之所長也。』字作『授』，亦言君子，與此同例。君道篇：『譎德而定次，量能而授官，皆使人載其事，而各得其所宜。』今本『譎』誤『論』，『使』下衍『其』字。

又見正論篇，『譎』作『決』，古字通用。王念孫雜志有說。漢書董仲舒傳：『量材而授官，録德而定位。』文選曹子建求自試表註引王符潛夫論：『故明主不敢以私授，忠臣不敢以虚受。』」庶按：王説是。此章章旨謂國君如何量任而任人，非謂君子如何知己而受任，故文不當改。潛夫論實貢篇：「各以所宜，量材授任，則庶官無曠，興功可成，太平可致，麒麟可臻。」義與此可互參。

〔二八〕楊明照曰：「莊子秋水篇：『是猶使蚊負山，商蚷馳河也。必不勝任矣。』易鼎：『九四，鼎折足，覆公餗，其形渥凶。』」王叔岷曰：「類纂本『山』作『乘』，疑因『負』字聯想而誤。易解：『六三，負且乘，致寇至。』莊子應帝王篇：『猶涉海鑿河，而使蚊負山也。』抱朴子論僊篇：『是令蚊虻負山。』」

慎言章三十

日月者，天之文也；山川者，地之文也；言語者，人之文也〔一〕。天文失，必有謫蝕之變〔二〕；地文失，必有崩竭之灾；人文失，必有傷身之患。

故口者，言語之門户〔三〕；舌者〔四〕，門户之關鑰。關鑰動則門户開，門户開則言語出。出言之善，則千里應之；出言之惡，則千里違之。言失於己，不可遏於人；情發於近，不可止於遠〔五〕。是以君子慎其關鑰，以密言語〔六〕。言語在口，譬含鋒刃，不可動也。動鋒刃者，必傷喉舌；言失之害，非惟鋒刃〔七〕，其所傷者，不惟喉舌〔八〕。故天有卷舌之星，人有緘口之銘〔九〕，所以警恌言〔一〇〕，防口訧也〔一一〕。

口舌者，患禍之官，亡滅之府也〔一二〕；語言者〔一三〕，性命之所屬，而形骸之所繫也。言出患入，語失身亡。身亡不可復存，言出不可復追〔一四〕。其猶射也，懸機未發〔一五〕，則猶可止〔一六〕，矢一離絃，雖欲返之，弗可得也〔一七〕。易誡樞機〔一八〕，詩刺言玷〔一九〕。斯言一玷，非礛礑所磨〔二〇〕；樞機既發，豈駭電所追？皆前聖之至慎，後人之埏鎔〔二一〕。明者慎言，故無失言；闇者輕言，身致害滅。昔智伯失言於水灌，韓魏躡其肘足〔二二〕；魏武漏語於英雄，玄德遺其七箸〔二三〕。是以頭爲穢器〔二四〕，師馳徐州；地分三晉〔二五〕，土割岷蜀。亡敗長釁，爲天下笑，不慎言也。韓昭侯與棠谿公謀而終夜獨寢〔二六〕，慮夢言露於妻妾也；孔光不對溫室之樹，恐言之泄於左右也〔二七〕。

言者，風也〔二八〕，無足而行，無翼而飛〔二九〕，不可易也。是以聖人當言而懼，發言而憂，如蹈水火，臨危險也。禮然後動，則動如春風，人不厭其動；時然後言，則言如金石〔三〇〕，人不厭其言〔三一〕。故身無失行，口無過言也〔三二〕。

校釋

〔一〕楊明照曰：「左僖二十四年傳：『言，身之文也。』」王叔岷曰：「文心雕龍原道篇：『日月疊璧，以垂麗天之象；山川煥綺，以鋪理地之形。此蓋道之文也。……心生而言立，言立而文明，自然之道也。』」

〔二〕「必」原作「則」，程榮本亦作「則」。盧文弨曰：「『必』，俗作『則』，下同。」庶按：「必」是，與下一律。「謫蝕」同「薄蝕」。

〔三〕楊明照曰：「鬼谷子捭闔篇：『口者，心之門户也。』」王叔岷曰：「景宋本白帖九、御覽三六七、天中記二二並引周生烈子：『口者，言之門。』」

〔四〕「舌」原作「古」，宋本、明鈔本、景道藏本、子彙本、吉府本、程榮本、龍川鈔本並作「舌」，是，據改。

〔五〕楊明照曰：「易繫辭上：『子曰：「君子居其室，出其言善，則千里之外應之，況其邇者乎？居其室，出其言不善，則千里之外違之，況其邇者乎？言出乎身，加乎民；行發乎邇，見乎遠。」』淮南人間篇：『言出於口者，不可止於人；行發於邇者，不可禁於遠。』」王叔岷曰：「淮南人間篇云云，又見說苑說叢篇。『口』作『己』，與此文猶合。」

〔六〕「密」猶蔽也。

〔七〕「惟」，宋本、明鈔本、景道藏本、子彙本、吉府本、龍川鈔本並作「唯」。王叔岷曰：「『唯』作『惟』，古通。」

〔八〕「惟」原作「慎」，子彙本、程榮本、龍川鈔本並作「惟」。王叔岷曰：「作『惟』是也。」庶按：王說是，據改。

〔九〕袁註：「周公廟中鑄金人，爲三緘其口，書其背曰：『我是古之慎言人也。』」楊明照曰：「太公金匱：『金人三緘其口，慎言語也。』」王叔岷曰：「御覽三百九十引荀子：『金人銘曰：「周大廟右階之前，有金人焉。三緘其口，而銘其背曰：我，古之慎言人也。戒之哉！無多言，無多事。多言多敗，多事多害。」』」庶按：說苑敬慎篇：「孔子之周，觀於太廟右階之前，有金人焉，三緘其口，而銘其背曰：『古之慎言人也。戒之哉！戒之哉！無多言，多言多敗；無多事，多事多患。安樂必戒，無行所悔。勿謂何傷，其禍將長。勿謂何害，其禍將大。勿謂何殘，其禍將然。勿謂莫聞，天祅伺人，熒熒不滅，炎炎奈何。涓涓不壅，將成江河。緜緜不絕，將成網羅。青青不伐，將尋斧柯。誠不能慎之，禍之根也。口是何傷，禍之門也。强梁者不得其死，好勝者必遇其敵。盜怨主人，民害其貴，君子知天下之不可蓋也，故後之下之，使人慕之。執雌持下，莫能與之争者。人皆趨彼，我獨守此。衆人惑惑，我獨不徙。内藏我知，不與人論技。我雖尊高，人莫我害。夫江河長百谷者，以其卑下也。天道無親，常與善人。戒之哉！戒之哉！』孔子顧謂弟子曰：「記之，此言雖鄙而中事情。詩曰：『戰戰兢兢，如臨深淵，如履薄冰。』行身如此，豈以口遇禍哉！』」

〔一〇〕子彙本「恌言」下双行小註：「恌音祧，輕害。」

〔一一〕子彙本「訧也」下双行小註：「訧，過也。」

〔一二〕「官」，宋本、顧雲程本、程榮本並作「宮」。王叔岷曰：「作『宮』，疑臆改，或形誤。官猶主也。管子宙合篇：『故不官於物，而旁通於道。』尹知章註：『官，主也。』莊子德充符篇：『而況官天地，府萬物。』官府對言，與此同例。在宥篇：『天地有官，陰陽有藏。』（成玄英疏以府釋藏。）官藏對言，猶以官府對言也。」林其錟曰：「當作『宮』，同下『府』字對應。官乃宮之形誤。」庶按：王說是。官、宮古多互誤，風俗通義怪神篇：「諸侯修政，大夫修官。」官，舊本訛爲宮。孫詒讓札迻曰：「宮當爲官，形近而僞。」然釋官爲「主」，乃非。莊文以「官」、「府」相對，言處所，此亦與莊文同，猶言患禍、亡滅所寓之處。

〔一三〕以上下文例之，「語言」二字當乙。

〔一四〕「出」原作「非」，宋本、程榮本並作「出」。盧文弨曰：「（程榮本）『非』誤『出』。」王叔岷曰：「王（保珍）云：『記纂淵海六三引「非」作「出」。』藝文類聚十九、御覽三百九十並引鄧析子：『一言而非，駟馬不能追。』（今本鄧析子轉辭篇作『一聲而非，駟馬勿追』。）説苑説叢篇：『出言不當，四馬不能追也。』據此，則作『非』、作『出』，義並可通。惟此文承上『言出患入』而言，當以作『出』爲是，盧説未審。」　庶按：王説是，據改。文子微明篇：「言者禍也，舌者機也，出言不當，駟馬不追。」

〔一五〕「懸機」疑作「弩機」，謂弩上發矢之機。

〔一六〕原本「猶」上無「則」字，宋本、明鈔本、景道藏本、子彙本、吉府本、程榮本、龍川鈔本於「猶」上並有「則」字，是，據增。

〔一七〕王叔岷曰：「王（保珍）云：『記纂淵海引「返」作「反」，「弗」作「不」。説苑説叢篇：「言猶射也，括既離弦，雖有所悔焉，不可從而追已。」』」

〔一八〕楊明照曰：「易繫辭上：『言行，君子之樞機，樞機之發，榮辱之主也。』」

〔一九〕楊明照曰：「詩大雅抑：『白圭之玷，尚可磨也；斯言之玷，不可爲也。』」　王叔岷曰：「詩大雅抑傳：『玷，缺也。』」

〔二〇〕子彙本「磁」下双行小註：「力甘切。」「礑」下双行小註：「音諸。」　王叔岷曰：「淮南説山篇高註：『磁諸，攻玉之石。』脩務篇註『攻』作『治』。『磁礑』與『磁諸』，説文作『厱諸』，云『治玉石也』。」

〔二一〕「埏」原作「挺」，明鈔本、景道藏本、子彙本、吉府本、程榮本、龍川鈔本並作「埏」。　王叔岷曰：「管子任法篇：『猶埴之在埏也，唯陶之所以爲。』漢書董仲舒傳：『猶金之在鎔，唯冶者之所鑄。』埏爲範土之器，鎔爲冶金之器，埏鎔，猶言模範耳。」　庶按：「埏」是，據改。

〔二二〕袁註：「智伯與韓宣子、魏武子共伐趙襄子，灌朝歌水淹襄子城。三年，智伯與韓侯、魏侯登高看水。智伯失言曰：『洚水可以灌安邑，汾水可以灌平陽。』平陽則魏侯所都，安邑則韓侯所都。二子聞此語，宣子以肘射武子肘，武子以足躡宣子足。使出，宣子謂武子曰：『智伯欲以水灌我等，趙亡我則其次，不如先圖之。』二侯於是乃使人告襄子曰：『君明日卯時出兵與智伯交戰，我二軍各引兵兩頭，卽滅智伯。』襄子乃斬智伯頭，以漆之用爲穢器，此爲不愼言之失也。」「躡」原作「攝」，宋本、明鈔本、景道藏本、子彙本、吉府本、程榮本、龍川鈔本並作「躡」。楊明照曰：「『躡』字是。戰國策秦策四：『昔者，六晉之時，智氏最强，滅破范、中行，帥韓、魏以圍趙襄子於晉陽。決晉水以灌晉陽，城不沈者三版耳。智伯出行水，韓康子御，魏桓子參乘。智伯曰：『始吾不知水之可亡人也，乃今知之。汾水利以灌安邑，絳水利以灌平陽。』魏桓子肘韓康子，康子履魏桓子，躡其踵肘，足接於車上，而智氏分矣。身死國亡，爲天下笑。』」庶按：楊說是，以袁註，其所據本亦作「躡」，唯其文有誤，當據國策文訂正。

〔三三〕袁註：「魏武，曹操也。漢末，天下微弱，四方無主，英偉並起，袁紹起兵於關東，號東晉，孫權據吳，劉璋在蜀，曹操亦欲窺天下。劉備字玄德，皆大志，來過曹操，操與同食，而謂言天下英雄唯君與操，本初之徒不足數也。本初，袁紹字也。劉備聞操言，不覺心驚，恐操知備欲圖天下之心，正食乃失匕筯。背操走入徐州，復來荆州，滅劉璋。後稱蜀王，王西蜀，曹操王西晉，孫權王南吳，天下爲三國者也。」楊明照曰：「魏武事見蜀志先主傳。」庶按：袁註所謂曹操王西晉、孫權王南吳說，大誤，不足辨。

〔二四〕楊明照曰：「韓非子喻老篇：『智伯兼范、中行，而攻趙不已，韓、魏反之。……漆其首以爲溲器。』他書皆作『飲器』。」　王叔岷曰：「史記刺客列傳索隱引韓非子喻老篇、呂氏春秋義賞篇並云：『襄子漆智伯頭以爲溲汗。』與此言『穢器』合。惟今本呂氏春秋作『斷其頭以爲觴』。」

〔二五〕「三」原作「二」，宋本、程榮本、孫評本並作「三」。　孫楷第曰：「作『三』是也。淮南子氾論訓云：『智伯以三晉之地擒。』高註云：『三晉，智氏兼有范、中行氏。』」　庶按：孫說是，據改。惟「師馳徐州」與「地分三晉」疑誤倒。

〔二六〕袁註：「韓昭謚（庶按：「謚」疑衍。）侯，爵名，棠磎，地名，爵號公。韓昭侯與棠磎公語，棠磎公謂韓侯曰：『爲人主者，言泄左右，亦如玉巵置酒。』韓侯於是終夜獨寢，恐有夢語露於妻妾也。」楊明照曰：「韓非子外儲說右上：『棠谿公每見而出，昭侯必獨卧，惟恐夢言泄於妻妾。』」

〔二七〕袁註：「孔光爲漢司空，曾內出外，左右問曰：『温室庭前有何樹木？』孔光別論餘事，不對温室之樹，其意不欲令使內事外知也。」　庶按：漢書孔光傳：「（光）沐日歸休，兄弟妻子燕語，終不及朝省政事。或問光：『温室省中樹皆何木也？』光嘿不應，更答以他語，其不泄如是。」袁註謂孔光爲漢司空，然考漢書本傳，光嘗爲大司徒，蓋袁註誤以司徒爲司空耳。

〔二八〕王叔岷曰：「莊子人間世篇：『言者，風波也。』」

〔二九〕楊明照曰：「管子戒篇：『無翼而飛者，聲也。』」

〔三〇〕依文意，「石」疑「玉」之訛。「言如金玉」，謂言之貴。

〔三一〕「言」原作「聲」，明鈔本作「言」。楊明照曰：「論語憲問篇：『公明賈對曰：「以告者，過也。夫子時然後言，人不厭其言；樂然後笑，人不厭其笑；義然後取，人不厭其取。」』」庶按：作「言」與論語文合，是，據改。

〔三二〕王叔岷曰：「勞貞一云：『孝經：「口無擇言，身無擇行。」』見孝經卿大夫章。」

劉子校釋卷之七

貴言章三十一

越劍性鋭，必托槌砧，以成純鈞〔一〕；楚柘質勁，必資榜檠〔二〕，以成弴弓〔三〕；人性雖敏，必籍善言，以成德行。故槌砧者，夷不平也；榜檠者，矯不正也〔四〕；善言者，正不善也。人目短於自見，故借鏡以觀面〔五〕；髮拙於自理，必假櫛以脩束〔六〕；心闇於自照，則假言以榮行〔七〕。面之所以形，明鏡之力也；髮之所以理，玄櫛之功也〔八〕；行之所以榮，善言之益也〔九〕。鏡櫛理形，其惠輕也；善言成德，其惠重也。人皆悦鏡之明己形，而不慕士之明己心〔一〇〕；人皆欲櫛之理其髮〔一一〕，而不願善言之理其情〔一二〕。是棄重德而採輕惠〔一三〕，不亦倒乎？

爲衣冠者，己手不能製，則知越鄉〔一四〕，借人以製之，至於理身，而不知借言以脩其行，是處其身輕而於冠重〔一五〕，不亦謬乎？

君子重正言之惠〔一六〕，賢於軒璧之贈〔一七〕；樂聞其過〔一八〕，勝於德義之名。故楚莊王輕千乘之國，而重申叔一言〔一九〕；范獻賤萬畝之田，以貴舟人片説〔二〇〕；季路抱五慎之誡〔二一〕，趙孟佩九言之箴〔二二〕。由此觀之〔二三〕，軒璧之與田邑，豈能與善言齊價哉！夫桓侯不採越人之説，卒成骨髓之疾〔二四〕；吳王不聽枚乘之言，終受夷滅之禍〔二五〕。夫人之將疾者，必不甘魚肉之味；身之將敗者，必不納忠諫之言。故臨死者謂無良醫之藥〔二六〕，將敗者謂無直諫之臣〔二七〕。而不聽善言，是耳聾也〔二八〕。非其耳之有塞，善言不入耳乎〔二九〕。

是以明者納規於未形，採言於意表〔三〇〕，從善如轉圓〔三一〕，遣惡如讐敵〔三二〕。正音日聞於耳，禍害逾遠於身。昔帝堯建招諫之鼓〔三三〕，舜樹誹謗之木，湯立司過之士〔三四〕，武王立誡慎之鼗〔三五〕。以聖哲之神鑒，窮幾洞微〔三六〕，非有毫釐之謬也，猶設廣聽之術，開嘉言之路，豈不貽厥將來〔三七〕，表正言之益邪〔三八〕？

以夫先聖，猶能採言於芻蕘〔三九〕，奚況布衣，而不貴言乎？故臣子之於君父，則有獻可替否諷諫之文〔四〇〕。如交之於朋友〔四一〕，亦有切磋琢磨相成之義〔四二〕。君子若能聽言如響，從善如流〔四三〕，則身安南山〔四四〕，德茂松柏，聲振金石〔四五〕，名流千載也。

校釋

〔一〕「純」原作「鈍」，宋本、明鈔本、景道藏本、子彙本、吉府本、程榮本、龍川鈔本並作「純」。「鈞」原作「鉤」。王叔岷曰：「『鉤』當爲『鈞』，字之誤也。越絶外傳紀寶劍篇：『一曰湛盧，二曰純鈞。』

文選左太沖吴都賦：『純鈞、湛盧。』註引越絶書作『一曰純鈞，二曰湛盧』。並其證，淮南脩務篇：『夫純鈞、魚腸之始下型。』高註：『純鈞，利劍名。』茅一桂本、莊逵吉本正文、註文『鈞』並作『鉤』；景宋本御覽三四三引吴越春秋：『越王允常聘歐冶子作名劍五枚，三大二小，一曰純鈞。』鮑刻本及藝文類聚六十引『鈞』並作『鉤』，誤皆與此同。『純鈞』，亦作『淳鈞』。淮南覽冥篇：『區冶生而淳鈞之劍成。』高註：『淳鈞，古大鋭劍也。』茅本、莊本正文、註文『鈞』亦並誤『鉤』。或作『淳均』，淮南齊俗篇：『淳均之劍不可愛也，而歐冶之巧可貴也。』又作『醇均』，廣雅釋器：『醇均，劍也。』」

庶按：王説是，此當作「純鈞」，據改。

〔二〕袁註：「正弓所用，以定曲直，矯而不正者也。」子彙本「搒檠」下双行小註：「上步萌反，下音競。搒檠，造弓之器物。」「榜」原作「搒」。王叔岷曰：「喻林四十引『搒』作『榜』，是也。説文：『榜，所以輔弓弩也。』」庶按：王説是，據改。

〔三〕袁註：「畫弓，天子所用之弓也。」子彙本「弴弓」下双行小註：「弴，丁幺丁昆二切。」王叔岷曰：「『丁幺切』則讀爲『彫』，説文：『弴，畫弓也。』段註：『弴與彫語之轉。』」庶按：「成」原作「咸」，宋本、明鈔本、子彙本、吉府本、程榮本、龍川鈔本、諸子文粹本並作「成」，是，據改。

〔四〕「榜」原作「搒」。楊明照曰：「『搒』當作『榜』。韓非子外儲説右下：『榷鍛者，所以平不夷也；榜檠者，所以矯不直也。』」庶按：楊説是，據改。

〔五〕楊明照曰：「韓非子觀行篇：『古之人目短於自見，故以鏡觀面。』」庶按：「面」原作「形」，「形」乃

「面」之訛。目可短於觀面，不短於觀形。下文「面之所以形」，正承此而言，且楊氏引韓非子文，亦作「觀面」，據改。

〔六〕孫楷第曰：「『修束』當作『束修』。後漢書和熹鄧皇后紀云：『故能束修，不觸羅網。』馮衍傳：『豈得珪璧其行，束修其心而已哉！』劉般傳：『般束修至行，爲諸侯師。』李賢各註略同，以約束修身釋之。又伏湛傳云：『自行束修，訖無毀玷。』註云：『自行束修，謂年十五以上。』延篤傳云：『且吾自束修以來，爲人臣不陷於不忠，爲人子不陷於不孝。』註：『束修謂束帶修飾。』又引鄭玄註論語曰：『謂年十五已上也。』是束修有二義，一訓整飭，一謂十五以上。前漢王莽傳云：『竊見安漢公自初束修，值世俗隆奢麗之時。』小顏註：『謂初學官之時。』又不同。案：『束修』二字，疑即束髮義之引申。大戴禮保傅篇云：『束髮而就大學。』盧註：『束髮謂成童。』盧說束髮，與鄭說束修正同。鄭註内則云：『成童十五以上。』禮記：『童子錦束髮。』疏云：『童子尚華。』詩齊風甫田：『總角丱兮。』鄭註内則云：『總角收髮結之。』箋云：『少自修飾，丱然而稚。』是束髮亦所以爲飾。以事言之，則束修與束髮，義有廣狹之異；據其時言之，則束修與束髮同，皆謂十五以上。又束髮爲就學之時，故言人學習之初，亦得云束髮束修。文選二十六謝靈運過始寧墅詩：『束髮懷耿介。』李善註引韓詩外傳：『夫人爲父母者，必全其身；及其束髮，屬授明師以成其材釋之，謂初學時即有超俗之思也。』語本一源，非有異也。劉子『束修』，正以髮言之。書傳或云結髮，亦與束修、束髮義近。文選二十九蘇武詩云：『結髮爲夫妻，恩愛兩不疑。』李善註：『結髮，始成人也。』謂男年二

十、女年十五時，取笄冠爲義也。』漢書李廣傳：『結髮與匈奴大小七十餘戰。』謂自幼從軍，與匈奴大小七十餘戰也。霍光傳：『結髮内侍。』當指光爲郎時而言，謂自十餘歲内侍也。文選三十謝玄暉郡内登望詩：『結髮倦爲旅，平生早事邊。』結髮與平生同義，謂自幼便爲客也。」楊明照曰：「傅咸櫛賦：『夫才之治世，猶櫛之理髮也。理髮不可以無櫛。』（書鈔一百三十六、御覽七百十四引。）」庶按：孫説是，「束修」乃古之常語。今本御覽七百十四引乃爲傅咸櫛賦叙，且無「理髮不可以無櫛」七字。

〔七〕原本「榮」作「樂」。王叔岷曰：「子彙本『樂』作『榮』，喻林四十引同，是也。下文『行之所以榮，善言益之也』，即承此而言。」庶按：王説是，據改。

〔八〕「玄」原作「假」，宋本、程榮本、龍川鈔本並作「玄」。盧文弨曰：「『假』，俗誤。」王叔岷曰：「以上文『明鏡』、下文『善言』例之，疑作『玄櫛』是。櫛之色玄，則謂之玄櫛。法苑珠林五八：『髮之所以理，玄櫛之功也。』即本此文，亦作『玄櫛』。」庶按：王説是，據改。

〔九〕「之益」原作「益之」，宋本、明鈔本、景道藏本、子彙本、吉府本、程榮本、龍川鈔本並作「之益」，是，據乙。「之益」，與上「之力」、「之功」一律。

〔一〇〕楊明照曰：「呂氏春秋達鬱篇：『人皆知説鏡之明己也，而惡士之明己也。鏡之明己也功細，士之明己也功大。得其細，失其大，不知類耳。』」庶按：達鬱篇高誘註：「鏡明見人之醜而人不椎鏡，破之而扢以絲錫，摩以白旃，是説鏡之明己也。士有明己者，陳己之短，欲令改之以除其病，而不德之，反欲殺之，是惡士之明己也。」

〔一一〕原本「人」下無「皆」字，宋本、程榮本、龍川鈔本於「人」下並有「皆」字。王叔岷曰：「有『皆』字，與上文一律。」庶按：王說是，據補。

〔一二〕原本「不」上無「而」字。王叔岷曰：「『不』上當有『而』字，乃與上文一律。」庶按：王說是，據補。

「善」字疑衍。作「言之理其情」，與上「鏡之明己形」、「櫛之理其髮」一律。「言」猶「善言」，下文「借言以脩其行」之「言」，亦謂善言，意與此同。

〔一三〕原本「惠」作「功」，「功」乃「惠」之訛，今改。「棄重德而採輕惠」，卽承上「鏡櫛理形，其惠輕也；善言成德，其惠重也」而言。

〔一四〕「知」原作「之」，宋本、程榮本、龍川鈔本、景四庫本並作「知」。王叔岷曰：「『之』卽『知』之誤」。庶按：王說是，據改。

〔一五〕王叔岷曰：「『冠』上疑脫『衣』字，上文可照。」

〔一六〕「正言」，猶善言也。

〔一七〕楊明照曰：「晏子春秋内篇雜上：『曾子將行，晏子送之，曰：「君子贈人以軒，不若以言。吾請以言之？（之，當爲乎之誤。）以軒乎？」曾子曰：「請以言。」』荀子非相篇：『故贈人以言，重於金石珠玉。』」王叔岷曰：「史記孔子世家：『（孔子）適周，……辭去，而老子送之，曰：「吾聞富貴者送人以財，仁人者送人以言。」』索隱：『莊周財作軒。』……今本莊子無此文。」

〔一八〕王叔岷曰：「孟子公孫丑上篇：『子路人告之以其過，則喜。』今本『其』誤『有』。」

〔一九〕袁註：「陳國徵舒作亂而殺陳君，楚莊王聞之，將兵往陳而殺徵舒，將其陳國欲以爲郡，使其莊王子守之。其臣申叔諫曰：『王今爲陳伐得徵舒，餘地欲以爲郡，使子守之。四方諸侯聞之，不言王爲陳討惡，道王貪其地而伐徵舒。王何不令使於外，訪陳後裔立爲主，安政理國。』楚王用其言，訪得後裔，立爲主也。」原本「輕」下有「於」字，宋本、蔣以化本、程榮本、孫評本、龍川鈔本、景四庫本於「輕」下並無「於」字。楊明照曰：「無『於』字是。史記陳世家：『楚莊王爲夏徵舒殺靈公，率諸侯伐陳，……因縣陳而有之，……申叔時使於齊來還，獨不賀。莊王問其故？對曰：「……今王以徵舒爲賊弑君，故徵兵諸侯，以義伐之，已而取之，以利其地，則後何以令於天下？是以不賀。」』」王叔岷曰：「『今王以徵舒爲賊』以下，楊氏略引，今補。『莊王曰：「善！」復君陳如故，是爲成公。孔子讀史記至楚復陳，曰：「賢哉！楚莊王！輕千乘之國而重一言。」』『於』字涉上文而衍。……家語好生篇：『孔子讀史，至楚復陳，喟然歎曰：「賢哉楚王！輕千乘之國，而重一言之信。匪申叔之忠，不能建其義（今本忠誤信，建誤達，據史記孔子世家正義引正）；匪莊王之賢，不能受其訓。」』」庶按：楊説是，據删。

〔二〇〕袁註：「范獻，晉卿也，殺晉大夫欒友。後欲出游，恐欒友之子報讐。行至津所，問舟人曰：『君見欒友之子乎？』舟人曰：『君還晉，修晉之政令，雖欒友之（「之」下疑脱「子」字），其若何。君若出人無度，不脩國政令，今我舟中之人，與欒友無異，君何問焉？』獻遂以田萬畝賜舟人，以貴舟人之片説也。」楊明照曰：「尸子貴言篇：『范獻子遊於河，大夫皆在，君曰：「孰知欒氏之子？」大夫莫答，舟人清涓舍檝而答曰：「……君善修晉國之政，內得大夫，而外不失百姓，雖欒氏之子，其若君何？君若不修晉國之政，內不得大夫，而外失百姓，則舟中之人，皆欒氏之子也。」』」王叔岷曰：「『君善修晉國之政』以下，楊氏略引，今補『君曰：「善哉！言。」明日朝，令賜舟人清涓田萬畝。清涓辭，君曰：「以此田也，易彼言也。子尚喪，寡人猶得也。」』古之貴言也若此。御覽六三三引裴氏新書：『舟涓（舟人清涓也）有一言之善，晉侯賜萬頃田。辭而不受，晉侯曰：「以此田易彼言也，於子猶有所亡，寡人猶有所得。」』」

〔二一〕楊明照曰：「説苑雜言篇：『子路將行，辭於仲尼。曰（庶按：王叔岷謂上當疊「仲尼」二字）：「贈汝以車乎？以言乎？」子路曰：「請以言。」仲尼曰：「不往不遠，不勞無功，不忠無親，不信無復，不恭無禮。愼此五者，可以長久矣。」』」王叔岷曰：「説苑雜言篇云云，又見家語子路初見篇，『遠』作『達』，是也。」

〔二二〕袁註：「箴，陳也。九言箴者，無姤亂，無怙寬，無恃寵，無雷同，無徹禮，無儉能，無泛怒，無誅非德，無犯非義也。」「孟」，宋本、程榮本並作「盈」。盧文弨曰：「『孟』誤『盈』。」楊明照曰：「左定四年傳：『鄭子大叔未至而卒。晉趙簡子爲之臨，甚哀，曰：「黃父之會，夫子語我九言，曰：無始亂，無怙富，無恃寵，無違同，無敖禮，無驕能，無復怒，無謀非德，無犯非禮。」』」

〔二三〕「由」，宋本、程榮本、類纂本並作「以」。

〔二四〕袁註：「越人，扁鵲也，于時來入齊，見桓侯有疾，曰：『公疾可理。』公曰：『老醫欲以不患者爲己驗。』扁鵲出。明日又見，告桓公（庶按：當作「桓侯」。下同。）曰：『君疾可治。』桓公曰：『無疾可治。』後日來見桓（庶按：「桓」下脱「侯」字。），乃走。扁鵲去後，公患劇，差人尋覓扁鵲，欲使理病。扁鵲則來見，桓公謂曰：『我前日不患，君欲理病，今者既患，公何棄我而去？』扁鵲曰：『初見，君病在皮膚，針灸可差。次見，君病在飢（庶按：「肌」之訛。）血，湯藥可差。後見，君病在膏肓之下，此病不可治，我故走去。』桓公曰：『此善良醫也，以禮遣之。』桓公於是卒也。」庶按：史記扁鵲倉公列傳：「扁鵲過齊，齊桓侯客之。（集解：「傅玄曰：『是時齊無桓侯。』駰謂是齊侯田和之子桓公午也。」）入朝見，曰：『君有疾在腠理，不治將深。』桓侯曰：『寡人無疾。』扁鵲出，桓侯謂左右曰：『醫之好利也，欲以不疾者爲功。』後五日，扁鵲復見，曰：『君有疾在血脈，不治恐深。』桓侯曰：『寡人無疾。』扁鵲出，桓侯不悦。後五日，扁鵲復見，望見桓侯而退走。桓侯使人問其故。扁鵲曰：『疾之居腠理也，湯熨之所及也；在血脈，鍼石之所及也；其在腸胃，酒醪之所及也；其在骨髓，雖司命無奈之何。今在骨髓，臣是以無請也。』後五日，桓侯體病，使人召扁鵲，扁鵲已逃去。桓侯遂死。」韓非子喻老篇載此事以齊桓侯爲蔡桓公。袁註與史記文小異，或别有所本。

〔二五〕袁註：「枚乘是吴王之臣，枚皋之父。吴王作亂，枚乘諫之，不用其言，遂至滅國也已。」楊明照曰：「漢書枚乘傳：『吴王不用乘策，卒見禽滅。』」王叔岷曰：「説苑正諫篇：『孝景皇帝時，吴王濞反，梁孝王中郎枚乘字叔聞之，爲書諫王，……吴王不聽，卒死丹徒。』」

〔二六〕「藥」原作「蔽」，王謨本作「藥」，是，據改。

〔二七〕楊明照曰：「越絶書德序外傳紀：『傳曰：「人之將死，惡聞酒肉之味；邦之將亡，惡聞忠臣之氣。身死不爲醫，邦亡不爲謀。」』文子微明篇：『人之將疾也，必先厭（『厭』原作『甘』，據困學紀聞十引改。）魚肉之味；國之將亡也，必先惡忠臣之語。故疾之將死者，不可爲良醫；國之將亡者，不可爲忠謀。』」王叔岷曰：「藝文類聚二三、御覽四五九並引晏子：『人之將疾，必先不甘梁肉之味，國之將亡，必先惡忠臣之語。』」庶按：潛夫論思賢篇：「何以知人之且病也，其不嗜食也。何以知國之將亂也，以其不嗜賢也。是故病家之廚，非無嘉饌也，乃其人弗之能食，故遂於死也。亂國之官，非無賢人也，其君弗之能任，故遂於亡也。」

〔二八〕孫評本無「是耳聾也」四字。此四字疑註文誤入，讀作「而不聽善言，非其耳之有塞，善言不入耳爾」，乃文從字順。

〔二九〕「乎」，孫評本作「爾」。

〔三〇〕原本「意」作「患」。孫楷第曰：「『患』乃『意』字之僞。」庶按：孫説是，據改。「意表」乃本書常語。慎隟章：「小過之來，出於意表。」猶言意外。

〔三一〕「從」原作「以」，宋本、明鈔本、景道藏本、子彙本、吉府本、程榮本、龍川鈔本並作「從」。楊明照曰：「『從』字是。漢書梅福傳：『高祖納善若不及，從善如轉圜。』」庶按：楊説是，據改。

〔三二〕「讐敵」原作「去讐」，覆宋本、程榮本、龍川鈔本、景四庫本並作「讐敵」。盧文弨曰：「『去讎』，俗作『讎敵』。」庶按：作「讐敵」與上「轉圜」相對，是，據改。

〔三三〕王叔岷曰：「『昔堯帝招諫之鼓』，舊合字本作『昔帝堯建招諫之鼓』，疑是本書之舊。子彙本、百子本『堯帝』並作『堯置』，程榮本、王謨本、畿輔本並作『堯設』，疑皆臆改。」庶按：「帝」字疑衍。本書數言堯事，其上均無「帝」字，則此亦不當有。

〔三四〕「士」原作「土」，宋本、明鈔本、景道藏本、子彙本、吉府本、程榮本、龍川鈔本並作「士」。楊明照曰：「『士』字是。」庶按：楊說是，據改。

〔三五〕袁註：「鼗，小鼓也，貫而搖之，又作鞀也。」楊明照曰：「鄧析子轉辭篇：『堯置敢諫之鼓，舜立誹謗之木，湯有司直之人，武有戒慎之銘。』又見呂氏春秋自知篇、淮南主術篇，『銘』並作『鞀』。說文：『鞀，鞀遼也。或作鼗。』」王叔岷曰：「帝王世紀：『堯……置敢諫之鼓。舜……立誹謗之木。』諸書『司過』多作『司直』，惟呂氏春秋自知篇作『司過』，與此文合。蓋此文所本。又案管子桓公問篇：『禹立諫鼓於朝。』又見僞慎子外篇。與此（及呂氏春秋、淮南主術篇、鄧析子、帝王世紀）言堯異。大戴禮保傅篇：『有誹謗之木（盧辯註：「堯置之。」與尸子合。）有敢諫之鼓。（註：「舜置之。」與諸書並異。）』」庶按：呂氏春秋自知篇：「堯有敢（原作『欲』，從陳奇猷校釋改。）諫之鼓，（高誘註：『欲諫者擊其鼓也。』）舜有誹謗之木，（高誘註：『書其過失以表木也。』）湯有司直（原作『過』，據王念孫說改。）之士，（陳奇猷校釋曰：『詩鄭風羔裘云：「彼其之子，邦之司直。」司直亦是官名，則司直之官，古已有之矣。』）武王有戒慎之鞀。」（高誘註：「欲戒者搖其鞀鼓也。」）

〔三六〕「幾」原作「機」。孫楷第曰：「『機』當作『幾』。易繫辭上釋文引鄭云：『機當作幾。』幾，微也。」庶按：孫説是，據改。

〔三七〕王叔岷曰：「書僞五子之歌：『貽厥子孫。』詩大雅文王有聲：『詒厥孫謀。』鄭箋：『詒猶傳也。』詒與貽同。」

〔三八〕「邪」通「耶」。

〔三九〕「芻」原作「蒭」，宋本、子彙本、程榮本、龍川鈔本、景四庫本並作「芻」。楊明照曰：「『芻』字是。『芻』已從艸，不必再加艸頭。詩大雅版：『先民有言，詢於芻蕘。』」庶按：楊説是，據改。

〔四〇〕楊明照曰：「國語晉語九：『夫事君者，薦可而替否。』白虎通諫諍篇：『人懷五常，故知諫有五，其一曰諷諫。』」王叔岷曰：「左昭二十七年傳：『君所謂可，而有否焉，臣獻其否，以成其可；君所謂否，而有可焉，臣獻其可，以去其否。』後漢書胡廣傳：『臣以獻可替否爲忠』。」庶按：後漢書李雲傳論：「禮有五諫，諷爲上。」註：「五諫謂諷諫、順諫、闚諫、指諫、陷諫也。諷諫者，知禍患之萌而諷告也。」説苑正諫篇：「是故諫有五：一曰正諫，二曰降諫，三曰忠諫，四曰戇諫，五曰諷諫。孔子曰：『吾從其諷諫矣乎。』」白虎通諫諍篇：「諷諫者，智也。知禍患之萌，深覩其事未彰，而諷告焉，此智之性也。」公羊莊二十四年傳解詁：「諫有五，一曰諷諫。孔子曰：『家不藏甲，邑無百雉之城，季氏自墮之。』是也。」孔子家語辨政篇：「孔子曰：『忠臣之諫君，有五義焉：一曰譎諫，二曰戇諫，三曰降諫，四曰直諫，五曰諷諫。唯度五而行之，吾從其諷諫乎。』」五諫，古説不一，故詳録之耳。

〔四一〕「如」，宋本、景道藏本、子彙本、吉府本、程榮本、龍川鈔本並作「知」。楊明照曰：「『知』字是。」

庶按：楊説非，「如」字不誤。

〔四二〕楊明照曰：「詩衛風淇奥：『有匪君子，如切如磋，如琢如磨。』禮記大學：『如切如磋者，道學也；如琢如磨者，自脩也。』」

〔四三〕「從」原作「以」，宋本、明鈔本、景道藏本、子彙本、吉府本、程榮本、龍川鈔本並作「從」。楊明照曰：「『從』字是。左昭十二年傳：『析父謂子革曰：「今與王言如響。」』又成八年傳：『從善如流。』」庶按：楊説是，據改。

〔四四〕原本「身」下無「安」字，宋本、明鈔本、景道藏本、子彙本、吉府本、程榮本、龍川鈔本於「身」下並有「安」字。楊明照曰：「有『安』字是。詩小雅天保：『如南山之壽，不騫不崩，如松柏之茂，無不爾或承。』」庶按：楊説是，據補。「身安南山」，猶與終南山同壽。

〔四五〕「金石」，謂鐘磬。

傷讒章三十二

譽者，揚善之樞也；毁者，宣惡之機也。揚善生於性美，宣惡出於情妬〔一〕。性美以成物爲恒〔二〕，情妬以傷人爲務。故譽以論善，則辭以極善爲功；毁以舉過〔三〕，則言以窮惡爲巧。何者？俗人好奇，不奇不用也。譽人不增其美，則聞者不快於心；毁人不益其惡，則聽者不滿於耳〔四〕。代之善人少而惡人多〔五〕，則譽者寂寞而譏者諠譁〔六〕。

是以洗垢求痕，吹毛覓瑕〔七〕，揮空爲有，轉白爲黑，提輕當重，引寸至尺。墨子所以泣素絲，楊朱所以泣岐路，以其變爲青黄，迴成左右也〔八〕。昔人與譏言於青蠅〔九〕，譬利口於刀劍者〔一〇〕，以其點素成緇〔一一〕，刀勁傷物〔一二〕。故有四畏〔一三〕，不可不慎。鳥之曲喙鈎距者〔一四〕，羽類畏之；獸之方喙鈎爪者，毛羣畏之；魚之哆脣鋸齒者〔一五〕，鱗族畏之；人之利口讒諂者〔一六〕，人共畏之〔一七〕。讒嫉之人〔一八〕，必好聞人惡，惡聞人善。妬才智之在己前，蓄富貴之在己上〔一九〕。猶喉中有噎，吞之思入；目上有翳〔二〇〕，決之願去。吞決之情深，則萋斐之辭作〔二一〕。故揚娥眉者〔二二〕，爲醜女之所妬；行貞潔者，爲讒邪之所嫉〔二三〕。昔直不疑未嘗有兄，而讒者謂之盜嫂〔二四〕；第五倫三娶孤女，而世人譖其撾婦翁〔二五〕。此皆聽虚而責響〔二六〕，視空而索影，悖情倒理〔二七〕，誣罔之甚也。以二子之賢，非身行之不潔，與人有讐也，而不免於世謗者，豈非獸惡其網，人惡其上耶〔二八〕？

故讒邪之蔽善人也，猶朝日洞明，霧甚則不見天，沙石至淨，流濁則不見地。雖有明淨之質，而不發明者，水霧蔽之也。蘭蓀欲茂，秋風害之；賢哲欲正，讒人敗之〔二九〕。故讒者但知害嫉於他人〔三〇〕，而不知傷所説之主〔三一〕，知傷所説之主，而不知還害其身。故無極之讒，子常蒙謗，郄、費雙滅〔三二〕。讒諂之流弊〔三三〕，一至於斯。嗚呼！後代之君子，可不慎諸也〔三四〕。

校釋

〔一〕「妬」，宋本作「姤」，程榮本作「妒」。盧文弨曰：「『妒』誤『姤』，下同。」陳昌濟曰：「『姤』當作『妬』。」王叔岷曰：「『妬』與『妒』同。」

〔二〕「物」，程榮本、別解本並作「德」。盧文弨曰：「『物』，俗『德』。」

〔三〕「舉」原作「譽」，何允中本作「舉」。王叔岷曰：「『譽』疑本作『舉』。舉、譽形近，又涉上下文『譽』字而誤也。」庶按：王説是，據改。

〔四〕原本「聽」下無「者」字，宋本、明鈔本、景道藏本、子彙本、吉府本、程榮本、龍川鈔本於「聽」下並有「者」字。楊明照曰：「有『者』字是。論衡藝增篇：『稱美過其善，進惡没其罪。何則？俗人好奇，不奇，言不用也。故譽人不增其美，則聞者不快其意；毁人不益其惡，則聽者不愜於心。』」

庶按：楊説是，據補。

〔五〕楊明照曰：「莊子胠篋篇：『天下善人少，而不善人多。』」王叔岷曰：「劉孝標辯命論：『天下善人少，惡人多。』顏氏家訓歸心篇：『開闢以來，不善人多，而善人少。』」

〔六〕「譽」，覆宋本、程榮本、蔣以化本、龍川鈔本並作「舉」。盧文弨曰：「『譽』，誤『舉』。」庶按：

「讒」乃「毀」之訛，上文「譽」、「毀」對言，是其證，作「讒」，義是而文非。

〔七〕楊明照曰：「韓非子大體篇：『不吹毛而求小疵。』」　王叔岷曰：「韓非子大體篇：『不吹毛而求小疵，不洗垢而察難知。』兩句當並引。後漢書文苑趙壹傳：『所惡則洗垢求其瘢痕。』漢書中山靖王傳：『有司吹毛求疵。』王子淵四子講德論：『吹毛求疵。』」

〔八〕袁註：「墨子者，墨翟也。非蠶絲無素白，被佗色染而隨色變，乃爲青黃。好人被讒成惡也。楊朱，宋人也。與人同行，忽見岐路，卽慟之，謂此路岐，曾有幾人分別也。」宋本、程榮本、孫評本、別解本上「泣」字並作「悲」。　楊明照曰：「『泣』字疊用嫌複，當以一作『悲』者爲是。墨子所染篇：『子墨子言見染絲者而嘆曰：「染於蒼則蒼，染於黃則黃。所入者變，其色亦變。」』淮南說林篇：『楊子見逵路而哭之，爲其可以南可以北；墨子見練絲而泣之，爲其可以黃可以黑。』」　王叔岷曰：「荀子王霸篇：『楊朱哭衢涂。』楊倞註：『衢涂，岐路也。』呂氏春秋疑似篇：『故墨子見練絲而泣之，爲其可以黃，可以黑；楊子見岐路而哭之，爲其可以南，可以北。』（今本有脱誤，陳昌濟正誤有說。）論衡率性篇：『是故楊子哭岐道，墨子哭練絲也。』藝增篇：『墨子哭於練絲，楊子哭於岐道。』風俗通義皇霸篇：『斯乃楊朱哭於岐路，墨翟悲於練素也。』阮籍詠懷詩：『楊朱泣岐路，墨子悲染絲。』盧子諒贈劉琨書：『本同末異，楊朱興哀；始素終玄，墨翟垂涕。』」　庶按：楊說非，「泣」字可不必改。

〔九〕袁註：「衞武公信讒詞，詩刺言曰：『營營青蠅，止於樊，豈弟君子，無信讒言。』言青蠅點白成黑者也。」楊明照曰：「詩小雅青蠅：『營營青蠅，止于樊，豈弟君子，無信讒言。』逸齋詩補傳論篇目：『袁孝政釋劉子云「魏武公信讒詞，詩刺言曰」云云，今據魏自有國風，若果爲魏詩，聖人則詩雅頌各得其所，豈容以風爲雅？袁氏亦豈惑於齊、魯、韓三家之説乎？』困學紀聞：『袁孝政釋劉子曰云云，此小雅也，謂之魏詩，可乎？』案袁註繆悠，率多類此。」庶按：據楊氏引逸齋詩補傳及困學紀聞文，則袁註「衛武公」，「衛」當是「魏」之訛。

〔一〇〕「刀」原作「刃」，宋本、景道藏本、吉府本、龍川鈔本、類纂本、龍溪本並作「刀」。王叔岷曰：「作『刀』是也。」庶按：王説是，據改。下文「刀勁傷物」亦其證。

〔一一〕袁註：「緇，黑色也。」楊明照曰：「論衡累害篇：『青蠅所汙，常在練處。』」王叔岷曰：「廣雅釋器：『緇，黑也。』」

〔一二〕「刀」，宋本、程榮本、類纂本並作「刃」。王叔岷曰：「作『刃』，是也。」庶按：王説非，「刀」字不誤。

〔一三〕「有」，王謨本作「在」。盧文弨曰：「『有』誤『在』。」

〔一四〕「喙」原作「勁」，子彙本、諸子彙函本、龍溪本並作「頸」，程榮本作「喙」。「鈚」，宋本、類纂本、龍川鈔本、別解本並作「鈘」。盧文弨曰：「『頸』、『鈚』，俗『喙』、『鈘』。」楊明照曰「『頸』字是。」庶按：楊説非，依「羽類畏之」意，此所指必爲猛禽，故作「曲喙」是也，據改。

〔一五〕子彙本「哆」下双行小註：「處紙尺寫二切。」「脣」原作「辱」，宋本、明鈔本、景道藏本、子彙本、吉府本、程榮本、龍川鈔本並作「脣」。　楊明照曰：「『脣』字是。」　王叔岷曰：「詩小雅巷伯毛傳：『哆，大貌。』」　庶按：楊説是，據改。

〔一六〕「諂」原作「謟」，龍溪本作「諂」，是，據改。

〔一七〕楊明照曰：「韓詩外傳七：『傳曰：「鳥之美羽句喙者，鳥畏之；魚之侈口垂腴者，魚畏之；人之利口贍辭者，人畏之。」』」

〔一八〕「讒」疑「妬」之訛。「讒」偏於言辭，「妬」偏於心智。下文「好聞人惡，惡聞人善」，正言人之心智，且「妬才智之在己前」之「妬」，亦承此而言。下文「爲醜女之所妬」、「爲讒邪之所嫉」，「妬」、「嫉」對舉，亦其證。

〔一九〕袁註：「（諅），居妄也。」　子彙本「諅」下双行小註：「音忌。」「己」原作「其」，宋本、程榮本、别解本並作「己」。　王叔岷曰：「説文：『諅，忌也。周書曰：「上不諅於凶德。」』（段註：『多方文。諅，今書作「忌」。』）『其』猶『己』也。」　庶按：作「己」，與上文一律。據改。

〔二〇〕「翳」原作「醫」，宋本、明鈔本、景道藏本、子彙本、吉府本、程榮本、龍川鈔本並作「翳」。　林其錟曰：「當作『翳』。」　庶按：林説是，據改。

〔二一〕「辭」原作「亂」，子彙本、程榮本、龍川鈔本、清謹軒鈔本並作「辭」。　王叔岷曰：「詩小雅巷伯毛傳：『萋斐，文章相錯也。』『辭』上有『之』字，是也。」　庶按：作「之辭」是，據改。　小雅巷伯鄭箋：「喻讒人集作己過以成於罪，於女工之集采色以成錦文。」

〔二二〕楊明照曰：「楚辭離騷：『衆女嫉余之娥眉兮。』」

〔二三〕「貞」原作「真」，宋本、明鈔本、景道藏本、子彙本、吉府本、程榮本、龍川鈔本並作「貞」。「耶」，宋本、明鈔本、景道藏本、子彙本、吉府本、何允中本、龍川鈔本並作「邪」。「真」乃「貞」之訛，據改。「耶」、「邪」古通。

〔二四〕袁註：「直不疑，前漢人也，于時讒之逐嫂。其人既未嘗有兄，而得有嫂而盜逐之也？」 庶按：漢書直不疑傳：「直不疑，南陽人也。爲郎，事文帝，……人或毁不疑曰：『不疑狀貌甚美，然特毋奈其善盜嫂何也？』不疑聞，曰：『我乃無兄。』」

〔二五〕袁註：「第五倫，後漢人也。三娶孤女，人讒説云倫前時曾撾婦翁也。」 「譖其撾」，覆宋本、程榮本、別解本並作「謂笞」，宋本作「笞」。 盧文弨曰：「『譖其撾』俗作『謂笞』，『婦翁』下衍『妐如』二字。」 楊明照曰：「魏志武帝紀：『昔直不疑無兄，世人謂之盜嫂；第五伯魚三娶孤女，謂之撾婦翁。』」 庶按：後漢書第五倫傳：「帝戲謂倫曰：『聞卿爲吏篣婦女，不過從兄飯，寧有之邪？』倫對曰：『臣三娶妻皆無父。少遭飢亂，實不敢妄過人食。』」

〔二六〕原本「此」下無「皆」字，程榮本於「此」下有「皆」字，是，據增。

〔二七〕何允中本、清謹軒鈔本於「情」下並有「而」字。 盧文弨曰：「『情』下『而』衍。」

〔二八〕「上」，程榮本作「讒」。 盧文弨曰：「『上』誤『讒』。」 楊明照曰：「國語周語中：『諺曰：獸惡其網，民惡其上。』」 王叔岷曰：「周語中韋昭解：『獸惡其網，爲其害己；民惡其上，爲其病己。』左成十五年傳亦云：『民惡其上。』」

〔二九〕楊明照曰：「淮南說林篇：『蘭芝欲脩，而秋風敗之。』」　王叔岷曰：「帝範去讒篇：『故蘩蘭欲茂，秋風敗之；王者欲明，讒人蔽之。』註引文子：『蘩蘭欲茂，秋風敗之。』今本文子上德篇『茂』作『脩』。文選劉孝標辨命論註、意林、御覽二四亦並引作『茂』，與此文合。淮南說林篇『蘭芝』，『芝』當作『芷』，王念孫雜志有說。」

〔三〇〕盧文弨曰：「（程榮本）『但』脫。」

〔三一〕原本『不』下無『知』字，子彙本、程榮本、龍川鈔本於『不』下並有『知』字。王叔岷曰：「有『知』字，是也。」　庶按：王說是，據增。增『知』字與下文一律。

〔三二〕袁註：「無極姓費，楚人，爲晉大夫。子常姓郄，亦爲晉大夫，與無極同事晉。晉君欲往子常家。無極誑子常曰：『晉君愛兵馬，明日來嚮子家，子宜置精兵於門內，晉君來見，必當歡喜。』子常信之，遂貯兵於門內，以待晉君來。晉君果至子常門，無極謂晉君曰：『事不可不知乎，臣請先入觀望。』無極入門內便出，來啓曰：『子常門內具精兵欲襲君。』晉君怒，殺子常。子常死，又百人說乃是無極之謗，晉君又殺無極。故云子常蒙謗，郄、費雙滅者也。」楊明照曰：「左昭二十七年傳：『令尹子常賄而信讒，無極譖郤宛焉。……遂令攻郤氏，……盡滅郤氏之族黨。……子常殺費無極。』」王叔岷曰：「事又見呂氏春秋愼行篇、史記楚世家、吳越春秋闔閭內傳，『無極』並作『無忌』。史記索隱：『極、忌聲相近。』」　庶按：子常爲楚令尹，郤宛爲之左尹，袁註混而爲一，又以子常事屬之晉君，大誤。呂氏春秋慎行篇：「荆平王有臣曰費無忌，……左尹郄宛，國人說之。無忌又欲殺之，謂令尹子常曰：『郄宛欲飲令尹酒。』又謂郄宛曰：『令尹欲飲酒於子家。』郄宛曰：『我賤人也，不足以辱令尹。令尹必來辱，我且何以給待之？』無忌曰：『令尹好甲兵，子出而寘之門，令尹至，必觀之，已，因以爲酬。』及饗日，惟門左右而寘甲兵焉。無忌因謂令尹曰：『吾幾禍令尹。郄宛將殺令尹，甲在門矣。』令尹使人視之，信，遂攻郄宛，殺之。國人大怨，動作者莫不非令尹。沈尹戌謂令尹曰：『夫無忌，荆之讒人也，亡夫太子建，殺連尹奢，屏王之耳目，今令尹又用之，殺衆不辜，以興大謗，患幾及令尹。』令尹子常曰：『是吾罪也，敢不良圖。』乃殺費無忌，盡滅其族，以說其國。動而不論其義，知害人而不知人害己也，以滅其族，費無忌之謂乎。」此當爲劉子所本。

〔三三〕「諂」原作「謟」，龍溪本作「諂」。原本「流」上無「之」字，覆宋本、程榮本、別解本於「流」上並有「之」字。「弊」原作「斃」，子彙本、吉府本、程榮本、龍川鈔本並作「弊」。王叔岷曰：「利弊字正作『獘』，『斃』，或字；『弊』，俗字。」庶按：此從諸本作「讒諂之流弊」。

〔三四〕宋本無「後」字，別解本「後」作「世」，程榮本「後代」作「世」。盧文弨曰：「『後代』二字俗作『世』。」

慎隙章三十三

過者，怨之梯也；怨者，禍之府也〔一〕。禍之所生，必由積怨；過之所始，多因忽小。小過之來，出於意表；積怨之成，在於慮外。故其來也，不可防；其成也，不可悔〔二〕。防怨不密，而禍害臻焉。

故登峭坂而不跌墜者，慎於大也；跨阜垤而好顛蹷者，輕於小也〔三〕。苟慎其步〔四〕，雖履險能安；輕易其足〔五〕，雖夷路亦躓〔六〕。智者，識輕小之爲害，故慎微細之危患，每畏輕微，懍懍焉若朽索之馭六馬也〔七〕。

鴻毛性輕，積之沉舟；魯縞質薄，疊之折軸〔八〕。以毛縞之輕微，能敗舟軸者〔九〕，積多之所至也。故牆之崩隤，必因其隙；劒之毁折，皆由於璺〔一〇〕。尺蚓穿堤，能漂一邑；寸煙泄突，致灰千室〔一一〕。怨之始也〔一二〕，微於隙璺，及其爲害，大於牆劒。禍之所傷，甚於邑室，將防其萌，急於水火。

夏書曰：「怨豈在明，不見是圖〔一三〕。」故怨不在大，亦不在小〔一四〕。熒熒不滅，能焚崑山；涓涓不絶，能成江、河〔一五〕。怨之所生，不可類推；禍之所延〔一六〕，非可情測。或怨大而成小，或禍輕而至重〔一七〕。深讐不必危，而睚眦未可易也〔一八〕。譬如風焉，披雲飛石，卷水蹶木〔一九〕，而人血脉不爲之傷。隙穴之風，輕塵不逋〔二〇〕，毛髮不摇，及中肌膚，以爲深疾，大不爲害，小而成患者，大風散漫，小風激射也。

故漢祖免貫高之逆〔二一〕，魏后泄張繡之讐〔二二〕，韓信削少年之辱〔二三〕，安國釋田甲之慢〔二四〕。此皆遇英達之主、寬廓之衿，得以深怨而不爲讐也。魯酒薄而邯鄲圍〔二五〕，羊羹偏而宋師敗〔二六〕，郈孫以鬬鷄亡身〔二七〕，齊侯以笑嬪破國〔二八〕。皆以輕蔑細怨〔二九〕，妄樹禍端，以洒食戲笑之故，敗國滅身，爲天下笑，不慎故也〔三〇〕。

代之闇者，皆以輕小害易微事，以至於大患〔三一〕。禍之至也，人自生之；福之來也，人自成之。禍與福同門，害與利同鄰，若非至精，莫能分矣。是以智慮者，禍福之門户；動靜者，利害之樞機，不可不慎也〔三二〕。

校釋

〔一〕王叔岷曰：「記纂淵海六四引『府』作『原』。左昭十二年傳：『吾不爲怨府。』史記趙世家：『毋爲怨府，毋爲禍梯。』」

〔二〕「不可防」、「不可悔」原互倒，宋本、程榮本、别解本、景四庫本並作「不自悔」。宋本、程榮本於「其成也」下並有「怨」字。盧文弨曰：「『可』誤『自』，『也』下衍『怨』。」孫楷第曰：「『悔』、『防』當互易。」　庶按：盧、孫説並是，據改。

〔三〕袁註：「蟻封高壤（庶按：「壤」下當有「曰」字。）垤，土高寸曰封。」　楊明照曰：「韓非子六反篇：『先聖有諺曰：「不蹪於山，而蹪於垤。」』（淮南人間篇以爲堯戒。）山者大，故人順（『順』即『慎』，古多通用。）之；至微小，故人易之也。』呂氏春秋慎小篇：『人之情，不蹷於山，而蹷於垤。』」　王叔岷曰：「淮南人間篇許註、呂氏春秋慎小篇高註並云：『垤，蟻封也。』」　庶按：「好」，孫評本作「恒」。

〔四〕「慎」原作「競」，景四庫本作「慎」，是，據改。

〔五〕原本「足」上有「步」字，宋本、明鈔本、景道藏本、子彙本、吉府本、程榮本、龍川鈔本於「足」上並無「步」字，是，據删。「輕易其足」與「苟慎其步」相對。

〔六〕子彙本「夷」下双行小註：「平也。」原本「夷」下無「路」字，宋本、明鈔本、景道藏本、子彙本、吉府本、程榮本、龍川鈔本於「夷」下並有「路」字，是，據增。

〔七〕子彙本「懔懔焉」下双行小註：「敬懼也。」　楊明照曰：「説苑政理篇：『孔子曰：「懔懔焉如以腐索御奔馬。」』書僞五子之歌：『懔乎若朽索之馭六馬。』」

〔八〕「魯」原作「繒」，宋本、程榮本、龍川鈔本、類纂本、别解本、景四庫本並作「魯」。　楊明照曰：「戰國策魏策一：『積羽沈舟，羣輕折軸。』」　王叔岷曰：「説文：『繒，帛也。』小爾雅廣服：『繒之精者曰縞。』史記韓長儒列傳集解引許慎淮南（説山篇）註：『魯之縞尤薄。』淮南繆稱篇：『積羽沈舟，羣輕折軸。』」　庶按：以小爾雅作「魯縞」是，據改。且以「魯縞」謂輕細，古書常見。漢書韓安國傳：

「力不能入魯縞。」顏師古註：「縞，素也。曲阜之地，俗善作之，尤爲輕細。」

〔九〕「軸」，宋本、程榮本、龍川鈔本、類纂本、别解本、景四庫本並作「車」。盧文弨曰：「『軸』，俗『車』。」

〔一〇〕「由」，吉府本、景道藏本並作「猶」。「塋」，程榮本、景四庫本並作「瑩」。盧文弨曰：「『塋』誤『瑩』。」楊明照曰：「淮南人閒篇：『夫牆之壞，必於隙；劍之折，必有齧』。」王叔岷曰：「『猶』作『由』，古通。方言六：『秦、晉器破而未離謂之塋。』廣雅釋詁：『塋，裂也。』」

〔一一〕孫詒讓曰：「『煙』當作『熛』。二字形近而誤。説詳後孫子。」（孫子火攻篇：「煙火必素具。」孫詒讓曰：「『煙』當作『熛』。説文火部云：『熛，火飛也。讀若摽。』羣書治要引尸子貴言篇云：『熛火始起易息也。』熛與煙形近而誤。」）楊明照曰：「呂氏春秋慎小篇：『巨防容螻，而漂邑殺人；突洩一漂，而焚宫燒積。』淮南人閒篇：『千里之隄，以螻螘之穴漏；百尋之屋，以突隙之熛焚。』」王叔岷曰：「淮南説林篇：『一家失熛，百家皆燒。』亦其證。楊氏引呂氏春秋慎小篇、淮南人閒篇云云，今本『熛』亦並誤『煙』，與此同例。一切經音義五七、五九、記纂淵海七三引呂氏春秋、御覽九四引淮南並不誤。淮南人閒篇許註：『突，竈突也。』」庶按：諸説皆非，「煙」字不誤。韓非子喻老篇：「千丈之堤以螻蟻之穴潰，百丈之室以突隙之煙焚。」當爲劉子所本。

〔一二〕「始」原作「世」，宋本、明鈔本、景道藏本、子彙本、吉府本、程榮本、龍川鈔本並作「始」，是，據改。

〔一三〕楊明照曰：「國語晉語九：『夏書有之曰：「怨豈在明，不見是圖。」』又見書僞五子之歌。」庶按：說苑貴德篇：「夏書有之曰：『一人三失，怨豈在明？不見是圖。』」晉語於「怨豈在明」上有「一人三失」句。韋昭註：「明，善也。不見，未形也。」

〔一四〕「怨不」原作「不怨」，覆宋本、明鈔本、景道藏本、子彙本、吉府本、程榮本、龍川鈔本並作「怨不」。楊明照曰：「書僞湯誥：『怨不在大，亦不在小。』」王叔岷曰：「國語晉語九：『周書有之曰：「怨不在大，亦不在小」。』楊氏所引僞湯誥，乃康誥之誤。」庶按：作「怨不」是，據乙。

〔一五〕楊明照曰：「六韜文韜守土篇：『涓涓不塞，將爲江、河；熒熒不滅，炎炎奈何？』」王叔岷曰：「說苑敬慎篇：『熒熒不滅，炎炎奈何？涓涓不壅，將成江、河。』家語觀周篇：『焰焰不滅，炎炎若何？涓涓不壅，終爲江、河。』」

〔一六〕「延」原作「言」，明鈔本、景道藏本、子彙本、吉府本、蔣以化本、孫評本、龍溪本並作「延」。盧文弨曰：「（程榮本）『延』誤『言』。」庶按：盧說是，據改。

〔一七〕原本「禍」作「憾」，依文意，「憾」當作「禍」。此承上文「怨之所生」、「禍之所延」而言。故上文言「怨大而成小」，下文亦當作「禍輕而至重」，且下文「郈孫以鬭鷄亡身」，亦承「禍輕而至重」而言。今改。

〔一八〕王叔岷曰：「漢書杜欽傳顏註：『睚眦，瞋目貌。』」

〔一九〕「蹶」，明鈔本、景道藏本、子彙本、吉府本、奇賞本、龍溪本並作「蹷」。王叔岷曰：「『蹷』作『蹷』，古通。左襄十九年傳杜註：「歷猶拔也。」

〔二〇〕王叔岷曰：「『𨔝』，此古文『動』字。」

〔二一〕袁註：「貫高爲趙王相，欲殺高祖於栢人亭。高祖行至栢人亭，欲宿，心動，問左右名何亭？左右曰：『此是栢人亭。』高祖曰：『栢人亭者，逼迫於人。』遂疾夜遁，得免貫高之害。後人告高祖曰：『貫高於栢人亭欲殺高祖，貫高之徒黨齊告，二十人皆自死。貫高曰：『今並自取死，無人明趙王無罪。』於是一人告高祖，高祖將貫高付獄。獄吏打一千餘鞭，終不疑承，言趙王不反。高祖乃自問，取其實狀。貫高乃報趙王不反。乃放趙王，亦釋貫高。貫高曰：『欲殺大王，有何面目食人之禄，爲人之臣。』遂坑而死者也。」庶按：史記張耳陳餘列傳：「漢七年，高祖從平城過趙，趙王朝夕袒韝蔽，自上食，禮甚卑，有子壻禮。高祖箕踞詈，甚慢易之。趙相貫高……乃怒曰：『吾王孱王也！』說王曰：『夫天下豪桀並起，能者先立。今王事高祖甚恭，而高祖無禮，請爲殺之！』……漢九年，貫高怨家知其謀，乃上變告之。於是上皆並逮捕趙王、貫高等。十餘人皆爭自剄，貫高獨怒罵曰：『誰令公爲之？今王實無謀，而并捕王；公等皆死，誰白王不反者！』乃轞車膠致，與王詣長安。治張敖之罪。上乃詔趙羣臣賓客有敢從王皆族。貫高與客孟舒等十餘人，皆自髡鉗，爲王家奴，從來。貫高至，對獄，曰：『獨吾屬爲之，王實不知。』吏治榜笞數千，刺剟，身無可擊者，終不復言。……廷尉以貫高事辭聞，上曰：『壯士！誰知者，以私問之。』中大夫泄公曰：『臣之邑子，素知之。此固趙國立名義不侵爲然諾者也。』上使泄公持節問之箯輿前。仰視曰：『泄公邪？』泄公勞苦如生平驩，與語，問張王果有計謀不。高曰：『人情寧不各愛其父母妻子乎？今吾三族皆以論死，豈以王易吾親哉！顧爲王實不反，獨吾等爲之。』具道本指所以爲者王不知狀。於是泄公入，具以報，上乃赦趙王。上賢貫高爲人能立然諾，使泄公具告之，曰：『張王已出。』因赦貫高。」

〔二二〕袁註：「魏后是曹操也，與袁紹爭天下。張繡是袁紹下軍將，與曹操格戰，捉得曹操愛子，遂殺之。後袁紹破，兵馬離散，繡來投於曹操，許楮謂之曰：『與君當投於吳。』繡曰：『不可。』楮曰：『君何不可殺人愛子，如何欲投之？』繡曰：『曹君爲人大志，必能併天下之位。我殺其子，私讐也，其後必能吞吳。大丈夫可再辱乎？』遂投曹操。操得繡來，乃指其面曰：『使我著大信於天下者，子也。』任以爲將，泄其先罪。泄，漏也。隱漏其先罪也。」盧文弨曰：「（程榮本）『魏后』下衍『曹操』。」庶按：三國志魏書張繡傳：「張繡，武威祖厲人，驃騎將軍濟族子也。……繡領其衆，屯宛，與劉表合。太祖南征，軍淯水，繡等舉衆降。太祖納濟妻，繡恨之。太祖聞其不悦，密有殺繡之計。計漏，繡掩襲太祖。太祖軍敗，二子沒。繡還保穰，太祖比年攻之，不克。太祖拒袁紹於官渡，繡從賈詡計，復以衆降。……繡至，太祖執其手，與歡宴，爲子均取繡女，拜揚武將軍。」

〔二三〕袁註：「韓信，淮陰人也。不事生業，不嘗一食，好帶長劍於淮陰市中。有一少年辱之曰：『君帶長劍，可殺人乎？若能殺人，可殺我也。若不能殺，可從我跨下過。』韓信聞之，久視於少年，計殺之無益，屈身以跨下過。後高祖任爲大將軍，信召市中少年語之曰：『汝昔年欺我，今日可欺乎？』少年乞命，信免之，遂與之一效官也。」庶按：事見史記淮陰侯列傳、漢書韓信傳、風俗通義窮通篇。

〔二四〕袁註：「安國是韓安國也，爲梁太史，坐法在獄中。獄吏田甲辱之。安國曰：『寒灰亦有然否？』田甲曰：『寒灰儻然，我卽尿其上。』自後安國得釋放，任梁州刺史。獄吏田甲驚走。安國曰：『若走必族誅之，若不走赦其罪。』田甲遂見安國。安國笑謂曰：『寒灰今日然，汝何不尿其上？』田甲愧前罪，驚惶無已，遂與田甲廷尉之官，今日司馬是也。」庶按：事見史記韓長儒列傳、漢書韓安國傳、風俗通義窮通篇。

〔二五〕袁註：「六國之時，楚霸諸侯，總來朝楚（庶按：「總」疑當作「魯」），趙亦朝楚，皆上牛酒。趙王酒美，楚王吏來就趙王索酒，趙王不與，曰：『此酒未上楚王，楚王未得，故不與吏。』乃於趙王上酒訖，吏乃以魯侯薄酒換趙王美酒。進王曰：『趙王薄酒。』楚王飲之，大怒，曰：『到來在後，輕我一也，酒來又薄，輕我二也。』諸侯會罷，遂乃與兵圍邯鄲，邯鄲卽趙王城也。」楊明照曰：「莊子胠篋篇：『魯酒薄而邯鄲圍。』淮南繆稱篇：『故傳曰：「魯酒薄而邯鄲圍。」』許慎註：『魯與趙俱朝楚，獻酒於楚。魯酒薄而趙酒厚。楚之主酒吏，求酒於趙，不與；楚吏怒，以趙所獻酒，獻於楚王，易魯薄酒。楚王以爲趙酒薄，而圍邯鄲。』」王叔岷曰：「北堂書鈔一四八引鬼谷子：『魯酒薄而邯鄲圍。』」

〔二六〕袁註：「宋使華元將兵伐鄭，明日欲戰，乃殺羊爲羹，以會將士，有御車人羊斟不得羹。明日與鄭戰，羊斟者謂華元曰：『前日之羹，子爲政，今日之事，我爲政。』遂引華元車奔鄭軍中，宋軍大敗，華元被鄭囚。宋人以金銀珍寶贖華元，彼語羊斟曰：『前者車奔入鄭，爲是馬佚而子不禁。』所以言者，恐宋軍誅羊斟也。」　楊明照曰：「左宣二年傳：『華元殺羊食士，其御羊斟不與。及戰，曰：「疇昔之羊，子爲政；今日之事，我爲政。」車入鄭師，故敗。』淮南繆稱篇：『……羊羹不斟而宋國危。』」

〔二七〕袁註：「郈昭伯與季平子鬪鷄。平子爲其鷄作金距，昭伯以芥子粉灑其鷄翼，使芥子粉飛着平子鷄眼，鷄便退走。自後乃知，責郈孫曰：『君何以芥子粉粉鷄翼？令着我鷄眼。』昭伯曰：『君鷄何以着金距？』各相忿怒，遂興兵，大戰數日，平子乃殺昭伯也。」　楊明照曰：「左昭二十五年傳：『季、郈之鷄鬪，季氏介其鷄，郈氏爲之金距。平子怒，益宮於郈氏，且讓之。故郈昭伯亦怨平子。……執郈昭伯，殺之於南門之西。』」　「亡身」，宋本作「身亡」。　林其錟曰：「『身亡』較勝。『身亡』同上文『師敗』相對成文。」　庶按：林説非。上文「宋師敗」乃與「邯鄲圍」相對，此作「亡身」，乃與下「破國」相對，宋本誤，不可據。左傳所謂「介其鷄」，古註有兩解。賈逵、服虔、杜預皆以「介」爲「芥」，謂擣芥子爲粉末，播散于鷄翼，以迷郈氏鷄之目，此蓋袁註所本。鄭衆則曰：「介，甲也，爲鷄著甲。」呂氏春秋察微篇亦載此事，高誘註：「作小鎧著鷄頭。」

〔二八〕袁註：「晉遣大夫郄克使齊。克足跛，齊侯欲謔之。遂於廊下設幕，使嬪妾晝於幕中。初，郄克跛而上殿，嬪妾於幕中一時大笑。尅被笑，忿怒，還晉乃將兵伐齊，遂破齊國。此皆輕小事破國亡身者也。」楊明照曰：「公羊成二年傳：『晉郤克與臧孫許同時而聘於晉，蕭同姪子者，齊君之母也，踊於棓而窺客，則客或跛，或眇，於是使跛者迓跛者，使眇者迓眇者。二大夫出，相與踦閭而語，移日，然後相去。齊人皆曰：「患之起，必自此始！」二大夫歸，相與率師爲鞌之戰，齊師大敗。』」庶按：左宣十七年傳：「晉侯使郤克徵會於齊，齊頃公帷婦人使觀之，郤子登，婦人笑於房。獻子怒，出而誓曰：『所不此報，無能涉河！』」此蓋袁註所本。又穀梁傳曰：「季孫行父禿，晉郤克眇，衛孫良夫跛，曹公子手僂，同時而聘於齊。齊使禿者御禿者，使眇者御眇者，使跛者御跛者，使僂者御僂者。蕭同姪子處臺上而笑之，聞於客。」蓋春秋三傳所述各異。

〔二九〕「蔑」原作「篾」，宋本、明鈔本、景道藏本、子彙本、吉府本、程榮本、龍川鈔本並作「蔑」，是，據改。

〔三〇〕「故」原作「死」，宋本、子彙本、程榮本、龍川鈔本、類纂本並作「故」。王叔岷曰：「作『故』，於義爲長。」庶按：王說是，據改。

〔三一〕盧文弨曰：「（程榮本）『代』誤『伐』。」原本「以」下原無「輕」字，「微」下原有「之」字。孫楷第曰：「『以』字當作『輕』，下『之』字衍。原文當作『皆輕小害，易微事，以至於大患』。淮南子人間訓：『是故人皆輕小害，易微事，以多悔。』」王叔岷曰：「淮南人間篇云云，又例以上文，則『皆以小害易微之事』，蓋本作『皆以輕小害，易微事』，孫說微失。」庶按：王說是，據補改。

〔三二〕楊明照曰：「淮南人間篇：『夫禍之來也，人自生之；福之來也，人自成之。禍與福同門，利與害爲鄰，非神聖人，莫之能分。是故知慮者，禍福之門户也；動静者，利害之樞機也。』」王叔岷曰：「文子微明篇：『夫禍之至也，人自生之；福之來也，人自成之。禍與福同門，利與害同鄰，自非至精，莫之能分。是故知慮者，禍福之門户也；動静者，利害之樞機也，不可不慎察也。』與此文尤合，蓋此文所本。」

誡盈章三十四

四時之序，節滿卽謝；五行之性，功成必退〔一〕。故陽極而陰降，陰極而陽昇〔二〕。日中則昃，月盈則虧〔三〕，此天之常道也。勢積則損，財聚必散〔四〕，年盛返衰〔五〕，樂極還悲〔六〕，此理之恒情也〔七〕。

昔仲尼觀欹器而革容〔八〕，鑒損、益而嘆息〔九〕，此察象而識類，覩霜而知冰也〔一〇〕。夫知進而不知退，則踐盈滿之危〔一一〕；處存而不忘危，必履泰山之安。故雷在天上曰大壯，山在地中曰謙。謙則裒多益寡，壯則非禮勿履〔一二〕。處壯而能用禮，居謙而能益寡〔一三〕。降高以就卑，抑强而同弱〔一四〕。未有挹損而不光〔一五〕，驕盈而不斃者也。

聖人知盛滿之難持〔一六〕，每居德而謙冲〔一七〕。雖聰明叡智而志愈下〔一八〕，富貴廣大而心愈降，勳蓋天下而情愈惕，不以德厚而矜物，不以身尊而驕民〔一九〕。故楚莊王功立而心懼〔二〇〕，晉文公戰勝而色憂〔二一〕。非憎榮而惡勝，乃功大而心小，居安而念危也〔二二〕。夏禹一饋而七起，周公一沐而三握〔二三〕，食不遑飽，沐不及晞〔二四〕，非耐飢而樂勞，是能心急於接士，德處于謙光也〔二五〕。

易曰：「以貴下賤，大得民也〔二六〕。」是以君子高而能卑，富而能儉，貴而能賤，智而能愚，勇而能怯，辯而能訥〔二七〕，博而能淺〔二八〕，明而能闇，是謂損而不窮也〔二九〕。

校釋

〔一〕楊明照曰：「戰國策秦策三：『夫四時之序，成功者去。』吳越春秋勾踐歸國外傳：『四時不並盛，五行不俱馳。』」

〔二〕宋本、龍川鈔本、景四庫本並於「降」上無「陰」字，「昇」上無「陽」字。王叔岷曰：「類纂本、程榮本、王謨本、畿輔本並作『故陽極而降，陰極而昇』，蓋妄刪『陰』、『陽』二字，『升』、『昇』古今字。」

〔三〕袁註：「日中則昃，月盈則虧。人矯（庶按：當作「驕」。）尅亡，器滿必覆。故以誠盈名篇之美也。」楊明照曰：「易豐：『彖曰：「日中則昃，月盈則食。」』」王叔岷曰：「王謨本、畿輔本、百子本『昗』並作『昃』，同。喻林一引此亦作『昃』。淮南道應篇：『日中而移，月盈而虧。』吳越春秋勾踐歸國外傳：「日中則移，月滿則虧。」說苑敬慎篇：『日中則昃，月盈則食。』張華女史箴：『日中則昊，月滿則微。』」

〔四〕「必」，宋本、程榮本、龍川鈔本、景四庫本並作「則」。 盧文弨曰：「『必』誤『則』。」

〔五〕「年盛」原作「盛年」，宋本、明鈔本、景道藏本、子彙本、吉府本、程榮本、龍川鈔本並作「年盛」，是，據乙。「年盛」與上「勢積」、下「樂極」一律。

〔六〕王叔岷曰：「淮南道應篇：『夫物盛而衰，樂極則悲。』文子九守篇（守弱）：『夫物盛則衰，……樂終則悲。』」

〔七〕「理」，宋本、子彙本、吉府本、程榮本、龍川鈔本、類纂本並作「人」。原本「恒」下無「情」字，程榮本、類纂本於「恒」下並有「情」字。 盧文弨曰：「（程榮本）『此』下衍『人』。」 王叔岷曰：「『此人之恒情也』，與上文『此天之常道也』對言，於義爲長。」 庶按：王說非，作「理」，承上文「勢積」、「財聚」、「年盛」而言。「情」字據增。

〔八〕袁註：「周公廟中有祭器，常傾欹不正，號之欹器，太滿則傾，不滿亦欹，惟平則正矣。孔子於周公廟見之，問主器曰：『此器何名？』曰：『欹器。』孔子曰：『我聞欹器太滿則傾，不滿亦欹，惟平則正。』孔子於是發嘆改其心，噓曰：『古人制之以約後代人，慎傾滿，使各得其分也。』」景四庫本於「革容」下双行小註：「與荀子宥坐篇合。」 楊明照曰：「荀子宥坐篇：『孔子觀於魯桓公之廟，有欹器焉。孔子問於守廟者曰：「此爲何器？」守廟者曰：「此蓋爲宥坐之器。」孔子曰：「吾聞宥坐之器者，虛則欹，中則正，滿則覆。」孔子顧謂弟子曰：「註水焉。」弟子挹水而註之，中而正，滿而覆，虛而欹。孔子喟然而嘆（淮南作『造然革容』）曰：「吁！惡有滿而不覆者哉！」』」王叔岷曰：「家語三恕篇王肅註：『欹，傾。』文子九守篇（守弱）亦載此器，惟不涉及孔子。楊氏所引荀子宥坐篇『孔子喟然而嘆』，他書僅淮南道應篇作『孔子造然革容』，與此文言『革容』合，則此文蓋直本於淮南。」庶按：韓詩外傳三、説苑敬慎篇作「孔子觀於周廟」，與袁註合，乃其所本。困學紀聞十：「晉杜預傳云：『周廟欹器，至漢東京猶在御坐。』當以周廟爲是。」

〔九〕景四庫本於「嘆息」下双行小註：「孔子讀易至於損、益，喟然而嘆。子夏問曰：『夫子何嘆焉？』孔子曰：『夫自損者必有益，自益者必有損，喜（庶按：「喜」字疑誤。）之，以是嘆也。』」楊明照曰：「淮南人閒篇：『孔子讀易至損、益，未嘗不憤（庶按：王叔岷謂「憤」乃「噴」之誤，「噴」與「喟」同，王念孫雜志有說。）然而嘆曰：「益、損者，其王者之事歟？事或欲以利之，適足以害之；或欲以害之，乃反以利之。利害之反，禍福之門户，不可不察也。」』」

〔一〇〕楊明照曰：「淮南説山篇：『聖人見霜而知冰。』」

〔一一〕「滿」原作「泛」，程榮本作「滿」。盧文弨曰：「『滿』，藏作『泛』。」楊明照曰：「易乾文言：『知進而不知退。』繫辭下：『是故君子安而不忘危，存而不忘亡。』」王叔岷曰：「韓詩外傳八：『知進而不知退。』」庶按：作「盈滿」承上「觀欹器而革容」義而言，是，據改。

〔一二〕楊明照曰：「易大壯象曰：『雷在天上大壯，君子以非禮弗履。』謙象曰：『地中有山，謙，君子以裒多益寡。』」王叔岷曰：「爾雅釋詁：『裒，聚也。』」庶按：王説非，裒謂減損。

〔一三〕原本「益」下無「寡」字，宋本、程榮本於「益」下並有「寡」字。王叔岷曰：「有『寡』字是也，此承上文『益寡』而言。」庶按：王説是，據補。

〔一四〕「同」原作「用」，宋本、明鈔本、景道藏本、子彙本、吉府本、程榮本、龍川鈔本並作「同」，是，據改。「抑强而同弱」與上「降高以就卑」相對。

〔一五〕「挹損」原作「抱損」，程榮本作「謙尊」，百子本、龍溪本並作「挹損」。盧文弨曰：「『挹損』誤『謙尊』。」孫楷第曰：「易謙彖傳：『謙尊而光，卑而不可踰。』王引之經義述聞卷二云：『尊讀撙節退讓之尊。尊之言損也，小也；光之言廣也，大也。尊而光者，小而大。解彖傳者，多誤以尊卑爲對文。』又引此文爲証而解之云：『以謙尊對驕盈，則讀爲撙可知。蓋當時易説有如是解者，故劉氏用之也。説文無撙字，古多借尊爲之。』」王叔岷曰：「百子本『抱損』作『挹損』，與盧氏拾補合，是也。明謙篇：『在榮以挹損爲基。』亦以『挹損』連文，與此同例。『抱』乃『挹』之形誤。挹損猶抑損，説苑敬慎篇：『持滿之道，挹而損之。』韓詩外傳三『挹』作『抑』。本書九流篇『謙挹爲德』，舊合字本『挹』作『抑』，並二字通用之證。程榮本作『謙尊』，……蓋據易謙彖傳之文改之，不足據。」庶按：王説是，據改。

〔一六〕「盛」疑「盈」之訛，「盈滿」乃本章常語。「持」，景道藏本、子彙本、吉府本、孫評本、龍溪本並作「恃」。王叔岷曰：「『恃』作『持』，古通。莊子徐無鬼篇：『恃源而往者也』。釋文：『恃，本作持。』」

卽其比。」

〔一七〕「冲」，景道藏本、百子本、龍溪本並作「冲」，「冲」與「冲」同，冲猶虛也。

〔一八〕「叡」原作「膚」，宋本、程榮本並作「睿」，明鈔本、景道藏本、子彙本、吉府本、龍溪本並作「叡」。楊明照曰：「『叡』字是。叡之古文作睿，膚蓋睿之誤。」　庶按：楊說是，據改。　禮記中庸：「爲能聰明睿知，足以有臨也。」

〔一九〕楊明照曰：「淮南道應篇：『是故聰明睿智，守之以愚；……富貴廣大，守之以儉；德施天下，守之以讓。』」　王叔岷曰：「荀子宥坐篇：『聰明聖知，守之以愚；功被天下，守之以讓；……富有四海，守之以謙。』又見家語三恕篇，聖作睿，與此合。　韓詩外傳三：『廣大者，守之以儉；祿位尊盛者，守之以卑；……聰明睿智者，守之以愚。』」

〔二〇〕楊明照曰：「左宣十二年傳：『欒武子曰：「楚自克庸以來，其君無日不討國人而訓之。于民生之不易，禍至之無日，戒懼之不可以怠。」』呂氏春秋驕恣篇：『李悝曰：「昔者，楚莊王謀事而當，有大功，退朝而有憂色。」』」

〔二一〕事見前薦賢篇及註。

〔二二〕王叔岷曰：「左襄十一年傳：『居安思危。』」

〔二三〕「七」原作「十」，明鈔本、景道藏本、子彙本、吉府本、程榮本、龍川鈔本並作「七」，程榮本「握」下有「髮」字。　盧文弨曰：「『握』下『髮』衍。」　楊明照曰：「海録碎事八上引有『髮』字，『十』作

『七』，有『髮』字是。『十』、『七』二字並通。鬻子上禹政篇：『是以禹嘗據一饋而七起。』呂氏春秋謹聽篇：『昔者，禹一沐而三捉髮，一食而三起。』黄氏日鈔五十六讀呂氏春秋：『愚意此形容之語，本無其事，而世又以言周公。』（庶按：王叔岷謂御覽八二、天中記十一引呂氏春秋「捉」並作「握」，與此合。）淮南氾論篇：『禹一饋而十起，一沐而三捉髮』。」王叔岷曰：「『十』乃『七』之誤，『七』，古文作『十』，與『十』相似，故致誤耳。『三』、『七』並舉，古書習見。墨子非攻中篇：『今攻三里之城，七里之郭。』孟子公孫丑下篇：『三里之城，七里之郭。』離婁上篇：『今之欲王者，猶七年之病，求三年之艾也。』禮記坊記：『七日戒，三日齋。』莊子達生篇亦云：『七日戒，三日齋。』張華博物志四引莊子：『地三年種蜀黍，其後七年多蛇。』文例皆同。淮南氾論篇：『禹一饋而十起。』『十』亦『七』之誤，楊氏謂『十』、『七』二字並通，非也。『夏禹一饋而七起，周公一沐而三握』，文正相對，……『握』下有『髮』字，疑據他書所加。史記魯周公世家：『我一沐三捉髮，一飯三吐餔。』御覽三九五、四七五、事文類聚別集三七、天中記二四引『捉』並作『握』，與此文合。説苑敬慎篇：『周公……嘗一沐而三握髮，一食而三吐餔。』論衡書解篇：『周公一沐三握髮。』漢樂府古辭君子行：『周公下白屋，吐餔不及餐，一沐三握髮，後世稱聖賢。』藝文類聚十一引帝王世紀：『伯禹……一沐三握髮，一食三起。』北堂書鈔十一『握』作『捉』，下無『髮』字，與此無『髮』字合。」庶按：盧、王説並是，據改。

〔二四〕「沐」原作「昧」，宋本、明鈔本、景道藏本、子彙本、吉府本、程榮本、龍川鈔本並作「沐」，是，據改。王叔岷曰：「詩小雅湛露毛傳：『晞，乾也。』」

〔二五〕原本「處」上無「德」字，「謙光」下無「也」字，王謨本「處」上有「德」字，宋本、明鈔本、景道藏本、子彙本、吉府本、程榮本、龍川鈔本於「謙光」下並有「也」字。諸本並是，據增。

〔二六〕楊明照曰：「易屯象曰：『以貴下賤，大得民也。』」

〔二七〕「辯」原作「辨」，宋本、明鈔本、景道藏本、子彙本、吉府本、程榮本、龍川鈔本並作「辯」，是，據改。

〔二八〕「博」原作「愽」，景道藏本、吉府本、類纂本、景四庫本並作「博」，是，據改。

〔二九〕王叔岷曰：「説苑敬慎篇：『孔子曰：「高而能下，滿而能虛，富而能儉，貴而能卑，智而能愚，勇而能怯，辯而能訥，博而能淺，明而能闇，是謂損而不極。」』林其錟曰：「清人王仁俊輯經籍佚文，有新論佚文一卷，實仅一條，義與本篇合，疑出於此。今録其全文如下：『古諺云：「深不絶涓泉，稚子浴其淵；高不絶丘陵，跛羊游其巔。」』並註云：『風雅逸篇八。右從杜氏古謡諺輯録。』詳此佚文文字，在弘明集漢牟融理惑論中作：『若高不絶山阜，跛羊凌其巔；深不絶涓流，儒子浴其淵。』」

明謙章三十五

天道下濟而光明〔一〕，江湖善下而爲王〔二〕。故山在地中成謙，王侯以孤寡爲損〔三〕。

謙則榮而逾高，損則顯而彌貴〔四〕。高必以下爲基，貴則以賤爲本〔五〕。在貴而忘貴，故能以貴下民；處高而遺高，故能以高就卑〔六〕。是以大壯往則復〔七〕，天地之謙也；極昇必降，陰陽之謙也；滿終則虧，日月之謙也；道盈體冲〔八〕，聖人之謙也。

易稱：「謙尊而彌光〔九〕。」老子云：「不伐故有功〔一〇〕。」謙者在於降己，以高從卑〔一一〕，以聖從鄙。不伐在於有功不矜，有德不言，歸於冲退〔一二〕，謙挹之流也。好盈自賢，矜功伐善者，俗之恒情〔一三〕，聖人之惡也。必矜其功，雖賞之而稱勞，情猶不足；苟伐其善，雖與之賞多，必怨其少，則慊望之情生〔一四〕，躁兢之色見，矜伐之路開，患難之釁作矣。君子則不然，在榮以挹損爲基〔一五〕，有功而不矜，有善而不伐，遺其功而功常存，忘其善而善自全〔一六〕。情常忘善，故能以善下物〔一七〕；情恒存善，故欲以善勝人〔一八〕。

是以情存功善，非心謙也；口虚托謙〔一九〕，豈非矯乎〔二〇〕？心遺功善，非矜伐也；口及其善〔二一〕，豈非實乎？故心存功善〔二二〕，口雖不言，未免矜伐；心舍功善，口雖明言，無傷於謙〔二三〕。故夏禹昌言，明稱我功〔二四〕；咎繇陳謨，云説我惠〔二五〕。豈其矜功而存惠哉！

夫言善非伐，而伐善者每稱其善〔二六〕；言惠非矜，而矜惠者常存其惠。聖人知人情尚賢而好伐，故發言裁典〔二七〕，多由謙退，所以棄其驕誇〔二八〕，競垂世則也〔二九〕。

校釋

〔一〕楊明照曰：「易謙象曰：『謙亨。天道下濟而光明。』」

〔二〕楊明照曰：「老子第六十六章：『江海所以能爲百谷王者，以其善下之。』」庶按：説文：「王，天下所歸往也。」「爲百谷王」，卽爲百谷所歸往。

〔三〕楊明照曰：「『損』，疑當作『稱』。老子第四十二章：『人之所惡，唯孤寡不轂，而王公以爲稱。』」

王叔岷曰：「楊氏引老子『而王公以爲稱』下云：『故物或損之而益，或益之而損。』卽此『損』字所本。且『損』與上文『謙』對言，下文又緊承『謙』、『損』言之，則『損』非誤字明矣，楊説未審。」庶按：王説是。老子三十九章：「是以侯王自謂孤、寡、不轂，此其以賤爲本耶？非乎？」吕氏春秋士容篇高誘註：「孤、寡，謙稱也。」淮南道應篇：「是故貴者必以賤爲號。」高誘註：「貴者，謂王公侯伯，稱孤、寡、不轂，故曰以賤爲號。」顔氏家訓風操篇：「昔者，王侯自稱孤、寡、不轂。」王利器集解曰：「古天子諸侯，卽位未終喪，自稱曰孤，既終喪，自稱曰寡人。」

〔四〕「損」原作「謙」，宋本、明鈔本、景道藏本、子彙本、吉府本、程榮本、龍川鈔本並作「損」，是，據改。「謙」乃承上而誤。

〔五〕楊明照曰：「老子第三十九章：『故貴以賤爲本，高必以下爲基。』」王叔岷曰：「『必』、『則』互文，『則』猶『必』也。誡盈章：『四時之序，節滿卽謝；五行之性，功成必退。』『卽』、『必』互文，亦同此例。國策齊策：『老子曰：「雖貴必以賤爲本，雖高必以下爲基。」』淮南道應篇：『故老子曰：「貴必以賤爲本，高必以下爲基。」』『則』並作『必』，是二字同義之證。」

〔六〕「以高就卑」原作「高而就卑」，王叔岷曰：「程榮本、王謨本、畿輔本『高而就卑』並作『以高就卑』，與上文『以貴下民』相對，是也。」庶按：王說是，據改。宋本作「以高而就卑」，「而」字雖衍，然足證王說之確。

〔七〕盧文弨曰：「『往則復』疑當作『無往不復』。」楊明照曰：「易泰象曰：『無往不復，天地際也。』」庶按：「往則復」，義自通，可不必改。

〔八〕王叔岷曰：「『沖』借爲『盅』，老子：『道沖而用之，或不盈。』說文引『沖』作『盅』，云：『盅，器虛也。』」庶按：「冲」同「沖」。段玉裁曰：「凡用沖虛字者，皆盅之假借。」「體沖」謂內心空虛。

〔九〕楊明照曰：「易謙象曰：『謙尊而光。』」

〔一〇〕楊明照曰：「老子第二十二章：『不自伐，故有功。』」庶按：王弼注：「伐，取也。」謂自稱其能。

〔一一〕原本「以」下無「高」字，景道藏本、子彙本、吉府本、程榮本於「以」下並有「高」字，是，據增。盧文弨曰：「（程榮本）『從』，俗『下』。」

〔一二〕盧文弨曰：「『不伐在於有功不矜』句，下衍『在於』二字。『有德不言』句，上文以謙承易詞，此『不伐』亦承老子語而申明之。」林其錟以「不矜」、「不言」屬下爲句。庶按：林說非，盧說是，據刪。「有功不矜」不可分，下文「必矜其功」、「有功而不矜」是其證。

〔一三〕「俗」字原在「情」下，宋本、明鈔本、景道藏本、子彙本、吉府本、程榮本、龍川鈔本於「之」上並有「俗」字，「情」下無「俗」字，是，據改。

〔一四〕王叔岷曰：「『慊』借爲『嫌』。說文：『嫌，不平於心也。』『望』借爲『謉』。說文：『謉，責望也。』」庶按：王說是。說文通訓定聲曰：「怨望字，史傳皆以望爲之。」

〔一五〕孫楷第曰：「『在榮以挹損爲基』，疑當作『在勞以挹損爲吉』。下文『有功而不矜，有善而不伐』，正承『勞』字言之。若作『榮』，則與下文義不相屬矣。易繫辭云：『勞謙君子有終吉，勞而不伐，有功而不德，厚之至也。』」王叔岷曰：「『在榮以挹損爲基』，與上文『高必以下爲基，貴則以賤爲本』句法同。『有功』、『有善』，並承『榮』字言之，『不矜』、『不伐』並承『挹損』言之，文義粲然，無煩從易繫辭强爲改字。」庶按：王說是。

〔一六〕王叔岷曰：「莊子外物篇：『去善而自善矣。』」

〔一七〕「下」原作「卜」，宋本、明鈔本、景道藏本、子彙本、程榮本、龍川鈔本並作「下」，是，據改。

〔一八〕盧文弨曰：「（程榮本）『欲』誤『能』。」

〔一九〕「托」，宋本、王謨本並作「託」。「託」、「托」古今字。

〔二〇〕子彙本、吉府本、顧雲程本、龍溪本「豈非嬌乎」下並無「以善勝物」四字。王叔岷曰：「『以善勝物』四字，疑涉上文而衍。」庶按：王說是，據删。下文「心遺功善」，亦承上文「情存功善」而言，删此四字，與上文例同。

〔二一〕依文意，「及」疑當作「言」，下文「夫言善非伐」是其證。

〔二二〕原本「功善」下有「非心謙也」四字。孫楷第曰：「『非心謙也』四字各本皆誤衍，吉府本無此四字，是也。以下文例之。」王叔岷曰：「四字涉上文而衍。」庶按：孫、王説並是，據删。

〔二三〕「謙」原作「廉」，王謨本作「謙」，是，據改。下文「多由謙退」亦其證。

〔二四〕原本「我」作「伐」。盧文弨曰：「『伐』當作『我』。」楊明照曰：「書益稷：『帝曰：「來，禹！汝亦昌言。」禹拜曰：「都，帝！予何言？予思日孜孜。」皋陶曰：「吁！如何？」禹曰：「洪水滔天，浩浩懷山襄陵，下民昏墊，予乘四載，隨山刊木，暨益奏庶鮮食，予決九川，距四海，濬畎澮，距川，暨稷播奏艱食鮮食，懋遷有無化居，烝民乃粒，萬邦作乂。」』」庶按：盧説是，據改。

〔二五〕盧文弨曰：「（程榮本）『咎』誤『咨』。」楊明照曰：「書皋陶謨：『皋陶曰：「朕言惠可底行。」』」庶按：「咎繇」即「皋陶」。書皋陶謨僞孔傳：「謨，謀也。皋陶爲帝舜謀。」

〔二六〕原本「善」作「能」，依文意，「能」當爲「善」。「言善非伐而伐善者每稱其善」，與下文「言惠非矜而矜惠者常存其惠」對言，今改。

〔二七〕「裁」原作「載」，宋本、明鈔本、景道藏本、子彙本、吉府本、程榮本、龍川鈔本並作「裁」。林其錟曰：「『載』字較勝。」王叔岷曰：「『裁典』猶言著書。」庶按：王説是，據改。

〔二八〕「誇」，宋本、程榮本並作「姱」。王叔岷曰：「『誇』作『姱』，古通。」

〔二九〕「競」疑「鏡」之聲誤。廣韻「競」屬羣母映韻，「鏡」屬見母映韻。「鏡垂世則」，謂如明鏡高懸，以爲世人之準則。

大質章三十六

火之性也，大寒慘悽，凝冰裂地，而炎氣不爲之衰；大熱烜爀〔一〕，燋金爍石，而炎氣不爲之熾者，何也？有自然之質，而寒暑不能移也〔二〕。故丹可磨而不可奪其色，蘭可燔而不可滅其馨〔三〕，玉可碎而不可改其白，金可銷而不可易其剛，各抱自然之性，非可强變者也。士有忠義之性，懷貞直之操〔四〕，不移之質，亦如茲者也。

是以生苟背道，不以爲利；死必合義，不足爲害〔五〕。故不趨利而逃害〔六〕，不忻生而憾死〔七〕，不可以威脇而變其操〔八〕，不可以利誘而易其心。昔子閭之刼也，擬之白刃而其心不傾〔九〕；晏嬰之盟也，鉤以曲戟而其志不迴〔一〇〕。不可以利害移其情矣〔一一〕。

夫士有忠義之行，踐繩墨之節〔一二〕，其於爲作〔一三〕，乃無異於衆人。及至處患蹈難，而志氣貞剛，然後知其殊也。譬如鍾山之玉〔一四〕，寒嶺之松，比之瓀珉梓柳無殊也〔一五〕。及其燒以爐炭，三日而色潤不改〔一六〕；處於積冰〔一七〕，終歲而枝葉不凋，然後知其異於他玉衆木也。

故袒裼暴虎，而後勇氣發焉〔一八〕；超騰絶坂，而後迅梗露焉〔一九〕；手提萬鈞，而後多力見焉；處難踐患，而後貞勇出焉。不用干將，奚以知其鋭也〔三〇〕；不引烏號，奚以知其勁也〔三一〕。勁鋭之質，卓然易見〔三二〕，猶因人獲顯，況乃志行難覩，曷得不因事而後明乎？

校釋

〔一〕「烜」，宋本、程榮本、龍川鈔本並作「煊」。盧文弨曰：「（程榮本）『烜』，誤『煊』。」王叔岷曰：「『烜赫』，盛貌。玉篇：『烜，火盛貌。』説文：『赫，火赤貌。』火赤引申亦有盛義。」

〔二〕「暑」原作「者」，宋本、程榮本並作「暑」。王叔岷曰「『者』乃『暑』之壞字，或涉上文『者』字而誤。陸士衡演連珠：『虐暑熏天，不減堅冰之寒；涸陰凝地，無累陵火之熱。』」楊明照曰：「淮南詮言篇：『夫寒之與煖相反，大寒地坼水凝，火弗爲衰其熱；大暑爍石流金，火弗爲益其烈。寒暑之變，無損益於己，質有定也。』春秋繁露循天之道篇：『爲寒則凝冰裂地，爲熱則焦沙爛石，氣之精，至於是。』」庶按：王説是，據改。

〔三〕楊明照曰：「呂氏春秋誠廉篇：『丹可磨也，而不可奪赤。』」庶按：拾遺記六後漢録：「夫丹石可磨而不可奪其堅色，蘭桂可折而不可掩其貞芳。」

〔四〕「貞」原作「真」，景道藏本、子彙本、吉府本、孫評本、龍溪本並作「貞」。下「貞勇」之貞同此。盧文弨曰：「（程榮本）『貞』誤『真』。」庶按：盧説是，據改。

〔五〕「不以爲利」、「不足爲害」，二句疑誤倒。讀作「生苟背道，不足爲害，死必合義，不以爲利」，以與下文「不趨利而逃害，不忻生而憾死」所述之意合。

〔六〕王叔岷曰：「莊子齊物論篇：『不就利，不違害。』」

〔七〕王叔岷曰：「莊子大宗師篇：『不知説生，不知惡死。』秋水篇：『生而不説，死而不禍。』」 庶按：「忻」通「欣」，謂悦也。

〔八〕「脇」原作「協」，宋本、子彙本、吉府本、程榮本、龍川鈔本、類纂本並作「脇」，景道藏本作「協」。王叔岷曰：「『協』卽『脇』之誤。」 庶按：王説是，據改。

〔九〕袁註：「楚白公勝作亂，殺子西，又劫子閭，謂子閭曰：『同我者旣免，不同我者卽殺。』乃以白刃擬刺子閭，而子閭亦不同。故云不趨利而逃害也。」 楊明照曰：「左哀十六年傳：『白公欲以子閭爲王，子閭不可，遂劫以兵。子閭曰：「王孫若安靖楚國，匡正王室，而後庇焉，啓之願也，敢不聽從！若將專利，以傾王室，不顧楚國，有死不能。」遂殺之。』」

〔一〇〕袁註：「崔杼殺齊君，使人將鐵鉤鉤晏嬰項，欲與立盟，共爲要誓。晏子畢竟不同崔杼作亂也。」 楊明照曰：「晏子春秋内篇雜上：『崔杼旣弑莊公而立景公，晏子奉桮血，仰天嘆曰：「嗚呼！崔子爲無道，而弑其君，不與公室而與崔慶者，受此不祥。」崔杼謂晏子曰：「子變子言，則齊國吾與子共之；子不變子言，戟旣在脰，劍旣在心，維子圖之也。」晏子曰：「劫吾以刃，而失其志，非勇也；回吾以利，而倍其君，非義也。曲刀鉤之，直兵推之，嬰不革矣！」崔子遂舍之。』」 王叔岷曰：「淮南精神篇：『晏子與崔杼盟，臨死地而不易其義。』」

〔一一〕「移」原作「趍」，王謨本作「移」。盧文弨曰：「『移』誤『趍』。」庶按：盧説是，據改。

〔一二〕「繩墨」，謂正直。

〔一三〕「爲作」，宋本、程榮本、龍川鈔本並作「平日」。

〔一四〕袁註：「鍾山在會稽也。」王叔岷曰：「文選嵇叔夜琴賦註引淮南（俶真篇）許慎註：『鍾山，北陸無日之地，出美玉。』高註：『鍾山，崑崙也。』」庶按：古會稽地無鍾山，袁註非。

〔一五〕袁註：「瑞珉似玉，入火即銷。梓是楸，柳是楊柳也。」王叔岷曰：「『瑞』與『碝』同，説文：『碝，石次玉者。』御覽八百九引説文：『珉，石之次玉也。』」庶按：梓楸不同，袁註混而爲一，非也。

〔一六〕原本「色」下無「潤」，宋本、程榮本、龍川鈔本於「色」下並有「潤」字。王叔岷曰：「『色潤不改』與下『枝葉不凋』相儷。淮南俶真篇作『色澤不變，潤於澤也』。」庶按：王説是，據補。

〔一七〕「冰」原作「水」，宋本、子彙本、程榮本、龍川鈔本並作「冰」。楊明照曰：「『冰』字較勝。淮南俶真篇：『譬若鍾山之玉，炊以鑪炭，三日三夜，而色潤不變，則至德天地之精也。』」庶按：楊説是，據改。

〔一八〕「虎而」原作「而虎」，宋本、明鈔本、景道藏本、子彙本、吉府本、程榮本、龍川鈔本並作「虎而」，「而」屬下爲句。王叔岷曰：「詩鄭風大叔于田：『襢裼暴虎。』毛傳：『襢裼，肉袒也。暴虎，空手以搏之。』釋文：『襢，本又作袒。』襢與袒同，爾雅釋訓：『襢裼，肉袒也。（郭璞註：「脱衣而見體。」）暴虎，徒搏也。（註：「空手執也。」）』」庶按：「而虎」誤倒，從諸本乙正。

〔一九〕「梗」，宋本、程榮本並作「捷」，子彙本、龍溪本並作「便」。王叔岷曰：「『梗』即『便』之誤。」林其鋑曰：「『迅捷』爲優。」庶按：「梗」字不誤，梗爲草木之莖，此喻馬之足，「迅梗」猶言「迅足」。知人章「而迅足之勢固已見矣」，與此可互參。

〔二〇〕王叔岷曰：「干將，寶劍，吴人干將所作，因名。……漢書司馬相如傳下張揖注：『干將，韓王劍也。』說異。」

〔二一〕袁註：「烏號，角桑之木爲弓也。黄帝殿前有桑樹，上有長條，烏飛集其上。烏起未高，條返彈，烏乃號，因名烏號。黄帝見之，曰：『此木應堪材用也。』遂取爲弓，極美妙，故曰烏號弓。說文云：『黄帝於鼎湖山上得僊人遺弓一張，羣臣見之，一時號哭，因曰烏號弓。』又云：『南嶺山有柘木，烏每日在其上鳴，因名之烏號弓也。』」王叔岷曰：「史記封禪書：『黄帝采首山銅，鑄鼎於荆山下，鼎既成，有龍垂胡頿下迎黄帝，龍乃上去，墮黄帝之弓，百姓仰望，乃抱其弓號。故後世因名其弓曰烏號。（節引）』韓詩外傳八：『齊景公使人爲弓，三年乃成，弓人之妻見景公曰：「此弓者，太山之南，烏號之柘。」（節引）』風俗通義正失篇：『烏號弓者，柘桑之林，枝條暢茂，烏登其上，下垂著地，烏適飛去，從後撥殺，取以爲弓，因名烏號耳。』」庶按：史記司馬相如列傳索隱：「淮南子：『烏號，柘桑其材堅勁，烏棲其上，將飛，枝勁復起，摽呼其上，伐取其材爲弓，因曰烏號。』」此乃袁註所本，然其又以黄帝傅會之。淮南原道篇高註：「烏號，柘桑其材堅勁，烏峙其上，及其將飛，枝必橈下，勁能復起，巢烏隨之，烏不敢飛，號呼其上，伐其枝以爲弓，因曰烏號之弓也。一説：黄帝鑄鼎於荆山鼎湖，得道而仙，乘龍而上，其臣援弓射龍，欲下黄帝不能也。烏，於也，號，呼也，於是抱弓而號，因名其弓爲烏號之弓也。」太平寰宇記一一八引武陵記：「延溪有柘樹千餘頃，枝條茂暢，昔有烏集其上，枝下垂着地。烏去，枝振殺之，羣烏號嘯，楚人取其枝爲弓，名曰烏號。」

〔三〕「質卓」原作「卓質」，景道藏本、子彙本、吉府本並作「質卓」。林其錟曰：「『卓』、『質』二字誤倒，當作『勁鋭之質，卓然易見』。」庶按：林説是，據乙。「卓」乃「倬」之借字。「倬然」，顯明貌。

劉子校釋卷之八

辨施章三十七〔一〕

夫山阜非爲鳥植林，林茂而鳥自棲之；江湖非爲魚鑿潭，潭深而魚自歸之；處世非爲人積財〔二〕，財積而人自依之〔三〕。非其所招，勢使然也。

懷璧之子，未必能惠〔四〕，而人競親者〔五〕，有惠人之資也；被褐之士〔六〕，性能輕財，而人皆踈之者，無惠人之資也。今富而儉悋〔七〕，猶見親敬；貧而仁施，必見踈慢。非行之失，彼情變也〔八〕。策駟登山，不得直轡而行；泛舟入海，不得安身而坐。何者？山路迂迴，海水淪波〔九〕，行者欲直，而路曲之；坐者欲安，而水蕩之；仁者欲施，而貧遏之。富而賑物，德不爲難；貧而儉嗇，行非爲過。天之道損有餘，人之情矜不足也〔一〇〕。崑山之下，以玉抵烏；彭蠡之濱，以魚食犬〔一一〕。而人不愛者，非性輕財，所豐故也。挈瓶丐水〔一二〕，執萑求火〔一三〕，而人不悋者〔一四〕，非性好施，有餘故也。口非匏瓜，不能不食〔一五〕；身非木石，不得不衣。食不滿腹〔一六〕，豈得輟口而惠人〔一七〕？衣不蔽形，何得露體而施物？非性儉悋，不足故也。饑饉之春〔一八〕，不賑朋戚；多稔之秋〔一九〕，饗及四鄰。不賑朋戚，人之惡行〔二〇〕；惠及四鄰，人之善義〔二一〕。善惡之行，不出於性情〔二二〕，而繫於饑穰也〔二三〕。以此觀之：太豐則恩情生，窶乏則仁惠廢也〔二四〕。

相馬者，失在於瘦，求千里之步虧也；相人者，失在於貧，求恩惠之迹缺也〔二五〕。輕財之士，世非少也，然而不見者，貧掩之也。德行未著，而稱我能，猶足不能行而賣躄藥，望人信之，實爲難矣〔二六〕。

校釋

〔一〕「辨」原作「辯」，孫評本作「辨」。王叔岷曰：「喻林三一、三九、五七引『辯』並作『辨』。」庶按：「辨」是，據改。

〔二〕「處世」疑當作「處勢」。莊子山木篇：「此筋骨非有加急而不柔也，處勢不便，未足以逞其能也。」郭慶藩集釋引王念孫曰：「古者謂所居之地曰處勢。」

〔三〕楊羽照曰：「荀子致士篇：『川淵深，而魚鼈歸之；山林茂，而禽獸歸之。』史記貨殖列傳：『淵深而魚生之，山深而獸往之，人富而仁義附焉。』」王叔岷曰：「淮南説山篇：『水積而魚聚，木茂而鳥集。』」

〔四〕「必」原作「爲」，宋本、明鈔本、景道藏本、子彙本、吉府本、程榮本、龍川鈔本並作「必」，是，據改。

〔五〕依文意，「親」下當補「之」字。「競親之者」與下文「皆踈之者」相對。

〔六〕「被褐」，謂貧困。

〔七〕「恡」，宋本、程榮本、別解本並作「悋」。王叔岷曰：「『今』猶若也。『恡』、『悋』並『吝』之俗。」庶按：「儉恡」與下「仁施」疑誤倒，讀作「富而仁施」，「貧而儉恡」，乃與本章旨合。下文「富而賑物，德不爲難；貧而儉恡，行非爲過」，正承此而言。

〔八〕「彼」原作「被」，宋本、程榮本、別解本並作「彼」。王叔岷曰：「『被』蓋『彼』之形誤。」庶按：王說是，據改。

〔九〕「波」，宋本、程榮本、別解本並作「没」。王叔岷曰：「說文：『淪，小波爲淪，一曰没也。』是『淪波』、『淪没』義得兩通，惟作『波』蓋本書之舊。」

〔一〇〕楊明照曰：「老子第七十七章：『天之道，損有餘而補不足。』」

〔一一〕楊明照曰：「論衡定賢篇：『崑山之下，以玉爲石；彭蠡之濱，以魚食犬豕。』鹽鐵論崇禮篇：『崑山之旁，以玉璞抵烏鵲。』史通雜說上：『語曰：彭蠡之濱，以魚食犬。』」庶按：「食」通「飼」。

〔一二〕王叔岷曰：「丐，俗『匄』字。廣雅釋詁：『匄，求也。』」

〔一三〕袁註：「草似龍鬚，可爲席，人用焫火也。」孫詒讓曰：「『萑』當爲『蕉』，與『樵』字通。呂氏春秋不屈篇云：『豎子操蕉而鉅。』是也。袁註誤。列子周穆王篇云：『藏之隍中，覆之以蕉。』亦『樵』之叚字。」楊明照曰：「孟子盡心上篇：『民非水火不生活，昏暮叩人之門户求水火，無弗與者，至足也。』淮南齊俗篇：『扣門求水火，莫弗與者，所饒足也。』」王叔岷曰：「詩豳風七月：『八月萑葦。』毛傳：『薍爲萑。』衛風碩人正義引陸璣云：『薍，或謂之荻。至秋堅成，則謂之萑。』古人常束荻葦之類爲火炬，火炬字正作苣。説文：『苣，束葦燒也。』則萑無庸改爲蕉矣。」庶按：王説是，萑卽萑葦。風俗通義祀典篇：「傳曰：『萑葦有藂。』呂氏春秋：『薰以萑葦。』」今本呂覽脱此句，嚴可均輯全漢文有。萑葦亦名蒹葭，卽今之蘆葦。

〔一四〕「者」字原本無，何允中本、龍川鈔本、別解本於「愜」下並有「者」字。王叔岷曰：「有『者』字與上文『而人不愛者』文例一律。」庶按：王説是，據補。

〔一五〕湯明照曰：「論語陽貨篇：『吾豈匏瓜也哉，焉能繫而不食？』」庶按：「匏瓜」卽今之葫蘆。

〔一六〕「腹」原作「腸」，宋本、明鈔本、景道藏本、子彙本、吉府本、程榮本、龍川鈔本並作「腹」，是，據改。

〔一七〕「而」字原本無，程榮本、別解本於「口」下並有「而」字。王叔岷曰：「有『而』字，與下文句法一律。」庶按：王説是，據補。

〔一八〕王叔岷曰：「爾雅釋天：『穀不熟爲饑，菜不熟爲饉。』」

〔一九〕王叔岷曰：「説文：『稔，穀熟也。』」

〔二〇〕盧文弨曰：「（程榮本）『行』字脱。」

〔二一〕盧文弨曰：「（程榮本）『義』誤『蓋』。」

〔二二〕原本「出」上無「不」字。孫楷第曰：「『出於性情』，『出』上當脱一『不』字。上文云：『非性輕財，非性好施，非性儉吝。』劉子文不謂善惡之行出於性情甚明。論衡治期篇作『爲善惡之行，不在人質性，在於歲之饑穰。』是其碻證。」楊明照曰：「韓非子五蠹篇：『饑歲之春，幼弟不饟。穰歲之秋，疏客必食。非疏骨肉、愛過客也，多少之心異也。』論衡治期篇：『饑歲之春，不食親戚；穰歲之秋，召及四鄰。不食親戚，惡行也；召及四鄰，善義也。爲善惡之行不在人質性，在於歲之饑穰。由此言之，禮義之行，在穀足也。』」庶按：孫説是，據補。

〔二三〕王叔岷曰：「廣雅釋詁：『穰，豐也。』」

〔二四〕「廢」原作「發」，宋本、明鈔本、景道藏本、子彙本、吉府本、程榮本、龍川鈔本並作「廢」，是，據改。

〔二五〕孫楷第曰：「『失在於瘦』，『失在於貧』，『在』字俱當作『之』。言相馬者失馬於瘦，相士者失士於貧也。今誤作『在』，則文義不明。史記滑稽列傳引諺曰：『相馬失之瘦，相士失之貧。』省『於』字，義亦同。留侯世家：『以貌取人失之子羽。』言失人於子羽也。平原君列傳：『勝相士多者千人，寡者百數，自以爲不失天下之士。今乃於毛先生而失之也。』言今乃於毛先生而失士也。淮南子説山訓云：『有相馬而失馬者，然良馬猶在相之中。』高註：『失猶不知也。』」「求」字原本無，宋本、程榮本於「恩」上並有「求」字。楊明照曰：「有『求』字是。文子上仁篇：『相馬失之瘦，選士失之貧。』周生烈子：『伯樂相馬，取之於瘦；聖人相士，取之於疏。』（意林五引。）」王叔岷曰：「『失在於瘦』，『失在於貧』，義自可通，無煩改字。子彙本、百子本『千里』上並無『求』字，喻林八引同，與下文句法一律，文義較長。」庶按：楊說是，「恩」上「求」字據增。王謂「在」字義自可通，是。

〔二六〕抱朴子內篇黃白：「余今告人言，我曉作金銀，而躬自飢寒，何異自不能行，而賣治躄之藥，求人信之，誠不可得。」義與此可互參。

和性章三十八

夫歐冶鑄劍〔一〕，太剛則折，太柔則卷〔二〕。欲劍無折，必加其錫；欲劍無卷，必加其金。何者？金性剛而錫質柔。剛柔均平，則爲善矣。良工塗漆，緩則難晞〔三〕，急則弗牢。均其緩急〔四〕，使之調合，則爲美也。人之含性，有似於茲。剛者傷於嚴猛，柔者失於軟懦，緩者悔於後機〔五〕，急者敗於懁促〔六〕。故鑄劍者，使金不至折，錫不及卷；製器者〔七〕，使緩而能晞，急而能牢；理性者，使剛而不猛，柔而不懦，緩而不後機，急而不懁促。故能劍器兼善而性氣淳和也。

昔徐偃王軟而國滅〔八〕，齊簡公懦而身亡〔九〕，此性太柔之失也。晉陽處父以純剛致害〔一〇〕，鄭子陽以嚴猛致斃〔一一〕，此性太剛之過也。楚子西寬而招敗〔一二〕，邾莊公懁而自禍〔一三〕，此性偏急之災也〔一四〕。西門豹性急，佩韋皮以自緩；董安于性緩，帶絲絃以自急〔一五〕。彼各能以一物所長，攻其所短也〔一六〕。

故陰陽調，天地和也〔一七〕；剛柔均，人之和也〔一八〕。陰陽不和則水旱失節，剛柔不均則强弱乖政〔一九〕。水旱失節則歲敗，强弱乖政則身亡。是以智者寬而慄，嚴而温，柔而毅，猛而仁〔二〇〕，剛而濟其柔〔二一〕，柔而其抑强〔二二〕，强弱相參，緩急相弼。以斯善性〔二三〕，未聞迕物而有悔吝者也〔二四〕。

校釋

〔一〕袁註：「越王鑄劍之人，姓趙名干將，善能（庶按：「能」下疑有脱文。）歐冶，鑄劍名。」景四庫本「劍」下双行小註：「越王時人，姓聶，名干將，善能歐冶鑄劍。」庶按：袁註及景四庫本註文皆非，歐冶即歐冶子，春秋時著名冶工，鑄劍事見越絶書外傳紀寶劍篇、吴越春秋闔閭内傳。

〔二〕楊明照曰：「淮南氾論篇：『太剛則折，太柔則卷。』鹽鐵論訟賢篇：『剛者折，柔者卷。』」王叔岷曰：「文子上仁篇：『夫太剛則折，太柔則卷。』」

〔三〕「緩」上原本復有一「漆」字，覆宋本、程榮本無次「漆」字。王叔岷曰：「無『漆』字，是也，此誤疊。説文：『晞，乾也。』」庶按：王説是，據删。

〔四〕「其」原作「則」，宋本、程榮本並作「其」。王叔岷曰：作『其』是也。則、其本同義，惟此『則』字，蓋涉上下文而誤。」庶按：王説是，據改。

〔五〕「機」原作「饑」，宋本、明鈔本、景道藏本、子彙本、吉府本、程榮本、龍川鈔本並作「機」。子彙本「機」下小註：「饑也。」「機」是，謂機遇。據改。

〔六〕子彙本「慣促」下小註：「慣，急。」

〔七〕「製」疑「漆」之訛。「緩而能晞」、「急而能牢」，俱言良工塗漆事，「製」則非也。

〔八〕袁註：「徐國（庶按：「國」下疑脫「王」字。）名偃，是王子也。好行仁義，善修之（庶按：「之」字疑「文」字之訛。）德，不專預備，後被鄰國破之，臨死之時，曰：『吾但好行文德，不知人有詐也。』」景四庫本「國滅」下双行小註：「周穆王西巡狩，聞徐子僭號，命楚伐徐。徐子愛民無權，不忍鬬，北走彭城，將死，曰：『吾賴於文德。』」楊明照曰：「淮南氾論篇：『徐偃王被服慈惠，身行仁義，陸地之朝者，三十二國，然而身死國亡，子孫無類。』」王叔岷曰：「韓非子五蠹篇：『徐偃王處漢東，地方五百里，行仁義，割地而朝者三十有二國。荆文王恐其害己也，舉兵伐徐，遂滅之。』說苑指武篇：『王孫厲謂楚文王曰：「徐偃王好行仁義之道，漢東諸侯三十二國盡服矣。王若不伐，楚必事徐。」……文王遂興師伐徐，殘之。徐偃王將死，曰：「吾賴於文德，而不明武備；好行仁義之道，而不知詐人之心，以至於此。」』帝範閱武篇：『徐偃棄武，遂以喪邦。』」庶按：博物志八引徐偃王志曰：「徐君宮人，娠而生卵，以爲不祥，棄之水濱。獨孤母有犬名鵠蒼，獵於水濱，得所棄卵，啣以來歸。獨孤母以爲異，覆煖之，遂⿰虫弗成兒，生時正偃，故以爲名。徐君宮中聞之，乃更録取。長而仁智，襲君徐國。後鵠蒼臨死，生角而九尾，實黄龍也；偃王又葬之徐界中，今見有狗蠱。偃王既（下脫「主」字。）其國，仁義著聞，欲舟行上國，乃通溝陳、蔡之間，得朱弓朱矢，以己得天瑞，遂因名爲弓，自稱徐偃王，江、淮諸侯皆伏從，伏從者三十六國。周王聞（下脫「之」字），遣使乘駟，一日至楚，使伐之。偃王仁，不忍聞言（「聞言」當作「鬬害」。）其民爲楚所敗，逃走彭城武原縣東山下，百姓隨之者以萬數，後遂名其山爲徐山，山上立石室，有神靈，民人祈禱，今皆見存。」後漢書東夷傳：「後徐夷僭號，乃率九族以伐京周，西至河上。穆王畏其方熾，乃分東方諸侯，命徐偃王主之。偃王處潢池東，地方五百里，行仁義，陸地而朝者三十有六國。穆王後得驥騄之乘，乃使造父御以告楚，令伐徐，一日而至。於是楚文王大舉兵而滅之，偃王仁而無權，不忍鬬其人，故致於敗，乃北走彭城武原縣東山下，百姓隨之者以萬數，因名其山爲徐山。」竹書紀年：「周穆王十三年秋，徐戎侵洛。冬十月，造父御王入於宗周。十四年，王帥楚子伐徐戎，克之。」又淮南人閒篇以伐徐事屬楚莊王，蓋所聞各異，袁註乃本韓非子五蠹篇。

〔九〕「簡」原作「商」，宋本、程榮本、類纂本並作「簡」。楊明照曰：「『簡』字是。淮南氾論篇：『昔者，齊簡公釋其國家之柄，而專任大臣將相，攝威擅勢，私門成黨，而公道不行，故使陳成田常、鴟夷子皮得成其難，使呂氏絶祀，而陳氏有國者，此柔懦所生也。』」庶按：淮南氾論篇高誘註：「簡公，悼公陽生之子任也。」楊說是，據改。

〔一〇〕袁註：「晉大夫姓楊，名處父，爲性太剛，後被晉君所殺也。」楊明照曰：「左文五年傳：『晉陽處父聘於衛，反過甯，甯嬴從之，及温而還。其妻問之。嬴曰：「以剛。商書曰：『沈漸剛克，高明柔克。』夫子壹之，其不没乎！」』又六年傳：『賈季使續鞫居殺陽處父。』」

〔一一〕袁註：「鄭國之君性太嚴猛，爲臣之所殺也。」　楊明照曰：「呂氏春秋適威篇：『子陽極也（「極也」二字衍。）好嚴，有過而折弓者，恐必死，遂應猘狗而弒子陽。』」　王叔岷曰：「呂氏春秋胥時篇、觀世篇高註並云：『子陽，鄭相；一曰鄭君。』適威篇、淮南氾論篇高註並云：『子陽，鄭君也；一曰鄭相。』據史記鄭世家：『（儒公）二十五年，鄭君殺其相子陽。』則作鄭相是也。高士傳中：『鄭穆公時，子陽爲相，專任刑法，……鄭人殺子陽。』亦以爲鄭相。莊子讓王篇成玄英疏、陸德明釋文亦並云：『子陽，鄭相也。』」

〔一二〕袁註：「楚令尹性寬，楚王所殺也。」　楊明照曰：「左哀十六年傳：『子西曰：「吾聞勝也信而勇，不爲不利，舍諸邊竟，使衛藩焉。」葉公曰：「……吾聞勝也好復言，而求死士，殆有私乎？復言，非信也。期死，非勇也。子必悔之。」弗從，召之，使處吴，竟爲白公。……勝自厲劍，子期之子平見之，曰：「王孫何自厲也？」曰：「勝以直聞，不告女，庸爲直乎？將以殺爾父。」平以告子西。子西曰：「勝如卵，余翼而長之，楚國第，我死，令尹司馬非勝而誰？」勝聞之，曰：「令尹之狂也，得死乃非我！」子西不悛。……遂作亂。秋七月，殺子西、子期於朝。』」　庶按：袁註謂楚王殺子西，非。

〔一三〕楊明照曰：「左定三年傳：『邾子在門臺，臨廷。閽以缾水沃廷。邾子望見之，怒！閽曰：「夷射姑旋焉。」命執之，弗得，滋怒，自投於牀，廢於鑪炭，爛，遂卒。……莊公卞急而好潔，故及是。』杜註：『卞，躁疾也。』」

〔一四〕「偏」，景道藏本、孫評本並作「褊」。　王叔岷曰：「『褊』作『偏』，古字通用。」

〔一五〕袁註：「姓西門，名豹，六國時爲鄴縣令。性急，取韋皮而佩之。韋皮太寬，故佩之以豹稟（庶按：疑當作「稟豹」。）其性也。（董安于）晉陽太守，爲性緩也。」　景四庫本「自緩」下双行小註：「六國時爲鄴令。」　盧文弨曰：「『董安于』，（何允中本）誤『於』。（以自急，）『以』俗『而』。」　楊明照曰：「韓非子觀行篇：『西門豹之性急，故佩韋以自緩；董安于之心緩，故佩弦以自急。』」　王叔岷曰：「淮南人間篇許愼註：『西門豹，（魏）文侯臣。』韓非子十過篇：『夫董閼于，簡主之才臣也。』『閼』與『安』同。『簡主』，晉卿趙簡子也。楊氏引韓非子觀行篇云云，論衡率性、譴告二篇下『佩』字並作『帶』，與此文尤合。」　庶按：據史記滑稽列傳，西門豹曾爲鄴令，袁註謂爲鄴令，非。又其謂董安于爲晉陽太守，說亦非。

〔一六〕盧文弨曰：「（程榮本）『也』字脱。」

〔一七〕盧文弨曰：「（程榮本）『也』脱。」

〔一八〕盧文弨曰：「『之』，俗『事』。」

〔一九〕「弱」原作「懦」，何允中本作「弱」。　盧文弨曰：「『懦』誤『弱』。」　王叔岷曰：「王謨本『懦』作『弱』，蓋據下文改。」　庶按：以下文「强弱」例之，此亦當作「弱」，强弱連文，乃古之常語，據改。

〔二〇〕楊明照曰：「淮南氾論篇：『故聖人之道，寬而栗，嚴而温，柔而直，猛而仁。』」

〔二一〕明鈔本、子彙本、龍溪本於「剛」下並無「而」字。　王叔岷曰：「『而』字涉上文而衍。」　庶按：王說非。「剛而濟其柔」，與下「柔而抑其强」相對。

〔二二〕「柔而抑其强」原作「柔其抑强」，蔣以化本作「柔以抑其强」，龍川鈔本作「柔而抑其强」。林其錟曰：「『柔』下當有『以』或『而』，與上一律。」庶按：林説是，「以」猶「而」也，然唯此作「而」，乃與上文相對，據補「而」字。

〔二三〕「以斯善性」原作「以善往」，宋本、明鈔本、景道藏本、子彙本、吉府本、程榮本、龍川鈔本並作「以斯善性」。楊明照曰：「作『以斯善性』是也。」庶按：楊説是，據改。

〔二四〕盧文弨曰：「（程榮本）『迕』誤作『誤』，『吝』，俗『悋』。」王叔岷曰：「『迕』，正作『啎』。説文：『啎，逆也。』」

殊好章三十九

累榭洞房，珠簾玉扆〔一〕，人之所悦也，鳥入而憂；聳石巉巖，輪菌糾結〔二〕，猨狖之所便也，人上而慄；五韺六經，咸池簫韶〔三〕，人之所樂也，獸聞而振〔四〕；懸瀨碧潭〔五〕，瀾波汹湧，魚龍之所安也，人入而畏。飛鼯甘煙〔六〕，走貊美鐵〔七〕，䲹日嗜蛇〔八〕，人好芻豢〔九〕。鳥獸與人受性既殊，形質亦異，所居隔絶，嗜好不同，未足怪也。

人之與人〔一〇〕，共稟二儀之氣，俱抱五常之性，雖賢愚異情，善惡殊行，至於目見日月，耳聞雷霆，近火覺熱，履冰知寒，此之粗識，未宜有殊也。聲色芳味，各有正性，善惡之分，皎然自露。不可以皂爲白〔一一〕，以羽爲角，以苦爲甘，以臭爲香〔一二〕，然而嗜好有殊絶者，則偏其反矣〔一三〕。非可以類推，弗得以情測，顛倒好醜，良可怪也。

頳顏玉理〔一四〕，盼視巧笑〔一五〕，衆目之所悦也。軒皇愛嫫母之魌貌，不易落慕之麗容〔一六〕；陳侯悦敦洽之醜狀，弗貿陽文之婉姿〔一七〕。炮羔煎鴻，臛蠵臑熊〔一八〕，衆口之所嗛也〔一九〕。文王嗜菖蒲之葅〔二〇〕，不易龍肝之味〔二一〕。陽春白雪，噭楚採菱〔二二〕，衆耳之所樂也。而漢順帝聽山鳥之音，云勝絲竹之響〔二三〕；魏文侯好槌鑿之聲，不貴金石之和〔二四〕。鬱金玄憺〔二五〕，春蘭秋蕙〔二六〕，衆鼻之所芳也。海人悦至臭之夫，不愛芳馨之氣〔二七〕。若斯人者，皆性有所偏也。執其所好而與衆相反，則倒白爲黑，變苦成甘，移角成羽，佩蕕當薰〔二八〕，美醜無定形，愛憎無正分也。

校釋

〔一〕王叔岷曰：「爾雅釋宫：『牖户之間謂之扆。』」庶按：「玉扆」與「珠簾」對言，謂飾玉之屏風。「洞房」，謂深房。楚辭招魂：「緬洞房些。」王逸注：「五臣云：『洞，深也。』」

〔二〕「菌」原作「茵」，宋本、明鈔本、子彙本、吉府本、何允中本、龍川鈔本並作「菌」，上有「輪」字。

楊明照曰：「作『輪菌』是也。韶光、因顯兩篇，並有『輪菌』之文。」庶按：楊説是，據補、改。

〔三〕王叔岷曰：「『五韺六經』，程榮本、畿輔本並作『五音英六音莖』，韺與經各誤分爲二字。『五韺』與『五英』同，亦作『六英』，帝嚳樂，『六經』與『六莖』同，亦作『五莖』，顓頊樂。咸池，黄帝樂，堯增修之，故亦稱堯樂。簫韶，舜樂，並詳前辨樂篇。莊子至樂篇：『咸池九韶之樂，張之洞庭之野，鳥聞之而飛，獸聞之而步，魚聞之而下入，人卒聞之，相與還而觀之。魚處水而生，人處水而死。』」

〔四〕楊明照曰：「淮南齊俗篇：『廣夏闊屋，連闥通房，人之所安也，鳥入之而憂；高山險阻，深林叢薄，虎豹之所樂也，人入之而畏；川谷通原，積水重泉，黿鼉之所便也，人入之而死；咸池承云、九韶六英，人之所樂也，鳥獸聞之而驚；深谿峭岸，峻木尋枝，猨狖之所樂也，人上之而慄。』」庶按：依文意，「振」當作「震」，謂驚恐。

〔五〕孫楷第曰：「『懸』當作『玄』。『玄瀨』與『碧潭』對文。説文：『湍，疾瀨也。』『瀨』下云：『水流沙上也。』段氏云：『瀨之言𤄷也，水在沙上渧𤄷而下也。』埤倉云：「渧𤄷，漉也。」段意蓋以瀨爲流之淺緩者。『湍』、『瀨』通言無别。九歌湘君章『石瀨兮淺淺』，王註：『淺音牋，瀨湍也。淺淺，流疾貌。』哀郢篇：『長瀨湍流，泝江潭兮。』註：『湍亦瀨也。』淮南子俶真訓云：『湍瀨旋淵。』高註：『湍瀨，急流也。』又覽冥訓：『飲砥柱之湍瀨。』註云：『湍，涆，水至疾；瀨，清。皆激涆急流。』説山訓：『稻生於水而不能生於湍瀨之流。』是疾者亦得云瀨。劉子亦用『瀨』爲『湍』，不復分别。」

庶按：孫氏以「玄」易「懸」，非是。瀨乃湍急之水，「懸瀨」謂水勢之急猶懸空瀑布，此乃極言水勢之險，且「懸瀨」乃六朝常語。南朝梁陶弘景陶隱居集水仙賦：「絶壁飛流，萬丈懸瀨。」「碧潭」乃極言水之深，（孫氏以「玄」與「碧」對，乃爲其以顔色對，疏矣。）下文「瀾波洶湧」，義正承此而言。

〔六〕袁註：「飛鼯，鼠也，好食火炮爲美也。」景四庫本「煙」下双行小註：「飛鼯好食火煙。」王叔岷曰：「爾雅釋鳥：『鼯鼠，夷由。』郭註：『狀如小狐，似蝙蝠，……食火煙。』」

〔七〕袁註：「獸好食鐵爲美也。」王叔岷曰：「『貊』與『貘』同。説文：『貘，似熊而黄黑色，出蜀中。』爾雅釋獸郭註：『〔貘〕似熊，小頭庳脚，黑白駁，能舐食銅鐵。』後漢書西南夷傳註引南中八郡志：『貊，大如驢，狀頗似熊，多力食鐵。』」

〔八〕袁註：「鳥似鷄，高三尺，亦曰鵾鷄，食蛇爲美也。」「鵾日」原作「鵾鷄」，宋本、程榮本、類纂本、景四庫本並作「鵾日」。王叔岷曰：「作『鵾日』是也。若本作『鵾鷄』，則註不得云：『一曰鵾鷄』矣。『鵾日』，亦作暉日、雲日、運日。淮南繆稱篇：『暉日知晏。』許註：『暉日，鴆鳥也。』敦煌本隋道騫楚辭音引『暉日』作『雲日』。（當是高誘本。）説文：『鴆，一曰運日。』廣雅釋鳥：『鴆鳥，其雄謂之運日，其雌謂之陰諧。』山海經中山經郭璞註：『鴆，大如鵰，紫緑色，長頸赤喙，食蝮蛇頭，雄名運日，雌名陰諧也。』」庶按：抱朴子内篇登涉：「雲日，鴆鳥之别名也。」從王説改。

〔九〕袁註：「食草曰芻，食米曰豢。」王叔岷曰：「莊子齊物論篇：『民食芻豢。』釋文引司馬彪註：

『牛羊曰芻，犬豕曰豢。』袁註『食米』當作『食穀』，牛羊草食，犬豕穀食也。」

〔一〇〕下一「人」字原作「獸」。楊明照曰：「白虎通禮樂篇：『人無不含天地之氣，有五常之性者。』王叔岷曰：『「人之與獸」，當作「人之與人」，下文所述，以人與人相比立論，若作「人之與獸」，則不可通，蓋涉上文「鳥獸」字而誤耳。子彙本、百子本並無「之與獸」三字，蓋以其不可通而删之也。』」庶按：王說是，據改。

〔一一〕王叔岷曰：「百子本『皂』作『阜』，同。廣雅釋器：『阜，黑也。』抱朴子自敍篇：『使阜白區分。』」

〔一二〕「臭」，景道藏本、子彙本、吉府本、程榮本、龍川鈔本並作「臱」。王叔岷曰：「『臱』與『殠』同，說文：『殠，腐氣也。』殠、臭古今字。」

〔一三〕楊明照曰：「詩小雅角弓：『騂騂角弓，翩其反矣。』」王叔岷曰：「『偏』、『翩』古通。詩大雅桑柔：『旟旐有翩。』釋文本『翩』作『偏』，即其比。」

〔一四〕「赬」原作「頳」，明鈔本、景道藏本、子彙本、吉府本、程榮本、龍川鈔本並作「赬」。楊明照曰：「楚辭招魂：『靡顏膩理。』」庶按：「赬」是，據改。赬同經。說文：「經，赤色也。」「赬顏」猶言「紅顏」。

〔一五〕「盼」字原本作「眄」。王叔岷曰：「類纂本『眄』作『盻』，王謨本作『盼』。眄、盻、盼三字義別，古書往往相亂，此取衰視義，當以作眄爲是。」林其錟曰：「當作『盼』。詩衛風碩人：『巧笑倩兮，美目盼兮。』」庶按：林說是，據改。「盼」爲瞳睛黑白分明貌，與下「巧笑」相對。

〔一六〕袁註：「魄，醜貌也。」盧文弨曰：「『魄』，俗『醜』。案說文：『䰡，醜也。』」「落慕」原作「落英」。孫楷第曰：「『落英』當作『落慕』。淮南子齊俗訓云：『待西施、毛嬙而爲配，則終身不家矣。』許註：『西施、毛嬙，古好女也。』王念孫云：『羣書治要引此作「西施、絡慕」；又引註作「西施、絡慕，古好女也」。太平御覽獸部八引作「落慕」。』案：廣韻及元和姓纂『絡』、『落』皆姓也。『慕』蓋其名。治要、御覽所引者，原文也。劉子書多襲淮南文，此亦本之淮南。當作『落慕』。今作『英』者，『慕』字失其下半，又誤爲『英』耳。」楊明照曰：「呂氏春秋遇合篇：『若人之於色也，無不知說美者，而美者未必遇也。故嫫母執乎黄帝。』抱朴子辯問篇：『人情莫不愛紅顏艷姿，輕體柔身；而黄帝悅篤醜之嫫母，陳侯憐可憎之敦洽。』」庶按：孫說是，據改。唯「皇帝」當作「黄帝」。

〔一七〕呂氏春秋遇合篇：「故嫫母執乎黄帝，黄帝曰：『厲女德而弗忘，與女正而弗衰，雖惡奚傷。』」淮南說山篇：「嫫母有所美。」高誘註：「嫫母，古之醜女而行貞正，故曰有所美。」楊明照曰：「呂氏春秋遇合篇：『陳有惡人焉，曰敦洽讎糜。椎顙廣顏，色如漆赭，垂眼臨鼻，長肘而盭，陳侯見而甚悅之。』淮南脩務篇高註：『陽文，古之好女。』」庶按：呂氏春秋遇合篇陳奇猷校釋曰：「敦猶敦厚，洽，合也。讎，仇也。糜、靡通，無也。『敦洽讎糜』，猶言敦厚和合與人無仇也，以此爲名，正見此人貌雖丑惡，而名則善，此陳侯之所一見而甚悅之也。」

〔一八〕袁註：「蠵是龜，臑是蟠，即熊掌也。炙熟以蜜淹之，可食也。」子彙本「臛」下註：「呼各切」。「蠵」下註：「弋規切。」王叔岷曰：「『臛』與『脽』同。說文：『蠵，大龜也。』『臑』與『胹』同。方言七：『胹，熟也。』說文：『胹，爛也。』（袁註以『臑』爲『蟠』，大謬。）楚辭招魂：『胹鼈炮羔，有柘漿些。鵠酸臇鳧，煎鴻鶬些。露鷄臛蠵，厲而不爽些。』王逸註：『有菜曰羹，無菜曰臛。蠵，大龜之屬也。』左宣二年傳：『宰夫胹熊蹯。』釋文：『胹，煮也。』呂氏春秋過理篇『胹』作『臑』，與此同。」　庶按：王說是。「蠵」原作「嶲」，據龍溪本改。

〔一九〕袁註：「以其味美故也。」　王叔岷曰：「『嗛』猶快也。荀子正名篇楊倞註引史記（樂毅列傳）：『先王以爲嗛於志。』新序雜事三『嗛』作『快』，卽其證。又案：『嗛』下當有『也』字，乃與上下文句法一律。」　庶按：「嗛」下原本無「也」字，王說是，吉府本「嗛」下正有「也」字，據補。

〔二〇〕楊明照曰：「韓非子難三篇：『文王嗜菖蒲葅。』呂氏春秋遇合篇：『若人之於滋味，無不說甘脆，而甘脆未必受也。文王嗜昌蒲葅。』高註：『昌本之葅。』抱朴子辯問篇：『人口無不悅甘，而周文嗜不美之葅，不易大牢之滋味。』」　王叔岷曰：「『昌』與『菖』通，『葅』與『菹』同，楊氏引韓非子難三篇，乃難四篇之誤。」

〔二一〕「龍」原作「熊」，宋本、程榮本、類纂本並作「龍」。　林其錟曰：「當作『龍』。」　庶按：林說是，據改。古以傳說之龍爲寶，龍肝更爲寶中寶。此乃以龍肝謂珍品佳肴，若以熊肝，則不爲奇也。

〔二二〕袁註：「此是曲名。」　盧文弨曰：「『嗷』同『激』。」　楊明照曰：「文選宋玉對楚王問：『客有歌於郢中者，……其爲陽春白雪，國中屬而和者，不過數十人。』古今樂録：『陽春白雪、激楚，皆曲名也。』淮南齊俗篇、楚辭招魂、文選上林賦、舞賦並作『激楚』，此作『嗷』，當是誤字。淮南說山篇：

『欲美和者，必先始於陽阿、采菱。』高註：『陽阿、采菱，樂曲之和聲。』」王叔岷曰：「類纂本、百子本『噭楚』並作『激楚』。莊子齊物論篇：『激者，謞者。』釋文引李軌音：『激，古弔反。』讀『激』爲『噭』；又引司馬彪註：『聲若激喚也。』亦以激爲噭，是激、噭古通，盧氏謂噭同激，是也。」庶按：王說是。

〔二三〕「漢順」下原本無「帝」字。林其錟曰：「『漢順』下疑脫『帝』字。阮籍樂論：『順帝上恭陵，過樊衢，聞鳥鳴而悲，泣下橫流，曰：「善哉！烏呼。」使左右吟之。』又『漢順帝』同下『魏文侯』亦相對爲文。」庶按：林說是，據補。樂論「使左右吟之」下復有「使絲聲若是，豈不樂哉」文，當引。

〔二四〕楊明照曰：「未詳。抱朴子辯問篇：『人耳無不喜樂，而魏明好椎鑿之聲，不以易絲竹之和音。』當卽孔昭所本，惟魏文侯與魏明有異，魏明亦不可考。」王叔岷曰：「禮記樂記、史記樂書亦載『魏文侯聽古樂則唯恐臥』事，此文『魏明』之作『魏文侯』，或卽以此傅會歟？」

〔二五〕袁註：「恬靜薰香。」庶按：「鬱金」卽「鬱金香」，其香十二葉，爲百草之英。「玄憺」未詳。

〔二六〕袁註：「盡是香草。」

〔二七〕袁註：「海人者，其人在海畔住，樂聞死人極臭之氣。有一人獨來海邊，其人受性身作死人臭。海人聞之，競逐死人臭，竟日聞氣不足也。」「馨」字原本作「聲」，據景道藏本、子彙本、程榮本、諸子奇賞本改。楊明照曰：「『馨』字是。呂氏春秋遇合篇：『人有大臭者，其親戚兄弟妻妾知識無能與居者，自苦而居海上，海上有人悅其臭者，晝夜隨之而弗能去。』曹植與楊德祖書：

『蘭茝蓀蕙之芳，衆人所好，而海畔有逐臭之夫。』抱朴子辯問篇：『海上之女，逐酷臭之夫，隨之不止。』」庶按：袁註所謂「死人臭」說，不見所本，疑隨文傅會。

〔二八〕宋本、程榮本、龍川鈔本、景四庫本於「蕕」下並有「蒜」字。盧文弨曰：「（程榮本）『蕕』下衍『蒜』。」王叔岷曰：「左僖四年傳『一薰一蕕，十年猶有臭。』杜註：『薰，香草。蕕，臭草。』」庶按：盧說是。

兵術章四十

太古淳樸〔一〕，民心無欲。世薄時澆〔二〕，則爭起而戰萌生焉〔三〕。神農氏弦木爲弧，剡木爲矢，弧矢之利，以威天下〔四〕。其後蚩尤强暴，好習攻戰，銷金爲刃，割革爲鉀，而兵遂興矣〔五〕。黄帝戰于涿鹿〔六〕，顓頊爭於不周〔七〕，堯戰丹水〔八〕，舜征有苗〔九〕，夏討有扈〔一〇〕，殷攻葛伯〔一一〕，周伐崇侯〔一二〕。

夫兵者，凶器；財用之蠹，而民之殘也〔一三〕。五帝三王弗能弭者，所以禁暴而討亂，非欲耗財以害民也〔一四〕。然衆聚則財散〔一五〕，鋒接則民殘，勢之所然也〔一六〕。故兵貴伐謀，不重交刃〔一七〕。百戰百勝，非用兵之善也。善用兵者，不戰而勝，善之善也〔一八〕。王者之兵，修正道而服人；霸者之兵，奇譎變而取勝。

夫將者，國之安危，民之性命，不可不重〔一九〕。故詔之於廟堂〔二〇〕，授之以斧鉞。受命既已，則設明衣，鑿凶門〔二一〕。臨軍之日，則忘其親；援枹之時〔二二〕，則忘其身〔二三〕。用能無天於上，無地於下，無敵於前，無君於後〔二四〕。以全國爲重〔二五〕，以智謀爲先。故將者，必明天時，辨地勢，練人謀〔二六〕。明天時者，察七緯之情〔二七〕，洞五行之趣〔二八〕，聽八風之動〔二九〕，鑒五雲之候〔三〇〕。辨地勢者，識七舍之形〔三一〕，列九地之勢〔三二〕；練人謀者〔三三〕，抱五德之美，握二柄之要。五德者，智信仁勇嚴也〔三四〕；二柄者，賞罰也。智以能謀，信以約束，仁以愛人，勇以陵敵，嚴以鎮衆，賞以勸功，罰以懲過。故智者〔三五〕，變通之源〔三六〕，運奇之府也。兵者，詭道而行〔三七〕，以其製勝也〔三八〕。是以萬弩上轂，孫臏之奇〔三九〕；千牛俱奔，田單之策〔四〇〕；囊土壅水，韓信之權〔四一〕；曳柴揚塵，欒枝之譎〔四二〕；舒軍豕突，尹子之術〔四三〕；雲梯煙浮，魯生之巧〔四四〕。用奇出於不意〔四五〕，少可以挫多，弱可以折强〔四六〕。況夫以衆擊寡，以明攻昧〔四七〕。

兵形象水，水之行，避高而就下〔四八〕；兵之勢，避實而擊虛，避强而攻弱，避治而取亂，避鋭而擊衰。故水因地而制流〔四九〕，兵因敵而制勝，則兵無成勢，水無定形。覩形而運奇，隨勢而應變，反經以爲巧，無形以成妙。故風雨有形〔五〇〕，則可以帷幕捍；寒暑無形，不可以關籥遏也。是以善攻者，敵不知其所守，如畏雷電，擊無常處；善守者，敵不知其所攻，如尋寖中，不見其際〔五一〕。視吾之謀，無畏敵堅；視吾之堅，無畏敵謀。以此言之，不可不知也。夫將者，以謀爲本，以仁爲源。謀以制敵，仁以得人。故謀能制敵者，將也；力能勝敵者，卒也。將以權決爲本，卒以齊力爲先〔五二〕。是以列宿滿天，而明不及朧月者〔五三〕，形不一、光不同也。虎兕多力〔五四〕，而受制於人者，心不一、力不齊也。萬人離心，不如百人同力〔五五〕；千人遞戰，不如十人俱至〔五六〕。今求同心之衆，必死之士，在於仁恩洽而賞罰明〔五七〕。胥靡者，臨危而不懼〔五八〕，履冰而不慄，以其將刑而不憂生也。今士搶白刃而不顧死，赴水火而如歸〔五九〕，非輕死而樂傷〔六〇〕，仁恩驅之也。將得衆心〔六一〕，必與同患，暑不張蓋，寒不御裘，所以均寒暑也；隘險不乘，丘陵必下，所以齊勞逸也；軍食熟然後敢食，軍井通而後敢飲，所以同飢渴也；三軍合戰，必立矢石之下，所以共安危也〔六二〕。故簞醪註流，軍士通醉〔六三〕；温辭一灑，師人挾纊〔六四〕。苟得衆心，則人競趨死。以此衆戰，猶轉石下山，決水赴壑，孰能當之矣〔六五〕。

校釋

〔一〕「太」原作「大」，宋本、明鈔本、景道藏本、子彙本、吉府本、程榮本、龍川鈔本並作「太」。王叔岷曰：「潛夫論勸將篇：『太古之民淳厚敦樸。』」庶按：「太」是，據改。

〔二〕盧文弨曰：「（程榮本）脱『世薄』二字，『時』誤『淳』。」庶按：「世薄時澆」，猶今語社會風氣浮薄。

〔三〕「起」原作「氣」，宋本、明鈔本、景道藏本、子彙本、吉府本、程榮本、龍川鈔本並作「起」，「萌」原作「闕」，宋本、程榮本、景四庫本並作「萌」。盧文弨曰：「『闕』，俗『萌』。」庶按：「起」、「萌」並是，據改。

〔四〕原本「之利」上無「弧矢」，宋本、明鈔本、景道藏本、子彙本、吉府本、程榮本、龍川鈔本於「之利」上並有「弧矢」二字。楊明照曰：「『弧矢』二字原（指舊合字本）奪，據各本增。易繫辭下：『弦木爲弧，剡木爲矢；弧矢之利，以威天下。』」王叔岷曰：「易繫辭下正義引爾雅：『弧，木弓也。』說文同。爾雅釋詁：『剡，利也。』說文：『剡，鋭利也。』」庶按：楊説是，據補。

〔五〕楊明照曰：「史記五帝本紀：『軒轅之時，神農氏世衰，諸侯相侵伐，暴虐百姓，而神農氏弗能征。於是軒轅乃習用干戈，以征不享，諸侯咸來賓從；而蚩尤最爲暴，莫能伐。』呂氏春秋蕩兵篇：『人曰：「蚩尤作兵。」蚩尤非作兵也，利其械矣。』淮南兵略篇：『人無筋骨之强，爪牙之利，故割革而爲甲，鑠鐵而爲刃。』」

〔六〕景四庫本「涿鹿」下双行小註：「神農世衰，諸侯相侵伐，帝習用干戈以征不享。諸侯咸來賓，而蚩尤作亂，不用命，乃徵師戰於涿鹿之野，擒殺蚩尤。」楊明照曰：「史記五帝本紀：『於是黄帝乃徵師諸侯，與蚩尤戰於涿鹿之野。』淮南兵略篇：『故黄帝戰於涿鹿之野。』」王叔岷曰：「莊子盜跖篇：『黄帝不能致德，與蚩尤戰於涿鹿之野。』論衡恢國篇：『黄帝有涿鹿之戰。』」

〔七〕袁註：「不周，山名，在西海。共工氏與顓頊戰于不周山，工氏（庶按：當作「共工氏」，下同。）敗績，以頭觸不周山，傾天柱折（庶按：「傾」疑「擎」之訛。），羅絶，故西北傾，今日落西。工氏以脚踏東方，得地道絶，故水嚮東流。俗云天傾西北隅，地絶東南界也。」楊明照曰：「淮南原道篇：『昔共工之力，觸不周山，使地東南傾；與高辛爭爲帝，遂潛於淵。』兵略篇：『顓頊嘗與共工爭矣。』許註：『共工與顓頊爭爲帝，觸不周山。』」王叔岷曰：「淮南天文篇：『昔者，共工與顓頊爭爲帝，怒而觸不周之山。』」庶按：列子湯問篇：「其後共工氏與顓頊爭爲帝（楊伯峻謂史記三皇本紀謂與祝融戰），怒而觸不周之山，折天柱，絶地維，故天傾西北，日月星辰就焉；地不滿東南，故百川水潦歸焉。」張湛註：「共工氏興霸於伏羲、神農之間，其後苗裔恃其彊，與顓頊爭爲帝。顓頊，黄帝孫。不周山，在西北之極。」

〔八〕盧文弨曰：「呂氏春秋召類：『堯戰於丹水之浦，以服南蠻。』」王叔岷曰：「書鈔十三引六韜：『戰於丹水之浦。』御覽六十三引六韜：『堯伐有扈，戰於丹水之浦。』與呂氏春秋文不全同。」

〔九〕景四庫本「有苗」下双行小註：「苗民逆命，帝乃誕敷文德，舞干戚於兩階，七旬有苗格。」楊明照曰：「呂氏春秋召類篇：『舜却有苗，更易其俗。』淮南兵略篇：『舜伐有苗。』」王叔岷曰：「荀子議兵篇：『舜伐有苗。』」庶按：有苗卽三苗。説苑君道篇：「當舜之時，有苗氏不服。其所以不服者，大山在其南，殿山在其北，左洞庭之波，右彭蠡之川，用此險也，所以不服。禹欲伐之，舜不許，曰：『諭教猶未竭也。』究諭教焉，而有苗氏請服。」（又見韓詩外傳卷三。）貴德篇：「昔三苗氏左洞庭、右彭蠡，德義不修而禹滅之。」呂氏春秋上德篇：「三苗不服，禹請攻之，（高誘註：

「三苗遠國，在豫章之彭蠡也。」)舜曰：『以德可也。』行德三年而三苗服。」淮南脩務篇：「舜……南征三苗，遂死蒼梧。」高誘註：「三苗之國，在彭蠡。舜時不服，故往征之。書曰：『舜陟方乃死。』時舜死蒼梧，葬於九疑之山。」氾論篇：「舜執干戚而服有苗。」高誘註：「舜時有苗叛，舜執干戚而舞於兩階之間，有苗服從之，以德化懷來也。」韓非子五蠹篇：「當舜之時，有苗不服，禹將伐之。舜曰：『不可，上德不厚而行武，非道也。』乃脩教三年，執干戚舞，有苗乃服。」

〔一〇〕景四庫本「有扈」下双行小註：「有扈氏賊侮五行，怠棄三正，啟召六卿以征之，大戰於甘。」楊明照曰：「書甘誓：『大戰於甘，乃召六卿，王曰：「嗟！六事之人，予誓告汝：有扈氏威侮五行，怠棄三正，天用勦絶其命，今予惟恭行天之罰。」……』史記夏本紀：『有扈氏不服，啟伐之，大戰於甘。』」王叔岷曰：「莊子人間世篇：『禹攻有扈。』呂氏春秋召類篇：『禹攻曹魏、屈驁、有扈。』淮南兵略篇：『啟攻有扈。』説苑政理篇：『昔禹與有扈氏戰。』」

〔一一〕景四庫本葛伯下双行小註：「書曰：『葛伯仇饗，湯一征自葛載。』」楊明照曰：「孟子滕文公下篇：『湯居亳，與葛爲鄰，……湯始征，自葛載。』史記殷本紀：『葛伯不祀，湯始伐之。』」

〔一二〕景四庫本崇侯下双行小註：「崇侯虎蔑侮父兄，暴虐百姓，文王伐之，三旬不降，退修德教而復伐之，因壘而崇降。」楊明照曰：「左僖十九年傳：『文王聞崇德亂而伐之，軍三旬而不降，退修教而復伐之，因壘而降。』」王叔岷曰：「荀子議兵篇：『文王伐崇。』」

〔一三〕「殘」字原本作「賊」，宋本、明鈔本、景道藏本、子彙本、吉府本、程榮本、龍川鈔本並作「殘」。

楊明照曰：「『殘』字是。國語越語下：『兵者，凶器也。』左襄二十七年傳：『兵，民之殘也，財用之蠹』。」王叔岷曰：「舊合字本作『賊』，義同。說文：『殘，賊也。』六韜兵道篇：『聖王號兵爲凶器。』御覽四三七引莊子、呂氏春秋論威篇：『兵，天下之凶器也。』」庶按：楊説是，據改。下文「鋒接則民殘」，亦此「殘」之明證。

〔一四〕楊明照曰：「左襄二十七年傳：『天生五材，民並用之，廢一不可，誰能去兵？兵之設久矣，所以威不軌而昭文德也。聖人以興，亂人以廢；廢興存亡，昏明之術，皆兵之由也。』宣十二年傳：『夫武，禁暴、戢兵、保大、定功、安民、和衆、豐財者也。』呂氏春秋蕩兵篇：『古聖王有義兵，而無有偃兵，兵之所自來者，上矣。』淮南兵略篇：『自五帝而弗能偃也，又況衰世乎？夫兵者，所以禁暴討亂也。』」王叔岷曰：「御覽二七一引杜恕篤論：『天生五材，民並用之，廢一不可，誰能去兵？故兵之來也久矣，所以威不軌而昭文德，所以討彊暴而除殘賊也。聖人以興，亂人以廢，廢興存亡，皆兵之由也。昔五帝不能偃，況衰世乎？』長短經出軍篇：『是知聖人之用兵也，非好樂之，將以誅暴討亂。』」

〔一五〕楊明照曰：「禮記大學：『財散則民聚。』」

〔一六〕王叔岷曰：「程榮本、王謨本、畿輔本『所』並作『使』。」

〔一七〕楊明照曰：「孫子謀攻篇：『故上兵伐謀，其次伐交。』」王叔岷曰：「淮南兵略篇：『未至交兵接刃，而敵人奔亡。』」

〔一八〕楊明照曰：「孫子謀攻篇：『是故百戰百勝，非善之善者也；不戰而屈人之兵，善之善者也。』」

〔一九〕孫楷第曰：「語不繕完，當作『夫將者，國安危之主，民之司命，不可不重』。潛夫論勸將篇引孫子曰：『將者，民之司命而國安危之主也。』孫子作戰篇云：『故知兵之將，民之司命，國家安危之主也。』北堂書鈔一百十五將帥篇引蔣子萬機論云：『知兵之將，國之行主，民之司命，古者重之。』皆其證也。」王叔岷曰：「此以『國之安危』、『民之性命』對言，疑原文本如此。六韜論將篇：『將者，國之輔，先王之所重也。』奇兵篇：『將者，人之司命。』心書假權篇：『夫將者，人命之所懸也，成敗之所繫也，禍福之所倚也。』長短經出軍篇：『夫將者，國之輔也，人之司命也。』」庶按：王說是。

〔二〇〕「於」原作「以」，宋本、程榮本、景四庫本並作「於」。王叔岷曰：「『以』、『於』本同義，惟此作『以』，蓋涉下『以』字而誤。」庶按：王說是，據改。

〔二一〕楊明照曰：「六韜龍韜立將篇：『凡國有難，君避正殿，召將而詔之曰：「社稷安危，在一（庶按：王叔岷謂當作「一在」）將軍；今某國不臣，願將軍帥師應之。」將既受命，乃命太史卜，齋三日，之太廟，鑽靈龜，卜吉日，以授斧鉞。君入廟門，西面而立；將入廟門，北面而立。君親操鉞持首，授將其柄。』淮南兵略篇：『凡國有難，君自宮召將，……將已受斧鉞，答曰：「……君若不許，臣不敢將；君若許之，臣辭而行。」乃爪鬋，設明衣也，鑿凶門而出。』許註：『明衣，喪衣也，在於闇冥，故言明。凶門，北出門也。將軍之出，以喪禮處之，以其必死也。』」王叔岷曰：「尉繚子將令篇：『將軍受命，君必先謀於廟，令行於庭（庶按：中華書局一九七九年排印本作「行令」），君身以斧鉞受（中華書局本作「授」）將。』說苑指武篇：『將師受命者，將率入，軍吏必（庶按：趙善詒疏證本作「畢」）入，皆北面再拜稽首受命。天子南面授之鉞（庶按：疏證本「南面」下有「而」字），東行，西面而揖之，示弗御也。』心書出師篇：『古者國有危難，君簡賢能而任之，齋三日，入太廟，南（當作『西』）面而立。將北面。太師進鉞於君，君持鉞柄以授將，曰：「從此至軍，將軍其裁之。」……將授詞，鑿凶門，引軍而出。』（庶按：此蓋擇才篇文，王氏誤爲出師篇。）

〔二二〕顏氏家訓風操篇：『將軍鑿凶門而出。』此文與淮南兵略篇最合，蓋直本於淮南。」庶按：老子道經：「吉事尚左，凶事尚右。偏將軍居左，上將軍處右。言以喪禮處之。」

〔二三〕子彙本「時」下小註：「援鼓杖。」景四庫本「援」下有「桴」字，其下註曰：「擊鼓杖也。」「枹」原作「鼓」，百子本、龍溪本並作「枹」。以子彙本註文觀之，則此正當作「枹」。「援枹」乃古之常語，據改。

楊明照曰：「尉繚子武議篇：『將受命之日忘其家，張軍宿野忘其親，援枹而鼓忘其身。』史記司馬穰苴傳：『穰苴曰：「將受命之日，則忘其家；臨軍約束，則忘其親；援枹鼓之急則忘其身。」』」王叔岷曰：「說苑指武篇：『故受命而出忘其國，卽戎忘其家，聞枹鼓之聲，唯恐不勝，忘其身。』」庶按：風俗通義過譽篇：「立朝忘家，卽戎忘身。」文選西征賦註引六韜：「爲將者受命忘家，當敵忘身。」孔叢子問軍禮篇：「古者，大將受命而出則忘其國，卽戎師陣則忘其家。」後漢書高彪傳：

「古之君子，即戎忘身。」

〔二四〕楊明照曰：「六韜立將篇：『軍中之事，不聞君命，皆由將出；臨敵決戰，無有二心。若此，則無天於上，無地於下，無敵於前，無君於後。』」王叔岷曰：「尉繚子武議篇：『無天於上，無地於下，無主於後，無敵於前。』心書出師篇：『軍中事，不由君命，皆由將出。若此，則無天於上，無地於下，無敵於前，無主於後。』（庶按：此乃擇才篇文，王氏失檢。）長短經出軍篇：『無天於上，無地於下，無敵於前，無君於後。』」庶按：「無君於後」原作「無顧於後」，以上文考之，此「無顧於後」當作「無君於後」，義方可通，今改。

〔二五〕楊明照曰：「孫子謀攻篇：『凡用兵之法，全國爲上。』」

〔二六〕楊明照曰：「淮南兵略篇：『將者，必有三隧。所謂三隧者，……上知天道，下習地利，中察人情。』」王叔岷曰：「六韜壘虛篇：『將必上知天道，下知地理，中知人事。』心書天勢篇：『善將者，因天之時，就地之勢，依人之利。』」

〔二七〕王叔岷曰：「心書天勢篇：『天勢者，日月清明，五星合度。』」

〔二八〕「洞五行之趣」五字疑當位於「辨地勢者」下，此前後文俱言明天時意，而五行屬地勢。史記天官書：「天有五星，地有五行。」

〔二九〕王叔岷曰：「關尹子二柱篇：『八風之朝，可以卜當時之吉凶。』」

〔三〇〕王叔岷曰：「五雲，五色之雲，觀之亦可以辨吉凶也。周禮春官保章氏：『以五雲之物，辨吉凶、水旱降、豐荒之祲象。』鄭註：『物，色也。』」

〔三一〕王叔岷曰：「淮南天文篇：『何謂七舍？室、堂、庭、門、蒼、術、野。』」

〔三二〕袁註：「居山陵之戰不近高，水草之戰不涉深，平地之戰不涉虛險。」「列」，宋本、程榮本、景四庫本並作「别」。　楊明照曰：「孫子九地篇：『用兵之法，有散地，有輕地，有争地，有交地，有衢地，有重地，有圮地，有圍地，有死地。』」　王叔岷曰：「『列』即『别』之形誤。」　庶按：王説非，列猶别也。吕氏春秋孝行篇：「列文章。」高誘註：「列，别也。」

〔三三〕「練人謀者」原本作「明人者」，吉府本、程榮本並作「練人謀者」。　楊明照曰：「此承上文之詞，作『練人謀者』是。」　庶按：楊説是，據改。

〔三四〕楊明照曰：「孫子始計篇：『將者，智信仁勇嚴也。』」

〔三五〕原本「智」下無「者」字，宋本、明鈔本、景道藏本、子彙本、吉府本、程榮本、龍川鈔本於「智」下並有「者」字，是，據增。

〔三六〕盧文弨曰：「（程榮本）『之源』二字脱。」

〔三七〕楊明照曰：「孫子始計篇：『兵者，詭道也。』」

〔三八〕「製」，子彙本、奇賞本、龍溪本並作「智」，程榮本作「制」。　王叔岷曰：「『製』、『制』古通，惟『其制』二字誤倒，或妄乙。」　庶按：王説是，惟「其製」二字不誤。

〔三九〕袁註：「魏遣龐涓爲將來伐趙，趙投於齊，齊遣孫臏往救。孫臏至彼，與龐涓交戰，兵尚少，不敵龐涓，遂退自弱。涓曰：『我知齊人怯，未戰而退。』於是龐涓趍齊軍。孫臏遂於馬陵險阻之上伏弩萬張，皆急上弦，發箭齊射。其日，龐涓大敗被殺也。」景四庫本「齊穀」下双行小註：「龐涓伐韓，齊遣孫臏往救，兵寡不敵，退減竈示弱。涓曰：『我知齊軍怯。』趍齊軍。臏遂於馬陵險隘，斫白樹而書曰：『龐涓死此樹下。』涓果夜至，讀未畢，萬弩俱發，魏師大亂，乃自剄。」「上」，宋本、程榮本、龍川鈔本、景四庫本並作「齊」。孫楷第曰：「『穀』當作『發』」，史記孫子吳起列傳云：『萬弩俱發。』是此語所出。」王叔岷曰：「疑作『上穀』乃本書之舊。說文：『穀，張弓也。』」

庶按：王說是。史記孫子吳起列傳：「後十三歲，魏與趙攻韓，韓告急於齊。」則此，袁註謂魏伐趙，趙投於齊，大誤。

〔四〇〕袁註：「齊將善守城，燕求（庶按：「求」當爲「來」之訛。）攻齊。齊有城七十，並輸燕軍。田單在即墨城中，被燕軍圍城，守之不降。燕將語田單曰：『汝可急降，不然，吾當破城盡誅。』田單曰：『待我明日來降。』燕將遂寬一夜。田單乃於城內掘地道，內水牛千頸，（庶按：「頸」當爲「頭」之訛。）槊刃劍戟縛置牛角上，盡牛自作龍之衣五綵，（庶按：此句疑有誤。）夜穿地道，將燭以油灌之，縛於牛尾。臨欲相攻，一時放火燒牛尾燭，遣牛從地道中出。牛被火燒尾，搪揬燕軍，並皆破散，走死無路。田單發兵逐後押背趍殺，燕軍大敗。」景四庫本「策」下双行小註：「樂毅破齊，地皆屬燕，獨莒、即墨未下。田單乃收城中，得牛千餘，爲絳繒衣，畫以五彩龍文，束兵刃於其角，而灌脂束葦於其尾，燒其端。鑿城數十穴，夜縱牛，壯士五千隨其後，牛尾熱，怒而奔，燕軍大敗，盡復其城。」　王叔岷曰：「御覽二八二引國策：『燕師伐齊，已下七十餘城，圍卽墨，未下。齊將田單，乃收城中，得千餘牛，爲縫繒衣，畫以五綵龍文，束兵刃於其角，而灌脂束葦於尾，燒其端，鑿城數千穴，夜縱牛，壯士五千人隨其後，牛尾熱，怒而奔燕軍。燕軍夜大驚，……敗走。而齊七十餘城皆復爲齊。』」　庶按：事又見史記田單列傳。

〔四一〕袁註：「漢將引兵伐趙，楚來救趙。韓信令軍各負土兩袋，以壅濰水，斷河遂渡水，與楚戰，佯敗退軍，楚兵逐之，渡水一半，信遣人於灘頭決破土袋。楚軍兵將不得廻避。信決破，楚軍大敗。」景四庫本「權」下双行小註：「信引兵伐齊，齊請救於楚。信令人爲萬餘囊盛沙，壅水上流，引軍半渡擊龍且，佯不勝，還走。且喜曰：『知信怯也。』遂追渡水，信使決壅囊，水大至，龍且軍半不得渡，擊殺龍且。」　「壅」原作「擁」，宋本、程榮本作「壅」。　王叔岷曰：「『擁』並作『壅』，古通。」　庶按：據袁註，其所見本亦作「壅」。據改。　史記淮陰侯列傳：「齊王田廣以酈生賣己，乃亨之，而走高密，使使之楚請救。韓信已定臨菑，遂東追廣至高密西。楚亦使龍且將，號稱二十萬，救齊。」則此袁註楚救趙之説乃非。

〔四二〕袁註：「變（庶按：「欒」之訛。）枝是晉國將，兵少，使軍卒佯拽柴木，動塵起。衆望，惟見塵起，謂晉大有兵馬以動塵也。」　「欒」原作「變」，宋本、明鈔本、景道藏本、子彙本、吉府本、程榮本、龍川鈔本並作「欒」。「曳」原作「拽」，龍溪本作「曳」。　杨明照曰：「『欒』字是，『拽』當作『曳』。　左僖二十八年傳：『欒枝使輿曳柴而僞遁，楚師馳之，原軫、郤溱以中軍公族横擊之，狐毛、狐偃以上軍夾攻子西，楚左師潰，楚師敗績。』淮南兵略篇：『曳梢肆柴，揚塵起堨。』」 王叔岷曰：「六韜臨境篇：『拽柴揚塵。』」 庶按：楊説是，據改。

〔四三〕袁註：「將軍載猪以嚮軍營也。」 王叔岷曰：「後漢書劉陶傳：『今果已攻河東，恐遂轉更豕突上京。』」 庶按：事不見所出，袁註恐隨文附會。

〔四四〕袁註：「魯攻宋城，使魯般造雲梯也。」 楊明照曰：「列子湯問篇：『夫班輸之雲梯。』張湛註：『班輸作雲梯，可以凌虚仰攻。』史記孟荀傳索隱：『公輸般爲雲梯之械者。按梯，構木瞰高也。雲者，言其昇高入雲，故曰雲梯。』」 王叔岷曰：「墨子公輸篇：『公輸盤（一作『般』，又作『班』，古並通用。）爲楚造雲梯之械。』淮南脩務篇高註：『公輸，魯班號，雲梯，攻城具，高長上與雲齊，故曰雲梯。』」

〔四五〕楊明照曰：「孫子始計篇：『攻其無備，出其不意。』」 王叔岷曰：「心書戰道篇：『或潛師以衡之，以出其不意。』」

〔四六〕王叔岷曰：「心書將剛篇：『善將者，……以弱制强。』」

〔四七〕楊明照曰：「左宣十二年傳：『兼弱攻昧，武之善經也。』」

〔四八〕「水」原本作「火」，宋本、明鈔本、景道藏本、子彙本、吉府本、程榮本、龍川鈔本並作「水」。景道藏本「形」下無「行」字。 林其錟曰：「當作『水』，『行』作『形』較勝。」 庶按：林説以「火」作「水」，是，據改。 然謂「行」作「形」，則非。「水之行」，謂水之流行，若作「形」，則與「避高就下」義乖，此蓋承下「水無定形」而誤。孫子虛實篇：「夫兵形象水，水之形避高而趨下，兵之形避實而擊虛。」郭化若曰：「（次）『形』，十一家註、武經系統各本均作『形』。竹簡、通典、太平御覽、羣書治要『水之形』均作『水之行』，……用『行』字較易理解。」

〔四九〕原本「制」下無「流」字，宋本、程榮本於「制」下並有「形」字，蔣以化本作「流」。楊明照曰：「有『形』字是。孫子虛實篇：『夫兵形象水，水之形避高而就下，兵之形避實而擊虛，水因地而制流，兵因敵而制勝。故兵無常勢，水無常形，能因敵變化而取勝者，謂之神。』」王叔岷曰：「『水因地而制』下，疑當從孫子虛實篇補『流』字。程榮本、王謨本、畿輔本並有『形』字，蓋臆加。下文『水無定形』，承『水因地而制流』言之；『兵無成勢』，承『兵因敵而制勝』言之。若『流』本作『形』，則『勝』必本作『勢』矣。以此知作『形』之不足據也。子彙本、百子本並作『水因地而行』，改『制』爲『行』，亦不足據。」庶按：王説是，據改。

〔五〇〕「雨」原本作「而」，宋本、程榮本並作「雨」。楊明照曰：「『雨』字是。淮南兵略篇：『風雨可障蔽，而寒暑不可開（王念孫以爲『闕』之誤，是也。）閉，以其無形故也。』」庶按：楊説是，據改。

〔五一〕「寰」，景四庫本作「環」。楊明照曰：「孫子虛實篇：『故善攻者，敵不知其所守；善守者，敵不知其所攻。』」王叔岷曰：「『寰』借爲『環』。莊子齊物論篇：『樞始得其環中，以應無窮。』則陽篇：『冉相氏得其環中以隨成。』孫子兵勢篇：『奇正相生，如循環之無端，孰能窮之哉？』史記田單列傳贊：『奇正還相生，如環之無端。』索隱：『言用兵之術，或用正法，或用奇計，使前敵不可測量，如尋環中，不知端際也。』」

〔五二〕楊明照曰：「淮南兵略篇：『良將之用卒也，同其心，一其力。』」

〔五三〕原本「而」上有「下」字，宋本、明鈔本、景道藏本、子彙本、吉府本、程榮本、龍川鈔本「而」上並無「下」字。 盧文弨曰：「（程榮本）『者』脱。」 楊明照曰：「『下』字疑衍。各本皆無『下而明』三字。淮南説林篇：『百星之明，不如一月之光。』」 王叔岷曰：「『朧月』猶明月。文選潘安仁悼亡詩：『朗月何朧朧！』李善註引埤蒼：『朣朧，欲明也。』文子上德篇：『衆星之明，不如一月之光。』」 庶按：楊説是，據删。

〔五四〕「兕」原作「牛」，明鈔本、景道藏本、子彙本、吉府本、蔣以化本、奇賞本、龍溪本並作「尤」，宋本、程榮本、類纂本、景四庫本並作「兕」。 楊明照曰：「淮南兵略篇：『今夫虎豹便捷，熊羆多力，然而人食其肉，而席其革者，不能通其知，而壹其力也。』」 王叔岷曰：「『尤』蓋『光』之壞字。『光』，俗『兕』字。」 庶按：王説是，據改。兕乃猛獸，古書中多以虎兕對舉。詩小雅何草不黄：「匪兕匪虎，率彼曠野。」

〔五五〕楊明照曰：「淮南兵略篇：『故千人同心，則得千人力；萬人異心，則無一人之用。』」 王叔岷曰：「尉繚子兵令下篇：『萬人之鬬不用命，不如百人之奮也。』。」

〔五六〕「遞」原作「逅」，景道藏本、程榮本、諸子文粹本並作「遞」。 楊明照曰：「淮南兵略篇：『萬人之更進，不如百人之俱至也。』」 庶按：「遞」是，據改。

〔五七〕「恩」原作「思」，宋本、明鈔本、景道藏本、子彙本、吉府本、何允中本、龍川鈔本並作「恩」。楊明照曰：「『恩』字是。」庶按：楊説是，據改。

〔五八〕袁註：「胥，相也。靡，無也。」盧文弨曰：「（程榮本）『危』下衍『難』。」「懼」原作「行」，宋本、明鈔本、景道藏本、子彙本、吉府本、程榮本、龍川鈔本並作「懼」。楊明照曰：「『懼』字是。莊子庚桑楚篇：『胥靡登高而不懼，遺生死也。』」庶按：楊説是，據改。作「懼」與下「慄」相對。荀子儒效篇楊倞註：「胥，相。靡，繫也。」乃袁註所本，唯其「無」疑「繫」之訛。

〔五九〕盧文弨曰：「（程榮本）『冰』下脱『而不慄以其將刑而不憂生也今士搶白刃而不顧赴水』二十二字。」王叔岷曰：「程榮本『冰』下脱二十三字，盧氏未計『死』字（『死』字疑涉下文『非輕死』而衍），故誤爲脱二十二字耳。……舊合字本『槍』作『搶』，與盧氏拾補合，當以作『槍』爲正。莊子逍遥遊篇釋文引支遁註：『槍，突也。』荀子王霸篇楊註：『突，陵觸。』」庶按：「搶」、「槍」同，無煩改字。

〔六〇〕王叔岷曰：「六韜勵軍篇：『士非好死而樂傷也。』」

〔六一〕「心」原本作「以」，宋本、明鈔本、景道藏本、子彙本、吉府本、程榮本、龍川鈔本並作「心」。楊明照曰：「『心』，原（指舊合字本）作『以』，據各本改。」庶按：楊説是，據改。

〔六二〕盧文弨曰：「『軍井通而後敢飲』，『而』俗作『然』。」楊明照曰：「淮南兵略篇：『故古之善將者，必以其身先之。暑不張蓋，寒不被裘，所以程寒暑也；險隘不乘，上（庶按：王叔岷謂「上」乃「丘」

之壞字。)陵必下，所以齊勞佚也；軍食熟然後敢食，軍井通然後敢飲，所以同飢渴也；合戰，必立矢射之所及，以共安危也。』(庶按：王叔岷曰：「『矢射』當作『矢石』，『以』上當有『所』字，王念孫雜志有説。)」王叔岷曰：「『軍井通而後敢飲』，子彙本、程榮本……『而』皆作『然』，義同。……記纂淵海八十引呂氏春秋：『爲將冬日不衣裘，夏日不操扇，天雨不張蓋。』長短經道德篇引黃石公曰：『軍井未達，將不言渴；軍幕未辦，將不言倦；冬不服裘，夏不操扇，是謂禮將。』心書將情篇：『夫爲將之道，軍井未汲，將不言渴；軍食未熟，將不言飢；軍火未然，將不言寒；軍幕未施，將不言困；夏不操扇，冬不服裘，雨不張蓋，與衆同也。』」

〔六三〕袁註：「越王勾踐行營有使獻一樽酒，踐曰：『饗吾此酒，衆不偏。』遂以酒瀉河中，隨水流下，軍士於下飲之，皆聞水作酒味，俱醉飽也。」「簞」原作「醇」，宋本作「醰」。「士」原作「下」，宋本、程榮本、龍川鈔本、類纂本、孫評本、景四庫本並作「士」。盧文弨曰：「『單』，藏『醇』，俗『醰』，皆誤。高誘註呂氏春秋察微篇作『單』，『下』，俗『士』。」楊明照曰：「文選張景陽七命：『單醪投川，可使三軍告捷。』李善註引黃石公記曰：『昔良將用兵，人有饋一簞之醪，投河，令衆迎流而飲之。夫一簞之醪，不味一河，而三軍思爲致死者，滋味及之也。』呂氏春秋順民篇：『越王苦會稽之恥，……有酒，流之江，與民同之。』」王叔岷曰：「竊疑作『醇』，乃本書之舊。『醇醪』與下『温辭』相對，於文爲長；且列女傳母儀篇楚子發母傳作『醇酒』，則此『醇』字，亦有所本。長短經道德篇：『單醪投河，感一軍之士。』」林其錟曰：「『單』是。」庶按：王説非是，醇醪以酒質而言，謂味之薄厚，簞醪以酒之量而言，觀此文意，當以「簞醪」爲是。「下」乃「士」之訛，據改。

〔六四〕袁註：「楚莊王出兵遇天大雪，三軍皆凍，王以溫辭慰勞，士卒聞其言，皆如挾纊綿在身中溫煖。」盧文弨曰：「『辭』，俗詞。」楊明照曰：「左宣十二年傳：『楚子伐蕭，……蕭潰。申公巫臣曰：「師人多寒。」王巡三軍，拊而勉之，三軍之士，皆如挾纊。』杜註：『纊，綿也。言説以忘寒。』」王叔岷曰：「説文：『纊，絮也。春秋傳曰皆如挾纊。』」

〔六五〕楊明照曰：「左僖四年傳：『齊侯曰：「以此衆戰，孰能禦之？」』孫子軍形篇：『勝者之戰，若決積水於千仞之谿者，形也。』兵勢篇：『故善戰人之勢，如轉圓石於千仞之山者，勢也。』淮南兵略篇：『是故善用兵者，勢如決積水於千仞之隄，若轉員石於萬丈之谿。』」

閲武章四十一〔一〕

司馬法曰〔二〕：「國雖大，好戰則亡；天下雖安，忘戰必危〔三〕。」亟戰則民彫〔四〕，不習則民怠〔五〕。彫非保全之術〔六〕，怠非擬寇之方〔七〕。故兵不妄動，而習武不輟，所以養民命而修戎備也。

孔子曰：「以不教民戰，是謂棄之〔八〕。」易曰：「君子以修戎器，戒不虞〔九〕。」是以春蒐、夏苗、秋獮、冬狩〔一〇〕，皆於農隙，以講武事〔一一〕。三年而治兵〔一二〕，習戰敵也。出曰治兵，治其事也〔一三〕，入曰振旅，言整衆也〔一四〕。還歸而飲至，告於廟〔一五〕。所以昭文章〔一六〕，明貴賤，順少長〔一七〕，辨等列〔一八〕，習威儀。

夫三軍浩漫，則立表號。言不相聞，故爲鼓鐸以通其耳；視不相見，故制旌麾以宣其目〔一九〕。若民不習戰，則耳不聞鼓鐸之音〔二〇〕，目不察旌麾之號，進退不應令，疎數不成行〔二一〕。故士未戰而震慄，馬未馳而沫汗〔二二〕，非其人怯而馬弱，不習之所致也。

吴王宫人，教之戰陣，約之法令〔二三〕，迴還進退，盡中規矩〔二四〕，雖蹈水火而不顧者，非其性勇而氣剛，教習之所成也〔二五〕。鏌鎁不爲巧者鋭，不爲拙者鈍〔二六〕，然而巧以生勝，拙而必負者〔二七〕，習與不習也。闔閭習武，試其民於五湖〔二八〕，劒刃加肩，流血不止〔二九〕。勾踐習戰，試其民於寢宫〔三〇〕，民争入水火，死者千餘，遽擊金而退之。豈其惡生而貪死，賞罰明而教習至也。

是以逄蒙善射，不能用不調之弓；造父善御，不能策不服之馬；般、倕善斲，不能運不利之斤；孫、吴善將，不能戰不習之卒〔三一〕。貔貅戾獸，而黄帝教之戰〔三二〕；鷹鶚鷙鳥，而羅氏教之擊〔三三〕。夫鳥獸無知之性，猶隨人指授而能戰擊者，教習之功也。奚況國之士民而不習武乎〔三四〕？故射御慣習，至於馳獵，則能擒獲，教習之所致也。若弗先習，覆逸是懼，奚據望獲〔三五〕？今以練卒與不練卒爭鋒〔三六〕，若胡、越爭游〔三七〕，不競明矣。是以先王因於閑隙，大閱簡衆〔三八〕，繕修戎器〔三九〕，爲國豫備也。

校釋

〔一〕王叔岷曰：「帝範閱武篇註：『閱，簡也。武，兵事也。』」

〔二〕袁註：「司馬穰苴法（景四庫本註文「法」上有「兵」字）也。」王叔岷曰：「史記司馬穰苴列傳：『齊威王使大夫追論古者司馬兵法，而附穰苴於其中，因號曰司馬穰苴兵法。』太史公自序：『自古王者而有司馬法，穰苴能申明之。』」

〔三〕「亡」原作「己」，宋本、景道藏本、子彙本、吉府本、程榮本、龍川鈔本並作「亡」。原本「國」下有「家」字。楊明照曰：「『亡』字是。司馬法仁本篇：『故國雖大，好戰必亡，天下雖安，忘戰必危。』」王叔岷曰：「御覽二七一引桓範世要論：『故曰：好戰者亡，忘戰者危。不好不忘，天下之王也。』」庶按：楊說是，據改。唯「家」字衍文，今刪。楊氏引司馬法仁本篇正無「家」字。說苑指武篇：「司馬法曰：『國雖大，好戰必亡，天下雖安，忘戰必危。』」漢書主父偃傳：「司馬法曰：『國雖大，好戰必亡，天下雖平，忘戰必危。』」顏師古註：「司馬穰苴善用兵法法，著書言兵法，謂之司馬法。一說司馬古主兵之官，有軍陣用兵之法。」

〔四〕盧文弨曰：「『亟戰卽民彫』，『卽』俗『則』，『彫』俗『凋』，下同。」

〔五〕袁註：「怠，懈怠也。」

〔六〕原本「之」下無「術」字，宋本、明鈔本、景道藏本、子彙本、吉府本、程榮本、龍川鈔本於「之」下並有「術」字。楊明照曰：「『術』字當據補。」庶按：楊説是，據補。

〔七〕「擬」，景四庫本作「禦」，「寇」原作「冠」，宋本、明鈔本、景道藏本、子彙本、吉府本、程榮本、龍川鈔本並作「寇」。楊明照曰：「『冠』應改作『寇』，吕氏春秋適威篇：『李克對曰：「驟戰則民罷。」』帝範閲武篇：『土地雖廣，好戰則人彫；邦國雖安，亟戰則人殆。彫非保全之術，殆非擬寇之方。』蓋襲此文。」庶按：楊説是，據改。景四庫本作「禦」，蓋臆改。

〔八〕論語子路篇文。「不教民」，猶言「不教之民」。亦見白虎通卷六、卷八。

〔九〕楊明照曰：「易萃象曰：『君子以除戎器，戒不虞。』正義：『除者，治也。』」

〔一〇〕楊明照曰：「左隱五年傳：『故春蒐、夏苗、秋獮、冬狩，皆於農隙以講事也。三年而治兵，入而振旅，歸而飲至，以數軍實。昭文章，明貴賤，辨等列，順少長，習威儀也。』爾雅釋天：『春獵爲蒐，夏獵爲苗，秋獵爲獮，冬獵爲狩。』」庶按：左隱五年傳楊伯峻註曰：「蒐、苗、獮、狩皆田獵名，亦以之習武，因四時而異。……公羊謂春苗、秋蒐、冬狩，（夏不田，其意蓋以爲夏非農隙，一年之田獵惟三時行之。禮記王制『天子諸侯無事，則歲三田』是也。）穀梁謂春田、夏苗、秋蒐、冬狩，與此異。蒐音搜。獮音癬。」白虎通卷十二：「王者諸侯所以田獵者何？爲田除害，上以共宗廟，下以簡集士衆也。春謂之田何？春，歲之本，舉本名而言之也。夏謂之苗何？擇去其懷任者也。秋謂之蒐何？蒐，索肥者也。冬謂之獮何？狩地而取之也。」説苑脩文篇：「春秋曰：『正月，公狩於郎。』傳曰：『春曰苗，冬曰狩。』苗者奈何？曰：苗者毛也，取之不圍澤，不揜羣，取禽不麛卵，不殺孕重者；秋蒐者，不殺小麛及孕重者，冬狩皆取之。百姓皆出，不失其馳，不抵禽，不詭遇，逐不出防，此苗、蒐、狩之義也。故苗、蒐、狩之禮，簡其戎事也。故苗者毛取之，蒐者搜索之，狩者守留之。夏不田，何也？曰：天地陰陽盛長之時，猛獸不攫，鷙鳥不搏，蝮蠆不螫，鳥獸蟲虵且知應天，而況人乎哉？」

〔一一〕「於」原作「以」，宋本、程榮本並作「於」。王叔岷曰：「作『於』與左隱五年傳合，是也。以、於本同義，惟此作『以』，蓋涉上下文『以』字而誤。司馬法仁本篇：『春蒐、秋獮，諸侯春振旅，秋治兵，所以不忘戰也。』」庶按：王説是，據改。左隱五年傳楊伯峻註：「農隙謂農功空隙。周語：『蒐於農隙，獮於既烝，狩於畢時。』農隙謂既耕之後；既烝之烝讀如論語陽貨『新穀既升』之升，登場也，既已經收割之後；畢時，謂當時農務完畢之時。講事，講習武事，所謂教民戰也。」

〔一二〕左隱五年傳楊伯峻註：「平年於四時小習武，三年又大演習。」

〔一三〕「治」原作「始」，何允中本作「治」，與文意合，據改。

〔一四〕左隱五年傳楊伯峻註：「入謂入國都，演習在郊外，入國而後振旅。振，杜註云：整也。旅，衆也。振旅意即整軍。此習武之振旅。作戰凱旋亦曰振旅。」

〔一五〕左隱五年傳楊伯峻註：「桓公二年傳：『凡公行，告于宗廟，反行飲至，舍爵策勳焉。』襄公十三年傳：『公至自晉，孟獻子書勞于廟。』襄公十三年經：『公至自伐鄭。』傳：『以飲至之禮，伐還告廟也。』綜合觀之，凡國君出外，行時必告於宗廟。還時之告，於從者有所慰勞，謂之飲至。其有功勞者且書之于策，謂之策勳或書勞。」

〔一六〕左隱五年傳楊伯峻註：「昭，明也。文章猶言文彩，此指車服旌旗而言。」

〔一七〕左隱五年傳楊伯峻註：「爾雅釋天：『出爲治兵，尚威武也；入爲振旅，反尊卑也。』孫炎註：『出則幼賤在前，貴勇力也；入則尊老在前，復常法也。』」

〔一八〕左隱五年傳楊伯峻註：「辨，别也。等列，等級也。」

〔一九〕「制」原作「治」，宋本、明鈔本、景道藏本、子彙本、吉府本、程榮本、龍川鈔本並作「制」。楊明照曰：「孫子軍爭篇：『軍政曰：「言不相聞，故爲金鼓；視不相見，故爲旌旗。」夫金鼓旌旗者，所以一人之耳目也。』」王叔岷曰：「吳子論將篇：『夫鼙鼓金鐸，所以威耳；旌旗麾幟，所以威目。』」

庶按：「制」是，據改。

〔二〇〕「聞」，宋本、程榮本並作「聆」。

〔二一〕王叔岷曰：「孟子梁惠王上篇：『數罟不入洿池。』趙岐註：『數罟，密網也。』此文『數』亦猶密也。」

〔二二〕「沫」，宋本、程榮本並作「沐」，王謨本作「流」。王叔岷曰：「『沫汗』與『震慄』對言，……作『沐』，……作『流』，並形誤。」

〔二三〕原本「約」下有「束」字，宋本、明鈔本、景道藏本、子彙本、吉府本、程榮本、龍川鈔本於「約」下並無「束」字。 楊明照曰：「無『束』字，與上句一律。」 庶按：楊説是，據删。

〔二四〕袁註：「吴人教宫人妃女皆令習戰，盡中規矩之節也。」 原本「進」下無「退」字，宋本、明鈔本、景道藏本、子彙本、吉府本、程榮本、龍川鈔本於「進」下並有「退」字。 楊明照曰：「『退』字當據補，見史記孫武傳。」 庶按：楊説是，據補。

〔二五〕詳辨樂章註文。

〔二六〕原本「爲」上「不」作「而」。 楊明照曰：「吕氏春秋用民篇：『莫邪不爲勇者興，懼者變，勇者以工，懼者以拙，能與不能也。』高註：『莫邪，良劍也，不爲勇者利、怯者鈍也。』」 庶按：「而」當作「不」，意方可通，據改。

〔二七〕「必」原作「之」，蔣以化本作「必」，王謨本作「取」。 庶按：「必」義勝，據改。

〔二八〕袁註：「五湖是越水，吴、越人好水戰也。」 庶按：「五湖」，即今之太湖。

〔二九〕「加」原作「如」，宋本、明鈔本、景道藏本、子彙本、吉府本、程榮本、龍川鈔本並作「加」。 楊明照曰：「『加』字是。」盧文弨曰：「（程榮本）『刅』誤『皆』，『不』下衍『肯』。」 庶按：楊説是，據改。

〔三〇〕「宫」原作「處」，宋本、程榮本、龍川鈔本、類纂本並作「宫」。 楊明照曰：「吕氏春秋用民篇：『闔廬試其民於五湖，劍皆加於肩，地流血幾不可止；句踐試其民於寢宫，民争入水火，死者千餘矣，遽擊金而却之，賞罰有充也。』」 庶按：「宫」是，據改。 韓非子内儲説上：「越王問於大夫文種曰：『吾欲伐吴，可乎？』對曰：『可矣！吾賞厚而信，罰嚴而必。君欲知之，何不試焚宫室？』於是遂焚宮室，人莫救之。乃下令曰：『人之救火死者，比死敵之賞；救火而不死者，比勝敵之賞；不救火者，比降北之罪。』人塗其體，被濡衣而走火者，左三千人，右三千人。」

〔三一〕景四庫本「弓」下双行小註：「就羿學射，盡羿之術。」「斤」下双行小註：「神農時巧工也。」 楊明照曰：「荀子議兵篇：『弓矢不調，則羿不能以中微；介馬不和，則造父不能以致遠；士民不親附，則湯、武不能以必勝也。故善附民者，是乃善用兵者也。』淮南兵略篇：『駟馬不調，造父不能以致遠；弓矢不調，羿不能以必中；君臣乖心，孫子不能以應敵。』説苑指武篇：『文王不能使不附之民，先軫不能戰不教之卒，造父、王良不能以敝車不作之馬，趨急而致遠；羿、逢蒙不能以枉矢弱弓，射遠中微。故强弱成敗之要，在乎附士卒、教習之而已。』呂氏春秋愛類篇：『公輸般，天下之巧工也。』重己篇高註：『倕，堯之巧工也。』吴，吴起也。」 王叔岷曰：「『逢蒙』，類纂本、王讜本『逢』並作『逄』，程榮本、畿輔本並作『蓬』，喻林百八引作『蓬』，作『逢』是故書。『不能運不利之斤』，類纂本、程榮本『斤』並作『釿』，同。」

〔三二〕王叔岷曰：「王(保珍)云：『北堂書鈔十三引「貅」作「豻」。』孔子家語五帝德篇：『黄帝……擾馴猛獸，以與炎帝戰於阪泉之野。』」 庶按：史記五帝本紀：「軒轅之時，神農氏世衰，諸侯相侵伐，……炎帝欲侵陵諸侯，諸侯咸歸軒轅，軒轅明修德振兵，治五氣，蓺五種，撫萬民，度四方。教熊羆貔貅貙虎，以與炎帝戰於阪泉之野。三戰，然後得其志。」索隱：「書云：『如虎如貔。』爾雅云：『貔爲狐。』禮曰：『前有摯獸，則載貔貅。』是也。……周禮有服不氏，掌教擾猛獸，即古服牛乘馬，亦其類也。」正義：「郭璞云：『貔，執夷，虎屬也。』言教士卒習戰，以猛獸之名名之，用威敵也。」

〔三三〕王叔岷曰：「周禮夏官羅氏：『掌羅烏鳥。』或即此所謂羅氏與？」

〔三四〕王叔岷曰：「論衡率性篇：『夫禽獸與人殊形，猶可命戰；況人同類乎？』」

〔三五〕盧文弨曰：「『逸』，俗『迭』。」「據」，宋本、吉府本、程榮本、奇賞本、孫評本並作「遽」。楊明照曰：「『遽』字是。韓非子五蠹篇：『奚遽不亂。』左襄三十一年傳：『譬如田獵射御貫，則能獲禽；若未嘗登車射御，則敗績厭覆是懼，何暇思獲？』」王叔岷曰：「『據』與『遽』同，作『據』是故書。」

庶按：王說是。

〔三六〕「争」，宋本、顧雲程本、程榮本、龍川鈔本、奇賞本並作「交」。盧文弨曰：「『争』，俗『交』。」

〔三七〕「游」原作「遊」，奇賞本作「游」，是，據改。淮南齊俗篇：「胡人便於馬，越人便於舟。」

〔三八〕王叔岷曰：「周禮夏官大司馬：『中冬教大閱。』左桓六年傳：『秋大閱，簡車馬也。』」

〔三九〕袁註：「繕卽戰治。」「繕」，宋本、程榮本、類纂本並作「敹」。王叔岷曰：「『繕』作『敹』，同。廣雅釋詁：『繕，治也。』」

明權章四十二

循理守常曰道〔一〕，臨危制變曰權。權之爲稱，譬猶權衡也。衡者，測邪正之形；權者，揆輕重之勢〔二〕。量有輕重，則形之於衡。今加一環於衡左則右蹷，加之於右則左蹷，唯莫之動則平正矣〔三〕。

人之於事，臨危制變〔四〕，量有輕重〔五〕，衡之平〔六〕，亦猶此也。古之權者，審於輕重〔七〕，必當於理而後行焉。易稱：「巽以行權〔八〕。」論語稱：「可與適道，未可與權〔九〕。」權者，反於經而合於道，反於義而後有善〔一〇〕。若棠棣之華，反而更合也〔一一〕。孝子之事親，和顏卑體，盡孝盡敬。及其溺也，則攬髮而拯之〔一二〕，非敢侮慢，以救死也〔一三〕。故溺而捽父〔一四〕，祝則名君〔一五〕，勢不得已，權之所設也〔一六〕。慈愛者，人之常情，然大義滅親，滅親益榮，由於義也。是故慈愛方義〔一七〕，二者相權，義重則親可滅，若虞舜之放弟象〔一八〕，周公之誅管叔〔一九〕，石碏之殺子厚〔二〇〕，季友之酖叔牙〔二一〕。以義權親，此其類也。欺父矯君，臣子悖行。然舜取不告〔二二〕，弦高矯命者〔二三〕，以絕祀之罪重於不告〔二四〕，矯命之過輕於滅國，權之義也。

夫有道則無權，道失則權作。道之於用，猶衣冠之在身也；權之輕重，猶甲冑之衛體也〔二五〕。介冑禦寇而不可常服，權以理度而不可常用〔二六〕，自非賢哲，莫能處矣〔二七〕。

校釋

〔一〕王叔岷曰：「莊子秋水篇：『知道者必達於理。』」

〔二〕楊明照曰：「孟子梁惠王上篇：『權，然後知輕重。』趙岐註：『權，銓衡也。可以稱輕重。』」

〔三〕楊明照曰：「淮南主術篇：『衡之於左右，無私輕重，故可以爲平。』」

〔四〕「危」原作「宜」，宋本、程榮本並作「危」。林其錟曰：「『危』字是。」庶按：林說是，據改。

〔五〕孫楷第曰：「『量有輕重』，『有』當作『其』。」王叔岷曰：「『有』猶『其』也，無煩改字。」庶按：王說是。

〔六〕「衡之平」，景道藏本、子彙本、吉府本、龍川鈔本並作「平則行之」，程榮本作「平而行之」。盧文弨曰：「『則』，俗『而』。」庶按：諸本並是，則猶而也。

〔七〕「於」，宋本、程榮本並作「其」。王叔岷曰：「『於』作『其』，義同。」

〔八〕楊明照曰：「易繫辭下：『巽以行權。』韓康伯註：『權，反經而合道，必合乎巽順，而後可以行權也。』」庶按：易繫辭下孔穎達疏：「既能順時合宜，故可以行權也，若不順時制變，不可以行權也。」

〔九〕楊明照曰：「論語子罕篇：『子曰：「可與共學，未可與適道；可與適道，未可與立；可與立，未可與權。」』」

〔一〇〕「道」、「義」二字疑誤倒。古以道之至當不當者爲經，反經合道爲權。易繫辭下王弼註：「權，反經而合道。」然劉子此文，則寓有新意。經謂常規，上文「循理守常曰道」，謂經與道無異，下文「有道則無權，道失則權作」，謂道與權乃相反之物，且下文「大義滅親，滅親益榮」，「義重則親可滅」，當是對「義」的稱頌，故「反於義而後有善」，與下文義不貫。此句當讀作「反於經而合於義，反於道而後有善」。此當爲鈔者熟于易繫辭古註及古對經道之通釋而臆改。

〔一一〕原本「棠」下無「棣」字，宋本、明鈔本、景道藏本、子彙本、吉府本、程榮本、龍川鈔本於「棠」下並有「棣」字。楊明照曰：「有『棣』字是。論語子罕篇：『唐棣（春秋繁露竹林篇、文選廣絶交論註並引作『棠棣』。）之華，偏其反而。』何註：『逸詩也。唐棣，栘也。華反而後合。賦此詩者，以言權道反而後至於大順。』」庶按：楊説是，據補。

〔一二〕「拯」原作「極」，明鈔本、景道藏本、子彙本、吉府本、程榮本、龍川鈔本並作「拯」。楊明照曰：「『拯』字是。」王叔岷曰：「淮南氾論篇高註：『拯，升也。出溺曰拯也。』」庶按：楊説是，據改。

〔一三〕「慢」原作「於」，覆宋本、明鈔本、景道藏本、子彙本、吉府本、程榮本、龍川鈔本並作「慢」。楊明照曰：「『慢』字是。」庶按：楊説是，據改。

〔一四〕王叔岷曰：「説文：『捽，持頭髮也。』宋沙門慧寶北山録三至化論註引孟子：『如人父溺水，子捉頭髮以救之，亦不爲過。蓋皆取其權急之宜故也。』弘明集一漢牟融理惑論：『昔齊人乘船渡江，其父墜水，其子攘臂，捽頭顛倒，使水從口出，而父命得蘇矣。』文子道德篇：『祝則名君，溺則捽父，勢使然也。』」

〔一五〕「祝」，古宗廟祭祀中所設代鬼神傳言之人。

〔一六〕楊明照曰：「淮南氾論篇：『孝子之事親，和顏卑體，奉常運履；至其溺也，則捽其髮而拯，非敢驕侮，以救其死也。故溺則捽父，祝則名君，勢不得不然也，此權之所設也。』」庶按：孟子離婁上：「曰：『嫂溺則援之以手乎？』曰：『嫂溺不援，是豺狼也。男女授受不親，禮也；嫂溺援之以手者，權也。』」義與此可互參。

〔一七〕「方義」，猶正義也。

〔一八〕原本「象」下有「傲」字，子彙本、吉府本、龍溪本於「象」下並無「傲」字。盧文弨曰：「『象』下衍『傲』。」楊明照曰：「『傲』字衍。蓋寫者據書堯典之文妄增。孟子萬章上篇：『萬章問曰：「象日以殺舜爲事，立爲天子，則放之，何也？」孟子曰：「封之也；或曰放焉。」』」王叔岷曰：「『傲』字乃寫者習讀堯典象傲之事而誤衍。」庶按：楊、王説並是，據刪。

〔一九〕景四庫本管叔下双行小註：「武王克商，立紂子武庚，使三叔監其國。武王崩，成王幼，周公攝政。管叔疑公不利於孺子，與武庚畔，周公討而誅之。」王叔岷曰：「淮南泰族篇：『周公股肱周室，輔翼成王。管叔、蔡叔奉公子祿父（武庚名）而欲爲亂，周公誅之，以定天下，緣不得已也。』」

〔二〇〕袁註：「石碏，衞大夫。而子厚作亂，石碏殺之也。」楊明照曰：「左隱四年傳：『石碏使其宰獳羊肩涖殺石厚于陳。君子曰：「石碏，純臣也。惡州吁而厚與焉。大義滅親，其是之謂乎！」』」王叔岷曰：「史記衞康叔世家集解引賈逵註：『石碏，衞上卿。』」庶按：左隱三年傳：「公子州吁，嬖人之子也。有寵而好兵，公弗禁。莊姜惡之。石碏……其子厚與州吁游，禁之，不可。」四年傳：「四年春，衞州吁弒桓公而立。……九月，衞人使右宰醜涖殺州吁于濮。石碏使其宰獳羊肩涖殺石厚于陳。」

〔二一〕袁註：「季友是魯莊公同母弟，叔牙是異母弟。莊公有疾，叔牙欲立同母兄，莊公欲立季友，不立異母弟。季友乃於黔牙兄家置酒而與叔牙共飲，乃酖酒與叔牙。黔牙曰：『飲則死矣。』叔牙飲之而死。季友立叔牙子以繼父位也。」景四庫本叔牙下双行小註：「季友、慶父，皆魯莊公弟也。公有疾，問後於叔牙，叔牙對曰：『慶父材。』問於季友，對曰：『臣以死奉般。』公薨，般卽位，慶父弒之。季友奔陳，國人立閔公。慶父恨不得立，又使人弒之。季友以僖公適邾，慶父奔莒，季友乃立僖公，求慶父於莒，莒人歸之，季友遂殺慶父，鴆叔牙。」楊明照曰：「左莊三十二年傳：『公疾，問後於叔牙，對曰：「慶父材。」問於季友，對曰：「臣死以奉般。」公曰：「鄉者，牙曰：『慶父材。』」成季使以君命命僖叔（庶按：「成季」卽季友，「僖叔」卽叔牙。）待于鍼巫氏，使鍼季酖之，曰：「飲此，則有後於魯國；不然，死且無後。」飲之，歸及逵泉而卒。立叔孫氏。』」王叔岷曰：「史記云：『莊公有三弟，長曰慶父，次曰叔牙，次曰季友。』（本公羊莊二十七年傳。）左傳杜預註『酖，鳥名，其羽有毒，以畫酒，飲之則死。』釋文：『「酖」，本亦作「鴆」。』史記亦作『鴆』。鴆、酖正假字。説文：『鴆，毒鳥也。』」庶按：景四庫本註文本史記魯周公世家。史記魯周公世家：「三十二年，初，莊公築臺臨黨氏，見孟女，説而愛之，許立爲夫人，割臂以盟。孟女生子斑。斑長，説梁氏女，往觀。圉人犖自牆外與梁氏女戲。斑怒，鞭犖。莊公聞之，曰：『犖有力焉，遂殺之，是未可鞭而置也。』斑未得殺。會莊公有疾。莊公有三弟，長曰慶父，次曰叔牙，次曰季友。莊公取齊女爲夫人曰哀姜。哀姜無子。哀姜娣曰叔姜，生子開。莊公無適嗣，愛孟女，欲立其子斑。莊公病，而問嗣於弟叔牙。叔牙曰：『一繼一及，魯之常也。慶父在，可爲嗣，君何憂？』莊公患叔牙欲立慶父，退而問季友。季友曰：『請以死立斑也。』莊公曰：『曩者叔牙欲立慶父，柰何？』季友以莊公命命牙待於鍼巫氏，使鍼季劫飲叔牙以鴆，曰：『飲此則有後奉祀；不然，死且無後。』牙遂飲鴆而死，魯立其子爲叔孫氏。八月癸亥，莊公卒，季友竟立子斑爲君，如莊公命。侍喪，舍于黨氏。先時慶父與哀姜私通，欲立哀姜娣子開。及莊公卒而季友立斑，十月己未，慶父使圉人犖殺魯公子斑於黨氏。季友犇陳。慶父竟立莊公子開，是爲湣公。湣公二年，慶父與哀姜通益甚。哀姜與慶父謀殺湣公而立慶父。慶父使卜齮襲殺湣公於武闈。季友聞之，自陳與湣公弟申如邾，請魯求内之。魯人欲誅慶父，慶父恐，奔莒，於是季友奉子申入，立之，是爲釐公。釐公亦莊公少子。哀姜恐，奔邾。季友以賂如莒求慶父，慶父歸，使人殺慶父，慶父請奔，弗聽，乃使大夫奚斯行哭而往。慶父聞奚斯音，乃自殺。齊桓公聞哀姜與慶父亂以危魯，乃召之邾而殺之，以其屍歸，戮之魯。魯釐公請而葬之。」

〔二二〕楊明照曰：「孟子離婁上篇：『孟子曰：「不孝有三，無後爲大。舜不告而娶，爲無後也。君子以爲猶告也。」』」庶按：白虎通卷十二：「詩云：『娶妻如之何，必告父母。』」淮南氾論篇：「舜不告而娶，非禮也。」高誘註：「堯知舜賢，以二女妻，舜不告父。父頑，常欲殺舜，舜知告則不得娶也。不孝莫大於無後，故孟子曰舜不告猶告爾。」

〔二三〕袁註：「弦高是鄭國商徒，將財璧（庶按：「璧」疑爲「寶」之訛，下同。）欲嚮外國興貶，（庶按：「貶」，景四庫本註作「販」，是。）路逢秦軍欲來伐鄭，弦高於路遇之，乃謂秦軍曰：『鄭君知秦師來，而遣我將珍璧物來獻。』秦師乃言鄭君知之，必有預備，軍兵將來。遂取其財，便迴軍止伐鄭，鄭乃得存。此弦高之計權却秦士也（庶按：「士」疑「師」之訛）。」楊明照曰：「淮南氾論篇：『夫三軍矯命，過之大者也。秦穆公興兵襲鄭，過周而東；鄭賈人弦高，將西販牛，道遇秦師於周、鄭之間，乃矯鄭伯之命，犒以十二牛，賓秦師而却之，以存鄭國。故事有所至，信反爲過，誕反爲功。』」王叔岷曰：「淮南氾論篇高註：『非君命也，而稱君命，曰矯。』」庶按：左僖三十二年傳、呂氏春秋悔過篇、淮南道應篇、人間篇、史記秦本紀、晉世家、鄭世家並載其事，亦不言弦高以珍寶獻秦師，袁註蓋臆說。

〔二四〕原本「重」下無「於」字，覆宋本、子彙本、程榮本、龍川鈔本於「重」下並有「於」字，是，據增。

〔二五〕「甲」，景道藏本、子彙本、吉府本、蔣以化本並作「介」。盧文弨曰：「『介』，俗『甲』」，下亦作

『介』。」

〔二六〕孫楷第曰：「『理度』二字誤倒。」王叔岷曰：「王謨本正作『度理』。莊子秋水篇：『達於理者必明於權。』」庶按：孫說是。

〔二七〕「矣」，覆宋本、程榮本並作「也」。盧文弨曰：「『矣』，俗『也』。」

劉子校釋卷之九

貴速章四十三

成務雖均，機速爲上；決謀或同〔一〕，遲緩爲下。何者？才能成功，以速爲貴；智能決謀，以疾爲奇也。

善濟事者〔二〕，若救火拯溺〔三〕；明其謀者，猶驥捷矢疾。今焚燃熛室〔四〕，則飛馳灌之〔五〕；湍波漂人，必奔游拯之〔六〕。若穿井而救火〔七〕，則熛颺棟焚矣〔八〕；方鑿舟而拯溺，則葬江魚之腹中矣〔九〕。驥所以見珍者，以其日行千里也，滿旬而取至，則與駑馬均矣；箭所以爲貴者，以其弦直而疾至也，窮日而取至〔一〇〕，則與不至者同矣；智所以爲妙者，以其應時而知也〔一一〕，若事過而後知，則與無知者齊矣〔一二〕。

昔吳起相楚，貴族攻之，起欲討讐，而插矢王屍〔一三〕；陽虎在圍，魯人出之，虎欲報德，而傷之以戈〔一四〕。謀不斯須〔一五〕，而讐德兩報〔一六〕，其智可謂應時而知矣。張祿之入秦，魏冉悔不先索而後行，故勢移而身逐〔一七〕；晁錯之穴壖垣，申屠悔不先斬而後奏，故發憤而致死〔一八〕。智不早決，敗而方悔，其智可謂與無智者同矣。故有智而不能施，非智也；能施而不能應速者，亦非智也。喭曰：「力貴突，智貴卒〔一九〕。」此之謂也。

校釋

〔一〕「或」原作「成」，子彙本、程榮本並作「或」，蔣以化本作「誠」。楊明照曰：「『或』、『誠』二字並通，『成』則誤也。正賞篇：『古今雖殊，其迹寔同；耳目誠異，其識則齊。』語例與此同，則『成』爲『誠』之誤。呂氏春秋貴卒篇：『得之同，則遬爲上；勝之同，則溼爲下。』高注：『溼，猶遲久之也。』」王叔岷曰：「疑作『或』乃本書之舊，『或』誤爲『成』，乃復爲『誠』耳。」庶按：王説是，據改。「或同」與上「雖均」相對。

〔二〕王叔岷曰：「程榮本『濟』作『齊』，齊亦借爲濟。」庶按：「濟事」，猶言成事。

〔三〕「拯」原作「極」，覆宋本、景道藏本、子彙本、吉府本、程榮本、龍川鈔本並作「拯」，是，據改。下同。

〔四〕孫詒讓曰：「當作『焚熛燃室』，今本誤倒，遂不可通。」庶按：孫説是，此乃承下「漂人」而誤。

〔五〕「之」原作「火」，覆宋本、明鈔本、子彙本、程榮本、龍川鈔本並作「之」。王叔岷曰：「作『之』，……是也。作『火』，涉上文而誤。」庶按：王説是，據改。「灌之」與下「拯之」相對。

〔六〕袁註：「游是水名也。」景四庫本「之」下双行小註：「游者是善水之名也。」庶按：「奔游」與上「飛馳」相對，並非水名。

〔七〕楊明照曰：「淮南人間篇：『譬猶失火而鑿池。』」

〔八〕「熛颸」，謂火焰上騰。

〔九〕王叔岷曰：「楚辭漁父：『寧赴湘流，葬於江魚之腹中。』」

〔一〇〕原本「至」下有「者」字，吉府本、顧雲程本、龍川鈔本、類纂本於「至」下並無「者」字。陳昌濟曰：「『者』字衍。」楊明照曰：「『窮日』句末『者』字衍。呂氏春秋貴卒篇：『所爲貴驥者，爲其一日千里也，旬日取之，與駑駘同（『與』上疑奪『則』字）。所爲貴鏃矢者，爲其應聲而至（『至』下當有『也』字），終日而至，則與無至同。』」王叔岷曰：「荀子修身篇：『夫驥一日而千里，駑馬十駕，則亦及之矣。』」庶按：陳、王說並是，據删。

〔一一〕原本「知」下無「也」字，程榮本、別解本「知」下並有「也」字，是，據補。增「也」字與上一律。

〔一二〕次「知」字，宋本、程榮本、類纂本、別解本並作「智」。楊明照曰：「淮南詮言篇：『有智而無爲，與無智者同；有能而無事，與無能者同。告之者至，然後覺其動也；使之者至，然後覺其爲也。有智若無智，有能若無能。』」王叔岷曰：「文子符言篇：『有智而無爲，與無智同功；有能而無事，與無能同德。有智若無智，有能若無能。』楊氏引淮南詮言篇有删略。」庶按：知、智古通。

〔一三〕袁註：「吳起相楚，用法嚴厚，盡削楚公子貴族官爵，貴族以此惡之。楚王卒，太子未至，貴族欲殺吳起。吳起入王宮，伏王屍後，貴族射之不中。吳起聞太子至，拔箭以插王屍，方始開門。見太子，曰：『貴族射王屍。』太子聞之，盡誅貴族。此是報讎吳起之功速也。（庶按：此句疑作「此是吳起報讎之功速也。)」楊明照曰：「呂氏春秋貴卒篇：『吳起謂荊王曰：「荊所有餘者，地也；所不足者，民也。今君王以所不足益所有餘，臣不得而爲也。」於是令貴人往實廣虛之地，皆甚苦之。荊王死，貴人皆來，尸在堂上，貴人相與射吳起。吳起號呼曰：「吾示子吾用兵也。」拔矢而走，伏尸插矢而疾言曰：「羣臣亂王，吳起死矣！」(庶按：高誘注：「吳起拔人所射之矢，以插王屍，因言曰：『羣臣謂王爲亂而射王屍。』欲令羣臣被誅以自爲報也。」)且荊國之法，麗兵於王屍者，盡加重罪，逮三族。吳起之智，可謂捷矣。』」庶按：貴卒篇高注：「捷，疾也，言發謀以報其讎之速疾也。」

〔一四〕袁注：「陽虎是季氏家臣，桓子是季氏之孫。虎囚桓子，魯人以其族亂，誅之。桓子得出，使囚陽虎。魯人在門守虎。虎語魯人曰：『汝但放我，我自福汝。』於是放虎。虎得出，自曳戈傷所囩放之人。桓子責問陽虎所在，其人又曰：『陽虎出以戈傷臣，臣捉不獲是遲也。』」楊明照曰：「淮南人閒篇：『陽虎爲亂於魯，魯君令人閉城門而捕之，得者有重賞，失者有重罪。圍三币，而陽虎將舉劍而伯頤，門者止之曰：「天下探之不窮，(庶按：王念孫謂「天下探之不窮」六字爲錯簡，不當有。)我將出子。」陽虎因赴圍而逐，揚劍提戈而走。門者出之，顧反取其出之者，以戈推之，攘祛薄腋。出之者怨之曰：「我非故與子反也，(庶按：王叔岷引王念孫雜志云：「反當作友。」)爲之蒙死被罪，而乃反傷我，宜矣，其有此難也！」魯君聞陽虎失，大怒！問所出之門，使有司拘之；以爲傷者受大賞，而不傷者被重罪。』」王叔岷曰：「淮南人間篇許慎注：『陽虎，季氏之臣也。陽虎、季氏專魯國也。』」庶按：史記齊太公世家：「四十七年，魯陽虎攻其君，不勝，奔齊，請齊伐魯，鮑子諫景公，乃囚陽虎。陽虎得亡，奔晉。」袁註與淮南文小異，或別有所本。

〔一五〕依文意，「不」當作「在」。「斯須」謂時光極短。「謀在斯須」，正承上文「智所以爲妙者，以其應時而知也」而言，且吳起之插矢，陽虎之傷人，俱爲急中生智，故言「謀在斯須」。

〔一六〕「而讎德兩報」原作「一讎得兩報」，子彙本、程榮本並作「而讎德兩報」。王叔岷曰：「作『而讎德兩報』於義爲長，報讎謂吳起，報德謂陽虎。」庶按：王説是，據改。

〔一七〕袁註：「張禄即范雎也。雎在魏被讒，鞭之三百，致死，送於厠中，後乃活而讎須賈也。」景四庫本「身逐」下双行小註：「雎在魏被讒，折脅摺齒，伏匿更名姓，入秦拜爲客卿，因閒言宣太后專制，穰侯擅權，昭王大懼，廢太后逐穰侯。太史公曰：『秦所以稱帝於天下者，穰侯之功也，一夫開説，身折勢奪，而以憂死，况於羇旅之臣也。』」原本「冉」下無「悔」字，宋本、明鈔本、景道藏本、子彙本、吉府本、程榮本、龍川鈔本於「冉」下並有「悔」字。王叔岷曰：「『魏冉』即秦相穰侯，昭王母宣太后之異父弟也。」庶按：有「悔」字是，據補。史記李斯列傳載其諫逐客書：「惠王用張儀之計，拔三川之地，西并巴、蜀，北收上郡，南取漢中，包九夷，制鄢、郢，東據成皋之險，割膏腴之壤，遂散六國之從，使之西面事秦，功施到今。昭王得范雎，廢穰侯，逐華陽，彊公室，杜私門，蠶食諸侯，使秦成帝業。」事又見戰國策秦策三、史記范雎列傳。

〔一八〕袁註：「是漢王内使府從南出，嚮省不便，而内使府在壖垣之内。晁錯遂穿壖垣牆，在東門出嚮省。申屠嘉是丞相，因奏晁錯，欲殺之。錯乃知過，先自入奏，見王訖。王並知錯穿壖垣東出嚮省，不以爲過。申屠嘉后（庶按：「後」之訛。）始奏錯穿垣合死。王曰：『此乃壖垣牆，非過也。』晁錯不致於事，申屠懊恨，遂乃自憤而死也。」景四庫本「致死」下双行小註：「錯議以侵削諸侯，嘉自絀（庶按：當是「拙」之訛。）所言不用，疾錯。錯爲内史，門東出不便，更穿一門南出。嘉奏以擅穿宗廟垣爲門，請誅錯。帝曰：『錯所穿非真廟垣，乃外壖垣，且我使爲之。』嘉謂長史曰：『我悔不先斬錯，乃先奏之，爲錯所奏。』歐（庶按：當是「嘔」之訛。）血而死。」王叔岷曰：「史記鼂錯傳：『景帝即位，以錯爲内史，内史府居太上廟壖中，門東出不便，錯乃穿兩門南出，鑿廟壖垣，丞相申屠嘉聞大怒，欲因此過，爲奏請誅錯。錯聞之，即夜請間，具爲上言之。丞相奏事，因言錯擅鑿廟垣爲門，請下廷尉誅。上曰：「此非廟垣，乃壖中垣，不致於法。」丞相謝，罷朝，怒謂長史曰：「吾當先斬以聞，乃先請，爲兒所賣，固誤。」丞相遂發病死。』索隱：『壖垣，上音乃變反，謂牆外之短垣也。又音而緣反。』正義：『壖者，廟内垣外游地也。』」

〔一九〕「突」原作「疾」，宋本、程榮本、龍川鈔本、類纂本並作「突」。楊明照曰：「呂氏春秋貴卒篇：『力貴突，智貴卒。』淮南説山篇：『力貴齊，智貴捷。』」林其錟曰：「當作『突』。」庶按：林説是，據改。「卒」同猝，猶急也。呂氏春秋貴卒篇高註：「（卒）音倉卒之卒。」

觀量章四十四

夫註思於細者〔一〕，必忘其大；銳精於近者〔二〕，必略於遠。由心不並駐〔三〕，則事不兼通，小有所係，大必有所忘也〔四〕。故仰而貫針，望不見天；俯而拾蝨，視不見地。天地至大而不見者，眸掩於針蝨故也。

是以智者知小道之妨大務，小察之傷大明，捐棄細識，舒散情性。以斯觀之：人有小察細計者，其必無遐志廣度，亦可知矣〔五〕。奚以明之？夫覩焦僥之節，知非防風之脛〔六〕；視象之牙，知其大於豕也；見貍之尾，知其小於豹也。故覩一可以知百，觀此可以明彼〔七〕。

是以蹄窪之內，不生蛟龍〔八〕；培塿之上，不植松柏。非水土之性有所不生，乃其營宇隘也〔九〕。數粒而炊，稱薪而爨〔一〇〕，非苟爲艱難，由性褊恡而細碎也。項羽不學一藝〔一一〕，韓信不營一飡〔一二〕，非其心不愛藝，口不嗜味，由其性大不綴細業也。晉文種米，曾子架羊〔一三〕，非性闇惷，不辨方隅，以其運大不習小務也。智伯，庖人亡炙一篋而卽知之，韓、魏將反而不能知；邯鄲子陽，園亡一桃而卽覺之，其自忘也而不能知〔一四〕。斯皆銳情於小而忘其大者也〔一五〕。

夫釣者〔一六〕，雖有籊竿纖綸〔一七〕，芒鈎芳餌，增以詹何之妙〔一八〕，不能與罾罟爭多〔一九〕；弋者〔二〇〕，挾繁弱之弓〔二一〕，貫會稽之箭，加以蒲苴之巧〔二二〕，不能與罻羅競獲〔二三〕。何者？術小故也〔二四〕。江河之流〔二五〕，爛胔漂屍，縱橫接連，而人飲之者，量大故也。盆盂之水，鼠尾一曳，必嘔吐而棄之者〔二六〕，量小故也〔二七〕。枳棘之生，數寸而抽枝；豫章之植〔二八〕，百尺而蒔柯〔二九〕。其何故耶？豈非質小者枝條蔍，而體大者節目踈乎〔三〇〕？是以達者之懷，則滉瀁而無涯〔三一〕；褊人之情〔三二〕，必刻覈而煩細〔三三〕。自上觀之，趣舍之跡，寬隘之量，斷可識矣。

校釋

〔一〕「註」原作「曲」，孫評本作「註」，「註」字義勝，據改。

〔二〕「精」，覆宋本、程榮本、龍川鈔本、類纂本並作「情」。王叔岷謂「精」、「情」古通。庶按：「鋭精」乃古之常語。劉歆與楊雄書：「經年鋭精以成此書。」王符潛夫論讚學篇：「是故董仲舒終身不問家事，景君明經年不出户庭，得鋭精其學而顯昭其業者，家富也。」風俗通義正失篇：「淮南王安，鋭精黄白，庶幾輕舉。」「鋭精」，猶言鋭意專精。

〔三〕「並」原作「近」，明鈔本、景道藏本、子彙本、吉府本、龍溪本並作「並」。「駐」，宋本、類纂本、程榮本並作「持」。楊明照曰：「『並』字是。『近』字乃涉上而誤。」王叔岷曰：「作『持』義近。」庶按：楊説是，據改。

〔四〕「忘」原作「志」，宋本、明鈔本、景道藏本、子彙本、吉府本、程榮本、龍川鈔本並作「忘」。楊明照曰：「『忘』字是。淮南俶真篇：『小有所志，而大有所忘也。』」庶按：楊説是，據改。

〔五〕原本「其」上有「知」字。孫楷第曰：「上『知』字衍。」庶按：孫説是，據刪。

〔六〕袁註：「蕉堯，國名，其國人長三尺也。防風，國名，其國內人長四丈也。」「焦僥」原作「焦堯」，宋本、吉府本、程榮本、龍川鈔本並作「焦僥」。楊明照曰：「『堯』當作『僥』。國語魯語下：『吴伐越，墮會稽，獲骨焉，節專車。吴子使來聘，且問之。……客執骨而問曰：「敢問骨何爲大？」仲尼曰：「丘聞之，昔禹致羣神於會稽之山，防風氏後至，禹殺而戮之，其骨節專車，此爲大矣。」……客曰：「人長之極幾何？」仲尼曰：「僬僥氏長三尺，短之至也；長者不過十，數之極也。」』又見史記孔子世家、説苑辨物篇並作『僬僥』，淮南墬形篇、山海經海外南經、大荒南經亦並作『焦僥』。」王叔岷曰：「國語魯語韋昭註：『僬僥，西南蠻之別名也。』列子湯問篇：『從中州以東四十萬里得僬僥國，（王重民校釋，疑東四十本作西三十。）人長一尺五寸。』（張湛註：『事見詩含神霧。』）御覽七百九十引外國圖：『從啖水南曰僬僥，其人長尺六寸。』博物志：『禹致宰臣於會稽，防風氏後至，戮而殺之，其骨專車。』」庶按：楊説是，據改。古書多作「僬僥」、「焦僥」。抱朴子内篇明本：「焦僥之脛不足以測滄海。」

〔七〕楊明照曰：「淮南説林篇：『見象牙，乃知其大於牛；見虎尾，乃知其大於貍。一節見，而百節知矣。』」王叔岷曰：「淮南氾論篇：『象見其牙，而大小可論也。』御覽八百九十引文子：『見象之牙，知大於牛。』」

〔八〕「是以蹄窪之内」，盧文弨曰：「（何允中本）『以』脱。」楊明照曰：「淮南氾論篇：『夫牛蹏之涔，不能生鱣鮪。』」

〔九〕「塿」原作「螻」，宋本、明鈔本、景道藏本、子彙本、吉府本、程榮本、龍川鈔本並作「塿」。楊明照曰：「『塿』字是。左襄二十四年傳：『部婁無松栢。』杜註：『部婁，小阜。』風俗通義山澤篇、文選魏都賦李註並引作『培塿』。部、培双聲，婁、塿音同。」王叔岷曰：「淮南俶真篇：『夫牛蹏之涔，無尺之鯉；塊阜之山，無丈之材。所以然者何也？皆其營宇狹小，而不能容巨大也。』王念孫雜志引劉子此文，以爲本於淮南。」庶按：楊說是，據改。「培塿」，說文「附」下引左傳作「附婁」。淮南原道篇高註：「嶁讀⿰山咅嶁無松栢之嶁。」則又作「⿰山咅嶁」，並音近相通。方言卷十三：「冢，秦、晉之間謂之墳或謂之培，……自關而東謂之丘，小者謂之塿。」郭璞註：「培，音部。」

〔一〇〕袁註：「類〔數之訛〕粒而炊，唐（庶按：景四庫本註文作「庚」。）桑子也。秤薪而爨，楊朱爲性褊而有細碎。」「數」原作「類」，宋本、明鈔本、景道藏本、子彙本、吉府本、程榮本、龍川鈔本並作「數」。「秤」，宋本、程榮本、龍川鈔本並作「枅」。盧文弨曰：「（程榮本）『秤』誤『枅』。」楊明照曰：「『數』字是。淮南泰族篇：『秤薪而爨，數米而炊，可以治小，而不可以治大也。』」王叔岷曰：「王謨本（秤）作『析』，『枅』與『析』同。莊子庚桑楚篇：『數米而炊。』記纂淵海五三引『米』作『粒』，與此文尤合。抱朴子接疏篇：『數粒乃炊。』乃猶而也。」庶按：楊說是，據改。「秤」字義勝。袁註唐桑子說，不見所本，且謂楊朱之事，亦不見所出。接疏乃屬抱朴子外篇。

〔一一〕袁註：「楚王少時，父遣學書，書未成，乃言曰：『書足以記姓名而已。』歸學劒擊，劒只有一丈夫之力，乃學萬人之敵。後與漢爭天下，故言不學書而學劒者也。」景四庫本於「藝」下双行小註：

「少時學書不成，去，學劍又不成。梁怒，籍曰：『書足以記姓名而已，劍一人敵，不足學，學萬人敵。』梁乃教籍兵法。」庶按：事見史記項羽本紀。

〔一二〕景四庫本於「滄」下双行小註：「不治生商賈，常從寄食，人多厭之。」庶按：史記淮陰侯列傳：「（韓信）始爲布衣時，貧無行，不得推擇爲吏，又不能治生商賈，常從人寄食飲，人多厭之者。常數從其下鄉南昌亭長寄食，數月，亭長妻患之，乃晨炊蓐食。食時信往，不爲具食。信亦知其意，怒，竟絶去。信釣於城下，諸母漂，有一漂母見信飢，飯信，竟漂數十日。信喜，謂漂母曰：『吾必有以重報母。』母怒曰：『大丈夫不能自食，吾哀王孫而進食，豈望報乎！』」

〔一三〕袁註：「晉文學外國種米，種雖不生，言其志大也。魯國曾參學外國人剉羊皮，用土種之，雖不生，其志大也。」原本「架」作「植」。孫詒讓曰：「『植』當作『架』，二語本於淮南子泰族訓。」孫楷第曰：「泰族訓云：『文公種米，曾子架羊。』不作『晉文』，説苑雜言篇同。新語輔政篇作『駕羊』。『駕』、『架』通用。尸子云：『羊不任駕鹽車，椽不可爲楣棟。』」余嘉錫四庫提要辨證云：「『文公種米，曾子植羊』，此兩語見淮南泰族訓、陸賈新語及世説尤悔篇註，字句稍不同，其事則不可解。」王叔岷曰：「孫詒讓謂『植』當作『架』，是也。『架』之作『植』，因上文『種』字聯想而誤。淮南泰族篇許慎註：『架，連架，所以備知也。』世説新語尤悔篇註：『文公種菜，曾子牧羊。』『菜』、『牧』二字並誤。天中記五四引此文『米』亦誤『菜』。『非性闇蠢』，説文：『蠢，愚也。』説苑雜言篇：『文公種米，曾子駕羊，……務大者，固忘小。』宋本『駕』作『架』，孫詒讓札迻云：『宋本作「架」』，是也。

意林引新語亦作「枷羊」。枷、架並迦之叚字，説文辵部云：「迦，迦互，令不得行也。」管子戒篇云：「東郭有狗嚾嚾，旦暮欲齧我，椵而不使也。」尹註椵作枷，云：「謂以木連狗。」後漢書馬融廣成頌云：「枷天狗。」蓋枷者，以木連繫畜獸，使不得觸逸之名，故高誘訓爲「連架」。「架羊」猶「枷狗」矣。』孫氏所稱高誘，乃許慎之誤。又以下文證之（參看楊氏斠註），此文蓋直本於説苑。」庶按：王説是，據改。袁註非，余嘉錫謂其杜撰故事。

〔一四〕袁註：「又云是晉王相也。身爲庖廚，爲王炙肉。亡炙一篋而王則知，是其志小，不務其大，後被趙王誅而不能知也。邯鄲王園中失一顆桃，王即知之，及至被臣謀殺而不能知，言志在於小而不能謀大也。」「篋」，宋本、程榮本、類纂本並作「篚」。「忘」，宋本、明鈔本、景道藏本、子彙本、吉府本、程榮本、龍川鈔本並作「亡」。盧文弨曰：「『篋』，藏注：『七葉切。』俗作『篚』。案説苑雜言篇作『籧』。」楊明照曰：「『亡』字是。説苑雜言篇：『智伯廚人亡炙籧而知之，韓、魏反而不知；邯鄲子陽，園人亡桃而知之，其亡也不知。務小者，亦忘大也。』」庶按：「亡」、「忘」古通，韓、魏反事，見慎言章註。

〔一五〕「情」當作「精」，見註〔二〕。

〔一六〕「鈎」原作「鉤」，宋本、子彙本、吉府本、程榮本、龍川鈔本並作「鈎」。楊明照曰：「『鈎』字是。」

庶按：楊説是，據改。

〔一七〕楊明照曰：「詩衛風竹竿：『籊籊竹竿，以釣於淇。』毛傳：『籊籊，長而殺也。』」

〔一八〕袁註：「詹何是古時善釣之人，以繭絲爲綸，屈針爲鉤，穿米爲餌，垂之於萬仞之潭，乃獲（庶按：「獲」下空一格，景四庫本註文此處作「盈」。）車之魚而綸不絶，而鉤不曲（庶按：「曲」疑當作「伸」），而竿不屈者也。」王叔岷曰：「淮南原道篇高註：『詹何，古善釣人名。』列子湯問篇張湛註：『詹何，楚人，以善釣聞於國。』」庶按：淮南説山篇：「詹公釣，得千歲之鯉。」（王念孫有説。）高誘註：「詹公，詹何也。古得道善釣者，有精術，故能得千歲之鯉也。」列子湯問篇：「詹何以獨繭絲爲綸，芒鍼爲鉤，荆篠爲竿，剖粒爲餌，引盈車之魚於百仞之淵，汩流之中，綸不絶，鉤不伸，竿不撓。」

〔一九〕「罾罟」原作「罝菟苦」，宋本、景道藏本、子彙本、吉府本、程榮本、龍川鈔本並作「罾罟」。楊明照曰：「『罾罟』是。」庶按：楊説是，據改。「罾罟」謂魚網。

〔二〇〕「弋」原作「戈」，宋本、景道藏本、子彙本、吉府本、何允中本、龍川鈔本並作「弋」。林其錟曰：「當作『弋』。」庶按：林説是，據改。

〔二一〕楊明照曰：「呂氏春秋具備篇高註：『繁弱，良弓所出地也，因以爲弓名。』」

〔二二〕袁註：「楚國善射戈（庶按：「弋」之訛。）之人也。」王叔岷曰：「類纂本『苴』作『且』。淮南覽冥篇：『故蒲且子之連鳥於百仞之上，而詹何之騖魚於大淵之中。』高註：『蒲且子，楚人善弋射者。』」庶按：列子湯問篇：「蒲且子之弋也，弱弓纖繳，乘風振之，連雙鶬於青雲之際，用心專，動手均也。」

〔二三〕王叔岷曰：「禮記王制：『鳩化爲鷹，然後設罻羅。』鄭註：『罻，小網也。』」

〔二四〕楊明照曰：「淮南原道篇：『夫臨江而釣，曠日而不能盈羅，雖有鉤箴芒距，微綸芳餌，加之以詹何、娟嬛之數，猶不能與網罟争得也；射者扞（庶按：王叔岷謂高註：「扞，張也。」王引之以「扞」爲扜之誤，讀若紆。）烏號之弓，彎棊（庶按：王叔岷謂當從宋本、茅一桂本、漢魏叢書本作「綦」。）衛之箭，重之羿、逢蒙子之巧，以要飛鳥，猶不能與羅者競多。何則？以所持之小也。』」

〔二五〕「河」原作「湖」，宋本、程榮本並作「河」，是，據改。淮南子正作「河」，（見下註引文。）是其證。

〔二六〕依文意，「必」上當補「人」字，乃與上一律。

〔二七〕楊明照曰：「淮南要略篇：『夫江河之腐胔，不可勝數，然祭者汲焉，大也；一盃酒白，蠅漬其中，匹夫弗嘗者，小也。』論衡累害篇：『夫鼠涉飯中，捐而不食。』」王叔岷曰：「禮記月令註：『肉腐曰胔。』」

〔二八〕「豫章」，宋本、程榮本、龍川鈔本、類纂本並作「櫲樟」。盧文弨曰：「『豫章』，俗皆誤從木。」楊明照曰：「淮南脩務篇：『藜藿之生，蝡蝡然日加數寸，不可以爲廬棟；楩柟豫章之生，七年而後知，故可以爲棺舟。』」

〔二九〕原本「柯」上無「蒔」字，宋本、明鈔本、景道藏本、子彙本、吉府本、程榮本、龍川鈔本於「柯」上並有「蒔」字。楊明照曰：「有『蒔』字是。方言十二：『蒔，立也。』」庶按：楊説是，據補。

〔三〇〕袁註：「蔇，多條也。」原本「枝條」上有「而」字，「蔇」下有「之」字，宋本、子彙本、吉府本、顧雲程本、孫評本、龍溪本於「枝條」上並無「而」字。孫評本於「蔬」下無「之」字。盧文弨曰：「（枝條上）『而』疑衍，（條蔬下）『之而』二字疑衍。」王叔岷曰：「說文：『蔬，艸多貌。』引申枝條多亦謂之蔬，……盧氏疑『而』字爲衍文，是也；惟『蔬』下『之而』二字，『之』字蓋涉上下文而衍，『而』字似非衍文。」庶按：王說是，據删。

〔三一〕王叔岷曰：「抱朴子博喻篇：『滄海混瀁，不以含垢累其無涯之廣。』」庶按：博喻屬其外篇。

〔三二〕「褊」原作「偏」，宋本、明鈔本、景道藏本、子彙本、吉府本、程榮本、龍川鈔本、孫評本、類纂本並作「褊」，是，據改。

〔三三〕王叔岷曰：「莊子人間世篇：『剋核大至，則必有不肖之心應之。』宋陳碧虚音義本『剋』作『刻』，記纂淵海五十引同。成玄英疏以剋核爲剋切責核。『剋核』與『刻覈』同。」

隨時章四十五

時有淳澆，俗有華戎〔一〕，不可以一道治，不得以一體齊也。故無爲以化，三皇之時；法術以禦，七雄之世。德義以柔中國之心，政刑以威四夷之性〔二〕。故易貴隨時〔三〕，禮尚從俗〔四〕，適時而行也。霜風慘烈，周棄不藝禾〔五〕，炎氣赫曦〔六〕，曹明不製裘〔七〕，知時不可也；貨章甫者，不造閩越，衒赤舄者，不入跣狨，知俗不宜也〔八〕。故救飢者以圓寸之珠，不如與之樣栗;貽溺者以方尺之玉,不如與之短綆〔九〕。非樣綆之貴而珠玉之賤,然而美不要者〔一〇〕,各在其所急也。方於飢溺之時,珠玉寧能救生哉〔一一〕?是以中流失船,一壺千金〔一二〕,貴賤無常,時使然也。

昔秦攻梁,梁惠王謂孟軻曰:「先生不遠千里,辱幸弊邑,今秦攻梁,先生何以禦乎?」孟軻對曰:「昔太王居邠,狄人攻之,事以玉帛,不可。太王不欲傷其民,乃去邠之岐。今王奚不去梁乎〔一三〕?」惠王不悦。夫梁所寶者,國也〔一四〕。今使去梁,非其能去也,非異代之所宜行也〔一五〕。故其言雖仁義,非惠王所須也。亦何異救饑而與之珠,拯溺而投之玉乎〔一六〕?秦孝公問商鞅治秦之術,鞅對以變法峻刑〔一七〕。行之三年,人富兵强,國以大治,威服諸侯。以孟軻之仁義,論太王之去邠,而不合於世用;以商君之淺薄,行刻削之苛法,而反以成治,非仁義之不可行,而刻削之苛爲美〔一八〕,由於淳澆異跡,則政教宜殊,當合縱之代,而仁義未可全行也。

故明鏡所以照形,而盲者以之蓋卮;玉笄所以飾首,而禿嫗以之挂杖〔一九〕。非鏡笄之不美,無用於彼也。庖丁解牛,適俗所須〔二〇〕;朱泙屠龍,無所用巧〔二一〕。苟乖世務,雖有妙術,歸於無用。故老聃至西戎,而效夷言〔二二〕,夏禹入裸國,忻然而解裳,非欲忘禮,隨俗宜也;墨子儉嗇而非樂者,往見荆王,衣錦吹笙,非苟違性,隨時好也〔二三〕。魯哀公好儒而削〔二四〕,代君修墨而殘，徐偃王行仁而亡，燕噲爲義而滅〔二五〕。夫削殘亡滅，暴亂之所招也。而此以行仁義儒墨而遇之〔二六〕，非仁義儒墨之不可行，非其時之所致也〔二七〕。

校釋

〔一〕「淳澆」與「華戎」疑誤倒，俗不可謂華戎。風俗章「俗有淳澆」即其證。

〔二〕楊明照曰：「左僖二十五年傳：『德以柔中國，刑以威四夷。』」

〔三〕楊明照曰：「易隨彖曰：『隨時之義大矣哉。』」

〔四〕楊明照曰：「禮記曲禮上：『禮從宜，使從俗。』」

〔五〕王叔岷曰：「張平子西京賦：『冰霜慘烈。』薛綜註：『慘烈，寒也。』李善註：『李陵書曰：「邊土慘烈。」』（今本李陵答蘇武書作『慘裂』。）史記周本紀：『周后稷名棄。』孟子滕文公上篇：『后稷教民稼穡，樹藝五穀。』藝與蓺同。」

〔六〕「曦」原作「㬢」，明鈔本、景道藏本、子彙本、吉府本、程榮本、龍川鈔本並作「曦」。王叔岷曰：「文選潘安仁在懷縣作詩：『隆暑方赫羲。』李善註：『繁欽柳樹賦曰：「翳炎夏之白日，救隆暑之赫羲。」』思玄賦註：『赫羲，盛也。』『赫羲』與『赫曦』同，今本張平子思玄賦正文、註文並作『赫戲』，亦同。」庶按：「㬢」乃「曦」之訛，據改。

〔七〕孫楷第曰：「呂氏春秋審分覽勿躬篇：『胡曹作衣。』淮南子脩務訓云：『胡曹爲衣。』高註：『胡曹，黃帝臣也。』此『曹明』疑即胡曹，傳寫誤倒，胡又譌爲明耳。」王叔岷曰：「御覽六八九引世本亦云：『胡曹作衣。』並引宋均註：『黃帝臣也。』」

〔八〕袁註：「南海有二國，如閩越也。舄，履也，草屣也。（跣狭）是獠之名，頭不加巾，足不躡履也。」「貨」，宋本、程榮本、龍川鈔本、類纂本、景四庫本並作「貿」。楊明照曰：「莊子逍遙遊篇：『宋人資章甫而適諸越，越人斷髮文身，無所用之。』韓非子說林上篇：『魯人身善織屨，妻善織縞，而欲徙於越，或謂之曰：「子必窮矣！」魯人曰：「何也？」曰：「屨爲履之也，而越人跣行，縞爲冠之也，而越人被髮。（庶按：王叔岷謂「被髮」當作「剪髮」，越人以剪髮爲俗。）以子之所長，游於不用之國，欲使無窮，其可得乎？」』抱朴子塞難篇：『章甫不售於蠻越，赤舄不用於戎夷。』」王叔岷曰：「廣雅釋詁：『衒，賣也。』又釋器：『舄，履也。』淮南說林篇：『毋賞越人章甫，非其用也。』」庶按：景四庫本「跣狭」作「跣獠」。以袁註，是其所見本亦作「跣獠」。說文：「衒，行且賣也，或從玄作衒，賣衒也。」漢書東方朔傳：「多上書言得失自衒鬻者。」顏師古註：「衒，行賣也。」

〔九〕袁註：「樣，木子也。菽，大豆也。短綆是短繩也。」「飢」原作「饑」，宋本、程榮本、龍川鈔本、景四庫本並作「餓」。「樣栗」原作「樣菽」，宋本、程榮本、龍川鈔本、類纂本並作「橡井」，明鈔本、景道藏本、子彙本、吉府本並作「橡菽」，景四庫本作「橡栗」，王謨本作「橡斗」。盧文弨曰：「（程榮本）『菽』誤『井』，（何允中本）『綆』誤『梗』。」孫楷第曰：「『圓』當作『運』。說文『圓』下云：『員聲，讀若員。』『䚃』下云：『員聲，讀若運。』大徐『圓』、『運』並音『王問切』。圓運音同，故誤運爲圓也。莊子山木篇：『目大運寸。』王念孫釋爲徑寸，引越語『廣運百里』韋註『東西爲廣，南北爲運』爲證。此文『運寸』當卽本之莊子。慎子（據江陰繆氏本）外篇云：『拯饑者與之徑寸之珠，孰若一簞之食；拯溺者與之方尺之玉，孰若一葉之匏？貴賤無常，時使之然也。』正作『徑寸』，是其證。『橡菽』當作『橡栗』。呂氏春秋恃君覽：『冬日則食橡栗。』高註：『橡，其狀似栗。』莊子齊物論：『狙公賦芧。』成玄英疏：『芧，橡子也。似栗而小。』王氏廣雅疏證云：『今江、淮之間通言「橡栗」，其實如小栗而微長，近蒂處有梂彙自裹。爾雅所謂「櫟其實梂」也。田野多磨粉食之，凶年可以救飢。』書傳每以『橡栗』連文，莊子盗跖篇云：『晝拾橡栗，暮栖木上。』韓非子外儲說右下云：『橡果棗栗，足以活民。』大戴禮曾子制言篇云：『聚橡栗藜藿而食之。』杜甫北征詩：『山果多瑣細，羅生雜橡栗。』又乾元中寓居同谷縣作歌云：『歲時橡栗隨狙公。』其以『杼栗』連文者，莊子山木篇云：『衣裘褐，食杼栗。』徐無鬼篇云：『食芧栗，厭葱韭。』說苑立節篇云：『冬處於山林，食杼栗。』說文：『栩，柔也，其實皁（庶按：今本無「其實皁」三字，段玉裁曰：「毛氏依小徐作『其實皁』，非也。」），一曰樣。』『柔』、『杼』、『芧』字並同，『樣』、『橡』正俗字，『柔栗』亦『橡栗』也。橡、栗相似，故以橡栗連文。橡栗適用於儉歲，故曰『與饑者以圓寸之珠，不如與之橡栗。』若作橡菽，則非其恉矣。今本作『菽』，蓋『栗』以形近誤爲『粟』，又聲誤爲『菽』耳。」楊明照曰：「『橡』字是。淮南說林篇：『予溺者金玉，不若尋常之纆。』高註『金玉雖寶，非拯溺之具。』」王叔岷曰「王（保珍）云：『記纂淵海五七引「圓」作「員」。古通。又引「樣菽」作「橡芋」。』叔岷師云「芋」蓋「芧」之誤。』莊子徐無鬼篇：『食芧栗。』道藏褚伯秀義海纂微本『芧』誤『芋』，與此同例。『圓寸』猶『運寸』，圓、運古通，作員亦同。莊子天運篇釋文引司馬彪本『運』作『員』。外物篇：『且之網得白龜焉，其圓五尺。』日本舊鈔卷子本、敦煌唐寫本『圓』並作『員』。孫詒讓札迻云：『圓，運之聲轉。』是也。孫楷第以上文『圓』爲『運』之誤，疏矣！……『菽』並作『芥』，蓋『菽』字草書形近之誤。王謨本作『橡斗』，蓋臆改。竊疑此文本作『橡芧』，芧卽橡也，故可連用，記纂淵海所引，雖誤『芧』爲『芋』，正可由『芋』字以推索本文之舊也。袁註：『菽，大豆也。』則此文『芧』之作『菽』，蓋淺學之袁氏所改歟？舊合字本『橡』作『樣』，樣、橡正俗字，孫氏已言之，楊氏以作『橡』爲是，疏矣！文子上德篇：『故與溺者金玉，不如與之尺索。』庶按：「饑」乃「飢」之訛，據改。下同。「圓寸」猶「運寸」。抱朴子内篇仙藥：「又真珠徑一寸以上可服。」是徑寸之珠，古實有之。「橡栗」，古書習見，言粗惡之食。抱朴子内篇祛惑：「告寒於黔婁之家，所得者不過橡栗緼褐，必無太牢之饍、錦衣狐裘矣。」據改。王氏疑作「橡芧」，非。

〔一〇〕「而美」二字疑誤倒，作「美而不要」，於文爲順。

〔一一〕原本「生」下有「死」字。孫楷第曰：『「生」字疑衍。』庶按：「生」字不衍，「死」字疑衍，今删。「救生」謂援助使之生。

〔一二〕「流」，宋本、程榮本、龍川鈔本、景四庫本並作「河」。「壺」，宋本、程榮本、景四庫本並作「瓠」。盧文弨曰：『「壺」，俗瓠。』楊明照曰：「雲谷雜記四引作『中流失船，一瓠千金』，『河』字非是，

『壺』、『瓠』古多通用，（王觀國學林二、吴淏雲谷雜記四辯之甚詳。）鶡冠子學問篇：『中流失船，一瓠千金。』」王叔岷曰：「鶡冠子學問篇作『中河失船，一壺千金。』陸佃註：『壺，瓠也。佩之可以濟涉，南人謂之腰舟。』陸佃埤雅十六引『中河』作『中流』。」

〔一三〕盧文弨曰：「此段失之不考。」楊明照曰：「史記孟子傳：『梁惠王謀趙，（庶按：王叔岷謂楊氏脱引「欲攻」二字。）孟軻稱太王去邠。』孔昭文本此，惟所屬國有異。」

〔一四〕「夫」原作「大」，宋本、明鈔本、子彙本、吉府本、程榮本並作「夫」。楊明照曰：「『夫』字是。」庶按：楊説是，據改。

〔一五〕「其能」，蔣以化本、程榮本、龍川鈔本並作「不能」。「異」原作「畢」，子彙本、蔣以化本並作「異」。「也」原作「者」，宋本、程榮本、龍川鈔本並作「也」。林其錟曰：「當作『不能』。」王叔岷曰：「『畢』並作『異』，是也。程榮本、王謨本、畿輔本『去梁』下並作『非不能去也，非今日之所宜行也』，恐非此文之舊。」庶按：王説是，「者」當作「也」，據改。

〔一六〕「拯」原作「極」，「極」乃「拯」之訛，今改。

〔一七〕史記商君列傳：「衛鞅復見孝公，公與語，不自覩知之前於席也。語數日不厭。景監曰：『子何以中吾君？吾君之驩甚也。』鞅曰：『吾説君以帝王之道比三代，而君曰「久遠，吾不能待。且賢君者，各及其身顯名天下，安能邑邑待數十百年以成帝王乎？」故吾以彊國之術説君，君大悦之耳，然亦難以比德於殷、周矣。』」

〔一八〕「刻削」原作「削刻」，覆宋本、明鈔本、景道藏本、子彙本、吉府本、程榮本、龍川鈔本並作「刻削」，是，據乙。

〔一九〕盧文弨曰：「（程榮本）『挂』誤『桂』。」楊明照曰：「淮南人閒篇：『戟者，所以攻城也，鏡者，所以照形也；宮人得戟，則以刈葵，盲者得鏡，則以蓋巵。』」王叔岷曰：「杙，俗弋字。說文：『弋，橜也。』橜與橛同。說文：『橛，木本也。』」

〔二〇〕袁註：「庖丁是晉文時庖廚人。」楊明照曰：「莊子養生主篇：『庖丁爲文惠君解牛，……文惠君曰：「譆！善哉！技蓋至此乎？」庖丁釋刀對曰：「……今臣之刀，十九年矣，所解數千牛矣！」』」「須」原作「傾」。王叔岷曰：「王（保珍）云：『記纂淵海四十四引「傾」作「須」，是也。』呂氏春秋精通篇：『宋之庖丁好解牛，所見無非死牛者，三年而不見生牛，用刀十九年，刃若新鄌研。』（冊府元龜九百八引『鄌研』作『劘硎』，是也。）淮南齊俗篇：『庖丁用刀十九年，而刀如新剖硎。』許慎註：『庖丁，齊屠伯也。』」庶按：王說是，「須」字義勝，據改。

〔二一〕袁註：「朱泙用千金於豢龍（下空一字格）學屠龍，雖用千金學得，於俗無所用也。」「巧」原作「功」。楊明照曰：「『功』當作『巧』，莊子列禦寇篇：『朱泙漫學屠龍於支離益，單千金之家，三年技成，而無所用其巧。』」王叔岷曰：「王（保珍）云：『楊說是也，記纂淵海引「功」正作「巧」。』」
庶按：楊說是，據改。莊文蓋以寓言寓意。左昭二十九年傳：「古者畜龍，故國有豢龍氏。」蓋亦傳說。

〔二二〕楊明照曰：「後漢書襄楷傳：『或言老子入夷狄，爲浮屠。』章懷註：『或言，當時言也。老子西入夷狄，始爲浮屠之化。』齊書顧歡傳：『老子入關，之天竺維衞國。』」王叔岷曰：「敦煌本老子化胡經受道卷第八：『老子曰：「吾昔受太上教，吾下戎域，教化諸國。」』」

〔二三〕袁註：「樂是無益。若男爲之，廢農耕；若婦爲之，廢織紝。故言非樂也。」又於「衣錦吹笙」下註：「隨俗所宜。」楊明照曰：「戰國策趙策二：『昔舜舞有苗，而禹袒入裸國。』呂氏春秋貴因篇：『禹之裸國，裸入衣出，因也；墨子見荆王，錦衣吹笙，因也。』」王叔岷曰：「御覽六九六引風俗通：『禹入裸國，欣起而解裳。』藝文類聚四四、天中記四三並引尸子：『墨子吹笙。墨子非樂，而於樂有是也。』」庶按：墨子公輸篇載墨子爲救宋見荆王事曰：「子墨子見王。」孫詒讓閒詁曰：「呂氏春秋貴因篇云：『墨子見荆王錦衣吹笙。』疑卽此時事，蓋以救宋之急，權爲之也。」

〔二四〕袁註：「哀公好儒行，被晉所滅也。」原本「儒」下有「服」字。孫楷第曰：「『服』字當刪。淮南子人間訓無『服』字。」王叔岷曰：「孫氏謂『服』字當刪，是也。從化篇：『魯哀公好儒服，魯國皆著儒衣。』好儒服與好儒有別。此文之有『服』字，或淺人據彼文妄加。淮南齊俗篇：『故魯國服儒者之禮，行孔子之術，地削名卑。』正此所謂好儒而削也。」庶按：孫、王說並是，據刪。袁註謂魯爲晉所滅，非。史記魯周公世家：「悼公時，三桓勝，魯如小侯，卑於三桓之家。」魯至戰國時成爲小國，至公元前二五六年爲楚所滅。

〔二五〕袁註：「墨者，儒也。代國君好行仁義，以國爲讓，讓者受之，遂放代君於人間，乃至於老死也。

偃公（庶按：「公」當作「王」。）好行仁義，被楚王所滅也。燕噲好行仁義，被妻弟趙襄子於會稽所滅之。」盧文弨曰：「『徐偃』下『公』疑衍。」「徐偃王」原作「徐偃公」。楊明照曰：「『徐偃公』，當作『徐偃王』。韓非子五蠹篇：『偃王行仁義而喪其國。』淮南人閒篇『夫徐偃王爲義而滅，燕子噲行仁而亡，哀公好儒而削，代君爲墨而殘。滅、亡、削、殘，暴亂之所致也，而四君獨以仁、義、儒、墨而亡者，遭時之務異也。非仁、義、儒、墨不行，非其世而用之，則爲之擒矣。』」王叔岷曰：「淮南説山篇：『徐偃王以仁義亡國。』亦可證此文『公』字之誤，……淮南人閒篇許註：『子噲，燕王也。蘇代説子噲讓國遂專政，（案：當作『其相子之遂專政』。）齊伐燕，大敗之，噲死也。代君，趙之別國。』燕王噲讓位於其相子之，國亂身死，詳國策齊策、史記燕世家，莊子秋水篇亦云：『之、噲讓而絶。』」庶按：楊説是，據改。諸書亦無作「徐偃公」者，史記趙世家：「襄子姊前爲代王夫人，簡子既葬，未除服，北登夏屋，請代王。使廚人操銅枓以食代王及從者，行斟，陰令宰人各以枓擊殺代王及從官，遂興兵平代地。」

〔二六〕原本「仁義」上無「行」字，景道藏本、子彙本、吉府本、孫評本、龍溪本於「仁義」上並有「行」字，是，據增。

〔二七〕原本「可」作「行」，宋本作「可」，「其」原作「於」，顧雲程本作「其」，諸本並是，據改。

風俗章四十六

風者，氣也；俗者，習也。土地水泉，氣有緩急，聲有高下，謂之風焉；人居此地，習以成性，謂之俗焉〔一〕。風有厚薄〔二〕，俗有淳澆。明王之化，當移風使之雅，易俗使之正〔三〕。是以上之化下，亦爲之風焉；民習而行，亦爲之俗焉〔四〕。

楚、越之風好勇，其俗赴死而不顧；鄭、衛之風好淫，其俗輕蕩而忘歸〔五〕；晉有唐堯之遺風，其俗節財而儉嗇〔六〕；齊有景公之餘化，其俗奢侈以誇競〔七〕；陳大姬無子好巫祝，其俗事鬼神以祈福〔八〕；燕丹結客納勇士於後宫，其俗待妻妾於賓客〔九〕。斯皆上之風化，人習爲俗也〔一〇〕。

越之東有輆沐之國，其人父死，卽負其母而棄之，曰鬼妻不可與同居；其長子生，則解肉而食之，謂之宜弟〔一一〕。楚之南有啖人之國〔一二〕，其親戚死，朽其肉而後埋其骨，謂之爲孝子〔一三〕。秦之西有義渠之國，其親戚死，則聚柴薪而焚之，煙上燻天，謂之昇霞〔一四〕。胡之北有射姑之國，其親戚死〔一五〕，則棄屍於江中，謂之水仙。斯皆四夷之異俗也〔一六〕。

是以先王傷風俗之不善〔一七〕，故立禮教以革其弊，制雅樂以和其性〔一八〕，風移俗易，而天下正矣〔一九〕。

校釋

〔一〕楊明照曰：「漢書地理志下：『凡民函五常之性，而其剛柔、緩急、音聲不同，繫水土之風氣，故謂之風；好惡取舍，動静亡常，隨君上之情欲，故謂之俗。』風俗通義序：『風者，天氣有寒煖，地形有險易，水泉有美惡，草木有剛柔也；俗者，含血之類，像之而生，故言語、歌謳異聲，鼓舞、動作殊形，或直或邪，或善或淫也。』」庶按：禮記王制：「凡居民財，必因天地寒煖燥濕，廣谷大川異制，民生其間者異俗，剛柔輕重遲速異齊。」

〔二〕「厚薄」原作「薄厚」，法藏敦煌本作「厚薄」，是，據乙。作「厚薄」與下「淳澆」相對。

〔三〕楊明照曰：「漢書地理志下：『孔子曰：「移風易俗莫善於樂。」（孝經廣要道章文。）言聖王在上，統理人倫，必移其本而易其末，此混同天下，一之虖中和，然後王教成也。』」王叔岷曰：「風俗通義序：『爲政之要，辨風正俗，最其上也。』」庶按：晏子春秋内篇問上景公問明王之教民何若章：「古者百里而異習，千里而殊俗，故明王脩道，一民同俗。」

〔四〕「上之化下」，法藏敦煌本作「上之所化」。兩「爲之」並作「謂爲」，「爲」字無。楊明照曰：「詩大序：『上以風化下。』阮籍樂論：『故造始之教謂之風，習而行之謂之俗。』」王叔岷曰：「兩『爲』字並與『謂』同義。說苑君道篇：『夫上之化下，猶風靡草。』」

〔五〕法藏敦煌本於「楚」上有「故」字。「楚」，景四庫本作「是」。盧文弨曰：「（程榮本）『楚』誤『是』。」

陳昌濟曰：「『是』，當作『吴』。」　楊明照曰：「阮籍樂論：『楚、越之風好勇，故其俗輕死；鄭、衛之風好淫，故其俗輕蕩。』」　王叔岷曰：「作『楚』亦非。『楚越』疑本作『吴越』，『吴越之風好勇』，習見於古書。」　庶按：陳、王説非，劉子文本樂論，説詳辨樂章註。

〔六〕「唐堯」原作「唐虞」，法藏敦煌本作「堂堯」。　楊明照曰「漢書地理志下：『河東土地平易，有鹽鐵之饒，本唐堯所居，……至成王滅唐，而封叔虞。唐有晉水，及叔虞子燮爲晉侯云。……其民有先王遺教，君子深思，小人儉陋，……皆思奢儉之中，念死生之慮。』匡衡傳：『晉侯好儉，而民畜衆。』」　王叔岷曰：「楊氏引漢書地理志下『念死生之慮』下文云：『吴札聞唐之歌，曰：「思深哉！其有陶唐氏之遺風乎！」』與此文有關，不應略引，惟『遺風』，今本誤『遺民』。今本左襄二十九年傳同誤，當據此文及史記吴世家訂正。」　庶按：法藏敦煌本作「堂」，乃「唐」之聲誤。惟作「堯」，乃與漢書地理志合，是，據改。

〔七〕楊明照曰：「漢書地理志下：『太公以齊地負海、舄鹵，少五穀，而民人寡；迺勸以女工之業，通魚鹽之利，而人物輻湊。後十四世，桓公用管仲，設輕重以富國。……故其俗彌侈。』據此，則齊俗奢侈，非自景公始矣。從化篇亦言齊景奢也。」

〔八〕袁註：「大姬是周穆（庶按：「穆」當作「武」。）王長女，名胡姬，爲陳侯夫人。爲無子好事鬼神祈福，欲求有子。國人見之，敬事鬼神也。」　景四庫本「祈福」下双行小註：「大姬，周武王長女。」原本「祈福」上無「以」字，程榮本、景四庫本於「祈福」上有「以」字。法藏敦煌本無「無子」二字，

「巫祝」下有「故」字。　楊明照曰：「漢書地理志下：『陳本太昊之虛，周武王封舜後嬀滿於陳，是爲胡公，妻以元女大姬。婦人尊貴，好祭祀，用史巫，故其俗巫鬼。』匡衡傳：『陳夫人好巫，而民淫祀。』顏註引張晏曰：『胡公夫人，武王之女大姬，無子，好祭鬼神，鼓舞而祀。』」　王叔岷曰：「『陳太姬，』舊合字本『太』作『大』。左襄二十五年傳：『子產曰：「昔虞閼父爲周陶正，以服事我先王，（杜註：『閼父，舜之後，當周之興，閼父爲武王陶正。』）我先王……庸以元女大姬配胡公，（註：『胡公，閼父之子滿也。』）而封諸陳。』鄭玄詩譜：『大姬無子，好巫覡禱祈鬼神歌舞之樂，民俗化而爲之。』」　庶按：有「以」字是，據增。

〔九〕袁註：「燕丹太子欲使荆軻入秦殺秦王，與荆軻結爲賓客禮，納於後宮，使妃妾待之。後燕國習之，若有賓客者，皆遣妻妾待之，爲重禮却非禮也。」　法藏敦煌本於「其俗」上有「則」字。　楊明照曰：「漢書地理志下：『初，太子丹賓養勇士，不愛後宮美女，民化以爲俗，至今猶然，賓客相過，以婦侍宿。』」　王叔岷曰：「子彙本、程榮本……『待』皆作『侍』，古通。」

〔一〇〕「之」，法藏敦煌本作「所」。　王叔岷曰：「墨子節葬下篇：『此上以爲政，下以爲俗。』」

〔一一〕「駭」原作「軫」，「曰鬼妻」原作「云是鬼妻」，「食」下「之」原作「其母」，法藏敦煌本作「曰」。　盧文弨曰：「『輒』誤『軫』，見列子。」　楊明照曰：「『軫』當作『輆』，『則解肉而食其母』當作『則解肉而食之』，墨子節葬下篇：『昔者，越之東，有輆沐（列子湯問篇作『輒沐』，博物志異俗篇作『駭沐』，集韻：『輆沐，國名，在越東。』則『輒』、『駭』二字並誤。）之國者，其長子生，則解而食之，（博物志同，列子作『則鮮而食之』，與魯問篇同，後漢書南蠻西南夷傳作『輒解而食之』。）謂之宜弟；其大父死，負其大母而棄之，曰鬼妻，不可與居處。』」王叔岷曰：「『有輒沐之國』，盧氏據列子湯問篇改『軫』爲『輒』，楊氏又據墨子節葬下篇及集韻謂當作『輆』，墨子本作『輆』，畢沅註本據太平廣記四百八十所引改作『輆』，太平廣記四百八十引博物志亦作『輆』北宋本列子『輒沐』作『輙沐』，張湛於『沐』下有註云：『又休。』盧重玄本、道藏各本皆作『輒休』，殷敬順釋文本同，云：『「輒」，説文作「耴」，猪涉切，耳垂也。「休」，美也。蓋儋耳之類是也。諸家本作「輙沐」者，誤耳。』據此，似當作『輒休』爲是。」 庶按：楊説是。 敦煌本作「曰鬼妻」，與列子、後漢書文合，亦是，並據改。

〔一二〕楊明照曰：「墨子節葬下篇：『楚之南，有炎人（魯問篇作『啖人』。）國者，其親戚死，朽其肉而棄之，然後埋其骨 乃成爲孝子。』」 王叔岷曰：「『有啖人之國』，列子、博物志『啖』並作『炎』，列子釋文本作『啖』，與此合，是也。後漢書南蠻傳作『噉』，噉與啖同。」

〔一三〕「朽」原作「拆」，法藏敦煌本作「朽」。 盧文弨曰：「『坼』誤『拆』，見列子。」 原本「而」下無「後」字，「孝」下無「子」字。 王叔岷曰：「孫詒讓墨子閒詁云：『親戚，謂父母也。』『拆』，王謨本作『析』，疑臆改；盧氏拾補改作『坼』，坼乃𡓳之隸變。説文：『𡓳，裂也。』拆，俗字。 墨子、博物志並作『朽』，太平廣記引並作『剐』，列子作『歺』（同朽），釋文：『歺，本作冎，音寡，剐肉也。』冎乃冎之誤。説文：『冎，剐人肉，置其骨也。』孫氏墨子閒詁、王重民列子校釋並有説。 剐、冎與拆，義並相近。『謂之爲孝』，墨子、列子『孝』下並有『子』字。」 庶按：敦煌本作「朽」，與墨子、博物志文合,「朽」字爲優,據改。又「而」下有「後」字,「孝」下有「子」字,與列子文合,是,據補。列子湯問篇:「其親戚死。」錢大昕曰:「古人稱父母爲親戚。大戴禮記曾子疾病篇:『親戚既没,雖欲孝,誰孝?』孟子盡心上篇:『人莫大焉亡親戚君臣上下。』」

〔一四〕「其親戚死」原作「其人死」,法藏敦煌本作「其親死」,原本「柴」作「薪」,「薪」上無「柴」字,下無「而」字。楊明照曰:「墨子節葬下篇:『秦之西,有儀渠之國者,其親戚死,聚柴薪而焚之,燻上,謂之登遐。』又按『霞』,當依墨子、列子、博物志作『遐』,登通升,故又作昇。文選潘安仁西征賦:『武皇忽其升遐。』嵇康聖賢高士傳許由贊:『擇日登遐。』(御覽五十六引。)孫楚王驃騎誄:『奄忽登遐。』(顔氏家訓文章篇引。)並其證也。楚辭遠遊:『載營魄而登霞兮。』王註:『霞,謂朝霞。』與此有異。」王叔岷曰:「『有義渠之國』,列子『義』作『儀』,(御覽八七一引作『義』。)與墨子合,『義』、『儀』古通。『則聚柴而焚之』,釋文本、北宋本列子『柴』並作『祡』,容齋續筆十三引同。釋文云:『祡,說文:「燒柴焚燎以祭天神。」或通作柴。』盧重玄本、元本、世德堂本、道藏各本皆作『柴』。『煙上燻天,謂之昇霞』,博物志『燻』作『熏』,熏、燻正俗字。墨子、列子、博物志『昇霞』並作『登遐』,太平廣記引墨子、博物志並作『登煙霞』(煙字疑衍)。登猶昇也。爾雅釋詁:『登,升也。』昇與升同,『遐』即『霞』之借字。昇霞者,謂僊去也。亦作『登假』。莊子德充符篇:『彼且擇日而登假,人則從是也。』郭象註:『故假借之人,由此而最之耳。』以假人連讀,釋爲假借之人,大謬!大宗師篇:『死登假,三年而形遯。』陸德明釋文引崔譔本有此文,郭象本無之,世德堂本及文選郭景純江賦註引『假』並作『遐』。列子黃帝篇：『又二十有八年，天下大治，幾若華胥氏之國，而帝登假。』周穆王篇：『穆王幾神人哉！能窮當身之樂，猶百年乃祖，世以爲登假焉。』張湛註並云：『假當作遐。』禮記曲禮：「天子崩，告喪曰：天王登假。」鄭註：『登，上也。假，已也。上已者，若僊去云耳。』謂『若僊去』，是也，以假爲已，則非。又作『升假』。淮南齊俗篇：『其不能乘雲升假亦明矣。』許註：『假，上也。』非。升假與乘雲對言，是升假即升霞也，亦即登霞也。楚辭遠遊：『載營魄而登霞兮。』即用本字，古註於登遐、登假之義，說皆未明，蓋不知遐、假並霞之借字也。楊氏謂此文『霞』，當依墨子、列子、博物志作『遐』，蓋泥於古矣。」庶按：王說是。列子湯問篇：「其親戚死，聚柴積而焚之。」則此，敦煌本是，唯「親」下脫「戚」字耳，據改、補。下文「胡之北有射姑之國，其親戚死」，亦作『親戚』，與此例同。又敦煌本「柴」作「薪」，是，惟「薪」上當補「柴」字，乃與墨子文合。底本乃于「柴」下脫「薪」字，據改、補。

〔一五〕原本「其」下有「人」字，法藏敦煌本、程榮本、景四庫本於「其」下並無「人」字，是，據刪。

〔一六〕「異俗」，法藏敦煌本作「俗異」。程榮本、景四庫本於「異俗」下並有「無足怪也」四字。

〔一七〕原本「先王」上無「是以」二字，覆宋本、程榮本、龍川鈔本於「先王」上並有「是以」二字，法藏敦煌本於「不善」下有「也」字。「是以」乃本書常語，據增。

〔一八〕「雅樂」原作「禮樂」，法藏敦煌本作「雅樂」，是，據改。本書辨樂章：「先王惡其亂也，故制雅樂以道之。」亦其證。

〔一九〕漢書五行志下：「夫天子省風以作樂。」註：「應劭曰：『風，土地風俗也，省中和之風以作樂，然後可移惡風易惡俗也。』」說苑修文篇：「孔子曰：『移風易俗莫善於樂，安上治民莫善於禮。』」

利害章四十七

利害者，得失之本也；得失者，成敗之源也。故就利而避害〔一〕，愛得而憎失，物之恒情也〔二〕。人皆知就利而避害，莫知緣害而見利；皆識愛得而憎失，莫識由失以至得〔三〕。有知利之爲害，害之爲利〔四〕，得之成失，失之成得，則可與談利害而語得失矣〔五〕。

夫內熱者之飲毒藥，非不害也；疽痤用砭石〔六〕，非不痛也。然而爲之者，以小痛來而大痛滅，小害至則巨害除也〔七〕。飢而倍食，渴而大飲，熱而投水，寒而投火，雖暫怡性，必爲後患〔八〕。菖蒲去蚤蝨而來蚰蜒〔九〕，礬石止齲痛而朽牙根〔一〇〕，躁痛雖弭〔一一〕，必生後害〔一二〕，此取小利而忘大利，雖去輕害而負重害也〔一三〕。瘕疾填胸，而不敢破〔一四〕，蠆尾螫跗〔一五〕，而不敢斫，非好疾而愛毒，以破斫之患〔一六〕，甚於疾螫也〔一七〕。酖酒盈卮〔一八〕，渴者弗飲，非不渴也，飲之立死〔一九〕；銷金在爐，盜者不掬〔二〇〕，非不欲也，掬而灼爛；虓虎在前〔二一〕，地有隋珠〔二二〕，雖貪如盜蹠〔二三〕，則手不暇拾；懸轂嚮心〔二四〕，路有西施，雖淫如景陽〔二五〕，則目不暇視，非不愛寶而悦色，而不顧者，利緩而害急也。昔齊有貨美錦於市者，盜於衆中而竊之。吏執而問之曰〔二六〕：「汝何盜錦於衆中？」對曰：「吾但見錦，不見有人，故取之耳〔二七〕。」若斯人者〔二八〕，眩於利而忘於害。黄口以貪餌而忘害，故擒於羅者〔二九〕；異鵠以見利而忘身，且怵於莊周〔三〇〕。是以智者見利而思難，闇者見利而忘患。思難而難不至，忘患而患反生。以是觀之，利害之道，去就之理，亦以明矣〔三一〕。

校釋

〔一〕楊明照曰：「淮南脩務篇：『見利而就，避害而去，其情一也。』」

〔二〕「物」疑當作「俗」，「俗之恒情」乃本書常語。

〔三〕法藏敦煌本無「人」字。原本「失」在「莫」下，覆宋本、明鈔本、景道藏本、子彙本、吉府本、程榮本、龍川鈔本「失」在「由」下。楊明照曰：「『失』在『由』下是也。」庶按：楊説是，據乙。

〔四〕楊明照曰：「淮南人間篇：『衆人皆知利利，而病病也；唯聖人知病之爲利，利之爲病也。』」王叔岷曰：「淮南人間篇：『事或欲利之，適足以害之；或欲害之，乃反以利之。』」

〔五〕法藏敦煌本無「而語」二字。

〔六〕楊明照曰：「韓非子六反篇：『夫彈痤者痛，飲藥者苦，爲苦、憊（庶按：王叔岷謂説郛本「憊」作

「痛」，與上文一律。）之故，不彈痓飲藥，則身不活，病不已矣。』淮南詮言篇：『割痤疽，非不痛也，飲苦藥，非不苦也。然而爲之者，便於身也。』」王叔岷曰：「説文：『疽，久癰也。痤，小腫也。砭，以石刺病也。』」庶按：依文意，「疽痓」下疑有「者之」二字，乃與上文一律。

〔七〕盧文弨曰：「『小』，俗作『則細』。」原本「小害」上有「則」字，法藏敦煌本、明鈔本、景道藏本、子彙本、吉府本、孫評本、龍溪本於「小害」上並無「則」字。法藏敦煌本於「至」下有「而」字。「巨」原作「臣」，法藏敦煌本、覆宋本、明鈔本、景道藏本、子彙本、吉府本、程榮本、龍川鈔本並作「巨」。原本「至」下無「則」字。王叔岷曰：「竊疑『則』字本在『至』字下，『小痛來而大痛滅，小害至則巨害除』，相對爲文，『則』猶『而』也。」楊明照曰：「『巨』字是。」庶按：王、楊説並是，據改。敦煌本作「而」，乃王説之明證。

〔八〕「投火」，法藏敦煌本作「入火」。楊明照曰：「淮南詮言篇：『渴而飲水，非不快也；飢而大飧，非不贍也。然而弗爲者，害於性也。』」

〔九〕袁註：「菖蒲是香草，蚰蜓（庶按：「蜓」乃「蜒」之訛。）是百足蟲。」「菖蒲」，法藏敦煌本作「昌蒲」。楊明照曰：「淮南説林篇：『昌羊去蚤蝨而來蚙窮。』高註：『昌羊，昌蒲。蚙窮，蚰蜒。』」庶按：「昌」、「菖」義同。

〔一〇〕「礬」原作「樊」，明鈔本、景道藏本、子彙本、龍溪本並作「礬」。原本「止」下有「齒」字，「鷸」下有「之」字，法藏敦煌本無「之」字，蔣以化本無「齒」、「之」二字。盧文弨曰：「（程榮本）『礬』誤

『樊』。」林其錟曰：「無『齒』、『之』較勝，同『菖蒲去蚤蝨』儷。」王叔岷曰：「『齲』與『𤘅』同。說文：『𤘅，齒蠹也。』」庶按：諸說並是，據改、刪。「礬石」即硫黄，重脩政和證類本草四：「石硫黄能化金銀銅鐵奇物，……礬石液也。」

〔一一〕盧文弨曰：「（程榮本）『弭』誤『餌』。」

〔一二〕盧文弨曰：「『必生後害』，俗『必至生害』。」

〔一三〕「忘」，法藏敦煌本作「亡」，「大利」下有「也」字，「負」作「攬」。「雖」原作「惟」，龍溪本作「雖」。王叔岷曰：「淮南說林篇：『除小害而致大賊，欲小快而害大利。』」庶按：「忘」、「亡」古通。「亡大利」猶淮南之「害大利」也。「惟」作「雖」，義較勝，據改。

〔一四〕「破」原作「鈹」，法藏敦煌本、明鈔本、景道藏本、子彙本、吉府本、程榮本、龍川鈔本並作「鈹」。王叔岷曰：「玉篇：『瘕，腹中病也。』說文：『鈹，大鍼也。』段註引玄應云：『醫家用以破癰。』淮南精神篇：『病疵瘕者，捧心抑腹。』孫詒讓札迻疑『疵』是『疝』之誤。」庶按：「鈹」疑「破」之訛，據改。下文「以破斫之患」是其證。

〔一五〕王叔岷曰：「莊子天運篇釋文引通俗文云：『長尾爲蠆，短尾爲蠍。』廣雅釋蟲：『蠆，蠍也。』儀禮士喪禮鄭註：『跗，足上也。』」

〔一六〕「破」，法藏敦煌本、明鈔本、景道藏本、子彙本、吉府本、孫評本、奇賞本、龍溪本並作「鈹」。盧文弨曰：「『鈹』，俗『破』。」林其錟曰：「當作『鈹』。」庶按：林說非。此「破」字不誤，上文之

「破」、「斫」俱爲動詞，「鈹」乃名詞，與「斫」不類。且古之醫術，尚不可能施行剖腹術，故曰不敢破。且以鍼破癰，古時亦爲常事，破癰之痛，並非重於瘕疾之症也。

〔一七〕原本「患」下無「甚於」二字，王謨本於「患」下有「甚於」二字，明鈔本、景道藏本、孫評本並作「疾其瞀」，吉府本、顧雲程本並作「甚瘕瞀」。盧文弨曰：「『患』下當有『甚於』二字。」王叔岷曰：「『疾其瞀』，子彙本、百子本並作『甚疾瞀』，喻林六引同，是也。『甚』壞爲『其』，又錯在『疾』字下，遂不可通矣。」庶按：盧說是，據增。

〔一八〕王叔岷曰：「『酖』借爲『鴆』，明權篇『季友之酖叔牙』，與此同例。」

〔一九〕抱朴子內篇微旨：「鴆酒解渴，非不暫飽而死亦及之矣。」義與此可互參。

〔二〇〕楊明照曰：「韓非子五蠹篇：『鑠金百溢，盜跖不掇。』」

〔二一〕袁註：「三目虎，亦母虎。」楊明照曰：「淮南說林篇：『兕虎在於後，隋侯之珠在於前，弗及掇者，先避患而後就利。』」王叔岷曰：「詩大雅常武：『闞如虓虎。』毛傳：『虎之自怒虓然。』釋文：『虓，火交反，虎怒貌。』」庶按：袁註三目虎說，非。

〔二二〕景四庫本於「珠」下双行小註：「隋侯珠。」

〔二三〕袁註：「蹠是柳下惠弟。」庶按：此說不見所本，且二人所生年代相距久遠，袁註臆說，不足據。

〔二四〕「轂」原作「殼」，程榮本作「轂」，是，據改。「懸轂」猶張弓也。

〔二五〕袁註：「是楚國大娙人，仕至大夫也。」庶按：淮南氾論篇高註：「景陽，楚將。」

〔二六〕原本「市」下無「者」字，「問」下無「之」字，法藏敦煌本於「市」下有「者」字，「問」下有「之」字，是，據增。

〔二七〕「汝何盜錦於衆中」，法藏敦煌本作「君何故盜錦於人中」。楊明照曰：「呂氏春秋去宥篇：『齊人有欲得金者，清旦被衣冠，往鬻金者之所，見人操金，攫而奪之。吏搏而束縛之。曰：「人皆在焉，子攫人之金，何故？」對吏曰：「殊不見人，徒見金耳。」』」

〔二八〕原本「人」下無「者」字，法藏敦煌本、覆宋本、明鈔本、景道藏本、子彙本、吉府本、程榮本、龍川鈔本於「人」下並有「者」字，是，據增。

〔二九〕袁註：「雀兒初生皆口黄。孔子見羅人問之：『即見黄口小雀，不獲大雀，何也？』答曰：『小雀貪餌易獲，大雀奸猾不貪食餌，故難獲也。』」法藏敦煌本「故」下有「取」字，「擒」作「禽」。楊明照曰：「孔子家語六本篇：『孔子見羅雀者，所得皆黄口小雀。夫子問之曰：「大雀獨不可得，何也？」羅者曰：「大雀善驚而難得，黄口貪餌而易得。」……孔子顧謂弟子曰：「善驚以遠害，利食而忘患。」』」庶按：事又見説苑敬慎篇、抱朴子辨問篇。

〔三〇〕袁註：「莊周雕陵之園有鵲，尾長七尺且有怪。周持彈入園，欲彈此鵲，心且休（庶按：「怵」之訛。）惕而驚，曰：『此是王栗園，今嚮内彈鵲，王忽知之，言我偷王栗。』於是挾彈而退也。」「怵」原作「休」，覆宋本、明鈔本、景道藏本、子彙本、吉府本、程榮本、龍川鈔本並作「怵」，是，據改。「且怵於莊周」，法藏敦煌本作「故見揮於莊生」。楊明照曰：「『身』當作『真』。莊子山木篇：『莊周遊乎雕陵之樊，覩一異鵲，自南方來者，……覩一蟬，方得美蔭，而忘其身；螳螂執翼而搏之，見得而忘其形；異鵲從而利之，見利而忘其真。莊周怵然曰：「噫！物固相累，二類相召也。」』」王叔岷曰：「『真』猶『身』也，無煩改字。莊子山木篇：『見利而忘其真。』釋文引司馬彪註：『真，身也。』此文『真』之作『身』，正本司馬彪註耳。」庶按：王説是，袁註杜撰故事，非。

〔三一〕「亦以明矣」，法藏敦煌本作「亦已明矣」。

禍福章四十八

禍福同根，妖祥共域〔一〕。禍之所倚，反以爲福；福之所伏，還以成禍〔二〕；妖之所見，或能爲吉；祥之所降，亦迴成凶。有知禍之爲福，福之爲禍〔三〕；妖之爲吉，祥之爲凶，則可與言物類矣。

吴兵大勝，以爲福也，而有姑蘇之困；越棲會稽，以爲禍也，而有五湖之霸〔四〕；戎王强盛〔五〕，以爲福也，而有樽下之執〔六〕；陳騈出奔，以爲禍也，終有厚遇之福〔七〕。禍福迴旋，難以類推。

昔宋人有白犢之祥，而有失明之禍，雖有失明之禍，以至獲全之福〔八〕；北叟有胡馬之利，卒有奔墜之患，雖有奔墜之患，而至保身之福〔九〕。是以見不祥而修善〔一〇〕，則妖反爲祥；見祥而不爲善，卽祥還成妖矣〔一一〕。

昔武丁之時〔一二〕，亳有桑穀，共生於朝〔一三〕。史占之曰：「野草生朝〔一四〕，朝其亡乎？」武丁恐懼，側身修德〔一五〕，桑穀自枯。八紘之内〔一六〕，重譯而來，殷道中興〔一七〕。帝辛之時，有雀生烏於城之隅〔一八〕，史占之曰：「以小生大，國家必王。」帝辛驕暴，遂亡殷國〔一九〕。

故妖孽者〔二〇〕，所以警王侯也；怪夢者，所以警庶人也。妖孽不勝善政，則凶反成吉；怪夢不勝善行，則禍轉爲福〔二一〕。人有禍必懼〔二二〕，懼必有敬，敬則有福，福則有喜，喜則有驕，驕有禍〔二三〕。

是以君子祥至不深喜〔二四〕，逾敬慎以儉身〔二五〕；妖見不爲戚〔二六〕，逾修德以爲務。故招慶於神祇，灾消而福降也〔二七〕。

校釋

〔一〕楊明照曰：「荀子大略篇：『禍與福鄰。』鶡冠子世兵篇：『吉凶同域。』」王叔岷曰：「淮南人間篇：『禍與福同門。』程榮本『妖』並作『祆』，古通。」庶按：「妖」同「媄」。媄、妖古今字。王氏謂「妖」、「祆」古通，是。凡祥字，經傳多以妖爲之。左宣十五年傳：「地反物爲妖。」説文：「地反物爲祥。」段註：「虫部云：『衣服歌謠艸木之怪謂之祥，禽獸蟲蝗之怪謂之蠥，此蓋通言皆謂之祥，析言則祅蘖異也。祅省作祆，經傳通作妖。」論衡自紀篇：「不常有而忽見曰妖。」

〔二〕「反以爲福」，法藏敦煌本作「反而爲福」。　楊明照曰：「老子五十八章：『禍兮福之所倚，福兮禍之所伏。』」　王叔岷曰：「文子微明篇云：『故曰：「禍兮，福所倚；福兮，禍所伏。」孰知其極。』」

〔三〕王叔岷曰：「淮南人閒篇：『故福之爲禍，禍之爲福，化不可極，深不可測也。』」

〔四〕袁註：「吳王闔閭與越王勾踐戰於會稽山下，闔閭大勝，兵士還國，遂起姑蘇之臺，七年而臺不成，後被（庶按：下疑有脫文。），勾踐見百姓困苦，於五湖來與兵滅吳，吳兵敗績。初起臺爲福而後變爲大禍也。越王在五湖起兵伐吳，軍大敗也。」　楊明照曰：「鶡冠子世兵篇：『失反爲得，成反爲敗。吳大兵强，夫差以困；越棲會稽，句踐霸世。』戰國策秦策：『吳王夫差無敵於天下，輕諸侯，凌齊、晉，遂以殺身亡國。』淮南泰族篇：『句踐棲於會稽，脩政不怠，謨慮不休，知禍之爲福也。』」　王叔岷曰：「淮南泰族篇：『吳王夫差破齊艾陵，勝晉黃池，非不捷也，而子胥憂之，見其必擒於越也。』」　庶按：此以「姑蘇之困」與「五湖之霸」對言，則「姑蘇之困」蓋言吳王夫差事，袁註屬之「闔閭」，誤。

〔五〕景四庫本於「戎王」下双行小註：「卽犬戎也。」

〔六〕袁註：「戎王倚其强盛，滅幽王，後被幽王孫於酒樽下執而殺之。」　楊明照曰：「呂氏春秋壅塞篇：『秦繆公時，戎强大，繆公遺之女樂二八與良宰焉，戎王大喜。以其故，數飲食，日夜不休。左右有言秦寇之至者，因扜弓而射之。秦寇果至，戎王醉而臥於樽下，卒生縛而擒之。』」　庶按：事亦見呂氏春秋不苟篇、韓詩外傳卷九，又韓非子十過篇、說苑十反篇亦載此事，惟「繆公」作「穆公」。袁註所謂幽王孫云云，蓋臆說耳。史記秦本紀：「戎王使由余於秦。由余，其先晉人也，亡入戎，能晉言。聞繆公賢，故使由余觀秦。秦繆公示以宮室、積聚。由余曰：『使鬼爲之，則勞神矣。使人爲之，亦苦民矣。』繆公怪之，問曰：『中國以詩書禮樂法度爲政，然尚時亂，今戎夷無此，何以爲治，不亦難乎？』由余笑曰：『此乃中國所以亂也。夫自上聖黃帝作爲禮樂法度，身以先之，僅以小治。及其後世，日以驕淫。阻法度之威，以責督於下，下罷極則以仁義怨望於上，上下交争怨而相篡弑，至於滅宗，皆以此類也。夫戎夷不然。上含淳德以遇其下，下懷忠信以事其上，一國之政猶一身之治，不知所以治，此真聖人之治也。』於是繆公退而問內史廖曰：『孤聞鄰國有聖人，敵國之憂也。今由余賢，寡人之害，將柰之何？』內史廖曰：『戎王處辟匿，未聞中國之聲。君試遺其女樂，以奪其志；爲由余請，以疏其閒；留而莫遣，以失其期。戎王怪之，必疑由余。君臣有閒，乃可虜也。且戎王好樂，必怠於政。』繆公曰：『善。』因與由余曲席而坐，傳器而食，問其地形與其兵勢盡詧，而後令內史廖以女樂二八遺戎王。戎王受而說之。終年不還。於是秦乃歸由余。由余數諫不聽，繆公又數使人閒要由余，由余遂去降秦。繆公以客禮禮之，問伐戎之形。……三十七年，秦用由余謀伐戎王，益國十二，開地千里，遂霸西戎。」

〔七〕袁註：「陳公子奔於齊，齊侯見來，加以厚禮待之，又聘與女爲妻，是爲福也。」楊明照曰：「淮南人閒篇：『唐子短陳駢子於齊威王，威王欲殺之。陳駢子與其屬出亡奔薛。孟嘗君聞之，使人以車迎之。至，而養以芻豢黍粱五味之膳，日三至。冬日被裘罽，夏日服絺紵；出則乘牢車，駕良馬』。」　庶按：以淮南文證之，袁註非。

〔八〕袁註：「宋國人家有黑牛生白犢，往問孔子，孔子曰：『是祥也。』後乃殺之。將祭祀，牛主兒失右眼。後更生白犢，又往問孔子，孔子曰：『祥也。』又殺之。其牛主兒復失左眼。後楚攻宋，宋人盡投作兵（庶按：「兵」字疑衍。）戰，死並盡，唯有其人父子目育（庶按：「育」當作「盲」。），並得存於命也。」　法藏敦煌本無「雖有失明之禍」六字。　楊明照曰：「淮南人間篇：『昔者，宋人好善者（庶按：王念孫謂「好善」上脫「有」字），三世不解，家無故而黑牛生白犢，以問先生。先生曰：「此吉祥，以饗鬼神。」居一年，其父無故而盲。牛又復生白犢，其父又復使其子以問先生。其子曰：「前聽先生言而失明，今又復問之，柰何？」其父曰：「聖人之言，先忤而後合。其事未究，固試往復問之。」其子又復問先生。先生曰：「此吉祥也，復以饗鬼神。」歸致命其父，其父曰：「行先生之言也。」居一年，其子又無故而盲。其後楚攻宋，圍其城。當此之時，易子而食，析骸而炊，丁壯者死，老病童兒皆上城牢守而不下，楚王大怒。城已破，諸城守者皆屠之；此獨以父子盲之故，得無乘城，軍罷圍解，則父子俱視。』」　庶按：袁註有誤，當據淮南文訂正。事亦見列子說符篇，論衡福虛篇。

〔九〕袁註：「塞北人家有一匹牡馬，其馬奔嚮胡中，三年，引胡地羣馬而歸。其人子好秉（庶按：「秉」當作「乘」。）馬，被胡馬撲，脚折。後胡來侵塞北，塞北人盡充兵與胡戰，無一得反，並被胡殺。唯有此人父老，子脚折，免胡兵得存，故因禍成福也。」　法藏敦煌本無「雖有奔墜之患」六字。

楊明照曰：「淮南人間篇：『近塞上之人（庶按：「近塞」，王念孫作「北塞」），有善術者，馬無故亡而入胡，人皆弔之，其父曰：「此何遽不爲福乎？」（庶按：王念孫曰：「『何遽不爲福』本作『何遽不能爲福』。」）居數月，其馬將胡駿馬而歸，人皆賀之。其父曰：「此何遽不能爲禍乎？」家富良馬（庶按：王叔岷曰：「當作『馬良』。」「馬良」乃王念孫説，王叔岷失檢），其子好騎，墮而折其髀。人皆弔之。其父曰：「此何遽不爲福乎？」居一年，胡人大入塞。丁壯者引弦而戰。近塞之人，死者十九。此獨以跛之故，父子相保。』」　庶按：事亦見御覽八五六引説苑佚文、文選班孟堅通幽賦、漢書敍傳顔師古註、後漢書蔡邕傳。御覽引作「北塞上之人」，疑與袁註所本同出一源。

〔一〇〕原本「以」上無「是」字，法藏敦煌本、宋本、顧雲程本、程榮本於「以」上並有「是」字，是，據增。

〔一一〕「妖反爲祥」，法藏敦煌本作「妖變爲祥」。原本「卽」下無「祥」字，法藏敦煌本、宋本、明鈔本、景道藏本、子彙本、吉府本、程榮本、龍川鈔本於「卽」下並有「祥」字。楊明照曰：「有『祥』字是。」

庶按：楊説是，據補。　呂氏春秋制樂篇：「湯曰：『吾聞祥者福之先者也，見祥而爲不善，則福不至。妖者禍之先者也，見妖而爲善，則禍不至。』」義與此可互參。

〔一二〕「昔」原作「晉」，法藏敦煌本、宋本、明鈔本、景道藏本、子彙本、吉府本、程榮本、龍川鈔本並作「昔」。楊明照曰：「『昔』字是。」　庶按：楊説是，據改。

〔一三〕袁註：「共，聚也。桑穀並是惡木。木聚生於朝而爲妖怪矣。」「共」，宋本、明鈔本、程榮本、龍川鈔本並作「拱」。王叔岷曰：「據袁註『共，聚也』，是所見本原作『共』。」林其錟曰：「『拱』、『共並通。」 庶按：林說是。「拱生」，謂環抱而長。

〔一四〕「草生」原作「生草」，法藏敦煌本、宋本、明鈔本、景道藏本、子彙本、吉府本、程榮本、龍川鈔本並作「草生」。 楊明照曰：「『生草』二字當據乙。」 庶按：楊說是，據乙。說苑敬慎篇：「野物生於朝。」義與此可互參。

〔一五〕「側身」，謂恭敬謹慎。

〔一六〕盧文弨曰：「（程榮本）『紘』誤『宏』。」 王叔岷曰：「淮南原道篇高註：『八紘，天之八維也。』」

〔一七〕楊明照曰：「說苑敬慎篇：『至殷王武丁之時，先王道缺，刑法弛，桑穀俱生於朝，七日而大拱。工人占之曰：「桑穀者，野物也，野物生於朝，意朝亡乎？」武丁恐駭，側身修行，思昔先王之政，興滅國，繼絶世，舉逸民，明養老之道，三年之後，遠方之君，重譯而朝者六國。此迎天時，得禍反爲福也。』」 王叔岷曰：「桑穀事，尚書大傳二、論衡異虛篇並以之屬武丁，說苑君道篇兩載桑穀事，一以之屬武丁，一以之屬殷太戊。史記殷本紀、家語五儀解、帝王世紀亦並屬殷太戊。呂氏春秋制樂篇、韓詩外傳三則並以之屬湯。」

〔一八〕袁註：「詩云：『鳶飛戾天。』鵰鳥之屬。玉篇云：『鵰鴞是貪惡鳥也。』」 「烏」原作「鳶」，法藏敦煌本作「烏」，與說苑文（見下）合，是，據改。 袁註引詩，見大雅旱麓。其爲「鳶」字所誤，故不得正解。

〔一九〕「史」，法藏敦煌本作「或」，「以小」作「小以」。 楊明照曰：「說苑敬慎篇：『昔者，殷王帝辛之時，爵生烏於城之隅，工人占之曰：「凡小以生巨，國家必祉，王名必倍。」帝辛喜爵之德，不治國家，亢暴無極，外寇乃至，遂亡殷國。此逆天之時，詭福反爲禍也。』」王叔岷曰：「家語五儀解：『昔者，殷王帝辛之世，有雀生大鳥於城隅焉。占之，曰：「凡以小生大，則國家必王，而名必昌。」於是帝辛介雀之德，不修國政，亢暴無極，朝臣莫救，外寇乃至，殷國以亡。』」庶按：敦煌本作「小以」，與説苑文合。

〔二〇〕漢書五行志：「凡草木之類謂之妖，妖猶夭胎，言尚微也。蟲豸之類謂之孽，孽則牙孽矣。」

〔二一〕原本「行」作「言」，「禍」作「福」，「福」作「患」。孫楷第曰：「『怪夢』與『妖孽』類，『善言』與『善政』類，上云『凶反成吉』，此不應云『福轉爲禍』。『福』、『禍』互誤。淮南子繆稱訓：『身有醜夢，不勝正行，國有妖祥，不勝善政。』説苑敬慎篇云：『妖孽不勝善政，惡夢不勝善行。』」王重民校巴黎敦煌本劉子新論殘卷叙録云：「『善行則禍轉爲福』，今本誤作『善言則福轉爲禍』。」楊明照曰：「『患』作『禍』。説苑敬慎篇：『故妖孽者，天所以警天子諸侯也，惡夢者，所以警士大夫也。故妖孽不勝善政，惡夢不勝善行也。至治之極，禍反爲福。』」王叔岷曰：「『怪夢不勝善言，則福轉爲禍』，當從敦煌本作『怪夢不勝善行，則禍轉爲福』。王謨本『則福轉爲禍』，亦作『則禍轉爲福』。並可證成孫説。」庶按：孫、王説並是，據改。景四庫本亦作『則禍轉爲福』。治要引桓譚新論云：「夫異變怪者，天下所常有，無世而不然，逢明主賢臣智士仁也，則修德善政，省職慎行以應之，故咎殃消亡而禍轉爲福焉。」潛夫論夢列篇：「且凡人道，見瑞而修德者，福必成；見瑞而縱恣者，福轉爲禍。見妖而驕侮者，禍必成；見妖而戒懼者，禍轉爲福。」義與此可互參。

〔二二〕原本「禍」上無『人有』二字，法藏敦煌本、宋本、明鈔本、景道藏本、子彙本、吉府本、何允中本、龍川鈔本於「禍」上並有「人有」二字，是，據增。

〔二三〕孫楷第曰：「文複沓不可讀，今訂之如下。原文當作『人有禍必懼，懼必敬，敬則有福，有福則喜，喜則驕，驕則有禍』。韓非子解老篇云：『人有禍則心畏恐，心畏恐則行端直，行端直則無禍害，無禍害則盡天年，心畏恐則思慮熟，思慮熟則得事理，得事理則必成功。盡天年則全而壽，必成功則富與貴，全壽富貴之謂福。（今本韓非子此文亦錯亂，詳拙著王先慎韓非子集解補正。）人有福則富貴至，富貴至則衣食美，衣食美則驕心生，驕心生則行邪僻而動棄理，行邪僻則身死夭，動棄理則無成功。夫內有死夭之難，而外無成功之名者，大禍也。』此約取其意。」庶按：法藏敦煌本作「人有禍必懼，懼則敬，敬則有福，福則喜，喜則驕，驕則有禍」，孫説與敦煌本小異，當以敦煌本爲是。

〔二四〕原本「祥」下無「至」字，法藏敦煌本、宋本、明鈔本、景道藏本、子彙本、吉府本、程榮本、龍川鈔本於「祥」下並有「至」字，是，據增。

〔二五〕原本「儉」下有「誡其」二字。「儉」，景道藏本、子彙本、吉府本並作「檢」，下無「誡」字。法藏敦煌本亦無「誡」字。法藏敦煌本、景道藏本、子彙本、吉府本於「身」上並無「其」字。孫楷第曰：「吉府本作『逾敬慎以檢身』，是也。『逾敬慎以檢身』與下『逾修德以爲務』對文。『儉誡』二字，蓋是異文，校書者記其一於旁，因并入正文耳。『儉』、『檢』字通。氾論訓高註云：『拘，猶檢也。』」庶按：孫說是，據刪「誠其」二字。

〔二六〕王叔岷曰：「類纂本、程榮本……『戚』皆作『慼』，慼、戚正假字。」

〔二七〕新序雜事二：「晉文公出獵，前驅曰：『前有大蛇，高如隄阻道，竟之。』文公曰：『寡人聞之，諸侯夢惡則修德，大夫夢惡則修官，士夢惡則修身，如是而禍不至矣。今寡人有過，天以戒寡人。』還車而返。前驅曰：『臣聞之，喜者無賞，怒者無刑。今禍福已在前矣，不可變，何不遂驅之？』文公曰：『不然，夫神不勝道，而妖亦不勝德，禍福未發，猶可化也。』還車反，宿齋三日，請於廟曰：『孤少犧不肥，幣不厚，罪一也。孤好弋獵，無度數，罪二也。孤多賦斂重刑罰，罪三也。請自今以來者，關市無征，澤梁無賦斂，赦罪人，舊田半稅，新田不稅。』行此令未半旬，守虵吏夢天帝殺虵，曰：『何故當聖君道爲？而罪當死。』發夢視蛇，臭腐矣，謁之。文公曰：『夫神果不勝道而妖亦不勝德，柰何其無究理而任天也，應之以德而已。』」此卽古謂妖見不爲慼，逾修德以爲務之例。

貪愛章四十九

小利，大利之殘〔一〕；小忿，大禍之津〔二〕。苟貪小利則大利必亡，不遺小忿則大禍必至。

昔蜀侯性貪〔三〕，秦惠王聞而欲伐之。山澗峻嶮，兵路不通，乃琢石爲牛，多與金，日置牛後〔四〕，號牛糞金〔五〕，言以遺蜀侯。蜀侯貪之，乃斬山填谷〔六〕，使五丁力士以迎石牛〔七〕，秦人帥師隨後而至，滅國亡身，爲天下所笑〔八〕，以貪小利失其大利也〔九〕。

楚白公勝，其性貪吝〔一〇〕，既殺子西〔一一〕，據有荆國，積斂財寶〔一二〕，填之府庫，不以分衆。石乞諫曰〔一三〕：「今患至，國將危，不顧〔一四〕，勝敗存亡之機，固已形於胸中矣〔一五〕，不能散財以求人心，則不如焚之〔一六〕，無令彼衆還以害我。」又不能從。及葉公入〔一七〕，乃發大府之貨以與衆，出高庫之兵以賦民〔一八〕，因而攻之，十有九日，白公身滅〔一九〕。財非己有而欲有之，以此小吝而大禍生焉。

寒山有獸，其名曰狍〔二〇〕，生角當心，俯而磨之，潰心而死〔二一〕。炎州有鳥，其名曰梟〔二二〕，嫗伏其子〔二三〕，百日而長，羽翼既成，食母而飛。蜀侯之貪石牛〔二四〕，牛愈近而身轉危〔二五〕，何異狍磨其角，角愈利而身速亡乎。白公之據財〔二六〕，財愈積而身愈滅，何異梟之養子，子愈長而身就害也〔二七〕。

是以達人覩禍福之機，鑒成敗之原〔二八〕，不以苟得自傷，不以過吝自害。老子曰：「多藏必厚亡〔二九〕。」禮云：「積而能散〔三〇〕。」皆明止足之分〔三一〕，祛貪吝之萌也〔三二〕。

校釋

〔一〕「殬」，法藏敦煌本、景四庫本並作「蠹」。楊明照曰：「韓非子十過篇：『顧小利，則大利之殘也。』

說文：『殬，敗也。』」

〔二〕原本「小丞」上有「言」字，法藏敦煌本、宋本、子彙本、程榮本、龍川鈔本、類纂本於「小丞」上並無「言」字。王叔岷曰：「王(保珍)云：『子彙本無「言」字，蓋誤衍。』」庶按：無「言」字是，據刪。

〔三〕「蜀」原作「屬」，法藏敦煌本、宋本、明鈔本、景道藏本、子彙本、吉府本、程榮本、龍川鈔本並作「蜀」。楊明照曰：「『蜀』字是。」庶按：楊說是，據改。下同。

〔四〕「多與金」，法藏敦煌本作「多爲金粟」。王叔岷曰：「『多與金，日置牛後』，程榮本、王謨本、畿輔本『日』並作『帛』，屬上讀，蓋妄改，他本載此事，皆言金，不及帛。」

〔五〕原本「糞」下無「金」字。「號牛糞」，法藏敦煌本作「号牛吐之」。王叔岷曰：「王謨本、畿輔本並作『號牛糞之金，以遺蜀侯』。程榮本作『號牛糞之，以遺蜀侯』。『之』下脱『金』字。」庶按：依文意，「糞」下當補「金」字，今補。水經沔水注引來敏本蜀論：「言能屎金。」與此可互參。王謨本「號牛糞之金」，「之」字雖衍，然足證「金」字當有。

〔六〕王叔岷曰：「程榮本、王謨本、畿輔本『斬』並作『塹』，古或通用。史記秦始皇本紀：『塹山堙谷直通之。』字亦作『塹』。」庶按：王氏引史記云云，亦見說苑反質篇。

〔七〕「五丁」，秦惠王時蜀力士。

〔八〕「秦人帥師隨後而至」，法藏敦煌本作「秦師隨後而至」，「滅國亡身」作「國滅身亡」，「下」下無

「所」字。「下」原作「子」，法藏敦煌本、宋本、明鈔本、景道藏本、子彙本、吉府本、程榮本、龍川鈔本並作「下」，據改。楊明照曰：「『下』字是。秦惠王本紀：『秦惠王欲伐蜀，乃刻五石牛，置金其後。蜀人見之，以爲牛能大便金。牛下有養卒，以爲此天牛也，能便金。蜀王以爲然，卽發卒千人，使五丁力士，拖牛成道，致三枚於成都。秦道得通，石牛之力也。後遣丞相張儀等，隨石牛道伐蜀焉。』録自嚴輯全漢文卷五十三。能改齋漫録九：『蜀王本紀載秦惠王謀伐蜀，刻五石牛，置金其後』云云，此事尤近誣。蜀人吴師孟淳翁，題金牛驛詩以辨之云：『唱奇騰怪可删修，争奈常情信謬悠！禹貢已書開蜀道，秦人安得糞金牛？萬重山勢隨坤順，一勺天波到海流。自哂據經違世俗，庶幾同志未相尤。』」王叔岷曰：「水經沔水注引來敏本蜀論：『秦惠王欲伐蜀，而不知道，作五石牛，以金置尾下，言能屎金。蜀王負力，令五丁引之成道，秦使張儀、司馬錯尋路滅蜀。』嚴可均輯全漢文卷五十三之秦惠王本紀，乃蜀王本紀之誤。嚴氏所據爲書鈔一一六、藝文類聚九四、白帖九六、御覽三百五、八八八。又見御覽九百。」庶按：華陽國志蜀志：「惠王喜，乃作石牛五頭，朝瀉金其後，曰牛便金。……蜀人悦之，使使請石牛，惠王許之。乃遣五丁迎石牛。」與劉子所出源同。史記秦本紀：「九年，司馬錯伐蜀，滅之。」索隱：「蜀王本紀曰：『張儀伐蜀，蜀王開戰不勝，爲儀所滅也。』」

〔九〕法藏敦煌本此句作「此貪小利失其大利者也」。王叔岷曰：「呂氏春秋權勳篇：『此貪於小利，以失大利者也。』」

〔一〇〕袁註：「是楚國白縣主。白公名勝，作逆起兵，來據荆國，殺楚令尹子西。」王叔岷曰：「淮南道應篇許註：『白公，楚平王之孫、太子建之子勝也。』」庶按：史記楚世家：「惠王二年，子西召故平王太子建之子勝於吳，以爲巢大夫，號曰白公。」集解：「徐廣曰：『伍子胥傳曰：「使勝守楚之邊邑鄢。」』駰案：服虔曰：『白，邑名。楚邑大夫皆稱公。杜預曰：「汝陰褒信縣西南有白亭。」』」正義：「巢，今廬州居巢縣也。」左哀十六年傳：「召之，使處吳境，爲白公。」楊伯峻註曰：「吳境，楚與吳接界之境，非吳境内也。……楚語上靈王時有白公子張，楚號縣邑之長曰尹曰公，白亦鄰吳之縣邑。據杜註，當在今河南息縣東七十餘里。楚世家云：『惠王二年，子西召故平王太子建之子勝於吳，以爲巢大夫，號曰白公。』楚惠王二年、魯哀公八年，巢已於昭二十四年爲吳所滅，且白公非巢公也。」

〔一一〕原本「殺」上無「既」字，法藏敦煌本、宋本、明鈔本、景道藏本、子彙本、吉府本、程榮本、龍川鈔本於「殺」上並有「既」字。王叔岷曰：「國語楚語韋註：『子西，平王之子昭王之庶兄，令尹公子申也。』」庶按：有「既」字是，據增。

〔一二〕「斂」原作「歛」，「歛」乃「斂」之訛，今改。

〔一三〕原本「石」下無「乞」字，法藏敦煌本、宋本、子彙本、程榮本、龍川鈔本於「石」下並有「乞」字。楊明照曰：「『乞』字當有。」庶按：楊說是，據補。左哀十六年傳杜預註：「石乞，勝之徒。」淮南道應篇作「石乙」。

〔一四〕「顧」原作「因」，明鈔本、景道藏本、子彙本、吉府本並作「固」，宋本、程榮本並作「顧」。孫楷第曰：「史記蘇秦列傳云：『是故明主外料其敵之彊弱，内度其士卒賢不肖，不待兩軍相當，而勝敗存亡之機，固已形於胷中矣。』此文當有脱誤。」楊明照曰：「『顧』、『固』二字古通，『因』即『固』之僞。」王叔岷曰：「『不固』，當從程榮本、王謨本、畿輔本作『不顧』，『顧』、『固』古雖通用，惟此作『固』，蓋涉下『固以』字而誤也。楊氏從『國將危』絶句，則『不顧勝敗存亡之機，固以形於胸中矣』，文不成義。孫氏疑此文有脱誤，蓋亦誤以『不顧』二字屬下讀歟？」庶按：王説是，據改。

〔一五〕「機」通「幾」，謂徵兆。法藏敦煌本無「國將危不固勝敗存亡之機固已形於胸中矣」十八字。

〔一六〕「焚」原作「楚」，法藏敦煌本、宋本、明鈔本、景道藏本、子彙本、吉府本、程榮本、龍川鈔本並作「焚」。楊明照曰：「『焚』字是。」庶按：楊説是，據改。

〔一七〕王叔岷曰：「淮南道應篇許註：『葉公，楚大夫子高，自方城之外入殺白公。』」庶按：左哀十六年傳杜預註：「葉公，子高，沈諸梁也。」

〔一八〕原本「貨」作「財」，「高」作「府」，「兵」作「寶」。盧文弨曰：「『出府庫之寶以賜人』，（程榮本）『庫』脱，『賜』，藏『賦』。」孫楷第曰：「道藏本、子彙本作『出府庫之寶以賦人』，此文下句與上句意複，疑本作『出高庫之兵以賦人』。呂覽似順論分職篇、淮南子道應訓俱作『乃發大府之貨以予衆，出高庫之兵以賦民』可證。」王重民曰：「『出府庫之兵以賦人』，今本『賦』誤作『賜』。」王叔岷曰：「呂氏春秋分職篇高註：『賦，予也。』王謨本、畿輔本亦並無『庫』字，『賦』並作『賜』，敦煌本『寶』作『兵』，孫氏疑此文本作『出高庫之兵以賦人』，是也。『高』之作『府』，涉上文『府』字而誤耳。惟『人』亦當從呂氏春秋、淮南作『民』，此唐人避唐太宗諱所改也。」庶按：孫、王說並是，據改。「財」，法藏敦煌本作「貨」，與淮南文合。呂氏春秋載此事亦作「貨」，見下註。

〔一一九〕楊明照曰：「呂氏春秋分職篇：『白公勝得荆國，不能以其府庫分人。七日，石乞曰：「患至矣！不能分人則焚之，毋令人以害我。」白公又不能。九日，葉公入，乃發大府之貨予衆，出高庫之兵以賦民，因攻之，十有九日，而白公死。國非其有也，而欲有之，可謂至貪矣。』」庶按：左哀十六年傳：「吳人伐慎，白公敗之。請以戰備獻，許之，遂作亂。秋七月，殺子西、子期于朝，而劫惠王。子西以袂掩面而死。子期曰：『昔者吾以力事君，不可以弗終。』抉豫章以殺人而後死。石乞曰：『焚庫、弑王。不然，不濟。』白公曰：『不可。弑王，不祥；焚庫，無聚，將何以守矣？』乞曰：『有楚國而治其民，以敬事神，可以得祥，且有聚矣，何患？』弗從。葉公在蔡，方城之外皆曰：『可以入矣。』子高曰：『吾聞之，以險徼幸者，其求無饜，偏重必離。』聞其殺齊管脩也，而後入。白公欲以子閭爲王，子閭不可，遂劫以兵。子閭曰：『王孫若安靖楚國，匡正王室，而後庇焉，啓之願也，敢不聽從？若將專利以傾王室，不顧楚國，有死不能。』遂殺之，而以王如高府。石乞尹門。圉公陽穴宮，負王以如昭夫人之宮。葉公亦至，……子高曰：『微二子者，楚不國矣。棄德從賊，其可保乎？』乃從葉公。使與國人以攻白公，白公奔山而縊。其徒微之。生拘石乞而問白公之死焉。對曰：『余知其死所，而長者使余勿言。』曰：『不言將烹。』乞曰：『此事克則爲卿，不克則烹，固其所也，何害？』乃烹石乞。」劉子文蓋約取此文而成之。

〔二〇〕袁註：「此五句，山中有獸，羊身人面，目在腋下，生角當心，聲如嬰兒，大貪婪，世人謂之饕餮獸。妙其角令利，其用而反憤其心，氣內結而死也。」「山」原作「土」，宋本、程榮本、景四庫本並作「山」，據袁註「山中有獸」文，則其所見本亦作「山」，是。「狍」原作「豹」，子彙本、程榮本並作「𧳜」，法藏敦煌本作「㹠」。　楊明照曰：「『豹』字固誤，『𧳜』亦未得也。疑本是『狍』字。山海經北山經：『鉤吾之山，有獸焉，名曰「狍鴞」。』郭註：『「狍鴞」，左傳所謂「饕餮」是也。』與袁註正合。」　王叔岷曰：「『𧳜』即或『狍』字。爾雅釋獸：『熊虎醜，其子狗。』釋文：『狗，本或作豿。』狗之作豿，猶狍之作𧳜矣。」　庶按：楊說是，據改。下同。

〔二一〕「生角當心」，法藏敦煌本作「生而角當其心」。「潰」原作「憒」，百子本、龍溪本、諸子文粹本並作「潰」。　楊明照曰：「『憒』當作『潰』。魯連子：『北方有獸，名爲㹠（『㹠』爲『狍』之誤），生而角當心，俯厲其角，潰心而死。』（御覽九百一十三引）」　庶按：楊說是，據改。敦煌本作「生而角當其心」，與魯連子文合。

〔二二〕袁註：「吐梟是陰鳥，在穴中而居。養子，子長，先食其母而始飛，今之句谷也。詩云：『句谷句谷，往歌來哭。』云先吉後凶，此吐梟鳥是也。」　楊明照曰：「說文：『梟，不孝鳥也。』呂氏春秋分職篇高註：『梟愛養其子，子長而食其母也。』意林引桓譚新論：『梟生子，子長食其母，乃能飛。』」「州」原作「洲」，法藏敦煌本、宋本、明鈔本、景道藏本、子彙本、吉府本、何允中本、龍川鈔本並作

「州」。「曰」，法藏敦煌本作「爲」。　庶按：「洲」當作「州」，據改。　袁註引詩，不見今本詩經。　左昭二十五年傳：「鸜鴿鸜鴿，往歌來哭。」疑爲袁註所本。鸜鴿即今名之八歌鳥，袁註以其爲之「梟」，誤。詩邶風旄丘：「流離之子。」陸璣疏云：「流離，鳥也。自關而西謂梟爲流離，其子適長大，還食其母，故張奐云：『鶹鷅食母。』許慎云：『梟，不孝鳥。』是也。禽經：『梟鴟害母。』註云：『梟在巢，母哺之，羽翼成，啄母自翔去也。』」

〔二三〕「嫗」原作「姬」，法藏敦煌本、明鈔本、景道藏本、子彙本、吉府本、何允中本、龍川鈔本並作「嫗」。　楊明照曰：「『嫗』字是。」　王叔岷曰：「程榮本、王謨本、畿輔本『嫗』並作『傴』，古通。淮南原道篇：『羽者嫗伏。』高註：『嫗伏，以氣剖卵也。』」　庶按：楊、王說並是，據改。

〔二四〕「之」原作「亡」，法藏敦煌本、宋本、明鈔本、景道藏本、子彙本、吉府本、程榮本、龍川鈔本並作「之」。「貪石牛」原作「迎秦牛」，法藏敦煌本、宋本、程榮本、類纂本並作「貪石牛」。　盧文弨曰：「『蜀侯之貪石牛』，藏『迎秦牛』。」　庶按：作「之貪石牛」是，據改。「貪石牛」乃承上蜀侯性貪而言，且下文「狍磨其角」，亦就其稟性而言之，與此義正相對。

〔二五〕「身轉」原作「轉身」，法藏敦煌本、宋本、明鈔本、景道藏本、子彙本、吉府本、程榮本、龍川鈔本、類纂本並作「身轉」，是，據乙。

〔二六〕「據」，法藏敦煌本、宋本、程榮本、龍川鈔本、類纂本並作「貪」。　盧文弨曰：「（程榮本）『據』誤『貪』。」　林其錟曰：「拾補未必有理。前有『楚白公勝，其性貪忝』，此作『貪』，未必誤。」　庶按：

上文「積斂財寶，填之府庫」，義與此相因，故「據」義勝。

〔二七〕楊明照曰：「呂氏春秋分職篇：『譬白公之嗇，若梟之愛養其子也。』」王叔岷曰：「文子微明篇：『無以異於梟愛其子也』。」

〔二八〕「原」，法藏敦煌本作「源」。王叔岷曰：「類纂本、程榮本、王謨本、畿輔本『原』皆作『源』，俗。」

〔二九〕「曰」，法藏敦煌本、景四庫本並作「云」。盧文弨曰：「『曰』，俗『云』。（何允中本）『亡』誤『人』，程本誤『忘』。」庶按：老子第四十四章「多藏必厚亡」，謂豐厚之藏必定招致慘失。

〔三〇〕禮記曲禮上：「積而能散。」鄭註：「謂己有蓄積，見貧窮者則當能散以賙救之。」

〔三一〕楊明照曰：「老子第四十四章：『知足不辱，知止不殆。』」

〔三二〕王叔岷曰：「文選殷仲文南州桓公九井作詩註引薛君韓詩章句云：『祛，去也。』」

類感章五十

方以類聚，物以群分〔一〕，聲以同應，氣以異乖〔二〕。其類苟聚，雖遠不離；其群苟分，雖近未合。故銅山崩蜀，鍾鳴於晉〔三〕；淄、澠共川，色味異質〔四〕，感應必類〔五〕，自然之數也。

是以飛行者，陽之群也；蟄伏者，陰之類也。故日夏至而鹿角解，月虧而蚌蛤消〔六〕，麒麟鬬而日月蝕〔七〕，鯨魚死而彗星出〔八〕，東風至而酒盈溢〔九〕，蠶含絲而商絃絕〔一〇〕，新穀登而舊穀缺〔一一〕，龍舉一井而雲彌九天，虎嘯一谷而風扇萬里〔一二〕，陽燧在掌而太陽火，方珠運握而太陰水〔一三〕，類感之也。

箕麗於月而飄風起，畢動於天而驟雨散〔一四〕。天將風也，纖塵不動而鳷日鳴〔一五〕，其且雨也，寸雲未布而蟻蚓移矣〔一六〕。巢居知風，穴處識雨〔一七〕，風雨方至而鳥蟲應之。太白暉芒，鷄必夜應；火精光盛，馬必晨驚〔一八〕。鷄爲兑禽，金爲兵精。馬者離畜〔一九〕，火爲武神。干戈且興〔二〇〕，介駟將動，而禽獸應之〔二一〕。鼉鳴於野，鱉應於淵，螣蛇雄鳴於上風，雌鳴於下風，而化成形〔二二〕。以斯至精相應，不待召而自感者，類之所應也。若呼之與響，形之與影〔二三〕。故抱薪投火〔二四〕，燥者先燃；平地注水，濕者先濡。彈角則木搖，鼓羽而波湧〔二五〕。物以類相感，神以氣相化也〔二六〕，豈以人情者哉〔二七〕？

校釋

〔一〕禮記樂記：「方以類聚，物以羣分。」鄭玄註：「方謂行蟲也，物謂殖生者也。」孔穎達疏：「方謂走蟲禽獸之屬，各以類聚不相雜也。物謂殖生若草木之屬，各有區分，自殊於藪澤者也。」亦見易繫辭上、史記樂書、淮南詮言篇。

〔二〕楊明照曰：「易乾文言：『同聲相應，同氣相求。』」王叔岷曰：「黃石公素書：『同聲相應，同氣相感。』」

〔三〕袁註：「晉時蜀地銅山崩，天下銅器鍾磬盡鳴應之也。」楊明照曰：「劉敬叔異苑『魏時殿前鍾忽鳴，張華曰：「蜀銅山崩。」』（御覽五百七十五引。）又按：世説新語文學篇：『殷曰：「銅山西崩，靈鍾東應。」』劉註：『樊英別傳曰：「漢順帝時，殿下鍾鳴，問英，對曰：『蜀岷山崩，山於銅爲母，母崩子鳴，非聖朝災。』後蜀果上山崩，日月相應。」』」

〔四〕袁註：「晉時張華別味，晉王取淄、澠二水合以爲美。將與張華，華喫卽云此美有淄、澠二水味也。」楊明照曰：「呂氏春秋精諭篇：『孔子曰：「淄、澠之合者，易牙嘗而知之。」』高註：『淄、澠，齊之兩水名也。易牙，齊桓公識味臣也，能別淄、澠之味也。』」庶按：袁註之兩「美」字，景四庫本註文並作「羹」。「美」乃「羹」之訛。

〔五〕「應」原作「動」，程榮本、類纂本並作「應」。盧文弨曰：「『動』，俗『應』。」庶按：「應」是，據改。下文「而太陰水，類感之也」，「而自感者，類之所應也」，感應二字，正承此而言。

〔六〕袁註：「夏至之日鹿角解，冬至之日麋角解也。蚌蛤，月晦卽生珠，月朔變成蛤，古之常也。山海經云：『月虧而蚌蛤消。』」「日」，宋本、景四庫本並作「曰」，「消」，覆宋本、龍川鈔本、景四庫本並作「胎」。盧文弨曰：「（程榮本）『日』誤『曰』，『消』誤『胎』。」楊明照曰：「呂氏春秋精通篇：『月望則蚌蛤實，群陰盈，月晦則蚌蛤虛，群陰虧。』」王叔岷曰：「王謨本、畿輔本『日』並誤『曰』，『消』誤『胎』，百子本『日』亦誤『曰』。淮南天文篇高註：『日夏至鹿角解。』亦可證作『曰』之誤。

淮南天文篇「消」作「膲」，註：「膲，肉不滿，言應陰氣也。「膲」，讀若物醮炒之醮也。」「消」亦謂肉不滿也。」　庶按：淮南天文篇高註：「日冬至麋角解，日夏至鹿角解。」當爲袁註所本。

〔七〕原本「日」下無「月」字，法藏敦煌本「日」下有「月」字。　王叔岷曰：「博物志四亦云：『麒麟鬭而日蝕。』御覽八八九引春秋演孔圖：『麒麟鬭，日無光。』宋均註：『麒麟，少陽精。鬭作於地，則日月亦將争於上也。』」　庶按：淮南天文篇：「麒麟鬭而日月食。」法藏敦煌本有「月」字，與淮南文合，是，據增。

〔八〕王叔岷曰：「淮南覽冥篇高註：『鯨魚，大魚，蓋長數里，死于海邊，魚之身賤也，(『身』字疑衍，『賤』借爲『殘』。說文：『殘，賊也。』)彗星爲變異，人之害也，類相動也。』御覽七、五三八並引春秋考異郵亦云：『鯨魚死而彗星出。』(亦見論衡亂龍篇，無『而』字。)博物志：『鯨魚死則彗星出。』『則』猶『而』也。」

〔九〕楊明照曰：「(淮南)覽冥篇：『故東風至而酒湛溢。』」　王叔岷曰：「『東風至而酒盈溢』，以陽應陽也。董仲舒春秋繁露同類相動篇：『東風而酒湛溢，(亦見論衡，「而」作「至」。)……故陽益陽。』」　庶按：「東風」謂春風。「酒盈溢」，猶今語釀酒原料發酵膨脹。

〔一〇〕「絃」原作「絲」，法藏敦煌本、宋本、程榮本、龍川鈔本、奇賞本、景四庫本並作「絃」。　盧文弨曰：「(程榮本)『蠶』誤『蚕』。」　楊明照曰：「『絃』字是。淮南天文篇：『毛羽者，飛行之類也，故屬於陽；介鱗者，蟄伏之類也，故屬於陰。日者，陽之主也，是故春夏則群獸除，日至而麋角解，月者，陰之宗也，是以月虚而魚腦減，月死而蠃蛖膲。……故陽燧見日，則燃而爲火；方諸見月，則津而爲水。虎嘯而谷風至，龍舉而景雲屬，麒麟鬬而日月食，鯨魚死而彗星出，蠶珥絲而商弦絶。」　王叔岷曰：「『蠶』作『蚕』，俗。『商絲』，楊氏以作『商絃』爲是，是也。『絃』之作『絲』，涉上『絲』字而誤。淮南覽冥篇註：『新絲出，故絲脆，商於五音最細而急，故絶也。』」庶按：楊、王説並是，據改。

〔一二〕「登」，宋本、景四庫本並作「祭」。　盧文弨曰：「〔程榮本〕『登』誤『祭』。」　王叔岷曰：「王謨本、畿輔本『登』並誤『祭』。」　楊明照曰：「吕氏春秋博志篇：『新穀熟而陳穀虧。』」　庶按：盧、王説並是。

〔一三〕袁註：「昔伯夷造井穿井時，感得龍雨（庶按：「雨」字疑衍。）上九天，玄雲降，威彌天下也。」「井」原作「穿」，法藏敦煌本、宋本、明鈔本、景道藏本、子彙本、吉府本、程榮本、龍川鈔本並作「井」。　楊明照曰：「『井』字是。」　王叔岷曰：「御覽九二九引春秋元命苞：『龍之言萌也，陰中之陽，故言龍舉而雲興。』天中記二引春秋元命苞：『猛虎嘯，谷風起，類相動也。』論衡寒温篇：『虎嘯而谷風至，龍興而景雲屬，同氣共類，動相招致。』御覽九二九引淮南（天文篇）許慎註：『虎，陰中陽獸也，與風同類；龍，陽中陰蟲也，與雲同類。』楚辭七諫謬諫：『虎嘯而谷風至兮，龍舉而景雲往。』洪興祖補註引管輅别傳：『〔徐〕季龍言：「龍之在淵，不過一井之底，虎之悲嘯，不過百步之中，形氣淺弱，所通者近，何能漂景雲而馳東風？」輅言：「君不見陰陽燧在掌握之中，形不出手，乃上引太陽之火、太陰之水。噓吸之間，煙景以集，自然之道，無有遠近。』驗以下文所述，與管輅傳尤合。」庶按：「穿」蓋「井」之訛，據改。袁註以伯夷事附會之，非。文選聖主得賢臣頌：「虎嘯而谷風冽，龍興而致雲氣。」李善註：「周易曰：『雲從龍，風從虎。』」

〔一三〕袁註：「太陽是日，陽燧，火鏡也。火鏡映日，火卽墜落應之也。少陰是月，方珠，水精，珠將作水，鏡映月卽水出應之也。」原本「太陰」作「少陰」。王叔岷曰：「惟『少陰』當從管輅別傳作『太陰』，太陰，月也。初學記一、御覽四並引淮南子：『月者太陰之精。』說文：『月，闕也。太陰之精。』淮南天文篇高註：『陽燧，金也。取金杯無緣者，熟摩令熱，日中時以當日下，以艾承之，則燃得火也。方諸，陰燧，大蛤也。熟磨令熱，月盛時以嚮月下，則水生。以銅盤受之，下水數滴，先師說然也。』崔豹古今註：『陽燧，以銅爲之，形如鏡，嚮日則火生；以艾承之，則得火也。』方珠卽方諸。御覽四引淮南（天文篇）許註：『諸，珠也。方，石也。（事文類聚前集二、合璧事類前集一引二句倒置，是也。）以銅盤受之，下水數升。』御覽三、記纂淵海五八並引莊子：『陽燧見日則燃爲火。』論衡亂龍篇：『鑄陽燧取飛火於日，作方諸取水於月。』抱朴子對俗篇：『陽燧引火於朝日。』黃白篇：『水、火在天而取之以諸、燧。』又案淮南覽冥篇：『故東風至而酒湛溢，蠶咡絲而商絃絶，……鯨魚死而彗星出，……夫燧（卽陽燧，今本夫下衍陽字，王念孫雜志有說。）取火於日，方諸取露於月。』楊氏所引未備。」庶按：王說是，據改。

〔一四〕孫楷第曰：「『散』、『灑』通作。文選魯靈光殿賦：『祥風翕習以颯灑。』張載註：『風之散物，如灑颸然。』七啓：『累如疊縠，離若散雪。』七命：『飛礫起而灑天。』李註引東京賦：『飛礫雨散。』劇秦美新：『霧集雨散。』張景陽雜詩：『森森散雨足，雨足灑回溟。』」王叔岷曰：「『麗猶附也。文選左太冲魏都賦註引莊子〈駢拇篇〉：『附麗不以膠漆。』今本『麗』作『離』，古通。爾雅釋天：『迴風爲飄。』郭璞註：『旋風也。』書洪範：『月之從星，則以風雨。』僞孔傳：『月經於箕則多風，離於畢則多雨。』詩小雅漸漸之石：『月離於畢，俾滂沱矣。』毛傳：『月離陰星則雨。』鄭箋：『將有大雨，徵氣先見於天。』」　庶按：王氏訓「麗」猶「附」，是，惟「飄風」當訓「迅風」。淮南天文篇：「故誅暴則多飄風。」高誘註：「飄風，迅也。」淮南原道篇：「令雨師灑道，使風伯埽塵。」高誘註：「雨師，畢星也，……風伯，箕星。月麗於箕風揚沙。」風俗通義祀典篇：「風師者，箕星也，箕主簸揚，能致風氣，……雨師者，畢星也。」獨斷上：「風伯神，箕星也，箕象在天，能興風。雨師神，畢星也，其象在天，能興雨。」

〔一五〕袁註：「䲰是日烏也，狀似鷄，好食蛇也。」　「䲰日」原作「䲰自」，法藏敦煌本作「暈日」，宋本、明鈔本、景道藏本、子彙本、吉府本、龍川鈔本、孫評本、奇賞本並作「䲰日」。　盧文弨曰：「『而䲰日鳴』，（程榮本）『日』誤『自』，今從藏本。『䲰日』，鴆也。」　楊明照曰：「『日』字是。䲰日，即運日，或作暉日，皆同聲假借字。淮南繆稱篇：『暉日知晏。』許註：『暉日，鴆鳥也。晏，無雲也。天將晏静，暉日先鳴。』」　庶按：楊說是，據改。袁註乃承本書殊好章「䲰日嗜蛇」而來，其「日烏」疑「暉日鳥」之訛。

〔一六〕原本「且」作「旦」。楊明照曰：「『旦』，當作『且』，淮南泰族篇：『天之將風，草木未動，而鳥已翔矣；其且雨也，陰曀未集，而魚已噞矣。』『且』猶『將』也。程榮本、王謨本、畿輔本並作『且且雨也』，蓋不知『其且』作『其且』，而臆改爲『且且』耳。」王叔岷曰：「『楊氏謂『旦』當作『且』，是也。』」庶按：楊說是，據改。惟「寸雲」，法藏敦煌本作「膚雲」。疑此本作「膚寸」，抱朴子外篇肖博：「雲雨生於膚寸，江河始於咫尺。」

〔一七〕楊明照曰：「春秋漢含孳：『穴藏先知雨，陰曀未集，魚已噞喁；巢居之鳥先知風，樹木搖，鳥已翔。』論衡變動篇：『天且風，巢居之蟲動；且雨，穴處之物擾。』文選張茂先情詩：『巢居知風寒；穴處識陰雨。』」王叔岷曰：「淮南泰族篇許注：『鳥巢居知風也，魚潛居知雨也。』」

〔一八〕楊明照曰：「淮南泰族篇：『人主有伐國之志，邑犬群嗥，雄鷄夜鳴，庫兵動，而戎馬驚。』」王叔岷曰：「御覽五引尚書考靈耀：『熒惑，火精。太白，金精。』六引黄石公陰謀秘訣法：『熒惑者，火之精。』」庶按：開元占經三十引吴龔天文書：「熒惑，火之精，其位在南方，赤帝之子，方伯之象也，爲天侯主氣成敗，司察妖孽，東西南北無有常。出則有兵，入則兵散，周旋止息，乃爲死喪。」

〔一九〕袁註：「兑爲金，主鷄也；離爲火，主馬也。」「禽」原作「金」，宋本、程榮本、景四庫本並作「禽」。楊明照曰：「『禽』字是。易説卦：『乾爲馬，……巽爲雞。』正義：『乾，象天，天行健，故爲馬也。……巽主號令，雞能知時，故爲雞也。』孔昭此文有異。勞貞一云：『十二支屬相，似見於論衡，兑爲西方，離爲南方。兌主酉爲鷄，離主午爲馬。』」王叔岷曰：「論衡物勢篇：『午，馬也。酉，鷄也。』」庶按：楊説是，據改。作「兌禽」，與下「離畜」對。袁註「兌爲金」云云，乃泥所據本「兌金」而誤。金爲金星，舊説以金星主殺伐。

〔二〇〕袁註：「勃逆之象也。倒懸人首於戈上，爲之俘首者也。」盧文弨曰：「（程榮本）『且』誤『戢』。」

〔二一〕袁註：「介，甲。而禽獸應之。」原本「動」下無「而禽獸應之」五字，覆宋本、程榮本於「動」下並有「而禽獸應之」五字。法藏敦煌本作「而禽獸藏之也」。王叔岷曰：「有『而禽獸應之』五字是也。禽獸，承上文鷄馬而言，無此五字，則文義不備；且上文『而鳥蟲應之』，此文『而禽獸應之』，又相對而言。道藏本、舊合字本有此五字，特並誤入註文耳。」庶按：王説是，據補。

〔二二〕「螣」原作「蟠」，景道藏本、子彙本並作「螣」，法藏敦煌本作「騰」。盧文弨曰：「『螣蛇』俗『騰𧉅』，（何允中本）『形』誤『刑』。」楊明照曰：「淮南泰族篇：『螣蛇雄鳴於上風，雌鳴於下風，而化成形，精之至也。』」王叔岷曰：「程榮本、畿輔本『螣蛇』並作『騰虵』，王謨本作『騰𧉅』，又『形』誤『刑』。虵、𧉅並蛇之俗，道藏本淮南泰族篇亦作『騰蛇』，螣蛇能興雲霧，故又作騰蛇也。莊子天運篇：『蟲雄鳴於上風，雌應於下風而化。』」庶按：「蟠」乃「螣」之訛，據改。

〔二三〕孫楷第曰：「文義不順，疑『若呼之與響形之與影』九字當移『不待召而自感』六字之下。其文曰：『以斯至精相應，不待召而自感，若呼之與響，形之與影，類之所應也。』」楊明照曰：「淮南主術篇：『故至精之像，弗招而自來。』」王叔岷曰：「若呼之與響，形之與影，乃設譬以證上文之義，非不順也。不必移在『不待召而自感』下，文子精誠篇：『至精之感，弗召自來。』」庶按：王說爲長。

〔二四〕「投」原作「救」，宋本、程榮本、景四庫本並作「投」，法藏敦煌本作「趣」。楊明照曰：「尸子仁意篇：『平地而註水，水流溼；均薪而施火，火從燥，召之類也。』」王叔岷曰：「作『投火』，於義爲長。此與救火事無涉，蓋由抱薪救火爲習見之文，（淮南覽冥篇、主術篇、漢書枚乘傳、董仲舒傳、文子精誠篇皆有之。）故致誤耳。春秋繁露同類相動篇：『平地註水，去燥就濕；均薪施火，去濕就燥。』與楊氏所引尸子仁意篇及呂氏春秋應同篇較合。鄧析子轉辭篇：『故抱薪加火，燥者必先燃；平地註水，濕者必先濡。』與此文較合。鬼谷子摩篇：『抱薪趨火，燥者先然；平地註水，濕者先濡。』與此文尤合。」庶按：王說是，據改。

〔二五〕原本「則」下有「目」字，「則目」，法藏敦煌本作「而木」。「羽」原作「舟」，法藏敦煌本、宋本、龍川鈔本並作「羽」。孫楷第曰：「『彈角則目搖，鼓舟而波湧』，各本同，唯范氏天一閣鈔本作『鼓羽而波湧』，范本是也。上句『目』字乃『木』字之誤。北堂書鈔一百五樂總部引崔琦七蠲云：『彈角而木搖，鼓羽而波湧，斯精誠有以相通，神氣有以相應。』是其明證。古以五音配五行。說文：『䨐，水音也。』集韻『䨐』通作『羽』。月令：『孟春之月，其音角；孟冬之月，其音羽。』鄭註云：『三分羽益以生角，角數六十四屬木者，以清濁中，民象也。三分商去一以生羽，羽數四十八屬水者，以爲最清，物之象也。』疏：『角象扣木之聲，羽象水聲。』漢書律曆志：『協之五行，則角爲木，商爲金，徵爲火，羽爲水，宫爲土。』白虎通同。文選十八成公子安嘯賦：『騁羽則嚴霜夏凋，奏角則谷風鳴條。』李註引列子云：『及秋而叩角絃以激夾鐘，温風徐迴，草木發榮。當夏而叩羽絃以召黄鐘，霜雪交下，川池暴沍。』張湛云：『角，木音，屬春。夾鐘，二月律。羽，水音，屬冬。黄鐘，十一月律。』（案：見湯問篇。）」王重民曰：「『彈角而木摇，鼓羽而波湧』，今本誤作『彈角而目摇，鼓舟而波湧。』」庶按：孫、王説並是，據删、改。

〔二六〕原本「化」下無「也」字，宋本、明鈔本、景道藏本、子彙本、吉府本、程榮本、龍川鈔本於「化」下並有「也」字，是，據增。

〔二七〕孫楷第曰：「『以』字無義，疑『似』字之譌。易明夷象辭：『文王以之。』鄭、荀、嚮作『似之』。是『以』、『似』相亂之例。言物之精誠相感，不可以常理論。」王叔岷曰：「『以』、『似』古通，無煩改字。言苑篇：『謂牧圉以桀、紂。』程榮本、王謨本、畿輔本『以』並作『似』，亦本書『以』、『似』通用之例。」庶按：王説是。

劉子校釋卷之十

正賞章五十一

賞者，所以辨情也[一]；評者，所以繩理也。賞而不正，則情亂於實；評而不均，則理失其真。理之失也，由於貴古而賤今；情之亂也，在乎信耳而棄目[二]。古今雖殊，其迹實同[三]；耳目誠異，其識則齊。識齊而賞異[四]，不可以稱正；迹同而評殊，未得以言平。平正而俱翻[五]，則情理並亂也。

由今人之畫鬼魅者易爲巧，摹犬馬者難爲工，何者？鬼魅質虛而犬馬形露也[六]。質虛者可託怪以示奇，形露者不可誣罔以是非[七]，難以其真而見妙也[八]。託怪於無象，可假非而爲是；取範於真形，則雖是而疑非。

昔魯哀公遥慕稷、契之賢，而不覺孔丘之聖[九]；齊景公高仰管仲之謀，而不知晏嬰之智[一〇]；張伯松遠羨仲舒之博[一一]，近遺子雲之美[一二]。以夫子之聖，非不光於稷、契；晏嬰之賢，非有減於管仲；陽子雲之才，非爲劣於董仲舒[一三]。然而弗貴者，豈非重古而輕今，珍遠而鄙近，貴耳而賤目[一四]，崇名而毁實邪？觀俗之論，非苟欲以貴彼而賤此，飾名而挫實〔一五〕，由於美惡混糅〔一六〕，真僞難分，棄法以度物情〔一七〕，信心而定是非也。

今以心察錙銖之重，則莫之能識，懸之權衡，則毫釐之重辨矣〔一八〕。是以聖人知是非難明，輕重難定，制爲法則，揆量物情。故權衡誠懸，不可欺以輕重；繩墨誠陳，不可誣以曲直；規矩誠設，不可罔以方圓〔一九〕。故摹法以測物，則真僞易辨矣；信心而度理，則是非難明矣。

越人臛蛇以饗秦客〔二〇〕，秦客甘之以爲鯉也〔二一〕，既覺而知其是蛇，攫喉而嘔之，此爲未知味也〔二二〕。趙人有曲者，託以伯牙之聲〔二三〕，世人競習之，後聞其非，乃束指而罷〔二四〕，此爲未知音也。宋人得燕石以爲美玉〔二五〕，銅匣而藏之，後知是石〔二六〕，因捧匣而棄之，此爲未識玉也〔二七〕。郢人爲賦，託以靈均，舉世而誦之，後知其非，皆緘口而捐之，此爲未知文也〔二八〕。故以蛇爲鯉者，唯易牙不失其味；以趙曲爲雅聲者，唯鍾期不溷其音〔二九〕；以燕石爲美玉者〔三〇〕，唯猗頓不謬其真〔三一〕；以郢賦爲麗藻者〔三二〕，唯相如不濫其賞。

昔二人評玉，一人曰好，一人曰醜，久而不能辨〔三三〕。各曰〔三四〕：「爾來入吾目中，則好醜分矣。」夫玉有定形而察之不同，非苟相反〔三五〕，瞳睛殊也〔三六〕。堂列黼幌〔三七〕，綴以金魄〔三八〕，碧流光霞，曜爛眩目〔三九〕，而醉者眸轉，呼爲焰火，非黼幌狀移，目改變也〔四〇〕。鏡形如杯，以照西施，鏡縱則面長，鏡橫則面廣，非西施貌易，所照變也〔四一〕。海濱居者，望島如舟，望舟如鳧，而須舟者不造島，射鳧者不嚮舟，知是望遠目亂而心惑也〔四二〕。山底行者，望嶺樹如簪〔四三〕，視岫虎如犬，而求簪者不上樹〔四四〕，求犬者不往呼〔四五〕，知是望高目亂而心惑也〔四六〕。至於觀人論文，則以大爲小，以能爲鄙，而不知其目亂心惑也〔四七〕。與望山海者〔四八〕，不亦反乎？

昔仲尼先飯黍，侍者掩口笑〔四九〕；子游裼裘而諺，曾參揮指而哂〔五〇〕。以聖賢之舉措〔五一〕，非有謬也，而不免於嗤誚，奚況世人，未有名稱，其容止之萃〔五二〕，能免於嗤誚者〔五三〕，豈不難也？以此觀之，則正可以爲邪，美可以稱惡，名實顛倒，可謂嘆息也〔五四〕。

今述理者貽之知音，君子聰達亮於聞前〔五五〕，明鑒出於意表。不以名實眩惑，不爲古今易情〔五六〕，採其制意之本，略其文外之華，不没纖芥之善〔五七〕，不掩螢燭之光〔五八〕，可謂千載一遇也〔五九〕。

校釋

〔一〕「辨」原作「辯」，覆宋本、明鈔本、景道藏本、子彙本、吉府本並作「辨」，是，據改。

〔二〕楊明照曰：「淮南脩務篇：『世俗之人，多尊古而賤今。』桓譚新論：『世咸尊古卑今，貴所聞賤所見也。』見論衡超奇篇、文選東京賦註。」王叔岷曰：「莊子外物篇：『夫尊古而卑今，學者之流也。』

論衡超奇篇：『俗好高古而稱所聞。』齊世篇：『述事者，好高古而下今，貴所聞而賤所見。』須頌篇：『俗儒好長古而短今。』抱朴子尚博篇：『世俗率神貴古昔而黷賤同時。』桓譚新論云云，不見論衡超奇篇，楊氏失檢。」庶按：尚博屬抱朴子外篇。

〔三〕「實」原作「寔」，宋本、程榮本、龍川鈔本、別解本、奇賞本、諸子文粹本並作「實」，是，據改。

〔四〕「賞」原作「貴」，宋本、明鈔本、景道藏本、子彙本、吉府本、程榮本、龍川鈔本並作「賞」。林其錟曰：「『貴』乃『賞』之訛。」庶按：林說是，據改。

〔五〕「平」原作「評」，傅校本、顧雲程本、程榮本、奇賞本、龍溪本並作「平」。「平」，宋本、景道藏本、蔣以化本、龍川鈔本、孫評本、別解本並作「評」。盧文弨曰：「『評賞而俱翻』，『賞』誤『正』。（程榮本）『俱』誤『賞』。」王叔岷曰：「『未得以言評，評正而俱翻』，子彙本、百子本兩『評』字並作『平』，是也。『平正而俱翻』，兼承上文『不可以稱正』、『未得以言平』而言，盧氏不知『評』爲『平』之誤，而臆改『正』爲『賞』，非也。程榮本『俱』作『賞』，王謨本、畿輔本並同，亦由不知『評』之誤字而妄改也。」庶按：王說是，據改。

〔六〕「形」原作「質」，法藏敦煌本作「形」。楊明照曰：「韓非子外儲說左上：『客有爲齊王畫者，齊王問曰：「畫孰最難者？」曰：「犬馬最難。」「孰易者？」曰：「鬼魅最易。」夫犬馬人所知也，旦暮罄於前，不可類之，故難。鬼魅無形者，不罄於前，故易之也。」』」林其錟曰：「敦煌本是，當作『形露』，與下一律。」庶按：林說是，據改。淮南氾論篇：「今夫圖工好畫鬼魅而憎圖狗馬者，何也？鬼魅不出世而狗馬可日見也。夫存危治亂，非智不能，而道（從王念孫説）先稱古，雖愚有餘。故不用之法，聖王弗行；不驗之言，聖王弗聽。」風俗通義序：「昔客爲齊王畫者，王問：『畫孰最難？孰最易？』曰：『犬馬最難，鬼魅最易。』犬馬旦暮在人之前，不類不可，類之故難；鬼魅無形，無形者不見，不見故易。」後漢書張衡傳：「譬猶畫工，惡圖犬馬而好作鬼魅，誠以實事難形，而虛僞不窮也。」

〔七〕法藏敦煌本、蔣以化本並無「不可誣罔以是非」七字。此七字於文義無涉，疑衍。下文「難以其真而見妙」正承上文「可託怪以示奇」而言。

〔八〕「難」原作「雖」，法藏敦煌本、宋本、程榮本、百子本並作「難」。王叔岷曰：「作『難』是也。『難』、『雖』形近，又涉下文『雖是』字而誤。」庶按：王説是，據改。

〔九〕原本「不覺」上無「而」字，法藏敦煌本於「不覺」上有「而」字，是，據補。哀公慕稷、契事，未見所出，待考。

〔一〇〕杨明照曰：「説苑尊賢篇：『齊景公伐宋，至於岐隄之上，登高以望，太息而歎曰：「昔我先君桓公，長轂八百乘，以霸諸侯；今我長轂三千乘，而不敢久處於此者，豈其無管仲歟？」』」王叔岷曰：「程榮本、王謨本、畿輔本『仰』並作『悕』。玉篇：『悕，念也。』」

〔一一〕哀註：「張伯松者，漢時人。仲舒，前漢人也。」「博」原作「愽」，景道藏本、程榮本、龍川鈔本並作「博」，是，據改。

〔一二〕杨明照曰：「論衡齊世篇：『杨子雲作太玄，造法言，張伯松不肯壹觀。與之並肩，故賤其言。使子雲在伯松前，伯松以爲金匱矣。』」　庶按：張伯松即張竦，字伯松。杨雄答劉歆書：「故天下上計孝廉及内郡衛卒會者，雄常把三寸弱翰，齎油素四尺，以問其異語，歸即以鉛鏑次之於槧，二十七歲於今矣，而語言或交錯相反，方復論思詳悉集之。燕其疑張伯松不好雄賦頌之文，然亦有以奇之。常爲雄道言其父及其先君熹典訓，屬雄以此篇目頗示其成者。伯松曰：『是懸日月不刊之書也。』」風俗通義序曰：「周秦常以歲八月，遣輶軒之使，……張竦以爲懸諸日月不刊之書。」文選任昉南徐州蕭公行狀李善註曰：「揚雄方言曰：『雄以此篇目煩示其成者張伯松，伯松曰：是懸之者日月不刊之書也。』」蓋張伯松遺子雲之美，當有專指。

〔一三〕盧文弨曰：「『揚子雲之才非爲劣於董仲舒』，『揚』，藏從『木』，『劣』，俗『亞』。」

〔一四〕杨明照曰：「東京賦：『貴耳而賤目。』」　王叔岷曰：「顔氏家訓慕賢篇：『貴耳賤目，重遥輕近。』」　庶按：文選張衡東京賦李善註引桓譚新論：「世咸尊古卑今，貴所聞，賤所見。」抱朴子外篇廣譬：「貴遠而賤近者，常人之用情也；信耳而疑目者，古今之所患也。」

〔一五〕「飾」，景道藏本作「飭」，子彙本作「餙」。　王叔岷曰：「『飭』、『飾』古通，『餙』，俗飾字。」

〔一六〕「糅」原作「楺」，法藏敦煌本、宋本、景道藏本、子彙本、吉府本並作「糅」。　盧文弨曰：「（何允中本）『美』誤『矣』，（程榮本）『糅』誤『揉』。」　王叔岷曰：「畿輔本『糅』亦作『揉』，古通。舊合字本作『楺』，誤。」　庶按：王說是，此當作「糅」，據改。

〔一七〕原本「棄」作「模」，「物」下有「爲」字。孫楷第曰：「『模法以度物爲情』當作『不模法以度物情』。下文『摹法以測物則真諞易辨矣』，是美惡混糅、真僞難分，與模法度物其事相反。今奪『不』字，則文義不明。呂氏春秋貴直論雍塞篇高註：『情，實也。』韓非子外儲說左下云：『主不審其情實。』論衡實知篇云：『須任耳目以定情實也。』『物情』即物之實。物之實不可見，故設法則以度之。若謂模法以度物爲實，則爲不詞。且『物情』與『是非』對文，今衍『爲』字，而文亦參差不齊矣。」王重民曰：「『棄法以度物情』，今本誤作『模法以度物爲情』。」王叔岷曰：「舊合字本『摸』作『模』，百子本作『摹』，摸與摹同，摹、模古通。惟此文當從敦煌本作『棄法以度物情』爲是。孫說近之。」庶按：王說是，據改、删。

〔一八〕王叔岷曰：「意林引愼子：『措鈞石，使禹察之，不能識也；懸於權衡，則氂髮識矣。又見喻林九七，僞愼子内篇『識矣』作『辨矣』，與此文尤合。』」

〔一九〕杨明照曰：「荀子禮論篇：『故繩墨誠陳矣，則不可欺以曲直；衡誠懸矣，則不可欺以輕重；規矩誠設矣，則不可欺以方圓。』」王叔岷曰：「意林引愼子：『有權衡者，不可欺以輕重；有尺寸者，不可差以長短；有法度者，不可巧以詐僞。』」

〔二〇〕盧文弨曰：「（程榮本）『秦客』下脱『秦客』二字。」王叔岷曰：「王（保珍）云：『北堂書鈔一四四引亦脱「秦客」二字。』王謨本、畿輔本並脱『秦客』二字。『臛』與『膗』同。説文：『臛，肉羹也。』」

〔二一〕原本「以」下無「爲」字，法藏敦煌本、宋本、明鈔本、景道藏本、子彙本、吉府本、程榮本、龍川鈔本於「以」下並有「爲」字。楊明照曰：「道藏本『鯉』上有『爲』字，餘本同。按書鈔一百四十引亦有『爲』字，當據補。」庶按：楊説是，據補。

〔二二〕原本「既」下無「覺」字，法藏敦煌本於「既」下有「覺」字，「味」下有「者」字。王叔岷曰：「王（保珍）云：『北堂書鈔引無「其」字，「嘔」作「吐」。』」庶按：敦煌本有「覺」字義勝，據增。

〔二三〕伯牙，即伯子牙。風俗通義聲音篇：「伯子牙方鼓琴，鍾子期聽之，而意在高山，子期曰：『善哉乎，巍巍若泰山！』頃之間而意在流水，鍾子又曰：『善哉乎，湯湯若江、河！』子期死，伯牙破琴絶絃，終身不復鼓，以爲世無足爲音者也。」事又見列子湯問篇、吕氏春秋本味篇、韓詩外傳卷九、説苑尊賢篇。御覽十引傅子：「昔者，伯牙子游於泰山之陰，逢暴雨，止於巖下，援琴而鼓之，爲淋雨之音，更造崩山之曲，每奏，鍾期輒窮其趣，曰：『善哉！子之聽也。』」

〔二四〕「世人」，法藏敦煌本作「代皆」，「罷」下有「之」字。

〔二五〕盧文弨曰：「（程榮本）『燕石』誤倒。」

〔二六〕「後」原作「后」，法藏敦煌本、宋本、明鈔本、景道藏本、子彙本、吉府本、程榮本、龍川鈔本並作「後」，諸本並是，據改。

〔二七〕楊明照曰：「淮南脩務篇：『楚人有烹猴，而召其鄰人，以爲狗羹也，（庶按：王叔岷謂「鄰人」二句當疊，王念孫雜志有説。）而甘之，後聞其猴也，據地而吐之，盡寫其食。此未始知味者也。』邯鄲師有出新曲者，託之李奇，諸人皆争學之，後知其非也，而皆棄其曲。此未始知音者也。鄙人有得玉璞者，喜其狀，以爲寶而藏之，以示人，人以爲石也，因而棄之。此未始知玉者也。』闞子：『宋之愚人，得燕石於梧臺之東，歸而藏之，以爲大寶。周客聞而觀焉。（庶按：「觀焉」下有「主人齋七日，端冕玄服以發寶，革匱十重，緹巾十襲，客見之」二十三字，當引。）掩目而笑曰：「此特燕石也，與瓦甓不殊。』（類聚六引。）」王叔岷曰：「景宋本白帖一引荀子：『宋之愚人，得燕石於梧桐臺（『桐』字疑衍）之東，歸而藏之，以爲寶。周客聞而觀焉。主人齋七日，端冕玄服，以發寶。革匱千重，緹巾十襲，客見之，掩口而笑，曰：「此燕石也，其與瓦甓不殊！」』御覽四九九『殊』作『差』，下更有『主人大怒，曰：「商賈之言，醫匠之口。」藏之愈固，守之彌謹』二十一字，又見事文前集十四，略見記纂淵海六。藝文類聚六引闞子文與白帖引荀子合，楊氏所録未備，……惟『闞子』當作『闕子』，據漢志縱横家有闕子一篇，則作『闕子』是。」

〔二八〕楊明照曰：「西京雜記上：『長安有慶虬之，亦善爲賦，嘗爲清思賦，時人不知貴也，乃託以相如所作，遂大見重於世。』與此意同。」王叔岷曰：「『靈均』，屈原字。離騷：『字余曰靈均。』」

〔二九〕鍾期，鍾子期。

〔三〇〕原本「玉」下無「者」字，法藏敦煌本、宋本、明鈔本、景道藏本、子彙本、吉府本、程榮本、龍川鈔本於「玉」下並有「者」字。楊明照曰：「有『者』字，與上下文一律。」庶按：楊說是，據補。

〔三一〕袁註：「（猗頓）是秦人，善別美玉者也。易牙善能別味，鍾子期善能別樂音，皆位至大夫也。」

楊明照曰：「淮南氾論篇：『玉工眩玉之似碧盧者，唯猗頓不失其情。』」王叔岷曰：「淮南氾論篇高註：『猗頓是魯之富人，情知玉理，不失其能也。』」庶按：據高註，袁註謂猗頓秦人說非。

〔三二〕「麗」原作「嚴」，法藏敦煌本、宋本、明鈔本、景道藏本、子彙本、吉府本、程榮本、龍川鈔本並作「麗」，諸本並是，據改。

〔三三〕原本「久」下無「而」字，法藏敦煌本於「久」下有「而」字，是，據增。

〔三四〕盧文弨曰：「（程榮本）『各』誤『客』。」

〔三五〕盧文弨曰：「（程榮本）『苟』誤『好』。」

〔三六〕楊明照曰：「蔣子萬機論：『昔吳有二人共評王（即「玉」字）者，一人曰好，一人曰醜，久之不決。二人各曰：「爾可來入吾目中，則好醜分矣！」玉有定形，二人察之有得失，非苟相反，眼睛異耳。』御覽三百六十六引。」王叔岷曰：「喻林八據御覽三六六所引蔣子萬機論，『王』皆作『玉』，與此文合。」

〔三七〕袁註：「幌是屏風之別名也。」孫楷第曰：「『堂珠』疑當作『朱堂』。西京賦：『彤庭煇煇。』卞蘭許昌宮賦：『蜲蛇丹庭。』此云『朱堂』，猶『彤庭』、『丹庭』之比。」原本「列」作「珠」。王重民曰：「『堂列黼幌』，今本『列』誤作『珠』。」王叔岷曰：「玉篇：『幌，帷幔也。』是『黼幌』猶『黼帷』，文選班孟堅西都賦：『袪黼帷。』呂嚮註：『黼帷，繡帷也。』」庶按：此當從法藏敦煌本作「堂列黼幌」爲優，據改。

〔三八〕王叔岷曰：「『魄』與『箔』同。」

〔三九〕法藏敦煌本無「碧」、「光」二字。王叔岷曰：「程榮本、王謨本、畿輔本『曜』並作『耀』，同。」

〔四〇〕盧文弨曰：「（程榮本）『目』誤『字』。」庶按：「改」，法藏敦煌本作「之」。

〔四一〕楊明照曰：「淮南齊俗篇：『闚面於盤水則員，於杯水則隋，面形不變，其故有所員，有所隋者，所自闚之異也。』」

〔四二〕盧文弨曰：「『目亂而心惑也』，（程榮本）『而』字脱。」庶按：「須」，法藏敦煌本作「顧」。

〔四三〕「如」原作「知」，法藏敦煌本、宋本、明鈔本、景道藏本、子彙本、吉府本、程榮本、龍川鈔本並作「如」，是，據改。

〔四四〕盧文弨曰：「『而求簪者不上樹』，（程榮本）『樹』脱。」

〔四五〕盧文弨曰：「『求犬者不往呼』，『求』俗『亡』。」

〔四六〕法藏敦煌本作「知是望高而目亂心惑也」。「楊明照曰：「荀子解蔽篇：『從山上望牛者，若羊，而求羊者不下牽也，遠蔽其大也；從山下望木者，十仞之木，若箸，而求箸者不上折也，高蔽其長也。』」

〔四七〕以上文例之，「目亂」下當補「而」字。

〔四八〕「者」原作「而」，子彙本、龍溪本並作「者」。王叔岷曰：「作『者』，是也。作『而』，涉上文『而不知』而誤。程榮本、王謨本、畿輔本並無『而』字，蓋不知爲『者』之誤而删之也。」庶按：王説是，據改。

〔四九〕袁註：「人送黍飯米饗孔子，孔子不喫諸食，先飯黍。侍者掩口笑。孔子曰：『黍是五穀之長，故先飯黍。』」　楊明照曰：「韓非子外儲說左下：『孔子侍坐於魯哀公，哀公賜之桃與黍。哀公曰：「請用。」仲尼先飯黍，而後啗桃。左右皆掩口而笑。哀公曰：「黍者，非飯之也，以雪桃也。」仲尼對曰：「丘知之矣！夫黍者，五穀之長也，祭先王爲上盛，果蓏有六，而桃爲下，祭先王不得入廟。」』」

〔五〇〕「參」原作「孫」，法藏敦煌本、宋本、明鈔本、景道藏本、子彙本、吉府本、程榮本、龍川鈔本並作「參」。「諺」，類纂本、百子本、龍溪本並作「唁」，景四庫本作「弔」。　盧文弨曰：「（程榮本）『禓』誤『揚』，『諺』、『唁』同。『揮指』，何（允中）本倒。」　楊明照曰：「『參』字是。禮記檀弓上：『曾子襲裘而弔，子游禓裘而弔，曾子指子游而示人曰：「夫夫也爲習於禮者，如之何其禓裘而弔也？」主人既小歛，（庶按：此『歛』當爲『斂』之訛。）袒括髮，子游趨而出，襲裘帶絰而入。曾子曰：「我過矣！我過矣！夫夫是也。」』（弔唁之唁，與諺語之諺異字。說文：『唁，弔生也。諺，傳言也。』音近，故古多通用不別。）」　王叔岷曰：「檀弓上孔疏：『主人未變之前，弔者吉服而弔。吉服謂羔裘、玄冠、緇衣、素裳，又袒去上服，以露禓衣，則此「禓裘而弔」是也。』」　庶按：楊說是，據改。

〔五一〕王叔岷曰：「類纂本、程榮本、王謨本、畿輔本『措』皆作『錯』，古通。」　庶按：景四庫本並作「錯」。

〔五二〕孫楷第曰：「『其容止之萃』，程本作『文華』。道藏、子彙本同。今據活字本改。『萃』借爲『悴』。

說文：『悴，憂也，讀與易萃卦同。』詩出車：『僕夫況瘁。』釋文亦作『萃』，依註作『悴』。荀子富國篇：『勞苦頓萃而愈無功。』」

〔五三〕「嗤」原作「其」，法藏敦煌本、宋本、程榮本、類纂本、別解本並作「嗤」。王叔岷曰：「作『嗤』，與上文『嗤誚』字相應，是也。作『其』，涉上文『其』字而誤。」庶按：王說是，據改。

〔五四〕王叔岷曰：「子彙本、王謨本、百子本『謂』並作『爲』，謂與爲同。」

〔五五〕原本「聰」下有「明」字，法藏敦煌本、宋本、明鈔本、景道藏本、子彙本、吉府本、程榮本、龍川鈔本於「聰」下並無「明」字。「聞前」原作「前聞」，法藏敦煌本、宋本、程榮本、別解本、景四庫本並作「聞前」。王叔岷曰：「作『聞前』，與『意表』對文，是也。」庶按：王說是，據乙。惟「明」字於文義無涉，據諸本刪。

〔五六〕楊明照曰：「淮南脩務篇：『誠得清明之士，執玄鑑於心，照物明白，不爲古今易意。』」

〔五七〕王叔岷曰：「『纖芥』，猶細小。春秋繁露王道篇：『春秋記纖芥之失。』」

〔五八〕「燭」原作「燗」，「螢燭」乃古之常語。顏氏家訓治家篇：「樵蘇脂燭。」王利器集解引盧文弨曰：「古者以麻蕡爲燭，灌以脂；後世唯用牛羊之脂，又或以蠟，或以柏，或以樺。」又引李詳曰：「韋昭博弈論：『窮日盡明，繼以脂燭。』」「螢燭」連文，謂微弱之光。漢書敘傳答賓戲：「守突奧之熒燭。」顏師古註：「熒燭，熒熒小光之燭也。」抱朴子內篇金丹：「背螢燭而嚮日月。」又明本：「抱螢燭於環堵之內。」義並同，螢、熒古通。今改。

〔五九〕盧文弨曰：「（程榮本）『遇』誤『選』。」王叔岷曰：「王謨本、畿輔本『遇』亦並誤『選』。」

激通章五十二

登峭嶺者，則欲望遠；臨浚谷者〔一〕，必欲窺墟〔二〕。墟墓之間使情哀〔三〕，清廟之中使心敬。此處無心而情僞之發者〔四〕，地勢使之然也〔五〕。故駃雪多積荒城之隈，疾風好起沙河之上。克己類出甕牖之氓〔六〕，決命必在吞氣之士〔七〕，何者？寒荒之地，風雪之所積；慷慨之懷，忠義之所聚。

是以楩柟鬱蹙，以成縟錦之瘤〔八〕；蚌蛤結痾，以銜明月之珠〔九〕。鳥激則能翔青雲之際〔一〇〕，矢驚則能踰白雪之嶺〔一一〕。斯皆乃瘁以成文明之珍，因激以致高遠之勢。衝飆之激則折木〔一二〕，湍波之湧必漂石〔一三〕。風之體虛，水之性弱〔一四〕，而能拔堅木轉重石者，激勢之所成也。

故居不隱者，思不遠也；身不危者，志不廣也〔一五〕。蘇秦若有負郭之田，必不佩六國之印〔一六〕；主父無親友之蔑，必不窺五鼎之食〔一七〕；張儀不有堂下之耻，心無入秦之志〔一八〕；范雎若無厠中之辱，不懷復魏之心〔一九〕；甯越激而修文，卒爲周威之師〔二〇〕；班超憤而習武，終建西域之績〔二一〕。觀其數賢，皆因窘而發志〔二二〕，緣阨而顯名。

故平原五達，易行之衢也；孤峯九折，難陟之逕也。從高越下〔二三〕，駑馬之步也；騰峭登危，飛䠊之足也。以險而陟，然後爲貴；以難而昇，所以爲賢。古之烈士，厄而能通，屈而能伸，彼皆有才智，又遇其時，得爲世用也。

校釋

〔一〕盧文弨曰：「（程榮本）『浚』誤『峻』。」楊明照曰：「淮南説山篇：『登高使人欲望，臨深使人欲窺，處使然也。』」王叔岷曰：「『浚谷』猶深谷。」

〔二〕「墟」謂空曠之地。

〔三〕禮記檀弓：「墟墓之間，未施哀於民而民哀。」

〔四〕王叔岷曰：「程榮本、王謨本、畿輔本『僞』並作『爲』。僞即古爲字。」

〔五〕「使之」原作「之使」，宋本、明鈔本、景道藏本、子彙本、吉府本、程榮本、龍川鈔本並作「使之」，是，據正。

〔六〕王叔岷曰：「論語顏淵篇：『克己復禮爲仁。』馬融註：『克己，約身。』禮記儒行：『蓬户甕牖。』賈子新書過秦上：『陳涉甕牖繩樞之子，甿隸之人。』」庶按：呂氏春秋下賢篇高誘註：「甕牖，以破甕蔽牖，言貧陋也。」

〔七〕「士」原作「土」，宋本、明鈔本、景道藏本、子彙本、吉府本、程榮本、龍川鈔本並作「士」，是，據改。

〔八〕王叔岷曰：「説文：『縟，繁采飾也。』」

〔九〕王叔岷曰：「喻林二五引『痾』作『疴』，同。説文：『疴，病也。』程榮本、王謨本、畿輔本『以』並作『而』，義同。御覽九四一、記纂淵海九九並引墨子：『楚之明月，出於蚌蜃。』淮南説林篇：『明月之珠，出於蛖蜄。』説林篇：『明月之珠，蛖之病。』藝文類聚九七引『蛖』作『蚌』，上有『螺』字。御覽九四一引『蛖』上有『蜃』字，『蛖』與『蚌』同。」

〔一〇〕「激」原作「飛」，宋本、程榮本、別解本並作「激」。林其錟曰：「『激』是，下『因激以致高遠之勢』承此。」庶按：林説是，據改。鳥激與下矢驚相對。

〔一一〕袁註：「秦穆公使人造弓，三年乃成。穆公用射，不穿一札，欲殺工士。工士有一女，來見穆公。謂公曰：『妾父造弓，竟年辛苦。此柘生在朝陽之山，妾一日三迴而看其作者，粘以春膠，被以麋筋，箭之束榦，作弓三年而始得成。王今用射，不穿一札，是妾父合得死。妾聞凡射之法，左手如格虎，右手如扶枝。左手發右手不知。王自不解射，何欲殺妾父？』穆公聞語，乃取弓當虎圈而射之。矢踰山，過於彭城之東，勁過石梁，箭又没其羽，猶未盡弓力也。」王叔岷曰：「韓詩外傳八載此事，秦穆公作齊景公，弓工之女作弓人之妻。列女傳辯通篇弓工之妻傳亦載此事，秦穆公作晉平公，弓工之女，亦作妻，且皆不言『矢踰於山』。據列女傳弓人之妻見晉平公，有『秦穆公有盜食其駿馬之肉，反飲之以酒』之言，袁註之作秦穆公事，或因此致誤，又因此有『能踰白雪之嶺』之文，遂更傅會以『矢踰於山』之文耳。」 庶按：淮南兵略篇：「故水激則悍，矢激則遠。」漢書賈誼傳：「水激則旱，矢激則遠。」顔師古註：「言水之激疾則去盡，不能浸潤。矢之激發，則去遠。」

〔一二〕 盧文弨曰：「（何允中本）『木』誤『水』。」 王叔岷曰：「莊子秋水篇：『風曰：夫折大木，蜚大屋者，唯我能也。』淮南兵略篇：『夫風之疾，至於飛屋折木。』」

〔一三〕 王叔岷曰：「類纂本、程榮本、王謨本、畿輔本『湧』並作『涌』，涌、湧正俗字。」

〔一四〕 「之」原作「不」，宋本、明鈔本、景道藏本、子彙本、吉府本、程榮本、龍川鈔本並作「之」。林其錟曰：「當作『之』，與上一律。」 庶按：林説是，據改。

〔一五〕 原本「志」上有「其」字，下無「不」字，子彙本、孫評本、龍溪本於「志」上並無「其」字。子彙本、吉府本、程榮本於「志」下並有「不」字。 盧文弨曰：「（程榮本）『者』下衍『其』字。」 王叔岷曰：「作『志不廣也』是也。類纂本、王謨本、畿輔本並作『其志不廣也』，『其』字衍。」 庶按：盧、王説並是，據刪、補。

〔一六〕 袁註：「秦曰：『我有負郭田五十畝，至終不佩六國之印矣。』」 景四庫本「印」下双行小註：「秦見昆弟，前倨後恭，喟然嘆曰：『人之富貴，則親戚畏懼之，貧賤則輕易之。且使我有洛陽負郭田二頃，豈能佩六國相印乎？』」 王叔岷曰：「史記本傳正義：『負猶背也，近城郭之田，流澤肥沃也。』」 庶按：史記蘇秦列傳：「且使我有雒陽負郭田二頃，吾豈能佩六國相印乎？」則此，袁註

「五十畝」說乃非。

〔一七〕袁註：「蔑，輕也。主父名偃，楚人也，好學家貧，爲親知朋友所凌侮。後爲漢卿相，遂得五鼎奏鍾（庶按：「鐘」之訛，下同。）而食，食邑三百户也。」景四庫本「食」下双行小註：「偃家貧，游齊爲親友排擯，後爲齊相，遂列九鼎，奏鍾而食。」王叔岷曰：「『無親友之蔑』，類纂本、程榮本、王謨本、畿輔本並作『不爲親友所蔑』。」庶按：漢書主父偃傳：「主父偃，齊國臨菑人也，……游齊諸子間，諸儒生相與排儐，不容於齊，……偃曰：『臣結髮游學四十餘年，身不得遂，親不以爲子，昆弟不收，賓客棄我，我阸日久矣。丈夫生不五鼎食，死則五鼎亨耳！』」張晏曰：「五鼎食，牛、羊、豕、魚、麋也。諸侯五，大夫三。」據漢書文，袁註「楚人」說非。

〔一八〕景四庫本「志」下双行小註：「儀游説不遇，往趙謁蘇秦，秦見之堂下，賜仆妾之食，儀怒，入秦爲客卿。」「堂下」原作「下堂」，宋本、景道藏本、子彙本、吉府本、程榮本、龍川鈔本並作「堂下」。楊明照曰：「作『堂下』是。」庶按：楊説是，據乙。

〔一九〕景四庫本「心」下双行小註：「睢從須賈使齊，齊賜金酒，魏齊以爲私告國事，溺睢厠中。及爲齊相，賈膝行謝罪。睢歎曰：『爲我告魏王，急持魏齊頭來，不然，我且屠大梁。』」庶按：事見史記本傳。

〔二〇〕袁註：「甯越家貧，爲人傭作，年可三十，篤學十五年，日不思食，夜不思寢，學而得達，威王（庶按：當作「威公」。）聘爲師也。」「激」原作「傲」，宋本、明鈔本、景道藏本、子彙本、吉府本、程榮本、龍川鈔本並作「激」。楊明照曰：「『激』字是。呂氏春秋博志篇：『甯越，中牟之鄙人也。苦耕稼之勞，謂其友曰：「何爲而可以免此苦也？」其友曰：「莫如學！學三十歲，則可以達矣！」甯越曰：「請以十五歲，人將休，吾將不敢休；人將臥，吾將不敢臥。」十五歲，而周威公師之。』」庶按：楊説是，據改。説苑談叢篇：「水激則悍，矢激則遠，人激於名，不毁爲聲。」

〔二一〕景四庫本「績」下双行小註：「超家貧，常爲官傭書以供養，輟投筆嘆曰：『大丈夫當立功西域以取封侯，安能久事筆硯間乎！』意征西域，封定遠侯。」盧文弨曰「（何允中本）『績』誤『蹟』。」

庶按：事見後漢書本傳。

〔二二〕王叔岷曰：「類纂本『窘』作『困』。」

〔二三〕「從」原作「以」，宋本、明鈔本、景道藏本、子彙本、吉府本、程榮本、龍川鈔本並作「從」。「越」，程榮本、類纂本並作「趣」。「從」是，據改。

惜時章五十三

夫停燈於釭〔一〕，先焰非後焰〔二〕，而明者不能見；藏山於澤，今形非昨形，而智者不能知〔三〕。何者？火則時時滅，山亦時時移〔四〕。夫天迴日轉，其謝如矢，騄褭迅足〔五〕，弗能追也。人之短生，猶如石火，炯然以過〔六〕，唯立德貽愛，爲不朽也〔七〕。

昔之君子，欲行仁義於天下，則與時競馳〔八〕，不吝盈尺之璧，而珍分寸之陰。故大禹之趨時，冠挂而不顧〔九〕；南榮之訪道，踵趼而不休〔一〇〕；仲尼棲棲，突不暇黔；墨翟遑遑，席不及煖〔一一〕。皆行其德義〔一二〕，拯世救溺〔一三〕，立功垂模〔一四〕，延芳百世。今人退不知臭腐榮華〔一五〕，剗絶嗜欲〔一六〕，被麗弦歌〔一七〕，取媚泉石。進不能被策樹勳〔一八〕，毗贊明時〔一九〕，空蝗梁黍〔二〇〕，枉没歲華。生爲無聞之人，殁成一棺之土〔二一〕，亦何殊草木自生自死者哉！歲之秋也，凉風鳴條，清露變葉，則寒蟬抱樹而長叫，吟烈悲酸，蕭瑟於落日之際〔二二〕，何也？哀其時命，迫於嚴霜而寄悲于菀柳〔二三〕。今日嚮西峯，道業未就，鬱聲於窮岫之陰〔二四〕，無聞於休明之世〔二五〕。已矣夫！亦奚能不霑衿於將來〔二六〕，染意於松煙者哉〔二七〕！

校釋

〔一〕子彙本「缸」下小註：「缸是臺燈柱也。」宋本、龍川鈔本並作「釭」，古通。

〔二〕王叔岷曰：「莊子養生主篇郭象註：『前火非後火。』」

〔三〕楊明照曰：「莊子大宗師篇：『夫藏舟於壑，藏山於澤，謂之固矣。然而夜半有力者負之而走，昧者不知也。』」

〔四〕盧文弨曰：「（何允中本）『山亦時時移矣』，『矣』，藏『夫』，屬下句。」

〔五〕子彙本「驂褭」下小注：「神馬。」「褭」原作「騕」，景道藏本、子彙本、孫評本、龍溪本並作「褭」。盧文弨曰：「『褭』，俗『裊』，（程榮本）『足』下衍『神馬』。」王叔岷曰：「王謨本、畿輔本『足』下並有『神馬』二字，此註文之誤入正文者。」庶按：「褭」是，據改。

〔六〕「炯」原作「烱」，孫評本、景四庫本並作「炯」，據改。王叔岷曰：「程榮本、王謨本、畿輔本『烱』並作『焖』，百子本作『烱』，焖乃炯之誤，烱，俗炯字。說文：『炯，光也。』宋釋智圓涅槃玄義發源機要四引淮南子：『人生天地之間，如鑿石見火，電光過隙。』文選潘安仁河陽縣作詩：『人生天地間，百歲孰能要？熲如槁石火，瞥若截道飈。』註引古樂府詩：『鑿石見火能幾時！』金樓子自序篇：『人間之世，飄忽几何？如鑿石見火，窺隙觀電。』」

〔七〕景道藏本「不朽也」下小注：「貽，遺。」楊明照曰：「左襄二十四年傳：『豹聞之，太上有立德，其次有立功，其次有立言，雖久不廢，此之謂不朽。』昭二十年傳：『及子產卒，仲尼聞之，出涕曰：「古之遺愛也。」』」

〔八〕「競」原訛作「兢」，今改。

〔九〕盧文弨曰：「『冠挂』，（程榮本）誤倒。」楊明照曰：「淮南原道篇：『聖人不貴尺之璧，而重寸之陰，時難得而易失也。』『禹之趨時也，履遺而弗取，冠挂而弗顧。』」王叔岷曰：「舊合字本『冠掛』作『冠挂』，挂、掛正俗字。……鹽鐵論相刺篇：『禹蹙洪水，……簪墮不掇，冠挂不顧。』淮南脩務篇高誘註：『聖人趨時，冠攲弗顧，履遺弗取。』藝文類聚八二引帝王世紀：『伯禹……不重徑尺之璧，而愛日之寸陰。』（庶按：此在類聚十一。）御覽七十七引傅子：『禹治洪水，冠挂不顧。』敦煌本虞世南帝王略論：『舜乃舉禹治水，不貴尺璧，而重寸陰，櫛風沐雨，冠挂不顧，履脱不納。』路史夏后氏紀：『禹治水土，……輕尺璧而憐寸陰，……冠罣而弗顧，履税而弗納。』」

〔一〇〕袁註：「老君（庶按：景四庫本註文作「老子」。）弟子問道於老聃也。」「趼」原作「跡」，宋本、明鈔本、景道藏本、子彙本、吉府本、程榮本、龍川鈔本並作「趼」。楊明照曰：「『趼』字是。莊子庚桑楚篇：『南榮趎贏糧，七日七夜，至老子之所。』賈子新書勸學篇：『昔者，南榮跦醜聖道之忘乎己，故步陟山川，蝱冒楚棘，彌道千餘百舍，重繭而不敢休息。既遇老聃，噩若慈父，雁行避景，夔立弛進，而後敢問。』」王叔岷曰：「『趼』與『繭』同，胝也。已詳文武篇。淮南脩務篇：『昔者，南榮躊恥聖道之獨亡於己，身淬霜露，敕蹻趹步，（今本脱『步』字，王念孫雜志有説。）跋涉山川，冒蒙荆棘，百舍重趼，（今本誤『跰』，已詳文武篇。）不敢休息。』卽此文所本。高誘註：『南姓，榮躊字，蓋魯人也。』莊子『躊』作『趎』，賈子作『跦』，並同。文子精誠篇：『昔南榮趎恥聖道而獨亡於己，南見老子。』作『趎』，與莊子合。莊子成玄英疏：『姓南榮，名趎。』與高誘以南爲姓異。此文本於淮南，而易『重趼』爲『踵趼』，因與上文『冠挂』相對也。（王念孫淮南雜志引此文，改『踵趼』爲『重趼』，非也。）」庶按：楊、王説並是。「跡」乃「趼」之訛，據改。

〔一一〕原本「及煖」上有「暇」字，宋本、明鈔本、景道藏本、子彙本、吉府本、程榮本、龍川鈔本於「及煖」上並無「暇」字。楊明照曰：「無『暇』字，是也。淮南脩務篇：『孔子無黔突，墨子無煖席。』論衡定賢篇：『孔子棲棲，墨子遑遑。』」王叔岷曰：「舊合字本『恓』作『悽』。王謨本、畿輔本並作『栖』，栖、棲同字，恓、栖古通。抱朴子塞難篇：『恓恓遑遑，務在匡時。』字亦作恓。淮南脩務篇高註：『黔，言其突竈不至於黑，坐席不至於溫。歷行諸國，汲汲於行道也。』論語憲問篇：『丘何爲栖栖者與？』後漢書蘇竟傳：『仲尼棲棲，墨子遑遑。』又案文選班孟堅答賓戲：『是以聖哲之治，棲棲遑遑，孔席不暖，墨突不黔。』註：『棲、遑，不安居之意也。文子曰：「墨子無黔突，孔子無煖席。」』（今本文子自然篇作『孔子無黔突，墨子無煖席』。）長短經是非篇：『墨翟無黔突，孔子無煖席。』皆與此言仲尼、墨翟事互易。」庶按：楊説是，「暇」乃承前而衍，據删。

〔一二〕原本「德」下無「義」字，宋本、程榮本、景四庫本於「德」下並有「義」字。景道藏本、子彙本並作「行」。盧文弨曰：「『義』，藏『行』。」庶按：作「德義」爲優，據補。

〔一三〕盧文弨曰：「『救』，俗『危』。」庶按：「拯」原訛作「極」，今改。

〔一四〕盧文弨曰：「『模』，俗『楷』。」

〔一五〕盧文弨曰：「『今人退不知臭腐榮華』，『退』俱誤『進』，『不知』下衍『退』字。」王叔岷曰：「舊合字本作『今人退不知臭腐榮華』，與拾補合，是也。子彙本、程榮本、畿輔本、百子本皆作『今人進不知退臮腐榮華』，王謨本作『今人皆不知退臭腐榮華』，並非。臮與殠同，殠、臭古今字。」

〔一六〕「欲」，宋本、明鈔本、景道藏本、子彙本、吉府本、程榮本、龍川鈔本並作「慾」，欲、慾古今字。

〔一七〕王叔岷曰：「『被麗絃歌』，猶言輕舉絃歌。文選宋玉風賦：『被麗披離。』李周翰註：『輕舉貌。』

舊合字本『絃』作『弦』，弦、絃古今字。」

〔一八〕盧文弨曰：「『進不能被策樹勳』，『進』，俱誤『退』，『被』，俗『拔』。」　王叔岷曰：「舊合字本、王謨本『退』並作『進』，與拾補合，是也。　程榮本、王謨本、畿輔本『被』並作『拔』，古通。」

〔一九〕楊明照曰：「西京雜記下：『其有德任毗贊，佐理陰陽者，處欽賢之館。』」　王叔岷曰：「詩小雅節南山鄭箋：『毗，輔也。』」

〔二〇〕袁註：「似蝗蟲而能食黍也。」　楊明照曰：「『梁』當作『粱』。」　王叔岷曰：「百子本『梁』正作『粱』。唯梁、粱古通，梁非誤字。」　庶按：王說是。

〔二一〕「土」原作「士」，宋本、明鈔本、景道藏本、子彙本、吉府本、程榮本、龍川鈔本並作「土」。　楊明照曰：「『土』字是。　淮南精神篇：『吾生也有七尺之形，吾死也有一棺之土。』魏文帝與王郎書：『生有七尺之形，死惟一棺之土。』（魏志文帝紀註引。）」　庶按：楊說是，據改。

〔二二〕袁註：「蟬近秋而悲怨呻吟也。」　盧文弨曰：「『則寒蟬抱樹而長吟，酸瑟於落日之際』，『長』下衍『叫』，『吟』下衍『烈悲』。」　楊明照曰：「吳越春秋夫差內傳：『夫秋蟬登高樹，飲清露，隨風撝撓，長吟悲鳴。』」　王叔岷曰：「百子本『呌』作『叫』，呌，俗叫字。　盧氏謂『叫』字及『烈悲』二字並衍文，無據。」　原本「瑟」上無「蕭」字，孫評本於「瑟」上有「蕭」字。　林其錟曰：「有『蕭』字較勝。」

庶按：林說是，據補。「蕭瑟」，謂枝條被秋風吹動之聲，言寂寞悲涼之意。

〔二三〕楊明照曰：「詩小雅小弁：『菀彼柳斯，鳴蜩嘒嘒。』」　王叔岷曰：「小弁鄭箋：『柳木茂盛則多蟬。』」

釋文：『菀，音鬱。』」

〔二四〕楊明照曰：「文選魏都賦：『窮岫泄雲。』」王叔岷曰：「『鬱聲』猶滯名。左昭二十九年傳杜註：『鬱，滯也。』」庶按：「窮岫」，人跡罕至處，此謂貧困之地。

〔二五〕楊明照曰：「左宣三年傳：『德之休明。』」王叔岷曰：「『休明』，猶美明。詩商頌長發箋：『休，美也。』」

〔二六〕王叔岷曰：「離騷：『攬茹蕙以掩涕兮，霑余襟之浪浪。』王逸註：『霑，濡也。衣皆謂之襟。』衿與襟同。」

〔二七〕楊明照曰：「曹植詩：『墨出青松煙。』」王叔岷曰：「此曹植樂府詩，見御覽六百五。」

言苑章五十四〔一〕

忠孝者，百行之寶歟〔二〕？忠孝不修，雖有他善，其猶玉屑盈匣，不可琢爲珪璋〔三〕；剉絲滿篋〔四〕，不可織爲綺縠。雖多，亦奚以爲也〔五〕。信讓者，百行之順也〔六〕；誕伐者，百行之悖也。信讓乖禮，迴而成悖；誕伐合義，翻而成順〔七〕。直躬證父〔八〕，蒼梧讓兄〔九〕，信讓悖也；弦高矯命，大禹昌言〔一〇〕，誕伐順也。謂牧圉以桀、紂〔一一〕，艴然而怒〔一二〕；比王侯爲夷、齊〔一三〕，怡然而喜。仁義所在，匹夫爲重；仁義所去，則尊貴爲輕。事可以必成〔一四〕，理可以情通。睇秋月明而知孀婦思〔一五〕，聞林風響而見舟人驚。陽氣主生〔一六〕，物所樂也；陰氣主殺，物所憾也。故春葩含日似笑，秋葉泫露如泣〔一七〕。

夫善交者不以出入易意〔一八〕，不以生死移情〔一九〕，在終如始，在始如終，猶日月也。故日之出入俱明〔二〇〕，月之生死同形。天無情於生死，則不可以情而感怨〔二一〕，故暄然而春，榮華者不謝；悽然而秋，凋零者不憾〔二二〕。榮凋有命，困遇有期。故春蘂雖茂，假朝露而抽翠；秋葉誠危，因微風而飄零。萬物居温則柔，入寒則剛。故春角可卷〔二三〕，夏條可結，秋露可凝，冬冰可折〔二四〕。人皆愛少而惡老，重榮而輕悴。故簪珥英華，而焚灰枯朽。莫識枯朽生於英華，英華歸於枯朽〔二五〕。山抱玉則鑿之〔二六〕，江懷珠則竭之，豹佩文則剥之，人含智則嫉之。智能知人不能自知，神能衞物不能自衞〔二七〕。故神龜以智見灼，靈蛇以神見曝〔二八〕。孰知不智爲智〔二九〕，不神爲神乎？

妙必假物，而物非生妙；巧必因器，而器非成巧。是以羿非弧矢，不能中微，其中微者，非弧矢也；倕無斧斤，不能善斲，其善斲者，非斧斤也〔三〇〕。畫以摹形，故先質後文〔三一〕；言以寫情，故先實後辯。無質而文，則畫非形也；不實而辯，則言非情也。紅黛飾容〔三二〕，欲以爲豔，而動目者稀；揮弦繁弄，欲以爲悲，而驚耳者寡，由於質不美、曲不和也。質不美者，雖崇飾而不華；曲不和者，雖響疾而不哀。理動於心而見於色，情發於中而形於聲〔三三〕。故强歡者雖笑不樂，强哭者雖哀不悲〔三四〕。耳聞所惡，不若無聞；目見所惡，不如不見。故雷震必塞耳，掣電必掩目〔三五〕。爲仁則不利〔三六〕，爲利則不仁〔三七〕。故販粟者欲歲之饑，賣藥者欲人之疾〔三八〕。物各重其所主，而桀、紂之狗可以吠堯。故盜跖之徒，賢盜跖而鄙仲尼〔三九〕。

運屈而恚天〔四〇〕，辱至而怨人。是以火焚而怨燧人〔四一〕，溺井而尤伯益〔四二〕。宿不樹惠，臨難而施恩；本不防萌，害成而修慎。是以臨渴而穿井，方飢而植禾〔四三〕，雖疾，無所及也。

公儀嗜魚〔四四〕，屈到嗜芰〔四五〕，雖非至味，人皆甘之〔四六〕，與衆同也；文王嗜膾，曾晳嗜棗〔四七〕，膾苦棗酸，聖賢甘之〔四八〕，與衆異也。鹿形似馬而迅於馬，豺形似犬而健於犬〔四九〕。國有千金之馬而無千金之鹿，家有十金之犬而無十金之豺〔五〇〕，以犬馬有用而豺鹿無用也。

校釋

〔一〕「苑」，程榮本作「菀」。王叔岷曰：「王謨本、畿輔本亦並作『菀』。苑、菀正假字。管子水地篇：『地者，萬物之本原，諸生之根菀也。』尹知章註：『菀，囿城也。』亦以『菀』爲『苑』。」

〔二〕白虎通義卷七：「孝道之美，百行之本也。」孟子公孫丑上趙岐章句：「孝，百行之首。」後漢書江革傳：「夫孝，百行之冠，衆善之始也。」三國志魏書王昶傳：「昶家誡曰：『夫孝敬仁義，百行之首，行之而立，身之本也。』」玉海十一引鄭玄孝經序：「孝爲百行之首。」顏氏家訓勉學篇：「孝爲百行之首。」

〔三〕「匣」原作「庫」，宋本、程榮本、龍川鈔本、清謹軒鈔本、類纂本、景四庫本並作「匣」。盧文弨曰：「『其』，俗『則』。」　楊明照曰：「論衡書解篇：『玉屑滿篋，不成爲寶。』」　王叔岷曰：「類纂本、程榮本、王謨本、畿輔本『其』並作『則』，類纂本『珪』作『圭』，珪卽圭之古文。說文：『圭，瑞玉也。上圜下方。』又云：『剡上爲圭，半圭爲璋。』」　庶按：「匣」是，據改。「盈匣」與下「滿篋」相對。

〔四〕王叔岷曰：「說文：『剉，折傷也。』」

〔五〕楊明照曰：「論語子路篇：『雖多，亦奚以爲？』」

〔六〕說苑談叢篇：「百行之本，一言也。」

〔七〕王叔岷曰：「淮南氾論篇：『故事有所至，信反爲過，誕反爲功。』」

〔八〕袁註：「其父攘羊而子證之，雖其行直而禮悖也。」　楊明照曰「論語子路篇：『葉公語孔子曰：「吾黨有直躬者，其父攘羊，而子證之。」孔子曰：「吾黨之直者異於是。父爲子隱，子爲父隱，直在其中矣。」』集解引孔曰：『直躬，直身而行。』呂氏春秋當務篇：『楚有直躬者，其父竊羊，而謁之上。』則以直躬爲人姓名，與孔昭此文合。　武億羣經義證辯直躬爲人姓名甚詳。」　王叔岷曰：「莊子盜跖篇：『直躬證父。』韓非子五蠹篇：『楚之有直躬，其父竊羊，而謁之吏。』徐幹中論貴言篇：『葉公之黨，其父攘羊，而子證之。』亦謂直躬也。　淮南氾論篇高註：『直躬，楚葉縣人也。』」

〔九〕袁註：「蒼梧，國名。其國人娶得端正妻而讓與兄，納之爲嫂，雖謙而非禮也。」　楊明照曰：「淮南氾論篇：『蒼梧繞娶妻而美，以讓兄。此所謂忠愛而不可行者也。』說苑建本篇作『蒼梧』，家語六本篇作『蒼梧嬈』。」 王叔岷曰：「淮南氾論篇註：『蒼吾繞，孔子時人。』」 庶按：袁註以「蒼梧」爲國名，非。

〔一〇〕袁註：「弦高，商人也。矯詐爲君命，猶爲順也。」 楊明照曰：「『弦高』已見明權篇，大禹已見明謙篇。」 庶按：景四庫本「昌言」下双行小註：「皋陶謨：『禹昌言曰俞。』」

〔一一〕盧文弨曰：「『以』，俗『似』。」 楊明照曰：「莊子盜跖篇：『子張曰：「昔者，桀、紂貴爲天子，富有天下，今謂臧聚曰：『汝行如桀、紂。』則有怍色，有不服之心者，小人所賤也；仲尼、墨翟，窮爲匹夫，今謂宰相曰：『子行如仲尼、墨翟。』則變容易色，稱不足者，士誠貴也。故勢爲天子，未必貴也，窮爲匹夫，未必賤也；貴賤之分，在行之美惡。」』抱朴子逸民篇：『桀、紂帝王也，仲尼陪臣也；今見比於桀、紂，則莫不怒焉；見擬於仲尼，則莫不悦焉。』」 王叔岷曰：「左昭七年傳：『馬有圉，牛有牧。』杜註：『養馬曰圉，養牛曰牧。』程榮本、王謨本、畿輔本『以』並作『似』，古通。」

〔一二〕王叔岷曰：「孟子公孫丑上篇：『曾西艴然不悦。』趙岐註：『艴然，愠怒色也。』」

〔一三〕「爲」，宋本、明鈔本、景道藏本、子彙本、吉府本、程榮本、龍川鈔本並作「於」。 王叔岷曰：「舊合字本『於』作『爲』，爲、於本同義，惟此作『爲』，疑涉下文兩『爲』字而誤。」 庶按：王說無據，可不必改。「夷齊」，伯夷、叔齊，古謂之賢者。

〔一四〕盧文弨曰：「（何允中本）『以』誤『不』。」「成」原作「誠」，吉府本作「成」，是，據改。「必成」猶言信成。漢書韓信傳：「且漢王不可必。」顏師古註：「必謂必信之。」

〔一五〕袁註：「女無夫曰孀婦也。」

〔一六〕「陽」原作「惕」，宋本、明鈔本、景道藏本、子彙本、吉府本、程榮本、龍川鈔本並作「陽」。諸本並是，據改。

〔一七〕王叔岷曰：「説文：『泫，湝流也。』謝靈運從斤竹澗越嶺溪行詩：『花上露猶泫。』」

〔一八〕「出入」，出仕入仕。

〔一九〕盧文弨曰：「（何允中本）『不』誤『入』。」楊明照曰：「漢書鄭當時傳：『翟公署其門曰：一死一生，乃知交情；一貧一富，乃知交態；一貴一賤，交情乃見。』」

〔二〇〕盧文弨曰：「（程榮本）『俱』誤『懼』。」王叔岷曰：「畿輔本『俱』亦誤『懼』，王謨本『俱』作『符』，亦非。」

〔二一〕「感」原作「憾」。孫楷第曰：「『憾』當作『感』，以下文『榮華者不謝』證之。」庶按：孫説是，據改。

〔二二〕原本「榮凋」上無「怨，故暄然而春，榮華者不謝，悽然而秋，凋零者不憾」二十字，宋本、明鈔本、景道藏本、子彙本、吉府本、程榮本、龍川鈔本於「榮凋有命」上亦有「怨，故暄然而春，榮華者不謝，悽然而秋，凋零者不憾」二十字。楊明照曰：「此二十字當據補。」王叔岷曰：「莊子大宗師篇：『凄然似秋，煖然以春。』釋文：『煖，音暄。』悽、凄古通。」庶按：楊説是，據補。

〔二三〕「春角」下原本有「則」字，宋本、明鈔本、景道藏本、子彙本、吉府本、程榮本、龍川鈔本於「春角」

下並無「則」字。 楊明照曰：「無『則』字是。」 庶按：楊説是，據刪。

〔二四〕盧文弨曰：「『冬冰可折』，『冰』，俗『木』。」 楊明照曰：「淮南説林篇：『冬冰可折，夏木可結。』」 王叔岷曰：「程榮本、王謨本、畿輔本『冰』並作『木』。 文子上德篇亦云『冬冰可折，夏木可結。』文選陸士衡樂府從軍行註、張景陽雜詩註、御覽二七引『夏木』並作『夏條』，與此文猶合。」

〔二五〕盧文弨曰：「『故簪珥英華』，『珥』，何（允中）本誤『小』。」 王叔岷曰：「王謨本『珥』亦誤『小』。文選左太沖詠史詩：『七葉珥漢貂。』註：『珥，插也。』莊子知北遊篇：『是其所美者爲神奇，其所惡者爲臭腐。 臭腐復化爲神奇，神奇復化爲臭腐。』」

〔二六〕盧文弨曰：「『則』，俗『故』。」 王叔岷曰：「程榮本、王謨本、畿輔本『則』並作『故』。」

〔二七〕盧文弨曰：「『神能衛物』，（程榮本）『物』誤『人』。」 王叔岷曰：「王謨本、畿輔本『物』並誤『人』。」

〔二八〕盧文弨曰：「（程榮本）『曝』誤『爆』。」 楊明照曰：「淮南説山篇：『神虵能斷而復續，而不能使人勿斷也；神龜能見夢元王，（見莊子外物篇。）而不能自出漁者之籠也。』」 王叔岷曰：「王謨本、畿輔本『曝』並誤『爆』。 墨子親士篇：『靈龜先灼，神蛇先暴。』今本『先』並誤『近』，俞樾平議、孫詒讓閒詁、拙著斠證並有説。 暴、曝正俗字。 神龜見夢元王事，（莊子外物篇作『宋元君』。）又詳史記褚少孫補龜策列傳。 本書韜光篇：『龜以智見害。』」

〔二九〕王叔岷曰：「莊子知北遊篇：『孰知不知之知？』淮南道應篇：『孰知知之爲弗知，弗知之爲知邪？』」

〔三〇〕「非」原作「升」，宋本、明鈔本、景道藏本、子彙本、吉府本、程榮本、龍川鈔本並作「非」。楊明照曰：「『非』字是。呂氏春秋具備篇：『今有羿、蠭蒙繁弱於此，而無弦，則不能中也。』中，非獨弦也。而弦爲弓中之具也。』淮南説林篇：『羿之所以射遠中微者，非弓矢也。』呂氏春秋重己篇高註：『倕，堯之巧工也。』」王叔岷曰：「説文：『弧，木弓也。』」庶按：楊説是，據改。「弧」言弓也，非專言木弓。

〔三一〕「畫」、「文」原作「盡」、「之」，宋本、明鈔本、景道藏本、子彙本、吉府本、程榮本、龍川鈔本並作「畫」、「文」，是，據改。

〔三二〕王叔岷曰：「文心雕龍情采篇：『鉛黛所以飾容。』」庶按：此即鉛粉，又稱鉛華。曹植洛神賦：「鉛華弗御。」

〔三三〕「中」，宋本、程榮本並作「衷」。盧文弨曰：「『衷』，藏『中』。」楊明照曰：「詩大序：『情動於中，而形於言。』淮南齊俗篇：『情發於中，而聲應於外。』」庶按：中、衷古通。

〔三四〕「哭」原作「笑」，宋本、明鈔本、景道藏本、子彙本、吉府本、程榮本、龍川鈔本並作「哭」。楊明照曰：「『哭』字是。莊子漁父篇：『强哭者雖悲不哀，强怒者雖嚴不威，强親者雖笑不和。』呂氏春秋功名篇：『彊令之笑不樂，彊令之哭不哀。』」王叔岷曰：「舊合字本『懽』作『歡』，同。『雖哀不悲』，當從莊子作『雖悲不哀』。淮南齊俗篇：『故强哭者雖病不哀，强親者雖笑不和。』『雖病不哀』，亦猶『雖悲不哀』也。記纂淵海五九、六十引淮南並作『故强哭者雖疾不哀，强歡者雖笑不樂』。意林引『强親者雖笑不和』，亦作『强歡者雖笑不樂』，與此文猶合。」庶按：楊、王説並是，據改。

〔三五〕盧文弨曰：「『震』，何（允中）本誤『霆』。」楊明照曰：「呂氏春秋貴生篇：『耳聞所惡，不若無聞；目見所惡，不若無見。故雷則掩耳，電則掩目。』」王叔岷曰：「『不見』，程榮本、王謨本、畿輔本並作『無見』，義同。王謨本『震』亦誤『霆』。『雷震』，疑本作『震雷』，與『掣電』對言，今本蓋誤倒耳。」

〔三六〕原本「爲」下無「仁」字，宋本、明鈔本、景道藏本、子彙本、吉府本、程榮本、龍川鈔本於「爲」下並有「仁」字。楊明照曰：「『仁』字當有。」庶按：楊説是，據補。

〔三七〕「不」原作「之」，宋本、明鈔本、景道藏本、子彙本、吉府本、程榮本、龍川鈔本並作「不」。楊明照曰：「『不』字是。孟子滕文公上篇：『陽虎曰：「……爲富不仁矣，爲仁不富矣。」』」庶按：楊説是，據改。

〔三八〕「饑」原作「飢」，覆宋本、明鈔本、景道藏本、子彙本、吉府本、程榮本、龍川鈔本並作「饑」。楊明照曰：「淮南説林篇：『鬻棺者，欲民之疾病也；畜粟者，欲歲之荒飢也。』」王叔岷曰：「程榮本、王謨本、畿輔本『賣』並作『售』。」庶按：「饑」是，據改。「賣」、「售」義同。又「栗」，宋本、明鈔本、景道藏本、子彙本、吉府本、程榮本、龍川鈔本並作「粟」，與淮南文合，疑是。

〔三九〕子彙本、孫評本、奇賞本、龍溪本於「賢」下並無「於」字。盧文弨曰：「『賢』下衍『於』。」楊明照曰：「『於』字衍。戰國策齊策六：『跖之狗吠堯，非貴跖而賤堯也，狗固吠非其主也。』漢書鄒陽傳：『桀之犬，可使吠堯；跖之客，可使刺由。』」王叔岷曰：「程榮本、王謨本、畿輔本『蹠』並作『跖』，古通。」庶按：諸説並是，據刪。

〔四〇〕「天」原作「夭」，宋本、明鈔本、景道藏本、子彙本、吉府本、程榮本、龍川鈔本並作「天」。王叔岷曰：「『恚』，恨也。』」庶按：「天」是，據改。

〔四一〕王叔岷曰：「『火焚』，疑本作『焚火』，與下『溺井』對言。韓非子五蠹篇：『有聖人作，鑽燧取火。……號之曰燧人氏。』藝文類聚十一、御覽十八並引禮含文嘉：『燧人始鑽木取火。』」庶按：王説是。抱朴子内篇論仙：「燒死者不可怒燧人之鑽火。」義與此可互參。

〔四二〕王叔岷曰：「『尤』借爲『訧』。説文：『訧，罪也。』呂氏春秋勿躬篇：『伯益作井。』論衡感虚篇：『傳書又言伯益作井。』藝文類聚九引郭璞井賦：『益作井。』」

〔四三〕「飢」原作「饑」，宋本作「飢」。王叔岷曰：「黄帝内經素問四氣調神大論篇：『譬猶渴而穿井。』説苑奉使篇：『魯君避席而立，曰：「寡人所謂飢而求黍稷，渴而穿井。』」庶按：宋本作「飢」，是，據改。金樓子立言篇上：「若臨事方就則不舉矣，渴而穿井，臨難鑄兵，並無益也。」義與此可互參。

〔四四〕袁註：「公儀是姓，楚人也。其性好食魚也。」楊明照曰：「韓非子外儲説右下：『公儀休相魯，而嗜魚，一國盡事買魚而獻之。』」王叔岷曰：「淮南道應篇許慎註：『公儀休，故魯博士也。』」庶按：袁註以公儀休爲楚人，非是。

〔四五〕子彙本「芰」下小註：「蔆芡也。」楊明照曰：「國語楚語上：『屈到嗜芰，有疾，召其宗老而屬之曰，「祭我必以芰。」』韋註：『芰，蔆也。』」王叔岷曰：「楚語上韋註：『屈到，楚卿，屈蕩之子子夕。』」

〔四六〕依文意，「人皆甘之」，疑爲「二子甘之」。

〔四七〕楊明照曰：「孟子盡心下篇：『曾晳嗜羊棗。』」

〔四八〕原本「聖賢」作「二子」。盧文弨曰：「『二子』，俗作『聖賢』。」王叔岷曰：「程榮本、王謨本、畿輔本『二子』並作『聖賢』。」庶按：此作「聖賢」於義爲長，據改。

〔四九〕「豺」原作「豹」，明鈔本、景道藏本、子彙本、吉府本、程榮本、龍川鈔本並作「豺」。下同。楊明照曰：「『豺』字是。」庶按：楊説是，據改。

〔五〇〕原本兩「十」並作「千」。盧文弨曰：「『家有十金之犬而無十金之豺』，『十』誤『千』，下同。」楊明照曰：「韓非子外儲説右上：『夫馬似鹿者，而題之千金，然而有百（當作『千』）金之馬，而無千金鹿者，何也？馬爲人用，而鹿不爲人用也。』」庶按：盧説是，據改。

九流章五十五〔一〕

道者，鬻熊〔二〕、老聃〔三〕、關尹〔四〕、龐涓〔五〕、莊周之類也〔六〕。以空虛爲本，清淨爲心，謙抑爲德〔七〕，卑弱爲行。處無爲之事，行不言之教〔八〕，裁成宇宙不見其迹，亭毒萬物不有其功〔九〕。然而薄者，全棄忠孝，杜絶仁義，專任清虚，欲以爲治也。

儒者〔一〇〕，晏嬰〔一一〕、子思〔一二〕、孟軻〔一三〕、荀卿之類也〔一四〕。順陰陽之性，明教化之本，游心於六藝，留情於五常，厚葬久服〔一五〕，重樂有命，祖述堯、舜，憲章文、武，宗師仲尼，以尊敬其道。然而薄者，流廣文繁，難可窮究也〔一六〕。

陰陽者，子韋〔一七〕、鄒衍〔一八〕、桑丘〔一九〕、南公之類也〔二〇〕。敬順昊天，曆象日月星辰〔二一〕，敬授民時〔二二〕。範三光之度，隨四時之運，知五行之性，通八風之氣，以厚生民，以爲政治〔二三〕。然而薄者，則拘於禁忌，溺於術數也〔二四〕。

名者，宋鈃〔二五〕、尹文〔二六〕、惠施〔二七〕、公孫龍之類也。其道正名，名不正則言不順〔二八〕。故定尊卑，正名分，愛平尚儉，禁攻寢兵〔二九〕。故作華山之冠，以表均平之製〔三〇〕；則别宥之説，以示區分〔三一〕。然而薄者，損本就末，分析明辨，苟析華辭也〔三二〕。

法者，慎到〔三三〕、李悝〔三四〕、韓非〔三五〕、商鞅之類也〔三六〕。其術在於明罰〔三七〕，討陣整法〔三八〕，誘善懲惡，俾順軌度，以爲治本。然而薄者，削仁廢義，專任刑法，風俗刻薄，嚴而少恩也。

墨者，尹佚〔三九〕、墨翟〔四〇〕、禽滑〔四一〕、胡非之類也〔四二〕。儉嗇、兼愛〔四三〕、尚賢、右鬼〔四四〕、非命、薄葬、無服、不怒、非鬭〔四五〕。然而薄者，其道大觳〔四六〕，儉而難遵也。

縱横者，闕子〔四七〕、龐煖〔四八〕、蘇秦〔四九〕、張儀之類也〔五〇〕。其術本於行人〔五一〕，譯二國之情，弭戰爭之患[五二]，受命不受辭，因事而制權，安危扶傾，轉禍就福[五三]。然而薄者，則苟尚華詐而棄忠信也。

雜者，孔甲[五四]、尉繚[五五]、尸佼[五六]、淮夷之類也[五七]。明陰陽，本道德[五八]，兼儒墨，合名法，苞縱横[五九]，納農植，觸類取與不拘一緒[六〇]。然而薄者，則蕪穢蔓衍，無所係心也[六一]。

農者，神農[六二]、野老[六三]、宰氏[六四]、氾勝之類也[六五]。其術在於務農，廣爲墾闢，播植百穀，國有盈儲，家有畜積[六六]，倉廩充實，則禮義生焉[六七]。然而薄者，又使王侯與庶人並耕於野[六八]，無尊卑之別，失君臣之序也。

觀此九家之學，雖旨有深淺[六九]，辭有詳略，偝僪形反[七〇]，流分乖隔[七一]，然皆同其妙理，俱會治道，跡雖有殊，歸趣無異[七二]。猶五行相滅亦還相生[七三]，四氣相反而共成歲，淄、澠殊源同歸於海，宫商異聲俱會於樂。夷、惠異操，齊踪爲賢；三子殊行，等迹爲仁[七四]。

道者，玄化爲本；儒者，德化爲宗[七五]。九流之中，二化爲最。夫道以無爲化世，儒以六藝濟俗。無爲以清虚爲心[七六]，六藝以禮教爲訓[七七]。若以禮教行於大同[七八]，則邪僞萌生；使無爲化於成、康，則氛亂競起。何者？澆淳時異則風化應殊，古今乖舛則政教宜隔[七九]。以此觀之，儒教雖非得真之説，然茲教可以導物；道家雖爲達情之論，而違禮復不可以救弊。今治世之賢[八〇]，宜以禮教爲先；嘉遁之士[八一]，應以無爲是務，則操業俱遂而身名兩全也。

校釋

〔一〕王叔岷曰：「此篇所述九流，本漢書藝文志，道、名、墨三家，略取莊子天下篇。

〔二〕原本「老聃」上無「鬻熊」二字。楊明照曰：「子彙本、程榮本、王謨本、畿輔本『老聃』上有『鬻熊』二字，無『龐涓』二字。有『鬻熊』、無『龐涓』是也。下文縱横家中列有『龐煖』，此不應復。漢書藝文志諸子略道家：『鬻子二十二篇。』自註：『名熊，爲周師，自文王以下問焉。』」庶按：楊説是，據補。漢志諸子略道家「自文王以下問焉」下亦有「周封爲楚祖」句，楊氏略，當引。文心雕龍諸子篇：「至鬻熊知道，而文王諮詢，餘事遺文，録爲鬻子，子自肇始，莫大於慈。」風俗通義皇霸篇：「楚之先，出自帝顓頊……其後有鬻熊子，爲文王師。」名賢氏族言行類稿一引熊克家譜：「鬻熊爲文王師，著書一卷，號鬻熊子。」今所傳鬻子一卷，止十四篇，唐逢行珪所上，首尾不完，中有脱亂，葉德輝有輯本，姚際恒古今僞書考證其乃後人僞撰。

〔三〕楊明照曰：「漢書藝文志諸子略道家：『老子鄰氏經傳四篇、老子傅氏經説三十七篇、老子徐氏經説六篇。』自註：『姓李名耳。』」庶按：老子一書今存二卷八十一章。亦有長沙馬王堆三號漢墓出土老子帛書，有兩種寫本。據考證，甲本抄寫時當在漢高帝時期，乙本抄寫年代當在惠帝或吕后時期。

〔四〕楊明照曰：「漢書藝文志諸子略道家：『關尹子九篇。』自註：『名喜，爲關吏。老子過，關喜去吏而從之。』」庶按：書已亡。

〔五〕林其錟曰：「『龐涓』疑爲『環淵』之誤，『環淵』即涓子，亦稱蜎子，著琴心一書。漢書藝文志道家類蜎子十三篇。自註：『名淵，楚人，老子弟子。』」庶按：蜎子十三篇，書已亡。

〔六〕楊明照曰：「漢書藝文志諸子略道家：『莊子五十二篇。』自註：『名周，宋人。』道家者流，蓋出於史官。……清虚以自守，卑弱以自持，此君人南面之術也。……及放者爲之，則欲絶去禮樂，兼棄仁義，曰獨任清虚，可以爲治。」庶按：莊子今存郭象註三十三篇。

〔七〕「抑」，宋本、明鈔本、景道藏本、子彙本、吉府本、程榮本、龍川鈔本並作「挹」。王叔岷曰：「『抑』、『挹』古通。」

〔八〕「處」原作「居」。孫楷第曰：「『居』當作『處』。文十八年傳：『德以處事。』杜註：『處猶制也。』說文：『制，裁也。』老子：『聖人處無爲之事，行不言之教。』莊子知北遊篇云：『故聖人行不言之教。』淮南子主術訓云：『人主之術，處無爲之事，而行不言之教。』」庶按：孫說是，據改。漢書司馬遷傳：「道家使人精神專一，動合無形，澹足萬物，其爲術也，因陰陽之大順，采儒墨之善，撮名法之要，與時遷徙，應物變化，立俗施事，無所不宜，指約而易操，事少而功多。……道家無爲，又曰無不爲，其實易行，其辭難知。其術以虚無爲本，以因循爲用。無成勢，無常形，故能究萬物之情。不爲物先後，故能爲萬物主。有法無法，因時爲業；有度無度，因物與舍。故曰：『聖人不巧，時變是守。』虛者道之常也，因者君之綱也。群臣並至，使各自明也。其實中其聲者謂之端，實不中其聲者謂之款。款言不聽，姦乃不生，賢不肖自分，白黑乃形。在所欲用耳，何事不成！乃合大道，混混冥冥。光燿天下，復反無名。凡人所生者神也，所託者形也。神大用則竭，形大勞則敝，形神離則死。死者不可復生，離者不可復合，故聖人重之。由此觀之，神者生之本，形者生之具。不先定其神形，而曰『我有以治天下』，何由哉？」此乃司馬談論六家要指文。

〔九〕王叔岷曰：「『亭毒萬物』猶言成熟萬物。老子（五十一章）『亭之毒之』。河上公註本作『成之熟之』。莊子天下篇：『關尹、老聃……以濡弱謙下爲表，以空虛不毀萬物爲實。』」

〔一〇〕盧文弨曰：「道藏本以道者一段置首，而儒次之。細核下文，乃元本如是。此轉出後人所移易耳。」其抱經堂文集卷十二劉子跋云：「其書首言清神、防慾、去情、韜光，近乎道家所言。末敍九流，道藏本先道家，外間本先儒家，觀其摠括之語，則道藏本實據其本書次第如此，非由後來黃冠所妄爲移易也。」王叔岷曰：「舊合字本、子彙本、百子本並以道者一段置首，是也。此書雖雜采九流百家之說，而其中心思想實爲道家，故以清神爲第一篇，又繼之以防慾第二、去情第三、韜光第四，皆其驗也。末篇九流，首述道家，正以明其所宗。程榮本以儒者一段置首，王謨本、畿輔本並同，蓋由尊儒之故。妄事顛倒，大乖作者之旨！」

〔一一〕楊明照曰：「漢志儒家：『晏子八篇。』自註：『名嬰。』」庶按：漢志於「名嬰」下亦有「謚平仲，相齊景公，孔子稱善與人處，有列傳」文，楊氏略，當引。

〔一二〕楊明照曰：「漢志儒家：『子思二十三篇。』自註：『名伋，孔子孫。』」庶按：漢志於「孔子孫」下亦有「爲魯繆公師」文，楊氏略，當引。其書已殘，今僅有禮記中四篇，清黄以周有輯本。

〔一三〕楊明照曰：「漢志儒家：『孟子十一篇。』自註：『名軻，鄒人，子思弟子。』」庶按：孟子今存七篇，外書四篇經漢趙岐斷爲僞書，今已亡。

〔一四〕楊明照曰：「漢志儒家：『孫卿子三十三篇。』自註：『名況，趙人。』『儒家者流，蓋出於司徒之官，助人君順陰陽、明教化者也。游文於六經之中，留意於仁義之際，祖述堯、舜，憲章文、武，宗師仲尼，以重其言，於道爲最高。……然惑者既失精微，而辟者又隨時抑物，違離道本，苟以譁衆取寵，後進循之，是以五經乖析，儒學寖衰，此辟儒之患。』」庶按：漢志「名況，趙人」下，亦有「爲齊稷下祭酒，有列傳」文，顔師古註：「本曰荀卿，避宣帝諱，故曰孫。」楊氏略，當引。荀子三十三篇，據王應麟考證，當爲三十二篇。風俗通義窮通篇：「孫卿守禮義，……作書十篇。」王利器註曰：「荀子議兵篇稱孫卿子，此自著其氏也。謝墉荀子箋釋：『荀卿又稱孫卿，自司馬貞、顔師古以來，相承以爲避漢宣帝諱，故改荀爲孫。考漢宣帝名詢，漢時尚不避嫌名，且如後漢李恂，與荀淑、荀爽、荀悦、荀彧俱書本字，詎反於周時人名，見諸載籍者而改稱之？若然，則左傳自荀息至荀瑶多矣，何不改耶？且卽前漢書任敖、公孫傲，俱不避元帝之名鷔也。蓋荀音同孫，語遂移易，如荆軻在衛，衛人謂之慶卿，而之燕，燕人謂之荆卿。又如張良爲韓信都，潛夫論云：「信都者，司徒也，俗音不正，曰信都，或曰申徒，或勝屠，然其本一司徒耳。」然則荀之爲孫，正如此比，以爲避宣帝諱，當不其然。」器案：今本荀子三十二篇，漢志云三十三者，蓋併目録（篇目及敍録）一卷數之，古書著録，往往與傳本有一卷之差者，其故在此，王應麟漢書藝文志考證乃謂『當作三十二篇』，失之專輒。」

〔一五〕「久」原作「文」。孫詒讓曰：「『厚葬文服』，『文』當作『九』，晏子春秋外篇云：『久喪道哀。』」王叔岷曰：「孫氏謂『文』當作『九』，是也。鹽鐵論論誹篇：『久喪以害生，厚葬以傷業。』亦其證。」庶按：孫、王説並是，據改。淮南氾論篇：「厚葬久喪以送死，孔子所立也，而墨子非之。」

〔一六〕王叔岷曰：「漢志顏註：『祖，始也。述，修也。憲，法也。章，明也。宗，尊也。言以堯、舜爲本始而遵修之，以文王、武王爲明法，又師遵仲尼之道。』禮記中庸：『仲尼祖述堯、舜，憲章文、武。』莊子有大宗師篇。」庶按：漢書司馬遷傳：「儒者博而寡要，勞而少功，是以其事難盡從，然其敍君臣父子之禮，列夫婦長幼之别，不可易也。……夫儒者，以六藝爲法，六藝經傳以千萬數，累世不能通其學，當年不能究其理，故曰：『博而寡要，勞而少功。』若夫列君臣父子之禮，序夫婦長幼之别，雖百家弗能易也。」

〔一七〕楊明照曰：「漢志陰陽家：『宋司星子韋三篇。』自註：『景公之史。』」庶按：書已亡，馬國翰有輯本。

〔一八〕楊明照曰：「漢志陰陽家：『鄒子四十九篇，鄒子終始五十六篇。』自註：『名衍。』」庶按：漢志「名衍」下亦有「齊人，爲燕昭王師，居稷下，號談天衍」文，楊氏略，當引。書已亡，馬國翰有輯本。

〔一九〕孫詒讓曰：「『桑丘』當作『乘丘』。」楊明照曰：「『桑』當作『乘』。漢志陰陽家：『乘丘子五篇。』自註：『六國時。』」王叔岷曰：「漢志陰陽家：『乘丘子五篇。』王先謙補註：『沈欽韓（疏證）曰：「當作『桑丘』，隋志晉征南軍師楊偉撰桑丘先生書二卷，本此。」葉德輝曰：「沈説是也。邵思姓解二引漢志正作桑丘。」』則此文之作『桑丘』，正存漢志之舊。」庶按：王説是。陳國慶漢書藝文志註釋彙編引葉長青漢書藝文志答問三：「『乘丘』乃『桑丘』之誤。廣韻十八尤丘字註、及邵思姓解、鄭樵氏族略引本志皆作『桑丘』。隸書桑作来，故誤乘耳。」

〔二〇〕「公」，宋本、程榮本、景四庫本並作「父」。孫詒讓曰：「『南父』當從明刻子彙本作『南公。』」楊明照曰：「漢志陰陽家：『南公三十一篇。』自註：『六國時。』『陰陽家者流，蓋出於羲和之官。敬順昊天，歷象日月星辰，敬授民時；此其所長也。及拘者爲之，則牽於禁忌，泥於小數，舍人事而任鬼神。』」庶按：南公三十一篇，書已亡。

〔二一〕尚書堯典：「歷象日月星辰。」史記五帝本紀：「數法日月星辰。」索隱：「尚書作『歷象日月』，則此言數法，是訓『歷象』二字，謂命羲、和以歷數之法，觀察日月星辰之早晚，以敬授人時也。」

〔二二〕盧文弨曰：「（程榮本）『授』誤『受』。」王叔岷曰：「王謨本、畿輔本『授』亦誤『受』。」

〔二三〕原本「八風之氣」下無「以厚生民，以爲政治」八字，宋本、明鈔本、景道藏本、子彙本、吉府本、程榮本、龍川鈔本於「八風之氣」下並有「以厚生民，以爲政治」八字，是，據增。

〔二四〕「術」原作「衍」，宋本、明鈔本、景道藏本、子彙本、吉府本、程榮本、龍川鈔本並作「術」。楊明照曰：「『術』字是。」王叔岷曰：「司馬談論六家要指：『嘗竊觀陰陽之術，大詳而衆忌諱，使人拘而多畏。』」庶按：楊説是，據改。漢書司馬遷傳：「夫陰陽、四時、八位、十二度、二十四節各有教令，曰順之者昌，逆之者亡，未必然也。故曰『使人拘而多畏』。夫春生夏長，秋收冬臧，此天道之大經也，弗順無以爲天下紀綱，故曰『四時之大順，不可失也』。」

〔二五〕「鈃」原作「駢」，宋本、顧雲程本、程榮本、龍溪本並作「鈃」。楊明照曰：「『鈃』是。」庶按：楊説是，據改。宋鈃，戰國宋人，荀子非十二子列其爲墨家學派，韓非子顯學篇作「宋榮」，墨子告子下作「宋牼」，實同一人。

〔二六〕楊明照曰：「漢志名家：『尹文子一篇。』自註：『説齊宣王，先公孫龍。』」庶按：今本尹文子，姚際恒古今僞書考定其爲僞書。

〔二七〕楊明照曰：「漢志名家：『惠子一篇。』自註：『名施，與莊子並時。』」庶按：書已亡。僅莊子天下篇引其十事而已，馬國翰有輯佚一卷。

〔二八〕「正」，宋本作「主」。盧文弨曰：「『其道正名』，（程榮本）『正』誤『主』，下『正名分』同。」孫詒讓曰：「此篇所説，悉本漢書藝文志，檢志無公孫捷，疑當作公孫、捷子。公孫謂公孫龍，捷子自爲一人。漢志公孫龍十四篇，在名家，捷子二篇，在道家。」原本「龍」作「捷」。楊明照曰：「『捷』當作『龍』。漢志名家：『公孫龍子十四篇。』自註：『趙人。』『名家者流，蓋出於禮官。古者名位不同，禮亦異數。孔子曰：「必也正名乎？名不正，則言不順；言不順，則事不成。」此其所長也。及警者爲之，則苟鉤鈲析亂而已。』莊子天下篇：『宋鈃、尹文聞其風而悦之，作爲華山之冠以自表，以別宥爲始。……禁攻寢兵，救世之戰。』」庶按：楊説是，據改。公孫龍子一書，今存三卷。

〔二九〕莊子天下篇成玄英疏：「寢，息也，防禁攻伐，止息干戈，意在調和，不許戰鬬，假令欺侮，不以爲辱，意在救世，所以然也。」

〔三〇〕王叔岷曰：「莊子天下篇郭象註：『華山，上下均平。』釋文：『華山，上下均平，作冠象之，表己心均平也。』」

〔三一〕「別宥」，原作「寬宥」。王叔岷曰：「莊子作『接萬物以別宥爲始』，説文：『別，分解也。』『宥』借爲『囿』，猶障蔽也。別宥即分解障蔽之意。呂氏春秋去宥篇：『凡人必別宥然後知。』別宥則能全其天矣。』與莊子言別宥同旨。尸子廣澤篇：『料子是別囿。』可證宥與囿同，（參看奚侗莊子補註。）劉子此文雖本於莊子，而以宥爲寬宥字，（莊子釋文引崔譔註：『以別善惡，宥不及也。』亦以爲寬宥之宥。）則失莊子之旨矣。」庶按：此當從莊子作「別宥」，據改。天下篇成玄英疏：「宥，區域也，……置立名教，應接人間而區別萬有，用斯爲本也。」其「接萬物以別囿爲始」，猶今語認識事物，應去掉主觀成見，劉子文意本此。

〔三二〕楊明照曰：「道藏本『損』作『捐』，『捐』是。」「析」原作「折」，明鈔本、景道藏本、子彙本、吉府本、程榮本、龍川鈔本並作「析」，下同。楊明照曰：「『析』是。」庶按：楊説是，據改。惟「捐」字可通，不必改。漢書司馬遷傳：「名家使人儉而善失真，然其正名實，不可不察也。……名家苛察繳繞，使人不得反其意，剸決於名，時失人情，故曰『使人儉而善失真』。若夫控名責實，參伍不失，此不可不察也。」

〔三三〕楊明照曰：「漢志法家：『慎子四十二篇。』自註：『名到。』」庶按：漢志「名到」下亦有「先申、韓，申、韓稱之」文，楊氏略，當引。慎子今存五篇，嚴可均有輯本。

〔三四〕楊明照曰：「漢志法家：『李子三十二篇。』自註：『名悝，相魏文侯，富國彊兵。』」庶按：書已亡。

〔三五〕楊明照曰：「漢志法家：『韓子五十五篇。』自註：『名非。』」庶按：漢志「名非」下亦有「韓諸公子，使秦，李斯害而殺之」文，楊氏略，當引。

〔三六〕楊明照曰：「漢志法家：『商君二十九篇。』自註：『名鞅。』『法家者流，蓋出於禮官，信賞必罰，以輔禮制。易曰：「先王以明罰飭法。」此其所長也。及刻者爲之，則無教化，去仁愛，專任刑法，而欲以致治，至於殘害至親，傷恩薄厚。』史記自序：『法家嚴而少恩。』」庶按：漢志「名鞅」下亦有「姬姓，衞後也，相秦孝公，有列傳」文，楊氏略，當引。今書已殘，僅存二十四篇，其中二篇有目無書。

〔三七〕「術」原作「法」，宋本、明鈔本、景道藏本、子彙本、吉府本、程榮本、龍川鈔本並作「術」。楊明照曰：『『術』字較勝。』」庶按：楊說是，據改。

〔三八〕王叔岷曰：「『陣整法』，『陣』疑本作『陳』，陳猶布也。」庶按：「討陣整法」，相對爲文，王說非。漢書司馬遷傳：「法家嚴而少恩，然其正君臣上下之分，不可改也。……法家不別親疏，不殊貴賤，壹斷於法，則親親尊尊之恩絕矣，可以行一時之計，而不可長用也，故曰『嚴而少恩』。若尊主卑臣，明分職不得相踰越，雖百家不能改也。」

〔三九〕楊明照曰：「漢志墨家：『尹佚二篇。』自註：『周臣，在成、康時也。』」庶按：書已亡，今有馬國翰輯佚一卷。

〔四〇〕楊明照曰：「漢志墨家：『墨子七十一篇。』自註：『名翟。』」庶按：漢志「名翟」下亦有「爲宋大夫，在孔子後」文，楊氏略，當引。書已殘，今存道藏本五十三篇、四庫全書本六十三篇。

〔四一〕王叔岷曰：「禽滑，禽滑釐之省。莊子天下篇釋文：『禽滑釐，墨翟弟子也。』墨子公輸篇：『子墨子曰：「臣之弟子禽滑釐等三百人。」』」

〔四二〕「非」原作「俳」，覆宋本、程榮本、龍川鈔本並作「非」。盧文弨曰：「（程榮本）『非』誤『俳』。」楊明照曰：「『非』字是。漢志墨家：『胡非子三篇。』自註：『墨翟弟子。』『墨家者流，蓋出於清廟之守。茅屋采椽，是以貴儉；養三老五更，是以兼愛；選士大射，是以上賢；宗祀嚴父，是以右鬼；順四時而行，是以非命；以孝視天下，是以上同。此其所長也。』莊子天下篇：『墨翟、禽滑釐聞其風而說之，……生不歌，死無服。墨子汎愛兼利而非鬭。其道不怒。……其生也勤，其死也薄，其道大觳。』史記自序：『墨者儉而難遵。』」　庶按：盧、楊説並是，據改。其書已亡，今有馬國翰輯佚一卷。

〔四三〕「兼」原作「謙」，子彙本、龍溪本並作「兼」。楊明照曰：「『謙』當作『兼』。」　庶按：楊説是，據改。

〔四四〕漢書藝文志顔師古註：「右猶尊也。」

〔四五〕「鬬」原作「闘」，宋本、程榮本並作「鬬」。楊明照曰「『鬬』是。」　庶按：楊説是，據改。

〔四六〕盧文弨曰：「『觳』，俗『𣫍』。」　王叔岷曰「莊子天下篇郭象註：『觳，無潤也。』『大觳』猶太薄。管子地員篇：『剛而不觳。』尹知章註：『觳，薄。』『無潤』與薄義近。又案：墨子有節用、兼愛、尚賢、明鬼、非命、節葬、非攻等篇。」　庶按：莊子天下篇釋文：「家世父曰：『爾雅釋詁：「觳，盡也。」』管子地員篇：『淖而不肕，剛而不觳，其下土三十物，又次曰五觳。觳者，薄也。』史記始皇本紀：『雖監門之養，不觳於此矣。』言不薄於此也。墨子之道，自處以薄。郭象註：觳無潤也，解似迂曲。」漢書司馬遷傳：「墨者儉而難遵，是以其事不可徧循，然其彊本節用，不可廢也。……墨者亦上堯、舜，言其德行曰：『堂高三尺，土階三等，茅茨不翦，採椽不斲；飯土簋，歠土刑，糲粱之食，藜藿之羹；夏日葛衣，冬日鹿裘。』其送死，桐棺三寸，舉音不盡其哀。教喪禮，必以此爲萬民率。故天下共若此，則尊卑無別也。夫世異時移，事業不必同，故曰『儉而難遵』也。要曰彊本節用，則人給家足之道也。此墨子之所長，雖百家不能廢也。」

〔四七〕「闕」原作「闞」。孫詒讓曰：「『闞』當作『闕』。漢志縱横家：『闕子一篇。』後漢書獻帝紀李註引風俗通云：『闕，氏。（庶按：王叔岷曰：「氏本作姓，孫氏失檢。」）闕黨童子之後。縱横家有闕子著書。』闞、闕形近而誤。子彙本闕子下有註云：『字子我（程本無）。』蓋明人所妄加，誤以爲左傳哀十四年之闞止，大繆！」楊明照曰：「『闞』當作『闕』，漢志縱横家：『闕子一篇。』」王叔岷曰：「子彙本『闞子』下有註云：『名子我。』百子本同，孫氏所引，誤名爲字。道藏本有註云：『闞子，名子我，是齊人，善用兵也。』闞既爲闕之誤，則此註自不足據矣。」庶按：孫、楊說是，據改。闕子已亡，今有馬國翰輯佚一卷。

〔四八〕「煖」原作「㥨」，子彙本、吉府本、龍溪本並作「煖」。盧文弨曰：「『㥨』當作『煖』。」楊明照曰：「『㥨』當作『煖』。漢志縱横家：『龐煖二篇。』自註：『爲燕將。』」庶按：盧、楊說是，據改。其書已亡。

〔四九〕楊明照曰：「漢志縱横家：『蘇子三十一篇。』自註：『名秦。』」庶按：今存十二篇，有馬國翰輯佚一卷。

〔五〇〕楊明照曰：「漢志縱横家：『張子十篇。』自註：『名儀。』『縱横家者流，蓋出於行人之官。孔子曰：「誦詩三百，使於四方，不能顓對；雖多，亦奚以爲？」又曰：「使乎！使乎！」言其當權事制宜，受命而不受辭。此其所長也。及邪人爲之，則上詐諼，而棄其信。』」庶按：張子一書今已亡。

〔五一〕「人」原作「仁」。楊明照曰：「『仁』當作『人』。」庶按：楊說是，據改。「行人」，使者之通稱。左襄四年傳杜預註：「行人，通使之官。」

〔五二〕「弭」原作「靡」，宋本、明鈔本、景道藏本、子彙本、吉府本、程榮本、龍川鈔本並作「弭」。楊明照曰：「『弭』字是。」庶按：楊説是，據改。

〔五三〕「福」原作「禍」，宋本、明鈔本、景道藏本、子彙本、吉府本、程榮本、龍川鈔本並作「福」。楊明照曰：「『福』字是。」庶按：楊説是，據改。

〔五四〕楊明照曰：「漢志雜家：『孔甲盤盂二十六篇。』自註：『黄帝之史。或曰夏帝孔甲，似皆非。』庶按：書已亡。

〔五五〕楊明照曰：「漢志雜家：『尉繚二十九篇。』自註：『六國時。』」庶按：漢志顔師古註：「尉，姓；繚，名也。」書已亡。

〔五六〕楊明照曰：「漢志雜家：『尸子二十篇。』自註：『名佼。』」庶按：漢志「名佼」下亦有「魯人，秦相商君師之，鞅死，佼逃入蜀」文，楊氏略，當引。其書已亡，清汪繼培、章宗源、孫星衍、任兆麟均有輯本。

〔五七〕「夷」，宋本、龍川鈔本並作「南」。楊明照曰：「程榮本、王謨本、鐵輔本『夷』作『南』，是。漢志雜家：『淮南内二十一篇，淮南外三十三篇。』自註：『王安。』『雜家者流，蓋出於儀官。兼儒墨，合名法，知國體之有此，見王治之無不貫，此其所長也。及盪者爲之，則漫羨而無所歸心。』」庶按：漢志顔師古註：「内篇論道，外篇雜説。」今存内篇二十一篇，亦名淮南鴻烈。

〔五八〕「本」，宋本，程榮本並作「通」。　盧文弨曰：「『本』，俗『通』。」　庶按：「本」字義勝。

〔五九〕王叔岷曰：「子彙本、百子本『苞』並作『包』，包、苞正假字。」

〔六〇〕原本「取與」上無「觸類」二字，宋本、明鈔本、景道藏本、子彙本、吉府本、程榮本、龍川鈔本於「取與」上並有「觸類」二字。　楊明照曰：「『觸類』當據補。」　庶按：楊説是，據補。

〔六一〕「蔓衍」原作「蔓」，宋本、明鈔本、景道藏本、子彙本、吉府本、程榮本、龍川鈔本「蔓」並作「蔓」，下有「衍」字。　楊明照曰：「『蔓』是，『衍』當據補。」　王叔岷曰：「『蕪穢』，雜亂也。説文『蕪』、『薉』互訓，『薉』、『穢』古今字。『蔓衍』，漢志作『漫羨』，同，猶散漫也。」　庶按：楊説是，據改、補。「無所係心也」，底本低一格，誤入註文，據補。

〔六二〕楊明照曰：「漢志農家：『神農二十篇。』自註：『六國時，諸子疾時怠於農業，道耕農事，託之神農。』」　庶按：書已亡，今有馬國翰輯佚一卷。

〔六三〕楊明照曰：「漢志農家：『野老十七篇。』自註：『六國時，在齊、楚間。』」　庶按：書已亡，馬國翰有輯本。

〔六四〕楊明照曰：「漢志農家：『宰氏十七篇。』自註：『不知何世。』」　王叔岷曰：「王先謙補註引葉德輝云：『元和姓纂十五海宰氏姓下引范蠡傳云：「陶朱公師計然，姓宰氏，字文子，葵丘濮上人。」宰氏卽計然，故農家無計然書。志云「不知何世」。蓋班所見，乃後人述宰氏之學者，非計然本書也。』」　庶按：書已亡。

〔六五〕「氾」原作「范」。孫詒讓曰：「『范』當爲『氾』，漢志農家：『氾勝之十八篇。』」楊明照曰：「漢志農家：『氾勝之十八篇。』自註：『成帝時爲議郎。』『農家者流，蓋出於農稷之官。播百穀，勸耕桑，以足衣食。……及鄙者爲之，以爲無所事聖王，欲使君臣並耕，誖上下之序。』管子牧民篇：『倉廩實，則知禮節。』」庶按：氾勝之一書已亡，今有馬國翰輯本三卷、洪頤煊輯本二卷。

〔六六〕「畜」，宋本、程榮本並作「蓄」。王叔岷曰：「『畜』並作『蓄』，古通。」

〔六七〕「禮」原作「孔」，宋本、明鈔本、景道藏本、子彙本、吉府本、程榮本、龍川鈔本並作「禮」。林其錟曰：「『孔』乃『禮』之俗字『礼』之訛。」庶按：林說是，據改。

〔六八〕「又」，宋本作「若」。盧文弨曰：「（程榮本）『又』誤『若』。」王叔岷曰：「王謨本、畿輔本『又』並誤『若』。孟子滕文公上篇：『陳相見孟子，道許行之言曰：「滕君，則誠賢君也；雖然，未聞道也，賢者與民並耕而食。」』」

〔六九〕原本「雖」下無「旨」字，王謨本「雖」下有「旨」字。林其錟曰：「當有『旨』較勝。」庶按：林說是，據補。

〔七〇〕「偝」原作「偕」。盧文弨曰：「『偝僪形反』，『偝』，俱誤『偕』。」楊明照曰：「『偕』當作『偝』。此文『偝僪』與莊子天下篇之『倍譎』音誼並同。漢志諸子略：『諸子十家，其可觀者，九家而已，皆起於王道既微，諸侯力政；時君世主，好惡殊方。是以九家之術，蠭出並作，各引一端，崇其所善，以此馳說，取合諸侯。其言雖殊，辟猶水火相滅，亦相生也。』」王叔岷曰：「『偝』與『背』同，字或作倍，呂氏春秋明理篇：「其日有鬬蝕，有倍僪，有暈珥。」高註：「倍僪、暈珥，皆日旁之危氣也。在兩旁反出爲倍，在上反出爲僪。」倍、僪並反出之形，故此云「偝僪形反」。」庶按：諸說並是，據改。

〔七一〕孫楷第曰：「當作『乖隔流分』，與『偝僪形反』相對爲文。淮南子說山訓云：『江出岷山，河出昆侖，濟出王屋，潁出少室，漢出嶓冢，分流舛馳，注於東海，所行則異，所歸則一。』」庶按：孫說是。

〔七二〕王叔岷曰：「鍾嶸詩品上品評阮籍詩：『厥旨淵放，歸趣難求。』」

〔七三〕白虎通義卷四：「五行所以相害者，天地之性衆勝寡，故水勝火也；精勝堅，故火勝金；剛勝柔，故金勝木；專勝散，故木勝土；實勝虛，故土勝水也。」又「五行所以更王，何以其轉相生，故有終始也。木生火，火生土，土生金，金生水，水生木」。五行大義卷二：「五行體休王者，春則木王，火相，水休，金囚，土死。夏則火王，土相，木休，水囚，金死。六月則土王，金相，火休，木囚，水死。秋則金王，水相，土休，火囚，木死。冬則水王，木相，金休，土囚，火死。」又五行大義卷二引白虎通曰：「木生火者，木性温暖，火伏其中，鑽灼而出，故木生火。火生土者，火熱，故能焚木，木焚而成灰，灰卽土也，故火生土。土生金者，金居石，依山津潤而生，聚土成山，山必生石，故土生金。金生水者，少陰之氣，潤澤，流澤銷金，亦爲水，所以山雲而從潤，故金生水。水生木者，因水潤而能生，故水生木也。」

〔七四〕「異」原作「同」，「三」原作「二」。孫楷第曰：「『同』字誤，莫知所作。『二子』當作『三子』。漢書敍傳載幽通賦云：『三仁殊而一致兮，夷、惠舛而齊聲。』小顏註：『言微子、箕子、比干所行各異，而並稱仁。伯夷不義武王伐殷，至於不食周粟而死。柳下惠三黜不去，戀父母之邦。志執乖舛，俱有令名。』文選幽通賦李善註云：『項岱曰：「三人所行各異，俱至於仁也。」曹大家曰：「柳下惠以不去辱身爲善，伯夷以高逝爲賢。言去留適等也。」論語曰：「微子去之，箕子爲之奴，比干諫而死。孔子曰：殷有三仁焉。」』淮南子泰族訓云：『伊尹、伯夷異道而皆仁，箕子、比干異趨而皆賢。』」王叔岷曰：「『夷、惠同操』，『同』疑本作『異』，涉上文『同歸於海』而誤也。上文『淄、繩殊源，同歸於海；宮商異聲，俱會於樂』，以『殊』、『異』對言；此文『夷、惠異操，齊蹤爲賢，三子殊行，等迹爲仁』，亦以異、殊對言，文例一律。」庶按：孫、王說並是，據改。「二子」，景四庫本正作「三子」。

〔七五〕「化」原作「教」。孫楷第曰：「『教』當作『化』，下文云『九流之中，二化爲最』可證。後漢書黃瓊傳云：『唐堯以德化爲冠冕。』」庶按：孫說是，據改。

〔七六〕「清」原作「情」，宋本、明鈔本、景道藏本、子彙本、吉府本、程榮本、龍川鈔本並作「清」，是，據改。

〔七七〕「教」原作「樂」，宋本作「教」。王叔岷曰：「程榮本、王謨本、畿輔本並作『教』，以下文驗之，疑是。」庶按：王說是，據改。

〔七八〕「教」上原本無「禮」字。王叔岷曰：「『教』上當有『禮』字。禮教與無爲對言。下文『今治世之賢，宜以禮教爲先；嘉遁之士，應以無爲是務』，亦以禮教與無爲對言，與此同例。」庶按：王説是，據補。

〔七九〕「政」原作「改」，「教」下原有「以」字，宋本、明鈔本、景道藏本、子彙本、吉府本、程榮本、龍川鈔本並作「政」，「教」下並無「以」字。盧文弨曰：「『政教宜隔』，（程榮本）『宜』誤『宣』。」庶按：「改」乃「政」之訛，無「以」字是，據改刪。

〔八〇〕「世」原作「也」，宋本、明鈔本、景道藏本、子彙本、吉府本、程榮本、龍川鈔本並作「世」，是，據改。

〔八一〕王叔岷曰：「易遯：『嘉遯貞吉。』孔疏：『嘉者，美也。』遯謂隱遯也。三國志魏志管寧傳：『匿景藏光，嘉遁養浩。』遁與遯同。」

附録一

劉子佚文一則

劉子引古諺劉晝，字孔昭。

深不絶涓泉，稚子浴其淵。高不絶丘陵，跛羊遊其巔。

（明馮惟訥古詩紀前紀卷之十）

北齊書劉晝傳

劉晝，字孔昭，渤海阜城人也。少孤貧，愛學，負笈從師，伏膺無倦。與儒者李寶鼎同鄉里，甚相親愛，受其三禮。又就馬敬德習服氏春秋，俱通大義。恨下里少墳籍，便杖策入都。知太府少卿宋世良家多書，乃造焉。世良納之。恣意披覽，晝夜不息。河清初，還冀州，舉秀才入京，考策不第。乃恨不學屬文，方復緝綴辭藻，言甚古拙。制一首賦，以「六合」爲名，自謂絶倫，吟諷不輟。乃歎曰：「儒者勞而少功，見於斯矣！我讀儒書二十余年，而答策不第，始學作文，便得如是。」曾以此賦呈魏收，收謂人曰：「賦名六合，其愚已甚；及見其賦，又愚於名。」晝又撰高才不遇傳三篇。在皇建、大寧之朝，又頻上書，言亦切直，多非世要，終不見收采。自謂博物奇才，言好矜大，每云：「使我數十卷書行於後世，不易齊景之千駟也。」而容止舒緩，舉動不倫，由是竟無仕進。天統中，卒於家，年五十二。

（北齊書卷四十四列傳第三十六儒林）

北史劉晝傳

劉晝，字孔昭，渤海阜城人也。少孤貧，愛學，伏膺無倦，常閉户讀書，暑月唯着犢鼻褌。與儒者李寶鼎同鄉，甚相親愛。寶鼎授其三禮，又就馬敬德習服氏春秋，俱通大義。恨下里少墳籍，便杖策入都。知鄴令宋世良家有書五千卷，乃求爲其子博士，恣意披覽，晝夜不息。還，舉秀才，策不第，乃恨不學屬文，方復緝綴辭藻，言甚古拙。制一首賦，以「六合」爲名，自謂絶倫，乃歎儒者勞而寡功。曾以賦呈魏收而不拜，收忿之，謂曰：「賦名六合，已是太愚，文又愚於六合，君四體又甚於文。」晝不忿，又以示邢子才，子才曰：「君此賦，正似疥駱駝，伏而無嫵媚。」晝求秀才，十年不得，發憤撰高才不遇傳。冀州刺史酈伯偉見之，始舉晝，時年四十八。刺史隴西李璵，亦嘗以晝應詔，先告之，晝曰：「公自爲國舉才，何勞語晝！」齊河南王孝瑜聞晝名，每召見，輒與促席對飲。後遇有密親，使且在齋坐，晝須臾徑去，追謝要之，終不復屈。孝昭即位，好受直言。晝聞之，喜曰：「董仲舒、公孫弘可以出矣。」乃步詣晉陽上書，言亦切直，而多非世要，終不見收采。編録所上之書爲帝道。河清中，又著金箱璧言，蓋以指機政之不良。晝夜嘗夢貴人若吏部尚書者，補交州興俊令。寤而密書記之。卒後旬餘，其家幼女鬼語聲似晝，云「我被用爲興俊縣令，得假暫來辭别云」。晝常自謂博物奇才，言好矜大，每言：「使我數十卷書行於後世，不易齊景之千駟也。」容止舒緩，舉動不倫，由是竟無仕，卒於家。

（北史卷八十一列傳第六十九儒林上）

附録二

主要版本序跋

一、明隆慶沈津百家類纂本劉子新論題辭

按劉子五卷，五十五篇。北齊書以爲劉晝字孔昭撰。袁孝政序謂「劉晝傷己不遇，遭天下凌遲，播遷江表，故作此書」。王應麟玉海載：「北史：『晝又著金箱璧言、高才不遇傳。』」與書中語意頗合，似爲斯人所作也。唐志十卷，直以爲劉勰。然觀勰所著文心雕龍，辭旨偉麗，且又卷數不同，非也。此書泛論治國修身之要，雜以九流之説，無甚高論，然時有可喜者。清神章云：「萬人彎弧，以向一鵠，鵠能無中乎？萬物眩曜，以惑一生，生能無傷乎？」宋太史嘗謂：「三復其言，爲之出涕！」

二、明萬曆潛菴（周子義）子彙本劉子序

劉子五十五篇，播州録事參軍袁孝政注並序，謂「北齊劉晝孔昭傷己不遇，天下凌遲，播遷江表，故作此書。時人莫知，謂爲劉勰，或又謂劉歆、劉孝標作，非也」。按陳氏謂「其書近出，莫詳晝何代人」。而唐志直稱劉勰，未有的據。王應麟玉海云：「北史，晝著金箱璧言、高才不遇傳。」則與傷己不遇者合。疑袁序非謬也。其書泛論治國修身之要，雜以九流之説，無甚高奇。然引物連類，有可繹思者，故彙刻之。篇中事多見傳記，語亦頗顯淺，注可略也。故弗録。丁丑夏日志。

三、明萬曆吉府刻二十家子書劉子序

（文字與沈津百家類纂本題辭全同，故略。）

四、明孫鑛評本王道焜北齊劉子序

甚矣哉！立言之難也。憑意而敷，則率易而乏典雅；借古爲鏡，則捃摭而鮮空靈。高其旨，多迂而無當；卑其論，恒庸而無奇。質語也，似鄰於野；藻語也，屢毗於蕪。約言之，每促節而寡致；長言之，患支離而無倫。求其辯不詭於理，文不揜其情，雖一家之言，而擅衆論之長者，無有也，惟北齊劉子者足稱焉。其右尊生也，非猶夫熊經鳥伸之説也；關身心性命之學。其尚嘉遯也，非猶夫膏肓泉石之流也；抱江湖魏闕之懷。其勉崇學也，非猶夫説鈐書肆之曲也；深會夫言詮未着之先。其論政治也，非猶夫補苴塗飾之迹也；堅經偉宇宙之義。其掄寸諝也，非猶夫搜揚仄陋之滯也；具協宣運會之識。其尚農畝也，非猶夫東作西成之事也；直探樹藝粒食之源。其講武事也，非猶夫觀兵振旅之略也；直凜凶器危事之慎。其貴謹言也，非猶夫囊括瓶守之緘也；闡天根玄嘿之朕。此其大略也。其它如辨樂，季札不能踰其妙，慨遇，史遷似未暢其辭；妄瑕，得才難之心；適才，明器使之旨；保身説備於慎隟；知足理載於誡盈；標風俗，精五方之氣稟；論類感，明四體之貞淫；舉世法所先、道家所尚，一一皆畢論而無遺。且一篇之中，必互引典文，旁取事據，遣調既純，闡理彌暢。讀之，其淺處令人解頤；深處令人起舞。又不淪偏駁，不墜玄虚，求之諸子中，不一二屈指者。加以袁參軍之注釋，孫太史之標評，連章比句，悉爲分疏，妙旨微言，盡皆拈出。俾探玄珠者，不涉迷津；入武庫者，得案麾仗也。且子書至是日疊若積薪，能以此書居上，是在善讀書者。武林王道焜題。

五、明清謹軒藍格鈔本新論叙目

晝字孔昭，傷己不遇，播遷江表，故作此書。其文雋彩警拔，殆齊、梁之挺秀也。（卷末書）孔昭以鮮麗爲書，卒章究論儒道，識所依歸。

六、明蔣以化萬曆刊本蔣以化刻劉子引

劉子初不知其爲何代人，曩余偕伯兄讀書山中，喜括秘書語，偶得其繕寫半帙，見其語多近博士家言，援其尤者，已入所著珠瑯中，而以不覩其全爲歎。余見其分類鑄辭，尊仲尼，卑百家，一似文心雕龍語，謂必梁舍人劉勰所著也。壬辰，以計事入長安，偶挾友人徘徊道院，覘其架上所積殘經，抽而讀之，居然劉子全帙也，余迫欲得之。道者曰：「此是道藏中所存遺經，何至勤官人所豔？」余戲答曰：「此非道家讖籙也，夫安得援儒入墨乎？」遂攜以歸，付剞劂氏，刻於孝昌署中，欲與四方操觚者共之。會京山李太史云杜與余善，走筆乞敍。而太史武庫百家，訂爲北齊人劉晝所著，非勰也。詳具太史敍中。然則，劉子不惟余表章其書，且得太史表章其人矣，劉子可不謂遭乎哉！不者，劉子苦心著作，不令表見於世，而徒然槽櫪於黃冠緇服之手也，亦足悲矣。遂揭其概，以引諸首。時萬曆壬辰冬日，海虞後學蔣以化仲學甫書於思補齋中。

七、明李維楨蔣本劉子十卷劉子敍

孝昌蔣明府，上計京師，於道院中得劉子五十五篇，購以歸，授之剞劂，而屬不佞爲之敍。按鄭樵通志略列之儒術，云三卷，梁劉勰撰，無篇目。馬端臨經籍考列之道家，篇與之合，云唐志十卷，謂爲勰撰。而袁孝政稱劉晝撰，「晝傷已不遇，播遷江表，故作此書。時人莫知，乃謂勰撰，或曰劉歆、劉孝標作」，終不知晝爲何代人。往歲，參知都人李公，嘗刻於吾邑中，邑人方伯劉公序之，考晝爲北齊人，李鉉、魏收同時，定爲晝撰。明府以其語類文心雕龍，定爲勰撰。不佞固莫能決也，而獨敍所以行是書之指曰：自宋諸儒以理學自命，直取濂、洛、關、閩，與鄒、魯相承；而孔、孟以後千四百年，含經味道之士，諸所論著，率擯之餘分閏位，不與正統，甚者比僭王受誅。劉子是書，何足辱宋儒唇物哉！不佞竊以爲非孔、孟意也。孔子有言：「天下殊塗而同歸，一致而百慮。」及門之士，魯者、愚者、辟者、喭者、狂者、狷者、簡者，互鄉闕黨，原壤、孺悲、公山弗擾、佛肸之屬，因材而篤，納約自牖，往者不追，來者不拒，猶物之在埏埴，惟其所爲，如其人，有一言之幾於道，寧置不録乎？孟氏息邪説，放淫辭，號爲嚴峻，然而逃楊、墨歸儒者，斯受之，不欲招入笠之放豚也；如其人非楊非墨而不叛於儒，寧棄不省乎？世有孔、孟而復有異端如楊、墨，世有明孔、孟之道如宋儒，而復有邪説淫辭，則大其書，人其人，夫復何辭？孔、孟没而微言隱，大義乖，火於秦。黄、老於漢，佛於晉、宋、齊、梁，道術爲天下裂久矣。劉子咀英吐華，成一家言，其大指不謬於聖人，是所謂千里一賢猶比肩，百世而遇猶旦暮也，而必屏諸門牆之外，無乃已甚乎？千金之裘，非一狐之腋，故孔子集大成，而孟子大取人爲善，言詢蒭蕘，道在糠粃，皆是物也。彼學一先生之言，而暖暖姝姝，自以爲適，則誠陋矣。儒者將材，官羣有總，擥千古而多設蹊隧過爲鍵轕，至令有一言之幾於道者，不得陳於前，何示人不廣也？假令劉子生當洙、泗，時與聞善誘，庶幾備身通六藝之科矣。不佞懼失執宋儒之見，以求多於是書者，而稍爲之張大其説，是亦蒭蕘糠粃云耳，閎覽博物之君子，或有采焉。

雲杜大泌山人李維楨撰

八、明龍川精舍鈔本跋

集劉子新論十卷，梁劉勰著，鈔本。是書分五十五篇，又體與文心雕龍相近。

九、清王謨子餘增訂漢魏叢書新論題識

右新論十卷，通考作劉子五卷。晁氏云：「齊劉晝字孔昭撰，或以爲劉勰，或以爲劉孝標，未知孰是。」陳氏云：「書凡五十五篇，播州録事參軍袁孝政爲序云：『晝傷己不遇，天下陵遲，播遷江表，故作此書，時人莫知，謂爲劉勰。』孝政之言云爾，終不知晝爲何代人。其書近出，傳記無稱，莫詳其始末，不知何以知其名晝字孔昭也。」玉海又引北史：「晝著金箱璧言，撰高才不遇傳。」今考隋書經籍志，果載有高才不遇傳，注後齊劉晝著。」而金箱璧言與新論並軼。唐志亦載劉晝高才不遇傳，而於劉子十卷，注作劉勰。今叢書本亦作十卷，稱劉勰撰，從唐志也。汝上王謨識

一〇、明葉子寅明鈔本劉子注十卷題識

（一）晁氏讀書志云：「齊劉晝孔昭撰，唐袁孝政注，凡五十五篇，言修心治身之道，而辭頗俗薄，或以爲劉勰，或以爲劉孝標，未知孰是。」庚午己月晦日葉子寅讀識。

（二）辛卯夏五月十七日晨窗，見太翁外舅圖記，此册有外舅圖記，内子圖記補印。

一一、清許心扆明鈔本劉子注十卷跋

此書丁丑冬得之梅花館，越宿卽取去。庚辰秋再見之南樓，如逢故人，亟攜之歸。

内鈔録多誤，硃筆已較正。至劉子姓氏，南陽先生雖言之，而終無的據，當以俟知者。世無刻本，可勿珍諸？康熙庚寅中秋十八日許心扆識。

一二、陳乃乾過校本新論十卷跋

黄氏舊藏劉子注十卷，向在陸叔同家，癸亥九月，爲上海古書流通處所得，將轉售於吴中許博明，因假歸留閲一宵，校異同於此本上。黄本不知刻於何時，郎堯翁鑒别版刻至精，凡遇疑似之本，則但呼舊刻；去年在合肥，李氏刻黄跋韓詩外傳亦然，其謹慎可爲後生師法。劉子注惟道藏中有之，黄本亦從道藏出，其刻印似尚在正統以前。余初見此書時，書友陸君指爲活字本，余未敢信，及假歸校閲，見互倒之字甚多，始疑之。而卷七、十一葉中，竟有倒文「與」字，方知此書之爲活字本無疑矣。癸亥十月十二日夜二句鐘校訖，乃乾記。

一三、傅增湘跋劉子二卷

（一）何穆忞藏唐卷子本劉子二百八行，蓋敦煌石室之秘笈也。存者只得全書十之一，然異字佚文乃至不可勝計。聞劉幼雲前輩尚有九篇以下數百行，若一旦爲延津之合，豈非天地間奇寶乎？昔人動侈千元百宋，視此文何足云云耶？沅叔校畢記，時甲寅大春節。

（二）劉世兄希亮，以影寫唐卷子劉子見眎，凡二百四十行，自愛民起至薦賢止，凡八篇，移校於此本上，合之何氏及法人伯希和所藏，通得二十一篇，已得全書三分之一矣。記此以矜眼福。己卯四月初九日，藏園老人識。

一四、傅增湘劉子袁註（舊合字本劉子十卷）跋

劉子新論，蕘翁稱有宋本，今已不傳，鐵琴銅劍樓所載影宋寫本，細審之，乃自子彙本出，不足貴也。昔年見唐人寫卷子本，存去情篇末至思順篇首，都二百又九行，較時刻本補訂達百餘字。聞其下卷在劉幼雲前輩家，迄未得見。嗣得天一閣藏寫本，是正尤不可勝計。茲忽覯古合字本於海上，因從陳君立炎假得，校於漢魏本上，其是正較天一閣本爲多。以余所覩記，此爲刻本之最善者矣。今世多重宋、元古刻，計葉論錢，轉相矜炫。然較短量長，要歸真識；若是書之精善，其珍異又寧遜於宋、元哉！書此以告世之善讀書者。甲子荷花生日，藏園居士傅增湘記。

校注諸家序跋

一、唐袁孝政序

晝傷己不遇，天下陵遲，播遷江表，故作此書。時人莫知，謂爲劉勰；或曰劉歆、劉孝標作。（按：袁序全文今已佚，宋陳振孫直齋書録解題存録一段。）

二、清盧文弨羣書拾補新論校序

新論十卷，唐播州録事參軍袁孝政注。其序云：「劉晝孔昭撰。」晁公武讀書志云：「齊時人。」今俗閒所行本，題梁東莞劉勰著。殆以文筆與雕龍相似而傅會也。或疑卽袁孝政所作，此大不然！此書豐腴秀整，而注極淺陋，書中用典故處，孝政尚不能備知，況能爲如是之文乎？道藏本作劉子，書録解題亦同。向以程榮本校何允中本，大略相似。後以道藏本校對，正訛補脱，庶稱善本。其注則不復置論云。

三、盧文弨抱經堂文集劉子跋

劉子五十五篇，南齊時劉晝孔昭撰。（庶按：王叔岷謂「南齊」當作「北齊」。）其文筆豐美，頗似劉彦和。然此有用世之意焉，或疑卽勰所著，殆不然也。有唐播州録事參軍袁孝政注。其云劉晝撰者，亦孝政之序云耳。宋人黃東發遂疑爲孝政所自著，余借得道藏本，見孝政所爲注淺陋紕繆，於事之出左氏、國語者，尚多亂道，而謂其能爲此文乎？余取其本以校世所行名爲新論本，補脱正譌，遂成善本。孝政序則兩本皆遺之矣。當晁公武、陳振孫兩家著録時尚見之也。其書首言清神、防慾、去情、韜光，近乎道家所言。末敍九流，道藏本先道家，外閒本先儒家，觀其揔括之語，則道藏本實據其本書次第如此，非由後來黃冠所妄爲移易也。東發又譏其文類俳，此在當時文體自爾。中閒亦不全避唐諱，安得斷爲唐人？其惜時云：「人之短生，猶如石火，唯立德貽愛爲不朽也。若生爲無聞之人，殁成一棺之土，亦何殊草木自生自死者哉？歲之秋也，寒蟬抱樹而長吟，哀其時命迫於嚴霜，而寄悲於菀柳。今日向西峯，道業未就，亦奚能不霑衿於將來，染意於松煙者哉？」此其所以著書之意也。古人留意於身後之名若此，讀此能不瞿然有動乎？

四、近人羅振玉永豐鄉人襍著續編敦煌本劉子殘卷校記序

敦煌唐寫本劉子殘卷，起去情第四之後半，訖思順第九之前半，每行十五六字，書勢頗縱逸，有褚、薛遺意，與經生書體謹飭者不同，殆出初唐人手。此書唐志稱梁劉勰

撰，宋志作北齊劉晝撰。四庫全書總目謂當出貞觀以後，訖莫能定爲誰何。惜此卷前題已闕，不可考矣。然此本寫於盛唐，且遠及邊裔，其爲六朝人舊著可知。隨書經籍志子部論諸家得失，與此書九流篇略合，館臣遂疑隋志若襲用其説，不應反不録其書，所疑固當。然安知非史臣一時漏略，致未著録，非有意遺之耶？至其卷數，新、舊唐志作十卷，宋志作三卷，晁氏讀書志作五卷，今通行本十卷，諸子奇賞本五卷，子彙本二卷。此卷雖標題已佚，而已至第九篇，則原書非三卷則五卷矣。壬戌秋得此於江陰何氏，索居無俚，校其異同於明人子彙本上，並以别紙遣儿子福葆録爲校記一卷，以授梓人。癸亥二月上虞羅振玉記。

五、近人楊明照劉子斠注附記

劉子，舊有唐播州録事參軍袁孝政註，疏陋紕繆，前人婁有譏之者。余鼓篋上庠之明年，卽玩索是書，而爲之拾遺補蓺。詞求所祖，事探其原，諸本之異同，類書之援引，皆逐録如不及。久之，蕃衍盈册。後以累於他業故，時作時輟，置笥中者，且一易寒暑矣。今者，年報徵文，爰清寫此稿以應。惟付印孔急，日事筆硯間爲勞，未皇旁騖，不能不觖如耳。至字句勘證，力避繁瑣，以殺篇幅；無關宏旨，及前人已具者，則不復贅云。二十七年三月八日，明照附記。

附録三

諸書著録

一、舊唐書經籍志下雜家類

劉子十卷劉勰撰。

二、新唐書藝文志三雜家類

劉子十卷劉勰。

三、宋史藝文志四雜家類

劉子三卷題劉晝撰。

奚克讓劉子音釋三卷，又音義三卷。

四、宋鄭樵通志藝文略四諸子類

劉子三卷梁劉勰撰。

五、宋王堯臣崇文總目卷三子部雜家類附清錢侗釋。

劉子三卷

清錢侗釋云：「舊唐志、唐志並十卷，劉勰撰。書録解題五卷，劉晝撰。讀書附志云：『劉晝之書，或云劉勰所撰，或曰劉歆之制，或謂劉孝標之作。袁孝政爲敍之際，已不能明辨矣。』」

六、宋尤袤遂初堂書目雜家類

劉子

七、宋晁公武郡齋讀書志卷第十二雜家類

劉子三卷。

右齊劉晝孔昭撰，唐袁孝政注。凡五十五篇。言修心治身之道，而辭頗俗薄。或以爲劉勰，或以爲劉孝標，未知孰是。

八、宋趙希弁郡齋讀書附志諸子類

劉子五卷。

右劉晝字孔昭之書也。或云劉勰所撰，或曰劉歆之制，或謂劉孝標之作。袁孝政爲序之際，已不能明辨之矣。唐藝文志列於雜家。

九、宋陳振孫直齋書録解題卷十雜家類

劉子五卷。

劉晝孔昭撰，播州録事參軍袁孝政爲序，（王叔岷謂原本「袁」字脱。）凡五十五篇。案唐志十卷，劉勰撰。今序云：「晝傷己不遇，天下陵遲，播遷江表，故作此書。時人莫知，謂爲劉勰，或曰劉歆、劉孝標作。」孝政之言云爾。終不知晝爲何代人。其書近出，傳記無稱，莫詳其始末，不知何以知其名晝而字孔昭也。

一〇、宋王應麟玉海卷第五十三藝文門諸子類

劉子。

北齊劉晝字孔昭撰，袁孝政爲序並注，凡五十五篇。清神至九流。書目三卷。泛論治國修身之要，雜以九流之説。北史：「晝著金箱璧言，撰高才不遇傳。」唐志：「劉子，十卷，劉勰。」晁氏志：「齊劉晝撰。或以爲劉勰，或以爲劉孝標，未知孰是。」

一一、宋章俊卿山堂考索卷十一諸子百家門雜家類

劉子，題劉晝撰。泛論治國脩身之要，雜以九流之説，凡五十五篇。唐志云：「劉勰撰。」今袁孝政序云：「劉子者，劉晝，字孔昭，傷己不遇，播遷江表，故作此書。時人莫知，謂劉歆、梁劉勰、劉孝標作。」

一二、元馬端臨文獻通考經籍考四十一子部雜家

劉子五卷。

陳氏曰:「劉晝孔昭撰,播州録事參軍袁孝政爲序,凡五十五篇。按唐志十卷,劉勰撰。今序云:『晝傷己不遇,天下陵遲,播遷江表,故作此書。時人莫知,謂爲劉勰、或曰劉歆、劉孝標作。』孝政之言云爾。終不知晝爲何代人。其書近出,傳記無稱,莫詳其始末,不知何以知其名晝字孔昭也。」晁氏曰:「唐袁孝政注。言修心治身之道,而辭頗俗薄。」

一三、清錢謙益絳雲樓書目卷二子部雜家類據清陳景雲註本。

劉晝新論五卷。晝字孔昭,其時代昔人皆未詳也,北史中有劉晝,未知即此人否?當更考之。

一四、清錢曾述古堂藏書目卷二子部

劉子袁孝政注十卷,二本。抄。

一五、清瞿鏞鐵琴銅劍樓藏書目録卷第十六子部雜家類

劉子新論十卷。明刊本。

此書舊皆題梁劉勰撰,袁孝政注。惟晁氏讀書志、直齋書録據袁孝政序作北齊劉晝。此明人覆刻宋本,亦題劉勰。舊爲士禮居藏書。卷首有士禮居藏,黄丕烈蕘夫諸朱記。

一六、清季振宜延令宋版書目

劉子新編十卷。二本。(王叔岷曰:「編,黄本論。」)

一七、清孫星衍孫氏祠堂書目内編卷二諸子第三雜家類

劉子十卷。梁劉勰撰，唐袁孝政注。一、宋刊巾箱本。一、明程榮刊本。一、漢魏叢書本。一、明孫鑛二卷不全本，題北齊劉晝撰。

一八、孫星衍平津館鑒藏記卷一宋版

劉子十卷。目録前題劉子新論，梁通事舍人劉勰撰，播州録事參軍袁孝政注。自清神至九流，五十五篇，巾箱本。每葉廿二行，行十八字。左欄線外上俱標篇名，宋諱貞、慎、恆字俱缺筆，字畫清勁，是宋刻之佳者。此書唐志作劉勰撰，陳氏書録解題、晁氏讀書志，俱據袁孝政序文作北齊劉晝撰。此本無袁序，而題作劉勰，與唐志同。又目録與卷一、卷二字畫不同，是後人補刻。據盧氏羣書拾補所校道藏本，此本殘脱猶多。收藏有趙氏子昂朱文方印，揚州季氏藍文長印，滄葦藍文長印，振宜之印藍文方印，季振宜藏書藍文小長方印，御史振宜之印白文方印，良惠堂沈綸九川印朱文長印，鑒定法書之印朱文長方印，九川朱文方印，志雅齋朱文方印，沈文私印白文長方印，字伯朱文方印，竑谿白文長印，竑谿草堂朱文方印。

一九、清黄丕烈蕘圃藏書題識卷五子類二繆荃孫輯本。

劉子新論十卷校宋本。

殘宋劉子新論，有註。本藏孫伯淵家，余從之借校於舊鈔道藏本上。缺首二卷，以明刻本補之。明刻與道藏本殊異，反與此程榮本同。而三卷以後，此又不同於宋本，是未知所據云何也。兹復用宋本專校正文於程榮本上，俾知宋本佳處。至宋本之注，因與此不同，未暇校也；且有正文小注，校本舊鈔道藏本上，故此從略焉。壬申端午後一日，西賓陸拙生以書歸進，復翁記。

劉子新論十卷校宋明鈔本。

此亦五硯樓書也。因舊鈔檢出之，不令隨他書去。卷端題劉子，卷下又有無一至無十字號，其爲藏本出無疑。惜五硯主人在日，未取藏本勘之，爲一恨事！而藏本早售去，兹無從借校，又一恨矣！我友周丈香巖家多祕書，向假得活字本校如右。其硃墨兩筆舊校者都合。余前校活字本，是者存之，非者不贅焉。讀是書者，以舊鈔爲主，活字參之可耳。嘉慶庚午五月一日校畢，時在支硎道中，復翁。

此書世鮮刻本，惟程榮漢魏叢書本有之。然脱誤甚多，不可據也。是舊鈔以他書道藏本證之，每葉二十行，行十七字。其自藏本出無疑。不知何故，正文與注或錯出，或譌舛。舊校而外，又賴活字本校正無算。可知書非宋刻，可據者十不一二也。余向從萃古齋見一小匡子細字本，主人云：「是宋刻。」惜亦不全。後聞爲陽湖孫伯淵售去，當致書山左，向彼借校，一破羣疑。讀書在廣見博聞，余謂藏書之道亦然，藏而能讀，非見聞廣博，不足以奏其功焉。庚午五月十三燒燭重檢，復翁又記。

宋刻分卷與此異，其十卷則同，所異在每卷分合。

宋本二册，見季滄葦延令書目，題曰劉子新論。孫氏五松園所藏卽此本。今借校於此本上，其勝處固多，其脱誤處當以藏本、活字本參之。

是書校宋，不憚至再至三。每校一次，卽得訛字幾處。書之難校，「掃葉拂塵」，可謂至論。四月十六日第三次校畢記。

劉子新論十卷，南宋版本，陶大使所贈。予見子彙本作二卷，無注。又有孫鑛評本，本文不全完。題播州袁孝政注。以孝政官爲地名，謬甚！但自清神至專學注文，反多於此本，不知何故，宜細考。宋題劉勰者，仍唐志之舊，與明人逕題劉晝者殊，無足怪也。孫星衍記於金陵五松園。

宋本

裝潢二册。根號，乾、坤。

題籤劉子新論宋版神品

圖書第一册副葉上。子儋鑒定法書之印在明刻補缺目録第一葉一行上。季印振宜滄葦在明刻補缺目録第一葉一、二行上。沈子橋印在明刻補缺卷一第一葉一、二行之中。揚州季氏滄葦振宜之印在宋刻卷五第十三葉末行。旅谿草堂在第二册副葉上。良惠堂沈淪鑒定法書之印九川印在宋刻鈔補卷六第一葉第一、二行之中。季振宜藏書旅谿在宋刻第六卷第十葉後三行。志雅齋在宋刻第七卷第一葉前二行。九翁趙氏子昂在宋刻第八卷第一葉前二行。竹塢在宋刻第十卷第十葉，不計行。宗伯沈文私印御史振宜之印。

葉數目録，二葉。卷一，八葉。卷二，九葉。以上皆明刻。卷三，計十葉。内脱第八葉。卷四，計十葉。内脱第四、第五葉。卷五，計十三葉。全。卷六，計十葉。内鈔補首三葉。卷七，計八葉。全。卷八，計九葉内脱第六葉。卷九，計八葉，内脱第二、第三、第四葉。卷十，計十葉。全。無鈔補。

板心白口，上記大小字數。

小耳記每章章名於每葉葉尾欄外上方。實存宋刻六十八葉。内鈔半葉。校宋刻畢，復記宋刻面目如右。

余好古書，無則必求其有，有則必求其本，本之異，爲之手校。校則必求其本，本之善，而一再校之。此余所好在是也。年來家事攖心，漸奪余好，其興少衰，未有如之前之甚者。日坐齋中，身閒心忙，視書無一字可入肚。雖流覽之，殊無所得也。古人謂：「凡人爲一事，到成就處，必有魔來擾之。」此其是耶？此書因讎校，留案頭三年矣。因記愁緒於此。復翁。時癸酉五月二十有六日，三男生十有一載矣。能讀父書當賴此子。

嘉慶丙子閏六月，因收得道藏本黄帝八十一難經句解，内有缺葉，遂託穹窿道士向玄妙觀借藏本補鈔。且云：「藏本如欲借觀，不妨往取。」余於鈔補竣事後，開一目去，復檢得數種。原有者校之，不全者補之，卷帙少者擬次第傳録之。此劉子原出道藏，惜有錯誤，先經前人以朱墨二筆校勘；及入余手，復取活字本、殘宋本、宋缺補以明刻本，校正文及注。取子彙本校正文，幾於火棗兒餻矣。

茲刻專取道藏原本覆勘之，始知此舊鈔本實出道藏，唯稍有脱落耳。卽活字本、宋刻本正文及注，亦未必大有歧異。不知所補明刻二卷出於何本，其注多少互異。茲既得見道藏真本，自然以此爲主，而以活字、宋刻兩本參焉。明刻之二卷，斷不可據，正文子彙本極佳，可取證也。所校道藏，皆標於下方，以藏字注於字下。通體於本行文字詞句有經宋本、活本、明本及前人朱墨二筆校改增損者，不復再加區别。唯視下方無道藏本標出者，皆與藏本合。而舊鈔之爲道藏，固可卽本身字而知之矣。至於字體不盡合道藏本，未能一一照改也。得此番校正後，劉子一書，可稱善本，余之心力幾悴於此。八月八日燒燭，廿止醒人識。

嘉慶十七年四月十四日覆校畢，陸雲士記。道光癸未秋日長洲張紹仁假讀。

劉子十卷舊刻本。

劉子有宋刊本，系小字，向爲五柳居物，後以贈陽湖孫伯淵者。又有舊鈔本，向爲五硯樓物，後以歸余者。有舊刻專本，向爲香巖書屋物，今以售余者。三本各不相同，余曾借伯淵藏本校五硯本，又曾借香巖本參校於五硯本上，故知之詳如此。此皆昔年事也。春初，香巖主人殁，遺書分貯各房，有目録傳觀於外。余遂檢向所見過者，稍留一二種。惜年來力絀，宋、元舊刻，散失殆盡；而此區區舊刻，又復思置之。且賣書買書，牽補殊艱，自笑兼自媿也。己卯季冬望後一日，復翁。

劉子新論十卷明本。

余於劉子，所見本子多矣，故手校亦屢其詳，在舊鈔道藏本上。此本係明覆宋刻，因余曾見殘宋本，又見殘宋本之首配明覆本，余校刊時，因舊鈔無目，影寫補之。此本適缺，復影寫向影寫者補之。餘所缺者，又依校出行與欵補寫之，一本之書，倩工影摹，倩工裝潢，不知又費多少錢矣！是書於臯轅西中有堂偶得之。時爲道光癸未八月二十日也。越九月十八，盡裝成，並記。今日月大，可於明日五更觀日月同升。因天未老晴，故未赴山僧之約。蕘夫記。

二〇、清于敏中等天禄琳琅書目續編卷五宋版子部

劉子二函，十册。

劉晝撰。考北史儒林傳,有劉晝,字孔昭,渤海人。然僅列所著有帝道、金箱壁言二書,不云有此著述,故陳振孫書録解題云「終不知爲何代人」也。書十卷,五十五篇。標播州録事參軍袁孝政註。據晁公武郡齋讀書志載爲唐人,有孝政序。此書近坊間傳本無註,此獨有之,其序則已佚矣。

二一、清陸心源皕宋樓藏書志卷五十五子部雜家類

劉子五卷明刊本。

周劉晝撰。

二二、清丁丙善本書室藏書志卷十八子部雜家類

劉子十卷明萬曆刊本,王藹士藏書。

播州録事參軍袁孝政註。北史儒林傳:「劉晝,字孔昭,渤海人。嘗著帝道、金箱壁言。」未及此著,故世謂爲劉勰,又爲劉歆、劉孝標,皆非也。吉藩刊本及子彙本,直謂晝撰,凡五十五篇。泛論治國修身之要,雜以九流之説。袁孝政注,據郡齋讀書志載爲唐人,舊有序,今已佚矣。前有大泌山人李維楨序,萬曆壬辰海虞蔣以化入長安,得道藏本,因刻於孝昌署中,自爲後記。

二三、清邵懿辰四庫簡明目録標注卷第十三子部雜家類

劉子十卷。

是書或題劉歆，或題劉勰，或題劉孝標。惟袁孝政序爲劉晝，疑即孝政所僞作，而自爲之注也。抱經云：注極淺陋紕繆。子彙本。漢魏叢書本題劉子新論。明泰和堂刻孫鑛評二卷，不全，亦有注。道藏本有袁孝政注。天禄後目、平津館目均有宋刊本附注。羣書拾補内有校正若干條。何允中本即何鏜漢魏叢書本。朱修伯曰：「晁志稱是書五卷。嘗校核各本，子彙與道藏略同，頗可正程氏、何氏本之謬。後檢諸子奇賞是五卷本，校之，果是善本。因知五卷本明末尚有流傳也。」

附録 東湖叢記有蕘竹堂舊鈔本，又載陳鱣跋云：周香巖有明活字本。某氏。

二四、清丁日昌持静齋書目卷三子部雜家類

劉子十卷漢魏叢書刊本，題新論。

是書疑唐袁孝政所僞作。

二五、清張之洞書目答問卷三子部雜家類附范希曾補正。

劉子十卷

梁劉晝。漢魏叢書本。兼道家。補 唐袁孝政注。舊唐志云：「劉勰撰。」晁志云：「劉晝撰。」又有謂即袁孝政所僞作者，疑不能明也。漢魏叢書本題劉子新論。定州王灝刻畿輔叢書本。涵芬樓道藏舉要影印道藏本。玻璃版影印明活字本。盧文弨、孫詒讓皆有條校，在羣書拾補、札迻内。

二六、日本大正河田羆静嘉堂祕籍志卷二十七子部雜家類上

劉子五卷明刊本。

周劉晝撰。案提要作十卷，云：「隋志不著録，唐志作梁劉勰撰。陳振孫書録解題、晁公武讀書志，俱據唐播州録事參軍袁孝政序，作北齊劉晝撰。宋史藝文志亦作劉晝。自明以來刊本，不載孝政注，亦不載其序。中略。北齊劉晝字孔昭，渤海阜城人，名見北史儒林傳，亦不云有此書，豈孝政所指，又别一劉晝歟？」又案新刊彙刻書目，吉府刻二十家子書，明萬曆六年謝其盛輯，吉藩潭州道人德山序，版心有崇德書院，列老子以下至無能子二十家。而此本唯載十三子，及子華子、劉子，蓋佚其餘子。儀顧堂續跋，有明刊子彙跋，卽萬曆四年潛庵周子義所編，與此本異。（庶按：此條録自王叔岷劉子集證。）

二七、近人傅增湘雙鑑樓善本書目卷三子部

劉子十卷

明龍川精舍鈔本，十行，十八字。天一閣藏書。

劉子二卷

明子彙本。

二八、傅增湘藏園羣書題記卷三明鈔劉子跋

劉子十卷，明人寫本。棉紙藍格，十行，十八字。版心有龍川精舍四字，此天一閣舊藏，余昔年得之上海金誦清坊中者。闌上有舊人校字及批釋諸條，亦明人筆也。以程榮漢魏本校之，卷一防慾章「口貪滋味」下，補「命曰腐腸之藥，鼻悅芳馨」十字。去情章「虛心觸己」下，補「雖有忮心而不怒者，以彼無情於擊觸也」十六字。專學章注文「寘我周行」下，補「后妃歎曰：『若得君子，將共治國。』不知祭祀之時已過，專與不專，則斯見也」二十八字。卷二思順章「欲無傷」下，補「也其可得」四字，卷三審名章「黃公醜女」注「故一國」下，作「謂之實醜。後納爲妃，時人始知其爲」十四字，與程本作「無聘者，有鰥夫時冒取之果」十一字者迥異。卷四薦賢章注「虞丘楚相」上，補「楚莊王以告虞丘，虞丘伏罪，於是遂進叔敖爲相，楚國大治」二十三字。其他單詞片語，糾正者凡數百事，可知此本之善矣。余昔年曾校明初活字本，取此對勘，其正文所補各條，活字本均有之；惟注文三條，爲此本所獨具。嗣得黃蕘圃校宋本，則所補注文，宋本一一咸備。是此寫本出於宋刊，斷可知矣。又此書燉煌石窟有六朝人寫本，余曾見兩殘卷，一爲何邕威所藏，二百六行，存去情第三末，至思順第九上半。一爲法國伯希和所藏，一百五十二行，存風俗第四十六章，至正賞五十一。聞有劉幼雲前輩藏一卷，其文

與何氏所藏正相接續，惜遠在青島，未得假校。然所校兩卷，其文字與通行者違異頗多，蓋古書自唐以後，展轉流傳，去古愈遠，舛謬愈增，欲整齊而廓清之，蓋戛戛乎其難矣！壬申二月清明前三日藏園記。

二九、近人王重民巴黎敦煌殘卷敍録第一輯卷三子部

劉子新論伯二五四六

敦煌本劉子新論殘卷，起鄙名第十七，訖託附第二十一之前半，於唐諱世之字爲代，治之字爲理，則寫於開、天之世也。字小行密，然頗清秀。友人孫子書有新論校釋一卷，一九三〇年余曾與舊作列子校釋，彙印爲西苑叢書。知人篇：「使百川東注於海，西被於流沙。」子書以意校「西被於流沙」五字爲衍文，此卷子本正無此五字，因歎子書校書之精，益知古本之可貴也。一九三五年四月七日

又伯三五六二

劉子新論殘卷，起韜光第四之後半，訖法術第十四之開端，得整篇九，殘篇二。羅振玉於江陰何氏許，曾得一敦煌本劉子殘卷，起去情第三之後半，訖思順第九之前半。此卷與羅卷同者可五篇，又得多五篇，爲可寶也。羅卷每行十五六字，此卷每行十九字、二十字不等。羅卷寫於初唐，此卷不避唐諱，當出於六朝之末。羅跋云：「此書唐

志稱梁劉勰撰，宋志作北齊劉晝撰，四庫全書總目謂當出貞觀以後，訖莫能定爲誰何。惜此卷前題已闕，不可考矣，然此本寫於盛唐，且遠及邊裔，其爲六朝舊著可知。」按此卷亦闕前題，繹羅氏言，同此缺望。然揆以唐人寫書之例，凡避諱字，或缺筆，或改用代字；又揆以唐人著書之例，凡避諱字則逕用代字。檢此卷崇學篇「學爲禮義，彫以文藻，則世人榮之」，羅卷世作代。又辨樂篇：「三王異世，不相襲禮。」羅卷世亦作代。則原書逕用避字，不但可知此卷寫於貞觀以前，且可斷知此書非作於唐世矣。於羅氏所爲六朝舊著者，此爲一强有力之證據。適今日尚有餘晷，乘興將此卷與羅卷相同之五篇，校於敦煌石室碎金排印本上，以知此卷實勝羅卷也。惟羅氏有校記，客中尚未獲見爲悒悒耳。一九三五年六月。

又

余於敦煌本劉子新論，於羅卷外，在巴黎既又獲見兩種，以補羅氏爲六朝舊著之説。至其撰人，應爲劉勰抑劉晝，仍不敢贊一言也。繼思敦煌遺書内有所謂隨身寶者，所記經籍一門，均係當時最通行之書，不啻一部唐人書目答問也。余乃求之卷内，正有「流子劉協注」一則，知必係「劉子劉勰著」矣。於是是書盛行唐代之言益驗，而唐志劉勰所著之説，又多一證。又三六三六號卷子爲雜抄，卷中有「九流」一條，目下有注云:「事在流子第五十五章。」所録正是新論九流篇原文。其作「流子」之義,雖仍不得其解,然隋志敍録全取此篇,事正相同也。一九三五年六月十四日

第二輯卷三子部

劉子新論伯三七〇四

此殘卷存風俗第四十六,利害第四十七,禍福第四十八,貪愛第四十九,類感第五十,正賞第五十一,恰得百行。與二五四六號卷子當是同卷,爲開、天時寫本,余前已言之矣。巴黎所藏新論無善本,手頭只有子書所作校釋,持以對讀,與此卷合者十得八九。益嘆此卷子本之善,與子書校書之精。禍福篇「善行則禍轉爲福」,今本誤作「善言則福轉爲禍」。子書云:「此不應云福轉爲禍,福、禍互誤。」又「逾敬慎以檢身」,今本誤作「逾敬慎以儉誡其身」。子書云:「吉府本作『逾敬慎以檢身』,是也,與下『逾修德以爲務』對文。」貪愛篇「出府庫之兵以賦人」,今本「賦」誤作「賜」。子書云:「道藏本、子彙本賜作賦,當據正。」類感篇「彈角而木搖,鼓羽而波涌」,今本誤作「彈角則目搖,鼓舟而波洏」。子書云:「范氏天一閣抄本作『鼓羽而波湧』,按范本是也。上句目字乃木之誤,北堂書鈔一百五樂總部引崔琦七蠲云『彈角而木搖,鼓羽而波湧』,是其明證。」正賞篇「棄法以度物情」,今本誤作「模法以度物爲情」,子書校作「不模法以度物

情」。又「堂列黼幌」，今本「列」誤作「珠」，子書校作「朱堂黼幌」，則子書能摘今本之誤，而卷子本能昭示吾人以舊文之是也。一九三七年十一月二十六日

諸家考證

一、宋黃震黃氏日鈔卷五十五讀劉子

劉子之文類俳，而又避唐時國諱，以世爲代，往往雜取九流百家之説，引類援事，隨篇爲證，皆會粹而成之，不能自有所發明，不足預諸子立言之列。播州録事袁孝政注而序之，乃盛稱譽；且謂五十五篇取五行生成之數，於義無考焉。然又謂劉子名晝字孔昭，而無傳記可憑，或者袁孝政之自爲者耶？

二、明胡應麟四部正僞卷中少室山房筆叢劉子新論

劉子新論，諸家咸以劉晝孔昭。案北史晝傳：「晝好學而文辭俚拙。嘗作賦，名六合，以示魏收。收謂之曰：『賦名六合，已是大愚；及覩其賦，又愚於名。』晝不服，又示邢劭。劭曰：『君此賦似疥駱駝，伏而無媚態。』」收輕薄吻流，不足深據；劭非誣詆人者。此書雖無甚高論，而詞頗清旨，意非晝所能也。宋景濂謂劉勰撰者，近之。然唐志篇目不同，安知卽此？蓋漢魏六朝文士劉姓者甚多，著論以「新」名者甚衆，若此書

體制，決在齊、梁之閒。袁孝政云：「時人疑爲劉歆。」宋承旨直謂袁誤，蓋未詳察也。晝傳在北史甚明。又嘗爲高才不遇傳。袁孝政序正據晝傳言之。陳振孫謂終不知晝何代人，殊失考。黄東發直以袁孝政作，託名於晝，則亦未然。凡依託之書，必前代聖賢墳籍，冀以取重廣傳。晝之聲價，在六朝甚泯泯，卽孝政何苦託之。勘僞書者，此義又當察也。

三、清姚際恆古今僞書考劉子新論

袁孝政作序，稱劉晝。唐志十卷，稱劉勰，人或謂卽此書，然篇目不類。或又云劉歆、劉孝標。

四、清紀昀等四庫全書總目提要卷一百十七子部雜家類一劉子十卷

案劉子十卷，隋志不著録，唐志作梁劉勰撰。陳振孫書録解題、晁公武讀書志，俱據唐播州録事參軍袁孝政序，作北齊劉晝撰。宋史藝文志亦作劉晝。自明以來，刊本不載孝政註，亦不載其序，惟陳氏載其序，略曰：「晝傷己不遇，天下陵遲，播遷江表，故作此書。時人莫知，謂爲劉勰、劉歆、劉孝標作。」云云，不知所據何書，故陳氏以爲「終不知晝爲何代人」。案梁通事舍人劉勰，史惟稱其撰文心雕龍五十篇，不云更有別書。且文心雕龍樂府篇稱：「塗山歌於候人，始爲南音；有娀謠乎飛燕，始爲北聲；夏甲歎於

東陽，東音以發；殷整思於西河，西音以興。」此書辨樂篇稱：「夏甲作破斧之歌，始爲東音。」與勰説合；其稱「殷辛作靡靡之樂，始爲北音」，則與勰説迥異，必不出於一人。又史稱勰長於佛理，嘗定定林寺經藏，後出家，改名慧地，此書末篇乃歸心道教，與勰志趣迥殊。白雲霽道藏目録，亦收之太元部無字號中，其非奉佛者甚明。近本乃刻劉勰，殊爲失考。劉孝標之説，南史、梁書俱無明文，未足爲據。劉歆之説，則激通篇稱「班超憤而習武，卒建西域之績」，其説可不攻而破矣。惟北齊劉晝字孔昭，渤海阜城人，名見北史儒林傳。然未嘗播遷江表，與孝政之序不符。傳稱「晝孤貧受學（庶按：王叔岷謂「受」乃「愛」之誤），恣意披覽，晝夜不息，舉秀才不第，乃恨不學屬文，方復綴緝詞藻，言甚古拙」。與此書之縟麗輕蒨亦不合。又稱「求秀才，十年不得，乃發憤撰高才不遇傳。孝昭時，出詣晉陽上書，言亦切直，而多非世要，終不見收。乃編録所上之書爲帝道。河清中，又著金箱璧言，以指機政之不良」，亦不云有此書。豈孝政所指又别一劉晝歟？觀其書末九流一篇，所指得失，皆與隋書經籍志子部所論相同。使隋志襲用其説，不應反不録其書，使其剽襲隋志，則貞觀以後人作矣。或袁孝政採掇諸子之言，自爲此書，而自註之。又恍惚其著書之人，使後世莫可究詰，亦未可知也。然劉勰之名，今既確知其非，自當刊正；劉晝之名，則介在疑似之間，難以確斷。姑仍晁氏、陳氏二家之目，題畫之名，而附著其牴牾如右。

五、清王昶春融堂集卷四十三跋劉子

劉子二卷，北齊劉晝著，共五十五篇。唐播州錄事參軍袁孝政注。按晝字孔昭，所撰有高才不遇傳、金箱璧言，而是書本傳無之。又隋書經籍志若顧子、符子入書錄，而此獨未載，何與？考唐志劉子十卷，劉勰撰。孝政序云：「晝播遷江表，故作此書。時人莫知，謂爲劉勰，或曰劉歆、劉孝標作。」陳氏振孫至不知爲何代人。晁氏謂其俗薄，則殊有見也。大抵唐志之劉子，非卽此劉子，而此書不見於晝傳，爲後人僞撰無疑。明人好作僞，申培詩説、子貢易詩傳、天祿閣外史，無識者多奉爲天球拱璧，是書蓋其流亞爾。

六、清周中孚鄭堂讀書記卷五十二子部十之一雜家類一新論十卷漢魏叢書本。

舊題梁劉勰撰，實北齊劉晝撰也。晝字孔昭，渤海阜城人。四庫全書著錄作劉子。隋志不載，新、舊唐志始載之，作劉勰撰。崇文目、讀書志、宋志俱作三卷。崇文目闕其撰人，晁氏始題齊劉晝撰，宋志同。讀書附志、書錄解題、通考俱作五卷，亦俱題劉晝撰。晁氏云：「唐袁孝政注，（庶按：王叔岷謂此處脱「孝」字，「序」誤爲「注」。）凡五十五篇，言修心治身之道，而辭頗俗薄。或以爲劉勰，或以爲劉孝標，未知孰是。」陳氏云：

「袁孝政爲序，序云：『晝傷已不遇，天下陵遲，播遷江表，故作此書。時人莫知，謂爲劉勰，或曰劉歆、劉孝標作。』孝政之言云爾。終不知晝爲何代人，其書近出，傳記無稱，莫詳其始末，不知何以知其名晝而字孔昭也。」按劉子確是唐以前古書，已見隋志雜家注中。（楊偉時務論十二卷下，引梁有劉子十卷，亡。即七録也。）當時作史者，必聞其緒言，故九流一篇，與隋志子部所論相同。將南北混一之際，其書偶佚，至唐代復出耳。孝政定爲劉晝孔昭，必有所據，故玉海五十三亦從之。二唐志俱題劉勰撰者，卽孝政所謂「時人莫知，謂爲劉勰、劉孝標」也。勰所著文心雕龍，體格既異，宗旨亦殊。惟孔昭號稱名儒，是書雜論治國修身之道，不失爲儒者之言。北史本傳有孔昭所撰金箱璧言，或卽此書歟？至播遷江表之說，與傳不合，安知非史册失載？卽據傳稱其「綴輯詞藻，言甚古拙」，並疑此書，非其所能，亦非篤論。何者？以魏伯起之文，而徐孝穆曰爲之藏拙，盧子行、薛元卿之文，而庾子山曰少解把筆。何怪于孔昭！蓋其才本不嫺詩賦，既爲邢、魏所笑，耳食者遂過甚其辭耳。未見其不能著書也。諸家書目皆云劉子，是本題爲新論者，蓋程榮、何鏜輩誤改從桓譚之書名，書本十卷，或云三卷，或云五卷，則分併之故，亦無歧異也。而王述庵師春融堂集有是書跋，斷爲明人僞撰，竟與僞申培詩說、子貢易詩傳、天禄閣外史同類並稱，豈其然乎？

七　清孫志祖讀書脞録四劉子

直齋書録解題云：「劉子五卷，（近刻漢魏叢書題作新論。）劉晝孔昭撰。袁孝政敘云：『晝傷己不遇，天下陵遲，播遷江表，故作此書。時人莫知，謂爲劉勰，或曰劉歆、劉孝標作。』終不知晝爲何代人。」志祖案，劉晝見北齊書儒林傳，卽賦六合者也。直齋偶忘之尒。或云孔昭未嘗播遷江表，本傳亦不云有此書，當再考。

八、清陳鱣簡莊文鈔續編卷一劉子注跋

劉子十卷，隋書不著録，唐志作梁劉勰撰。郡齋讀書志、直齋書録解題俱作劉晝孔昭撰。直齋引唐播州録事參軍袁孝政序，略云：「晝傷己不遇，天下陵遲，播遷江表，故作此書。時人莫知，謂爲劉勰及孝標。」梁書、南史俱無明文。且當時崇佛，而是書末篇歸心道教，故道藏收之太玄部無字號中，其非勰及孝標之書明甚。又是書激通篇稱「班超憤而習武，卒建西域之績」，又安得謂劉歆作乎？惟北齊書儒林傳云：「劉晝字孔昭，渤海阜城人。少孤貧愛學，恣意披覽，晝夜不息。舉秀才不第，撰高才不遇傳。又頻上書，言亦切直，多非世要，終不見收。自謂博物奇才，言好矜大，每云：『使我數十卷書行於後世，不易齊景之千駟也！』」傳雖不云有此書，然於書中大意相合，或疑袁孝政所作，非也。然孝政之注，雖不能備詳典故，亦不可少。自明以來，刊本注甚無幾，而本文脱誤，竟不可讀。吴中袁氏五硯樓，向得舊鈔，藍格緜紙，尚是明中葉時人從道藏本録出。又周氏香巖家藏活字本，亦係明時舊本。黄君蕘圃既得袁氏所藏舊鈔本，乃假周氏活字本校於其上，余復屬蕘圃以厚價雇人摹鈔活字本以歸，而以舊鈔本校之，夫而後劉書、袁注差覺完善可觀，而世間通行程榮、何允中等刻，俱堪廢矣。活字本第八卷中原缺一葉，余手録補入，而並録蕘圃二跋於後。至所校活字本，題誤者，朱書於旁；或兩可者，則標於上。嗟乎！聚書固難，校書亦復非易，蓋惟深歷此中甘苦者知之耳。嘉慶十五年秋渤海陳鱣記。

九、清嚴可均鐵橋漫稿書劉子後

劉子五十五篇，北齊劉晝撰。余嚮得程榮、孫鑛等本，聞有宋巾箱本，未之見也。今得此于吴山書肆，是明初崇德書院所刊行，墨疎古，閲之豁目爽心，可稱善本。前有序，簡而覈，惜不題名。劉子言治國修身之道，有大醇無小疵，而晁公武乃云「詞頗俗薄」，毋乃輕詆！近人編書目者，又云「九流一篇，全襲隋書經籍志之文」。隋書非僻書，盍覆檢之，豈其然乎？道光戊子歲八月朔，嚴可均書于錢塘寓館。

一〇、近人余嘉錫四庫提要辨證子部五雜家類一劉子十卷北齊劉晝。

案劉子十卷，隋志不著録，唐志作劉勰撰，陳振孫書録解題、晁公武讀書志，俱據唐播州録事參軍袁孝政序作北齊劉晝撰，宋史藝文志亦作劉晝。自明以來刊本，不載孝政注，亦不載其序，惟陳氏載其序，畧曰：「晝傷己不遇，天下陵遲，播遷江表，故作此書。時人莫知，謂爲劉勰、劉歆、劉孝標作。」云云。不知所據何書，故陳氏以爲終不知晝爲何代人。

嘉錫案：隋志雜家類云：「梁有劉子十卷，亡。」（在楊偉時務論之下。）書名卷數並合，但不著名，是否此書，未可遽定，所當存疑，不得竟謂之不著於録也。新舊唐志皆作劉勰，惟讀書志卷十二、玉海卷五十三作齊劉晝孔昭撰耳。若書録解題卷十則止言劉晝、孔昭撰，無北齊字，蓋陳振孫初不知北齊有劉晝，故云終不知晝爲何代人。今提要謂書録解題、讀書志俱據袁孝政序（袁孝政，讀書志作袁政。）作北齊劉晝撰者，蒙讀書志爲文，而未及分析言之也。此書宋刻本有袁孝政注，無序，見天禄琳瑯書目續編卷五，題劉晝撰。孫星衍平津館鑒藏記卷一亦有宋刻巾箱本，題作劉勰。至明刻袁注，有道藏本，在無字號，見白雲霽道藏目録詳注卷四；有覆宋本，題劉勰，見鐵琴銅劍樓藏書目卷十四；有萬曆壬辰海虞蔣以化重刻道藏本，見丁丙善本書室藏書志卷十八；又有泰和堂刻孫鑛評本，二卷不全，亦有注，見邵懿辰簡明目録標注卷十三。明程榮漢魏叢書本題梁東莞劉勰著，播州袁孝政注，但於注刪削甚多，只存十之二三，是則明人刻本有注者多矣，修四庫書時自未見耳。

案梁通事舍人劉勰，史惟稱其撰文心雕龍五十篇，不云更有別書。且文心雕龍樂府篇稱「有娀謠乎飛燕，始爲北聲」，此書辨樂篇稱「殷辛作靡靡之樂，始爲北音」，與勰説迥異。又史稱勰長於佛理，後出家，改名慧地，此書末篇乃歸心道教，志趣迥殊。近本仍刻劉勰，殊爲失考。劉孝標之説，南史、梁書俱無明文，未足爲據。劉歆之説，則激通篇稱「班超憤而習武，卒建西域之績」，其説可不攻自破矣。惟北齊劉晝，字孔昭，渤海阜城人，名見北史儒林傳，然未嘗播遷江表，與袁孝政之序不符。傳稱舉秀才不第，乃恨不學屬文，方復綴緝詞藻，言甚古拙，與此書之縟麗輕蒨亦不合。又稱求秀才十年不得，乃發憤撰高才不遇傳；孝昭時出詣晉陽上書，言亦切直，而多非世要，終不見收，乃編録所上之書爲帝道；河清中，又著金箱壁言，以指機政之不良，亦不云有此書，豈孝政所指又別一劉晝歟？觀其書末九流一篇，所指得失，皆與隋書經籍志子部所論相同，使隋志襲用其説，不應反不録其書，使其剽襲隋志，則貞觀以後人作矣。

案自晁、陳以下，題此書爲劉晝撰者，大抵據袁孝政之序。余嘗疑孝政作注，文理尚復不通，其言豈足爲據？既而考之，始知初唐時人早有此説。宋劉克莊後村大全集卷一百七十九詩話續集引朝野僉載云：「劉子書咸以爲劉勰所撰，乃渤海劉晝所製。晝無位，博學有才，竊取其名，人莫知也。」然則此書實晝所撰。晝有才無位，積爲時人所輕，故發憤著此，竊用劉彥和之名以行其書，且以避當時之忌諱也。人既莫知，故兩唐志及諸傳本皆題劉勰矣。朝野僉載爲唐張鷟所著，鷟高宗調露時進士，博學有才，且去北齊未遠，其言必有所本，自足取信。晁公武未見僉載原書，陳振孫亦僅見節略之本，然宋、元間自有完書，故克莊得見之。至明其書遂亡，今本出於後人所掇拾，（詳見僉載本條。）疏漏百出，故無此條，後村大全集亦僅存舊鈔，久無刻本傳世，（近始由涵芬樓用鈔本影印入四部叢刊，後村詩話亦經張鈞衡刻入適園叢書。）爲自來考證家所未見，且卽令見之，又孰知小說、詩話中有此一事哉？此所以於劉子疑議紛然，終不能定其撰人也。余嘗取此書反復讀之，而確信其出於劉晝，有四證焉。其知人篇曰：「世之烈士，願爲君授命，猶瞽者之思視，躄者之想行，而目終不得開，足終不得伸，徒自悲夫。」其薦賢篇曰：「賢士有脛而不肯至，殆蘊材於幽岫，投跡於柴蓽者，蓋人不能自薦，未有爲之舉也。」又曰：「臧文仲不進展禽，仲尼謂之竊位；公孫弘不引董生，汲黯指謂妒賢；虞邱不薦叔敖，樊姬貶爲不正；東閭不達髦士，後行不正於路。故爲國人寶，不如能獻賢，獻賢受上賞，蔽賢蒙顯戮，斯前識之良規，後代之明鏡矣。」蓋晝嘗求秀才，十年不得，及被舉，又考策不第，上書亦不見收采，竟無仕進，（見北齊書及北史本傳。）傷時無知己，多竊位妒賢，故有此言。北史本傳言刺史李璵嘗以晝應詔，先告之，晝曰：「公自爲國舉才，何勞語晝。」與薦賢篇語意合。此其證一也。其通塞篇曰：「命有否泰，遇有通塞。否與泰相翻，屈與伸殊貫。邀泰遇伸，不盡叡智；遭否會屈，不專膚蔽。何者？否泰由命，屈伸在遇也。」其遇不遇篇曰：「賢有常智，遇有常分。賢不賢性也，遇不遇命也。性見於人，故賢愚可定；命在於天，則否泰難期。命運應遇，危不必禍，遇不必窮；命運不遇，安不必福，賢不必達。故患齊而死生殊，德同而榮辱異者，遇不遇也。」此二篇詞氣憤激，與其撰高才不遇傳之意同，所謂發憤著書也。此其證二也。北齊書及北史均列晝於儒林，不言其爲老莊之學。然此書中若清神、防慾、去情、韜光等篇，多黄老家言，故盧文弨謂其近乎道家，是其歸心道教，不僅見於九流一篇也。（晝九流篇所謂道以無爲化世者，指老莊言之，是道家非道教，提要亦誤。）考廣弘明集卷六辨惑篇云：「劉晝渤海人，才術不能自給，齊不士之，著高才不遇傳以自況也。上書言佛法詭誑，避役著多，又詆訶淫蕩，有尼有優婆夷，實是僧之妻妾，損胎殺子，其狀難言。今僧尼二百許萬，並俗女向有四百餘萬，六月一損胎，如是則年族二萬户矣。驗此，佛是疫胎之鬼也，全非聖人之言，道士非老莊之本，藉佛邪説，爲其配坐而已。」（是蓋卽齊孝昭時所上之書，時人方競奉佛，故詆爲言雖切直而多非世要。）是晝之爲人，詆佛而不非老莊。蓋自昌黎未出以前，凡闢佛者皆老氏之徒，卽傅弈亦然，情有所偏，遂入主出奴耳。晝好老莊之學，故上書詆佛，此書之歸心道家以此也。此其證三也。其正賞篇曰：「至於觀人論文，則以大爲小，以能爲鄙，而不知其目亂心惑也。昔者仲尼先飯黍，侍者掩口笑，子游揚裘而譏，曾參揮指而哂。以聖賢之舉錯，非有謬也，而不免於嗤誚，奚況世人，未有名稱，其容止文華，能免於嗤誚者，豈不難也。以此觀之，則正可以爲邪，美可以稱惡，名實顛倒，可謂嘆息也。今述理者，貽之知音君子，聰亮達於聞前，明鑒出於意表，不以名實眩惑，不爲古今易情，採其制意之本，略其文外之華，不没纖芥之善，不掩螢爝之光，可謂千載一選也。」案北史本傳云：「舉秀才，不第。乃恨不學屬文，方復緝綴辭藻。言甚古拙，制一首賦，以六合爲名，自謂絶倫，乃歎儒者勞而寡功。（北齊書本傳作自謂絶倫，吟諷不輟，乃歎曰：「儒者勞而少功，見於斯矣。我讀儒書二十年，而答策不第，始學作文，便得如是。」）曾以賦呈魏收而不拜，收忿之，謂曰：『賦名六合，已是太愚，文又愚於六合，君四體又甚於文。』（原作又甘於文，誤，從通志卷一百七十四校改。）晝不忿，又以示邢子才。子才曰：『君此賦正似疥駱駝，伏而無斌媚。』（北齊書作曾以此賦呈魏收，收謂人曰：「賦名六合，其愚已甚，及見其賦，又愚於名。」無示邢子才事。）晝常自謂博物奇才，言好矜大，每言：『使我數十卷書行於後世，不易景公之千駟也。』容止舒緩，舉動不倫，由是竟無仕，卒於家。」然則晝在當時，不惟文章爲邢、魏所嗤，即其容儀亦爲流俗之所笑。此篇所謂世人未有名稱，容止文華難免於嗤誚者，晝正以之自況，故有慨乎其言之也。篇末則自敍其著書之意，以其詞賦爲人所嗤，故望讀者採其制意之本，而略其文外之華，又自以博學奇才而不爲時所知，故不能無望於知音之君子，觀其詞意，與本傳鍼芥相應，著此書者，非晝而誰？此其證四也。或曰，晝既發憤著書，將欲垂之千載，乃自匿其名字，翻託劉勰之名，以此求知，未喻其理。應之曰，此其故正賞篇明之矣，其言曰：「昔魯哀公遥慕稷、契之賢，不覺孔丘之聖；齊景公高悕管仲之謀，不知晏嬰之智；張伯松遠羨仲舒之博，近遺子雲之美。以夫子之聖，非不光於稷、契，晏嬰之賢，非有減於管仲，揚子雲之才，非爲亞於董仲舒，然而弗貴者，豈非重古而輕今，珍遠而鄙近，貴耳而賤目，崇名而毁實耶？觀俗之論非苟欲以貴彼而賤此，飾名而挫實，由於美惡混揉，真僞難分，摸法以度物情，信心而定是非也。」又曰：「越人臛蛇以饗秦客，甘之以爲鯉也，既而知其是蛇，攫喉而嘔之，此爲未知味也。趙人有曲者，託以伯牙之聲，世人競習之，後聞其非，乃束指而罷，此爲未知音也。宋人得石燕，以爲美玉，銅匣而藏之，後知是石，因捧匣而棄之，此爲未識玉也。郢人爲賦，託以靈均，舉世而誦之，後知其非，皆緘口而捐之，此爲未知文也。故以蛇爲鯉者，唯易牙不失其味；以趙曲爲雅聲者，唯鍾期不溷其音；以燕石爲美玉者，唯猗頓不謬其真；以郢賦爲麗藻者，唯相如不濫其賞。」讀此可以知其託名劉勰之故矣。蓋當時鄴下文士，推重江南文筆，恣其漁獵，用作楷模。故邢子才譏魏收云：「江南任昉，文體本疎，魏收非直摸擬，亦大偷竊。」收聞乃曰：「伊常於沈約集中作賊，何意道我偷任昉！」（見北齊書魏收傳。）此可以見河北風氣矣。晝自謂奇才博物，文采絶倫，乃因爲六合作賦，大爲邢、魏所嗤，至謂其四體之愚，又甚於賦，橫肆輕薄，殆非所堪。夫其貴任、沈也如彼，而賤晝也如此，此無他，重古而輕今，珍遠而鄙近，貴耳而賤目，崇名而毀實也。晝既恨北人以東家丘見待，又病時無真賞，以劉勰作文心雕龍深得文理，大爲沈約所重，故著此書，竊取其名，猶之郢人爲賦，託以靈均，覩其舉世傳誦，聊以快意，良由憤時疾俗，遂爾玩世不恭，猶是其好自矜大之習也。昔漢人慶虬之嘗爲清思賦，時人不之貴，乃託之司馬相如，遂大見重於世。（見西京雜記卷上。）晉陸喜作西州清論，借稱諸葛孔明以行其書。（喜附見晉書陸機傳。）晉武帝閱六代論，問曹志曰：「誰作？」志曰：「以臣所聞，是臣族父冏所作，以先王文高名著，欲令書傳於後，是以假託。」帝曰：「古來亦多有是。」（見晉書曹志傳。）晝之託名劉勰，亦若此而已。然晝雖偶弄狡獪，本非真欲隱名，必嘗自露蹤跡，時人多知之者，故張鷟得據所傳聞，筆之僉載爾。若夫提要疑爲僞託之故，大要有三：一曰晝未嘗播遷江表，與袁孝政之序不符。二曰本傳言其言甚古拙，與此書之縟麗輕蒨不合。三曰九流篇指陳得失，剽襲隋志。凡此三者，所疑皆妄也，其爲說非也。請得而辨之。孝政之序曰：「天下陵遲，播遷江表。」詳其文義，非謂晝也。晉室雖得天下不以正，然當時皆以正統歸之，故王猛臨死以之戒苻堅，蓋江表一隅，衣冠文物存焉。當晝之時，江左已爲陳氏，晉亡久矣。然晝之視陳，猶猛之視晉也，書中隨時篇曰：「時有淳澆，俗有華戎，不可以一道治，不得以一體齊也。故無爲以化，三皇之時；法術以禦，七雄之世。德義以柔中國之心，政刑以威四夷之性，故易貴隨時，禮尚從俗，適時而行也。」又曰：「老聃至西戎，而效夷言，夏禹入裸國，欣然而解裳，非欲忘禮，隨俗宜也。墨子儉嗇而非樂者，往見荆王，衣錦吹笙，非苟違性，隨時好也。魯哀公好儒服而削，代君修墨而殘，徐偃公行仁而亡，燕噲爲義而滅。夫削殘亡滅暴亂之所招，而此以仁義儒墨而遇之，非仁義儒墨之不行，行非於時之所致也。」詳此篇之意，蓋謂夷狄之民，不可以德義治，夷狄之君，不可以仁義説，其詞怨以怒矣。蓋齊自高洋之後，皆昏暴之君，行同禽獸，晝既不遇於時，自憾生於夷狄之邦，不及覩衣冠文物之盛，而揖讓於其間，故其言如此，第因時多忌諱，故出之以微詞爾。若劉勰、劉孝標則生長江左，其君臣皆以風流文采相高，縱詆諆北虜，無緣以至西戎、入裸國自況也。孝政推知其意，故曰傷己不遇，天下陵遲，播遷江表也，特孝政文理不通，不免詞不達意耳。若以播遷江表指晝言之，則當曰時天下陵遲，晝播遷江表，傷己之不遇，若作此書矣。六朝時以有韻爲文，無韻爲筆，本傳謂晝不學屬文，言甚古拙，觀其爲六合作賦，其拙可知。然不善屬文者，未必不長於筆也。杜子美古今詩聖，而無韻之文，至不可讀，曾子固文章蓋代，而韻語輒不工，人之才性，各有短長，故罕能兼美。且北齊文士，温、邢爲冠，温子昇全不作賦，邢子才又非所長，(見北史魏收傳。)然不害其爲作者，況於孔昭本是經儒，拙於作賦，良不足異，且言甚古拙之評，出於李百藥，李父德林，見知魏收，以晝爲收所詆諆，遂雷同附和耳。北史謂收常云：「會須作賦，始成大才，士唯以章表碑誌自許，此外更同兒戲。」(見收傳。)然則立言之道，非收所知。收傳載其所作枕中篇一首，相其理致，尚未足與劉子抗衡，道不同不相爲謀，魏收驚蛺蝶，惡足以論定孔昭乎？孔昭自謂使我數十卷書行於後世，不易景公千駟，觀於劉子，知其言大而非誇。史官敍事，豈皆實録，百藥才謝馬、班，直異南、董，提要據其片言，遂疑孔昭不能著書，亦過矣。且提要謂此書華縟輕蒨，而晁公武則以爲俗薄，品藻異致，毀譽亦復何常。考北堂書鈔卷九十七引有劉畫鄒衍別傳，劉畫莊周傳，又卷九十六引劉孟軻傳，「劉」下蓋亦脱「畫」字。近人李詳媿生叢録卷二謂：「『劉畫』疑『劉晝』之譌字。鄒衍、莊周傳疑皆爲高才不遇傳中人。」其説是也。考後漢書鄭玄傳注引北齊劉晝高才不遇傳論玄曰：「辰爲龍，巳爲蛇，歲至龍蛇，賢人嗟。」晝字亦誤「畫」，可以互證。書鈔所引鄒衍別傳云：「鄒子博識，善敍事，有禹、益之鴻才，道深東海，名重西山，日月不能亂其暉，金玉無以比其貴。」其文體正與劉子相類，然則晝非不能作華縟輕蒨之文者矣。善夫周中孚之言曰：「傳稱其綴緝詞藻，言甚古拙，或疑此書非其所能，亦非篤論。何者？以魏伯起之文，而徐孝穆曰爲之藏拙，盧子行、薛元卿之文，而庾子山曰少解把筆，何怪于孔昭。蓋其才本不嫻於詩賦，既爲邢、魏所笑，耳食者遂過甚其辭耳，未見其不能著書也。」（見鄭堂讀書記卷五十六。）斯誠篤論也。至其尚論九流，規撫漢書、隋志之言，亦仿班固，既同出一師，故意多冥合，此如詩人擬古，大抵重規疊矩也。且其終篇與隋志無一章一字之偶合，坐以剽襲，據爲罪案，是蓋胸有成見，妄疑人以竊鈇也。故提要之言，嚴可均甚不然之，鐵橋漫稿卷八書劉子後曰：「近人編書目者，謂九流之篇，全襲隋書經籍志之文。隋書非僻書，盍覆檢之，豈其然乎？」凡提要所言，皆不足爲依託之證，故曰所疑皆妄也，其爲說非也。

或袁孝政採掇諸子之言，自爲此書而自注之，又恍惚其著書之人，使後世莫可究詰，亦未可知也。

案：提要疑此書袁孝政所依託，尤爲無據。盧文弨抱經堂文集卷十二劉子跋云：「劉子五十五篇，南齊時劉晝孔昭撰，（晝非南齊人，此誤矣。）有唐播州録事參軍袁孝政注，其云劉晝撰者，亦孝政之序云耳。宋人黄東發遂疑爲孝政所自著，（按：黄震日鈔卷五十五云，播州録事袁孝政注而序之，乃盛稱譽，又謂劉子名晝，字孔昭，而無傳記可憑，或者袁孝政之自爲者耶。）余借得道藏本，見孝政所爲注，淺陋紕繆，於事之出左氏、國語者尚多亂道，而謂其能爲此文字乎？余取其本以校世所行名爲新論本，孝政序，兩本皆遺之。」又盧氏羣書拾補中所校新論條下自注語亦略同，然則此書非孝政所能作也。余就孝政之注考之，其命相篇注謂叔姬是羊鮒之祖母，傷讒篇：「無極之讒子常。」注謂子常姓郄，謂晉君欲往子常家，風俗篇注謂陳大姬是周穆王長女，此盧氏所謂事之出左氏、國語者尚多亂道也。然其謬不止此。崇學篇注云：「有子長有若也。」和性篇注云：「越王鑄劍之人，姓趙名干將，善能歐冶鑄劍石。」薦賢篇注謂汲黯是漢相。防慾篇注云：「二疏者，疏受兩兄弟也。」通塞篇：「班超投筆而慷慨」注云：「徐令之子，高祖封爲定遠侯。」慎隙篇注謂張繡爲袁紹下軍將，又謂蘇秦歷説六國，三年而歸，嫂不爲炊飯，妻不爲下機。命相篇注謂文帝夢見落井，而鄧通救之。適才篇注以馮驩彈鋏爲彈琴，以歌辭長鋏歸來爲丈夫歸來，又謂作鷄鳴狗盜者皆是馮驩。凡此諸條，與盲人道黑白何以異。又如妄瑕篇注云：「范增是楚之大臣。項羽將兵圍漢王城，陳平説謀，多將珍寶與楚王大將，楚王知，乃欲斬大將。范增諫曰：『此是陳平之計，王勿誅之。』王曰：『攻戰之事，忘其忠武，受他財寶，豈爲臣子。』遂殺之。范增疽發而死。」此節尤爲鄙俚。甚至謂劉備王西蜀，曹操王西晉，孫權王南吳，天下爲三國，（慎言篇注。）尤其可笑。至於韜光篇注云：「太公作書，名曰六韜者，龍韜、虎韜、豹韜、人韜、驊騮韜、鳳韜。」（案六韜爲文、武、龍、虎、豹、犬。）大質篇注引説文云：「黄帝於鼎湖山上得仙人遺弓一張，羣臣見之，一時號哭，因曰烏號。」又云：「南嶺山有柘木，烏每日在其上鳴，因名之烏號弓也。」

則僞造古書。審名篇注謂觀周人玉璞者爲卞和，（案此事見文選百一詩注，無卞和之說。）知人篇注謂韓信仰視刀人滕公。命相篇注謂周亞夫爲細柳將軍。觀量篇「文公種米，曾子植羊」，（案此兩語見淮南子泰族訓，陸賈新語及世說尤悔篇注，字句稍不同，其事則不可解。）注云：「晉文學外國種米，曾參學外國人刲羊皮，用土種之，雖不生，言其志大。」則杜撰故事。其餘大抵穿鑿附會，誣妄之處，舉之不勝其舉，殆是粗識之無、不通文義者之所爲，此豈能作此書者乎？孝政注，余所見者凡三本，一影鈔本，藏故宫博物院；一黄丕烈以宋刻本校舊鈔本，今藏江安傅氏；一近時海寧陳氏影印黄丕烈藏明刻本。故宫本、傅氏本皆只繙閲一過，未及借校，今所舉皆就影印本引用黄氏所校宋本注，與明刻有異同，然其爲繆妄鄙俚，則一也。（又按：吴騫尖陽叢筆卷九云：「芚兮大令有抄本劉處玄集，紙墨甚舊，細視其書，卽世所傳之劉子五十五篇，不知何以寫作劉處玄集。按道藏目録有仙樂集五卷，乃劉處玄造，皆詩詞歌頌耳，意者後人又以僞劉晝書託之處玄乎？大令謂劉晝書乃實處玄作，未知然否。」考劉處玄爲金末王嚞弟子，見元史釋老傳，若新論果爲處玄所作，何以宋人先爲刻版，又有唐人爲之作注，其言可發一噱。芚兮爲海甯周春字，不識何以發此謬論。陳鱣簡莊文鈔續編卷一劉子注跋云：「北齊書儒林傳劉晝傳雖不云有此書，然於書中大意相合，或疑袁孝政所作，非也。」其説頗是，惜其無所發明。）又案此篇定稾已久，今年丁丑見蜀人楊明照，承以所作劉子理惑見示，其言有足補余所未及者，復節録之於此，其畧云：「劉子五十五篇，隋書經籍志不著録，故疑之者衆矣。然皆執一隅之見，而昧通方之觀，夫史氏載筆，易致俄空，班志藝文，不乏其選，則是書之疎闊靡紀，非創見也。且其文辭豐腴，捃摭博贍，婁引於書鈔，（自注云，北堂書鈔卷二七引愛民篇及適才篇文，卷一二九引適才篇文，卷一二五引兵術篇文，卷一四四引正賞篇文。）曾采於帝範，（自注云，帝範崇文篇兩引崇學篇文。）湛然之輔行記，（自注云，輔行記第四之三引韜光篇文，第五之一引崇學篇文。）武后之臣軌篇，（自注云，臣軌公正篇用清神篇文。）莫不取資，以宏事類。則是書之原出六朝，信有徵也。況世南書鈔，成諸隋季，是先貞觀修史之年矣。敦煌寫本，遠在唐前，（自注云：「敦煌寫本劉子殘卷，起韜光第四之後段，訖法術第十四之首行，每行十八九字。卷中理字淵字世字民字均未闕筆，亦未改書，其出六朝人手可知。又一種字體較小，起審名第十六之末行，訖託附第二十一之前段，每行二十八九字，理世諸字均已改易，蓋爲唐人所書，並足證是書之非假託。原本並藏法國巴黎國立圖書館，此據清華圖書館景本。」嘉錫案：上虞羅氏校録之敦煌石室碎金中有劉子殘卷，起去情第三怒向之評者，訖思順第九水必歸海，中間世字或避或不避，當亦唐人寫本。）復蚤袁氏加注之日矣。則是書之不容矯託，斷可識也。黄東發乃謂雜取九流百家之説，難預諸子立言之列。（自注云，黄氏日鈔卷五十五讀劉子，下同。）殊先哲撰述，多識前言，呂氏春秋、淮南鴻列亦已乃爾，何病乎此。又謂袁孝政譽其五十五篇取五行生成之數，於義無考，夫尚書分篇，文法列宿，文心定名，數彰大衍，寓意篇章，未爲無例。黄氏又云袁孝政謂劉子名晝，字孔昭，而無傳記可憑，或者袁孝政之自爲者耶。四庫簡明目録云疑卽孝政所僞作而自爲之注也，提要説畧同。按劉子之文，多資故實，孝政所注，極爲謬悠。（自注云，孝政注惟道藏本、活字本中尚存，餘皆删削幾盡，蓋因其不能相副耳。）事之出左氏、國語者，時或妄道，文之本於吕子、淮南者，竟付闕如。有子惡卧焠掌，（自注云，崇學篇云有子惡卧，自焠其掌。）荀子解蔽文也。（自注云，荀子解蔽篇云，有子惡卧而焠掌。又御覽三百七十及六百十一引桓範世要論云有君好卧讀書，倦則焠其掌。）而孝政不知。顔回夜浴整容，（自注云，慎獨篇云，顔回不以夜浴改容。）抱朴譏惑語也，（自注云，按抱朴子譏惑篇云，顔生整儀於宵浴。）而孝政弗曉。春山之底，（自注云，韜光篇云，丹伏光於春山之底。）不諳所在，（自注云，按穆天子傳卷一及卷四屢見春山之文。）丹水之戰，（自注云，兵術篇云堯戰丹水。）乃云未聞。（自注云，按書鈔十三、御覽六三引六韜犬韜云，堯與有苗戰於丹水之浦，又吕氏春秋召類篇、淮南兵略篇、論衡儒增、恢國二篇，並有堯戰丹水之文。）注尚如斯，文可知矣。且孝政未注以前，諸書徵引已衆，（自注云：「新、舊唐書俱無孝政傳，他書亦無論及之者，故其生卒不可考，然非初唐人，則可臆斷也，敦煌寫本劉子殘卷，並無注，尤爲塙證。」嘉錫案，舊唐志有劉子而不録袁孝政注，舊志悉以開元時毋煚古今書録爲本，則孝政殆開元以後人也，至新志亦不録袁注，則其人或更在唐末矣。）不揣其本，强謂所作，非惟鳩居鵲巢，蔦施松上，亦與師曠將軒轅並世，公明與方朔同時，等夷其謬矣。是書稱名，以署劉子者爲當，（自注云，新舊唐書、崇文總目、通志等並題爲劉子，書鈔、輔行記、御覽、海録碎事等所引亦作劉子，道藏本及活字本並作劉子。）題新論者非古。（自注云，自程榮稱新論後相沿日衆，或有連稱劉子新論者。）至於卷帙區分，雖有二三之異，（自注云，子彙本等分爲上下二卷，通志、崇文總目、郡齋讀書志、玉海等題爲三卷，敦煌本殘卷標題已佚，由其斷簡觀之，似不分卷。）五十之殊，（自注云，郡齋讀書附志、書録解題題爲五卷，諸子奇賞本同，新舊唐書題爲十卷，道藏本、活字本、畿輔叢書本同。）然都爲五十五篇，固無差忒也。」

一一、近人黄雲眉古今僞書考補證子類（齊魯書社一九八〇年版）

劉子新論，袁孝政作序，稱劉晝。唐志十卷，稱劉勰。人或謂卽此書，然篇目不類。

補證，王昶曰：「劉子二卷，北齊劉晝著。共五十六篇。唐播州録事參軍袁孝政注。按晝字孔昭，所撰有高才不遇傳、金箱璧言，而是書本傳無之。又隋經籍志，若顧子苻子入晝録，而此獨未載，何與？考唐志，劉子十卷，劉勰撰。孝政序云：『晝播遷江表，故作此書。時人莫知，謂爲劉勰。或曰劉歆、劉孝標作。』陳氏振孫至不知爲何代人。晁氏謂其俗薄，則殊有見也。大抵唐志之劉子，非卽此劉子。而此書不見於晝傳，爲後人僞撰無疑。明人好作僞，申培詩説、子貢易詩傳、天禄閣外史，無識者多奉爲天球拱璧，是書蓋其流亞爾。」（春融堂集卷四十三跋劉子。）

四庫總目提要曰：「按梁通事舍人劉勰，史惟稱其撰文心雕龍五十篇，不云更有别書。且文心雕龍樂府篇稱：『塗山歌於候人，始爲南音；有娀謡乎飛燕，始爲北聲；夏甲嘆于東陽，東音已發；殷整思于西河，西音以興。』此書辨樂篇稱：『夏甲作破斧之歌，始爲東音。』與勰説合。其稱『殷辛作靡靡之樂，始爲北音』，則與勰説迥異，必不出于一人。又史稱勰長於佛理，嘗定定林寺經藏，後出家，改名慧地。此書末篇乃歸心道教，與勰志趣迥殊。白雲霽道藏目録亦收之太元部無字號中，其非奉佛者明甚。劉孝標之説，南史梁書俱無明文，未足爲據。劉歆之説，則激通篇稱『班超憤而習武，卒建西域之績』，其説可不攻而破矣。惟北齊劉晝字孔昭，渤海阜城人，名見北史儒林傳。然未嘗播遷江表，與孝政之序不符。傳稱『晝孤貧受學，恣意披覽，晝夜不息，舉秀才不第，乃恨不學屬文，方復綴緝詞藻，言甚古拙』，與此書之縟麗輕蒨亦不合。又稱『求秀才十年不得，乃發憤撰高才不遇傳。孝昭時，出詣晉陽上書，言亦切直，而多非世要，終不見收。乃編録所上之書爲帝道。河清中，又著金箱璧言，以指機政之不良。』亦不云有此書，豈孝政所指，又别一劉晝歟？觀其書末九流一篇所指得失，皆與隋書經籍志子部所論相同，使隋志襲用其説，不應反不録其書，使其剽竊隋志，則貞觀以後人作矣。或袁孝政采掇諸子之言，自爲此書而自注之。又恍惚其著書之人，使後世莫可究詰，亦未可知也。」

眉按：王昶謂非北齊劉晝撰是也。提要辨非勰、歆、孝標作亦是。惟謂九流一篇，剽竊隋志，疑袁孝政自撰自注，（疑袁孝政自撰，其説始於黄震。）似難遽定。盧文弨曰：「其文筆豐美，頗似劉彦和，孝政所爲注，淺陋紕繆，於事之出左氏、國語者尚多亂道，而謂其能爲此文乎！」（抱經堂集劉子跋。）嚴可均曰：「近人編書目者云，九流一篇，全襲隋書經籍志之文，隋書非僻書，盍覆檢之，豈其然乎！」（鐵橋漫稿。）皆非無見之語。若昶疑明人僞託，益無可凭。就文字論！或謂其豐美，或謂其俗薄，或謂其縟麗輕蒨，與北史本傳所稱古拙不類，余謂縟麗輕蒨之文字，謂之豐美可，謂之俗薄可，毁譽異辭，誠不足怪，然決非所謂古拙。此蓋僞託者未能熟玩本傳，以爲六朝文字固當如此，而不知劉書乃非其比也。又有謂「六朝時以有韻爲文，無韻爲筆，本傳謂晝不學屬文，蓋指詞賦而言，然不善屬文者，未必不長於筆。」（見圖書館學季刊一卷四期余嘉錫四庫提要辨證。）此亦穿鑿。六朝固有文筆之分，要亦施於評文對舉之時，史家叙事，奚必舍通名而强分朱碧，轉滋淆惑耶！周中孚謂此書或卽晝所著金箱璧言，（鄭堂讀書記卷五十六。）亦屬臆測。

一二、近人楊明照劉子理惑（載燕京大學文學年報第三期。）

劉子五十五篇，隋書經籍志不著録，故疑之者衆矣。然皆執一隅之見，而昧通方之觀。夫史氏載筆，易致俄空，班志藝文，不乏其選。則是書之疎闊靡紀，非創見也。且其文詞豐腴，捃摭博贍，婁引於書鈔，（北堂書鈔二七引愛民篇及適才篇文，卷一二九引適才篇文，卷一二五引兵術篇文，卷一四四引正賞篇文。）曾采於帝範，（帝範崇文篇，兩用崇學篇文。）湛然之輔行記，（輔行記第四之三引韜光篇文，第五之一引崇學篇文。）武后之臣軌，（臣軌公正篇，用清神篇文。）莫不取資，以宏事類。則是書之原出六朝，信有徵也。況世南書鈔，成諸隋季。（晁公武郡齋讀書後志卷二、陳振孫直齋書録解題卷十四，並云然。）是先貞觀修史之年矣。（舊唐書令狐德棻傳云：「貞觀三年，太宗復勑秘書監魏徵修隋史。」）敦煌寫本，遠在唐前，（敦煌寫本劉子殘卷，起韜光第四之後段，訖法術第十四之首行，每行十八九字。卷中理字、淵字、世字、民字，均未闕筆，亦未改書，其出六朝人手可知。又一種字體較小，起審名第十六之末行，訖託附第二十一之前段，每行二十八九字，理、世諸字，均已改易，蓋爲唐人所書。羅振玉校江陰何氏所藏者，與此並異。並足證是書之非假託。原本並藏法國巴黎國立圖書館，此據清華圖書館景本。）復蚤袁氏加注之日矣。（敦煌寫本並無袁孝政注。）則是書之不容矯託，斷可識也。隋志子部，論諸家得矣，與是書九流篇説同，以書鈔相證，其勦襲可知。不録其書，或亦有意焉爾。黃東發乃謂：「雜取九流百家之説，難預諸子立言之列。」（黃氏日鈔卷五十五讀劉子，下同。）殊先哲撰述，多識前言，呂氏春秋、淮南鴻烈，亦已乃爾！何病乎此？又謂：「袁孝政釁其五十五篇，取五行生成之數，於義無考。」夫尚書分篇，誼法列宿；文心定名，數彰大衍。寓意篇章，未爲無例。余雅好是書，閒事疏證，鑒作者之久淆，俾覽者之易辨，爰將前人所致疑者，舉正如次，固非爲劉氏左袒也。至於書名之題署，卷帙之區分，亦附箸焉。

（甲）謂爲劉歆箸者

趙希弁郡齋讀書附志卷五上云：「劉子，或曰劉歆之制。」蓋據袁孝政序文也。袁序久亡，直齋書録解題卷十，載其略曰：「晝傷己不遇，天下陵遲，播遷江表，故作此書。時人莫知，謂爲劉勰。或曰劉歆、劉孝標作。」

按右説純出傅會，徵時不難立知。如傷讒舉第五倫之荅婦翁，（傷讒篇云：「第五倫三娶孤女，而世人謂荅婦翁。」按此事見後漢書倫本傳及魏志武帝紀。）慎言述劉先主之遺匕筯，（慎言篇云：「魏武漏語於英雄，玄德遺其匕筯。」按此事見蜀志先主傳。）班超樹蹟，興言於激通，（激通篇云：「班超憤而習武，終建西域之績。」按此事見後漢書超本傳。通塞篇亦用投筆事。）張繡見原，致戒於慎隟，（慎隟篇云：「魏后泄張繡之讐，此遇英達之主，得以深怨而不爲讐也。」按此事見魏志繡本傳。）命相、心隱，數引王充之說，（命相篇用論衡命義、命禄、吉驗三篇文，心隱篇用論衡講瑞、語增二篇文。）辯樂、殊好，並拾阮籍之文。（辯樂、殊好二篇，多本阮籍樂論語。）他若荀悦申鑒，（愛民篇用申鑒政體篇文。）仲長昌言，（心隱篇用昌言文。）魏子、唐子之書，（適才篇用魏子文。慎獨篇用唐子文。）蔣濟、楊泉之論，（正賞篇用萬機論文。賞罰篇用物理論文。）其挹注之迹，皆釐然可考。（昌言諸佚書，據類書引。）既出西京之後，則非子駿所撰矣。

（乙）謂爲劉孝標箸者。

晁公武郡齋讀書志卷十二云：「劉子，或以爲劉孝標作。」附志同。蓋亦據孝政序文也。按南史、（卷四十九。）梁書，俱無明文，而彼此持論，又臭味不同。孝標之辨命，與是書命相（卷五第二十五篇。）徑庭也，孝標之絶交，與是書託附（卷五第二十一篇。）霄壤也。果出一人之手，何有首鼠之詞？至其鋪采之縟麗不侔，行文之輕蒨有異，展卷並觀，卽易品藻，則孝標之説，亦迎刃而解矣。

（丙）謂爲劉勰箸者。

舊唐書經籍志丙部子録，劉子十卷。注云：「劉勰撰。」新唐書藝文志、通志藝文略第四並同。蓋皆據孝政序文也。

按通事舍人劉勰，史惟載其撰著文心，不云更有他書。（南史卷七十二、梁書卷五十，並有舍人傳。）且文心樂府（卷二第七篇。）稱「有娀謡乎飛燕，始爲北聲」，與是書辯樂（卷二第七篇。）謂「殷辛作靡靡之樂，始爲北音」，各異其趣，（按文心本吕氏春秋音初篇説，劉子則本史記樂書也。）又史稱「勰長於佛理，後且出家」，（見南史及梁書本傳。）而是書末篇，（九流。）乃歸心道教。（道藏本於九流篇先道家，通行本則先儒家。觀其總括之語，藏本實據其本書次第如此，非由後來黄冠所移易也。又是書首卷，清神、防慾、去情、韜光諸篇，近道家言。故白雲霽道藏目録，收之太玄部無字號中也。）立言既已殊科，秉心亦復異撰，非其所著，不辨可知矣。

（丁）謂爲袁孝政著者。

黄氏日鈔云：「袁孝政謂『劉子名晝，字孔昭』，而無傳記可憑。或者袁孝政之自爲者耶？」四庫簡明目録云：「疑即孝政所僞作，而自爲之注也。」提要説略同。按四庫館臣所疑，皆揚黄氏之波。按劉子之文，多資故實。孝政所注，極爲謬悠。（孝政注惟道藏本、活字本中尚存，餘皆删削幾盡，蓋因其不能相副耳。）事之出於左氏、國語者，時或妄道；文之本於吕子、淮南者，竟付闕如。有子惡卧焠掌，（崇學篇云：「有子惡卧，自焠其掌。」）荀子解蔽文也，（按荀子解蔽篇云：「有子惡卧而焠掌。」又桓範世要論云：「有君好卧，讀書倦則焠其掌。」（御覽三百七十及六百十一引。）而孝政不知。顔回夜浴整容，（慎獨篇云：「顔回不以夜浴改容。」）抱朴譏惑語也，（按抱朴子譏惑篇云：「顔生整儀於宵浴。」）而孝政弗曉。春山之底，（韜光篇云：「丹伏光於春山之底。」）不諳所在。（按穆天子傳卷一及卷四，婁見春山之文。）丹水之戰，（兵術篇云：「堯戰丹水。」）乃云未聞。（按六韜犬韜云：「堯與有苗戰於丹水之浦。」書鈔十三、御覽六三引。又吕氏春秋召類篇、淮南兵略篇、論衡恢國、儒增二篇，並有堯戰丹水之文。）注尚如斯，文可知矣。且孝政未注之前，諸書徵引已衆。（新、舊唐書俱無孝政傳，他書亦無論及之者，故其生卒不可考。然非初唐人，則可臆斷也。敦煌寫本劉子殘卷，並無注，尤其塙證。）不揣其本，强謂所作，非惟鳩居鵲巢，蔦施松上，亦與師曠將軒轅並世，公明與方朔同時，等夷其謬矣。

綜上四説，既覺非是，究其作者，又將誰屬？今據孝政之序，（見前。）晁氏之志，（郡齋讀書志云：「劉子，齊劉晝孔昭撰。」附志同。）直齋書録，（書録解題云：「劉子，齊劉晝孔昭撰。」）王氏玉海，（玉海卷五十三藝文類云：「劉子，北齊劉晝字孔昭撰。」）要以劉晝近是。雖不見諸本傳，尚得觸類以推。北史儒林（卷八十一儒林上。）云：「劉晝字孔昭，渤海阜城人也。求秀才十年不得，發憤撰高才不遇傳。（隋志經籍二，高才不遇傳四卷。注云：「後齊劉晝撰。」唐志同。）孝昭時，詣晉陽上書，終不見收，乃編録所上之書爲帝道。（隋志不著録。）河清中，又著金箱璧言。（隋志不著録。）嘗自謂『博物奇才』，言好矜大。每言『使我數十卷書行世，不易齊景之千駟也。』」按史載諸書，蚤已亡佚。以晝自言「數十卷書」計之，則是書必在其中，於數始足。（高才不遇傳四卷，帝道若干卷，金箱璧言若干卷，六合賦（見本傳）若干卷，再益以劉子十卷，差足云數十卷書。）其證一也。又史稱「自恨不學屬文，方復緝綴辭藻，言甚古拙」，今以是書文筆觀之，誠如所謂「古拙」者。其證二也。援此兩證，定爲晝書，雖非確切之據，然亦未爲不根也。

是書名稱，以署劉子者爲當，（新舊唐書、崇文總目、通志等，並題爲劉子。書鈔、輔行記、御覽、海録碎事等所引，亦作劉子。道藏本及活字本，並作劉子。）題新論者非古。（自程榮稱新論後，相沿日衆。或有連稱劉子新論者。）至於卷帙區分，雖有「二」、「三」之異，（子彙本等，分爲上下二卷。通志、崇文總目、郡齋讀書志、玉海等，題爲三卷。敦煌寫本殘卷，標題已佚，由其斷簡觀之，似不分卷。）「五」、「十」之殊，（郡齋讀書附志、書録解題，題爲五卷。諸子奇賞本同。新舊唐書題爲十卷。道藏本、活字本、畿輔叢書本等同。）然都爲五十五篇，固無差忒也。

一三、近人程天祐劉子作者辨（吉林大學社會科學學報一九八六年第六期。）

劉子一書，自宋、元、明、清以來，書家多認爲是北齊人劉晝撰，而不是梁通事舍人劉勰的著作，因而研究劉勰與文心雕龍者，也大都認爲與劉子無涉。楊明照梁書劉勰傳箋注稱：「又按今存劉子五十五篇，本北齊劉晝撰，與文心各成家言；而前人多錯認顏標，屬之舍人，非也。余前撰有劉子理惑一文曾詳爲論列。」王利器先生文心雕龍校證序亦同楊説。現存各種文心雕龍研究的專著、論文，鮮有涉及劉子者。近來，學術界有的論者重新提出劉子的作者問題，認定劉子的作者是劉勰而不是劉晝或其他人，並主張在劉子書名之下，直接署名梁劉勰撰。這不能不引起人們極大的關注。如果論者確有的據，則對既往之文心研究有如爆發一次九級地震，一切都要翻一個過，取得一次學術研究的重大進展。但是如果張冠李戴，以訛傳訛，則不啻於一池清水中，濫施朱黄，把已經相當複雜的劉勰思想研究攪成一鍋粥。在二十世紀的八十年代如果發生這麽一場混戰，於學界是幸耶？抑是不幸？

我認爲劉子的作者問題，對於劉勰、劉晝其人及文心雕龍、劉子的研究都是關係重大的事，必須慎之又慎，不可輕信，不可偏執。

（一）、劉晝説難以否定

劉子五十五卷，係北齊人劉晝撰，宋、元以來，幾爲公認，此説主要根據兩條史料：一則見於宋陳振孫直齋書録解題引袁孝政劉子注序文：「晝傷己不遇，天下陵遲，播遷江表，故作此書。時人莫知，謂爲劉勰、劉歆、劉孝標作。」（轉引自余嘉錫四庫提要辨證。）二則見於宋劉克莊後村大全集詩話續集引唐人張鷟的朝野僉載曰：「劉子書，咸以爲劉勰所撰，乃渤海劉晝所制。晝無位，博學有才，竊取其名（指劉勰），人莫知也。」（同上。）

袁、張都是唐代人，他們最先提出劉子爲劉晝撰。在袁、張之前，時人普遍以爲是劉勰、或劉歆、或劉孝標撰，而不知道實爲劉晝撰，袁、張自認爲了解真相説出來以正視聽。雖然我們無從知曉他們的依據，但他們二人聲言「時人莫知」，口氣十分肯定，似乎有確鑿的證據，不是猜測、推斷或道聽途説。袁、張二人都知道劉晝的某些情况，或曰劉晝爲「傷己不遇」而寫書，或曰「晝無位，博學有才」。他們的説法也大體上同於北齊書劉晝傳，只是從引文中看不出袁、張二人是否知道此傳。尤爲值得注意的是：袁、張二人的説法還有某些差别。對於劉晝，張比袁似乎了解得更深一層，不僅知道劉爲渤海人，而且指斥劉晝「竊取其名」。這種差别表明他們二人不是互相轉述的，而是各有自己的根據。袁、張二人在不同的時候、不同的地方指出了同樣的事實，就增加了此説的可信性。

袁孝政的身世無傳記可考，只知道他曾爲劉子作注寫序，盡管後人對其學識、才能有所指責，但既爲之序注，總是要對劉子作一番研究，總是要收集有關資料，他在序文中指出爲時人不知的真正作者是很自然的。張鷟是唐調露（六七九）時進士，在當時是知名人物，「凡應八舉，皆登甲科。……是時天下知名，無賢不肖，皆記誦其文」。（舊唐書卷一百四十七張鷟傳。）他寫的朝野僉載所記「皆唐代故事」，盡管前人指責其失於「纖碎」，但不能不承認其内容多爲「耳目所接，可據者多，故司馬光作通鑒，亦引用之」。（四庫全書總目提要二十七卷子部小説家類朝野僉載條。）總之，袁、張是唐代歷史人物，他們的劉子注、朝野僉載兩部書是可信的史料，他們指出劉子爲劉晝撰，應當是可信的。

論者往往强調舊唐書經籍志關於劉子爲劉勰撰的記載，並且以此爲據，指責後人以訛傳訛。那麽，我們怎樣看待舊唐書經籍志等書關於「劉子」，「劉勰撰」的記載呢？在隋書經籍志附録中有「劉子十卷」，列爲亡書，並未記作者姓名，這劉子究竟是劉晝的書，還是劉勰的書或其他劉姓作者的書，幾乎是不可推斷了。可是，在舊唐志上原爲亡書的劉子十卷，改變爲「劉勰撰」了。這有兩種可能，一是舊唐志的作者考察了隋志記載的亡書劉子確係劉勰撰而補正隋志，一是舊唐志的作者只是根據當時實際流傳的署名「劉勰」的劉子書實物增録了新目。若係前者，現在還找不到證據；若係後者，則它與袁、張之説並無矛盾。我們知道舊唐志是在廣泛徵集公私藏書的基礎上編纂的，新增書目達六千餘卷，它並未考核前代亡書的情況，只是記録了當時的實際存書。正如宋鄭樵通志略校讎説的那樣：「及唐人收書，只記其有，不記其無。」袁、張之説也確認唐時有劉子一書，並且「咸以爲劉勰撰」，「時人莫知，謂爲劉勰、劉歆、劉孝標撰」。

舊唐志之録爲劉勰撰，正是屬於「時人莫知」之列。還有唐代文獻隨身寶、一切經音義等書關於劉子劉勰撰的記載，也大體上可以循此例推斷。舊唐志等書的記載，表面上與袁、張之説是對立的，但只要把三者放在一起比較就可以看清，舊唐志没有涉及袁、張之説一類的異説，並指出其謬誤而予以否定，袁、張之説雖不是專門針對舊唐志中關於劉子劉勰撰的記載而加以否定，却實際上指出其謬誤並加以糾正。正因爲如此，袁、張之説在宋、明以後逐漸爲更多的人所接受，公私著録中取劉晝説的越來越多。從現在的情况看，如果没有發現新的材料否定袁、張之説，則劉子劉晝撰勢必成爲鐵案。

清人姚振宗隋書經籍志考證的意見是應該得到重視的。他指出隋志正文之下的附録概出於阮孝緒的七録。我們知道，阮孝緒的七録成書於梁普通四年，即公元五二三年，這時劉晝才十歲，怎麽能寫出劉子這樣的書，並且被七録收入呢？這可以看作是否定劉晝説最有力的證據了。可是這里存在着一個很大的漏洞。首先，隋志附録之文是不是完全出自七録還是有待探討的問題。其次，隋志附録中的劉子十卷是不是今本五十五篇之劉子呢？如果能够肯定隋志附録出自阮孝緒七録，其所録又是今本劉子，則劉晝撰説可以否定。如果隋志所附不是阮氏七録，或者該録不是今本之劉子，則只能承認隋志並未著録今本劉子，而無法否定今本劉子是劉晝所撰。如果猜想，劉晝於成年或老年時期撰今本劉子，（這並非不可能。據本傳稱，劉晝曾大言：「使我數十卷書行於後世，不易齊景之千駟也。」）又「竊取其名」，行於唐時，而「時人莫知」，於是「咸以爲劉勰所撰」，這也不是不合理的事情。而姚氏考證並没有提出這樣的問題來。至於劉子書名，我們知道，古來劉氏著書的人是很多的，以「子」名書，乃爲通例，在晉、宋、齊、梁及北朝諸代，可能稱爲劉子的著作是很多的，怎麽能斷定隋志附録之該劉子必爲今本之此劉子；該劉子不爲劉晝撰，此劉子也必非劉晝撰；該劉子必爲劉勰撰，此劉子也必爲劉勰撰呢？這裏需要證明的中間環節很多，都被引用姚氏意見者忽略了。有的論者稱，王重民敦煌古籍叙録是堅信劉子爲劉勰撰的。其實並非如此。查叙録原文並無「堅信」之意，現抄録如下：

余於敦煌本劉子新論，於羅卷外，在巴黎既又獲見兩種，以補羅氏爲六朝舊著之説，至其撰人，應爲劉勰抑劉晝，仍不敢贊一言也。繼思敦煌遺書内有所謂隨身寶者，所記經籍一門，均係當時最通行之書，不啻一部唐人書目問答也。余乃求之卷内，正有『流子劉協注』一則，知必係『劉子劉勰著』矣。於是是書盛行唐代之言益驗，而唐志劉勰所著之説，又多一證。

文中「必係」之說，是指「流子劉協注」五字，必係「劉子劉勰著」五字。這是對原寫本文字所作的判斷。王氏從這個判斷引伸出兩點，一是「是書盛行唐代」，一是「唐志劉勰所著之說，又多一證」。這表明他的客觀立場，並無「確信」之意。對照前文「至其撰人，應爲劉勰抑劉晝，仍不敢贊一言也」，可知王氏對撰者問題原來是持保留態度的，發現隨身寶所記，只認爲增加了唐志的證據，並未做出自己的確斷。

清人四庫全書提要因劉子九流篇與隋書經籍志的某些雷同而懷疑劉子剽襲隋志從而推斷其爲「貞觀以後人作」。近有論者指出，劉子成書先於隋志，當然不存在劉子剽襲隋志的可能，比較合理的解釋倒應該是隋志剽襲劉子。

比照隋書經籍子部與劉子九流兩篇，是否有彼此「剽襲」的關係呢？我看未必。

劉子九流篇論及學者分爲儒者、道者、陰陽者、名者、法者、墨者、縱橫者、雜者、農者凡九家，並說：「觀此九家之學，雖旨有深淺……然皆同其妙理，俱會治道，迹雖有殊，歸趣無異。」

隋書經籍子部分爲儒者、道者、法者、名者、墨者、縱橫者、雜者、農者、小說者、兵者、天文者、曆數者、五行者、醫方者，最後說：「漢書有諸子、兵書、數術、方伎之略，今合而敘之，爲十四種，謂之子部。」除去合敘之兵者等五種，亦爲九種，但九流多陰陽者，缺小説者。名者與法者的次序也不相同，至於對各家介紹的繁簡，則差別更多。很難看出二篇之間相互「剽襲」。而且隋志明言襲漢書藝文志之分類，「合而叙之」，可證其不是剽襲劉子。

兩書雷同處是在於「九流」。「九流」説起源很早，劉歆的七略中有諸子略，後來班固修漢書，參照七略區分部類，以爲漢書藝文志。其中諸子部分有儒家者流、道家者流、陰陽家者流、法家者流、名家者流、墨家者流、縱横家者流、雜家者流、農家者流、小説家者流，最後説：「諸子十家，其可觀者九家而已。」把小説家排除，九家的名目與劉子九流篇完全一致，只是法、名兩家次序有變。漢書稱「者流」，劉子於各家稱者，總稱九流，雖不全同，却有明顯的因襲痕迹。

由上述分析，我認爲隋志與劉子九流中的諸子分類都是襲用漢書。四庫提要等疑其相互「剽襲」，實在並没有什麽根據。

（二）劉子與文心雕龍非出一人

學術界的某些論者往往用劉子與文心雕龍中某些思想方法、材料運用以及分類、鑄詞等的雷同來證明二書的作者爲一人。實際上這種方法是極不可靠的。首先，同一時期的作者，甚至在同一文化影響下的不同歷史時期的作者之間總會有相當多的共同點，在數萬言的大部頭著作中，挑出幾段雷同的話是極其容易的。如禮記樂記與荀子樂論，文心雕龍論文體與摯虞文章流別論等都有明顯的雷同地方，這能够證明其出於一人之手嗎？其次，中國古代詞語，在不同學者那里含意與用法往往是不同的。如劉子講「至道無言」，很明顯是指老莊之道，老莊之言；文心講「道沿聖以垂文，聖因文而明道」，則是儒家之道，儒家之文（「六經」）。一儒一道，傾向分明，難道都用一個「道」字，就證明兩書出於一人之手嗎？再次，如果没有文獻資料可考，僅由對作品的解析判定作者是一件十分複雜和困難的工作。我認爲，合理的方法應該是從宏觀之處求其異：如社會立場、政治觀點、思想傾嚮及基本主張不同的作品，往往不屬於一人。（當然，每個人隨處境的變化，思想、主張也常常發生變異，不可貿然結論。）而於微觀之處求其同：如爲手書，則字迹的異同是極好的材料，如爲抄本、印本則應求助屬於作者獨有的用字、遣詞、組句等方面的獨特的方法，以這種獨特的材料爲基礎去辨別異同，才有某種可靠性。否則是很難立論的。

我認爲從宏觀方面看，劉子與文心雕龍有兩點根本性的不同，很難説兩書同出一人之手。

第一、劉勰著書重視體系的構造，象文心雕龍那樣體系嚴密、條科分明的著作在晉宋齊梁間是少有的。這反映出劉勰的獨特的思維方法和著作構思的方法，並且，追求體系的完整也是劉勰的自覺意識，在序志中，劉勰批評前代文論「各照隅隙，鮮觀衢路……並未能振葉以尋根，觀瀾而索源」。他不僅要求思想理論體系嚴密，追本溯源，而且在全書的結構方面也力求有所體現。文心上下篇的安排，篇次的排列都有精心的布置，從所謂「位理定名，彰乎大易之數」，也可以看到他的用心。劉子一書，既無序文，也無跋語，根本没有構造理論體系的自覺要求，其五十五篇雖然可以分爲幾組内容相近的文章，却很難看出有一個理論系統。劉勰曾批評「陸賦巧而碎亂」，和陸機的文賦相比，在系統性方面，劉子更是等而下之。如果説劉子這樣單篇聚合的子書與文心雕龍那樣體系嚴密的著作同出一人之手，怕不能令人折服。

第二、劉勰文心雕龍宗儒傾向鮮明，滅惑論劈道攘佛，反映他入梁後在佛、道之爭中的立場。而劉子「歸心道教，與勰志趣迥殊」（四庫提要）。文心與劉子在基本思想傾向方面的矛盾是十分明顯的，對此前人已有論析，勿庸贅述。這里僅就所謂二書志趣相同的對應點進行剖析。劉子九流篇與文心諸子篇是論者指出的志趣相同的對應點之一。從這個對應點看兩書的思想傾向是否一致呢？這兩篇文章都是論述諸子的，都承認諸子的價值，這是其共同之處。但兩文的基本思想有明顯的不同甚至是對立的。這至少有兩點：其一，劉子主張儒道互補而傾向於道。文心崇儒輕道，强調「經子異流」。劉子九流篇説「九流之中，二化最早」，承認儒、道這兩個形成最早並且最有影響的流派。又説：「今治世之賢，宜以禮教爲先，嘉遁之士應以無爲是務，則操業俱遂，而聲名兩全也。」它認爲儒家是治世所需要，道家爲出世（嘉遁）所追求，兩者互相補充就可以兩全。它還説：「儒教雖非得真之説，然茲教可以導物；道家雖爲達情之論，而違禮復不可以救弊。」一個「非得真之説」，一個「爲達情之論」，一褒一貶，劉子的重道輕儒不是明顯的嗎？文心諸子對於道家頗有贊譽之詞，它説「至鬻熊知道，而文王諮詢；餘文遺事，録爲鬻子。子自肇始，莫先於茲」，稱道家著作鬻子爲子書的開端。又説「及伯陽識禮，而仲尼訪問；爰序道德，以冠百氏」，贊揚老子道德經爲百家之冠。但是，和儒家比起來，道家就退居下位了。儒家爲聖人，道家是賢人；儒學爲經，道學爲子，這就是諸子中「聖賢並世，而經子異流矣」的具體含義，它的崇儒輕道也是明顯的。其二，劉子認爲諸子的宗旨相同，「歸趣無異」；文心認爲諸子中有純、駁之分別，應「棄邪而采正」。九流篇説：「觀此九家之學，雖旨有深淺，辭有詳略，偕儒形反，流分乖隔；然皆同其妙理，俱會治道，迹雖有殊，歸趣無異。」它認爲，九流諸子只有淺深詳略的不同，而根本歸旨各家是一致的。文心諸子篇把諸子分爲兩類，「其純粹者入矩，踳駁者出規」。凡「述道言治，枝條五經」者是屬純粹，背經離道是屬踳駁。它認爲對諸子百家應該「覽華而食實，棄邪而采正」。由諸子可見文心的宗儒傾嚮，由九流可知劉子的重道輕儒立場。兩相比照，其去何止千里。

綜上所述，劉子、文心兩書的思想傾嚮不同，應該不屬於一人。

附録四

劉子作者辨證

關於劉子的作者，是劉子研究中争論最大、分歧最多的問題，共有七種説法。

一、劉歆撰。（見唐袁孝政劉子注序。）清紀昀、陳鱣、近人楊明照、王叔岷反對此説，主要根據有兩條：（一）、劉子激通篇有：「班超憤而習武，終建西域之績」之文，則劉歆撰説，可不攻自破。（見四庫全書總目提要。）（二）、劉子書中常襲用阮籍、葛洪之文，亦可證紀昀之説。（見王叔岷劉子集證序。）

二、劉孝標撰。（見袁孝政劉子注序。）紀昀、楊明照反對此説，主要根據亦有兩條：（一）、南史、梁書俱無明文，未足爲據。（見四庫全書總目提要。）（二）、「孝標之辨命，與是書之命相相徑庭也；孝標之絶交，與是書之託附胥壤也。寫出一人之手，何有首鼠之詞？」（楊明照劉子理惑。）

三、後人僞撰。清王昶主此説，根據是：此書不見晝傳，明人好作僞，其書蓋明人僞撰。（見春融堂集。）清周中孚反對此説，認爲：劉子確是唐以前古書，已見隋志雜家注中，……其書偶佚，至唐代復出耳。（見鄭堂讀書記。）

四、貞觀以後人撰。（四庫全書總目提要載此說。）六朝敦煌寫本劉子殘卷發現後，此說可破。

五、袁孝政僞撰自爲之注。宋黃震、清丁日昌、邵懿辰等主此說。清盧文弨、孫詒讓、近人余嘉錫、楊明照、王叔岷等反對此說，主要根據有兩條：（一）、袁注淺陋紕繆，對於劉子文出於左傳、國語中陳言故實者，多不能究其根柢。（二）、劉子文不全避唐諱。余嘉錫又列舉袁注諸多錯誤之處，以求證此書不出於袁氏。（見余嘉錫四庫提要辨證。）

六、劉勰撰。宋鄭樵、唐釋慧林、明宋濂、今人林其錟等主此說。主要根據是：（一）、舊唐書經籍志、新唐書藝文志並作劉勰。（二）、劉子與文心雕龍文體相同。（見宋濂諸子辨。）（三）、據姚振宗隋書經籍志考證，劉晝生活的年代當在南朝陳文帝之世，是在梁普通後四十餘年，阮氏七録作於普通四年，而劉子見載七録，因此，劉子非劉晝撰可知，當爲劉勰所撰。（四）、劉勰的生平思想與劉子內容吻合。（五）、劉子與文心雕龍在思想方法、材料運用、分類鑄詞上有相同之處。（見林其錟、陳鳳金劉子作者考辨。）紀昀、陳鱣、楊明照、王叔岷、程天祜等反對此說，主要根據是：（一）、劉勰撰劉子，史無記載。（二）、文心雕龍樂府篇關於北聲的說法與劉子辨樂篇所提出的北音說法迥異。（三）、當時崇佛，史稱劉勰長於佛理，而劉子末篇歸心道教，與劉勰志趣迥殊。（四）、劉子隨時章有「時有淳澆，俗有華戎，不可以一道治，不得以一體齊也，……老聃至西戎，而效夷言，夏禹入裸國，欣然而解裳」語，謂「晝既不遇於時，自憾生於夷狄之邦，……故其言如此，第因時多忌諱，故出之以微詞爾。若劉勰、劉孝標則生長江左，其君臣皆以風流文采相高，縱詆諆北虜，無緣以至西戎、入裸國自況也。」（余嘉錫四庫提要辨證。）（五）文心雕龍文筆豐美，劉子文筆清秀；文心雕龍詞義深晦，劉子詞義淺顯；文心雕龍於陳言故實多化用，劉子於陳言故實多因襲。（六）、劉子與文心雕龍結構體系不同，後者體系嚴密，條科分明，前者没有構造理論體系的自覺要求。（七）、文心雕龍宗儒傾嚮鮮明，劉子主張儒道互補，傾嚮於道。（八）、劉子認爲諸子宗旨相同。文心雕龍分諸子爲純粹者、踳駁者兩類。則此，認爲劉子與文心雕龍必不出自一人之手。

七、劉晝撰。明沈津、清盧文弨、周中孚、陳鱣、丁丙、嚴可均，近人余嘉錫、楊明照、王利器、王叔岷、程天祐等主此說，其主要根據是：（一）、宋陳振孫直齋書録解題引袁孝政劉子注序文：「晝傷己不遇，天下陵遲，播遷江表，故作此書。時人莫知，謂爲劉勰、劉歆、劉孝標作。」（二）、宋劉克莊後村大全集詩話續集引唐人張鷟的朝野僉載曰：「劉子書，咸以爲劉勰所撰，乃渤海劉晝所制。晝無位，博學有才，竊取其名（指劉勰），人莫知也。」（三）、宋史藝文志以劉子爲劉晝撰。（四）、劉子與文心雕龍體格既異，宗旨亦殊。（五）、劉子内容與史傳所述劉晝思想大意相合。

觀此七家之説，前五説目前已被學術界否定，唯劉晝或劉勰撰説，仍在争論之中。筆者認爲劉晝撰説比較接近實際，今將劉子與文心雕龍二書中涉及的共同問題所反映出的傾嚮，進行分析、辨證，以確定劉子不出於劉勰之手，作爲主劉晝説的補充。

一、就劉子與文心雕龍所反映出的政治觀點、思想傾嚮的異同來分析。

文心雕龍與劉子都表現出了鮮明的宗儒觀點，「自夫子刪述，而大寶咸耀」，「然而道心惟微，聖謨卓絶，牆宇重峻，而吐納自深；譬萬鈞之洪鍾，無錚錚之細響矣」。（文心雕龍宗經。）「道者，玄化爲本；儒者，德化爲宗。九流之中，二化爲最。夫道以無爲化世，儒以六藝濟俗。無爲以清虚爲心，六藝以禮教爲訓。若以禮教行於大同，則邪僞萌生；使無爲化於成康，則氛亂競起。何者？澆淳時異則風化應殊，古今乖舛則政教宜隔。以此觀之，儒教雖非得真之説，然茲教可以導物，……今治世之賢，宜以禮教爲先」。（劉子九流章。）又履信、思順、貴農、因顯、託附、心隱、慎言等章，尊儒的傾嚮十分明顯，這是劉子與文心雕龍相同的地方。然在此前提下，二者的差異亦十分明顯。文心雕龍推崇儒家的獨尊地位，對不合於儒家思想的，俱加以貶斥。諸子中商鞅、韓非因推行法家的思想主張而受到劉勰的指斥，稱其爲「蹖駁之類」。「至如商、韓，『六虱』、『五蠹』，棄孝廢仁；轘藥之禍，非虚至也」。（文心雕龍諸子。）劉勰還從務實的觀點出發，反對名家的詭辯。「公孫之『白馬』、『孤犢』，辭巧理拙；魏牟比之鴞鳥，非妄貶也」。（文心雕龍諸子。）這種思想上的傾嚮性，是由其宗經的立場決定的。劉子雖然推崇儒家思想，但並不排斥諸子中其它學派的思想，對於商鞅、韓非等人的思想主張，劉子是持肯定態度的。「法術者，人主之所執，爲治之樞機也。術藏於內，隨務應變；法設於外，適時御人。人用其道而不知其數者，術也；懸教設令以示人者，法也。人主以術化世，猶天以氣變萬物。……術以神隱成妙，法以明斷爲工。……建國君人者，雖能善政，未能棄法而成治也。……夏、商之衰，不變法而亡；三代之興，不相襲而王。堯、舜異道而德蓋天下，湯、武殊治而名施後代。由此觀之：法宜變動，非一代也」。（法術章。）「治民御下莫正於法教，立法施教莫平於賞罰。賞罰者，國之利器而制人之柄也」。（賞罰章。）由此可明顯看出，劉子所推崇的，正是商鞅、韓非等人所主張的法制思想。「昔秦攻梁，梁惠王謂孟軻曰：『先生不遠千里，辱幸弊邑，今秦攻梁，先生何以禦乎？』孟軻對曰：『昔太王居邠，狄人攻之，事以玉帛，不可。太王不欲傷其民，乃去邠之岐。今王奚不去梁乎？』惠王不悦。夫梁所寶者，國也。今使去梁，非其能去也，非異代之所宜行也。故其言雖仁義，非惠王所須也。……秦孝公問商鞅治秦之術，鞅對以變法峻刑。行之三年，人富兵强，國以大治，威服諸侯。以孟軻之仁義，論太王之去邠，而不合於世用；以商君之淺薄，行刻削之苛法，而反以成治，非仁義之不可行，而削刻之苛爲美，由於淳澆異跡，則政教宜殊，當合縱之代，而仁義未可全行也」。（隨時章。）劉子對於法家的思想主張，有肯定，亦有否定。

「法者……其術在於明罰討陣整法，誘善懲惡，俾順軌度，以爲治本。然而薄者，削仁廢義，專任刑法，風俗刻薄，嚴而少恩也」。（九流章。）此雖爲承襲漢志之文，然而也反映出了作者的傾嚮。於名家，乃本漢志及莊子天下篇，「名者，……其道正名，名不正則言不順。故定尊卑，正名分，愛平尚儉，禁攻寢兵。故作華山之冠，以表均平之製；則別宥之説，以示區分。然而薄者，損本就末，分析明辨，苟析華辭也」。（九流章。）這種有肯定有否定的思想與劉勰的政治觀點迥然不同，此乃劉子非劉勰撰根據之一。

二、就劉子與文心雕龍所反映出的美學思想來分析。

先秦兩漢時期，儒家正統的文藝觀强調文藝的道德教化作用，即重視文學作品的思想性和社會作用，忽視文藝本身的審美特性和美感作用，依靠象徵、比附、陳述、微言大義去説服教育人，審美作用不過是社會功利性的一個附帶因素。孔子主張「思無邪」，（論語爲政。）「樂而不淫，哀而不傷」，（八佾。）「興於詩，立於禮，成於樂」。（泰伯。）荀子提出明道、徵聖、宗經三位一體的文學觀，主張「聖人也者，道之管也」，强調「心合於道，説合於心」。（荀子正名。）道種功利主義的文藝觀，對後世影響極大。禮記樂記：「禮樂刑政，其極一也，所以同民心而出治道也。……凡音者，生人心者也，情動於中，故形於聲，聲成文，謂之音。是故治世之音安以樂，其政和；亂世之音怨以怒，其政乖；亡國之音哀以思，其民困。聲音之道，與政通矣。」毛詩序：「故正得失，動天地，感鬼神，莫近於詩。先王以是經夫婦，成孝敬，厚人倫，美教化，移風俗，……至於王道衰，禮義廢，政教失，國異政，家殊俗，而變風變雅作矣。」這就較爲全面地强調了文學的社會作用。文心雕龍與劉子亦同受其影響、燻陶，並身體力行，大力提倡。「道沿聖以垂文，聖因文而明道」。（文心雕龍原道。）「文成規矩，思合符契」。（徵聖）「稟經以制式，酌雅以富言」。（宗經。）「故人不能無樂，樂則不能無形，形則不能無道，道則不能無亂，先王惡其亂也，故制雅樂以導之。使其聲足樂而不淫，使其音調倫而不詭，使其曲繁省而廉均，足以感人之善心，不使放心邪氣得接焉，是先王立樂之情也。……故爲詩頌，以宣其志，鐘鼓以節其耳，羽旄以制其目。聽之者不傾，視之者不邪。耳目不傾不邪，則邪音不入。邪音不入，則情性內和。情性內和，然後乃爲樂也。」（劉子辨樂章。）闡述的是儒家正統的文藝觀。六朝時期，中國的美學思想發生了重大轉折，對文藝性質的認識由强調道德教化的社會功利目的，轉而重視情感、個性表現，强調文藝本身的審美特性和美感作用。陸機的文賦、蕭統的文選序、鍾嶸的詩品序中所反映的個性化、抒情化的傾嚮，代表了齊梁時期審美意識發展的主流。劉勰順應這種潮流，踵其跡而集大成，在論述文學作品的思想性與藝術性時，堅持了一種辨證的觀點。一方面，他反復强調和論證文學的思想性和社會作用。另一方面，他充分注意和探索文學作品的藝術性及特徵，强調從藝術的欣賞中，潛移默化地影響人的心理個性和精神世界，從審美感受中豐富、探索、陶冶人的情感。所以，在文心雕龍下編中，劉勰用了大量的篇幅闡述了文學的構思論、風格論、技巧論、聲律論等。正因爲如此，當劉勰以儒家的思想批評一些作品的内容時，却肯定這些作品藝術上的價值。批評列子「移山跨海」之談爲「踳駮之類」，却肯定其「气偉而采奇」。批評商鞅、韓非等「棄孝廢仁」，却肯定韓非「著博喻之富」。在批評緯書的虚妄時，却指出其「事豐奇偉，辭富膏腴，無益經典，有助於文章」。在文質觀上，發展了儒家重質輕文的傾嚮，主張文質並重。宗經提出以「六義」作爲評價文章的標準，是文質並重。情采中不僅强調了爲情而造文，而且注意到了質和文的關係是文附質，質待文，這是對先秦兩漢文學創作理論的昇華。劉晝生活的年代，去劉勰不遠，雖身受六朝文風的吹拂，他看到的是文風日趨靡麗、輕浮，會影響文學作品的社會教育作用，因而在辨樂等章中，他反復强調儒家正統的文藝觀，認爲文藝只有一個標準，把人的情感、個性完全統一到正聲、雅樂之中。在六朝時期，這樣的認識是對文學的泥古和反動，這是與文心雕龍的思想格格不入的。在文質觀上，與劉勰相比，劉晝堅持的是重質輕文的觀點，表現出一種實用主義的傾嚮。「畫以摹形，故先質後文；言以寫情，故先實後辯。無質而文，則畫非形也；不實而辯，則言非情也。」（言苑章。）在這種文質觀的指導下，劉晝對事物的美醜認識只能停留在「美醜無定形」、（殊好章。)「美惡雖殊，適用則均」(適才章。)的表面認識上，以其功利性決定其美、惡的標準，與劉勰相比，當在其下。這種美學思想上的重大差異，爲劉子文不出於劉勰之筆的根據之二。

三、就劉子與文心雕龍對待緯書的不同看法來分析。

文心雕龍對緯書的內容持批評、否定態度。「按經驗緯，其僞有四：蓋緯之成經，其猶織綜，絲麻不雜，布帛乃成。今經正緯奇，倍摘千里，其僞一矣。經顯，聖訓也；緯隱，神教也。聖訓宜廣，神教宜約。而今緯多於經，神理更繁，其僞二矣。有命自天，乃稱符讖。而八十一篇，皆託於孔子，則是堯造綠圖，昌制丹書，其僞三矣。商、周以前，圖籙頻見。春秋之末，羣經方備。先緯後經，體乖織綜，其僞四矣。」(正緯。)讖緯之說，起於西漢，盛行於東漢，其內容多附會，迷信色彩濃厚。詩含神霧：「大跡出雷澤，華胥履之，生宓犧。瑶光如蜺，貫月正白，感女樞生顓頊。慶都與赤龍合昏生赤帝伊祁堯也。握登見大虹意感而生舜於姚墟，扶都見白氣貫月感黑帝生湯。大任夢長人感己生文王。」(御覽八十四引。)「赤龍感女媪，劉季興」。(御覽一百三十六引。)春秋演孔圖：「孔子母徵在，游於大澤之陂，睡夢黑帝請己，己往，夢交，語曰：『女乳必在空桑之中。』覺則若感，生邱於空桑之中。顓帝戴干，是謂崇仁。帝嚳戴干，是謂清明。堯眉八彩，是謂通明。舜目重童，是謂無景。禹耳三漏，是謂大通。湯臂二肘，是謂柳翼。文王四乳，是謂含良。武王駢齒，是謂剛强。」(路史前紀六史皇氏紀注引。）孝經鉤命決：「華胥履跡，恠生皇犧。」（御覽七十八引。）「命星貫昂，脩紀夢接生禹」。（御覽八十二引。）「伏羲日角」。（隋蕭吉五行大義引。）尚書帝命驗，「脩紀山行，見流星，意感栗然，生姒戎文禹。」春秋合誠圖：「赤龍與慶都合，有娠，而生堯。」（藝文類聚九十八引。）孝經援神契：「伏犧日角。」（御覽七十八引。）春秋元命苞：「扶都感白氣而生湯。」（藝文類聚十二引。）「帝嚳戴干，是謂清明，發節移度，蓋像招搖」。（御覽十八引。）「黃帝龍顏，顓頊併幹」。（御覽七十九引。）河圖：「燧人之世，大跡出雷澤，華胥履之，生伏羲。」（御覽一百三十五引。）劉子命相章：「華胥履大人之跡而生伏犧，女樞感瑶光貫月而生顓頊，慶都與赤龍合而生唐堯，握登見大虹而生虞舜，脩紀見洞流星而生夏禹，夫都見白氣貫月而生殷湯，大任夢見長人而生文王，顏徵感黑帝而生孔子，劉媪感赤龍而生漢祖。……伏犧日角，黃帝龍顏，帝嚳戴肩，顓頊駢骭，堯眉八彩，舜目重瞳，禹耳三漏，湯臂二肘，文王四乳，武王駢齒，孔子反宇。」劉子此文，乃雜掇諸緯書而成，作爲立論之據，説明劉子對緯書持肯定、贊賞的態度。此爲劉子不出劉勰之手的根據之三。

四、就劉子與文心雕龍所表現出的不同道德觀來分析。

對某些歷史人物，劉子與文心雕龍曾分別作出各自的評價，從而反映出各自不同的道德、倫理觀念。劉子妄瑕章：「昔魏文侯問於李克曰：『吴起何如人也？』克對曰：『起貪而好色，然其善用兵，司馬穰苴不能過也。』乃以爲將，拔秦五城，北滅燕、趙，蓋起之力也。魏無知薦陳平於漢王，或人讒之曰：『平雖美丈夫，如冠玉耳，其中未必有可用也。且聞盜嫂而受金。』王乃疎平，讓無知。無知曰：『臣進奇謀之士，誠足以利國耳。且其小過，豈妨公家之大務哉！』乃擢爲護軍，得施其策。故范增疽發死而楚國亡，閼氏開陣而漢軍全者，平之謀也。……佐世良才，不拘細行。何者？量小不足以包大形，器大無分小瑕也。人之情性，皆有細短 若其大略是也，雖有小疵，不足以爲累；若其大略非也，雖有衡門小操，未足與論大謀。……袁精目、鮑焦，厲節抗行，不食非義之食，乃餓而死，不能立功拯溺者，小節申而大略屈也。伯夷、叔齊，冰清玉潔，義不爲孤竹之嗣，不食周粟，餓死首陽。楊朱，全身養性，去脛之一毛，以利天下，則不爲也。若此二子，德非不茂，行非不高，亦能安治代紊，蹈白刃而達功名乎？」劉子品評人物，取其大節，不拘小節，若小節全而大節虧，亦不足取。文心雕龍程器：「古之將相，疵咎實多：至如管仲之盜竊，吴起之貪淫，陳平之污點，絳灌之讒嫉，沿茲以下，不可勝數。……窮則獨善以垂文，達則奉時以騁績。」文心雕龍品評人物，强調個人修養，對不拘小節的歷史人物，持否定、批評的態度，强調德才兼備，重德重於重才。這種倫理道德上的明顯差別，爲劉子不出劉勰之手的根據之四。

五、就劉勰與劉晝的創作動機來分析。

古人著書以求立名，具有悠久的傳統。司馬遷作史記，揚雄作太玄、法言，正是以求文章傳於後世，至東漢以後，著述子書風氣大盛，桓譚作新論，王充作論衡，三國時徐幹作中論，桓范作世要論，晉人陸雲作陸子，（見隋志道家。）傅玄作傅子，葛洪作抱朴子，南朝蕭繹作金樓子。這種源遠流長的學術傳統，對劉晝與劉勰影響都很大。劉晝曾大言「使我數十卷書行於後世，不易齊景之千駟也」。（北齊書本傳。）「人之短生，猶如石火，炯然已過，唯立德遺愛，爲不朽也。……今日嚮西峯，道業未就，鬱聲於窮岫之陰，無聞於休明之世。已矣夫！亦奚能不霑衿於將來，染意於松煙者哉」！（劉子惜時章。）劉勰的著書動機也十分明確：「夫宇宙綿邈，黎獻紛雜，拔萃出類，智術而已。歲月飄忽，性靈不居，騰聲飛實，制作而已。……是以君子處世，樹德建言，豈好辯哉？不得已也。」（文心雕龍序志。）子書之作，内容多傳相妨效，間而闡述個人的思想傾嚮，這在劉子中體現的非常明顯。然而劉勰的創作却另闢蹊徑，不以子書立名，潛心研究文章，這是不同於劉晝、高於劉晝之處。劉勰認爲從事著作，最好是爲聖人的經典作注，但前人已做得差不多了，因此退而論述文學。因爲文學是經典的輔助手段，而文學作品的語言又有邪正之分。作家由於没有遵守經典的遺訓，濫用語言，使得文章的風格萎靡不振，這是應該通過討論把是非弄清的，因而撰寫文心雕龍，（見序志。）正是由於不同的創作動機，産生了不同的作品，此爲劉子文不出劉勰之筆的根據之五。

六、就劉子與文心雕龍語言風格的差異來分析。

綜觀文心雕龍全書，劉勰對於文章中詞藻的運用非常重視，「故知君子常言，未嘗質也。老子疾僞，故稱『美言不信』，而五千精妙，則非棄美矣。莊周云『辯雕萬物』，謂藻飾也。韓非云『艷采辯説』，謂綺麗也。綺麗以艷説，藻飾以辯雕，文辭之變，於斯極矣」。（情采。）「是以綴字屬篇，必須練擇：一避詭異，二省聯邊，三權重出，四調單復」。（練字。）「凡聲有飛沉，響有双叠。双聲隔字而每舛，叠韻雜句而必睽。沉則響發而斷，飛則聲颺不還。並轆轤交往，逆鱗相比。迂其際會，則往蹇來連。其爲疾病，亦文家之喫也」。（聲律。）劉勰不僅在理論上重視、闡述作品的語言風格美，而且在實踐中也是一位積極的作家。文心雕龍五十篇，各篇駢句占大多數，音節和諧，就其語言運用中凝句練字的功力看，詞語運用得巧妙、精當，給人以改字卽意變，不可更移之感。「故『灼灼』狀桃花之鮮，『依依』盡楊柳之貌，『杲杲』爲出日之容，『瀌瀌』擬雨雪之狀，『喈喈』逐黄鳥之聲，『喓喓』學草蟲之韻」。（物色。）這雖然是講詩經的語言，然劉勰個人練字的功力亦見於筆端，在劉勰筆下，「灼灼」、「依依」等就具有了它所指示的那類事物的本質特徵。因此，「灼灼」只能用以形容桃花的鮮艷，而不能用於柳枝。「依依」二字也只能用以描繪柳枝的柔麗，而不能用於桃花。再進一步分析，就可以看到：劉勰在練字中動詞運用得准確、生動，詞義的内涵豐富，「春秋代序，陰陽慘舒，物色之動，心亦搖焉。蓋陽氣萌而玄駒步，陰律凝而丹鳥羞，微虫猶或入感，四時之動物深矣。若夫圭璋挺其惠心，英華秀其清氣，物色相召，人誰獲安？是以獻歲發春，悦豫之情暢；滔滔孟夏，鬱陶之心凝；天高氣清，陰沉之志遠；霰雪無垠，矜肅之慮深。歲有其物，物有其容；情以物遷，辭以情發。一葉且或迎意，蟲聲有足引心；況清風與明月同夜，白日與春林共朝哉」！（物色。）這段文字，寫景言情，情景交融，其句中動詞「步」、「羞」、「挺」、「秀」、「暢」、「凝」、「遠」、「深」等的巧妙運用，使其文句呈現出一幅美麗的自然畫面，於其燻陶自然美之際，詞句之間，給人一種飄逸之感和極大的想像力的發揮，在這一點上，劉勰不愧爲運用語言的大師。劉子五十五篇，行文質朴無華，與文心相比，遣詞用句缺乏文采，語言缺乏美感，「故窮巖曲岫之梓傑，生於積石，穎貫青天，根鑿黄泉，分條布葉，輪菌磥硊，騏驎戲其下，鵷鸞游其顛，浮雲棲其側，清風激其間，終歲無毫氂之憂，免刀斧之害者，非與人有德也；能韜隱其質，故致全性也」。（韜光章。）從語言運用的角度看，這段文字在劉子中屬上乘，然與文心雕龍相比，亦小智與大智也。這樣對比，可能有人會認爲是由六朝時文筆不同所造成的。然而，我們還可以從另一角度來論證。文心雕龍中涉及到對具體作家的評價時，劉勰對文采不足的作家表示不滿，對文風偏於質朴的作家則不予重視。（見明詩、時序、才略等篇。）劉勰在評價建安文學時，認爲劉楨、左思偏美，是批評其文采不足。曹操詩文質樸，劉勰不予重視，明詩、才略兩篇都提到曹丕、曹植而不及曹操，樂府提到曹操的作品，但評價不高，東晉詩人陶淵明作品風格質樸自然，因與南朝一般貴族文人崇尚的華美文風相乖，所以不爲時人所重。文心雕龍全書無一處提及陶詩，可見劉勰對陶淵明的評價也是不高的。劉勰在理論上如此主張，實踐中怎麽會走嚮自己的反面呢？可見劉子非劉勰所作。一個作家可以用不同的手法寫出體例、内容形式各異的文章，但其語言風格一經形成，是不會改變的。劉子與文心雕龍語言風格上的明顯差異，是劉子文不出劉勰之手的根據之六。

綜上所述，可以得出結論，劉子的作者不是劉勰。在當前的情況下，屬劉子爲劉晝所撰，是比較穩妥的。

傅亞庶

一九八八年二月